Windows 11 für Dummies

Schummelseite

Sechs Jahre nach der Ankündigung, Windows 10 sei die »letzte« Version von Windows, veröffentlichte Microsoft am 5. Oktober 2021 Windows 11. Drei Jahre später hat Microsoft die zweite Iteration mit dem Namen Windows 11 2024 Update enthüllt. Die Versionsnummer dieses Updates lautet 24H2, wobei 24 das Veröffentlichungsjahr angibt und H2 für zweites Halbjahr steht. Entdecken Sie Tipps, die Ihnen bei der Arbeit mit der neuesten Version von Windows, Windows 11, helfen, und lernen Sie Tastenkombinationen kennen, mit denen Sie schneller und effizienter arbeiten können.

DIE WICHTIGSTEN ÄNDERUNGEN IN WINDOWS 11 24H2

Auf den ersten Blick mag Windows 11 24H2 fast identisch mit seinem Vorgänger erscheinen. Was ist also anders? Im Wesentlichen integriert die neueste Version KI-Features (künstliche Intelligenz) in Windows und in einigen der integrierten Apps. Im Folgenden erfahren Sie, wie Sie diese KI nutzen können, um Ihr Leben zu vereinfachen:

- ✔ **Nutzen Sie Copilot:** Copilot ist der Oberbegriff für die KI-Angebote von Microsoft und ist jetzt eine integrierte Funktion von Windows, die kostenlos zur Verfügung steht. Klicken Sie einfach auf das Copilot-Symbol in der Taskleiste unten auf Ihrem Bildschirm.

- ✔ **Sofortige technische Hilfe finden:** Bei verwirrenden technischen Problemen müssen Sie nicht mehr die Hilfe von schrulligen Nerds und nervigen Technikexperten in Anspruch nehmen. Die KI ist in der Lage, fast jede technische Frage zu beantworten, die Sie haben.

- ✔ **Holen Sie sich Unterstützung beim Schreiben:** Egal, ob Sie Geschäftsbriefe, Gedichte, Forschungsarbeiten, Rezepte, Skripte, Skizzen oder andere schriftliche Arbeiten verfassen, KI kann diese für Sie schreiben und tippt etwa 1.000 Wörter pro Minute fehlerfrei. Es ist ein hervorragender Ausgangspunkt für jede Schreibaufgabe.

- ✔ **Erstellen Sie Bilder aus Worten:** Vergessen Sie das Durchsuchen des Internets nach frei verwendbaren Bildern. Beschreiben Sie mit Worten, was Sie brauchen, und Copilot erstellt ein originelles Bild für Sie.

- ✔ **Bilder bearbeiten:** Das bekannte Photoshop, das für seine Komplexität und seine Kosten bekannt ist, hat jetzt einen Konkurrenten in Form eines benutzerfreundlichen, kostenlosen Pop-up-Bildeditors mit vielen ähnlichen Funktionen.

- ✔ **Microsoft Designer verwenden:** Verwenden Sie Microsoft Designer, um Social-Media-Posts für Facebook, Instagram, TikTok und andere beliebte Webseiten zu erstellen.

Windows 11 für Dummies

Schummelseite

- ✔ **Video bearbeiten:** Vergessen Sie teure und komplizierte Videoeditoren. Der kostenlose Videoeditor von Clipchamp verfügt jetzt über einen KI-Modus, mit dem Sie mit wenigen Klicks Videos und Diashows erstellen können.

- ✔ **Verbesserungen der Benutzerfreundlichkeit implementieren:** Profitieren Sie von der sofortigen Bildvergrößerung, der Unterstützung von Hörgeräten, einem Energiesparmodus für Laptop-Batterien, Snap-Layouts zum einfachen Anordnen geöffneter Fenster, Aktualisierungen des Datei-Explorers für eine einfachere Navigation und vielem mehr.

- ✔ **PC-Unterstützung durch integrierte KI:** Neuartige Computerchips können zeitaufwendige KI-Aufgaben beschleunigen. Sie brauchen keinen KI-PC, um diese neue Windows 11-Version auszuführen, aber wenn Sie einen haben, wird Windows 24H2 seine Fähigkeiten voll ausschöpfen.

TASTENKÜRZEL IN WINDOWS 11

Windows 11 24H2 behält die Tastaturkürzel früherer Windows-Versionen bei. Für diejenigen, die von Mac umsteigen, ersetzt die [Strg]-Taste die Befehlstaste (Cmd) für Tastenkombinationen. Word-Tastenkombinationen sind in jedem formatierten Textfeld anwendbar, nicht nur in Microsoft Word. Gleichermaßen funktionieren die Browser-Kurzbefehle in Microsoft Edge und den meisten anderen Webbrowsern.

Tastenkürzel	Aktion
Strg + A	Alles markieren
Strg + B	Fett formatieren (Word), Lesezeichen öffnen (Browser)
Strg + C	Kopieren
Strg + D	Schriftart ändern (Word), Lesezeichen erstellen (Browser)
Strg + E	Zentrieren (Word), Fokus auf Adressleiste setzen (Browser)
Strg + F	Auf dieser Seite finden
Strg + G	Nächstes Vorkommen finden
Strg + H	Suchen und ersetzen (Word), Verlauf öffnen (Browser)
Strg + I	Kursiv
Strg + J	Blocksatz (Word), Downloads öffnen (Browser)
Strg + K	Link einfügen (Word), Suchabfrage in Adressleiste öffnen (Browser)
Strg + L	Linksbündig (Word), URL in Adressleiste zur Bearbeitung markieren (Browser)

Windows 11 für Dummies

Schummelseite

Tastenkürzel	Aktion
Strg + M	Absatz einziehen (Word)
Strg + N	Neues Dokument (in den meisten Apps), neues Fenster öffnen (Browser)
Strg + O	Öffnen
Strg + P	Drucken
Strg + Q	Beenden (Browser)
Strg + R	Rechtsbündig (Word), Seite neu laden (Browser)
Strg + S	Speichern
Strg + T	Hängender Einzug (Word), neue Registerkarte (Browser)
Strg + U	Unterstreichen (Word), Seitenquelltext anzeigen (Browser)
Strg + V	Einfügen
Strg + W	Schließen (Word), Registerkarte schließen (Browser)
Strg + X	Ausschneiden
Strg + Y	Wiederholen
Strg + Z	Rückgängig

Die ⊞-Taste mit dem Windows-Logo stellt diese praktischen Tastenkombinationen zur Verfügung:

Tastenkürzel	Aktion
⊞ + A	Schnelleinstellungen öffnen
⊞ + B	Fokus auf das erste Symbol im Infobereich der Taskleiste
⊞ + D	Anzeigen (und Ausblenden) des Desktops
⊞ + E	Explorer öffnen
⊞ + F	Feedback Hub öffnen
⊞ + G	Xbox-Gamebar öffnen (falls verfügbar)
⊞ + H	Spracheingabe öffnen (Microsoft Sprachdienste)
⊞ + I	Einstellungen-App öffnen
⊞ + L	Computer sperren
⊞ + M	Alle geöffneten Fenster minimieren
⊞ + N	Benachrichtigungscenter und Kalender öffnen
⊞ + O	Geräteausrichtung sperren
⊞ + P	Einstellungen für das Projizieren öffnen

Windows 11 für Dummies

Schummelseite

Tastenkürzel	Aktion
⊞ + Q	Suche öffnen
⊞ + R	Dialogfeld AUSFÜHREN öffnen
⊞ + S	Suche öffnen
⊞ + T	Wechselt durch die Anwendungen in der Taskleiste
⊞ + U	Einstellungen zur Barrierefreiheit öffnen
⊞ + V	Zwischenablageverlauf öffnen
⊞ + W	Widget-Menü öffnen oder schließen
⊞ + X	Quicklink-Menü öffnen
⊞ + Y	Wechsel zwischen Desktop und Mixed Reality (falls verfügbar)
⊞ + Z	Andocklayouts öffnen (wenn ein Fenster geöffnet ist)

Wenn Sie irgendwelche Tastenkombinationen vergessen und dieses Buch nicht zur Hand haben, bitten Sie Copilot um Hilfe: »Liste alle Windows 11-Tastenkombinationen auf!«

Windows 11 für Dummies

Alan Simpson

Windows 11 für dummies

2. Auflage

Originalausgabe von Andy Rathbone

Übersetzung aus dem Amerikanischen von Rainer G. Haselier

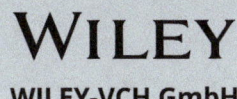

WILEY-VCH GmbH

Windows 11 für Dummies

Bibliografische Information der Deutschen Nationalbibliothek

Die Deutsche Nationalbibliothek verzeichnet diese Publikation in der Deutschen Nationalbibliografie; detaillierte bibliografische Daten sind im Internet über http://dnb.d-nb.de abrufbar.

2. Auflage 2025

© 2025 Wiley-VCH GmbH, Boschstraße 12, 69469 Weinheim, Germany

Original English language edition Windows 11 for Dummies 2nd edition © 2025 by Wiley Publishing, Inc.

All rights reserved including the right of reproduction in whole or in part in any form. This translation published by arrangement with John Wiley and Sons, Inc.

Copyright der englischsprachigen Originalausgabe Windows 11 for Dummies 2nd edition © 2025 by Wiley Publishing, Inc.

Alle Rechte vorbehalten inklusive des Rechtes auf Reproduktion im Ganzen oder in Teilen und in jeglicher Form. Diese Übersetzung wird mit Genehmigung von John Wiley and Sons, Inc. publiziert.

Wiley, the Wiley logo, Für Dummies, the Dummies Man logo, and related trademarks and trade dress are trademarks or registered trademarks of John Wiley & Sons, Inc. and/or its affiliates, in the United States and other countries. Used by permission.

Wiley, die Bezeichnung »Für Dummies«, das Dummies-Mann-Logo und darauf bezogene Gestaltungen sind Marken oder eingetragene Marken von John Wiley & Sons, Inc., USA, Deutschland und in anderen Ländern.

Das vorliegende Werk wurde sorgfältig erarbeitet. Dennoch übernehmen Autoren und Verlag für die Richtigkeit von Angaben, Hinweisen und Ratschlägen sowie eventuelle Druckfehler keine Haftung.

Coverfoto: © Vladitto - stock.adobe.com
Korrektur: Shangning Postel-Heutz
Satz: Straive, Chennai, India
Druck und Bindung: CPI Group (UK) Ltd, Croydon, CR0 4YY

Print ISBN: 978-3-527-72263-1
ePub ISBN: 978-3-527-85031-0

C9783527722631_161025

Bevollmächtigte des Herstellers gemäß EU-Produktsicherheitsverordnung ist die Wiley-VCH GmbH, Boschstr. 12, 69469 Weinheim, Deutschland, E-Mail: Product_Safety@wiley.com.

Über den Autor

Alan Simpson ist der Autor von mehr als 100 Büchern über Webdesign, Datenbankdesign und Softwareentwicklung. Seine Bücher wurden weltweit in Dutzenden von Sprachen veröffentlicht und haben sich millionenfach verkauft. Außerdem hält Alan online Hochschulkurse über Webentwicklung und Programmierung.

Widmung

Für Susan, Ashley und Alec

Danksagung

Vielen Dank an Margot Maley, Steve Hayes, Susan Pink, Guy Hart-Davis und alle anderen bei Wiley, die dazu beigetragen haben, dass Sie dieses Buch in den Händen halten.

Auf einen Blick

Über den Autor		9
Einführung		23
Teil I: Erste Schritte mit Windows 11 24H2		**29**
Kapitel 1:	Was genau ist Windows 11 24H2?	31
Kapitel 2:	Wir starten mit dem Startmenü	39
Kapitel 3:	Der traditionelle Desktop und die moderne KI	61
Kapitel 4:	Übernehmen Sie die Kontrolle über den Desktop	87
Kapitel 5:	Dateien speichern und organisieren	101
Teil II: Apps und Dateien		**137**
Kapitel 6:	Mit Apps und Dokumenten jonglieren	139
Kapitel 7:	Gesucht und gefunden	159
Kapitel 8:	Ihre Arbeit drucken und scannen	171
Teil III: Ab ins Internet		**187**
Kapitel 9:	Unterwegs im Web	189
Kapitel 10:	Soziale Kontakte pflegen: E-Mail, Chat und Videoanrufe	207
Kapitel 11:	Sicheres Arbeiten am Computer und im Internet	223
Teil IV: Windows 11 anpassen und aktualisieren		**233**
Kapitel 12:	Windows anpassen	235
Kapitel 13:	Windows hegen und pflegen	263
Kapitel 14:	Ihren Computer mit anderen teilen	275
Kapitel 15:	Den Computer mit einem Netzwerk verbinden	289
Teil V: Text, Musik, Fotos und Filme		**309**
Kapitel 16:	Mit Text arbeiten	311
Kapitel 17:	Mit Bildern spielen	325
Kapitel 18:	Tüftelei mit Video und Musik	347
Teil VI: Hilfe!		**359**
Kapitel 19:	Wenn gar nichts mehr geht …	361
Kapitel 20:	Seltsame Fehlermeldungen	371
Kapitel 21:	Von einem alten Rechner auf einen Windows-11-Computer umziehen	381
Kapitel 22:	Hilfe beim Windows-Hilfesystem anfordern	385

Teil VII: Der Top-Ten-Teil **391**
Kapitel 23: Zehn Tipps für Content Creators 393
Kapitel 24: Die zehn besten Tipps für ein erfolgreiches Leben im Zeitalter der KI 415

Abbildungsverzeichnis **429**
Stichwortverzeichnis **436**

Inhaltsverzeichnis

Über den Autor 9
    Widmung 9
    Danksagung 9

Einführung 23
    Über dieses Buch 23
    Konventionen in diesem Buch 24
    Törichte Annahmen über den Leser 25
    Wie dieses Buch aufgebaut ist 26
        Teil I: Erste Schritte mit Windows 11 24H2 26
        Teil II: Apps und Dateien 26
        Teil III: Ab ins Internet 26
        Teil IV: Windows 11 anpassen und aktualisieren 26
        Teil V: Text, Musik, Fotos und Filme 27
        Teil VI: Hilfe! 27
        Teil VII: Der Top-Ten-Teil 27
    Symbole, die in diesem Buch verwendet werden 27
    Wie es weitergeht 28

TEIL I
ERSTE SCHRITTE MIT WINDOWS 11 24H2   29

Kapitel 1
Was genau ist Windows 11 24H2? 31
    Was ist Windows und warum benutzen Sie es? 31
    Was ist neu in Windows 11 24H2? 33
    Was fehlt bei Windows 11 24H2? 34
    Läuft Windows 11 24H2 auf Ihrem Computer? 36
    Die verschiedenen Varianten von Windows 11 36

Kapitel 2
Wir starten mit dem Startmenü 39
    Willkommen in der Welt von Windows 39
        Benutzerkonten verstehen 42
        Ihr Konto schützen 42
        Mit einem Microsoft-Konto anmelden 45
        Das Startmenü erforschen 47
        Apps starten 48
        Eine App im Startmenü ausfindig machen 49
        Geöffnete Apps anzeigen, zu ihnen zurückkehren und schließen 50

> Apps »für umsonst« 52
> Symbole im Startmenü hinzufügen oder daraus entfernen 54
> Das Startmenü passend machen 55
> Windows beenden 58
> Ihren Computer temporär verlassen 58
> Computer wird nicht mehr benötigt 59

Kapitel 3
Der traditionelle Desktop und die moderne KI 61

> Aufpeppen Ihres Desktops 61
> Auswahl eines dunklen oder hellen Designs 63
> Verschönern mit Akzentfarben 64
> Den Desktop mit einem Hintergrund tapezieren 66
> Mit der Taskleiste arbeiten 67
> Personalisierung der Taskleiste 68
> Verwenden von Widgets 69
> Wo die Action ist: Der mittlere Bereich der Taskleiste 70
> Anheften (und Lösen) von Taskleistensymbolen 71
> Freudensprünge mit Sprunglisten 72
> Apps wie von Zauberhand erscheinen und verschwinden lassen 73
> Die START-Schaltfläche nach links verschieben 73
> Auf die sensiblen Stellen der Taskleiste klicken 74
> Einstellen von Bildschirmhelligkeit und Lautstärke 74
> Symbole im Infobereich 75
> Benachrichtigungen einblenden 76
> Benachrichtigungen stummschalten 78
> In das KI-Zeitalter hineinstolpern 79
> Treffen Sie Ihren KI-Copiloten 79
> Fragen an KI stellen 80
> Lassen Sie KI für Sie schreiben 83
> Mit KI über Ihre Stimme kommunizieren 84
> Was ist, wenn ich Copilot verliere? 85

Kapitel 4
Übernehmen Sie die Kontrolle über den Desktop 87

> Ein typisches Desktopfenster in seine Bestandteile zerlegen 87
> Das Ziehen und Ablegen beherrschen 88
> Die Bildlaufleiste zum Bewegen innerhalb eines Fensters verwenden 89
> Bildlauf innerhalb eines Bereichs 90
> Hineinzoomen, Herauszoomen 91
> Fenster auf die gewünschte Größe bringen 92
> Ein Fenster so einstellen, dass es den gesamten Desktop ausfüllt 92
> Ein Fenster größer oder kleiner machen 93
> Fenster auf die Hälfte (oder ein Viertel) der Bildschirmgröße
> verkleinern 93
> Ein Fenster ausblenden, ohne die aktuelle Ansicht zu verlieren 94

Fenster auf dem Desktop arrangieren 94
    Ein Fenster oben auf dem Stapel ablegen 94
    Ein Fenster von hier nach da verschieben 95
    Mehrere geöffnete Fenster andocken lassen 95
    Die Ansicht AUFGABENANSICHT meistern 97
Mit virtuellen Desktops mehrere Monitore vortäuschen 98

Kapitel 5
Dateien speichern und organisieren 101

Laufwerke, Ordner und Dateien verstehen 101
Ihren Computer erkunden 103
    Die Symbole des Navigationsbereichs kennenlernen 104
    Die Festplatte erforschen 106
    Dateien auf einem anderen Laufwerk anzeigen 107
    Was tummelt sich in einem Ordner? 108
    Öffnen von Dateien aus dem Explorer 110
    Dateien im Explorer sortieren und Vorschau anzeigen 111
    Anzeigen von Dateinamenerweiterungen 111
Mit Dateien und Ordnern arbeiten 112
    Einen Ordner erstellen 112
    Dateien und Ordner umbenennen 114
    Mehrere Dateien oder Ordner auswählen 114
    Dateien oder Ordner loswerden 115
    Abfall aus dem Papierkorb fischen 116
    Dateien und Ordner kopieren oder verschieben 118
    Details zu Dateien und Ordnern anzeigen 119
Mit Speichersticks und Speicherkarten hantieren 123
OneDrive – Ihre Ablage in den Wolken 124
    Sichern von Dateien 125
    Die OneDrive-Einstellungen ändern 127
    Dateien in OneDrive öffnen und speichern 130
    Verstehen, welche Dateien sich auf OneDrive, Ihrem PC oder an
    beiden Orten befinden 131
    Vom Webbrowser aus auf OneDrive-Dateien zugreifen 134

TEIL II
APPS UND DATEIEN   137

Kapitel 6
Mit Apps und Dokumenten jonglieren 139

Apps starten 139
Dokumente öffnen 141
Dokumente speichern 143
Festlegen, welche App welche Datei öffnet 145

Im Microsoft Store shoppen 147
    Apps aus dem Microsoft Store herunterladen 147
    Apps deinstallieren 150
Der bequeme Weg der Verknüpfungen 151
Alles, was Sie über Ausschneiden, Kopieren und Einfügen wissen müssen. 152
    Auf die Schnelle ausschneiden, kopieren und einfügen 152
    Elemente zum Ausschneiden oder Kopieren auswählen. 153
    Ausgewählte Elemente ausschneiden oder kopieren 155
    Informationen an anderer Stelle einfügen. 156
    Bitte rückgängig machen! 157

Kapitel 7
Gesucht und gefunden **159**
Aktuell geöffnete Apps aufstöbern 159
Aktuell geöffnete Fenster auf dem Desktop aufspüren. 160
Nach Apps, Einstellungen oder Dateien suchen 161
Nach einer Datei in einem Ordner suchen 165
Verloren geglaubte Bilder aufspüren 168

Kapitel 8
Ihre Arbeit drucken und scannen **171**
Aus einer App heraus drucken 171
    Druckseiten einrichten 174
    Einen Druckauftrag abbrechen 175
    Eine Webseite drucken 177
    Druckerprobleme beheben 178
    Drucken der Copilot-Ausgabe 180
Erstellen einer PDF-Datei 182
Die App Windows-Scanner verwenden 183

TEIL III
AB INS INTERNET   **187**

Kapitel 9
Unterwegs im Web **189**
Sinn und Zweck von Internet Service Providern 189
Eine Verbindung zum Internet herstellen 190
Mit Microsoft Edge im Web surfen 193
    Navigieren mit der Adressleiste. 194
    Browsen per Sprache 195
    Browsen mit Links 196
    Browsen mit Tabs und der Zurück-Schaltfläche 196
    Eine Startseite für Microsoft Edge festlegen 198
    Lieblingsseiten erneut besuchen. 199
    Im Internet fündig werden 200
Mehr Infos über alles Mögliche aufspüren 201

KI eine Webseite zusammenfassen lassen 202
Bilder vergrößern 202
Informationen aus dem Internet speichern 203
    Text speichern 203
    Ein Bild speichern.. 203
    Etwas aus dem Internet herunterladen 205
    Dateien komprimieren und extrahieren............................. 205

Kapitel 10
Soziale Kontakte pflegen: E-Mail, Chat und Videoanrufe 207

Erste Schritte mit E-Mail 207
    Eine neue E-Mail-Adresse erhalten 208
    Outlook für ein E-Mail-Konto konfigurieren......................... 210
Outlook für Windows verwenden... 211
    E-Mail-Nachricht senden.. 213
    Ihre E-Mail-Nachrichten lesen 215
    Dateien per Mail senden und empfangen 217
Online-Meetings... 220
    Teams starten... 220
    Chatnachrichten senden... 221
    Video- und Sprachchats abhalten 222

Kapitel 11
Sicheres Arbeiten am Computer und im Internet.............. 223

Die Sicherheitsabfragen verstehen... 223
Auf der sicheren Seite mit Windows-Sicherheit 224
    Viren meiden und entfernen 226
    Phishing unterbinden 228
    Mit den Familienoptionen den elektronischen Jugendschutz
    einrichten 229

TEIL IV
WINDOWS 11 ANPASSEN UND AKTUALISIEREN   233

Kapitel 12
Windows anpassen 235

Die richtige Einstellung finden.. 236
    System-Einstellungen anpassen 237
    Bluetooth- und andere Geräte verbinden und konfigurieren........... 244
    Sich mit WLAN-Netzwerken in der Nähe und dem Internet verbinden.... 251
    Ihren PC personalisieren.. 251
    Apps zurücksetzen und entfernen 255
    Benutzerkonten für andere erstellen und ändern 257
    Datum, Zeit und Sprache 257
    Einrichtung für Videospiele....................................... 258

Windows an Ihre speziellen Anforderungen anpassen 258
Datenschutz und Sicherheit verwalten. 260
Windows mit Windows Update auf dem neuesten Stand halten 261
Einstellungen für die automatische Wiedergabe ändern 261

Kapitel 13
Windows hegen und pflegen 263

Daten mit dem Dateiversionsverlauf sichern 263
Technische Daten über Ihren Computer anzeigen. 266
Platz auf der Festplatte freiräumen 268
Mit Gerätetreibern hantieren 270
Wiederherstellungslaufwerk erstellen 272

Kapitel 14
Ihren Computer mit anderen teilen 275

Benutzerkonten verstehen. 275
Ein Benutzerkonto ändern oder neu erstellen 276
Zwischen verschiedenen Benutzern wechseln 281
Mit dem Profilbild das Profil zeigen 283
Kennwörter und sonstige Sicherheitsvorkehrungen 285
Mit Windows Hello anmelden 285

Kapitel 15
Den Computer mit einem Netzwerk verbinden 289

Ein Netzwerk einrichten 289
Den Namen Ihres Computers kennen 291
Netzwerkerkennung einschalten. 293
Ordner in Ihrem Netzwerk freigeben 294
Drucker gemeinsam nutzen. 297
Zugriff auf gemeinsam genutzte Netzwerkressourcen 299
Anmeldung mit Ihrem Microsoft-Kennwort. 299
Nach freigegebenen Ressourcen suchen 300
Auf einen freigegebenen Ordner zugreifen 302
Zugriff auf freigegebene Drucker 303
Von Laptops und Mac-Computern auf Ihren PC zugreifen 305
Remotedesktop einrichten 305
Aus der Ferne auf einen PC zugreifen. 307

TEIL V
TEXT, MUSIK, FOTOS UND FILME   309

Kapitel 16
Mit Text arbeiten. 311

Erste Schritte mit dem Editor. 311
Editor öffnen. 311
Tippen im Editor. 312

Rechtschreibung überprüfen 312
Mit größeren Textabschnitten arbeiten 314
Lassen Sie KI Ihren Text schreiben 315
Das eigene Schreiben verbessern 318
Editor-Dokumente speichern... 318
Editor-Dokumente öffnen.. 319
Mit Ihrer Stimme tippen 321
Webseiten zusammenfassen und vereinfachen............................. 322
Text übersetzen.. 322

Kapitel 17
Mit Bildern spielen... 325

Ihre Bilder durchsuchen.. 325
Bilder von einer Kamera oder einem Smartphone importieren.......... 327
Bildschirmfotos aufnehmen.. 328
Snipping Tool für Bildschirmfotos verwenden 328
Bilder mit Windows-Fotoanzeige bearbeiten........................ 330
Objekte aus Fotos entfernen 332
Bilder in Paint erstellen und bearbeiten 334
KI-Bilder erstellen... 335
Bilder bearbeiten 338
Text- und Formfarben auswählen....................................... 339
Ein Bild mit Anmerkungen versehen................................... 340
Hintergrund löschen und entfernen.................................... 341
Bild zuschneiden 341
Bilder kombinieren und überlagern 343
Copilot über Ihren Bildschirm und Ihre Bilder befragen................. 344

Kapitel 18
Tüftelei mit Video und Musik 347

Aufzeichnung Ihres Computerbildschirms 347
Videos mit Clipchamp erstellen... 349
Ihr Video von KI erstellen lassen 350
Grundlagen der Videobearbeitung verstehen....................... 354
Musik genießen 356
Musik von CDs abrufen.. 356
Musik für die Wiedergabe im Auto auf USB-Laufwerke kopieren......... 357

TEIL VI
HILFE! 359

Kapitel 19
Wenn gar nichts mehr geht 361

Fragen Sie den Alleswisser.. 361
Neustart Ihres Computers 362
Verwendung einer Problembehandlung 362

Dateiversionsverlauf zur Wiederherstellung einer Sicherung verwenden 363
Defekte Apps reparieren 367
Ich habe mein Kennwort vergessen 367
Meine App ist eingefroren!... 368
Mein Computer ist eingefroren... 368
Wenn alles andere nicht weiterhilft 369

Kapitel 20
Seltsame Fehlermeldungen 371

Fügen Sie Ihr Microsoft-Konto hinzu 372
Wählen Sie eine Aktion für 372
Gelöschte Dateien werden überall entfernt 373
Möchten Sie zulassen, dass durch diese App Änderungen an Ihrem
Gerät vorgenommen werden?.. 374
Möchten Sie Ihre Änderungen speichern?................................. 375
Netzwerkanmeldeinformationen eingeben................................ 375
Auswählen, was mit Wechseldatenträgern geschieht 376
Bedrohung gefunden 377
Sie haben derzeit keine Berechtigung zum Zugriff auf diesen Ordner 378
Ihre Datenschutzeinstellungen haben den Zugriff auf Ihren Standort
blockiert 378

Kapitel 21
Von einem alten Rechner auf einen Windows-11-
Computer umziehen... 381

Dateiübertragungen vermeiden 381
Dateien in einem privaten Netzwerk übertragen 382
Dateien mit einem externen Laufwerk übertragen 382
Lösung von Drittanbietern verwenden 384

Kapitel 22
Hilfe beim Windows-Hilfesystem anfordern 385

Erste Schritte mit Windows 11.. 385
Die App »Hilfe anfordern« 386
Fragen Sie die Microsoft Community 387

TEIL VII
DER TOP-TEN-TEIL   391

Kapitel 23
Zehn Tipps für Content Creators 393

Fotos mit KI verbessern 393
Objekte und Personen aus einem Foto entfernen 395
Bild zuschneiden 397
Größe eines Bildes ändern... 399
Hintergrund entfernen 401

Hintergrund eines Bildes ändern 403
Text in Sprache umwandeln... 404
Aus Wörtern Bilder machen.. 406
KI-Bilder mit Image Creator erstellen 408
Kostenlos designen wie ein Profi 410

Kapitel 24
Die zehn besten Tipps für ein erfolgreiches Leben im Zeitalter der KI 415
Chatten mit Copilot 415
Antworten von Copilot kopieren und einfügen. 418
Fragen zu Bildern stellen 418
Sofortige technische Hilfe erhalten.. 420
KI löst mathematische Probleme 420
Reiseplanung mit KI... 422
Mit KI schreiben wie ein Profi 423
Das Schreiben der KI überlassen 423
Webseiten und PDFs zusammenfassen und vereinfachen................... 425
Programmieren lernen mit KI 427

Abbildungsverzeichnis 429
Stichwortverzeichnis 436

Einführung

Willkommen zur zweiten Auflage von *Windows 11 für Dummies*, einem der beliebtesten Bücher über dieses Betriebssystem.

Die Beliebtheit dieses Buches lässt sich vor allem folgendermaßen erklären. Es gibt Leute, die kennen Windows in- und auswendig. Diese Leute unterhalten sich gerne mit Dialogfeldern. In ihrer Freizeit testen sie stundenlang willkürlich gewählte Tastenkombinationen, in der Hoffnung, auf eine verborgene, nicht dokumentierte Wahnsinnsfunktion zu stoßen. Und sie lernen selbst beim Pizzaessen lange Befehlsabfolgen auswendig.

Und Sie? Sie sind kein Dummkopf! So viel steht fest. Aber wenn es um Windows und Computer geht, üben diese einfach keinen Reiz auf Sie aus. Windows und Ihr Computer sind für Sie einfach Werkzeuge, um Ihre Arbeit so effizient wie möglich zu erledigen. Und das soll auch so bleiben. Leute wie Sie sind kein Einzelfall. Dies – und hier schließt sich der Kreis – macht das *Windows 11 für Dummies*-Buch wahrscheinlich so beliebt.

Das Buch wird Ihnen weiterhelfen und Sie werden Ihr Wissen bezüglich Windows beträchtlich erweitern, aber es wird definitiv nicht versuchen, Sie in einen Windows-Freak zu verwandeln, sondern Sie lediglich dabei unterstützen, Ihre Arbeit noch effizienter zu erledigen, damit Sie sich schnell wieder den angenehmeren Dingen des Lebens widmen können.

Über dieses Buch

Dieses Buch taucht mit Ihnen in die Windows-Welt ein und Sie erfahren, ohne sich mit allzu vielen technischen Details aufhalten zu müssen, (mehr oder weniger) interessante Dinge zu folgenden Themen:

- ✔ direkt von Windows technische Hilfe erhalten
- ✔ Computersicherheit gewährleisten
- ✔ das Windows-Startmenü
- ✔ Apps suchen, starten und schließen
- ✔ Dateien aufspüren, die Sie letzte Woche gespeichert oder heruntergeladen haben
- ✔ den Rechner für die Familie einrichten
- ✔ Daten von und zu USB-Laufwerken und Speicherkarten kopieren
- ✔ Fotos von Ihrer Digitalkamera oder Ihrem Smartphone auf dem Rechner speichern und mit anderen teilen
- ✔ Ihre Arbeit auf Papier bringen und scannen

✔ Computer zur gemeinsamen Nutzung Ihrer Internetverbindung; Dateien oder Drucker mit einem Netzwerk verbinden

✔ Windows reparieren, wenn das Betriebssystem nicht mehr so will, wie es soll

Sie müssen nichts auswendig lernen. Schlagen Sie einfach bei Bedarf auf der richtigen Seite nach, lesen Sie die kurze Erklärung, und zurück geht's an die Arbeit. Hochtechnischer Firlefanz, langatmige Monologe und unnötiger Detailballast haben in diesem Buch nichts zu suchen.

Konventionen in diesem Buch

Wenn Sie in Windows 11 24H2 nicht weiterkommen, können Sie dieses Buch als Nachschlagewerk verwenden. Schlagen Sie im Inhaltsverzeichnis oder im Stichwortverzeichnis nach und suchen Sie gezielt nach der Funktion oder dem Bereich, die beziehungsweise der Fragen aufwirft.

Wenn Sie etwas selbst eingeben müssen, wird der einzugebende Text in Listingschrift dargestellt, zum Beispiel:

»Geben Sie Mail in das Suchfeld ein.«

Im obigen Beispiel geben Sie in das Suchfeld Mail ein und drücken danach die ⏎-Taste.

Und wenn Sie aufgefordert werden, eine Tastenkombination zu drücken, wird das folgendermaßen dargestellt:

»Drücken Sie Strg + C.«

In diesem Fall halten Sie die Strg-Taste gedrückt und drücken zusätzlich noch die Taste C. (Übrigens: Damit kopieren Sie den aktuell ausgewählten Inhalt in die Windows-Zwischenablage.)

Dieses Buch verschanzt sich nicht hinter Formulierungen wie »Weitere Informationen schlagen Sie bitte in Ihrem Handbuch nach«. Mal davon abgesehen, dass es für Windows gar kein Handbuch gibt. Und in diesem Buch werden keine Apps beschrieben, die unter Windows laufen, wie beispielsweise Microsoft Word oder Excel. Windows und seine eigenen Apps sind vielfältig und kompliziert genug. Und es gibt ja noch andere ... *für Dummies*-Bücher, die sich dieser Themenbereiche dankbar annehmen.

Fühlen Sie sich aber nicht im Stich gelassen. Dieses Buch behandelt Windows so ausführlich, dass Sie Ihre Aufgaben erledigen können. Und dank der eingebauten künstlichen Intelligenz (KI) erhalten Sie Antworten auf Ihre technischen Fragen, indem Sie einfach am unteren Bildschirmrand auf das Symbol von Copilot klicken und dort Ihre Frage stellen.

Die meisten modernen Laptops sind mit einem *Trackpad* ausgestattet, das Sie anstelle einer Maus verwenden können. Im Gegensatz zu einer Maus hat das Trackpad jedoch möglicherweise keine Tasten zum Klicken. Sie bewegen den Mauszeiger auf dem Bildschirm, indem

Sie Ihren Finger auf dem Trackpad (ohne dabei zu viel Druck auszuüben) entlang der Oberfläche des Trackpads bewegen. Übersetzen Sie dann die Mausaktionen wie folgt:

✔ Wenn Sie »klicken« lesen, *tippen* Sie leicht mit dem Finger auf dem Trackpad.

✔ Wenn Sie »doppelklicken« lesen, *tippen Sie zweimal* kurz hintereinander mit dem Finger auf dem Trackpad.

✔ Wenn Sie »mit der rechten Maustaste klicken« lesen, *tippen* Sie leicht *mit zwei Fingern* statt mit einem Finger.

Auch wenn Windows 11 auf allen neuen Windows-Computern vorinstalliert wird, ist es kein Geheimnis, dass auch die Tablet- und Touchscreen-PCs die Zielgruppe von Windows 11 sind. Denn beide besitzen einen *Touchscreen*, einen besonderen Typ von Bildschirm, den Sie mit Ihren Fingern und mit einer Bildschirmtastatur steuern. Wenn Sie auf Anweisungen stoßen, die nur Mausbenutzer ansprechen, denken Sie immer an die folgenden drei Touchscreen-Regeln:

✔ Wenn Sie »klicken« lesen, *tippen* Sie kurz mit dem Finger auf ein Element auf dem Bildschirm.

✔ Wenn Sie »doppelklicken« lesen, *tippen* Sie *zweimal* kurz hintereinander mit dem Finger auf ein Element auf dem Bildschirm.

✔ Wenn Sie »mit der rechten Maustaste klicken« lesen, *drücken* Sie mit dem Finger geduldig auf den Bildschirm, bis Sie ein kleines Quadrat sehen. Entfernen Sie dann den Finger vom Bildschirm. In der Regel haben Sie damit ein sogenanntes *Kontextmenü* geöffnet, in dem Sie einen Befehl wählen können – und zwar, indem Sie darauf *tippen*.

Törichte Annahmen über den Leser

Ich gehe nicht davon aus, dass Sie bereits ein Techniker sind, der jahrelange Erfahrung mit älteren Windows-Versionen hat. Ich gehe davon aus, dass Sie mit Begriffen wie Dateien, Ordnern, Symbolen, Hochladen, Einfügen und Gigabyte nicht vertraut sind. Das ist kein Problem. Ich definiere jeden Begriff, wenn ich ihn zum ersten Mal verwende.

Vielleicht haben Sie in der Vergangenheit mit Mac-Computern gearbeitet, aber nie mit Windows. Das macht nichts. Dieses Buch fängt ganz von vorne an und erklärt die Dinge, von denen andere Leute annehmen, dass Sie sie bereits kennen. Machen Sie sich also keine Sorgen, dass Sie bereits überfordert werden, bevor Sie überhaupt angefangen haben.

Das einzige technische Wissen und die einzige Erfahrung, die ich bei Ihnen voraussetze, ist die Nutzung des Internets für E-Mails, die Nutzung sozialer Medien, das Einkaufen oder das Bestellen von Essen im Internet.

Wie dieses Buch aufgebaut ist

Dieses Buch besteht aus sieben Teilen. Jeder Teil beinhaltet mehrere Kapitel, die alle thematisch zum entsprechenden Teil passen. Jedes Kapitel ist wiederum in mehrere Abschnitte unterteilt, in denen Windows-Themenhäppchen gereicht werden. Manchmal finden Sie das, was Sie suchen, in einem der grauen Kästen, manchmal in einem Tipp und manchmal müssen Sie sich durch einen ganzen Abschnitt oder gar ein ganzes Kapitel kämpfen. Das hängt von Ihnen und von der Komplexität der Aufgabe ab, die Sie gerade lösen wollen.

Teil I: Erste Schritte mit Windows 11 24H2

In diesem Teil lernen Sie die Neuerungen in Windows 11 24H2 sowie das Startmenü kennen, aus dem heraus Sie Apps starten, und Sie erfahren, wie Sie auf dem Desktop und mit seinen Fenstern werkeln. Außerdem lernen Sie hier den Explorer kennen, den digitalen Aktenschrank für Ihre Dokumente. Aber auch der virtuelle Onlinespeicher OneDrive wird vorgestellt. Über diese Dinge sollten Sie Bescheid wissen.

Teil II: Apps und Dateien

Windows kommt mit einem ganzen Bündel von kostenlosen Apps und Programmen daher. Es ist aber nicht immer so einfach, an sie heranzukommen. In diesem Teil erfahren Sie daher, wie Sie die Apps und Programme von Windows starten, damit Dateien erstellen und diese speichern, drucken und faxen. Und wenn dann einmal eine wichtige Datei oder eine besondere App verschwunden scheint, hilft Ihnen das allwissende Suchfeld.

Teil III: Ab ins Internet

Legen Sie in diesem Teil einen Stopp für einen Crashkurs zum beliebtesten Spielplatz der heutigen Zeit ein, dem Internet. Hier erfahren Sie, wie Sie einen Internetprovider finden, um einen Zugang zum Internet herzustellen und wie Sie mit Mails, Chats sowie Videoanrufen soziale Kontakte pflegen. Außerdem stellt dieser Teil den Webbrowser Microsoft Edge vor und zeigt, wie Sie sich zwanglos auf verschiedensten Webseiten tummeln können.

Und damit Sie sicher im Internet unterwegs sind, widmet sich Kapitel 11 ausschließlich dem Thema "Sicheres Surfen im Internet". Sie lernen die Sicherheitsfunktion kennen, mit denen Sie Phishing, Virenbefall und sonstige üble Machenschaften verhindern können.

Teil IV: Windows 11 anpassen und aktualisieren

Wenn Windows nicht so mag, wie es sollte, geben Sie ihm einen kleinen Schubs und legen Sie den einen oder anderen Schalter in der Einstellungen-App um. Und selbst wenn Windows wie am Schnürchen funktioniert, sollten Sie hin und wieder Wartungsarbeiten durchführen lassen, um den gegenwärtigen guten Zustand zu erhalten.

Erfahren Sie in diesem Teil außerdem, wie Sie sich den Computer mit anderen teilen, ohne dass sich die Benutzer gegenseitig in die Karten schauen können. Und wenn ein Computer nicht mehr ausreicht, schaffen Sie sich einen oder mehrere weitere an und vernetzen Sie sie. Dann können sich alle Computer bequem die Internetverbindung, Dateien und den Drucker teilen.

Teil V: Text, Musik, Fotos und Filme

Wenden Sie sich vertrauensvoll an diesen Teil, wenn Sie Spaß haben wollen. Hier erfahren Sie, wie Sie mit den Bordmitteln von Windows Textdokumente erstellen, Bilder bearbeiten und eigene Videos erstellen können. Außerdem erfahren Sie, wie Sie Lieder auf Musik-CDs so umwandeln können, dass sich diese in Ihrem Fahrzeug von einem USB-Stick abspielen lassen.

Teil VI: Hilfe!

Es geht zwar kein Glas zu Bruch, wenn Windows abstürzt, aber es kann trotzdem wehtun. In diesem Teil finden Sie ein paar lindernde Salben gegen die schmerzhaftesten Verletzungen und Sie erfahren, wie Sie mit der Windows-Problembehandlung den Heilungsprozess beschleunigen können.

Sie haben keine Ahnung, wie Sie die Dateien und Einstellungen von einem alten Windows-Rechner auf den schmucken neuen Windows-11-Computer übertragen können? Wenn Sie Kapitel 21 gelesen haben, wissen Sie Bescheid.

Ach ja, und für die ganz alltäglichen Windows-Sorgen und -Fragen können Sie sich auch vertrauensvoll an Copilot oder an die große Online-Community von Windows wenden.

Teil VII: Der Top-Ten-Teil

In diesem Teil finden Sie die besten Tipps für Content Creators (also Leute, die Inhalte für soziale Medien erstellen) und die zehn besten Tipps für ein erfolgreiches Leben im Zeitalter der KI.

Symbole, die in diesem Buch verwendet werden

Die folgenden Symbole finden Sie am Rand neben dem Text. Sie sind strategisch günstig platziert, damit Sie auf einen Blick sehen können, was Sie lesen sollten und was Sie vielleicht überspringen wollen.

Hier erhalten Sie eine kleine Extraportion Informationen zu einem Thema. Oder es wird eine weitere Vorgehensweise vorgestellt. Oder Sie erfahren irgendetwas Neues, das Ihnen das Leben mit Windows erleichtert.

Hier stehen Informationen, die Sie sich merken sollten. Sie werden sie bestimmt bald wieder brauchen. Vielleicht machen Sie ein Eselsohr in die Seite?

 Hier wird es ernst! Lesen Sie die Informationen, wenn Sie eine Katastrophe verhindern wollen.

 Hier erwarten Sie eher technische Ausführungen, die Sie lesen können oder auch nicht.

 Hier können Sie auf einen Blick erkennen, dass es sich um eine brandneue Funktion in Windows 1124H2 handelt.

Wie es weitergeht

Jetzt kann's losgehen! Blättern Sie schnell die Seiten durch und überfliegen Sie vielleicht schon mal ein paar Abschnitte, von denen Sie wissen, dass Sie sie später brauchen werden. Oh, und das ist übrigens Ihr Buch – Ihre Waffe gegen die Computerfreaks, denen Sie dieses komplizierte Computerzeug überhaupt zu verdanken haben. Markieren Sie hilfreiche Absätze, kleben Sie Notizzettel auf die Seiten und malen Sie Smileys an den Rand.

 Je mehr Sie in diesem Buch markieren, kleben, kritzeln und malen, desto einfacher wird es für Sie sein, nützliche Informationen schnell wiederzufinden.

Teil I
Erste Schritte mit Windows 11 24H2

IN DIESEM TEIL ...

✔ Die Änderungen in Windows 11 Version 24H2 kennenlernen

✔ Apps starten und verwenden

✔ Auf dem aktuellen Stand der KI-Entwicklungen bleiben

✔ Die Kontrolle über Ihren Bildschirm übernehmen

✔ Dateien und Ordner verwenden

IN DIESEM KAPITEL

Die aktuelle Version von Windows 11 kennenlernen

Die neuen Funktionen von Windows 11 24H2 unter die Lupe nehmen

Was fehlt in Windows 11 24H2?

Herausfinden, ob Ihr PC leistungsfähig genug ist, um das Windows 11 24H2 Update auszuführen

Welche Variante von Windows 11 passt zu Ihnen?

Kapitel 1
Was genau ist Windows 11 24H2?

Auf die eine oder andere Weise haben Sie wahrscheinlich schon von *Windows* gehört: die Symbole, Fenster und Mauszeiger, die Sie begrüßen, wenn Sie Ihren Computer einschalten. Die meisten neuen Computer werden bereits mit einem vorinstallierten Windows angeboten – und so werden Sie von Windows gleich fröhlich begrüßt, wenn Sie den Computer zum ersten Mal einschalten.

Dieses Kapitel soll Ihnen näherbringen, warum Sie Windows brauchen, und es stellt Ihnen Microsofts neueste Windows-Version, Windows 11 24H2, vor und es zeigt auf, wodurch sich diese Version von den früheren Windows-Versionen unterscheidet.

Was ist Windows und warum benutzen Sie es?

Windows, das von der Firma Microsoft entwickelt und vertrieben wird, ist eigentlich kein Programm – etwas, womit man Seminararbeiten schreiben oder womit man verärgerte E-Mails an Versandhändler schicken kann. Nein, Windows kann man getrost als *Betriebssystem* bezeichnen. Denn Windows steuert und beeinflusst, wie Sie mit Ihrem Computer arbeiten. Es existiert sage und schreibe seit dem Jahr 1985 und seine neueste Version heißt Windows 11 24H2 (siehe Abbildung 1.1).

Abbildung 1.1: Windows 11 24H2 sieht mehr oder weniger so aus – Ihr Bildschirm kann ein wenig anders aussehen.

Windows bezieht seinen Namen von all den Fenstern, die es auf Ihrem Bildschirm anordnet, denn *Windows* ist der englische Begriff für »Fenster« in der Mehrzahl. Sie können mehrere Fenster gleichzeitig auf dem Bildschirm geöffnet lassen und von Fenster zu Fenster springen. Sie können ein Fenster auch so vergrößern, dass es den ganzen Bildschirm ausfüllt.

Üblicherweise wird in einem Fenster eine bestimmte App dargestellt. Windows enthält auch eine ganze Reihe kostenloser *Apps*, was so viel wie »Application« bedeutet, was wiederum in der Übersetzung »Anwendung« oder »Programm« heißt. Sie können mit diesen Apps die unterschiedlichsten Dinge bewerkstelligen: Briefe schreiben und drucken, das Internet durchsuchen, Musik abspielen, Takeaway-Bestellungen aufgeben, Ihren Freunden schlecht beleuchtete Fotos der letzten Mahlzeit schicken und vieles mehr.

Windows ist nicht das einzige OS (Operating System, Betriebssystem), das es gibt. Macs verwenden ein Betriebssystem namens macOS (früher bekannt als OS X). Apples iPhones verwenden iOS, und die iPads verwenden iPadOS. Die meisten Nicht-Apple-Smartphones verwenden Android. Einige Hardcore-Entwickler (die Leute, die Apps erstellen) verwenden Linux.

Und warum benutzen Sie Windows? Wie die meisten anderen Menschen haben Sie wahrscheinlich keine andere Wahl. Wenn Sie bei der Arbeit einen Computer verwenden, handelt es sich wahrscheinlich um einen Windows-PC. Abgesehen von den Mac-Computern von Apple ist auf fast jedem Computer, Laptop oder Windows-Tablet, das nach Oktober 2021 verkauft wird, Windows 11 vorinstalliert. Das Update 24H2 ist ein kostenloses Upgrade, das automatisch installiert wird. Wenn auf Ihrem Computer also Windows 11 läuft, ist es wahrscheinlich, dass er bereits die Version des Updates 24H2 verwendet.

> **Werbung und Features auseinanderhalten**
>
> Microsoft mag Ihnen Windows als einen hilfreichen Begleiter ans Herz gelegt haben, der nur Ihr Bestes im Sinn hat, doch das ist nicht wirklich wahr. Denn Windows ist in erster Linie den Interessen von Microsoft verpflichtet.
>
> Microsoft verwendet Windows auch, um seine eigenen Produkte und Dienste an den Mann oder an die Frau zu bringen. So präsentiert Microsoft Edge, das ist der Webbrowser von Windows, nach dem Start stolz die Microsoft-Webseiten. Die Favoritenleiste des Browsers, in der Sie normalerweise Ihre bevorzugten Webziele bereitlegen, ist mit Microsoft-Webseiten überfüllt.
>
> Und in Windows 11 gibt es in jedem Ordner einen Link auf OneDrive, den Microsoft-eigenen Speicherdienst in der Cloud. Eine ganz nette Sache. Was Sie aber nicht erfahren, ist die Tatsache, dass Microsoft Sie zur Kasse bittet, wann immer Sie Ihr Speicherlimit überschreiten.
>
> Windows steuert also nicht nur Ihren Computer, sondern fungiert auch als eine Werbetrommel im Dienst von Microsoft. Behandeln Sie die eingebauten Werbeinformationen wie einen Vertreter, der an Ihrer Tür klopft.

Was ist neu in Windows 11 24H2?

Die Windows 11-Version 24H2 ist praktisch mit dem im Jahr 2021 veröffentlichten Windows 11 identisch, einschließlich aller Updates, die Microsoft seit dem ursprünglichen Veröffentlichungsdatum veröffentlicht hat. Ihre vorhandenen Kenntnisse können Sie also weiterhin nutzen. Das Update 24H2 konzentriert sich darauf, die Möglichkeiten der künstlichen Intelligenz (KI) für alle frei verfügbar zu machen. Die KI in Windows 11 Version 24H2 heißt Microsoft Copilot, aber ich nenne sie kurz Copilot. Hier ist, was Sie mit Copilot erreichen können:

- ✔ **Sofortige Antworten und clevere Unterhaltungen:** Nutzen Sie den Copilot-Chat, um schnell Antworten auf eine Vielzahl von Fragen zu erhalten. Wie dies geht, beschreibe ich etwas weiter hinten in diesem Kapitel.

- ✔ **Mühelose Eingabe:** Lassen Sie einen Text in bemerkenswerter Geschwindigkeit tippen – etwa 1.000 Wörter pro Minute –, und das ohne Fehler, selbst bei unbekannten Themen.

- ✔ **Visuelle Kreationen:** Beschreiben Sie jedes Bild, das Sie sich vorstellen, in einfachem Deutsch, und Copilot Designer erweckt es zum Leben, unabhängig von Ihren künstlerischen Fähigkeiten.

- ✔ **Videos und Diashows einfach erstellt:** Erstellen Sie Videos und Diashows, ohne dass Sie fortgeschrittene Kenntnisse in der Videobearbeitung benötigen.

- ✔ **Professionelle Inhalte für soziale Medien:** Erstellen Sie im Handumdrehen ausgefeilte Beiträge und Videos für Plattformen wie Facebook, Instagram und YouTube.

✔ **Befehle in natürlicher Sprache:** Erhalten Sie sofortige Antworten und steuern Sie die KI mit Ihrer Stimme und Ihrer Alltagssprache.

✔ **Verbesserung der Lebensqualität:** Ehrlich gesagt bin ich mir nicht sicher, was das bedeutet, da ich nie daran gedacht habe, dass die Qualität meines eigenen Lebens etwas mit Computern oder Windows zu tun hat. Aber anscheinend hat es mit Verbesserungen beim Akkuverbrauch, nahtloser Telefonverbindung und verbesserten Telekonferenzen über Teams zu tun.

Sie können Copilot in Windows jederzeit öffnen, indem Sie auf das Symbol in der Taskleiste (die sich am unteren Bildschirmrand befindet) klicken. Copilot wird geöffnet, wie in Abbildung 1.2 dargestellt. In Kapitel 3 erkläre ich, wie Sie Copilot dazu bringen können, Ihre Fragen zu beantworten und Ihnen einen Großteil der Schreibarbeit abzunehmen. Wenn Sie Copilot wieder ausblenden möchten, klicken Sie in der oberen rechten Ecke des Copilot-Fensters auf das X (Schließen).

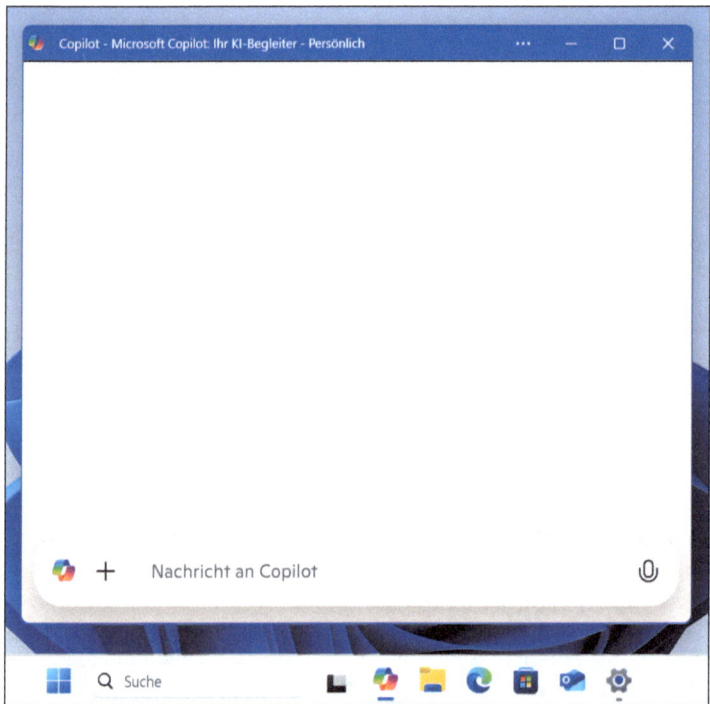

Abbildung 1.2: Das Copilot-Symbol und das geöffnete Copilot-Fenster

Was fehlt bei Windows 11 24H2?

Wenn Sie vom ursprünglichen Windows 11, das 2021 veröffentlicht wurde, ein Upgrade durchgeführt haben, fehlt im Update für das Jahr 2024 praktisch nichts. Wenn Sie stattdessen ein Upgrade von Windows 8 oder 10 gemacht haben, werden Sie feststellen, dass die folgenden Funktionen fehlen:

- ✔ **Zeitleiste:** Windows 10 merkte sich, mit welchen Apps und Dateien Sie in den letzten 30 Tagen gearbeitet hatten. Mit einem Klick auf die Schaltfläche *Zeitleiste* konnten Sie zurückspringen, um alle Dateien zu sehen. So war es möglich, schnell und einfach zu einer unfertigen Datei von letzter Woche zurückkehren. Windows 11 verabschiedet sich ersatzlos von dieser Funktion.

- ✔ **Verschiebbare Taskleiste:** Die Windows-Taskleiste befindet sich normalerweise am unteren Rand des Bildschirms. In früheren Windows-Versionen konnten Sie die Taskleiste an einen beliebigen Rand verschieben. In Windows 11 bleibt die Taskleiste nun am unteren Rand des Desktops fixiert und kann nicht mehr verschoben werden.

- ✔ **Synchronisiertes Hintergrundbild:** In Windows 10 konnten Sie Ihr Desktop-Hintergrundbild automatisch auf mehreren Computern synchronisieren. Zum Leidwesen der Computerdesigner wurde diese Funktion in Windows 11 abgeschafft.

- ✔ **Tablet-Modus:** Der Tablet-Modus wurde speziell für Tablets mit Touchscreens entwickelt und sorgte dafür, dass die Symbole weiter auseinanderlagen, um Menschen mit dickeren Fingerkuppen entgegenzukommen. Der Startbildschirm und die Apps füllten immer den gesamten Bildschirm aus. Mit Windows 11 wird der Tablet-Modus abgeschafft, da Windows 11 automatisch fingerfreundlich ist.

- ✔ **Live-Kacheln im Startmenü:** Das Startmenü von Windows 10 ähnelte mit seinen animierten und sich verändernden Kacheln manchmal einer flatternden Markise. Windows 11 verzichtet auf diese Kacheln zugunsten eines einfacheren Menüs, das lediglich statische Symbole anzeigt. Außerdem können Sie im Startmenü keine Ordner mehr erstellen, um verwandte Elemente darin aufzubewahren.

- ✔ **Internet Explorer:** Microsofts älterer Browser, der Internet Explorer, verschwand aus Windows 11 und wurde durch den neuen Browser *Microsoft Edge* ersetzt.

- ✔ **Groove:** Die Groove-App zum Abspielen von Musik ist in dieser Version verschwunden. Medienwiedergabe ist die bevorzugte App für die Wiedergabe von Musik.

- ✔ **Cortana:** Microsoft hat seinen kleinen Roboter entlassen, der versucht hat, Ihnen bei der Arbeit zu helfen, aber meistens im Weg war. Sie können die Cortana-App immer noch über das Startmenü starten, falls Sie sie vermissen, aber ansonsten wird Cortana Sie nicht stören.

- ✔ **Paint 3D:** Mit Paint 3D konnten Sie dreidimensionale Modelle entwerfen, die Sie auf dem Bildschirm beliebig drehen konnten. Nur wenige Menschen haben es benutzt, und noch weniger werden bemerken, dass es fehlt.

- ✔ **Skype:** Microsoft zahlte Milliarden für Skype, eine App, mit der man günstig (oder kostenlos) über das Internet telefonieren kann, ließ die App aber dann in der Versenkung verschwinden. Jetzt wird sie durch *Teams* ersetzt, ein neues Programm für Online-Zusammenarbeit wie beispielsweise Online-Meetings. Es ist in Windows 11 integriert und Microsoft hofft, dass es mit Zoom konkurrieren kann, das während der Pandemie enorm an Popularität gewonnen hat.

✔ **OneNote:** Windows 10 wurde mit einer kostenlosen Version von OneNote ausgeliefert, einer App für Notizen, die einem virtuellen Schulheft ähnelte. OneNote ist aus Windows 11 verschwunden, aber zwanghafte Notizenmacher wie ich können es immer noch kostenlos aus dem Microsoft Store beziehen und installieren.

Läuft Windows 11 24H2 auf Ihrem Computer?

Mitte 2024 war in den Medien vom KI-PC die Rede, einer neuen Computerklasse. Diese PCs ähneln unseren aktuellen Windows 10- und 11-Computern, enthalten aber neben dem herkömmlichen Prozessor (CPU, Central Processing Unit) und der Grafikkarte (GPU, Graphics Processing Unit) einen Neuralprozessor (NPU, Neural Processing Unit), der auch KI-Prozessor genannt wird. Trotz des beeindruckenden Namens verwaltet der Neuralprozessor einfach die zusätzliche Verarbeitung, die einige Aspekte der KI erfordern, so dass die CPU und GPU dies nicht tun müssen.

Um Windows 11 24H2 oder seine KI-Funktionen auszuführen, ist kein KI-PC erforderlich: Die meisten Computer, auf denen bereits Windows 10 oder 11 läuft, sollten das Update ohne Probleme bewältigen.

Eine Handvoll fortgeschrittener KI-Funktionen in Windows 11 24H2 erfordern eine NPU. Sie beziehen sich jedoch hauptsächlich auf den AI-Explorer, der Ihre Aktionen im Explorer nachverfolgt und sie mit natürlicher Sprache durchsuchbar macht. Sie können fast alles andere in diesem Buch tun, ohne dass Sie fortschrittliche Hardware benötigen.

Detaillierte Hardwareanforderungen erhalten Sie, indem Sie Copilot (Kapitel 3) nach den Hardwareanforderungen für Windows 24H2 (die interne Versionsnummer von Microsoft für das Windows 11 2024-Update) fragen. Um die technischen Daten Ihres aktuellen Computers zu überprüfen, klicken Sie auf START und wählen Sie EINSTELLUNGEN | SYSTEM | INFO (in Windows 10 oder 11).

Die verschiedenen Varianten von Windows 11

Es gibt verschiedene Versionen von Windows 11 24H2. Wahrscheinlich interessiert Sie einzig und allein die so treffend als »Home« bezeichnete Version. Für kleine Unternehmen dürfte die Version »Windows 11 Pro« und für große Firmen die Version »Windows 11 Enterprise« interessant sein.

Hier ein paar Hinweise, damit Sie die richtige Version für sich auswählen:

✔ Wenn Sie auf einem Computer zu Hause oder in einer kleinen Firma arbeiten, greifen Sie zur Version »Home«. Damit können Sie nichts falsch machen.

✔ Wenn Ihr PC eine Verbindung zu einer Domäne über ein Netzwerk herstellen muss – wenn dies der Fall ist, wissen Sie das –, entscheiden Sie sich für »Windows Pro«.

✔ Als Techniker in einem Unternehmen werden Sie wohl mit Ihren Vorgesetzten diskutieren müssen, ob man Ihnen »Windows Pro« oder »Windows Enterprise« zugesteht. In einer kleinen Firma sollte sich Ihr Chef oder Ihre Chefin für »Windows Pro« und in einem großen Unternehmen für »Windows Enterprise« entscheiden.

✔ Fortschrittliche Unternehmen könnten »Windows 365« untersuchen, eine Version von Windows, die Cloud-PCs hostet, auf denen jeder Nutzer eine personalisierte Version von Windows erhält, die auf praktisch jedem Computer läuft, sogar auf Mac-Computern.

> **IN DIESEM KAPITEL**
>
> Sich in Windows anmelden
>
> Das Startmenü kennenlernen
>
> Zwischen Apps hin und her springen
>
> All Ihre Apps anzeigen
>
> Das Startmenü an eigene Vorstellungen anpassen
>
> Den Computer ausschalten

Kapitel 2
Wir starten mit dem Startmenü

Menschen nutzen Computer, um ihre Lieblingsapps zu nutzen. Diese Apps können dazu dienen, online Kontakte zu knüpfen, auf dem Laufenden zu bleiben, Inhalte zu erstellen, Essen zum Mitnehmen zu bestellen, Code zu schreiben und viele andere Dinge. Das Öffnen einer App beginnt normalerweise mit dem Windows-Startmenü. Klicken Sie auf die Schaltfläche START oder drücken Sie auf die ⊞-Taste auf Ihrer Tastatur und das Startmenü öffnet sich und bietet Zugriff auf alle Ihre Apps. Aber bevor Sie auch nur das tun können, müssen Sie den Computer einschalten und sich anmelden. Und wenn Sie fertig sind, müssen Sie den Computer ausschalten. Wie das geht, erfahren Sie in diesem Kapitel.

Willkommen in der Welt von Windows

Das Starten von Windows ist so einfach wie das Einschalten des Computers. Windows begrüßt Sie zunächst recht freundlich. Aber wenn Sie meinen, jetzt geht es los, erwischt Sie Windows eiskalt. Windows zeigt den Sperrbildschirm an, der in Abbildung 2.1 zu sehen ist.

Und wie sperrt man auf? Wie kommt man rein? Das hängt davon ab, ob Sie mit der Maus, der Tastatur oder – im Fall eines Touchscreens – mit den Fingern arbeiten:

- ✔ **Maus:** Drücken Sie einfach irgendeine Maustaste oder das Touchpad.
- ✔ **Tastatur:** Drücken Sie eine beliebige Taste.
- ✔ **Touchscreen:** Wischen Sie mit dem Finger auf dem Bildschirm nach oben.

Abbildung 2.1: Klicken Sie auf den Sperrbildschirm oder wischen Sie ihn mit dem Finger nach oben weg oder drücken Sie einfach eine beliebige Taste.

Jetzt sehen Sie zumindest schon mal die Tür! Windows bittet Sie, sich anzumelden (siehe Abbildung 2.2). Dafür müssen Sie Ihren Namen auswählen und durch die Sicherheitsschleuse kommen.

Wenn Sie die Anmeldeseite sehen, haben Sie folgende Optionen:

✔ **Wenn Ihr Name oder Ihre E-Mail-Adresse aufgelistet sind, geben Sie Ihr Kennwort oder Ihre PIN ein.** Alternativ melden Sie sich über *Windows Hello* mithilfe eines Fingerabdrucklesegeräts oder einer Kamera an. Sobald Ihre Identität bestätigt wurde, gewährt Windows Ihnen Zutritt und zeigt den Desktop so an, wie er zuvor verlassen wurde. (In Kapitel 14 gehe ich näher darauf ein, wie Sie Windows Hello einrichten.)

✔ **Wird Ihr Name nicht angezeigt und Sie auf diesem Computer über ein Konto verfügen, werfen Sie einen Blick in die linke untere Ecke des Bildschirms.** Windows zeigt dort eine Liste mit allen Konten an. Klicken Sie Ihren Kontonamen an, um sich anzumelden.

✔ **Wenn Sie einen neuen Computer gekauft haben und noch kein Benutzerkonto haben, sehen Sie ein Symbol für ein allgemeines Benutzerkonto.** Klicken Sie auf ANMELDEN, und Windows führt Sie durch die Erstellung eines Microsoft-Kontos auf Ihrem Computer.

KAPITEL 2 **Wir starten mit dem Startmenü** 41

Abbildung 2.2: Klicken Sie auf Ihr Konto, um sich anzumelden. Geben Sie dann Ihr Kennwort oder ihre PIN ein.

✔ **Kein Konto?** Finden Sie heraus, wem der Computer gehört, und bitten Sie diese Person, ein Konto für Sie einzurichten.

Sie wollen mehr über Benutzerkonten erfahren? Wie man neue erstellt, bereits bestehende verwaltet und ein Microsoft-Konto einrichtet? Dann sollten Sie Kapitel 14 lesen.

Sie wollen sich nicht auf der Anmeldeseite von Windows anmelden? In diesem Fall sind die beiden Schaltflächen rechts am unteren Rand des Bildschirms zuständig:

✔ **Über diese kleine Schaltfläche** (siehe auch Abbildung 2.2) können Sie Windows für Benutzer anpassen, die nicht so gut hören, sehen oder tippen können (mehr dazu in Kapitel 12). Sollten Sie einmal versehentlich auf dieses Symbol kommen, klicken oder tippen Sie einfach auf einen anderen Bereich des Bildschirms.

✔ **Dieses kleine Symbol repräsentiert die Ein/Aus-Schaltfläche** (siehe auch Abbildung 2.2). Hiermit fahren Sie den Computer herunter beziehungsweise lassen ihn ein energiesparendes Nickerchen machen oder führen einen Neustart durch. (Sollten Sie Ihren Computer einmal versehentlich herunterfahren, keine Panik. Drücken Sie einfach auf den Startknopf am Computergehäuse und er wird zu diesem Bildschirm zurückkehren.)

Benutzerkonten verstehen

Windows gestattet es mehreren Benutzern, auf ein und demselben Rechner zu arbeiten, ohne dass ihre Tätigkeiten dabei irgendwie durcheinandergeraten. Hierzu muss Windows aber wissen, wer aktuell an der Tastatur sitzt. Nachdem Sie sich angemeldet haben (wie in Abbildung 2.2 zu sehen ist), zeigt Windows Ihr Startmenü und den Desktop so an, wie Sie die beiden verlassen haben, und Sie können in Ihrer ganz persönlichen Arbeitsumgebung loslegen.

Wenn Sie Ihre Arbeit erledigt haben oder eine Pause einlegen wollen, melden Sie sich ab (wie am Ende dieses Kapitels beschrieben). Dann kann bei Bedarf eine andere Person den Computer benutzen. Wenn Sie sich später wieder anmelden, warten Ihre Arbeitsumgebung und Dateien bereits wieder auf Sie.

Wenn Sie Ihre Arbeitsumgebung in ein Chaos verwandeln, bleibt es einzig und allein Ihr Chaos. Ihre Dateien befinden sich dort, wo Sie sie abgelegt haben, alle Links sind da, wo Sie sie haben wollen, und niemand anderes kann Ihre Mails lesen.

Solange Sie kein Benutzerfoto zuweisen, bleiben Sie eine Silhouette. Um sich selbst Konturen zu verleihen, weisen Sie ein Bild zu. Das geht so: Öffnen Sie das Startmenü und klicken Sie auf EINSTELLUNGEN. Daraufhin werden die EINSTELLUNGEN geöffnet. Klicken Sie dort auf KONTEN und dann im Abschnitt KONTOEINSTELLUNGEN auf IHRE INFOS. Klicken Sie auf die Schaltfläche KAMERA ÖFFNEN, um schnell ein Foto mit einer eingebauten Kamera zu schießen. Keine eingebaute Kamera vorhanden oder noch im Schlafanzug? Dann klicken Sie auf die Schaltfläche DATEIEN DURCHSUCHEN und blättern Sie gemütlich durch alle Fotos, die auf Ihrem Rechner im Ordner BILDER gespeichert sind. Suchen Sie sich ein gelungenes Foto aus und klicken Sie abschließend auf die Schaltfläche BILD AUSWÄHLEN.

Ihr Konto schützen

Benutzerkonten in Windows ermöglichen es jeder Person, die den Computer benutzt, ihn an ihre eigenen Bedürfnisse anzupassen und ihre Dateien privat zu halten.

Unter Windows können also mehrere Benutzer an ein und demselben Rechner arbeiten. Wie wird aber verhindert, dass Sabine die Mails von Frauke liest oder dass Frauke die Links von Chris löscht?

Schützen Sie Ihr Benutzerkonto mit einem Kennwort oder mit den anderen Sicherheitsoptionen von Windows. Wenn Sie Ihr Konto schützen, kann niemand anderes auf Ihre Dateien zugreifen, auf Ihre Kosten online shoppen gehen oder sonstigen groben Unfug treiben. Stellen Sie sich bloß vor, Ihr Computer wird gestohlen. Ein Kennwort hält auch Diebe davon ab, auf Ihr Konto zuzugreifen.

In Windows können Sie sich entweder mit einem lokalen Konto oder einem Microsoft-Konto anmelden. Mit einem *lokalen Konto* können Sie auf den PC zugreifen, nicht aber auf verschiedene von Microsoft bereitgestellte Onlinedienste. Ein *Microsoft-Konto* ermöglicht den Zugriff auf den Computer sowie auf cloudbasierte Dienste, die von Microsoft bereitgestellt werden, so dass Sie von jedem Computer mit Internetanschluss aus auf Ihre Dateien zugreifen können. Benutzerkonten werden in Kapitel 14 sehr viel ausführlicher erklärt. Für den Moment recht es aus, zu wissen, dass Sie sich mit einem der beiden Kontotypen bei Ihrem Windows 11 PC anmelden können.

 Um das Kennwort für Ihr Microsoft-Konto zu ändern, rufen Sie die Webseite `https://account.microsoft.com` auf. Melden Sie sich bei Ihrem Konto an und ändern Sie anschließend mit KENNWORT ÄNDERN Ihr Kennwort.

Im Unterschied dazu gehen Benutzer mit einem lokalen Konto folgendermaßen vor, um ein Kennwort einzurichten oder zu ändern:

 1. **Klicken Sie auf die Schaltfläche START und dann auf das Symbol EINSTELLUNGEN, das Sie in der Randspalte sehen.**

   Die App EINSTELLUNGEN wird geöffnet.

 2. **Klicken Sie auf die Kategorie KONTEN. Windows wechselt brav zur Seite KONTEN. Klicken Sie dort auf den Eintrag ANMELDEOPTIONEN.**

   Die Anmeldeoptionen werden im rechten Bereich angezeigt.

3. **Klicken Sie hier auf den Punkt KENNWORT (siehe Abbildung 2.3) und nun auf die Schaltfläche ÄNDERN.**

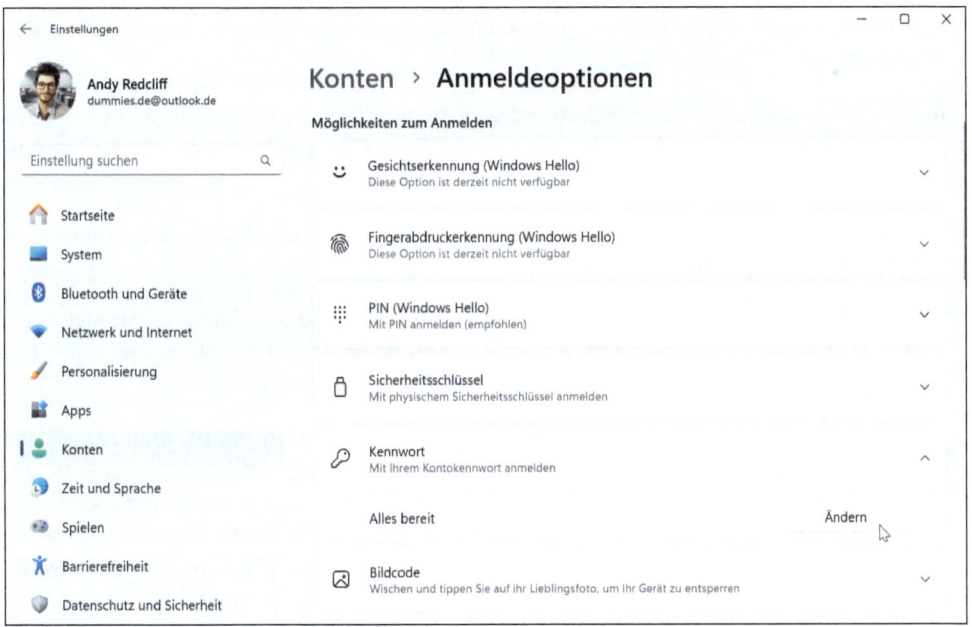

Abbildung 2.3: Klicken Sie auf KENNWORT und dann auf die Schaltfläche ÄNDERN.

Sie sehen keine Schaltfläche ÄNDERN? Dann haben Sie ein Microsoft-Konto und Sie müssen Ihr Kennwort online unter `https://account.microsoft.com` ändern.

4. **Geben Sie im Feld AKTUELLES KENNWORT Ihr altes Kennwort ein, klicken Sie auf die Schaltfläche WEITER und geben Sie im Feld NEUES KENNWORT ein neues Kennwort ein. Notieren Sie sich das Kennwort.**

   Wie wäre es mit Ihrem Lieblingsgemüse oder Ihrer bevorzugten Zahnpasta? Damit das Kennwort besonders sicher ist, sollten Sie noch ein paar Großbuchstaben und Zahlen einbauen.

   Vergessene Kennwörter sind eine der Hauptgründe für Frustration und Haareraufen. Wenn Sie noch Haarehaben, schreiben Sie Ihre Kennwörter auf und bewahren Sie sie griffbereit auf, um eine vorzeitige Glatzenbildung zu vermeiden.

5. **Geben Sie im Feld KENNWORT ERNEUT EINGEBEN das Kennwort erneut ein.**

   Damit prüft Windows, ob Sie das eingegebene Kennwort korrekt buchstabiert haben.

6. **Im Feld KENNWORTHINWEIS geben Sie einen geheimen Hinweis ein, der Sie an Ihr Kennwort erinnert, falls Sie es einmal vergessen sollten.**

   Hier ist ein bisschen Kreativität gefragt. Ihr Kennwort selbst dürfen Sie hier nicht eingeben.

7. **Klicken Sie auf die Schaltfläche WEITER und anschließend auf die Schaltfläche FERTIG STELLEN.**

   Sollte zwischendurch etwas schiefgehen, drücken Sie ganz schnell `Esc` oder klicken Sie auf ABBRECHEN. Fangen Sie dann noch einmal bei Schritt 3 an oder brechen Sie das Ganze ab.

Wenn Sie ein Kennwort definiert haben, müssen Sie es von nun an bei jeder Anmeldung in Windows eingeben. Hier sind ein paar allgemeine Dinge zu Kennwörtern, die Sie kennen sollten:

✔ Die Groß-/Kleinschreibung wird bei Kennwörtern beachtet. »Kaviar« und »kaviar« sind zwei verschiedene Kennwörter.

✔ Haben Sie Angst, dass Sie Ihr Kennwort eines Tages vergessen? Schützen Sie sich jetzt, indem Sie Ihr Kennwort an einem leicht zu findenden Ort notieren. Kapitel 14 beschreibt, wie Sie Kennwörter schützen und zurücksetzen können.

Wenn Sie das Kennwort für Ihr Microsoft-Konto auf Ihrem PC ändern, gilt das für Ihr Online-Microsoft-Konto, nicht nur für den PC, an dem Sie gerade sitzen. Sie müssen also das neue Kennwort verwenden, um sich auf jedem Gerät, das Sie verwenden, bei Microsoft anzumelden, aber nicht für die Anmeldung bei einem lokalen Konto auf einem Computer oder Gerät. (Was genau ein Microsoft-Konto ist, erfahren Sie im nächsten Abschnitt in diesem Kapitel.)

✔ Windows bietet in Schritt 4 auch die Möglichkeit, einen Bildcode zu erstellen. Dabei ziehen Sie auf dem gewählten Foto mit dem Finger oder mit der Maus die von Ihnen gewünschte Abfolge von Kreisen und Linien. Anschließend müssen Sie bei der Anmeldung nicht mehr ein Kennwort eingeben, sondern die Abfolgen auf dem gewählten Foto nachzeichnen. (Ein Bildcode eignet sich eher für Touchscreens als für Desktopbildschirme.)

✔ Außerdem können Sie in Schritt 4 einen PIN-Code erstellen. Es handelt sich dabei um einen vier- oder mehrstelligen Code wie eine Handy- oder EC-PIN. Nachteil: Sie können keinen PIN-Hinweis definieren. Im Gegensatz zu Microsoft-Konten funktioniert Ihr PIN-Code nur auf dem Computer, auf dem Sie ihn angelegt haben; der Code wird nicht online gespeichert, wo Hacker ihn gegebenenfalls aufspüren könnten.

 Haben Sie keine Lust mehr, ständig und überall Ihr Kennwort eingeben zu müssen? Mit einem passenden Fingerabdrucklesegerät oder einer kompatiblen Kamera können Sie sich die Kennworteingabe in Zukunft sparen. (In einigen Notebooks, Tablets und Tastaturen sind diese Geräte bereits integriert.) Ihr Computer öffnet sofort die Tore für Sie, wenn er Ihren Fingerabdruck oder Ihr Gesicht erkennt. Wie genau die Anmeldung mit *Windows Hello* funktioniert, erfahren Sie in Kapitel 14.

✔ Oh, Sie haben Ihr Kennwort bereits vergessen? Wenn Sie ein ungültiges Kennwort eingeben, bietet Ihnen Windows automatisch Ihren Kennworthinweis an. Immer noch keine Idee? Dann klicken Sie auf den Link KENNWORT VERGESSEN?, über den Sie das Kennwort zurücksetzen können. Sie benötigen hierfür Ihren Kennwortzurücksetzungsdatenträger.

In Kapitel 14 finden Sie eine Fülle weiterer Informationen zu Benutzerkonten.

Mit einem Microsoft-Konto anmelden

Wenn Sie sich in Windows zum ersten Mal anmelden oder wenn Sie versuchen, auf eine App zuzugreifen oder eine Einstellung zu ändern, kann es passieren, dass Sie aufgefordert werden, sich mit Ihrem Konto anzumelden. In diesem Fall bekommen Sie einen ähnlichen Bildschirm wie in Abbildung 2.4 zu sehen.

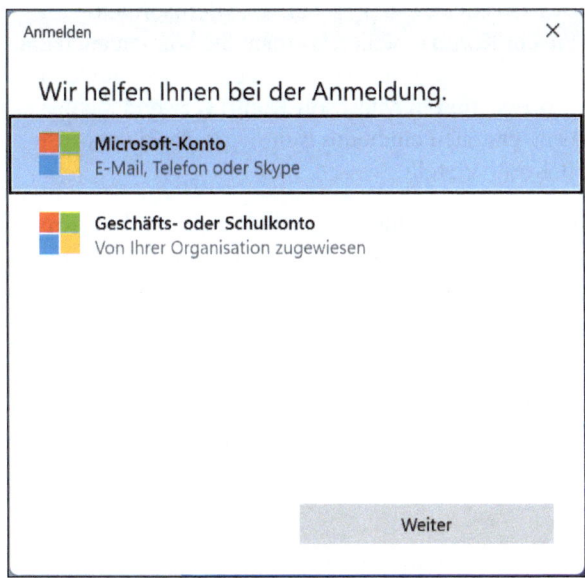

Abbildung 2.4: Für den Zugriff auf eine Reihe von Windows-Funktionen benötigen Sie ein Microsoft-Konto.

Sie können sich entweder mit einem *Microsoft-Konto* oder mit einem *lokalen Konto* anmelden. Jedes Konto erfüllt andere Anforderungen:

✔ **Lokales Konto:** Mit diesem Konto können Sie sich bei dem PC anmelden, auf dem Sie das Konto erstellt haben, aber nicht bei anderen Computern oder Onlinediensten. Lokale Konten funktionieren gut für Benutzer, die Windows-Apps verwenden. Allerdings können Inhaber eines lokalen Kontos keine Dateien auf OneDrive speichern, wo sie von anderen PCs und Geräten aus verfügbar sind. Außerdem können Sie mit einem lokalen Konto auch keine Apps im Microsoft Store kaufen.

✔ **Microsoft-Konto:** Dieser Kontotyp basiert auf einer E-Mail-Adresse und einem Kennwort. Damit können Sie Dateien auf OneDrive im Internet speichern, Apps aus dem Microsoft Store herunterladen und Windows-Apps ausführen, wie MAIL, KALENDER oder KONTAKTE. Sobald Sie sich auf einem Windows-Computer mit Ihrem Microsoft-Konto anmelden, sind Ihre E-Mails, Browser-Favoriten und Einstellungen ganz automatisch da.

Sie können sich mit einem Microsoft-Konto folgendermaßen anmelden; die einfachste Methode habe ich zuerst genannt:

✔ **Verwenden Sie ein vorhandenes Microsoft-Konto.** Wenn Sie bereits über ein Microsoft-Konto verfügen, das von Ihrer Schule/Uni oder Ihrem Arbeitsplatz bereitgestellt wurde, klicken Sie auf GESCHÄFTS- ODER SCHULKONTO. Wenn Sie bereits über ein persönliches Microsoft-Konto verfügen, das Sie zu einem früheren Zeitpunkt erstellt haben, klicken Sie auf MICROSOFT-KONTO und melden Sie sich mit Ihrem Benutzernamen und Kennwort für dieses Konto an. Wenn Sie keines dieser Konten haben, folgen Sie dem nächsten Schritt.

✔ **Erstellen Sie ein neues Microsoft-Konto.** Falls Sie noch kein Microsoft-Konto besitzen, klicken Sie auf den Link DANN ERSTELLEN SIE JETZT EINS!. Microsoft leitet Sie zu einer Webseite weiter, auf der Sie ein Konto erstellen können. Sie können auch ein Konto erstellen, indem Sie die Webseite `https://account.microsoft.com` aufrufen. Sie können eine beliebige E-Mail-Adresse für ein Microsoft Konto verwenden. Sie geben einfach diese E-Mail-Adresse ein, erstellen ein neues Kennwort, das dazu passt und fertig: Sie haben ein Microsoft-Konto erstellt.

Solange Sie nicht mit einem Microsoft-Konto angemeldet sind, wird Sie der Bildschirm aus Abbildung 2.4 verfolgen, sobald Sie versuchen, auf ein Windows-Feature zuzugreifen, das ohne Microsoft-Konto nicht läuft. (In Kapitel 14 erfahren Sie, wie Sie ein lokales Konto in ein Microsoft-Konto umwandeln können.)

Wenn Windows Sie nach Ihrem *Windows-Kennwort* fragt, ist das das Kennwort, mit dem Sie sich bei einem PC oder Gerät anmelden können. Ihr *Microsoft-Kennwort* ist das Kennwort, das Sie für den Zugriff auf Microsoft-Onlinedienste verwenden, unabhängig davon, welchen Computer oder welches Gerät Sie gerade benutzen.

Wenn Sie sich mit Ihrem neuen Microsoft-Konto anmelden, fragt Windows unter Umständen ab, ob Sie nach anderen PCs, Geräten und Inhalten in Ihrem Netzwerk suchen wollen. Klicken Sie auf JA, wenn Sie in einem Heim- oder Arbeitsnetzwerk arbeiten. Dann können

Sie beispielsweise mit dem Netzwerkdrucker drucken und Dateien mit anderen Netzwerkrechnern austauschen. Tummeln Sie sich in einem öffentlichen Netzwerk, zum Beispiel im Hotel, im Café oder am Flughafen, klicken Sie bitte auf NEIN.

Das Startmenü erforschen

In Windows startet alles mit der START-Schaltfläche und dem Startmenü. Egal, ob Sie Ihre Steuer erledigen, Nachrichten lesen oder Ihre Mails prüfen wollen, Sie klicken links unten auf dem Bildschirm auf die Schaltfläche START. Das Startmenü wird daraufhin geöffnet (siehe Abbildung 2.5) und bietet eine Liste mit Ihren Apps an.

Abbildung 2.5: Die Schaltfläche START ist immer das Symbol ganz links in der Ihrer Taskleiste, die sich am unteren Rand des Bildschirms befindet.

Die Theorie klingt einfach: Sie sehen den Namen beziehungsweise das Symbol der gewünschten App, klicken darauf und die Arbeit kann beginnen. Die Realität sieht leider etwas komplizierter aus.

Das Startmenü von Windows 11 ist in vier getrennte Bereiche geteilt. Ich stelle sie Ihnen hier vor:

✔ **Suchfeld:** Dieses Feld befindet sich am oberen Rand des Startmenüs. Geben Sie in das Suchfeld ein, wonach Sie suchen – den Namen einer Datei, eines Ordners oder sogar einige Wörter, die in einer Datei enthalten sind – und Windows wird versuchen, die Datei zu finden, egal ob sie sich auf Ihrem PC oder im Internet befindet.

✔ **Angeheftet:** Windows zeigt in diesem Bereich eine selektive Liste der »angehefteten« Apps an. Wenn Sie alle Ihre Apps sehen möchten, klicken Sie auf die Schaltfläche ALLE in der oberen rechten Ecke des Bereichs. Wie Sie Ihre eigenen Lieblingsanwendungen hier anheften können, erkläre ich in diesem Kapitel im Abschnitt »Symbole im Startmenü hinzufügen oder daraus entfernen«.

✔ **EMPFOHLEN:** Hier listet Windows zunächst einige seiner kostenlosen Anwendungen zum Ausprobieren auf. Im Laufe der Zeit werden im Abschnitt EMPFOHLEN Dateien aufgelistet, die Sie in letzter Zeit verwendet haben, oder Apps, die Sie häufig öffnen.

✔ **BENUTZERNAME und EIN/AUS-SCHALTFLÄCHE:** Im unteren Bereich des Startmenüs wird der Name Ihres Benutzerkontos angezeigt. Auf der anderen Seite befindet sich der »Netzschalter«. Klicken Sie darauf, um Ihren Computer in den Ruhezustand zu versetzen, ihn neu zu starten oder für den Tag auszuschalten.

Klicken Sie auf die Lupe oder das Suchfeld rechts neben der Schaltfläche START, um ein Schnellmenü mit Ihren zuletzt verwendeten Apps zu öffnen.

Apps starten

Windows bevölkert den oberen Bereich des Startmenüs mit *Apps*-Programmen zur Ausführung von Aufgaben. Um eine Liste mit allen Apps zu sehen, klicken Sie auf die Schaltfläche ALLE APPS in der oberen rechten Ecke des Startmenüs. Eine alphabetische Liste aller installierten App wird angezeigt, die Sie per Mausklick oder Fingertipp aufrufen können.

Was ist eine App?

Microsoft Windows ist ein Betriebssystem, dessen Hauptzweck darin besteht, dass Sie mit dem Computer interagieren und Ihre bevorzugten Anwendungsprogramme ausführen können. Der Begriff Anwendungsprogramme ist ein ziemlicher Zungenbrecher und klingt nerdig. Da wir Menschen von Natur aus silbenfaul sind, verkürzten wir ihn zunächst auf Anwendungen, dann wurde das Wort Programm zum bevorzugten Begriff. Und jetzt, in unserer modernen, aufgeklärten Ära, ist der bevorzugte Begriff die einsilbige App.

Apps sind der Hauptgrund, warum man einen Computer benutzt. Es gibt Apps für Spiele, zum Arbeiten, zum Tippen, zum Herumalbern im Internet, zum Erstellen von Bildern und Videos und vieles mehr. So ziemlich alles, was Sie auf einem Computer tun, können Sie mit einer App tun. Viele Apps für Arbeit und Spiel sind im Lieferumfang

> von Windows enthalten, wie ich weiter unten in diesem Kapitel beschreibe. Sie können aber auch Tausende von zusätzlichen Apps im Microsoft Store und im Internet kaufen (oder kostenlos erhalten).

Jedes Symbol im Startmenü stellt eine Schaltfläche zum Starten einer App oder eines traditionellen Programms dar. Natürlich verkompliziert Windows die Dinge, indem es mehrere Wege bietet, eine App oder ein Programm zu starten:

- ✔ **Maus:** Zeigen Sie auf das betreffende Symbol und klicken Sie mit der linken Maustaste.

- ✔ **Tastatur:** Drücken Sie die ⇥-Taste, um zwischen den verschiedenen Abschnitten des Startmenüs hin und her zu springen, und drücken Sie dann so lange eine der Pfeiltasten, bis das betreffende Symbol mit einem Rahmen versehen ist; drücken Sie dann die ↵-Taste.

- ✔ **Touchscreen:** Tippen Sie mit dem Finger auf das betreffende Symbol.

Egal, was Sie ausgewählt haben, die dazugehörige App wird nach dem Klicken, Drücken oder Tippen angezeigt und ist bereit, Sie zu informieren, zu unterhalten oder was immer ihre Aufgabe ist.

Die im Startmenü integrierten Apps werden weiter hinten in diesem Kapitel noch näher erläutert.

Eine App im Startmenü ausfindig machen

Sie können natürlich so lange im Startmenü blättern, bis Sie die gewünschte App beziehungsweise das gewünschte Symbol erspäht haben. Dann klicken beziehungsweise tippen Sie beherzt darauf und los geht's. Für den Fall, dass Ihr Startmenü recht gefüllt ist, können Sie die folgenden Abkürzungsverfahren zum Aufstöbern von Apps verwenden.

Achten Sie im Startmenü vor allem auf die folgenden Elemente:

- ✔ **Abschnitt ANGEHEFTET:** Der obere Bereich des Startmenüs zeigt Apps an, die an diesen Bereich angeheftet wurden, ähnlich wie bestimmte Dinge an eine Landkarte anpinnt sein können. Allerdings hat Microsoft die Apps dort angeheftet, nicht Sie, so dass Sie möglicherweise nicht sehen, was Sie wollen. Wie Sie Elemente anheften und wieder entfernen, beschreibe ich im Abschnitt »Symbole im Startmenü hinzufügen oder daraus entfernen« weiter hinten in diesem Kapitel.

- ✔ **Abschnitt EMPFOHLEN:** Wenn Sie das Startmenü aufrufen, sehen Sie in diesem Bereich kürzlich installierte beziehungsweise verwendete Apps und kürzlich geöffnete Dokumente. Klicken Sie eines der Elemente an, um die App zu starten bzw. das Dokument zu öffnen.

- ✔ Um alle Apps zu sehen, klicken Sie auf die Schaltfläche ALLE APPS. Damit öffnen Sie eine alphabetisch sortierte Liste aller auf Ihrem Rechner installierten Apps.

Die Chancen stehen gut, dass Sie Ihre gewünschte App oder Ihr gewünschtes Programm schnell ohne großes Herumsuchen finden werden. Sollte sich eine App oder ein Programm aber einmal besonders zieren, probieren Sie die folgenden Tricks aus:

- ✔ Tastaturbesitzer geben in das Suchfeld des Startmenüs den Namen des gewünschten Programms ein. Während der Eingabe werden alle Apps aufgelistet, deren Name mit den bereits eingegebenen Buchstaben übereinstimmt.

- ✔ Wenn die angezeigten Symbole nicht Ihrer Arbeitsweise entsprechen, wird es Zeit, das Startmenü an Ihre Wünsche anzupassen. (Mehr hierzu finden Sie im Abschnitt »Das Startmenü passend machen« weiter hinten in diesem Kapitel.)

Geöffnete Apps anzeigen, zu ihnen zurückkehren und schließen

Früher konnte auf Computern immer nur eine Anwendung ausgeführt werden, und diese belegte den gesamten Bildschirm. Um zu einer anderen Anwendung zu wechseln, musste man die gerade verwendete Anwendung beenden, bevor man die andere Anwendung starten konnte. Nicht so bei modernen Computern. Microsoft Windows verdankt seinen Namen der Tatsache, dass jede App, die Sie öffnen, in einem eigenen Fenster ausgeführt wird und Sie nicht darauf beschränkt sind, immer nur eine App ausführen zu können. Unabhängig davon, ob es sich bei der App um ein Spiel, ein Textverarbeitungsprogramm, einen Browser oder etwas anderes handelt, befindet sie sich in einem Fenster, und dieses Fenster enthält die in Abbildung 2.6 gezeigten Komponenten.

Sobald die App in einem Fenster läuft, wird in der Taskleiste am unteren Rand des Bildschirms ein Taskleistensymbol für die App angezeigt. Das Symbol entspricht dem App-Symbol, das in der oberen linken Ecke des App-Fensters erscheint. Eine Linie unter dem Taskleistensymbol zeigt an, dass die Anwendung geöffnet ist. Klicken Sie auf dieses Taskleistensymbol, um das Fenster der Anwendung aus- und wieder einzublenden.

Taskleistensymbole werden am unteren Rand des Bildschirms angezeigt, auch wenn keine Apps sind. Das liegt daran, dass Sie Schaltflächen für häufig verwendete Anwendungen an die Taskleiste anheften können, damit sie immer verfügbar sind.

Sie können die Größe und Position einer Anwendung auf dem Bildschirm mithilfe der in Abbildung 2.6 Schaltflächen wie folgt steuern:

- ✔ Um ein Fenster so zu vergrößern, dass es den gesamten Bildschirm ausfüllt, klicken Sie auf das Symbol MAXIMIEREN/WIEDERHERSTELLEN oder doppelklicken Sie auf die Titelleiste.

- ✔ Um ein bildschirmfüllendes Fenster wieder auf seine vorherige Größe zu bringen, klicken Sie erneut auf das Symbol MAXIMIEREN/WIEDERHERSTELLEN (das nun zwei Quadrate anzeigt) oder doppelklicken Sie erneut auf die Titelleiste.

- ✔ Um ein Fenster an eine neue Position zu verschieben, ziehen Sie seine Titelleiste.

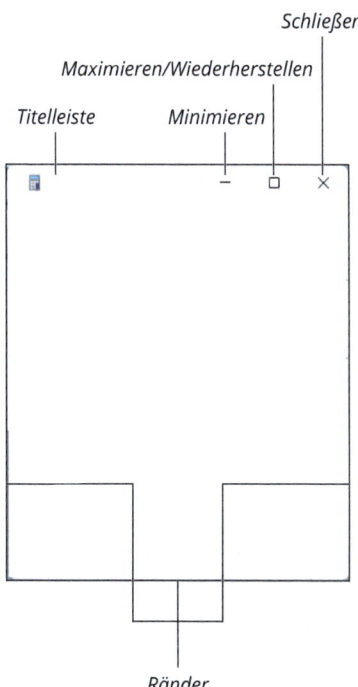

Abbildung 2.6: Jedes geöffnete Fenster enthält diese Elemente.

 Um mit einer Maus oder einem Touchpad zu ziehen, stellen Sie sicher, dass die Spitze des Mauszeigers die Titelleiste des Fensters berührt, das Sie verschieben möchten. Halten Sie dann die linke Maustaste gedrückt oder drücken Sie auf Ihr Touchpad (oder den Bildschirm, wenn Sie einen Touchscreen verwenden), während Sie die Maus bewegen.

✔ Um die Größe eines Fensters zu ändern, setzen Sie den Mauszeiger auf eine Kante (Rand) oder eine Ecke, bis sich der Mauszeiger in einen zweiköpfigen Pfeil verwandelt. Ziehen Sie dann in die Richtung, in der Sie die Größe des Fensters ändern möchten. Lassen Sie die Maustaste los, wenn das Fenster die gewünschte Größe hat.

✔ Optional können Sie ein Fenster an den oberen Rand des Bildschirms ziehen oder ⊞ + Z drücken, um Layoutvorschläge anzuzeigen. Klicken Sie dann auf ein Layoutbeispiel.

✔ Um eine App aus dem Weg zu räumen, ohne sie zu schließen, minimieren Sie ihr Fenster, indem Sie auf das Symbol MINIMIEREN klicken. Oder klicken Sie einfach auf das Symbol in der Taskleiste der Anwendung.

✔ Um ein minimiertes Fenster wieder auf den Desktop zu bringen, klicken Sie auf das Symbol in der Taskleiste.

✔ Um alle geöffneten Fenster zu minimieren, drücken Sie ⊞ + M. Verwenden Sie die Taskleiste, um die Fenster bei Bedarf einzeln wiederherzustellen.

✔ Um alle derzeit geöffneten Apps zu sehen, klicken Sie auf das Symbol AUFAGBENANSICHT (siehe Randspalte), das sich direkt rechts neben dem Suchfeld in der Taskleiste befindet, oder halten Sie die ⊞-Taste gedrückt und drücken Sie die ⇥-Taste.

✔ Um eine Sprungliste mit anderen Aktionen für ein Taskleistensymbol anzuzeigen, klicken Sie mit der rechten Maustaste auf das Taskleistensymbol der Anwendung.

✔ Um eine App zu schließen, die Sie nicht mehr verwenden, klicken Sie auf das Symbol SCHLIESSEN (X). Verwenden Sie das Startmenü, um sie in Zukunft neu zu starten.

Apps »für umsonst«

Das Windows-Startmenü enthält eine Reihe von kostenlosen Apps, jede repräsentiert durch ein Symbol mit einer Beschriftung, damit Sie wissen, was sich hinter ihnen verbirgt. Um diese Apps zu sehen, klicken Sie oben rechts im Startmenü auf ALLE APPS.

Und hier kommen ein paar der beliebtesten, kostenlosen Apps von Windows 11, die Sie nun besitzen. Jede App ist startbereit und wartet nur darauf, dass Sie mit der Maus daraufklicken oder mit dem Finger darauf tippen.

✔ **Audiorekorder:** Der Name verrät es bereits. Klicken Sie auf das Mikrofon-Symbol, um ganz einfach eine Sprachaufnahme zu starten. Mit einem weiteren Klick beenden Sie die Aufnahme. Auf der linken Seite listet die App Ihre Aufnahmen auf.

✔ **Barrierefreiheit:** Dieser Ordner enthält eine Reihe von Werkzeugen zur Bewältigung von Herausforderungen, die durch sensorische oder körperliche Beeinträchtigungen entstehen.

✔ **Editor:** Eine einfache Anwendung zum Schreiben von Text sowie ein Ort, an dem Sie all die intelligenten Dinge, die KI für Sie tippt, in einer Datei speichern oder auf Papier ausdrucken können.

✔ **Einstellungen:** Die neue App, in der Sie fast alle Einstellungen finden, die es in früheren Versionen der Windows-Systemsteuerung gab. (In Kapitel 12 gehe ich näher auf diese App ein.)

✔ **Erste Schritte:** Diese App führt Sie durch Windows 11, stellt aber auch die kostenpflichtigen Dienste von Microsoft vor, wie beispielsweise OneDrive.

✔ **Explorer:** Diese App hilft Ihnen, Ihre Dateien zu verwalten, indem Sie sie verschieben, kopieren, löschen oder suchen. All diese Aufgaben behandle ich in Kapitel 5.

✔ **Hilfe anfordern:** Klicken Sie auf diese Kachel und beginnen Sie Ihre lange Reise durch die offiziellen Kanäle des technischen Supports von Microsoft. Sie erfahren alles dazu in Kapitel 22.

✔ **Kamera:** Thema in Kapitel 17. Nehmen Sie Fotos mit der Kamera auf, die in Ihren Laptop, Ihr Tablet oder Desktop-Computer eingebaut ist.

✔ **Kurznotizen:** Wie die gelben Haftnotizen, auf die wir uns alle verlassen, nur dass sich diese auf Ihrem Windows-Desktop befinden.

✔ **Medienwiedergabe:** Thema in Kapitel 18. Mit dieser App können Sie Musik abspielen.

✔ **Microsoft Clipchamp:** Eine großartige Anwendung zur einfachen Erstellung professioneller Diashows und Videos.

✔ **Microsoft Edge:** Ein Webbrowser, wie Google Chrome oder Safari. Ich behandle Microsoft Edge und das Surfen im Internet in Kapitel 9.

✔ **Microsoft Store:** Thema in Kapitel 6. Nur im Store finden Sie Apps, die Sie an Ihr Startmenü anheften können. Es gibt dort auch ein paar Desktop-Programme, die Sie auf dem Windows-Desktop oder einem Android-Mobiltelefon installieren können. (Mehr hierzu in Kapitel 3.)

✔ **Microsoft Teams:** Es scheint, dass heutzutage fast jeder diese App für Online-Meetings nutzt.

✔ **Microsoft To Do:** Eine sehr praktische Aufgabenliste mit Erinnerungsfunktion.

✔ **OneDrive:** Der geheimnisvolle Ort in den unendlichen Weiten des Internets, an dem Sie Ihre Dateien ablegen können. Sie können auf alle online auf OneDrive abgelegten Dateien jederzeit von jedem beliebigen Computer, Handy oder Tablet (es werden sowohl Android als auch Apple-Gräte unterstützt) aus zugreifen, der über eine Internetverbindung verfügt. Weitere Informationen zu OneDrive finden Sie in Kapitel 5.

✔ **Outlook:** Eine optionale App zum Senden und Empfangen von E-Mails und zur Verwaltung von Kontakten.

✔ **Paint:** Eine praktische App zum Speichern, Zuschneiden, Ändern der Größe, Bearbeiten und Entfernen des Hintergrunds von Fotos und Bildern. Sie verfügt auch über eine eingebaute KI, mit der Sie ein Bild zeichnen können, indem Sie es einfach in Worten beschreiben – künstlerisches Talent oder Können sind nicht erforderlich.

✔ **Rechner:** Ein ziemlich vielseitiger Taschenrechner. Grundrechenarten, komplexe mathematische Funktionen oder Umwandlung von Maßeinheiten – da ist für jeden etwas dabei.

Sie können Copilot mit Ihrer Stimme oder durch Tippen mathematische Fragen stellen, zum Beispiel: »Wie viel sind 33,20 € plus 15 Prozent Trinkgeld?« oder »Wie viele Quadratmeter besitzt eine runde Rasenfläche mit einem Durchmesser von 3 Metern?« Siehe Kapitel 3 für weitere Informationen.

✔ **Solitaire Collection:** Diese App enthält verschiedene Varianten des beliebten Solitaire-Spiels, bekannt aus früheren Windows-Versionen.

✔ **Snipping Tool:** Die beste App, um Screenshots zu machen und das Geschehen auf dem Bildschirm in einem Video aufzuzeichnen.

✔ **Tipps:** In Hülle und Fülle finden Sie hier Hinweise dazu, wie Sie einfache Aufgaben in Windows 11 erledigen.

- ✔ **Uhr:** Diese App bietet eine Weltuhr, einen Zeitgeber und eine Stoppuhr. Sie können die Uhr an Ihren Desktop anheften, damit sie nie verlorengeht.

- ✔ **Wetter:** Kann das Wetter in Ihrer Umgebung bis zu einer Woche vorhersagen, aber nur, wenn Sie der Standortbestimmung zustimmen. (Die App hält sich dabei an die nächstgelegene Stadt und weniger an die genaue Adresse, es sei denn, Ihr Computer ist mit GPS ausgerüstet.)

- ✔ **Windows-Fotoanzeige:** Diese App wird in Kapitel 17 unter die Lupe genommen. Sie zeigt alle Fotos und Videos an, die auf dem Computer abgelegt sind.

- ✔ **Windows-Sicherheit:** Über diese App greifen Sie auf das eingebaute Anti-Viren-Programm zu. Kapitel 11 lüftet alle Geheimnisse dazu.

- ✔ **Windows-Tools:** Eine wahre Fundgrube an ausgefallenen technischen Tools für Windows.

Symbole im Startmenü hinzufügen oder daraus entfernen

Microsoft hat eine ganze Palette an Symbolen in den Bereich ANGEHEFTET des Startmenüs von Windows 11 gestopft, die sicherlich nicht auf Ihre ganz persönlichen Interessen und Arbeitsgewohnheiten abgestimmt ist, darunter auch Werbung. Dieser Abschnitt zeigt, wie Sie dieses Manko beheben können, indem Sie die zusätzlichen Symbole aus dem angehefteten Bereich des Startmenüs entfernen bzw. die Anheftung lösen und die Symbole hinzufügen bzw. anheften, die Sie am häufigsten verwenden.

Das Löschen von Symbolen aus dem Startmenü ist einfach. Deshalb fange ich damit an. Um ein unerwünschtes oder nicht (mehr) benötigtes Element aus dem Startmenü zu eliminieren, klicken Sie mit der rechten Maustaste auf das betreffende Symbol und wählen im Kontextmenü den Befehl VON "START" LÖSEN. Weg ist das Symbol. Dadurch wird die App nicht deinstalliert (entfernt); alle nicht angehefteten Elemente können weiterhin im Bereich ALLE APPS des Startmenüs gefunden werden.

Bei einem Touchscreen-Bildschirm halten Sie Ihren Finger auf das Symbol, das Sie nicht mehr haben möchten. Sobald das Kontextmenü erscheint, wählen Sie den Befehl VON "START" LÖSEN.

Sie werden wahrscheinlich mehr Zeit damit verbringen, das Startmenü mit weiteren Elementen zu füllen, als Elemente zu löschen. Der Grund dafür ist naheliegend. Damit haben Sie alle wichtigen Apps wie Stifte auf dem Schreibtisch griffbereit im Startmenü versammelt.

Und so fügen Sie Apps dem Startmenü hinzu:

1. **Klicken Sie auf die Schaltfläche START, um das Startmenü zu öffnen.**

   Das Startmenü zeigt eine alphabetische Liste aller installierten Apps an; auch derjenigen, die Sie gerade aus dem Startmenü gelöst haben.

2. **Klicken Sie auf die Schaltfläche ALLE APPS.**

3. **Klicken Sie mit der rechten Maustaste auf das Element, das Sie im Startmenü einfügen wollen, und dann auf den Befehl AN "START" ANHEFTEN.**

   Jedes ausgewählte App-Symbol wird als neues, angeheftetes Startmenü-Symbol angezeigt. Wiederholen Sie dies für alle Elemente, die Sie in das Startmenü aufnehmen wollen.

Das Startmenü ist offen für alle und alles, auch für Ordner, Dateien und sonstige Elemente, die Sie gerne griffbereit im Startmenü ablegen wollen. Wenn Sie fertig sind, wird sich Ihr Startmenü ziemlich gefüllt haben.

Wenn Sie eine neu installierte App partout nicht im Startmenü finden können, werden Sie vermutlich in der alphabetischen Liste aller Apps fündig. Soll sie im Startmenü angezeigt werden, müssen Sie sie selbst dort »anheften«.

Wenn alle gewünschten Elemente im Startmenü angezeigt werden und alle unerwünschten Elemente aus diesem Bereich entfernt sind, lesen Sie den nächsten Abschnitt, um die Organisation des Startmenüs abzuschließen. Wenn Sie damit durch sind, sollten Sie ein Startmenü Ihr Eigen nennen, das ganz Ihren Wünschen und Vorstellungen entspricht.

Das Startmenü passend machen

Das Startmenü von Windows 11 enthält überwiegend Symbole, die Apps repräsentieren. Diese Symbole nehmen relativ viel Raum ein, folgen aber keiner bestimmten Ordnung. Wie entdecken Sie also möglichst schnell eine wichtige App?

Geben Sie sich selbst eine Chance, indem Sie Ihr Startmenü organisieren. Die folgenden Schritte beginnen mit einer kleinen Dosis Organisation: Entfernen unerwünschter Apps und Hinzufügen Ihrer Lieblingsapps zum Bereich ANGEHEFTET des Startmenüs. Diese Schritte deinstallieren keine Anwendungen; sie befinden sich alle weiterhin auf Ihrem PC. Allerdings wird der Bereich ANGEHEFTET des Startmenüs mit Apps gefüllt, die Ihren eigenen Interessen entsprechen.

Aber egal, wie organisiert und ordentlich Sie sein wollen, führen Sie die folgenden Schritte aus, um eine gewisse Ordnung in die Dinge zu bringen:

4. **Entfernen Sie die Symbole, die Sie nicht brauchen.**

   Machen Sie ein überflüssiges Symbol ausfindig, klicken Sie es mit der rechten Maustaste an und wählen Sie im Kontextmenü den Befehl VON "START" LÖSEN. Wiederholen Sie diesen Schritt für alle weiteren nicht gewünschten Symbole. (Auf einem Touchscreen drücken Sie auf die unerwünschte Kachel und tippen dann auf die Schaltfläche VON "START" LÖSEN.)

Keine Sorge! Mit dem Befehl VON "START" LÖSEN wird die App auf gar keinen Fall deinstalliert, sondern lediglich das betreffende Symbol aus dem Startmenü entfernt. Sollten Sie einmal versehentlich ein Symbol entfernen, fügen Sie es einfach, wie in Schritt 3 beschrieben, wieder ein.

5. **Legen Sie Symbole, die thematisch zusammenpassen, nebeneinander ab.**

   Angenommen, Sie wollen die Apps, die mit Mediendateien arbeiten – Kamera, Microsoft Clipchamp und Windows-Fotoanzeige – möglichst nah beieinander ablegen, wie in Abbildung 2.7 gezeigt. Dann zeigen Sie mit dem Mauszeiger einfach auf das entsprechende Symbol und ziehen Sie es mit gedrückter linker Maustaste an seinen neuen Ort. Sobald Sie die Maus loslassen, machen die anderen Symbole brav Platz und das Symbol wird an der neuen Stelle eingefügt.

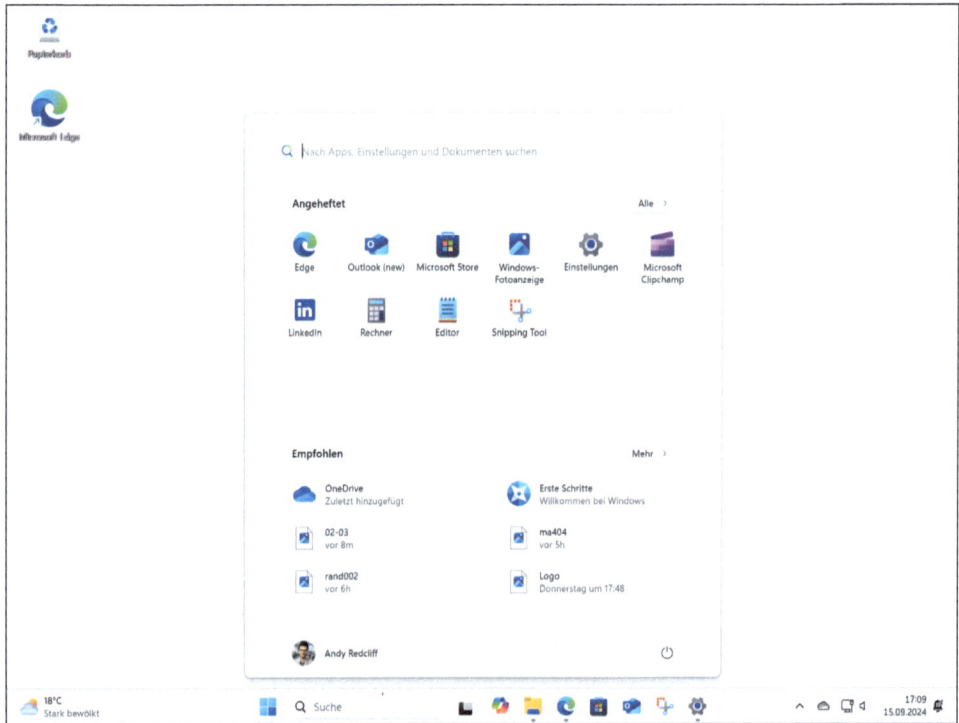

Abbildung 2.7: Ihr Startmenü ist möglicherweise einfacher zu nutzen, wenn der Bereich ANGEHEFTET lediglich Ihre Lieblingssymbole enthält.

 Auf einem Touchpad tippen Sie mit zwei Fingern, um mit der rechten Maustaste zu klicken. Auf einem Touchscreen halten Sie den Finger auf dem Symbol gedrückt. Wenn das Pop-up-Menü erscheint, ziehen Sie das Symbol an die neue Position.

Wenn Sie das Symbol einer Anwendung an die gewünschte Stelle gezogen haben, heben Sie den Finger an oder lassen Sie die Maustaste los, um das Symbol an seinem neuen Platz zu platzieren.

6. **Fügen Sie Symbole für Apps, Ordner und Dateien hinzu, die Sie brauchen.**

   Wie man das Startmenü mit neuen Symbolen für Apps, Ordner und Dateien versorgt, beschreibe ich weiter vorn in diesem Kapitel im Abschnitt »Symbole im Startmenü hinzufügen oder daraus entfernen«.

Neu hinzugefügte Elemente werden am unteren Rand des Abschnitts ANGEPINNT des Startmenüs angezeigt. Um ein Symbol schnell nach oben zu verschieben, klicken Sie mit der rechten Maustaste darauf und wählen Sie im Kontextmenü GANZ NACH OBEN.

Das Startmenü nach Wunsch gestalten

In der Einstellungen-App von Windows 11 gibt es eine Reihe von Möglichkeiten, das Startmenü weiter anzupassen. Um die Einstellungen für das Startmenü zu finden, klicken Sie auf START, wählen Sie das Symbol EINSTELLUNGEN und klicken Sie in der linken Spalte auf PERSONALISIERUNG. Wenn die Seite PERSONALISIERUNG angezeigt wird, klicken Sie im rechten Fensterbereich auf START. Sie sehen dort die folgenden Optionen für das Layout Ihres Startmenüs:

- **Mehr angeheftete Elemente:** Wählen Sie dieses Layout, wenn Sie viele angeheftete Apps haben und sich nicht für die Empfehlungen von Microsoft interessieren.

- **Standard:** Das Startmenü, das Sie automatisch erhalten, wie weiter oben in diesem Kapitel gezeigt.

- **Mehr Empfehlungen:** Wenn Sie nicht viele angeheftete Apps haben und Empfehlungen bevorzugen, wählen Sie dieses Layout.

Unterhalb der LAYOUT-Optionen finden Sie einige Einstellungen, die Sie ein- oder ausschalten können:

- **ZULETZT HINZUGEFÜGTE APPS ANZEIGEN:** Eine Wohltat für alle, die es hassen, Dinge zu organisieren. Wenn Sie diese Funktion aktivieren, werden neu installierte Anwendungen automatisch im Bereich ANGEHEFTET des Startmenüs angezeigt.

- **MEISTVERWENDETE APPS ANZEIGEN:** Der Schalter sollte auf EIN gesetzt sein, denn dann zeigt Windows die Apps, mit denen Sie häufig arbeiten, automatisch im Bereich ANGEHEFTET an.

- **ZULETZT GEÖFFNETE ELEMENTE IN START, SPRUNGLISTEN UND IM DATEI-EXPLORER ANZEIGEN:** Belassen Sie diesen Schalter auf EIN, wenn Sie schnell auf die zuletzt verwendeten Dokumente zugreifen wollen.

- **KONTOBEZOGENE BENACHRICHTIGUNGEN ANZEIGEN:** Wenn Sie diese Option deaktivieren, werden Microsoft-Konto-bezogene Benachrichtigungen auf ein Minimum reduziert und nur die Benachrichtigungen angezeigt, die baldige Aufmerksamkeit erfordern.

- **ORDNER:** Standardmäßig sehen Sie im Startmenü am unteren Rand nur Ihr Benutzerkonto und rechts das Symbol zum Herunterfahren. Klicken Sie hier auf den Pfeil, um den Platz in diesem Bereich mit bestimmten Ordnern und anderen Dingen zu füllen. Sie können Orte hinzufügen, auf die Sie schnell zugreifen möchten, zum Beispiel EINSTELLUNGEN, DATEI-EXPLORER, DOKUMENTE, DOWNLOADS und andere häufig benutzte Ordner.

> Wie Sie diese Schalter setzen, bleibt ganz Ihnen überlassen. Sie können alles so lassen, wie es ist, oder ein bisschen herumexperimentieren. Sollten Sie etwas ein- oder ausschalten und es gefällt Ihnen nicht, dann ziehen Sie den entsprechenden Schalter einfach wieder auf seine vorherige Einstellung.

Windows beenden

Pause! Feierabend! Es reicht! Sie wollen also Windows beenden. Aber da geht es schon los. Sie können sich nicht einfach so verdrücken, sondern Sie müssen entscheiden, ob Sie sich abmelden, Energie sparen, neu starten oder den Computer herunterfahren wollen.

Ihren Computer temporär verlassen

Wenn Sie nur einen Tag oder weniger abwesend sind und sich keine Sorgen machen, dass jemand anderes Ihren Computer benutzt, ist es am einfachsten, wenn Sie einfach weggehen. Ich mache das ständig und lasse meine Computer über Monate oder Jahre hinweg rund um die Uhr eingeschaltet und online. Bei einem Laptop schließe ich die Deckel. Wenn Sie eine Weile weg sind und ein Ladegerät zur Hand haben, können Sie auch gleich das Ladegerät einstecken.

An vielen Arbeitsplätzen ist es verpönt, sich einfach vom Computer zu entfernen, weil dadurch andere Personen leichten Zugang zu Ihrem Computer erhalten. Um solche Aktivitäten zu unterbinden, können Sie den Bildschirm sperren. Sie können die Tastenkombination ⊞ + L drücken oder auf die Schaltfläche START klicken, im Startmenü unten rechts auf das EIN/AUS-Symbol klicken und SPERREN wählen. Auf diese Weise wird der Sperrbildschirm angezeigt. Möchtegern-Diebe, die Ihren Benutzernamen und Ihr Kennwort nicht kennen, werden ausgesperrt. Aber Sie können sich anmelden und alles ist so, wie Sie es verlassen haben.

Wenn Sie länger als fünf Minuten weg sind, schaltet Windows den Bildschirm automatisch ab, um Energie zu sparen. Wenn Sie länger als 15 Minuten weg sind, schaltet Windows den Computer in den Ruhezustand (nicht im herkömmlichen Sinne), um mehr Energie zu sparen. Wenn Sie zurückkehren, müssen Sie nur mit der Maus wackeln oder eine Taste auf der Tastatur drücken, um Windows wieder zum Leben zu erwecken.

 Sie können die Einstellungen zum Stromsparen über die Systemeinstellungen ändern (siehe Kapitel 12).

Wenn Sie einen Computer gemeinsam mit anderen nutzen und länger als eine Toilettenpause weg sind, können Sie sich von Ihrem Konto abmelden. Klicken Sie auf die Schaltfläche START, klicken Sie auf Ihr Kontobild oder den Namen Ihres Kontos im Startmenü, klicken Sie auf die drei Punkte in der oberen rechten Ecke des angezeigten Popup-Menüs und wählen Sie dann ABMELDEN, um sich vom Computer abzumelden, wie in Abbildung 2.8 dargestellt.

KAPITEL 2 **Wir starten mit dem Startmenü** 59

Abbildung 2.8: Klicken Sie in der unteren linken Ecke des Startmenüs auf Ihr Kontobild oder Ihren Namen, um diese Optionen anzuzeigen.

Computer wird nicht mehr benötigt

Wenn Sie Ihre Arbeit für den Tag beendet haben – oder wenn Sie Ihren Laptop in der U-Bahn oder auf dem Flug nach Rom herunterfahren möchten –, bietet Windows drei Möglichkeiten, mit dieser Situation umzugehen.

 Klicken Sie auf die Schaltfläche START und dann in der unteren rechten Ecke des Startmenüs auf die Schaltfläche mit dem EIN/AUS-Symbol. Sie sehen dann ein Menü mit vier Optionen, wie in Abbildung 2.9 gezeigt:

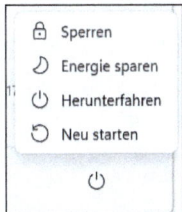

Abbildung 2.9: Im Menü hinter der EIN/AUS-Schaltfläche finden Sie diese Befehle.

Hier ist die Übersicht über Ihre Optionen:

✔ **SPERREN:** Zeigt den Sperrbildschirm an, der verhindert, dass andere Personen auf Ihren Desktop zugreifen können.

✔ **ENERGIE SPAREN:** Versetzt den Computer sofort in den Ruhezustand, um Energie zu sparen. Wenn Sie später zu Ihrem PC zurückkehren, zeigt Windows schnell alles an – sogar Ihre nicht gespeicherte Arbeit – so, als wären Sie nie weg gewesen. Und wenn der Strom ausfällt, wacht Ihr PC trotzdem mit allen gespeicherten Daten auf, aber es dauert ein paar Sekunden länger.

✔ **HERUNTERFAHREN:** Schaltet den Computer vollständig aus. Wenn Sie einen Desktop-Computer verwenden und ihn an einen anderen Ort bringen müssen, sollten Sie diese Option wählen, bevor Sie bevor Sie das Netzkabel aus der Steckdose ziehen. Dies ist auch eine gute Wahl, wenn Sie Ihren Laptop irgendwo abstellen müssen, ohne ihn aufzuladen.

✔ **NEUSTART:** Startet den Computer neu, was unter Umständen erforderlich ist, um bestimmte Updates zu aktivieren. Es ist auch das letzte Mittel bei Problemen, die Probleme, die dazu führen, dass Ihr Computer durchdreht oder sich aufhängt (nicht mehr reagiert).

Das sind also die alltäglichen Dinge, die mit der Verwendung eines Computers zu Hause oder bei der Arbeit einhergehen. Als Nächstes gehen wir zu Kapitel 3 über, wo wir uns mit all den Dingen beschäftigen, die Sie tun können, während Sie am Computer sitzen.

> **IN DIESEM KAPITEL**
>
> Verschönern Sie Ihren Desktop
>
> Die Taskleiste anpassen
>
> Die Schaltfläche Start, das Suchfeld und andere Taskleistenelemente verwenden
>
> Den Desktop anpassen und Benachrichtigungen verwenden
>
> Fragen an die KI stellen und KI-Texte erstellen lassen

Kapitel 3

Der traditionelle Desktop und die moderne KI

Wenn Sie sich an Ihrem Computer anmelden, heißt Sie der Windows-Desktop herzlich willkommen. Der größte Teil des Bildschirms ist der Desktop. Am unteren Rand des Bildschirms befindet sich die Taskleiste, ein nützliches Werkzeug, das vielen Zwecken dient. In diesem Kapitel nehme ich Sie mit auf einen Rundgang über den Desktop und die Taskleiste.

Der eigentliche Star in Windows 11 24H2 ist die künstliche Intelligenz (KI), die jetzt direkt in Windows frei verfügbar ist. In diesem Kapitel erfahren Sie, wie Sie sofortige Antworten von Copilot erhalten und wie Sie Copilot dazu bringen können, das Schreiben und Tippen für Sie zu übernehmen.

Aufpeppen Ihres Desktops

Wie Ihr Desktop genau aussieht, hängt von mehreren Faktoren ab. Wenn keine Anwendungen geöffnet sind, sieht er wahrscheinlich so aus wie in Abbildung 3.1. Ihr Desktop kann jedoch auch ein anderes Bild anzeigen und mehr Symbole enthalten.

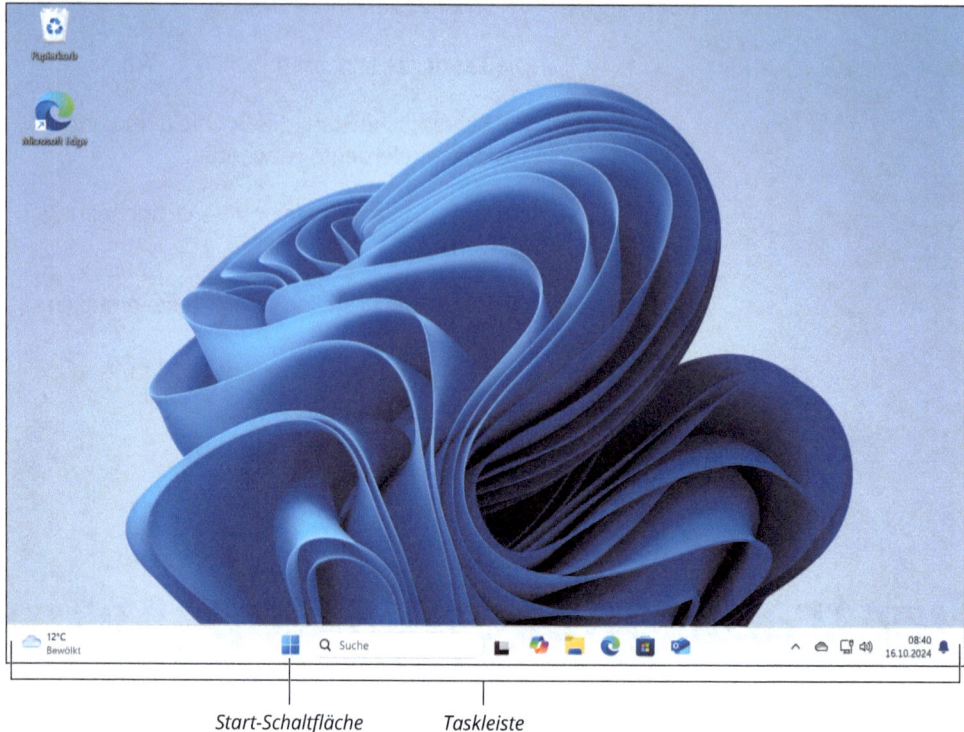

Start-Schaltfläche   Taskleiste

Abbildung 3.1: Der Windows 11-Desktop mit der Taskleiste am unteren Rand.

Bei der Personalisierung von Windows geht es darum, das Programm mit Bildern zu schmücken, Farben hinzuzufügen und die Elemente auf dem Bildschirm neu anzuordnen. Alle Einstellungen zur Personalisierung von Windows befinden sich in einem Bereich mit dem treffenden Namen PERSONALISIERUNG. Um zum Bereich PERSONALISIERUNG zu gelangen, können Sie einen der folgenden Schritte ausführen:

✔ Klicken Sie auf die Schaltfläche START und dann auf EINSTELLUNGEN. Klicken Sie im Fenster EINSTELLUNGEN auf PERSONALISIERUNG. (Dies ist die Methode, die ich im gesamten Kapitel verwende.)

✔ Klicken Sie mit der rechten Maustaste auf den Desktop und dann auf ANPASSEN.

✔ Wenn Ihre Tastatur eine Windows-Taste hat (normalerweise in der linken unteren Ecke), drücken Sie [⊞] + [I]. Klicken Sie dann in der linken Spalte auf PERSONALISIERUNG.

Wie in Abbildung 3.2 gezeigt, haben Sie viele Möglichkeiten, Windows zu personalisieren. Ich beschreibe die Einstellungen, die Sie wahrscheinlich zuerst verwenden möchten, wenn Sie den Bildschirm nach Ihren Wünschen einrichten.

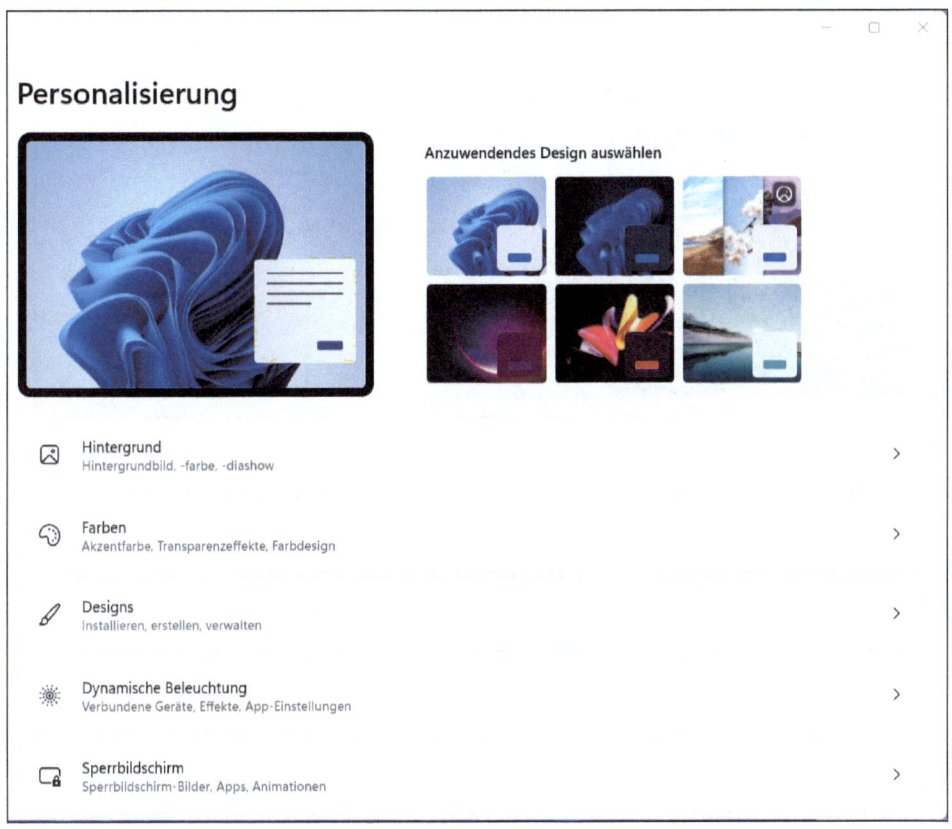

Abbildung 3.2: Das Fenster PERSONALISIERUNG.

Auswahl eines dunklen oder hellen Designs

Ein *Design* besteht hauptsächlich aus Bildern und Farben und bestimmt das allgemeine Erscheinungsbild Ihres Computerbildschirms. Die Wahl zwischen einem hellen und einem dunklen Design für Ihren Bildschirm ist ein guter Einstieg, um Windows nach Ihren Wünschen zu gestalten. Klicken Sie auf der Seite PERSONALISIERUNG auf DESIGNS, um das in Abbildung 3.3 dargestellte Fenster anzuzeigen.

Der Name Ihres aktuellen Designs, sofern vorhanden, erscheint ganz rechts im Abschnitt AKTUELLES DESIGN; das aktuelle Thema in der Abbildung ist WINDOWS (HELL). Die Miniaturansichten (kleine Bilder) zeigen Vorschläge für verschiedene Designs an. Um ein Design auszuprobieren, klicken Sie einfach auf die Miniaturansicht. Das Design wird sofort angewendet, so dass Sie sehen können, wie es aussieht. Probieren Sie ruhig alle aus. Keine Sorge, Sie gehen damit keine lebenslange Verpflichtung ein. Sie können Ihr ausgewähltes Design jederzeit ändern.

 Wenn Sie eine Sehschwäche haben, die einen hohen Kontrast erfordert, klicken Sie unter VERWANDTE EINSTELLUNGEN auf KONTRAST-DESIGNS, und wählen Sie eines der verfügbaren Designs aus, die auf Ihrem Bildschirm angezeigt werden.

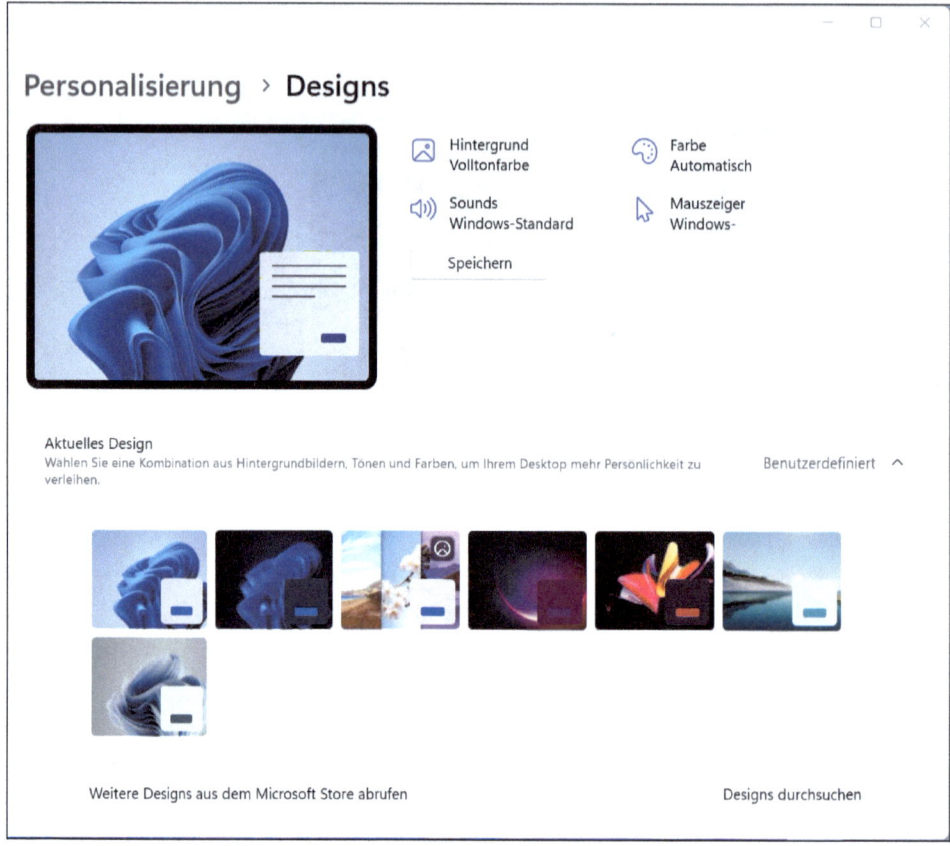

Abbildung 3.3: Die Seite DESIGNS im Bereich PERSONALISIERUNG.

Wenn Sie weitere Designs sehen möchten, klicken Sie auf DESIGNS DURCHSUCHEN und wählen Sie aus anderen Designs im Microsoft Store. Beachten Sie, dass nicht alle Designs kostenlos sind.

Wenn Sie ein Design gefunden haben, das Ihnen gefällt, schließen Sie die Seite PERSONALISIERUNG, indem Sie in der oberen rechten Ecke auf X (Schließen) klicken. Ohne dass die Einstellungen geöffnet sind, haben Sie einen noch besseren Überblick über das Aussehen. Wenn Sie mit dem Aussehen nicht zufrieden sind, wählen Sie einfach ein anderes Design.

Verschönern mit Akzentfarben

Jedes Design, das Sie auf Ihren Desktop anwenden, hat Akzentfarben, die auf die Taskleiste, das Startmenü und (optional) die Titelleisten und Ränder der geöffneten Fenster angewendet werden. Um Ihre Akzentfarben zu ändern, gehen Sie zur Seite PERSONALISIERUNG und klicken Sie auf FARBEN. Sie sehen dann den in Abbildung 3.4 gezeigten Bildschirm.

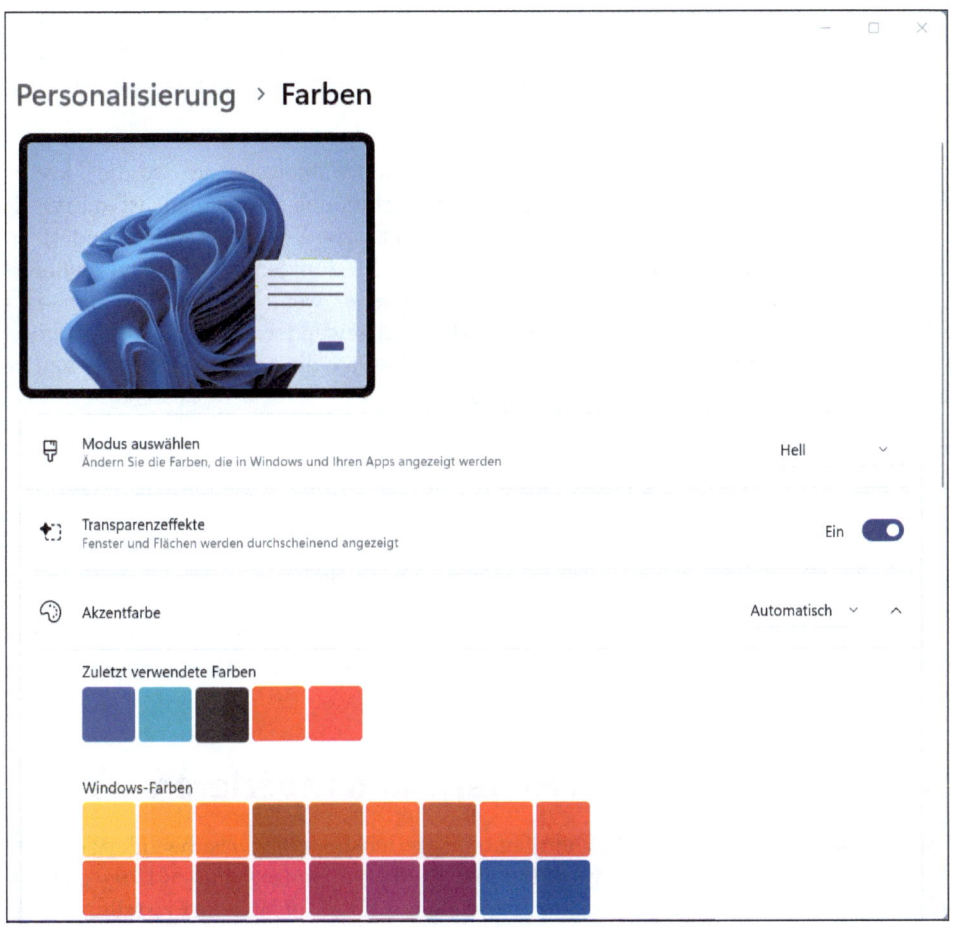

Abbildung 3.4: Farbauswahl für Ihr Windows-Design.

Unabhängig davon, welches Design Sie gewählt haben, können Sie einen allgemeinen Modus für Ihren Desktop und die geöffneten Anwendungsfenster festlegen. Klicken Sie rechts im Abschnitt Modus auswählen auf die Schaltfläche und wählen Sie dann Hell oder Dunkel für den Standardmäßigen Windows-Modus (Hintergrund) und den Standard-App-Modus (Vordergrund).

Für ein ultramodernes Aussehen Ihres Bildschirms können Sie die Transparenzeffekte einschalten. Dadurch werden die Hintergrundfarben von Fenstertitelleisten und einigen anderen Elementen durchsichtig, so dass Sie teilweise sehen können, was sich hinter dem Element befindet. Wenn Sie aber lieber alles undurchsichtig haben möchten, deaktivieren Sie die Option Transparenzeffekte.

Um eine Akzentfarbe auszuwählen, setzen Sie zunächst das Dropdown-Menü Akzentfarbe auf Manuell. Klicken Sie dann unter Zuletzt verwendete Farben oder Windows-Farben auf eine Farbe. Wenn Sie noch mehr Farben benötigen, blättern Sie nach unten zu Benutzerdefinierte Farben, klicken Sie auf Farben anzeigen und wählen Sie eine Farbe und einen Farbton aus dem Farbwähler.

 Wenn Sie mit RGB-Farbnummern oder Hex-Codes für Farben vertraut sind, können Sie anstelle der Farbauswahl eine Farbe auswählen, indem Sie die RGB-Nummer oder den sechsstelligen Hex-Code mit vorangestelltem Rautezeichen (#) eingeben.

Scrollen Sie schließlich ein Stück weiter nach unten und wählen Sie aus, wo die Akzentfarben erscheinen sollen. Wenn Sie einen hellen Farbmodus verwenden, ist die Option AKZENTFARBE AUF START- UND TASKLEISTE ANZEIGEN deaktiviert (abgeblendet), so dass Sie dies nicht ändern können. Wenn Sie jedoch einen dunklen oder benutzerdefinierten Modus verwenden, können Sie den Modus deaktivieren, wenn Sie nicht möchten, dass die Akzentfarbe auf das Startmenü und die Taskleiste angewendet wird. Um Akzentfarben auf Fenstertitelleisten und -ränder anzuwenden, schalten Sie die Option AKZENTFARBE IN TITELLEISTEN UND FENSTERRÄNDERN ANZEIGEN ein.

Um Ihre Auswahl zu übernehmen und zu sehen, wie es aussieht, schließen Sie die Seite PERSONALISIERUNG, indem Sie auf das X in der oberen rechten Ecke klicken. Wenn alles gut aussieht, sind Sie fertig. Wenn Sie jedoch von dem grellen Monster, das Sie versehentlich erstellt haben, entsetzt sind, gehen Sie einfach zum Anfang dieses Abschnitts zurück und versuchen Sie es erneut. Ausprobieren kann nicht schaden!

Wenn Sie den Verdacht haben, dass Ihr eigener Farbgeschmack zweifelhaft ist, setzen Sie das Dropdown-Menü AKZENTFARBE auf AUTOMATISCH. Windows wählt dann die Farben auf der Grundlage Ihres Designs aus.

Den Desktop mit einem Hintergrund tapezieren

Ihr Windows-Desktop kann ein Bild, ein Hintergrundmuster, eine Diashow oder eine einfache einfarbige Fläche anzeigen. Wenn Ihnen der aktuelle Hintergrund zu langweilig ist, wählen Sie etwas anderes. Auch hier verwenden Sie für diese Aufgabe die Einstellungen für die Personalisierung. Klicken Sie also auf die Schaltfläche START und wählen Sie EINSTELLUNGEN und dann PERSONALISIERUNG, oder klicken Sie einfach mit der rechten Maustaste auf den Desktop und wählen Sie ANPASSEN. Klicken Sie dann auf HINTERGRUND, um die in Abbildung 3.5 gezeigten neuen Optionen zu öffnen.

Der erste Schritt besteht darin, aus dem Dropdown-Menü HINTERGRUND PERSONALISIEREN die Art des Hintergrunds auszuwählen:

✔ **BILD:** Wählen Sie ein einzelnes Bild für Ihren Hintergrund, indem Sie unter ZULETZT VERWENDETE BILDER ein Bild anklicken. Oder wenn Sie ein eigenes Foto verwenden möchten, klicken Sie auf FOTOS DURCHSUCHEN, navigieren Sie zu dem gewünschten Foto, wählen Sie es aus und klicken Sie dann auf BILD AUSWÄHLEN.

 Wenn Sie mit dem Navigieren durch Ordner und dergleichen nicht vertraut sind, machen Sie sich keine Sorgen. Ich erkläre Ihnen in Kapitel 5, wie das alles funktioniert.

✔ **VOLLTONFARBE:** Wählen Sie eine einzige Farbe für Ihren Hintergrund. Manche Leute bevorzugen zum Beispiel einen einfarbigen schwarzen Hintergrund hinter allen geöffneten Fenstern. Wie bei der Akzentfarbe können Sie auch hier auf

Abbildung 3.5: Gestalten Sie Ihren Desktop-Hintergrund.

BENUTZERDEFINIERTE FARBEN klicken und den Farbwähler Farbauswahl, RGB-Zahlen oder Hex-Codes verwenden, um Ihre bevorzugte Farbe zu definieren.

✔ **DIASHOW:** Wählen Sie einen Ordner mit den Bildern, die Sie auf Ihrem Desktop anzeigen möchten, und legen Sie dann ein Zeitintervall und andere Optionen für die Diashow fest.

✔ **WINDOWS-BLICKPUNKT:** Lassen Sie Windows automatisch den Hintergrund aus Microsofts Auswahl an landschaftlich reizvollen Fotos auswählen. Das Bild wechselt regelmäßig, so dass Sie sich nicht an einem Bild satt sehen können.

Sie können Ihre Meinung jederzeit ändern, indem Sie zur Seite PERSONALISIERUNG zurückkehren. Es gibt noch viele andere Möglichkeiten, Windows zu personalisieren, wie ich in Kapitel 12 erkläre. Fürs Erste sollte dies ausreichen, damit Sie sich mit Ihrem Bildschirm wohlfühlen.

Mit der Taskleiste arbeiten

Ob Sie es glauben oder nicht, Ihr bester Verbündeter bei der Nutzung Ihres Computers ist die Taskleiste, die sich immer am unteren Rand Ihres Bildschirms befindet. Wenn Sie sie jetzt zu Ihrem treuen Helfer machen, ersparen Sie sich viele der frustrierenden Momente der Computernutzung.

Die Taskleiste ist in drei Hauptbereiche unterteilt, die in Abbildung 3.6 dargestellt sind. In diesem Abschnitt lernen Sie ihre besten Funktionen kennen.

Abbildung 3.6: Die Taskleiste von Windows 11.

Personalisierung der Taskleiste

Das Wichtigste zuerst: Wenn Ihre Taskleiste nicht so aussieht wie in Abbildung 3.6, oder wenn Ihre Taskleiste manchmal aus dem Blickfeld gerät, verwenden Sie die Personalisierungsfunktionen, um die Dinge in den Griff zu bekommen:

1. **Klicken Sie auf Start, Einstellungen und dann auf Personalisierung.**

2. **Blättern Sie ggf. nach unten und klicken Sie auf Taskleiste.**

   Es werden Optionen angezeigt, aus denen Sie auswählen können, was auf Ihrer Taskleiste angezeigt werden soll.

    Alternativ zum Startmenü können Sie auch mit der rechten Maustaste auf eine leere Stelle in der Taskleiste klicken und Taskleisteneinstellungen wählen.

3. **Vergewissern Sie sich, dass die Option Suche auf Suchfeld eingestellt ist und dass sowohl Aktive Anwendungen als auch Widgets aktiviert sind.**

   Wenn Sie Ihre Meinung über diese Entscheidungen ändern, machen Sie sich keine Sorgen. In diesem Kapitel erfahren Sie auch, wie Sie unerwünschte Spielereien entfernen können.

4. **Klicken Sie auf Verhalten der Taskleiste, um diesen Abschnitt zu erweitern.**

   Wenn Ihre Taskleiste dazu neigt, aus dem Blickfeld zu gleiten, und Sie dies nicht wünschen, klicken Sie auf Verhalten der Taskleiste und deaktivieren Sie die Option Taskleiste automatisch ausblenden.

5. **Klicken Sie in der oberen rechten Ecke auf das X (Schließen), um die Seite Personalisierung zu schließen.**

Ihre Taskleiste sollte nun wie in Abbildung 3.6 aussehen (es sei denn, Sie haben absichtlich etwas ausgeblendet) und sollte immer auf dem Bildschirm sichtbar sein.

Verwenden von Widgets

Auf der linken Seite der Taskleiste befindet sich der Widgets-Bereich. Wahrscheinlich werden Sie dort Wetterinformationen oder Börsennachrichten sehen. Klicken Sie auf der linken Seite der Taskleiste auf das Wetter-Widget, um ein größeres Widgets-Fenster anzuzeigen, wie in Abbildung 3.7 dargestellt.

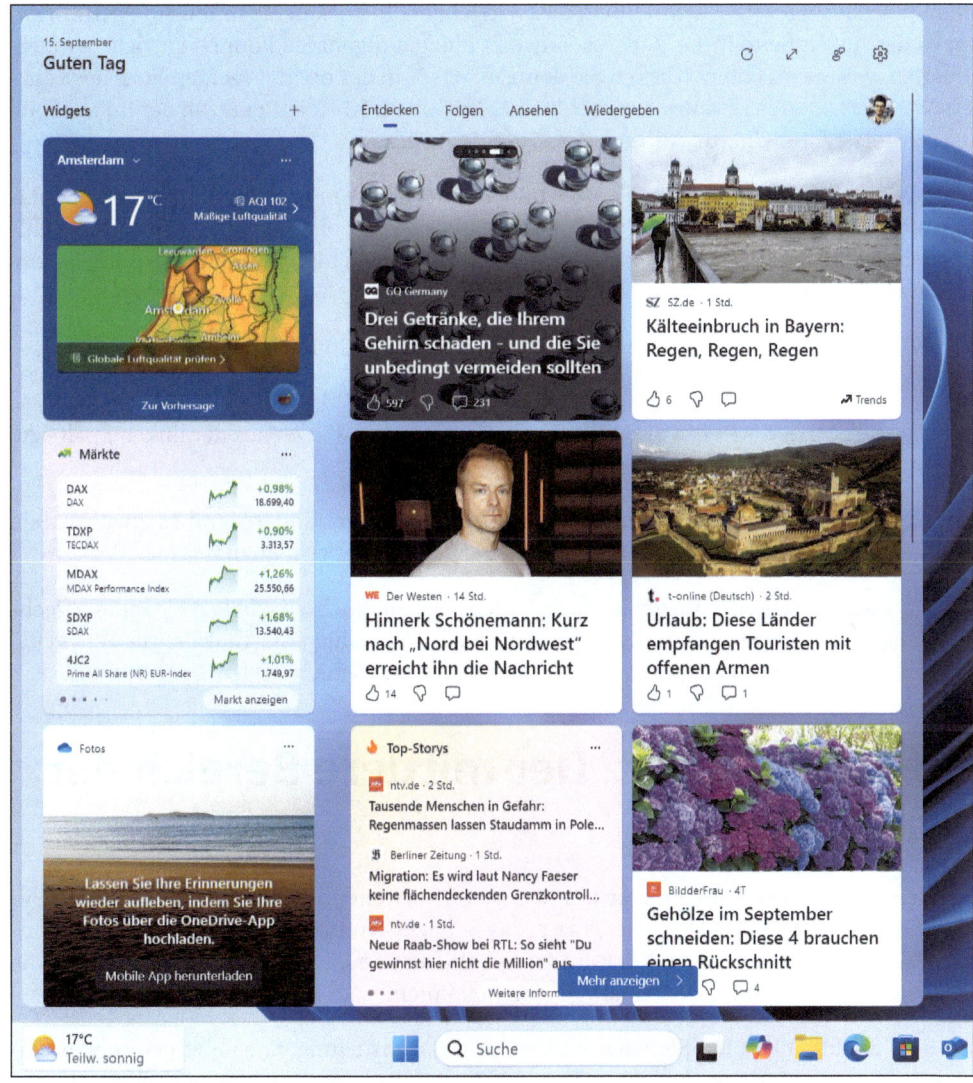

Abbildung 3.7: Der Bereich WIDGETS.

Auf der linken Seite des Widgets-Fensters werden *angeheftete Widgets* angezeigt, die immer sichtbar sind, wenn Sie das Widgets-Fenster öffnen. Sie können Widgets anheften, um aktuelle Informationen über Wetter, Nachrichten, Sport, Aktienkurse, Verkehr und mehr zu erhalten.

Rechts von den angehefteten Widgets befinden sich Nachrichten, Anzeigen, Gutscheine und dergleichen – meist handelt es sich nur um Werbung, die wie Nachrichten aussehen soll.

Klicken Sie in der oberen linken Ecke des Fensters auf WIDGETS und dann auf das Pluszeichen (+) neben der Überschrift WIDGETS, um eine Liste der Widgets anzuzeigen, die Sie erkunden können. Wenn Sie auf den Namen eines Widgets klicken, wird auf der rechten Seite eine Vorschau angezeigt. Wenn Ihnen das Widget gefällt, klicken Sie unten auf ANHEFTEN, um es der linken Seite Ihres Widgets-Fensters hinzuzufügen. Sie können so viele Widgets anheften, wie Sie möchten. Klicken Sie dann auf das X in der oberen rechten Ecke des Fensters WIDGETS ANHEFTEN, um es zu schließen. Mit einem Klick auf FEED an der linken Seite des Fensters kehren Sie zur Anzeige der Widgets zurück.

Jedes Widget in Ihrem Widgets-Fenster besitzt in der oberen rechten Ecke eine Schaltfläche mit drei Punkten. Klicken Sie auf diese drei Punkte für ein Widget, um Ihre Auswahlmöglichkeiten zu sehen. Die meisten angehefteten Widgets bieten Ihnen mindestens diese beiden Optionen:

- WIDGET ANPASSEN: Wenn das Widget zusätzliche Optionen hat, klicken Sie auf ANPASSEN, um das Widget anzupassen.

- WIDGET LÖSEN: Klicken Sie auf diese Option, um das Widget aus der linken Spalte zu entfernen, in der es derzeit angezeigt wird.

Wenn Sie Ihre Meinung über ein nicht angeheftetes Widget ändern und es zurückhaben möchten, klicken Sie erneut auf + und heften Sie das Widget erneut an.

Wenn Sie auf der linken Seite der Taskleiste nichts sehen möchten, klicken Sie mit der rechten Maustaste auf eine leere Stelle in der Taskleiste und wählen Sie TASKLEISTENEINSTELLUNGEN. Schalten Sie unter TASKLEISTENELEMENTE den Schieberegler WIDGETS aus.

Wo die Action ist: Der mittlere Bereich der Taskleiste

Der Bereich der Taskleiste, den Sie am häufigsten verwenden werden, ist der mittlere Bereich, in dem sich die Schaltfläche START, das Suchfeld und die Taskleistensymbole befinden. Wie Sie wissen, öffnet ein Klick auf die Schaltfläche START das Startmenü, über das Sie alle Anwendungen auf Ihrem Computer öffnen können.

Mit dem Suchfeld können Sie nach Anwendungen, Einstellungen, zuletzt geöffneten Dokumenten – so gut wie nach allem suchen. Während Sie in das Suchfeld eingeben, werden Optionen angezeigt, die dem ähneln, was Sie bisher eingegeben haben. Wenn Sie sehen, wonach Sie suchen, klicken Sie einfach darauf.

Das Suchfeld speichert auch die Dinge, die Sie in letzter Zeit getan haben. Klicken Sie einfach auf oder in die Nähe der Lupe, um eine Liste der zuletzt verwendeten Apps anzuzeigen. Wenn Sie sehen, was Sie wollen, klicken Sie einfach darauf. (Und auch hier gilt: Ignorieren Sie die zahlreichen Werbeanzeigen, die rechts neben der Liste erscheinen.)

Anheften (und Lösen) von Taskleistensymbolen

Wenn es um Bequemlichkeit geht, ist das Taskleistensymbol rechts neben dem Suchfeld Ihr bester Freund. Jedes Mal, wenn Sie eine App öffnen, wird ein Symbol für die App in der Taskleiste angezeigt. Wenn es sich um eine App handelt, die Sie häufig verwenden, können Sie deren Symbol an die Taskleiste anheften, damit die App immer leicht zu finden ist. Klicken Sie einfach mit der rechten Maustaste auf das Symbol der App im Startmenü und wählen Sie An Taskleiste anheften, wie in Abbildung 3.8 gezeigt.

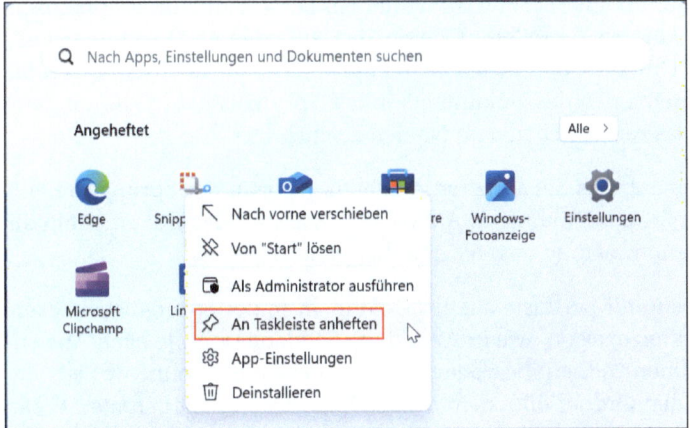

Abbildung 3.8: Klicken Sie mit der rechten Maustaste auf ein Symbol im Startmenü, um eine Liste nützlicher Aktionen anzuzeigen.

Ein angeheftetes Taskleistensymbol bleibt in der Taskleiste, nachdem Sie die entsprechende App geschlossen haben. Um die App erneut zu öffnen, klicken Sie einfach auf ihr Taskleistensymbol. Sie müssen nicht über das Startmenü gehen.

 Wenn Sie mit der rechten Maustaste auf das Taskleistensymbol einer geöffneten App klicken und dann Fenster schließen wählen, ist dies eine praktische Alternative zum Klicken auf das X-Symbol (Schliessen) des Anwendungsfensters.

Sie können angeheftete Taskleistensymbole nach links und rechts ziehen, um sie neu zu ordnen. Um ein Taskleistensymbol zu verschieben, positionieren Sie den Mauszeiger auf dem Symbol und halten Sie die Maustaste gedrückt (oder drücken Sie die Taste auf dem Touchpad), während Sie das Symbol nach links oder rechts bewegen. Wenn sich das Taskleistensymbol an der gewünschten Stelle befindet, lassen Sie den Mauszeiger los oder nehmen Sie den Finger vom Touchpad.

Wenn Sie das Interesse an einer App verlieren, können Sie deren angeheftetes Taskleistensymbol entfernen, um Platz für andere Apps zu schaffen. Klicken Sie mit der rechten Maustaste auf das angeheftete Taskleistensymbol der App und wählen Sie Von Taskleiste lösen. Sie können die Anwendung weiterhin über das Startmenü starten. Wenn Sie die Anwendung später öffnen, bleibt das Taskleistensymbol sichtbar, bis Sie die Anwendung schließen.

Freudensprünge mit Sprunglisten

Dinge, die Sie mit Computern erstellen, wie zum Beispiel schriftliche Dokumente, Bilder und Videos, werden allgemein als *Dokumente* bezeichnet (im Gegensatz zu Apps, die die Programme sind, mit denen die Dokumente erstellt werden). Wenn Sie mit der rechten Maustaste auf das Symbol einer App in der Taskleiste klicken, wird eine Sprungliste der zuletzt geöffneten Dokumente angezeigt. Klicken Sie auf ein aufgelistetes Dokument, um gleichzeitig das Dokument und die betreffende App zu öffnen.

Sie können Dokumente sogar an eine Sprungliste anheften. Diese Funktion ist praktisch, wenn Sie schnell auf ein Dokument zugreifen möchten, das von neueren Dokumenten aus der Liste verdrängt wurde. Um ein Dokument an eine Sprungliste anzuheften, setzen Sie den Mauszeiger auf den Dateinamen des Dokuments in der Sprungliste und klicken dann auf das Stecknadelsymbol, das rechts neben dem Namen erscheint.

Wenn das Dokument, das Sie anheften möchten, nicht in der Sprungliste enthalten ist, öffnen Sie das Dokument. Auf diese Weise wird das Dokument in die Sprungliste aufgenommen, so dass Sie es anheften können.

Sie können auch mit der rechten Maustaste auf ein Dokument in der Sprungliste klicken, um eine Liste von Optionen anzuzeigen, wie in Abbildung 3.9 dargestellt. Je nach Anwendung können Sie das Dokument öffnen, bearbeiten oder drucken. Sie können es aus der Sprungliste entfernen oder den Ordner öffnen, in dem sich das Dokument befindet. Wenn Sie als Inhaltsersteller ständig mit Dokumenten jonglieren, sind Sprunglisten ein Segen für Ihre Produktivität.

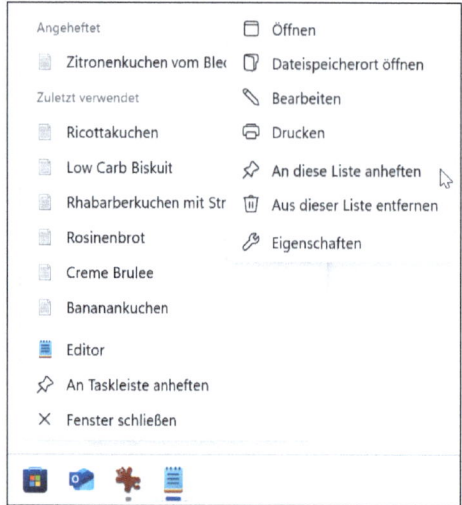

Abbildung 3.9: Klicken Sie mit der rechten Maustaste auf ein Dokument in einer Sprungliste, um weitere Optionen anzuzeigen.

Apps wie von Zauberhand erscheinen und verschwinden lassen

Wenn es auf Ihrem Bildschirm zu unübersichtlich wird, können Sie das Fenster einer App schnell minimieren, indem Sie auf das entsprechende Symbol in der Taskleiste klicken. Das Fenster verschwindet vom Bildschirm, so dass Sie alles sehen können, was sich dahinter befindet. Wenn Sie das Fenster der App wieder einblenden möchten, klicken Sie einfach erneut auf das Symbol in der Taskleiste. Das Fenster erscheint wieder, genau dort, wo Sie es verlassen haben. Einfacher geht's nicht.

Wenn Sie möchten, dass alle geöffneten Fenster gleichzeitig verschwinden und wieder erscheinen, gehen Sie wie folgt vor:

1. Klicken Sie mit der rechten Maustaste auf die Taskleiste und wählen Sie TASKLEISTENEINSTELLUNGEN.

2. Scrollen Sie gegebenenfalls nach unten und klicken Sie auf VERHALTEN DER TASKLEISTE, um diesen Abschnitt zu erweitern.

3. Aktivieren Sie die Option WÄHLEN SIE DIE ÄUSSERSTE ECKE DER TASKLEISTE, UM DEN DESKTOP ANZUZEIGEN.

4. Schließen Sie das Fenster PERSONALISIERUNG.

Um Ihre neuen Fähigkeiten zu testen, stellen Sie sicher, dass Sie einige Fenster auf Ihrem Bildschirm geöffnet haben. Klicken Sie dann ein paar Mal auf den rechten Rand der Taskleiste, um zu sehen, wie alles mit einem einfachen Mausklick erscheint und verschwindet. Sie können ruhig »Abrakadabra« sagen, wenn Sie Ihre Freunde damit beeindrucken.

 Sie können alle geöffneten Fenster auch minimieren, indem Sie ⊞ + M drücken.

Die START-Schaltfläche nach links verschieben

Jahrzehntelang befand sich die Schaltfläche START auf der linken Seite der Taskleiste. Wenn Sie immer noch dorthin gehen, um darauf zu klicken, sind Sie nicht allein. Um zur ursprünglichen Anordnung zurückzukehren, klicken Sie mit der rechten Maustaste auf die Taskleiste und wählen Sie TASKLEISTENEINSTELLUNGEN. Klicken Sie auf VERHALTEN DER TASKLEISTE, um diesen Abschnitt zu erweitern, und ändern Sie die TASKLEISTENAUSRICHTUNG in LINKS. Wenn in den TASKLEISTENEINSTELLUNGEN die Option WIDGETS aktiviert ist, wird das Wetter-Widget zu einem Taskleistensymbol rechts neben dem Symbol für AKTIVE ANWENDUNGEN oder dem Suchfeld.

Auf die sensiblen Stellen der Taskleiste klicken

Auf der rechten Seite der Taskleiste befindet sich der *Infobereich*, der Werkzeuge enthält, mit denen Sie auf Ihren Computer zugreifen und Dinge wie die Lautstärke der Lautsprecher, die WLAN-Verbindung und drahtlose Bluetooth-Geräte einstellen können. Wenn Sie auf eines der Symbole links neben dem Datum und der Uhrzeit klicken, wird ein Fenster mit Schnelleinstellungen angezeigt (siehe Abbildung 3.10).

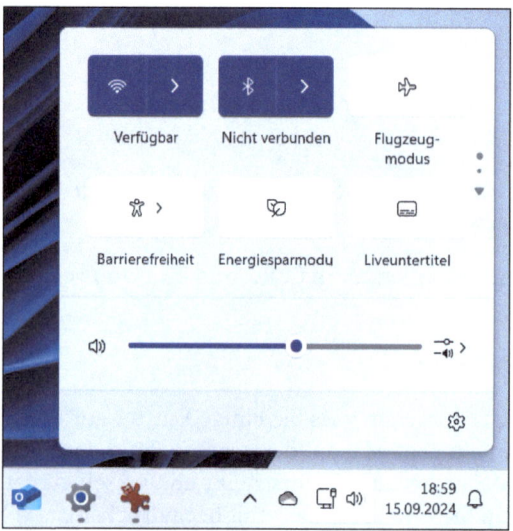

Abbildung 3.10: Klicken Sie auf ein Symbol links neben dem Datum und der Uhrzeit, um eine erweiterte Ansicht der Taskleistensymbole anzuzeigen.

Wenn der Pfeil auf der linken Seite des Fachs nach oben zeigt (wie in Abbildung 3.10), werden durch Anklicken noch mehr Symbole angezeigt.

Einstellen von Bildschirmhelligkeit und Lautstärke

Zwei Dinge, die Sie vielleicht oft anpassen möchten, sind die Bildschirmhelligkeit und die Lautstärke. Sie können dies direkt von der Systemleiste aus tun. Klicken Sie auf das Symbol links neben Uhrzeit und Datum, um das Fenster Schnelleinstellungen zu öffnen (siehe Abbildung 3.10). Um die Helligkeit des Bildschirms einzustellen, bewegen Sie den Schieberegler neben dem Sonnensymbol. Um die Lautstärke zu ändern, verwenden Sie den Schieberegler neben dem Lautsprechersymbol.

Symbole im Infobereich

Welche Symbole Sie im Infobereich der Taskleiste sehen, hängt von Ihrem Computer ab. Hier finden Sie eine Übersicht über die üblichen Verdächtigen:

- ✔ **Bluetooth:** Wenn Sie ein drahtloses Bluetooth-Gerät an Ihren Computer angeschlossen haben, zum Beispiel Kopfhörer oder eine drahtlose Maus, klicken Sie auf dieses Symbol, um zu sehen, was es ist.

- ✔ **Hardware sicher entfernen:** Wenn Sie ein USB-Laufwerk oder ein ähnliches Speichergerät an einen USB-Anschluss angeschlossen haben, klicken Sie auf dieses Symbol und wählen Sie die Option AUSWERFEN oder SICHER ENTFERNEN, bevor Sie das Gerät aus dem Anschluss ziehen. Alle Dateien, die Sie möglicherweise noch geöffnet haben, werden vor dem Entfernen sicher auf dem Laufwerk verstaut.

- ✔ **Netzwerk:** Dieses Symbol wird meist in Arbeitsumgebungen angezeigt, wenn Ihr Computer über ein kabelgebundenes Netzwerk mit dem Internet oder anderen PCs verbunden ist. Keine Verbindung? Das Symbol wird zu einem Kreis mit einer durchgehenden Linie.

- ✔ **Drahtloses Netzwerk:** Dieses Symbol wird angezeigt, wenn Ihr PC über WLAN-Features verfügt, um eine drahtlose Verbindung mit einem Netzwerk und dem Internet herzustellen. (In Abbildung 3.10 sehen Sie dieses Symbol zwischen den Wolken- und Lautsprechersymbolen). Wenn Sie bereits verbunden sind, ist Ihr WLAN-Signal umso stärker, je mehr Balken bzw. Linien Sie auf dem Symbol sehen. Sie können auch hier klicken, um einem verfügbaren WLAN-Netzwerk beizutreten. (Wie Sie eine Verbindung zu drahtlosen Netzwerken herstellen, erkläre ich in Kapitel 9.)

- ✔ **Lautstärke:** Klicken oder tippen Sie auf das kleine Lautsprechersymbol, um die Lautstärke Ihres PCs mithilfe des Lautsprecherschiebereglers, der über dem Symbol angezeigt wird, anzupassen.

- ✔ **Task-Manager:** Dieses Programm ist bei Computertechnikern sehr beliebt, denn es kann fehlerhafte Programme beenden, Hintergrundaufgaben überwachen, die Leistung Ihres PCs verfolgen und andere Dinge tun, von denen Techniker träumen. Um einen Blick darauf zu werfen, klicken Sie mit der rechten Maustaste auf eine leere Stelle in der Taskleiste und wählen Sie TASK-MANAGER.

- ✔ **Windows Update:** Wenn Sie dieses Symbol sehen, möchte Windows Update, dass Sie Ihren Computer neu starten, damit es die Installation eines Updates abschließen kann. Schließen Sie alle geöffneten Anwendungen und Dateien, bevor Sie ein Update starten, und planen Sie ein, dass Sie den Computer bis zu einer Stunde lang nicht benutzen können.

- ✔ **OneDrive:** Wenn Sie auf dieses Symbol klicken, erhalten Sie Zugriff auf Ihren persönlichen OneDrive-Speicherplatz in der Cloud.

- ✔ **Energie, Stecker:** Ihr Laptop oder Tablet ist an eine Steckdose angeschlossen und lädt seinen Akku auf.

- ✔ **Energie, Akku:** Ihr Laptop oder Tablet wird nur mit Batterien betrieben. Bewegen Sie den Mauszeiger über das Symbol, um zu sehen, wie viel Energie noch vorhanden ist.

Sie können auswählen, welche Benachrichtigungssymbole immer sichtbar sein sollen, indem Sie mit der rechten Maustaste auf einen leeren Bereich der Taskleiste klicken und Taskleisteneinstellungen wählen. Wenn die Seite Taskleisteneinstellungen geöffnet wird, klicken Sie auf Andere Taskleistensymbole, um Optionen wie die in Abbildung 3.11 zu sehen. Wählen Sie aus, welche Symbole in der Taskleiste angezeigt werden sollen, indem Sie auf die entsprechenden Ein/Aus-Schalter klicken. Wenn Sie mehr Symbole auswählen, als in die Taskleiste passen, klicken Sie auf ^ auf der linken Seite der Taskleiste, um alle Symbole anzuzeigen.

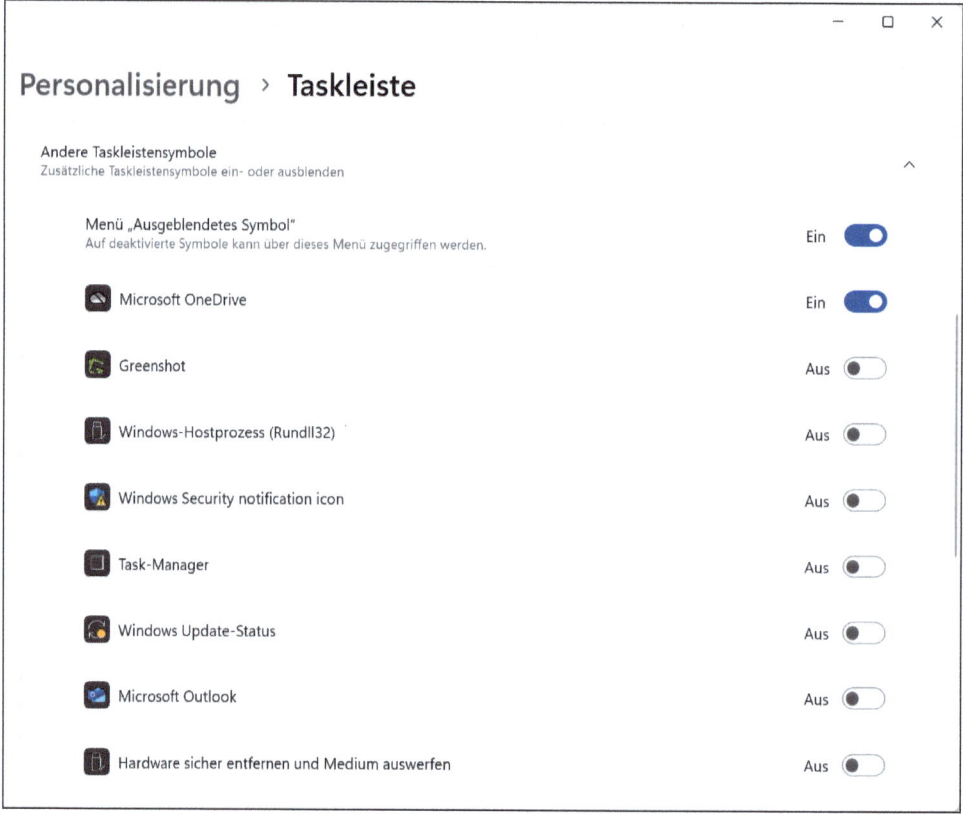

Abbildung 3.11: Wählen Sie aus, welche Symbole in der Taskleiste angezeigt werden sollen.

Benachrichtigungen einblenden

Wenn Sie auf den Datums- und Zeitbereich in der Taskleiste klicken, erhalten Sie schnellen Zugriff auf einen Kalender und eine Liste von Benachrichtigungen (siehe Abbildung 3.12). Sie können auch auf das Glockensymbol klicken, um Benachrichtigungen anzuzeigen, die über das Internet an Ihren Computer gesendet wurden. Wenn Sie den Kalender nicht sehen, klicken Sie auf ^ rechts neben dem aktuellen Datum, um den Kalender einzublenden.

KAPITEL 3 Der traditionelle Desktop und die moderne KI   77

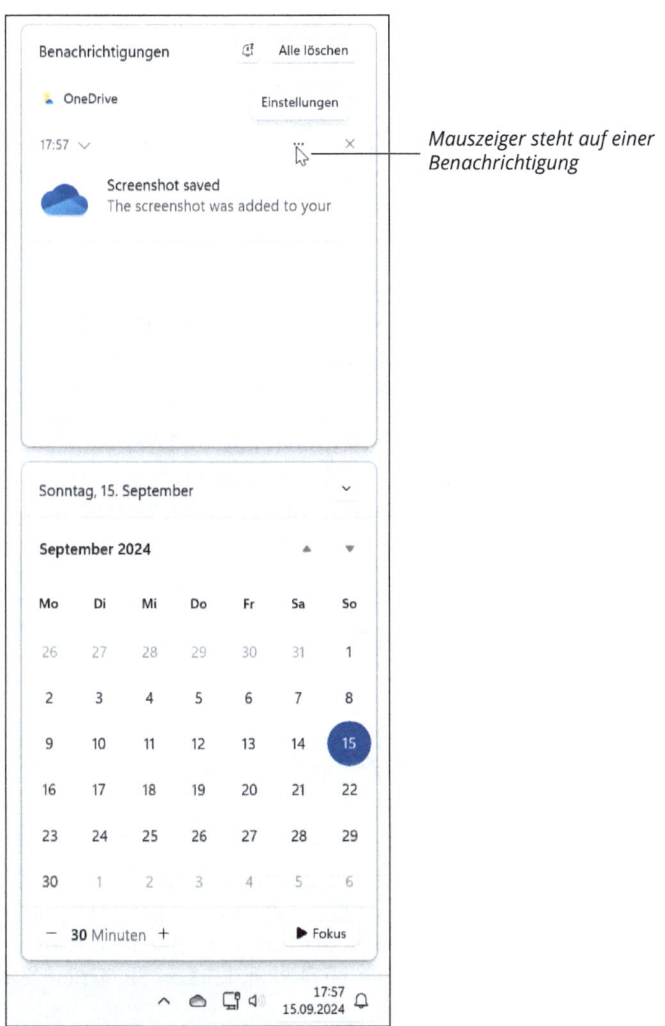

Mauszeiger steht auf einer Benachrichtigung

Abbildung 3.12: Klicken Sie auf den Zeit- und Datumsbereich, um den Benachrichtigungsbereich und den Kalender anzuzeigen.

Benachrichtigungen können Informationen über Ihre letzten E-Mails sowie die Uhrzeit eines bevorstehenden Termins, Schlagzeilen, Ergebnisse von Virenscans und andere Informationen enthalten. Eine Benachrichtigung wird in der unteren rechten Ecke des Bildschirms eingeblendet, in der Hoffnung, dass Ihr Blick darauf fällt und sie aufnimmt. Dann verschwindet sie und stapelt sich im Benachrichtigungsfenster.

Sie können in unterschiedlicher Weise auf Benachrichtigungen reagieren:

✔ **Ignorieren Sie sie.** Sie sind nicht gezwungen, einen Blick auf die Liste der Benachrichtigungen zu werfen. Die Benachrichtigungen werden sich einfach ungelesen stapeln, ohne dass Schaden entsteht. Sofern es sich nicht um eine Erinnerung an einen vergessenen, aber bevorstehenden Termin handelt, ist eine Benachrichtigung normalerweise eher informativ als dringend.

- ✔ **Löschen Sie alle.** Wenn Sie es leid sind, einen Berg von Benachrichtigungen zu sehen, klicken Sie auf die Schaltfläche Alle löschen in der oberen rechten Ecke des Benachrichtigungsfensters. Schwupp und weg!

- ✔ **Schließen Sie per Klick auf das Schließen-Kreuz einzelne Benachrichtigungen.** (Sie sehen das X zum Schließen erst dann, wenn Sie mit dem Mauszeiger über diesen Bereich fahren.)

- ✔ **Benachrichtigungen einer bestimmten App nicht mehr sehen.** Bewegen Sie den Mauszeiger über die störende Benachrichtigung. Klicken Sie auf die drei Punkte, die in der oberen rechten Ecke der Benachrichtigung erscheinen. Wenn das Dropdown-Menü erscheint, wählen Sie Alle Benachrichtigungen (von dieser App oder diesem Programm) Deaktivieren.

- ✔ **Entscheiden Sie, welche Apps Sie mit Benachrichtigungen nerven können.** Klicken Sie auf die drei Punkte in der oberen rechten Ecke einer Benachrichtigung. Wenn das Dropdown-Menü erscheint, klicken Sie auf Zu Benachrichtigungseinstellungen wechseln. Dort können Sie auswählen, welche Apps Sie mit ihren neuesten Nachrichten stören dürfen und welche nicht.

Benachrichtigungen stummschalten

In unserem Zeitalter der Informationsflut kann es eine Zuflucht sein, den Computer für eine Weile zum Schweigen zu bringen. Um zu verhindern, dass Benachrichtigungen Ihre Aufmerksamkeit beanspruchen, können Sie sie auf unbestimmte Zeit stumm schalten oder einen Timer einstellen, der die Benachrichtigungen nach einer bestimmten Zeit automatisch wieder einschaltet.

Um Benachrichtigungen ohne Timer stumm zu schalten, klicken Sie auf das Datums- und Uhrzeitsymbol oder das Glockensymbol und dann auf die kleine Glocke mit zz in der oberen rechten Ecke des sich öffnenden Fensters. Dadurch wird der Modus »Bitte nicht stören« aktiviert. Wenn Sie bereit sind, sich neuen Informationen zu stellen, klicken Sie erneut im Infobereich der Taskleiste auf das Glockensymbol.

> 💡 Wenn Sie eine Feinabstimmung Ihrer Benachrichtigungen vornehmen möchten, klicken Sie auf Benachrichtigungseinstellungen, nachdem Sie den Modus »Bitte nicht stören« aktiviert haben. Oder klicken Sie auf die Schaltfläche Start und wählen Sie Einstellungen, dann System und dann Benachrichtigungen. Es werden viele weitere Optionen angezeigt, von denen die meisten selbsterklärend sind.

Als Alternative zur permanenten Unterdrückung von Benachrichtigungen können Sie eine Fokussitzung (ja, so heißt sie) einrichten, in der Sie den »Bitte nicht stören«-Modus für eine bestimmte Zeit aktivieren. Klicken Sie dazu auf das Datums- und Uhrzeitsymbol oder das Glockensymbol und schauen Sie ganz unten in das eingeblendete Fenster. Dort sehen Sie eine Zeitangabe, beispielsweise 30 Minuten. So lange wird die Fokussitzung dauern. Mit den Tasten - und + neben der Zeitangabe können Sie die Dauer erhöhen oder verringern (unendlich ist leider keine Option).

Um die Sitzung zu starten, klicken Sie auf das Wort »Fokus« oder das Dreieck daneben. Auf dem Bildschirm erscheint ein störender Timer, der die verbleibenden Minuten für Ihre Fokussitzung herunterzählt. Die Glocke neben dem Datum und der Uhrzeit zeigt wieder *zz* an, um darauf hinzuweisen, dass Sie sich im Modus »Bitte nicht stören« befinden. Wenn die Zeit abgelaufen ist, werden Sie durch ebenso störende Töne und Meldungen auf dem Bildschirm darüber informiert, dass Ihre Fokussitzung beendet ist, und die Glocke verliert ihr schläfriges zz-Symbol.

In das KI-Zeitalter hineinstolpern

Ende November 2022 verblüffte ein wenig bekanntes Unternehmen namens OpenAI die Welt mit ChatGPT, einer App für künstliche Intelligenz, die mit Ihnen in einfachem Englisch chatten konnte (wie beim Chatten auf einem Smartphone). Innerhalb von fünf Tagen hatten über eine Million Menschen den Dienst abonniert – die schnellste Technologieakzeptanz in der Geschichte. (Davor hielt Instagram den Rekord mit 1 Million Abonnenten in etwa zweieinhalb Monaten.)

Microsoft war von ChatGPT so beeindruckt, dass sie OpenAI 13 Milliarden Dollar (ja, eine Million Dollar, 13.000 Mal) zukommen ließen. Zum Glück für Sie ist all diese wunderbare KI jetzt in Microsofts Windows 11 24H2 integriert. Sie können ChatGPT kostenlos nutzen, wann immer Sie wollen, ganz bequem von Ihrem eigenen Computer aus.

Treffen Sie Ihren KI-Copiloten

Die meisten der KI-Funktionen des Windows 11 24H2 sind in Copilot enthalten. Ein passender Name, denn KI ist künstliche Intelligenz, nicht echte Intelligenz. KI kann keine bewussten, intelligenten Entscheidungen über irgendetwas treffen. Sie kann auch nicht die Zukunft vorhersagen, Ihre persönlichen Probleme lösen oder Ihnen sagen, wie Sie schnell reich werden können. Selbst mit KI an Bord sind Sie immer noch der Pilot Ihres eigenen Lebens und Ihrer kreativen Bestrebungen. Copilot ist wie ein allwissend-vertrauenswürdiger Kumpel, der Ihre sachlichen Fragen beantworten, Ihre Texte schreiben, Ihren Schriftstil verbessern, lange Dokumente zusammenfassen, Ihre Bilder zeichnen und sogar Ihre Videos zusammenstellen kann.

Die meiste Zeit kümmert sich Copilot um seine eigenen Angelegenheiten und wartet auf Ihre Befehle über sein Symbol in der Taskleiste. Klicken Sie auf dieses Symbol und das Copilot-Fenster wird geöffnet. Das Aussehen dieses Fensters hängt davon ab, wie Sie Copilot in der Vergangenheit verwendet haben, aber es sollte Abbildung 3.13 ähneln.

 Einige moderne Tastaturen haben eine Copilot-Taste, die Sie zum Öffnen und Schließen von Copilot antippen können.

Copilot-Schaltfläche

Abbildung 3.13: Die Copilot-Chat-Schnittstelle ist auf dem Desktop geöffnet.

Fragen an KI stellen

Die wohl häufigste Anwendung von KI ist das Stellen von Fragen. In der Chat-Oberfläche (siehe Abbildung 3.13) geben Sie Ihre Frage einfach so ein, als ob Sie sie einer Person stellen würden. Es gibt keine speziellen Befehle oder magische Beschwörungsformeln, über die man rätseln muss. Normales altes Englisch reicht aus.

Ihre Fragen sollten sachlicher Natur sein – die Art von Dingen, nach denen Sie online suchen. Persönliche Fragen, Vorhersagen über die Zukunft und dergleichen sind in der Regel nicht geeignet. Denken Sie daran, dass Copilot künstliche Intelligenz anbietet, keine Genialität, Hellseherei, Therapie oder eine enge persönliche Beziehung.

 Sie können Ihrer Frage ein Bild, einen Screenshot oder eine Dokumentendatei beifügen, was praktisch ist, wenn sich Ihre Frage auf etwas bezieht, das Sie auf einem Foto oder auf Ihrem Bildschirm sehen, oder wenn Sie möchten, dass Copilot einen längeren Artikel erklärt oder zusammenfasst. Wie das funktioniert, erkläre ich in Kapitel 16.

Wenn Sie mit der Eingabe Ihrer Frage fertig sind, drücken Sie die ⏎-Taste oder klicken Sie auf den eingekreisten, nach oben zeigenden Pfeil rechts neben dem, was Sie gerade getippt haben. Haben Sie Geduld. Copilot braucht möglicherweise ein paar Sekunden, um seine Antwort zu formulieren, die dann unter Ihrer Frage erscheint. Wenn Sie Ihre ursprüngliche Frage falsch eingegeben haben oder Ihnen nicht gefällt, was Copilot Ihnen sagt, können Sie

Ihre Frage abbrechen, indem Sie auf das eingekreiste Quadrat unter dem Text klicken, den Copilot gerade eingibt.

Nachdem Copilot Ihre Frage beantwortet hat, sehen Sie möglicherweise nummerierte Schaltflächen mit Namen von Webseiten und vielleicht Miniaturbilder von Webseiten. Sie können auf eine dieser Schaltflächen oder Miniaturansichten klicken, um weitere Informationen zu Ihrer ursprünglichen Frage zu erhalten. Unter der Antwort sehen Sie Symbole, mit denen Sie die Antwort bewerten können. Wenn Copilot gut abgeschnitten hat, klicken Sie auf das Symbol GEFÄLLT MIR (Daumen hoch). Andernfalls klicken Sie auf das Symbol, GEFÄLLT MIR NICHT (Daumen nach unten). Die Rückmeldung hilft Copilot, seine Antworten zu verbessern.

Um weitere Optionen zu sehen, markieren Sie einen beliebigen Teil des Textes, den Codepilot geschrieben hat und zeigen Sie mit dem Mauszeiger drauf. Copilot blendet ein Menü ein, wie in Abbildung 3.14 dargestellt:

- ✔ **Symbol KOPIEREN:** Klicken Sie darauf, um die Antwort zu kopieren. Dann können Sie sie überall einfügen, wo Sie tippen können, auch in Anwendungen wie Notepad, Microsoft Word und Google Docs.

- ✔ **Symbol WEITERE AKTIONEN:** Klicken Sie auf die drei Punkte, um ein Menü mit weiteren Optionen zu sehen. In diesem Menü finden Sie u. a. die Befehle AUSWAHL LAUT VORLESEN oder AB HIER LAUT VORLESEN. Klicken Sie darauf, wenn Sie möchten, dass Copilot die Antwort laut vorliest. Stellen Sie sicher, dass die Lautsprecher Ihres Computers nicht stummgeschaltet sind.

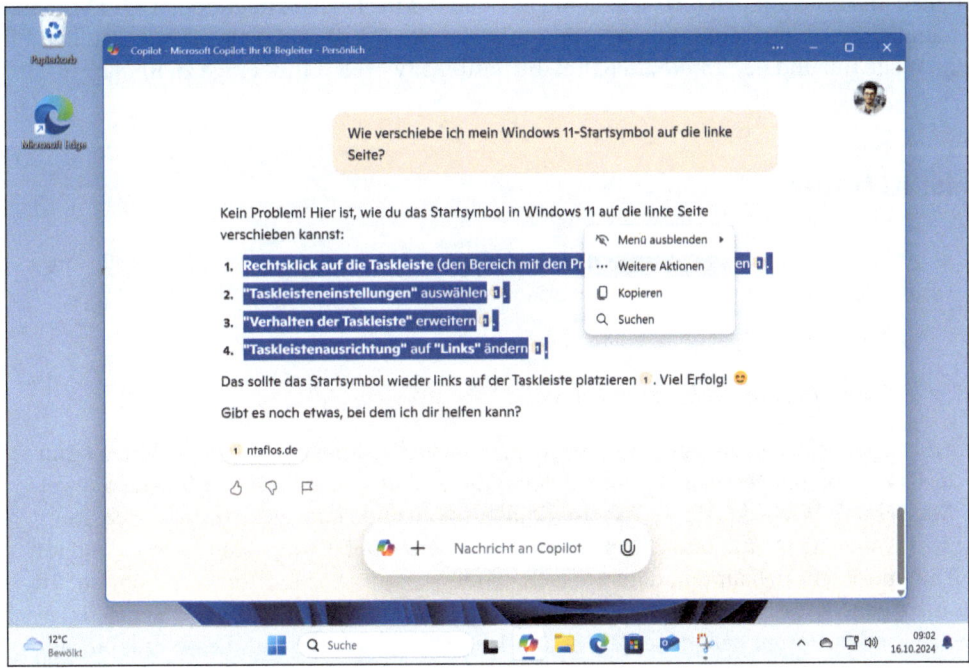

Abbildung 3.14: Antwortsymbole des Copiloten.

Einige Copilot-Ausgaben, insbesondere Computercode, Liedtexte und andere längere Inhalte, werden in der Copilot-Ausgabe in einem eigenen schattierten Feld angezeigt. Um nur den Inhalt des schattierten Feldes zu kopieren, klicken Sie auf das Symbol KOPIEREN in der oberen rechten Ecke des Feldes.

Fragen zu stellen ist eine großartige Möglichkeit, um sofortige Antworten auf all Ihre technischen Fragen zu erhalten, ohne verschrobene Technikfreaks zu belästigen. Aber denken Sie daran, dass Sie Copilot *alles* fragen können, nicht nur technische Dinge. Wenn Ihnen auf Anhieb nichts einfällt, versuchen Sie einige der folgenden Fragen. (Beachten Sie, dass Sie das Fragezeichen nicht einschließen müssen.)

   Was ist ein gutes Rezept für Erdbeerkuchen?

   Wann und wo findet der Superbowl im nächsten Jahr statt?

   Wie viel sind 147,25 € zuzüglich 19 % Mehrwertsteuer?

   Wie verschiebe ich mein Windows 11-Start-Schaltfäche auf die linke Seite?

   Was ist die Theorie des toten Internets?

   Wie viel Holz würde ein Murmeltier werfen, wenn ein Murmeltier Holz werfen könnte?

Okay, die letzte Frage war eine Fangfrage. Aber geben Sie sie trotzdem ein. Copilot wird sich gerne daran versuchen.

Wenn die erste Antwort von Copilot auf Ihre Frage nicht Ihren Erwartungen entspricht, können Sie das Gespräch fortsetzen, indem Sie in das nächste Textfeld tippen. Der Vorgang ist ähnlich wie bei einem Gespräch mit einer anderen Person. Manchmal müssen Sie sich eine Weile hin und her unterhalten, um die beste Antwort auf Ihre Frage zu finden.

Ist KI böse?

Es gibt keinen Mangel an »Das Ende ist nah«-Leuten, die jedem, der es hören will, Angst vor der KI einflößen wollen. Die bevorzugten Untergangsszenarien für KI sind

✔ KI wird alle Arbeitsplätze übernehmen

✔ KI wird die Menschheit vernichten

Sie brauchen sich keine Sorgen zu machen, dass die KI Arbeitsplätze wegnehmen könnte. KI ist faul und vergesslich und hat keine Ziele, Wünsche oder Ambitionen (wie viele Menschen). Wie jede andere App ist Copilot im Grunde eine elektronische Schaltung, die so lange nichts tut, bis sie von einem Menschen benutzt wird. Man kann jedoch mit Fug und Recht behaupten, dass Menschen, die wissen, wie sie KI nutzen können, um ihre eigene Kreativität und Produktivität zu maximieren, auf vielen Arbeitsmärkten einen großen Vorteil haben werden. Wenn Sie sich eine Karriere und eine Zukunft aufbauen wollen, ist es die beste Investition, jetzt zu lernen, wie man KI nutzt.

> Die zweite Bedrohung ist ein sprichwörtlicher Paukenschlag. Das Szenario vom Ende der Menschheit hat seine Wurzeln in einem Buch mit dem Titel *Superintelligenz* des Philosophen Nick Bostrom. (Ja, es gibt immer noch Menschen auf der Welt, die die Berufsbezeichnung Philosoph tragen.) In diesem Buch denkt Bostrom über die vielen unbeabsichtigten Folgen der Erschaffung einer Maschine nach, die tausendmal schlauer ist als jeder Mensch, und darüber, wie diese Maschine uns dämliche Menschen sehen könnte. Für den Moment können Sie diese Befürchtung auf die lange Bank schieben. Die Chancen, dass Menschen zu Ihren Lebzeiten eine solche Maschine erschaffen, sind gering bis gar nicht vorhanden.

Lassen Sie KI für Sie schreiben

Mit Copilot sind Sie nicht darauf beschränkt, Fragen zu stellen. Sie können ihn bitten, alles für Sie zu schreiben: Hausaufgaben, E-Mails, Beiträge in sozialen Medien, Blogbeiträge, Videoskripte, Gedichte, Buchentwürfe, Songtexte, Forschungsarbeiten mit Zitaten, Aufsätze, Buchzusammenfassungen, Newsletter-Artikel, Limericks, Haikus, Predigten – oder alles, was Sie selbst schreiben sollen.

Sagen Sie Copilot genau, was er schreiben soll. Erwarten Sie nicht, dass Copilot ein ganzes Buch oder einen langen Aufsatz schreibt. Er ist auf kurze Dokumente von wenigen Seiten Länge beschränkt. (Weitere Informationen finden Sie in Kapitel 16.) Wenn Ihnen nichts einfällt, was Copilot für Sie schreiben soll, versuchen Sie es mit einigen der folgenden Aufforderungen:

- Schreibe eine Gruppen-E-Mail, in der Mitarbeiter daran erinnert werden, in der Gemeinschaftsküche keine Unordnung zu hinterlassen.
- Schreibe ein Shakespeare-Sonett über Pizza und Bananen.
- Schreibe eine Gliederung für eine Forschungsarbeit über Mikroplastik.
- Schreibe einen Text für ein Lied, in dem es um das Herzschmerz bei Blähungen geht.
- Schreibe eine Liste mit 12 Möglichkeiten, wie Copilot Ihnen helfen kann.
- Schreibe einen Limerick über Kobolde und Osterglocken.

Wenn Sie in der Schule, im Beruf oder in Ihrem Privatleben *irgendetwas* schreiben müssen, bitten Sie Copilot einfach, Ihren ersten Entwurf zu schreiben. Das ist nicht wirklich Betrug. Sie recherchieren einfach ganz normal, so wie es von nun an von allen gemacht wird. Betrachten Sie alles, was Copilot für Sie schreibt, als Denkanstoß. Sie können die Ausgabe von Copilot kopieren und in Notepad, Microsoft Word, Google Docs oder eine andere Textverarbeitungs-App einfügen und sie dann bearbeiten, um sie zu Ihrer eigenen zu machen.

Mit KI über Ihre Stimme kommunizieren

Wenn Ihre Tippfähigkeiten nicht so gut sind und Sie besser sprechen als tippen können, versuchen Sie, mit Copilot über Ihre Stimme zu kommunizieren. Vergewissern Sie sich, dass Ihr Mikrofon nicht stummgeschaltet ist, und klicken Sie dann rechts neben dem Feld NACHRICHT AN COPILOT auf das Symbol MIT COPILOT SPRECHEN (siehe Abbildung 3.15).

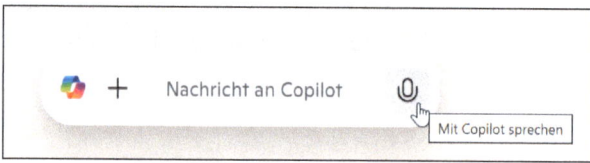

Abbildung 3.15: Klicken Sie auf das Mikrofonsymbol, um mit Copilot zu sprechen.

Wenn statt »Mit Copilot sprechen« die Meldung »Ich höre zu« erscheint, sprechen Sie Ihre Frage oder Ihren Befehl. Sie können dann die ⏎-Taste drücken, auf die Pfeilspitze nach rechts klicken oder einfach ein paar Sekunden lang schweigen, und Copilot macht sich an die Arbeit, um Ihnen das zu liefern, was Sie brauchen. Wenn Copilot fertig ist, können Sie sich wie oben beschrieben die Antwort vorlesen lassen.

Sie können das Gespräch so lange fortsetzen, wie das Mikrofonsymbol hervorgehoben ist oder pulsiert. Wenn KI das Zuhören beenden soll, klicken Sie auf das Mikrofonsymbol. Wenn Sie die Sprachsteuerung wieder aufnehmen möchten, klicken Sie erneut auf das Mikrofonsymbol.

Copilot außerhalb von Windows 11

Es ist schön, dass Copilot mit dem Windows 11 24H2 jederzeit zur Verfügung steht. Wenn Sie auf das Copilot-Symbol klicken oder die Copilot-Taste (falls Sie eine haben) auf Ihrer Tastatur drücken, können Sie sofort loslegen. Copilot ist jedoch auch auf Ihrem Mac, Telefon und anderen Geräten jederzeit verfügbar.

Wenn Sie Microsoft Edge als Browser verwenden, klicken Sie auf das Copilot-Symbol in der oberen rechten Ecke des Browserfensters, um Copilot in Microsoft Edge zu öffnen. Wenn Sie einen anderen Browser verwenden, besuchen Sie www.bing.com/chat für mehr KI-Spaß mit Copilot.

Copilot ist nicht die einzige kostenlose KI. Als ich das letzte Mal nachgesehen habe, waren die folgenden Webseiten noch kostenlos oder hatten eine kostenlose Stufe: ChatGPT (https://chatgpt.com), Claude (https://claude.ai), Gemini (https://gemini.google.com). Noch mehr Webseiten finden Sie, wenn Sie im Internet nach kostenloser KI suchen.

Sie können das Copilot-Fenster verschieben, indem Sie an der Titelleiste ziehen. Vergrößern Sie das Fenster, indem Sie eine beliebige Ecke oder Seite des Fensters ziehen. Verwenden Sie die Symbole zum Minimieren und Maximieren/Wiederherstellen auf die übliche Weise und schließen Sie die Anwendung, indem Sie auf das Symbol SCHLIEßEN (X) in der oberen rechten Ecke klicken. (Siehe Kapitel 2, wenn Sie mit diesen Symbolen nicht vertraut sind).

Um sich den Verlauf Ihrer Chats mit Copilot anzusehen, klicken Sie links neben dem Feld NACHRICHT AN COPILOT auf die Schaltfläche ZUR STARTSEITE WECHSELN. Klicken Sie auf der Copilot-Startseite auf das Symbol VERLAUF ANZEIGEN, das Sie neben diesem Absatz sehen. Es öffnet sich eine Liste mit Themen, die sich auf Ihre vorherigen Fragen beziehen, wie in Abbildung 3.16 dargestellt.

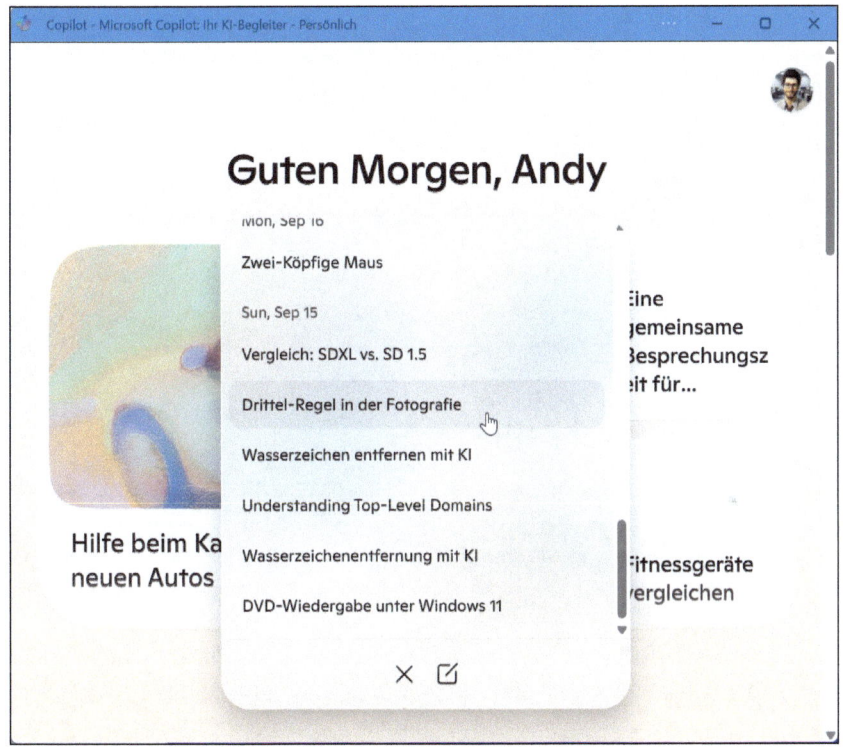

Abbildung 3.16: Ihre letzten Aktivitäten in Copilot.

Um die Antwort von Copilot auf eine frühere Frage zu lesen, klicken Sie einfach auf den Namen des Themas in der linken Spalte.

Was ist, wenn ich Copilot verliere?

Wenn Sie in Ihrer Taskleiste kein Copilot-Symbol sehen, versuchen Sie die folgenden Schritte, um es wiederherzustellen:

1. **Klicken Sie auf die Schaltfläche START und dann auf ALLE APPS.**

2. **Blättern Sie nach unten zum Buchstaben C, klicken Sie mit der rechten Maustaste auf COPILOT, wählen Sie MEHR und klicken Sie dann auf AN TASKLEISTE ANHEFTEN.**

Wenn Sie Copilot nicht im Startmenü finden können, ist das kein Problem. Sie können es aus dem Microsoft Store herunterladen. Geben Sie im Suchfeld neben dem Startmenü **Store** ein. Klicken Sie dann auf Microsoft Store. Geben Sie in der Microsoft Store-Anwendung, die geöffnet wird, **Copilot** in das Suchfeld oben im Fenster ein. Laden Sie dann Microsoft Copilot herunter, wenn Sie es sehen.

Das sollte genügen, um mit Copilot loszulegen. Aber Copilot macht noch viel mehr Spaß, wie Sie im weiteren Verlauf des Buches sehen werden. Willkommen im Zeitalter der KI!

IN DIESEM KAPITEL

Fensterelemente kennenlernen

Desktopfenster auf die richtige Größe bringen

Fenster an die richtige Position verschieben

Mehrere Monitore vortäuschen

Kapitel 4
Übernehmen Sie die Kontrolle über den Desktop

Das Startmenü von Windows enthält lediglich Symbole und ein paar Schaltflächen. Alles ist mit der Maus oder mit dem Finger kaum zu verfehlen. Im Unterschied dazu kann der Windows Desktop viele bewegliche Fenster anzeigen, jedes mit teilweise nicht benannten Schaltflächen, winziger Schrift und mit einem zarten Rahmen und zahlreichen Elementen. Die Fenster bestehen aus viel zu vielen Teilen, einige mit verwirrenden Namen, wobei man erwartet, dass Sie sich diese merken. Um Ihnen eine Hilfestellung zu geben, widmet sich dieses Kapitel der grundlegenden Anatomie des Windows-Desktops sowie Werkzeugen und Techniken, mit denen Sie die Größe und Position jedes geöffneten Fensters auf Ihrem Desktop steuern können.

Ein typisches Desktopfenster in seine Bestandteile zerlegen

Abbildung 4.1 zeigt ein typisches Fenster, das Sie sicherlich schon einmal auf Ihrem Desktop gesehen haben. Hinter den verschiedenen Elementen verbergen sich Schätze, mit denen Sie ein verwirrendes Durcheinander von übereinander gestapelten Fenstern in etwas Brauchbares verwandeln können. Sie haben diese Werkzeuge in Kapitel 2 kurz kennengelernt. Ich zeige sie hier noch einmal, damit Sie sich auf diese Abbildung beziehen können, wenn Sie die folgenden Abschnitte lesen, in denen Sie endlich die Kontrolle über Ihre geöffneten Apps und Ihren Desktop übernehmen.

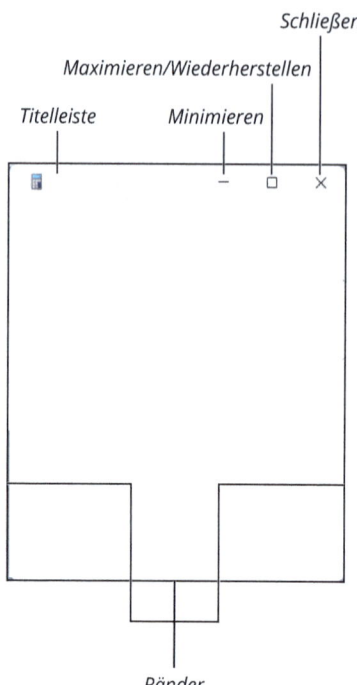

Abbildung 4.1: So nennen die immer präzisen Computer-Nerds die verschiedenen Teile eines Fensters.

Das Ziehen und Ablegen beherrschen

Bevor ich jedoch auf die Besonderheiten des Umgangs mit geöffneten Desktopfenstern eingehe, müssen Sie einige weitere Begriffe und Fähigkeiten kennen. Obwohl der Begriff »Ziehen und Ablegen« klingt, als stamme er direkt aus einem Mafia-Handbuch, handelt es sich dabei um einen gewaltfreien Maustrick, der in ganz Windows verwendet wird. Durch Ziehen und Ablegen, auch Drag&Drop genannt, können Sie App-Fenster auf Ihrem Desktop verschieben und in der Größe verändern.

Um mit der Maus zu ziehen, setzen Sie den Mauszeiger auf den Bereich oder das Element, das Sie ziehen möchten, und halten Sie dann die linke Maustaste gedrückt, während Sie die Maus bewegen. Bei einem Touchpad setzen Sie den Mauszeiger auf das Objekt, das Sie ziehen möchten. Drücken Sie die Taste und halten Sie sie gedrückt, während Sie den Mauszeiger bewegen. Heben Sie den Finger an, wenn das zu ziehende Objekt an seinem Platz ist.

 Abteilung für hilfreiche Tipps: Haben Sie angefangen, etwas zu ziehen und mittendrin gemerkt, dass Sie das falsche Objekt gezogen haben? Lassen Sie die Maustaste nicht los und hören Sie nicht mit dem Drücken auf, sondern verwenden Sie stattdessen die [Esc]-Taste, um den Vorgang abzubrechen.

Die Bildlaufleiste zum Bewegen innerhalb eines Fensters verwenden

Die Bildlaufleiste, die einem Fahrstuhlschacht ähnelt (siehe Abbildung 4.2), befindet sich am Rand aller überfüllten Fenster. Mit *überfüllt* meine ich jedes Fenster, das nicht groß genug ist, um seinen gesamten Inhalt anzuzeigen. Wenn ein Fenster keine Bildlaufleiste besitzt, bedeutet das, dass es nichts gibt, was nur durch einen Bildlauf erreichbar ist.

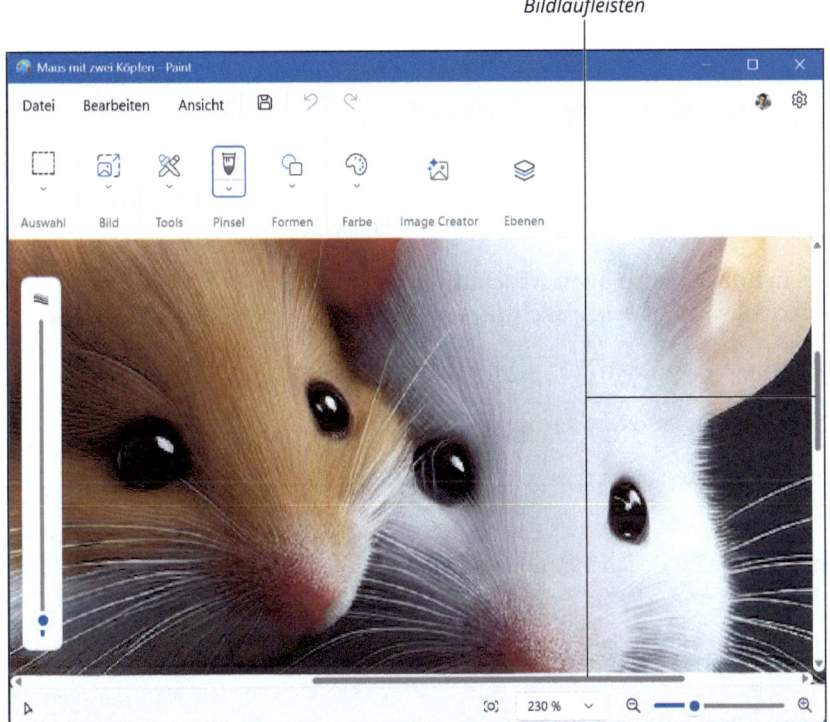

Abbildung 4.2: Eine vertikale und eine horizontale Bildlaufleiste.

Im Schacht fährt ein kleiner Lastenaufzug, das Bildlauffeld, hinauf und hinunter beziehungsweise nach links und nach rechts, während Sie im Fenster scrollen. So können Sie mit einem Blick auf den kleinen Aufzug feststellen, ob die angezeigten Elemente sich eher oben, in der Mitte oder unten im Fenster befinden.

Wenn Sie auf verschiedene Stellen in der Bildlaufleiste klicken, können Sie schnell innerhalb des Fensters scrollen. Hier ein paar Beispiele:

✔ Um langsam zu blättern, klicken Sie auf den Pfeil am oberen oder unteren Rand der Bildlaufleiste.

✔ Klicken Sie im Aufzugsschacht oberhalb des kleinen Fahrstuhls – äh, in der Bildlaufleiste auf einen Punkt oberhalb des Bildlauffelds, um eine Ansichtsseite nach oben zu scrollen. Analog dazu geht es durch Klicken auf einen Punkt unterhalb des Bildlauffelds eine Ansichtsseite nach unten.

✔ Wenn Sie es eilig haben, ziehen Sie das Bildlauffeld innerhalb der Bildlaufleiste. Während Sie ziehen, rast der Inhalt des Fensters vorbei. Wenn Sie die gewünschte Stelle sehen, lassen Sie die Maustaste los, um an dieser Position zu bleiben.

✔ Wenn Sie ein Touchpad verwenden, benutzen Sie zwei Finger auf dem Touchpad. Nach oben und unten, um vertikal zu blättern. Nach links und rechts, um horizontal zu blättern.

✔ Verwenden Sie eine Maus mit einem Touchpad oder einem Rad, das in den Rücken des armen Tieres eingelassen ist? Fahren Sie einfach mit dem Finger über das Touchpad oder drehen Sie das Mausrad in die Richtung, in die Sie blättern möchten. Der Aufzug bewegt sich innerhalb der Bildlaufleiste und verschiebt die Ansicht entsprechend. Um seitwärts zu scrollen, halten Sie beim Scrollen die ⇧-Taste gedrückt.

Wenn Sie tippen, können Sie sich zeilenweise nach oben und nach unten durch den Text bewegen, indem Sie die Tasten ↑ bzw. ↓ drücken. Um über größere Entfernungen zu blättern, ohne zur Maus greifen zu müssen, verwenden Sie diese Tasten:

✔ **Blättern Sie in bildschirmgroßen Abschnitten:** Drücken Sie Bild↑ (Seite nach oben), um nach oben zu blättern, und drücken Sie Bild↓, um nach unten zu blättern.

✔ **Zum Ende springen:** Drücken Sie Strg+Ende.

✔ **An den Anfang springen:** Drücken Sie Strg+Pos1.

✔ **Zum Anfang einer Textzeile springen:** Klicken Sie auf die Textzeile und drücken Sie die Pos1-Taste.

✔ **Zum Ende einer Textzeile springen:** Klicken Sie auf die Textzeile und drücken Sie die Ende-Taste.

Bildlauf innerhalb eines Bereichs

In jedem geöffneten Fenster können Sie auf einen Bereich stoßen, der über eigene Bildlauffunktionen verfügt, in der Regel zum Blättern nach links und rechts. Einige Fenster können eine eigene Bildlaufleiste haben. Wenn Sie den Mauszeiger auf dem Element ruhen lassen, sehen Sie in der Regel einen Pfeil auf einer oder beiden Seiten, wie in Abbildung 4.3 dargestellt. Klicken Sie einfach auf den Pfeil, der in die Richtung zeigt, in die Sie blättern möchten.

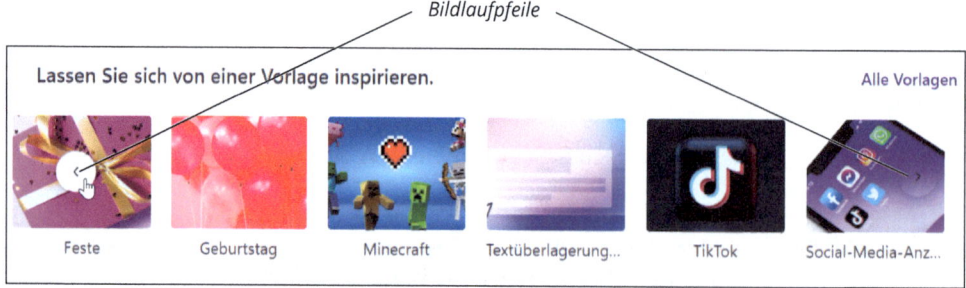

Abbildung 4.3: Wenn Sie den Mauszeiger auf ein Element setzen, können Bildlaufpfeile erscheinen.

Hineinzoomen, Herauszoomen

Wenn Sie Ihr App-Fenster bereits im Vollbildmodus geöffnet haben, aber immer noch scrollen müssen, um alles zu sehen, können Sie möglicherweise einfach den Zoomfaktor des Elements im Fenster ändern, so dass Sie alles sehen, ohne scrollen zu müssen. Diese Möglichkeit gilt für viele, aber nicht für alle Apps. Abbildung 4.4 zeigt ein Beispiel, in dem nur ein Teil eines Fotos angezeigt wird. Die Bildlaufleisten am Rand des Fensters zeigen an, dass es noch mehr zu sehen gibt.

Abbildung 4.4: Bildlaufleisten zeigen an, dass Sie nicht alles sehen können.

Anstatt einen Bildlauf durchzuführen, um zu sehen, was in Ihrer Ansicht des Fotos fehlt, können Sie die Vergrößerung des Fotos so ändern, dass das gesamte Foto auf den Bildschirm passt.

Viele Apps verfügen über ein Menü ANSICHT mit Optionen zum Ändern der Vergrößerung (oder der Zoomstufe). Wenn Sie eine Maus mit einem Rad verwenden, versuchen Sie Folgendes:

- ✔ **Hineinzoomen (vergrößern):** Halten Sie die Strg-Taste gedrückt, während Sie nach oben scrollen.

- ✔ **Herauszoomen (verkleinern):** Halten Sie die Strg-Taste gedrückt, während Sie nach unten scrollen.

Wenn Sie ein Touchpad verwenden, gehen Sie wie folgt vor:

✔ **Hineinzoomen (vergrößern):** Legen Sie zwei Finger dicht nebeneinander auf das Touchpad und spreizen Sie sie dann.

✔ **Herauszoomen (verkleinern):** Legen Sie zwei gespreizte Finger auf das Touchpad und führen Sie die Finger dann zusammen.

 Weitere Informationen zur Touchpad-Terminologie erhalten Sie von Copilot mit dieser Bitte: »Erkläre mit die Windows 11 Touchpad-Geste « (das Schlüsselwort hier lautet »Gesten«).

Wenn Sie gerade tippen und keine Lust haben, zur Maus zu greifen, verwenden Sie die folgenden Tastenkombinationen zum Vergrößern und Verkleinern:

✔ **Hineinzoomen (vergrößern):** Halten Sie die [Strg]-Taste gedrückt und tippen Sie wiederholt auf die Taste [+].

✔ **Herauszoomen (verkleinern):** Halten Sie die [Strg]-Taste gedrückt und tippen Sie wiederholt auf die Taste [-] (Bindestrich).

✔ **Auf 100 Prozent zoomen:** Halten Sie die [Strg]-Taste gedrückt und tippen Sie auf die Zahl [0] (Null) (nicht auf den Buchstaben O), um auf 100 Prozent oder auf die Standardvergrößerung Ihrer App zu zoomen.

Denken Sie daran, dass nicht alle Anwendungen das Zoomen ermöglichen. Wenn Sie versuchen zu zoomen und nichts funktioniert, gehen Sie nicht davon aus, dass etwas kaputt ist oder dass Sie es nicht richtig machen.

Fenster auf die gewünschte Größe bringen

Nahezu jedes geöffnete Fenster kann so groß wie Ihr gesamter Desktop, unsichtbar klein oder irgendeine Größe dazwischen sein. Ändern Sie die Größe eines Fensters so, wie es für Sie am besten passt. In diesem Abschnitt wird erklärt, wie das geht.

Ein Fenster so einstellen, dass es den gesamten Desktop ausfüllt

Früher oder später hängt Ihnen dieses ganze Fensterbrimborium zum Hals raus. Warum kann man nicht einfach ein einziges großes Fenster auf dem Desktop anzeigen? Nun, wenn Sie wollen, geht das.

▫ Um ein beliebiges Desktopfenster so groß wie möglich zu machen, klicken Sie auf das Symbol MAXIMIEREN/WIEDERHERSTELLEN (wenn es wie ein großes Quadrat aussieht, wie am Rand gezeigt). Oder doppelklicken Sie auf eine leere Stelle in der Titelleiste. Das Fenster füllt dann den gesamten Desktop aus und verdeckt alle anderen Fenster.

▫ Um das aufgeblähte Fenster wieder auf seine ursprüngliche Größe zu verkleinern, klicken Sie auf das Symbol MAXIMIEREN/WIEDERHERSTELLEN (das nun zwei kleinere Quadrate zeigt, wie am Rand gezeigt) oder doppelklicken Sie erneut auf die Titelleiste des Fensters. Das Fenster schrumpft schnell wieder auf seine ursprüngliche Größe, und Sie können die Dinge sehen, die es verdeckt hat.

Ein Fenster größer oder kleiner machen

Die Fensteranordnung von Windows ist manchmal ziemlich chaotisch. Alles geht drunter und drüber. Manche Fenster sind noch zu erkennen, manche sind kaum noch auszumachen. Aber das muss nicht so bleiben. Sie können die Fensterecken nach innen und nach außen ziehen und so die Fenstergröße ändern. Das funktioniert folgendermaßen:

1. **Setzen Sie die Spitze des Mauszeigers auf den Rand oder eine Ecke des Fensters, dessen Größe Sie ändern möchten, bis der Mauszeiger zu einem Doppelpfeil wird, wie in Abbildung 4.5 gezeigt.**

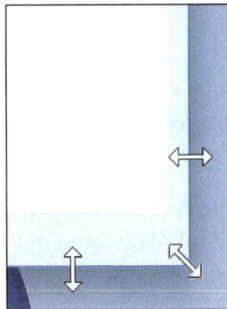

Abbildung 4.5: Mauszeiger als Doppelpfeil zur Größenänderung eines Fensters.

2. **Ziehen Sie den Mauszeiger mit gedrückter Maustaste oder mit dem Touchpad in die durch die Pfeile angezeigte Richtung.**

3. **Wenn Sie mit der neuen Größe des Fensters zufrieden sind, lassen Sie den Finger auf der Maustaste oder dem Touchpad los.**

Das Fenster macht es sich in seinen neuen Dimensionen gemütlich.

Fenster auf die Hälfte (oder ein Viertel) der Bildschirmgröße verkleinern

Wenn Sie der Meinung sind, dass das Ziehen von Fensterrändern und -ecken mühsam ist, werde ich Ihnen nicht widersprechen. Hier sind einige Tipps, wie Sie die Größe eines Fensters schnell ändern können:

✔ Um ein Fenster auf die halbe Breite des Bildschirms zu bringen, ziehen Sie die Titelleiste nach links oder rechts, bis der Mauszeiger den Rand des Bildschirms erreicht. Wenn Sie einen verschwommenen Bereich sehen, der die halbe Bildschirmbreite hat, lassen Sie die Maustaste los.

✔ Um ein Fenster auf ein Viertel der Bildschirmgröße zu vergrößern, ziehen Sie die Titelleiste des Fensters, bis der Mauszeiger eine Ecke des Bildschirms berührt. Wenn Sie einen unscharfen Bereich sehen, lassen Sie die Maustaste los.

Wenn das Fenster seine Größe erreicht hat, werden alle anderen geöffneten Fenster automatisch neu angeordnet, so dass sie nicht mehr denselben Platz auf dem Bildschirm einnehmen. Um diese Fenster wieder auf ihre vorherige Größe und Position zu bringen, klicken Sie in das Fenster, das Sie gerade positioniert haben. Sie können auch auf eines der anderen Fenster klicken, um es auf den verbleibenden Platz auf dem Bildschirm zu vergrößern.

Wenn Sie die Größe und Position mehrerer Fenster auf einen Schlag ändern möchten, lesen Sie den Abschnitt »Mehrere geöffnete Fenster andocken lassen« weiter hinten in diesem Kapitel.

Ein Fenster ausblenden, ohne die aktuelle Ansicht zu verlieren

Wenn Sie ein Fenster ganz aus dem Weg räumen wollen, ohne dass das verloren geht, was derzeit in diesem Fenster sichtbar ist, sollten Sie das Fenster minimieren, anstatt es zu schließen. Minimieren ist ganz einfach:

✔ Um ein Fenster zu minimieren (auszublenden), klicken Sie im Fenster auf das Symbol MINIMIEREN. Das Fenster verschwindet, aber sein Taskleistensymbol bleibt in der Taskleiste.

✔ Um das minimierte Fenster wieder zu aktivieren, klicken Sie einfach auf das Symbol in der Taskleiste.

Zu beschäftigt, um nach der Maus zu greifen? Maximieren Sie das aktuelle Fenster durch Drücken von ⊞+↑. Drücken Sie ⊞+↓, um das Fenster wieder auf die vorherige Größe zurückzukehren. Um ein geöffnetes Fenster zu minimieren, drücken Sie ⟨Alt⟩+⟨Leertaste⟩+⟨N⟩.

Fenster auf dem Desktop arrangieren

Windows verteilt seine Fenster scheinbar planlos und zufällig auf dem Desktop. Fenster verschiedener Anwendungen verdecken sich gegenseitig oder ragen über den Bildschirmrand hinaus. Im Folgenden erfahren Sie, wie Sie die Fenster ordentlich stapeln und dabei das bevorzugte Fenster oben auf dem Stapel ablegen. Wenn es Ihnen lieber ist, können Sie die Fenster auch wie die Karten beim Pokerspiel überlappend auf dem Bildschirm ablegen.

Ein Fenster oben auf dem Stapel ablegen

In Windows wird das Fenster, das im Vordergrund angezeigt wird und dem alle Aufmerksamkeit gilt, als *aktives* Fenster bezeichnet. Wer wagt da schon zu widersprechen?! Das aktive Fenster empfängt alle Eingaben, die Sie oder Ihre Katze über die Tastatur machen. Wenn

Sie versuchen, etwas in ein geöffnetes App-Fenster zu tippen und nichts passiert, ist diese App wahrscheinlich nicht im aktiven Fenster.

Und wie machen Sie ein beliebiges Fenster zum aktiven Fenster? Sie haben folgende Möglichkeiten:

✔ Klicken Sie das Fenster an. Windows bringt das angeklickte Fenster ganz nach oben im Fensterstapel.

✔ Klicken Sie in der Taskleiste auf das Symbol des betreffenden Fensters. Wenn das Fenster verschwindet, war es bereits das aktive Fenster, so dass Sie es gerade minimiert haben. Kein großes Problem. Klicken Sie einfach erneut auf das gleiche Taskleistensymbol, um das Fenster dieser App zum aktiven Fenster zu machen.

✔ Halten Sie die [Alt]-Taste gedrückt und drücken Sie die [⇆]-Taste. Ein kleines Fenster wird angezeigt, das für jedes geöffnete Fenster eine Miniaturdarstellung enthält. (Es werden sowohl Desktopfenster als auch geöffnete Startmenü-Apps angezeigt.) Drücken Sie so lange die [⇆]-Taste, ohne die [Alt]-Taste loszulassen, bis das Miniaturbild des gewünschten Fensters ausgewählt ist. Lassen Sie die [Alt]-Taste los und drücken Sie die [↵]-Taste. Langer Rede kurzer Sinn: Windows wechselt zum gewählten Fenster.

✔ Klicken Sie in der Taskleiste auf die Schaltfläche AUFGABENANSICHT (das Sie in der Randspalte sehen) oder drücken Sie [⊞]+[⇆]. Dann zeigt Windows Ihnen ebenfalls eine Miniaturansicht aller geöffneten Fenster auf dem Bildschirm an. Klicken Sie auf das gewünschte Miniaturfenster, und es wird in den Vordergrund gehoben, bereit zum Handeln. Auf das Symbol AUFGABENANSICHT gehe ich weiter hinten in diesem Kapitel noch genauer ein.

Ein Fenster von hier nach da verschieben

Manchmal empfiehlt es sich, ein Fenster an eine andere Position auf dem Desktop zu verschieben. Vielleicht hängt ein Teil des Fensters über den Desktoprand hinaus oder Sie möchten es zentriert oder in der Nähe eines anderen Fensters positionieren.

Sie können ein Fenster verschieben, indem Sie seine Titelleiste ziehen und fallen lassen. Wenn Sie die Titelleiste des Fensters ziehen, folgt das Fenster der Bewegung. Wenn Sie mit der Position zufrieden sind, lassen Sie das Fenster an seinem Platz fallen.

Hier ein historischer Leckerbissen: Früher enthielten Titelleisten *immer* den Titel der Anwendung oder des Programms, daher auch der Name Titelleiste. Jetzt lassen viele Apps den Titel weg. Nichtsdestotrotz können Sie diese Apps nach wie vor durch Ziehen der Titelleiste verschieben, genau wie früher.

Mehrere geöffnete Fenster andocken lassen

Das treffend benannte Feature *Andocklayouts* ist eine großartige Möglichkeit, mehrere geöffnete Fenster in einem schnellen Schritt in die richtige Größe und Position zu bringen. Es gibt drei Möglichkeiten, auf diese Layouts zuzugreifen. Wenn Sie jedoch ein Hauptfenster haben, das Sie speziell positionieren möchten, versuchen Sie Folgendes:

1. Ziehen Sie die Titelleiste des ausgewählten Fensters ganz in die obere Mitte des Bildschirms, so dass der Mauszeiger den Bildschirmrand berührt und ein Panel mit Layout-Miniaturansichten nach unten fällt, wie in Abbildung 4.6 gezeigt. Lassen Sie die Maustaste noch nicht los.

Abbildung 4.6: Mit Andocklayouts können Sie geöffnete Fenster auf einfache Weise vergrößern und positionieren.

2. Ziehen Sie mit gedrückter Maustaste ein wenig nach unten, bis sich der Mauszeiger innerhalb des Bereichs mit den Miniaturansichten befindet.

3. Ziehen Sie den Mauszeiger nach links und rechts und berühren Sie dabei die verschiedenen Felder.

   Es erscheint ein leeres Fenster, das anzeigt, wohin das Fenster verschoben wird, wenn Sie die Maus loslassen.

4. Wenn Sie für das betreffende Fenster eine gute Größe und Position gefunden haben, lassen Sie den Mauszeiger auf diesem Quadrat stehen und lassen Sie die Maustaste los.

Das Fenster, das Sie ziehen, rastet an der richtigen Stelle auf dem Bildschirm ein. Alle anderen geöffneten Fenster füllen die verbleibenden leeren Felder des Layouts.

Eine andere Möglichkeit, mehrere Fenster anzuordnen, besteht darin, auf ein beliebiges Fenster zu klicken, das Sie neu positionieren möchten. Zeigen Sie dann auf das Symbol Maximieren dieses Fensters (aber klicken Sie nicht darauf). Die Andocklayouts erscheinen wie in Abbildung 4.7 gezeigt. Klicken Sie auf das Quadrat, in das Sie die Maus platzieren möchten. Maximieren Sie das aktuelle Fenster. Das aktuelle Fenster nimmt die Größe und Form des Feldes im Layout an.

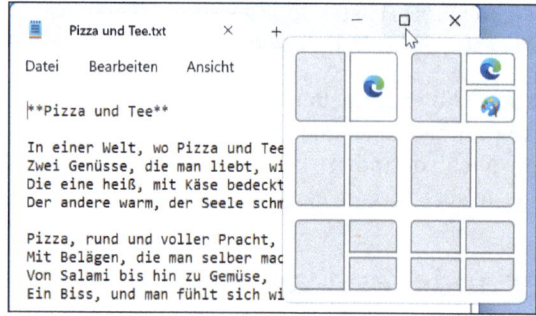

Abbildung 4.7: Sie können auch mit dem Mauszeiger auf das Symbol Maximieren eines Fensters zeigen, um die Andocklayouts anzuzeigen.

KAPITEL 4 Übernehmen Sie die Kontrolle über den Desktop

Schließlich können Sie auch ⊞+Z drücken, um die Andocklayouts anzuzeigen. Klicken Sie auf ein Layout, in dem Sie die Größe und Position der geöffneten Fenster ändern möchten.

Die Ansicht AUFGABENANSICHT meistern

In der Aufgabenansicht werden Miniaturansichten aller derzeit geöffneten Fenster angezeigt, wie in Abbildung 4.8 dargestellt. Um ein geöffnetes Fenster in den Vordergrund zu bringen, klicken Sie einfach auf seine Miniaturansicht. Um die Aufgabenansicht zu öffnen, klicken Sie einfach in der Taskleiste auf das Symbol AUFGABENANSICHT.

Schaltfläche Aufgabenansicht

Abbildung 4.8: Die Aufgabenansicht zeigt geöffnete Anwendungen als Miniaturansichten an.

Sie können Aufgabenansicht auch über die Tastatur verwenden, anstatt auf das Symbol für AUFGABENANSICHT zu klicken. So geht's:

✔ Drücken Sie ⊞+↹, um die Miniaturansichten der Apps anzuzeigen. Verwenden Sie die Tasten ← und →, um die Markierung auf ein beliebiges verfügbares Miniaturbild zu bewegen. Drücken Sie die ↵-Taste, um eine Miniaturansicht auszuwählen.

✔ Drücken Sie Alt+↹. Diese Methode ist mit älteren Windows-Versionen kompatibel, bei denen Sie die Alt-Taste gedrückt halten und die ↹-Taste drücken können, um sich durch die Miniaturansichten zu bewegen. Wenn die Miniaturansicht der gewünschten Anwendung hervorgehoben ist, lassen Sie die ↹-Taste und die Alt-Taste los.

Die Aufgabenansicht bietet außerdem Zugriff auf ein weiteres verstecktes Juwel: virtuelle Desktops, über die ich Ihnen im Folgenden alles erzähle.

Mit virtuellen Desktops mehrere Monitore vortäuschen

Virtuelle Klaustrophobie ist ein Begriff, den ich gerade erfunden habe, um das Gefühl zu beschreiben, das sich einstellt, wenn der Computerbildschirm zu eng wird und man verzweifelt nach mehr Platz sucht. Ein Mittel dagegen ist ein zweiter Monitor, so dass man zwei Bildschirme statt einem hat. Aber mehrere Monitore sind nicht unbedingt für jeden eine ideale Lösung.

Eine kostenlose und einfache Alternative zu mehreren Monitoren sind virtuelle Desktops. Jeder virtuelle Desktop ist ein eigener Bildschirm, genau wie bei zwei oder mehr Monitoren. Allerdings können Sie bei virtuellen Desktops immer nur einen der Desktops gleichzeitig sehen. Dennoch ist das kein Nachteil, denn Sie können Miniaturansichten aller virtuellen Desktops anzeigen und problemlos von einem zum anderen virtuellen Desktop wechseln.

Das Erstellen und Verwenden virtueller Desktops in Windows 11 ist einfach:

1. **Klicken Sie auf das Symbol für die Aufgabenansicht (rechts neben dem Suchfeld in der Taskleiste).**

   Windows blendet eine Leiste ein, die Miniaturansichten der aktuellen Desktops sowie eine leere Miniaturansicht mit der Bezeichnung Neuer Desktop zeigt.

2. **Um einen virtuellen Desktop zu erstellen, klicken Sie auf das + unterhalb von Neuer Desktop.**

   Ein zweiter Desktop mit dem Namen Desktop 2 erscheint wie in Abbildung 4.9 zu sehen.

Abbildung 4.9: Zwei virtuelle Desktops mit den Namen Desktop 1 und Desktop 2.

Wenn Sie mit einem leeren Bildschirm begonnen haben, sieht der neue Desktop genauso aus wie der erste. Was ist also das Besondere daran? Nun, jeder virtuelle Desktop kann seine eigenen offenen Fenster haben. Anstatt also die Fenster von Anwendungen in winzige Quadrate auf einem Desktop zu verkleinern, können Sie jede dieser Anwendungen in größeren Fenstern auf mehreren Desktops öffnen lassen.

Um von einem Desktop zum anderen zu wechseln, klicken Sie auf das Symbol für Aufgabenansicht und dann auf den gewünschten Desktop. Dieser Desktop füllt Ihren Bildschirm aus. Jetzt können Sie jede beliebige Anwendung auf dem Desktop öffnen.

Öffnen Sie zum Beispiel Copilot auf Desktop 2. Klicken Sie dann auf das Symbol für die AUFGABENANSICHT und auf Desktop 1. Sie haben nun einen ganzen Desktop, auf dem Sie weitere geöffnete Fenster anordnen können. Sie können Notepad, Paint, ein Grafiktool oder eine andere App auf Desktop 1 öffnen.

Erstellen Sie nun Inhalte mit Copilot auf Desktop 2. Kopieren Sie diesen Inhalt, und fügen Sie ihn in den Text- oder Grafikeditor auf Desktop 1 ein. Auf diese Weise müssen Sie nicht alle drei Apps auf einen einzigen Bildschirm quetschen.

Sie können zwischen den virtuellen Desktops wechseln, indem Sie [⊞] + [Strg] + [←] oder [⊞] + [Strg] + [→] drücken. Um ein geöffnetes Fenster von einem virtuellen Desktop auf einen anderen zu verschieben, öffnen Sie die Aufgabenansicht, indem Sie auf das Symbol AUFGABENANSICHT klicken oder [⊞] + [↹] drücken. Ziehen Sie dann die Miniaturansicht der App auf die Miniaturansicht des Desktops, auf den Sie diese App verschieben.

> **IN DIESEM KAPITEL**
>
> Mit Dateien im Explorer hantieren
>
> Laufwerke und Ordner erkunden
>
> Ordner erstellen, umbenennen und löschen
>
> Den Papierkorb verwenden
>
> Dateien und Ordner von hier nach da schieben
>
> Auf Speichersticks und Speicherkarten schreiben
>
> Windows OneDrive verstehen

Kapitel 5
Dateien speichern und organisieren

Wenn Sie auf Ihrem Computer irgendetwas schreiben, Bilder und Videos von Ihrem Telefon oder Ihrer Kamera herunterladen oder Dateien aus dem Internet herunterladen, sind Sie mit Dateien vertraut. Jedes schriftliche Dokument, jedes Foto, jedes Lied und jedes Video, das Sie speichern, wird als Dokumentdatei, oder auch kurz Dokument oder Datei genannt, gespeichert.

Der typische Datenträger eines Computers bietet genug Platz, um viele Tausend Dateien zu speichern. Mit zunehmender Größe Ihrer Dateisammlung wird die Verwaltung Ihrer Dateien jedoch immer schwieriger, und man kann leicht den Überblick verlieren. Um Ihnen zu helfen, enthält Windows eine App namens *Explorer*, die früher auch *Datei-Explorer* genannt wurde. Wie der Name schon sagt, können Sie mit dem Explorer Ihre Dateien durchstöbern (erkunden). Aber noch wichtiger ist, dass Sie mit dem Explorer Dateien erstellen, organisieren, umbenennen und löschen können. In diesem Kapitel werden Sie sich mit dem Explorer vertraut machen. Doch bevor wir damit beginnen, möchte ich einige wichtige technische Begriffe klären.

Laufwerke, Ordner und Dateien verstehen

Die Arbeit mit Dateien auf Computern beginnt mit dem Verständnis der Begriffe *Laufwerk*, *Ordner* und *Datei*. Stellen Sie sich ein Laufwerk wie eine Schublade in einem Aktenschrank vor, die mit Aktenmappen gefüllt ist, wie in Abbildung 5.1 gezeigt. Jede dieser Aktenmappen enthält Dokumente.

Ordner: entspricht dem Konzept einer Aktenmappe

Datei: jedes Dokument innerhalb eines Ordners

Laufwerk: wie ein Aktenschrank, der Ordner und Dateien enthält

Abbildung 5.1: Wie sich Laufwerk, Ordner und Datei zu einem herkömmlichen Aktenschrank verhalten.

Nachfolgend wird die Analogie zwischen einem Aktenschrank und einem Computer erläutert:

✔ Ein *Laufwerk*, auch *Datenträger* genannt, ist ein physisches Gerät wie eine Festplatte in Ihrem Computer oder ein USB-Laufwerk, das Sie in der Hand halten und an einen Computer anschließen können. Auf dem Laufwerk können Dateien gespeichert werden, und diese Dateien können in Ordnern organisiert werden.

✔ Ein *Ordner* in Windows ist vergleichbar mit einer Aktenmappe in der Schublade eines Aktenschranks. In jedem Ordner sind Dateien zusammengefasst, die zusammengehören. Sie können Ordner erstellen und Ihre Dateien so organisieren, wie Sie möchten.

✔ Eine *Datei* ist wie ein einzelnes Dokument in einem Aktenordner. Aber bei Computern kann eine einzelne Datei ein Dokument mit Text, ein Foto, ein Lied, ein Video oder eine Tabellenkalkulation enthalten, also im Grunde alles, was man auf einem Computer erstellen oder auf ihn herunterladen kann.

In einem Aktenschrank legen Sie mit den Händen Ordner an, organisieren Dateien und so weiter. In Windows verwenden Sie für diese Aufgaben den Explorer.

Ihren Computer erkunden

Der Explorer wird so häufig verwendet, dass er in der Taskleiste sein eigenes Symbol besitzt. Dieses Symbol sieht wie in Abbildung 5.2 gezeigt aus wie eine Aktenmappe und sollte daher leicht zu erkennen sein.

Abbildung 5.2: Explorer über das Symbol in der Taskleiste öffnen.

Es gibt drei Möglichkeiten, den Explorer zu öffnen:

✔ Klicken Sie in der Taskleiste auf das Symbol EXPLORER.

✔ Drücken Sie auf Ihrer Tastatur ⊞ + E.

✔ Klicken Sie auf das Symbol START und suchen Sie im Startmenü nach dem Explorer (ich weiß allerdings nicht, warum Sie diese zusätzlichen Schritte durchführen wollen).

Wenn Sie den Explorer öffnen, erscheint ein Bildschirm ähnlich wie in Abbildung 5.3, obwohl bei Ihnen vermutlich andere Laufwerke, Ordner und Dateien angezeigt werden.

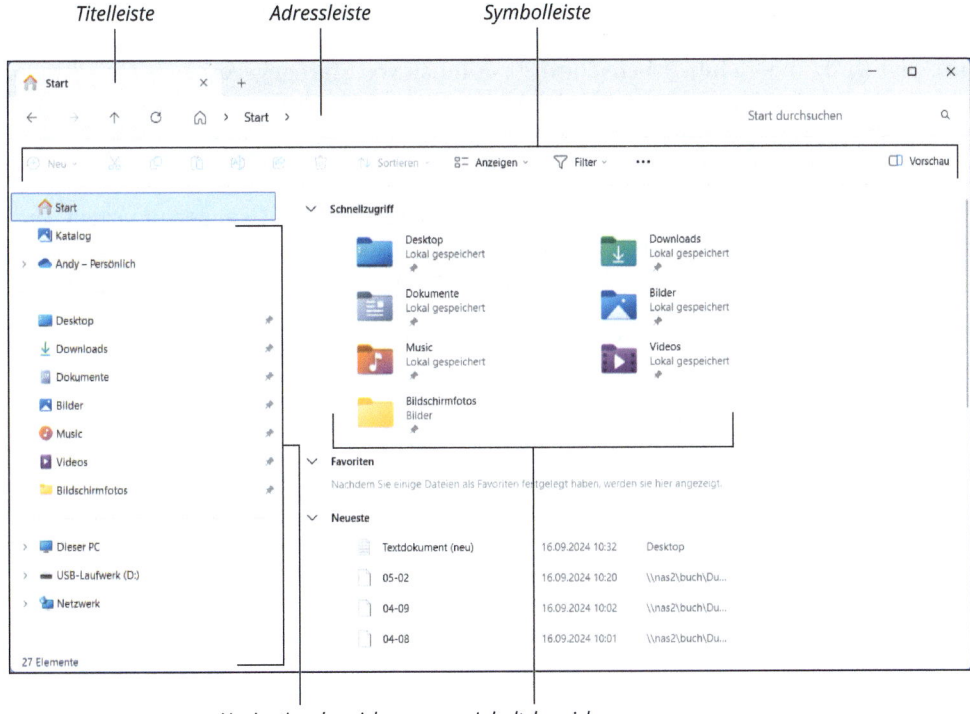

Abbildung 5.3: Das Fenster des Explorers auf dem Desktop.

Hier ist eine kurze Übersicht über die verschiedenen Elemente, die auf dem Bildschirm sichtbar sind:

✔ **Titelleiste:** Wie bei anderen geöffneten Fenstern befindet sich die Titelleiste oben im Explorer. Sie können das Explorer-Fenster verschieben, indem Sie an der Titelleiste ziehen, und die Größe des Fensters ändern, indem Sie an einer beliebigen Ecke oder einem der Fensterränder ziehen. Diese grundlegenden Techniken werden in Kapitel 4 beschrieben.

✔ **Adressleiste:** Die Adressleiste zeigt den Speicherort der Datei an, die Sie gerade anzeigen, und hilft Ihnen bei der Navigation durch Laufwerke und Ordner.

✔ **Symbolleiste:** Die Symbolleiste enthält Symbole für Werkzeuge zum Verschieben, Kopieren, Umbenennen und Löschen von Dateien. Offiziell wird sie Befehlsleiste genannt.

✔ **Navigationsbereich:** In diesem Bereich teilen Sie Explorer mit, was Sie öffnen möchten.

✔ **Inhaltsbereich:** Der Inhaltsbereich enthält Symbole für Dateien und Ordner in dem Laufwerk oder Ordner, den Sie gerade erkunden. Der Inhaltsbereich wird auch als Dateilistenansicht bezeichnet (auch wenn die Symbole nicht immer in einer Liste angezeigt werden).

Im Gegensatz zu den meisten Apps zeigt der Explorer in der Titelleiste weder seinen Namen noch sein Symbol an. Stattdessen wird der Name des gerade angezeigten Speicherorts angezeigt. In Abbildung 5.3 habe ich beispielsweise im Navigationsbereich START ausgewählt, so dass in der Titelleiste, genauer gesagt auf der ersten Registerkarte in der Titelleiste, *Start*" angezeigt wird (und im Inhaltsbereich wird der Inhalt von Start angezeigt).

Die Symbole des Navigationsbereichs kennenlernen

Auf der linken Seite des Explorer-Fensters sind die Symbole in drei Gruppen unterteilt: spezielle Orte, Ordner und Laufwerke, wie in Abbildung 5.4 dargestellt. Wenn Sie wissen, wofür diese Symbole stehen, können Sie den Umgang mit dem Explorer wesentlich vereinfachen.

Fangen wir von unten an. Der Abschnitt *Laufwerke* bietet Zugriff auf die Laufwerke, die Ihnen zur Verfügung stehen:

✔ **Dieser PC:** Wenn Sie DIESER PC erweitern, sehen Sie wahrscheinlich Lokaler Datenträger (C:). Das ist die Festplatte, in der sich die größten Dateischränke Ihres Computers befinden, die im Computer Laufwerke oder Datenträger genannt werden. Windows nennt das Laufwerk zur einfachen Identifizierung C:.

✔ **USB-Laufwerk:** Wenn Sie ein Flash-Laufwerk oder ein ähnliches Gerät an Ihren Computer angeschlossen haben, wird auch ein Symbol für dieses Laufwerk angezeigt. In Abbildung 5.4 habe ich ein USB-Laufwerk an meinen Laptop angeschlossen. Im Navigationsbereich wird es als USB-Laufwerk bezeichnet. Windows hat ihm den Namen D: zugewiesen.

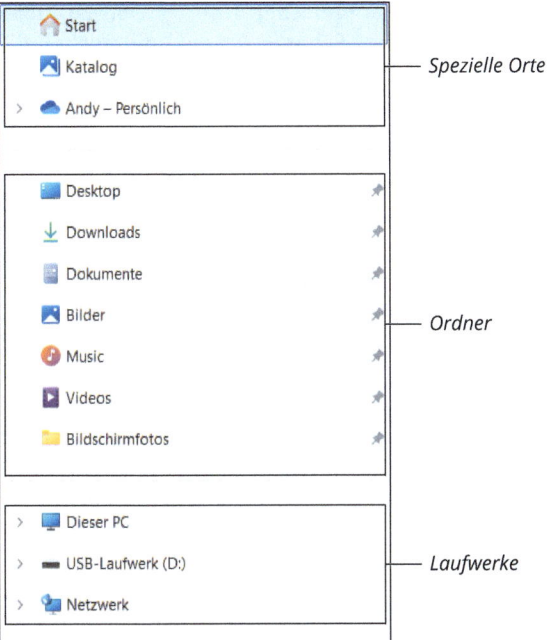

Abbildung 5.4: Abschnitte im Navigationsbereich des Explorers.

✔ **Netzwerk:** Wenn Ihr Computer Teil eines Büro- oder Heimnetzwerks ist, können Sie über das Symbol NETZWERK die Laufwerke und Ordner auf anderen Computern in Ihrem Netzwerk durchsuchen.

Als Nächstes folgt der Abschnitt *Ordner*. Hier können Sie auf die Ordner auf Ihrer Festplatte zugreifen, einschließlich der integrierten Ordner, die Windows für Sie erstellt hat. Der Name jedes Ordners verrät, was er enthält: Bilder, Musik, Videos und so weiter. Wenn Sie auf einen Ordnernamen klicken, ändert sich der Inhaltsbereich auf der rechten Seite und zeigt den Inhalt des Ordners an, auf den Sie gerade angeklickt haben.

Der spezielle Bereich am oberen Rand enthält Symbole, die nicht mit einem Ordner oder Laufwerk verbunden sind. Vielmehr handelt es sich um spezielle Alternativen, die die Navigation wie folgt vereinfachen:

✔ **Start:** Dieses Symbol ist eine Art Ablage für Dateien und Ordner. Es ermöglicht den schnellen Zugriff auf häufig verwendete Ordner, auf alle Elemente, die Sie als Favoriten markiert haben, und auf eine Liste von Dateien, die Sie kürzlich geöffnet haben.

✔ **Katalog:** Über dieses Symbol können Sie schnell auf die neuesten Fotos zugreifen, unabhängig davon, wo sie gespeichert sind.

✔ **Wolke:** Das Cloudsymbol, das auch Ihren Benutzernamen anzeigen kann, steht für OneDrive, ein optionales Cloudlaufwerk. Ich gehe davon aus, dass Ihnen die Terminologie Kopfzerbrechen bereitet, deshalb beschreibe ich OneDrive weiter hinten in diesem Kapitel.

Wenn Sie diese Terminologie verstehen, ist es viel einfacher, Ihre Dateien zu finden, zu organisieren und zu verwalten. Setzen Sie nun Ihren Schutzhelm auf und machen Sie sich bereit, die Laufwerke, Ordner und Dateien Ihres Computers zu durchforsten.

Die Festplatte erforschen

Die meisten der Dateien, die Sie in der Vergangenheit gespeichert haben, befinden sich wahrscheinlich auf Ihrer Festplatte. Das gilt auch für Dateien, die Sie aus dem Internet oder von einem angeschlossenen Gerät herunterladen. Um Dateien und Ordner auf Ihrer Festplatte zu erkunden, müssen Sie nichts an Ihren Computer anschließen – öffnen Sie einfach den Explorer. Die Ordnernamen, die Sie im Abschnitt *Ordner* sehen, wie zum Beispiel Desktop, Downloads und Dokumente, befinden sich alle auf Ihrer Festplatte.

Um einen beliebigen Ordner zu öffnen, klicken Sie auf sein Symbol im Navigationsbereich. Die Ordner und Dateien in diesem Ordner werden in den Inhaltsbereich übernommen. Wenn Sie zum Beispiel den Ordner *Bilder* öffnen, werden alle in diesem Ordner gespeicherten Bilddateien angezeigt. In Abbildung 5.5 enthält der Ordner *Bilder* eine Vielzahl von Bildern sowie einen Unterordner mit dem Namen Screenshots.

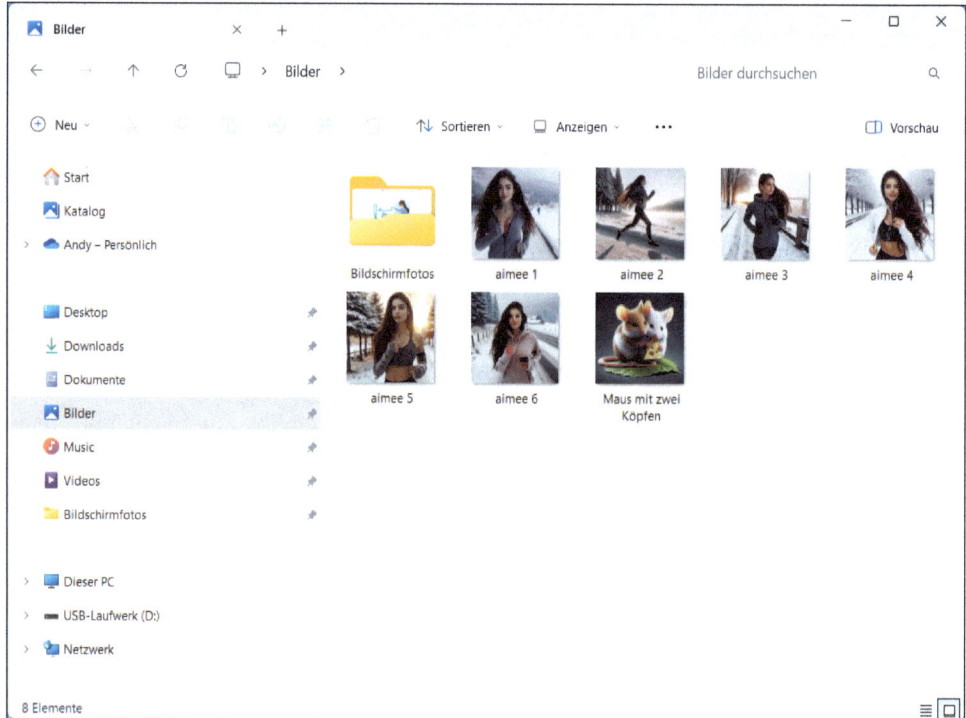

Abbildung 5.5: Den Inhalt des Ordners »Bilder« anzeigen.

In Abbildung 5.5 können Sie erkennen, dass es sich bei »Bildschirmfotos« um einen Ordner und keine Datei handelt, weil das Symbol wie eine Aktenmappe aussieht.

Dateien auf einem anderen Laufwerk anzeigen

Ihre Festplatte befindet sich in Ihrem Computer, so dass es ausreicht, den Explorer zu öffnen, um den Inhalt anzuzeigen. Um zu sehen, welche Dateien sich auf einem externen Gerät befinden, zum Beispiel auf einem USB-Laufwerk, einer Speicherkarte, einem Smartphone oder einer Kamera, schließen Sie das Gerät an den Computer an. Bei den meisten externen Speichergeräten schließen Sie das Gerät einfach an einen USB-Anschluss des Computers an.

Wenn Sie ein Gerät zum ersten Mal anschließen, kann auf dem Bildschirm etwas passieren, je nachdem, was Sie angeschlossen haben, oder auch nicht. Wenn auf dem Bildschirm OPTIONEN angezeigt werden, wählen Sie normalerweise die Option zum Öffnen des Laufwerks und zum Anzeigen des Inhalts. Unabhängig davon, was unmittelbar nach dem Anschließen des Geräts geschieht, sollte im Abschnitt *Laufwerke* unten im Navigationsbereich ein Symbol für das Gerät erscheinen. In Abbildung 5.6 habe ich zum Beispiel eine Videokamera (Insta360 D:) und ein USB-Laufwerk (E:) angeschlossen.

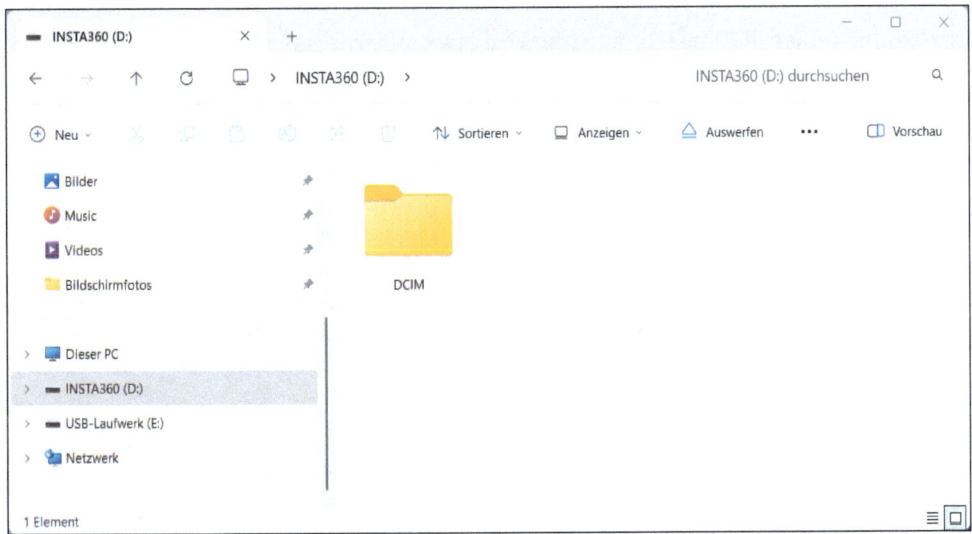

Abbildung 5.6: Eine Kamera und ein USB-Laufwerk sind an diesen Computer angeschlossen.

Die Laufwerksbuchstaben werden den Geräten zugewiesen, wenn Sie sie anschließen, daher sollten Sie nicht erwarten, dass sie immer gleich sind. Als ich zum Beispiel nur mein USB-Laufwerk angeschlossen hatte, erhielt es automatisch den Laufwerksbuchstaben D:. Später, als ich dieses Laufwerk entfernte und zuerst eine Kamera und dann das USB-Laufwerk anschloss, erhielt die Kamera den Buchstaben D: und das USB-Laufwerk den Buchstaben E:.

Beachten Sie, dass in Abbildung 5.6 Insta360 (D:) ausgewählt ist. (Der Name ist im Navigationsbereich hervorgehoben und wird in einer Registerkarte in der oberen linken Ecke angezeigt). Im Inhaltsbereich auf der rechten Seite befindet sich ein Symbol für einen Ordner namens DCIM (Digital Camera Images), ein gängiger Ordner auf Geräten, die Fotos und Videos speichern können. Wenn Sie auf den Ordner doppelklicken, wird der Ordner geöffnet und sein Inhalt angezeigt, wie bei jedem anderen Ordner auch.

Aufmerksamen Beobachtern fällt vielleicht auch die neue Option Auswerfen in der Symbolleiste am oberen Rand auf. Bevor Sie ein an den Computer angeschlossenes Gerät entfernen, sollten Sie immer auf Auswerfen klicken (oder mit der rechten Maustaste auf das Symbol des Laufwerks im Navigationsbereich klicken und Auswerfen wählen), um sicherzustellen, dass die Dateien des Geräts geschlossen und sicher verstaut sind, bevor Sie das Gerät vom Computer trennen. Windows zeigt in der unteren rechten Ecke des Bildschirms eine Benachrichtigung über sicheres Entfernen an, um Sie darüber zu informieren, wann Sie das Gerät entfernen können.

Wenn externe Geräte Sie in den Wahnsinn treiben

Der Umgang mit externen Geräten kann ärgerlich sein, vor allem, wenn Sie das Gerät anschließen und es etwas tut, was Sie nicht beabsichtigt hatten. Dieses Verhalten eines Geräts, das von sich aus etwas tut, nennt man *Automatische Wiedergabe* (ja, auch das hat einen Namen). Die gute Nachricht ist, dass Sie sich nicht damit abfinden müssen.

Sie können über die Einstellungen in Windows ändern, was passiert, wenn Sie ein bestimmtes Gerät einstecken. Klicken Sie auf das Symbol Start, wählen Sie Einstellungen und klicken Sie auf Bluetooth und Geräte. Wenn Sie die automatische Wiedergabe für alle Geräte, die Sie an den Computer anschließen, nicht wünschen, deaktivieren Sie den Schalter Automatische Wiedergabe für alle Medien und Geräte verwenden. Oder lassen Sie diese Option aktiviert, und legen Sie die Standardeinstellungen für die automatische Wiedergabe bestimmter Geräte fest, zum Beispiel Wechseldatenträger und Speicherkarten. Klicken Sie für jeden auf dem Bildschirm aufgeführten Gerätetyp auf das Dropdown-Menü, und wählen Sie aus, was geschehen soll, wenn Sie diesen Gerätetyp anschließen. Wenn Sie die automatische Wiedergabe auf Jedes Mal nachfragen einstellen, können Sie immer auswählen, was Sie direkt nach dem Anschließen des Geräts tun möchten.

Sobald Sie ein Gerät an den Computer angeschlossen haben und sein Name im Navigationsbereich des Explorers angezeigt wird, können Sie seine Ordner und Dateien genau wie auf Ihrer Festplatte verwalten. Es gelten alle Tipps und Tricks, die Sie in diesem Kapitel kennenlernen.

Was tummelt sich in einem Ordner?

Da es sich bei einem Ordner nur um ein Ablagefach handelt, stellt Windows ihn mit dem Bild einer Hängemappe dar, wie am Rand gezeigt. Um zu sehen, was sich in einem Ordner befindet, doppelklicken Sie auf sein Symbol. Der Inhalt des Ordners wird im Inhaltsbereich auf der rechten Seite angezeigt. Entdecken Sie einen anderen Ordner innerhalb dieses Ordners? Doppelklicken Sie auf diesen Ordner, um zu sehen, was sich darin befindet. Klicken Sie so lange, bis Sie finden, was Sie suchen, oder bis Sie in eine Sackgasse geraten.

Sie sind in einer Sackgasse gelandet? Wenn Sie versehentlich im falschen Ordner gelandet sind, gehen Sie zurück, als ob Sie im Internet surfen würden. Klicken Sie auf den Pfeil

Zurück links in der Symbolleiste, das sie auch neben diesem Absatz sehen. Sie sehen dann den Inhalt des Ordners, den Sie gerade verlassen haben. Wenn Sie oft genug auf diese Schaltfläche klicken, kommen Sie wieder dort an, wo Sie gestartet sind.

Die Adressleiste – das breite, mit Wörtern gefüllte Feld am oberen Rand des Fensters – bietet eine weitere Möglichkeit, schnell von einem Ort zum anderen zu springen. Wenn Sie sich von Ordner zu Ordner bewegen, zeichnet die Adressleiste des Ordners Ihren Weg auf. Beachten Sie die Pfeile zwischen den Ordnernamen. Sie bieten Verknüpfungen zu anderen Ordnern und Fenstern. Wenn Sie auf einen Pfeil klicken, wird ein Menü angezeigt, das die Orte auflistet, zu denen Sie von diesem Punkt aus springen können. Ich habe beispielsweise in meinem Ordner *Musik* einen Ordner mit dem Namen *Klassik*. Wenn Sie, wie in Abbildung 5.7 gezeigt, auf den Pfeil hinter Klassik klicken, werden die Ordner im Ordner *Klassik* aufgelistet.

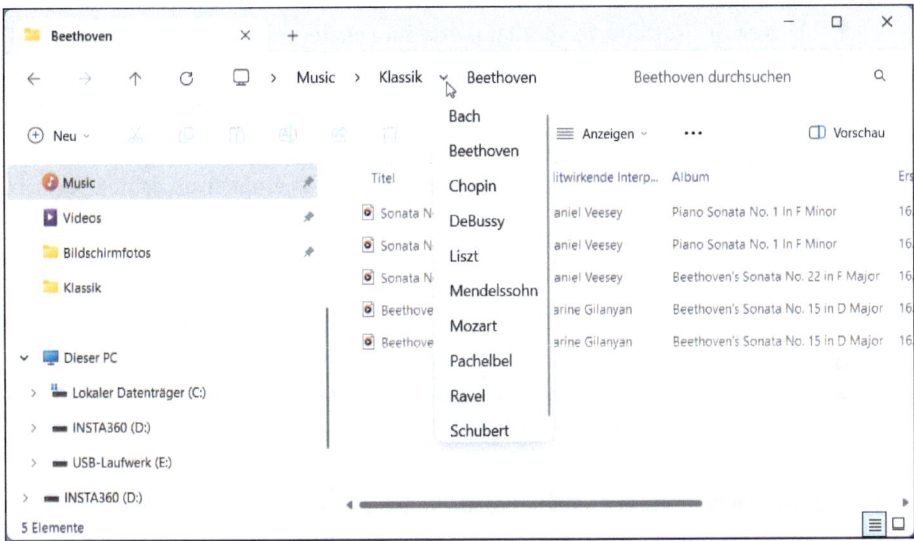

Abbildung 5.7: Klicken Sie auf den Pfeil hinter dem Ordnernamen, um zu einem anderen Ort innerhalb desselben Ordners zu springen.

Was genau ist ein Pfad?

Ein *Pfad* ist nichts anderes als die Adresse einer Datei. Wenn Sie einen Brief adressieren, geben Sie für den Empfänger Vorname, Name, Straße, Hausnummer, Postleitzahl, Stadt und Land an. Beim Pfad ist es ganz genauso. In der Adressleiste des Explorers sehen Sie eine Reihe von Namen, die durch > Pfeile getrennt sind. Wenn Sie jedoch auf die Stelle direkt rechts daneben klicken, sehen Sie dieselben Informationen in einer anderen Darstellung, etwa so:

```
C:\Benutzer\AndyR\Bilder\Bildschirmfotos\
```

Das ist der Ort des aktuellen Ordners aus der Sicht des Computers. Das C:\ bedeutet, dass sich der Ordner auf der internen Festplatte des Computers befindet. Jede Person, die ein Benutzerkonto auf dem aktuellen Computer hat, hat ihren eigenen Ordner im Ordner *Benutzer* auf der Festplatte. So bedeutet zum Beispiel *Benutzer\AndyR* einfach »im Benutzerkonto von AndyR«. \Bilder\Bildschirmfotos schließlich sind die Ordnernamen, wie sie im Explorer erscheinen. *C:\Benutzer\AndyR\Bilder\Bildschirmfotos* bezieht sich also auf den Ordner *Bildschirmfotos* in Andys Benutzerkonto auf der Festplatte (C:).

Hier ein paar weitere Tipps zum eleganten Navigieren in der Ordnerstruktur:

- ✔ Manchmal enthält ein Ordner mehr Dateien oder Ordner, als im Fenster angezeigt werden können. Um auch noch die allerletzte Datei einzusehen, blättern Sie mithilfe der Bildlaufleiste im Fenster nach unten. (Bildlaufleisten sind in Kapitel 4 beschrieben.)

- ✔ Wenn Sie tief in Ordner eindringen, wird in der Adressleiste jeder Ordner angezeigt, den Sie auf dem Weg dorthin besucht haben. Wenn Sie zu einem dieser Ordner zurückkehren möchten, klicken Sie einfach auf seinen Namen.

- ↑✔ Klicken Sie auf die Schaltfläche Hoch in der Adressleiste. Damit wechseln Sie in der Ordnerstruktur um eine Ebene nach oben.

- ✔ Sie können eine Datei oder einen Ordner nicht finden? Geben Sie den Namen Anstatt in das Suchfeld rechts neben dem Startmenü ein. Das Suchfeld dient dem Auffinden von verloren gegangenen Dateien, Ordnern, E-Mails et cetera und sogar Informationen im Internet.

- ✔ Sie sehen sich in einem Ordner mit einer langen Liste Dateien konfrontiert? Dann klicken Sie auf eine beliebige Stelle in der Liste und tippen Sie schnell die ersten Buchstaben des Dateinamens. Windows springt eifrig kreuz und quer in der Liste herum (die Richtung hängt von den eingegebenen Buchstaben ab) und zeigt alle Dateien an, deren Namen mit den eingegebenen Buchstaben beginnen.

Öffnen von Dateien aus dem Explorer

Sie können jede Datei im Explorer öffnen, indem Sie auf das Symbol oder den Namen der Datei doppelklicken. Windows öffnet die Datei automatisch in der App, die derzeit als Standardanwendung für diesen Dateityp definiert ist. Wenn Sie eine merkwürdige Datei erhalten, für die Windows keine Standardanwendung hat, werden Sie darauf hingewiesen und erhalten einige Auswahlmöglichkeiten. Wenn Sie sich nicht sicher sind, ob Sie den Inhalt der Datei kennen, sollten Sie die Datei am besten gar nicht öffnen, es sei denn, sie stammt aus einer vertrauenswürdigen Quelle.

Wenn Sie sich mit Ihren eigenen Kenntnissen über Apps und Dateitypen gut genug auskennen, können Sie die Standardanwendung, die bei einem Doppelklick auf das Symbol einer

Dokumentendatei geöffnet wird, außer Kraft setzen. Klicken Sie einfach nicht doppelt auf das Symbol. Klicken Sie stattdessen mit der rechten Maustaste darauf, wählen Sie ÖFFNEN MIT und klicken Sie dann auf die Anwendung, die Sie verwenden möchten.

Dateien im Explorer sortieren und Vorschau anzeigen

Mit den Schaltflächen SORTIEREN, ANZEIGEN und DETAILS (siehe Abbildung 5.8) haben Sie viele Möglichkeiten, Ihre Inhalte zu organisieren und anzuzeigen. Klicken Sie auf SORTIEREN, um eine Sortierreihenfolge auszuwählen. Wenn Sie zum Beispiel nach NAME sortieren, werden die Dateien in alphabetischer Reihenfolge nach Namen aufgelistet. Wenn Sie DATUM wählen, werden die Dateien in der Reihenfolge des Änderungsdatums sortiert. Die Standardeinstellung ist absteigend, d. h., die zuletzt gespeicherten Dateien werden ganz oben aufgelistet (das ist praktisch, wenn Sie den Namen einer Datei vergessen haben, die Sie kürzlich gespeichert haben).

Abbildung 5.8: Spielen Sie mit den Symbolen in der Symbolleiste, um Ihre Sicht auf die Dinge zu verbessern.

Klicken Sie auf ANSICHT, wenn Sie die Dateien auf verschiedene Arten sehen möchten. In den verschiedenen Symbolansichten, wie beispielsweise EXTRA GROSSE SYMBOLE, werden Bilder, Videos und Musiktitel als Miniaturbilder und nicht nur als Dateinamen angezeigt. Die anderen Optionen zeigen mehr Textinformationen zu den Dateien an, was je nach Art der Dateien, die Sie anzeigen, hilfreich sein kann.

Klicken Sie auf das Symbol VORSCHAU, um auf der rechten Seite des Explorer-Fensters ein Vorschaufenster zu öffnen. Klicken Sie dann auf den Namen oder das Symbol der Datei, die Sie sehen möchten, und der Inhalt wird im Vorschaufenster angezeigt, ohne die Datei zu öffnen. Sie können das Vorschaufenster verbreitern oder verkleinern, indem Sie den inneren Rand nach links bzw. rechts ziehen. Um das Vorschaufenster wieder auszublenden, klicken Sie einfach erneut in der Symbolleiste auf VORSCHAU.

Anzeigen von Dateinamenerweiterungen

Eine Dateinamenerweiterung besteht aus einem oder mehreren Buchstaben, denen ein Punkt am Ende des Dateinamens vorangestellt ist. Die Erweiterung teilt dem Computer mit, wie die Informationen in der Datei kodiert sind. Es gibt Tausende von Dateinamenerweiterungen. Im Folgenden sind einige der gebräuchlichsten aufgeführt:

- **.png:** ein Bild (png steht für Portable Network Graphics)
- **.jpg:** ein Bild (jpg steht für Joint Photographic Experts Group)
- **.mp4:** ein Video
- **.mp3:** Musik

- **.txt:** Text
- **.pdf:** Portable Document Format (Text und Bilder)
- **.docx:** ein Microsoft Word-Dokument
- **.xlsx:** ein Microsoft Excel-Arbeitsblatt
- **.zip:** eine komprimierte Datei oder ein komprimierter Ordner

Wenn Sie die Dateinamenerweiterungen im Explorer sehen möchten, klicken Sie im Explorer auf das Symbol Ansicht, dann auf Anzeigen und anschließend auf Dateinamenerweiterungen. Gehen Sie auf die gleiche Weise vor, um die Dateierweiterungen wieder auszublenden.

Wenn Sie sich für eine Dateinamenerweiterung interessieren, fragen Sie Copilot einfach um Hilfe. Sie können Copilot zum Beispiel fragen: »Was ist die Erweiterung .jpeg?« oder »Was sind einige gängige Dateinamenerweiterungen?« oder »Welche App kann .tiff-Dateien öffnen?« oder »Wie arbeite ich mit .zip-Dateien?«

Mit Dateien und Ordnern arbeiten

Wenn Ihre Dateisammlung wächst, möchten Sie die Dateien vielleicht organisieren, damit Sie sie leichter finden. Sie ordnen Papierdateien in verschiedenen Ordnern und vielleicht sogar in verschiedenen Aktenschränken, wenn Sie in einem großen Unternehmen arbeiten. Vielleicht möchten Sie Dateien von einem Ordner in einen anderen verschieben oder eine alte Datei loswerden, die Sie nicht mehr benötigen. Der Begriff Dateiverwaltung bezieht sich auf alle Maßnahmen, die Sie ergreifen können, um Dateien so zu organisieren, dass sie leicht zu finden sind. In diesem Abschnitt werden die verschiedenen Möglichkeiten beschrieben, mit denen Sie Dateien im Explorer verwalten können.

Einen Ordner erstellen

Im wirklichen Leben: Wenn Sie neue Projekte in Ihrem Aktenschrank unterbringen wollen, nehmen Sie einen Ordner, kritzeln einen Namen darauf und legen die Projektunterlagen in den Ordner. In Windows: Wenn Sie neue Daten ablegen wollen, erstellen Sie einen Ordner, vergeben einen Ordnernamen und legen die Daten in diesem Ordner ab.

Wenn Sie einen Ordner erstellen, öffnen Sie zunächst den Ordner, in dem Sie den neuen Ordner ablegen möchten. Angenommen, Sie sind es leid, in Ihrem Bilderordner nach einem bestimmten Bild zu suchen. Sie beschließen, die Fotos in Ordnern zu organisieren, mit einem Ordner für jeden Urlaub. In diesem Fall würden Sie zuerst den Ordner *Bilder* öffnen. Klicken Sie in der oberen linken Ecke des Ordners Bilder auf Neu und wählen Sie im Dropdown-Menü die Option Ordner. Ein neuer Ordner wird angezeigt, in den Sie den Namen eingeben können.

Sie können einen Ordner außerdem mit diesem Schnellverfahren erstellen:

1. **Klicken Sie mit der rechten Maustaste auf einen leeren Bereich in einem Ordner oder auf eine Stelle auf dem Desktop und wählen Sie den Befehl Neu.**

   Wie immer, wenn Sie mit der rechten Maustaste klicken, zaubert Windows ein Kontextmenü für Sie auf den Bildschirm.

2. **Wählen Sie Ordner.**

   Ein neuer Ordner erscheint.

3. **Geben Sie einen Namen für den neuen Ordner ein.**

   Jeder neue Ordner heißt ganz lapidar Neuer Ordner. Wenn Sie beginnen zu tippen, löscht Windows den alten Namen und fügt den neuen Namen ein.

4. **Speichern Sie den neuen Namen, indem Sie die ⏎-Taste drücken oder auf eine andere Stelle als den Namen, den Sie gerade eingegeben haben.**

Wenn Sie sich vertippt haben, klicken Sie mit der rechten Maustaste auf den Ordner, wählen in der oberen Leiste des Kontextmenüs das Symbol Umbenennen und korrigieren den Namen. Achten Sie darauf, das die Ordnernamen nicht zu lang aber dennoch aussagekräftig sind. Einige Zeichen sind in Ordnernamen (und auch in Dateinamen) tabu. Ersparen Sie sich Ärger, bleiben Sie bei Zahlen, Buchstaben, Bindestrichen und Unterstrichen. (Details darüber, was geht und was nicht, finden Sie im Kasten »Gültige Ordner- und Dateinamen«.)

Gültige Ordner- und Dateinamen

Windows ist ziemlich wählerisch, was die Namen von Dateien und Ordnern angeht. Wenn Sie einfach bei den guten alten Buchstaben und Zahlen bleiben, ist alles in Ordnung. Aber versuchen Sie nicht, eines der folgenden Zeichen zu verwenden:

```
: / \ * | < > ? "
```

Sobald Sie eines dieser Zeichen verwenden, beschwert sich Windows, und Sie müssen noch einmal von vorn beginnen. Folgende Dateinamen sind definitiv ungültig:

```
1/2 meines Projekts

Job:2

Eins<Zwei

Er ist kein "Gentleman".
```

Folgende Dateinamen sind definitiv gültig:

```
Hälfte meines Projekts

Job=2

Zwei ist größer als eins

Was für ein Halunke #@$%!
```

Dateien und Ordner umbenennen

Ein Datei- oder Ordnername gefällt Ihnen gar nicht? Klicken Sie mit der rechten Maustaste auf das Datei- oder Ordnersymbol und in der oberen Leiste des Kontextmenüs auf das Symbol UMBENENNEN. Der alte Name wird ausgewählt und verschwindet, sobald Sie den neuen Datei- oder Ordnernamen eingeben. Drücken Sie ⏎ oder klicken Sie auf den Desktop, wenn Sie fertig sind.

Alternativ dazu können Sie auch auf den Namen der Datei oder des Ordners klicken, um sie beziehungsweise ihn auszuwählen. Warten Sie einen Moment und klicken Sie dann noch einmal auf den Namen, der dann für die Bearbeitung bereit ist.

Andere wiederum bevorzugen die folgende Methode: Klicken Sie auf den Namen, drücken Sie F2 und ändern Sie den Namen.

✔ Wenn Sie eine Datei umbenennen, ändert sich nur ihr Name. Der Inhalt bleibt derselbe, die Größe ändert sich nicht und auch der Speicherort ist derselbe.

Um eine Gruppe von Dateien gleichzeitig umzubenennen, wählen Sie sie aus (siehe hierzu den nächsten Abschnitt), klicken mit der rechten Maustaste auf die erste Datei und dann auf das Symbol UMBENENNEN. Geben Sie dann den neuen Namen ein und drücken Sie ⏎. Windows benennt die erste Datei wie von Ihnen vorgegeben um. Alle anderen zuvor ausgewählten Dateien erhalten ebenfalls diesen neuen Namen plus eine in runde Klammern gesetzte, fortlaufende Nummerierung am Namensende, beispielsweise `Katze`, `Katze (1)`, `Katze (2)`, `Katze (3)` und so weiter.

✔ Das Umbenennen bestimmter Ordner kann zur Verwirrung von Windows führen, besonders dann, wenn diese Ordner Programme enthalten. Die folgenden Ordner sollten Sie auf keinen Fall umbenennen: BILDER, DESKTOP, DOKUMENTE, DOWNLOADS, MUSIK und VIDEOS.

✔ Für Power-User, die Gruppen von Dateien anhand bestimmter Wörter oder Muster in Dateinamen umbenennen müssen, bietet Microsoft PowerToys PowerRename an. Für weitere Informationen fragen Sie einfach Copilot.

Es ist nicht möglich, den Namen einer Datei oder eines Ordners zu ändern, wenn die Datei oder eine Datei aus dem Ordner gerade benutzt wird. Meist reicht es dann aus, wenn Sie die App, in der die Datei geöffnet ist, schließen. Anschließend können Sie die Datei beziehungsweise den Ordner wie gehabt umbenennen. Manchmal blockiert Windows aber auch nach dem Schließen der App. Dann kommen Sie nur weiter, wenn Sie den Computer neu starten.

Mehrere Dateien oder Ordner auswählen

Vielleicht erscheint Ihnen das Auswählen von Dateien, Ordnern oder anderer Objekte auf den ersten Blick nicht so prickelnd. Sobald Sie aber wissen, wie es geht, stehen Ihnen alle Tore und Türen offen – Löschen, Umbenennen, Kopieren, Verschieben und andere feine Dateitricks, die auf den folgenden Seiten in diesem Kapitel erläutert werden.

Liegen die auszuwählenden Dateien unter- oder nebeneinander, klicken Sie auf die erste Datei, halten die ⌂-Taste gedrückt und klicken dann auf die letzte Datei. Die erste, die letzte und alle dazwischenliegenden Dateien werden in die Auswahl aufgenommen.

Um mehrere Dateien oder Ordner auszuwählen, halten Sie die Strg-Taste gedrückt und klicken Sie dann nacheinander auf die Dateien, die Sie auswählen wollen. Je öfter Sie klicken, umso mehr Dateien werden ausgewählt. Wenn Sie einen Fehler machen, halten Sie die Strg-Taste gedrückt und klicken Sie ein zweites Mal auf eine ausgewählte Datei, um die Auswahl aufzuheben. Um die Auswahl aller Dateien aufzuheben, klicken Sie auf eine beliebige Stelle, ohne die Strg-Taste gedrückt zu halten.

Oder Sie schwingen das Lasso! Zeigen Sie auf eine Stelle knapp über der ersten Datei oder dem ersten Ordner, halten Sie die Maustaste gedrückt und zeigen Sie dann leicht unterhalb der letzten Datei beziehungsweise des letzten Ordners. Die Maus schwingt das Lasso, das die ausgewählten Elemente farbig umgibt. Lassen Sie die Maustaste los, wird das Lasso ausgeblendet und alle eingefangenen Dateien sind ausgewählt.

Hier ein paar Dinge, die Sie mit mehreren ausgewählten Dateien tun können:

✔ Ziehen Sie mehrere ausgewählte Elemente gemeinsam an eine neue Position, genau so wie Sie es mit einem Element tun würden.

✔ Mehrere ausgewählte Elemente können auch mithilfe der Methoden verschoben werden, die weiter hinten in diesem Kapitel im Abschnitt »Dateien und Ordner kopieren oder verschieben« beschrieben sind.

✔ Löschen Sie ausgewählte Dateien und Ordner mit nur einem Tastendruck. Hierfür ist die Entf-Taste zuständig. Sie landen dann im Papierkorb, wo Sie sie bei Bedarf wieder herausfischen können. Sie finden das Symbol des Papierkorbs auf dem Desktop. Oder geben Sie in das Suchfeld neben der Schaltfläche START Papierkorb ein, und klicken Sie im Startmenü auf PAPIERKORB.

Um schnell alle Dateien in einem Ordner zu markieren, öffnen Sie im Ordner das Menü WEITERE INFOS (Sie klicken also auf die drei Punkte, zu finden in der Symbolleiste) und wählen Sie ALLES AUSWÄHLEN. Und hier noch ein nützlicher Trick: Wenn Sie fast alle Dateien in einem Ordner auswählen möchten, drücken Sie Strg+A, um alle auszuwählen. Klicken Sie dann mit gedrückter Strg-Taste auf all die Dateien, die nicht in der Auswahl enthalten sein sollen.

Dateien oder Ordner loswerden

 Früher oder später werden Sie die eine oder andere Datei löschen wollen. Wer braucht schon noch die Lottozahlen der letzten Woche oder das peinliche digitale Foto? Um eine Datei oder einen Ordner zu löschen, klicken Sie mit der rechten Maustaste auf den Namen und dann in der Symbolleiste des Kontextmenüs auf das Symbol LÖSCHEN. Oder Sie klicken direkt oben in der Symbolleiste des Explorers auf LÖSCHEN.

Diese Vorgehensweise ist überraschend einfach und funktioniert bei allen Dateien, Ordnern, Verknüpfungen und eigentlich bei fast allen Elementen in Windows.

Wenn Sie in Eile sind und etwas schnell löschen wollen, klicken Sie auf das entsprechende Element und drücken die ⎡Entf⎤-Taste. Oder Sie ziehen eine Datei oder einen Ordner in den Papierkorb auf dem Desktop.

Sie können ganze Ordner löschen, einschließlich aller darin befindlichen Dateien und Ordner. Achten Sie nur darauf, dass Sie den richtigen Ordner auswählen, bevor Sie ihn und seinen gesamten Inhalt löschen. Sie haben versehentlich etwas gelöscht? Es wartet im Papierkorb darauf, wiederhergestellt zu werden.

Wenn Sie eine Datei nicht erkennen, heißt das noch lange nicht, dass Sie sie löschen sollten. Einige Dateien sind für die ordnungsgemäße Funktion von Windows erforderlich. Wenn Sie sich fragen, ob Sie eine Datei löschen sollten, bedenken Sie Folgendes:

- ✔ Sie sollten die Finger von solchen Dateien lassen, die ein kleines Zahnrad im Symbol haben. Diese Dateien sind normalerweise sensible, verborgene Dateien, die zu Apps gehören, und der Computer will, dass Sie sie in Ruhe lassen.

- ✔ Bei Symbolen mit einem kleinen Pfeil handelt es sich um Verknüpfungen, mit denen man schnell Dateien öffnen oder zu einem Ordner wechseln kann. (Mehr zu Verknüpfungen finden Sie in Kapitel 6.) Wenn Sie eine Verknüpfung löschen, wird nur das Verknüpfungssymbol gelöscht, nicht aber die verknüpfte Datei, der verknüpfte Ordner oder die verknüpfte App.

Zur Not fragen Sie einfach Copilot: »Wie lösche ich Dateien?« oder »Wie kann ich eine Datei wiederherstellen?«

Was passiert, wenn Sie eine Datei oder einen Ordner löschen und sie wiederherstellen möchten? Keine Sorge, das gelöschte Objekt ist nicht für immer verschwunden. Wahrscheinlich befindet es sich in Ihrem Papierkorb, der sich unter Ihrem Schreibtisch befindet. Wie Sie es wieder herausfischen können, erkläre ich im Folgenden.

Abfall aus dem Papierkorb fischen

Der Papierkorb, der in der linken oberen Ecke Ihres Desktops zu Hause ist (und dessen Symbol Sie in der Randspalte sehen), funktioniert wie ein – na, was wohl? – ein Papierkorb. Dort landen alle Dateien, die Sie löschen. Und wie im richtigen Leben können Sie auch aus dem Windows-Papierkorb versehentlich entsorgte Dateien wieder herausfischen. Wenn Sie auf Ihrem Desktop kein Symbol des Papierkorbs sehen, ist das kein Problem. Geben Sie einfach in das Suchfeld neben der Schaltfläche START Papierkorb ein und klicken Sie auf PAPIERKORB, wenn es im Menü erscheint.

Wenn Sie etwas aus Versehen gelöscht haben oder es sich anders überlegt haben und es wiederhaben wollen, können Sie es aus dem Papierkorb holen. Klicken Sie auf das Symbol PAPIERKORB, um Ihre kürzlich gelöschten Elemente anzuzeigen. Klicken Sie mit der rechten Maustaste auf das gewünschte Element und wählen Sie WIEDERHERSTELLEN. Der praktische Papierkorb bringt Ihr wertvolles Element an den Ort zurück, an dem Sie es gelöscht haben.

(Sie können gelöschte Objekte auch wiederbeleben, indem Sie sie auf den Desktop oder in einen anderen Ordner ziehen; ziehen Sie sie zurück in den Papierkorb, um sie wieder zu löschen.)

 Der Papierkorb wird mit der Zeit ziemlich voll. Wenn Sie nach einer bestimmten Datei suchen, die Sie unbedingt wieder brauchen, fordern Sie beim Papierkorb eine nach Löschdatum sortierte Liste an. Klicken Sie dazu im Fenster PAPIERKORB mit der rechten Maustaste auf einen leeren Bereich und wählen Sie im Kontextmenü den Befehl SORTIEREN NACH und dann die Option GELÖSCHT AM.

 Um ein Element für immer und ewig zu löschen, entfernen Sie es aus dem Papierkorb: Klicken Sie auf das Element und drücken Sie die ⌨Entf-Taste. Weg ist es für immer! Irgendwann sollten Sie den Papierkorb vielleicht auch mal leeren: Klicken Sie mit der rechten Maustaste auf das Papierkorbsymbol und wählen Sie im Kontextmenü den Befehl PAPIERKORB LEEREN.

Wenn Sie Dateien oder Ordner gleich ganz entsorgen und ihn nicht im Papierkorb zwischenlagern wollen, drücken Sie ⌨⇧+⌨Entf. Weg ist das Ding, für immer und ewig. Praktisch, wenn man keine Spuren hinterlassen will und Angst hat, dass jemand unberechtigterweise im Papierkorb wühlen könnte.

Der Papierkorb dient als intelligenter Wertstoffbehälter. Hier sind einige andere Möglichkeiten, wie er glänzt:

✔ Sobald Sie Dateien in den Papierkorb werfen, füllt sich das Papierkorbsymbol auf dem Desktop genau wie im wirklichen Leben mit Papier.

✔ Sie können Ihre gelöschten Dateien so lange im Papierkorb aufbewahren, bis der Müll circa fünf Prozent des Festplattenspeichers beträgt. Danach werden automatisch die ältesten gelöschten Dateien endgültig entsorgt, um Platz für neuen Müll zu machen. Wenn Sie eh etwas knapp an Festplattenspeicher sind, sollten Sie die Müllgrenze herabsetzen. Klicken Sie dazu mit der rechten Maustaste auf den Papierkorb und wählen Sie im Kontextmenü den Befehl EIGENSCHAFTEN. Geben Sie im Feld BENUTZERDEFINIERTE GRÖSSE eine kleinere Zahl ein, damit der Papierkorb früher geleert wird.

 Im Papierkorb werden nur die Dateien gesammelt, die Sie auf den Festplatten Ihres Rechners löschen. Dateien, die Sie von einer Speicherkarte, einem Handy, einem MP3-Player, einem Flash-Laufwerk oder einer Digitalkamera löschen, landen nicht im Papierkorb.

✔ Sie haben den Papierkorb schon geleert? Vielleicht haben Sie noch eine Chance, mithilfe des Dateiversionsverlaufs an die gelöschten Dateien zu kommen (mehr dazu in Kapitel 13).

 Wenn Sie eine Datei im Netzwerk auf einem anderen Rechner gelöscht haben, kann die gelöschte Datei nicht zurückgeholt werden. Der Papierkorb enthält nur Müll von Ihrem eigenen Rechner. Und aus irgendeinem fiesen Grund fühlt sich der Papierkorb des anderen Rechners im Netzwerk auch nicht für die gelöschte Datei zuständig. Seien Sie also vorsichtig beim Löschen von Dateien, die sich auf einem Netzlaufwerk befinden, und sorgen Sie dafür, dass von jedem Computer bei Ihnen zu Hause Sicherungskopien angefertigt werden.

Dateien und Ordner kopieren oder verschieben

Um Dateien in einen anderen Ordner auf der Festplatte zu kopieren, verwenden Sie am besten die Maus. Denn damit können Sie eine oder mehrere Dateien bequem von hier nach da ziehen.

In der folgenden Schrittanleitung wird ein Foto aus dem Ordner BILDER/SPANIEN in den Ordner COMPETA verschoben:

1. **Richten Sie die beiden Explorer-Fenster ordentlich nebeneinander aus.**

   Die Fenster können beliebig groß sein. Wenn Sie jedoch ein Fenster ganz auf die linke Seite des Bildschirms ziehen und das andere Fenster ganz nach rechts ziehen, sollten die beiden Fenster nebeneinander liegen, jedes etwa halb so breit wie der Bildschirm.

2. **Klicken Sie mit der Maus auf die Datei oder den Ordner, die beziehungsweise der verschoben werden soll, halten Sie die Maustaste gedrückt, ziehen Sie das Datei- oder Ordnersymbol ins Zielfenster.**

   Abbildung 5.9 zeigt beispielhaft, wird ein Foto in den Ordner COMPETA gezogen wird.

   Die Datei oder der Ordner folgt der Mausbewegung. Und Windows gibt Auskunft darüber, dass die Datei verschoben wird. Lassen Sie die rechte Maustaste erst los, wenn Sie am Ziel sind.

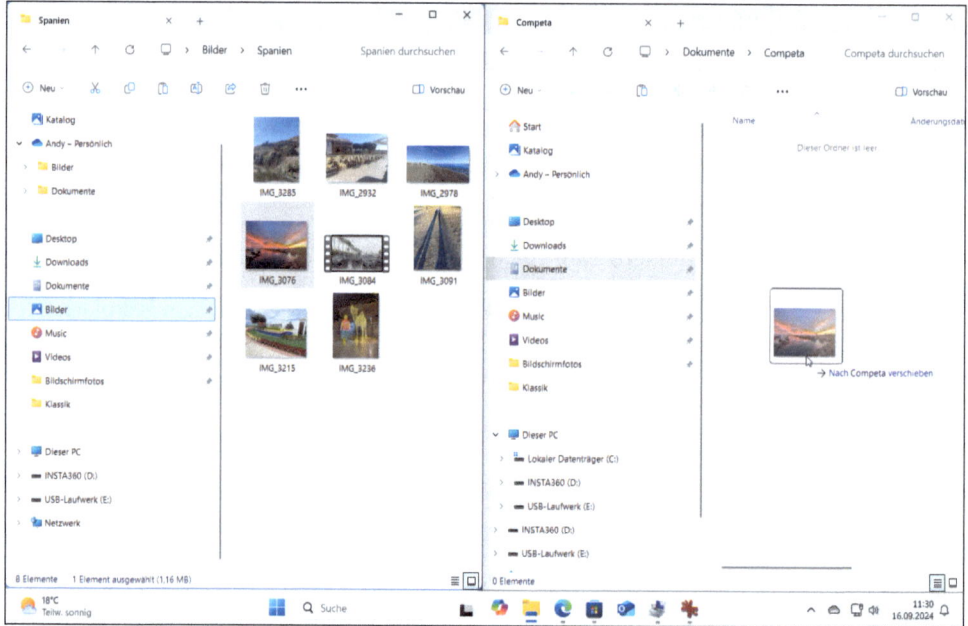

Abbildung 5.9: Ziehen Sie Dateien oder Ordner mit gedrückter Maustaste aus einem Fenster in ein anderes.

3. **Lassen Sie die Maustaste los und wählen Sie in dem kleinen Kontextmenü Hierher kopieren, Hierher verschieben oder Verknüpfungen hier erstellen.**

   Sie sollten sich angewöhnen, mit gedrückter rechter Maustaste zu ziehen. Wenn Sie nämlich mit gedrückter rechter Maustaste ziehen, können Sie beim Ablegen der Datei wählen, ob Sie sie kopieren, verschieben oder eine Verknüpfung zur Datei erstellen wollen. Wenn Sie mit gedrückter linker Maustaste ziehen, geht Windows einfach davon aus, dass Sie verschieben wollen. Wenn Sie dabei aber zusätzlich die [Strg]-Taste gedrückt halten, kopiert Windows die Datei.

Wenn das Ziehen und Ablegen zu viel Arbeit macht, bietet Windows noch andere Verfahren zum Kopieren und Verschieben von Dateien oder Ordnern. Abhängig von der aktuellen Fensteranordnung auf Ihrem Desktop funktionieren die folgenden Methoden unter Umständen einfacher:

- ✔ **Kontextmenü:** Klicken Sie mit der rechten Maustaste auf die Datei oder den Ordner und wählen Sie im Kontextmenü die Symbole Kopieren oder Ausschneiden. Dann wechseln Sie zum Zielordner, klicken dort mit der rechten Maustaste und klicken im Kontextmenü auf das Symbol Einfügen. Es ist einfach, funktioniert immer und Sie brauchen nicht vorher zwei Explorer-Fenster nebeneinander auszurichten.

- ✔ **Befehle in der Symbolleiste:** Klicken Sie im Explorer auf Ihre Datei oder Ihren Ordner und dann entweder auf das Symbol Kopieren oder Ausschneiden oben in der Symbolleiste des Explorers. Aktivieren Sie dann den Zielort und klicken Sie auf das Symbol Einfügen, um das Objekt an seinem neuen Speicherort zu platzieren.

- ✔ **Navigationsbereich:** Dieser Bereich, der links im Explorer angezeigt wird, listet alle bekannten und beliebten Bereiche Ihres Rechners auf – Laufwerke, Netzwerke, OneDrive und sonstige häufig verwendete Plätze. Sie können eine Datei ganz einfach auf einen Eintrag im Navigationsbereich ziehen und dort ablegen. Das erspart Ihnen das Öffnen des Zielordners. In Kapitel 4 erfahren Sie Details zum Navigationsbereich.

Wenn Sie etwas davon vergessen, fragen Sie Copilot einfach: »Wie kopiere ich Dateien?« oder »Wie verschiebe ich Dateien?«

Nachdem Sie eine App auf Ihrem Computer installiert haben, dürfen Sie den Ordner dieser App niemals verschieben, denn sonst könnte die App kaputt gehen, und Sie müssten sie neu installieren. Sie können aber jederzeit eine Verknüpfung zu dem Programm verschieben. (Verknüpfungen erkennen Sie an dem kleinen Pfeil in der unteren linken Ecke des Programmsymbols.) Wenn Sie die Anwendung nicht mehr benötigen, öffnen Sie das Startmenü, klicken Sie mit der rechten Maustaste auf die ungeliebte Anwendung und wählen im Kontextmenü Deinstallieren.

Details zu Dateien und Ordnern anzeigen

Jedes Mal, wenn Sie eine Datei oder einen Ordner anlegen, versieht Windows sie beziehungsweise ihn mit einer Menge versteckter Informationen: der Größe, dem Erstellungsdatum und vielem mehr. Manchmal haben auch Sie die Möglichkeit, eigene, geheime Informationen hinzuzufügen: Bewertungen von Musikdateien oder Miniaturbildchen für Ordner.

Die meisten dieser Informationen können Sie ignorieren. Manchmal bieten sie allerdings den einzigen Weg, ein Problem zu lösen.

Wenn Sie wissen wollen, wie Windows die Dateien und Ordner hinter Ihrem Rücken nennt, klicken Sie mit der rechten Maustaste auf das entsprechende Element und wählen dann im Kontextmenü den Befehl EIGENSCHAFTEN.

Wenn Sie diesen Befehl beispielsweise für eine Bilddatei wählen, erhalten Sie ziemlich viele Informationen, wie Abbildung 5.10 zeigt. Auf den Registerkarten werden folgende Informationen präsentiert:

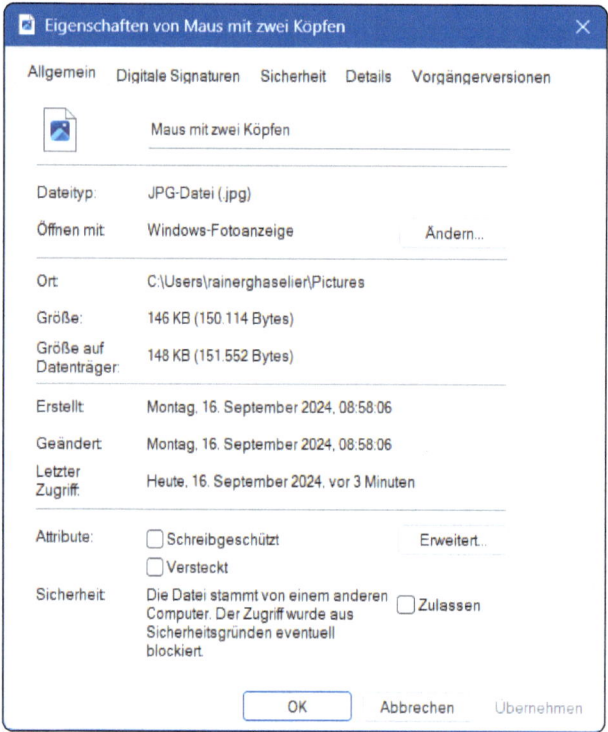

Abbildung 5.10: Die geheimen Informationen zu einer Bilddatei.

✔ **ALLGEMEIN:** Auf der ersten Registerkarte wird der Dateityp, die Dateigröße, der Speicherort sowie die App genannt, mit der die Datei geöffnet werden kann.

 Wenn Sie von dem ganzen technischen KB-, MB-, GB- und Terrabyte-Zeug verwirrt sind, fragen Sie Copilot einfach: »Was bedeuten KB, MB, GB und TB bei Computern?« oder »Was ist ein Byte?«

✔ **Digitale Signaturen:** Auf dieser Registerkarte werden alle mit der Datei verbundenen digitalen Signaturen angezeigt. Die digitale Signatur ist eine fortschrittliche Technologie, die zur Authentifizierung von Dateien mit sensiblen Informationen verwendet werden kann. Sie würden diese wahrscheinlich nie auf einem privaten Computer verwenden. Aber wenn Sie neugierig sind, können Sie Copilot einfach fragen, was es mit digitalen Signaturen auf sich hat.

✔ Sɪᴄʜᴇʀʜᴇɪᴛ: Auf dieser Registerkarte werden die Zugriffsberechtigungen angezeigt – wer kann wie auf diese Datei zugreifen. Systemverwalter werden unter anderem deshalb so gut bezahlt, weil sie diesen ganzen Kram verstehen.

✔ Dᴇᴛᴀɪʟs: Hier geht es ins Detail. Für eine Bilddatei werden beispielsweise der Kamerahersteller, das Kameramodell, die Belichtungszeit und, und, und angezeigt. Im Fall von Musikdateien erfahren Sie den Interpreten, den Namen des Albums, das Genre und so weiter.

✔ Vᴏʀɢᴀ̈ɴɢᴇʀᴠᴇʀsɪᴏɴᴇɴ: Wenn Sie den Dateiversionsverlauf gestartet haben, werden hier die zuvor gespeicherten Versionen der Datei aufgelistet, damit Sie bei Bedarf darauf zugreifen können. Mehr zum Dateiversionsverlauf erfahren Sie in Kapitel 13.

Sie können die Standardapp zum Öffnen einer Datei außer Kraft setzen, indem Sie mit der rechten Maustaste auf das Dateisymbol klicken, Öғғɴᴇɴ ᴍɪᴛ wählen und dann die gewünschte App auswählen. Um die Standardapp für einen Dateityp dauerhaft zu ändern, verwenden Sie die Schaltfläche Äɴᴅᴇʀɴ im Dialogfeld Eɪɢᴇɴsᴄʜᴀғᴛᴇɴ, das in Abbildung 5.10 dargestellt ist.

Unter normalen Umständen bekommen Sie diese Informationen nie zu sehen. Erst wenn Sie mit der rechten Maustaste auf eine Datei oder einen Ordner klicken und im Kontextmenü den Befehl Eɪɢᴇɴsᴄʜᴀғᴛᴇɴ wählen, kommen die Geheimnisse ans Licht.

Manchmal ist es wünschenswert, in einem Ordner ein paar Details zu den dort enthaltenen Dateien einzublenden. Das ist keine große Sache. Sie müssen lediglich die Ordneransicht auf Dᴇᴛᴀɪʟs setzen und das geht so:

1. **Klicken Sie in der Symbolleiste des Explorers auf das Symbol Aɴᴢᴇɪɢᴇɴ.**

   Es erscheint ein Menü, in dem die zahllosen Möglichkeiten aufgelistet sind, wie ein Ordner Ihre Dateien anzeigen kann.

2. **Klicken Sie im Menü auf den Punkt Dᴇᴛᴀɪʟs.**

   Jetzt sehen Sie neben dem Namen der Dateien zusätzliche Detailinformationen, die sich in Spalten nach rechts erstrecken.

Wenn Sie sich einmal keinen Reim darauf machen können, wofür eine Schaltfläche gut sein könnte, zeigen Sie einfach mit der Maus auf die betreffende Schaltfläche. Windows blendet sofort eine kleine QuickInfo ein, in der Sinn und Zweck der Schaltfläche in aller Kürze zusammengefasst werden.

✔ Schalten Sie zwischen den verschiedenen Ansichten hin und her und finden Sie heraus, was Ihnen am besten passt. Sie brauchen unbedingt das Erstellungsdatum des einen oder anderen Fotos? Kein Problem. Sie wollen für die Fotos in einem Ordner kleine Symbole anzeigen? Auch kein Problem. Es gibt keine »richtige« Ansicht. Experimentieren Sie, und wählen Sie die Ansicht, die Ihnen für einen bestimmten Ordner am besten gefällt.

⇅ ✔ Dateien werden in einem Ordner in der Regel in alphabetischer Reihenfolge aufgelistet. Das muss aber nicht so sein. Um nach anderen Kriterien zu sortieren, klicken Sie mit der rechten Maustaste auf einen leeren Bereich im Ordnerfenster und wählen den Befehl SORTIEREN NACH. Dann haben Sie die Qual der Wahl. Ordnen Sie beispielsweise die Dateiliste in umgekehrter alphabetischer Reihenfolge oder nach Änderungsdatum oder nach Größe. Oder klicken Sie auf die Schaltfläche OPTIONEN ZUM SORTIEREN UND GRUPPIEREN, die sich in der Explorer-Symbolleiste befindet; sie bietet dieselben Optionen.

Wenn sich die Aufregung über die Sortiervielfalt etwas gelegt hat, klicken Sie auf den Namen einer Spaltenbeschriftung, beispielsweise auf den Pfeil neben. Klicken Sie zum Beispiel auf GRÖSSE, um die Elemente nach Größe zu sortieren. Klicken Sie ein zweites Mal, um die Sortierreihenfolge umzukehren. Der Pfeil in der Mitte der Überschrift zeigt nach oben, wenn die Elemente in aufsteigender Reihenfolge sortiert sind, und er zeigt nach unten, wenn die Elemente in absteigender Reihenfolge sortiert sind.

Selbstverständlich können Sie auch selbst bestimmen, welche Spalten im Detailbereich angezeigt werden sollen. Klicken Sie mit der rechten Maustaste auf die Beschriftung einer Spalte, die Sie nicht länger brauchen, und wählen Sie ein anderes Detail aus. (Ich persönlich zeige für meine Fotos gerne die Info AUFNAHMEDATUM an, damit ich sie nach diesem Kriterium sortieren kann.)

CDs, DVDs und Blu-ray

Der Komfort von Streaming-Medien und USB-Laufwerken hat optische Datenträger wie CDs und DVDs überflüssig gemacht. Die meisten neueren Computer haben nicht einmal mehr optische Laufwerke, die man braucht, wenn man diese Datenträger in einem Computer verwenden will. Aber wenn Sie zufällig ein solches Laufwerk in Ihrem Computer haben oder eines, das Sie mit einem Kabel anschließen können, können Sie immer noch Ihre CDs hören, Filme ansehen und sogar Musik-CDs erstellen.

✔ Während der Rest der Welt diese Art von Datenträgern vielleicht vergessen hat, vergisst Ihr Freund Copilot niemals etwas. Fragen Sie Copilot zum Beispiel: »Wie kann ich unter Windows 11 CDs anhören?« oder »Wie spiele ich in Windows 11 DVDs ab?« oder »Wie erstelle ich in Windows 11 meine eigenen Musik-CDs?«

Mit Speichersticks und Speicherkarten hantieren

Alle, die eine Digitalkamera ihr Eigen nennen, kennen Speicherkarten – diese Plastikquadrate, die die Filmrollen ersetzt haben. Windows kann digitale Fotos direkt aus der Kamera auslesen, wenn Sie erst einmal das entsprechende Kabel gefunden und die Kamera damit am Computer angeschlossen haben. Windows ist aber auch in der Lage, Fotos direkt von der Speicherkarte herunterzuholen; eine Methode, für die diejenigen dankbar sind, die das Kamerakabel nicht mehr finden.

Das Gleiche gilt für Smartphones und Tablets, die die Karten ebenfalls nutzen, sowie für einige Audiorecorder und digitale Spielgeräte.

Das Geheimnis ist ein Lesegerät für Speicherkarten. Manche Notebooks und PCs haben sogar eingebaute Lesegeräte für Speicherkarten. Ansonsten greifen Sie auf ein externes Lesegerät zurück. Schieben Sie die Speicherkarte in den Schlitz, und Ihr PC kann die Dateien auf der Karte genauso lesen wie die Dateien auf der Festplatte.

Die meisten Geschäfte, in denen Büroartikel oder elektronische Geräte verkauft werden, führen auch Lesegeräte für Speicherkarten, die mit den bekannteren Formaten umgehen können. Wenn Sie online kaufen wollen, suchen Sie nach Speicherkartenlesegerät, Speicherkartenleser (oder kurz Kartenleser).

Das Schöne an Speicherkartenleser ist, dass es eigentlich nichts weiter zu erklären gibt: Windows behandelt die eingelegte Karte wie einen normalen Ordner. Nach dem Einlegen der Karte werden die digitalen Fotos Ihrer Kamera in einem Ordnerfenster angezeigt. Es gelten dieselben Regeln für das Ziehen und Ablegen sowie das Kopieren und Einfügen wie weiter vorn in diesem Kapitel beschrieben.

USB-Speichersticks arbeiten so ähnlich wie Speicherkartenlesegeräte. Sobald Sie den Stick in einen USB-Anschluss am Computer einstecken, wird das Laufwerk als Symbol im Explorer angezeigt und wartet nur darauf, dass Sie es mit einem Doppelklick öffnen. Wenn Sie sich nicht mehr sicher sind, wie Sie Dateien von einem Speicherstick auf Ihren PC übertragen, blättern Sie zurück zum Abschnitt »Dateien und Ordner kopieren oder verschieben«.

> Wenn Sie eine Speicherkarte, ein USB-Laufwerk oder eine wiederbeschreibbare CD beziehungsweise DVD formatieren, vernichten Sie alle darauf enthaltenen Daten. Formatieren Sie also niemals eine Karte, einen Stick oder einen anderen Datenträger, es sei denn, die Daten sind Ihnen wirklich komplett egal.

Wenn sich Windows darüber beklagt, dass die betreffende Karte oder der Stick nicht formatiert ist, klicken Sie mit der rechten Maustaste auf das entsprechende Laufwerk und wählen Sie Formatieren. (Dieses Problem tritt meist bei brandneuen oder beschädigten Karten oder Speichersticks auf.)

Wenn Sie ein Musik-USB-Laufwerk für Ihr Fahrzeug erstellen, formatieren Sie es mit der Option exFAT oder FAT32, sofern im Benutzerhandbuch Ihres Fahrzeugs nichts anderes angegeben ist. Verwenden Sie NTFS für Laufwerke, die Sie nur in Windows-Computern verwenden möchten.

OneDrive – Ihre Ablage in den Wolken

Wenn Sie an Ihrem Computer sitzen, speichern Sie Ihre Dateien wahrscheinlich auf der Festplatte in Ihrem Computer, weil dies der einfachste Ort ist, um sie zu speichern. Wenn Sie diese Dateien jedoch auf einem anderen Computer verwenden möchten, müssen Sie sie auf ein externes Laufwerk kopieren und das externe Laufwerk dann an den anderen Computer anschließen.

Aber wie können Sie auf Ihre Dateien zugreifen, wenn Sie vergessen haben, sie mitzunehmen? Wie können Sie von der Arbeit aus auf Ihre privaten Dateien zugreifen und umgekehrt? Was ist, wenn Sie mit Ihrem Laptop vor dem Fernseher sitzen und eine Datei, die Sie benötigen, auf Ihrem Desktop-Computer in einem anderen Raum liegt? Wie können Sie mit Ihrem Smartphone auf die Dateien Ihres PCs zugreifen?

Microsoft hat auch dafür eine Lösung parat. Sie schwebt sozusagen über den Wolken und nennt sich *OneDrive* – ein Laufwerk im Himmel. Klingt sehr poetisch, ist aber eigentlich nichts anderes als Ihr ganz privater Speicherbereich im Internet, auf dem Sie immer dann Dateien ablegen und auf Dateien zugreifen können, wenn Sie gerade über eine Internetverbindung verfügen. Das geht mit einem stinknormalen Rechner und einem Handy oder einem Tablet – von Apple oder mit Android: Microsoft bietet für beide Betriebssysteme eine kostenlose OneDrive-App.

Wenn Sie eine auf OneDrive gespeicherte Datei ändern, aktualisiert sich diese Datei auf all Ihren Computern und anderen Geräten. Alles in Ihrem OneDrive-Ordner ist überall up to date. Sie müssen lediglich folgende Dinge beachten, um eine Verbindung zu OneDrive herzustellen:

- ✔ **Microsoft-Konto:** Sie brauchen ein Microsoft-Konto, damit Sie Dateien auf OneDrive hoch- beziehungsweise von OneDrive herunterladen können. Die Chancen stehen gut, dass Sie bereits beim Einrichten Ihres Benutzerkontos auf Ihrem Windows-PC ein solches Konto erstellt haben (mehr hierzu in Kapitel 2).

- ✔ **Internetverbindung:** Ohne Internetsignal mit oder ohne Kabel läuft nichts. Ihre Dateien befinden sich in der Cloud und Sie kommen nicht ran. (Dieses Problem können Sie umgehen, wenn Sie Ihre Dateien gleichzeitig auf Ihrem Rechner und in OneDrive speichern.)

- ✔ **Geduld:** Das Hochladen von Dateien kann dauern. Das Herunterladen geht bedeutend schneller. Wenn Sie ein digitales Foto auf OneDrive hochladen, kann sich das schon mal einige Minuten hinziehen. Nur dass Sie sich nicht wundern.

Bevor ich näher auf die Praxis eingehe, sollten wir einige technische Begriffe klären, auf die Sie sicher stoßen werden. Lassen Sie uns zunächst über die Cloud und das Internet sprechen. Das *Internet* ist ein riesiges Netzwerk, das sich über den gesamten Globus erstreckt und praktisch jedem den Zugang zu allem, was es zu bieten hat, ermöglicht. Aber nicht jeder im Internet ist nett. Es ist wirklich nicht nötig, dass Sie Ihre wichtigen persönlichen Dateien dort ablegen.

Der Begriff *Cloud* bezieht sich auf einen Ort im Internet, auf den nur Ihre Computer zugreifen können. In der Cloud brauchen Sie sich keine Sorgen zu machen, dass die Öffentlichkeit

Ihre Daten durchstöbern könnte. Ihre Cloud-Dateien sind über das Internet zugänglich, aber nur für Sie und für Personen, mit denen Sie gezielt Dateien austauschen.

Wenn Sie sich die Wolke als buchstäbliche Wolke vorstellen, die über Ihrem gut geerdeten Computer schwebt, ist der Unterschied zwischen *Hochladen (Upload)* und *Herunterladen (Download)* viel einfacher zu verstehen (siehe Abbildung 5.11). Upload bedeutet das Kopieren von Ihrem Computer in die Wolke, und Download bedeutet das Kopieren von der Außenwelt auf Ihren Computer.

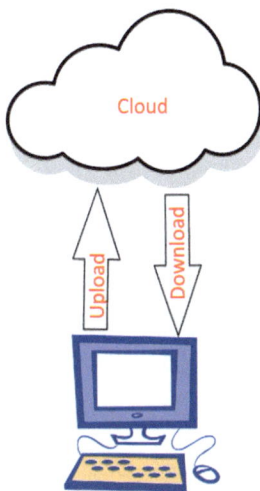

Abbildung 5.11: Hochladen bedeutet das Kopieren von Ihrem PC auf ein externes Gerät, und Herunterladen bedeutet das Kopieren von einem externen Gerät (oder dem Internet) auf Ihren PC.

 Wie immer, wenn Sie etwas von der Terminologie vergessen haben, können Sie Copilot fragen: »Was ist der Unterschied zwischen Upload und Download?«

Sichern von Dateien

OneDrive erleichtert nicht nur den Zugriff auf Ihre Dateien, sondern kann auch eine weitere wichtige Aufgabe übernehmen: die Sicherung Ihrer Dateien. Angenommen, Sie haben ein wertvolles Foto oder wichtige Informationen für die Arbeit auf Ihrem PC gespeichert. Ohne Ihr Verschulden geht der PC verloren, wird gestohlen oder zerstört. Sie verlieren dann alle Dateien – nicht nur den PC. Für viele Benutzer ist der Verlust der Dateien schlimmer als der Verlust des PCs.

Die Menschen haben schon vor langer Zeit gelernt, dass es keine gute Idee ist, nur eine Kopie einer wichtigen Datei zu haben, wenn man einen Computer benutzt. Wenn Sie zwei Kopien an zwei verschiedenen Orten liegen haben, sind Sie viel sicherer. Wenn Sie also Ihre Dateien auf OneDrive sichern und Ihren PC verlieren, befinden sich diese Dateien immer noch auf OneDrive.

Um OneDrive als Sicherungsgerät zu verwenden, gehen Sie wie folgt vor:

1. **Klicken Sie im Infobereich der Taskleiste auf das Symbol OneDrive.**

2. **Klicken Sie im Fenster, das nun geöffnet wird, oben rechts auf das Zahnradsymbol und anschließend in dem kleinen Menü auf EINSTELLUNGEN.**

3. **Klicken Sie auf der linken Seite des Fensters ONEDRIVE-EINSTELLUNGEN auf SYNCHRONISIEREN UND SICHERN und anschließend auf der rechten Seite auf SICHERUNG VERWALTEN.**

   Sie sehen nun das Dialogfeld ORDNER AUF DIESEM PC SICHERN, das in Abbildung 5.12 dargestellt ist.

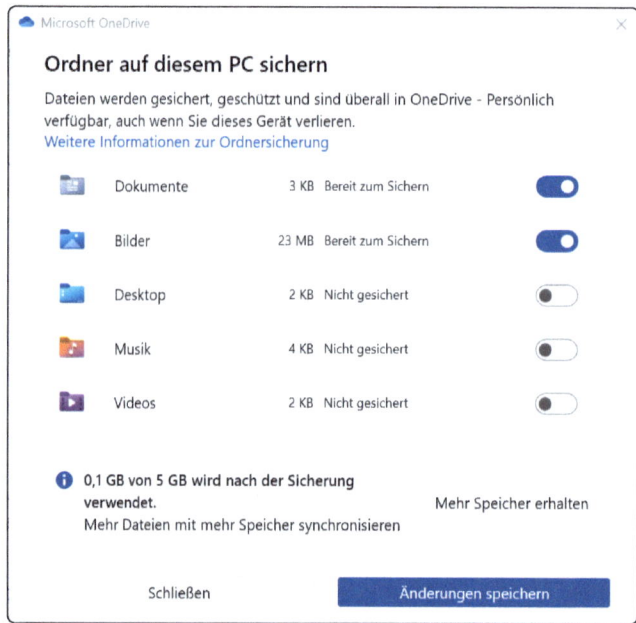

Abbildung 5.12: Mit diesem Dialogfeld in den OneDrive-Einstellungen legen Sie fest, welche lokalen Ordner in OneDrive gesichert werden sollen.

Sie können nun entscheiden, welche Arten von Dateien Sie automatisch sichern möchten.

4. **Setzen Sie neben den Ordnern, die gesichert werden sollen, den Schalter auf der rechten Seite auf Ein.**

   Die meisten Benutzer möchten Dokumente und Bilder sichern.

5. **Klicken Sie auf ÄNDERUNGEN SPEICHERN.**

Im Navigationsbereich des Explorers befindet sich neben dem OneDrive-Symbol mit Ihrem Benutzernamen ein Pfeil. Klicken Sie auf diesen Pfeil, um die Ordner zu sehen, die sich jetzt in Ihrem OneDrive befinden, wie in Abbildung 5.13 dargestellt.

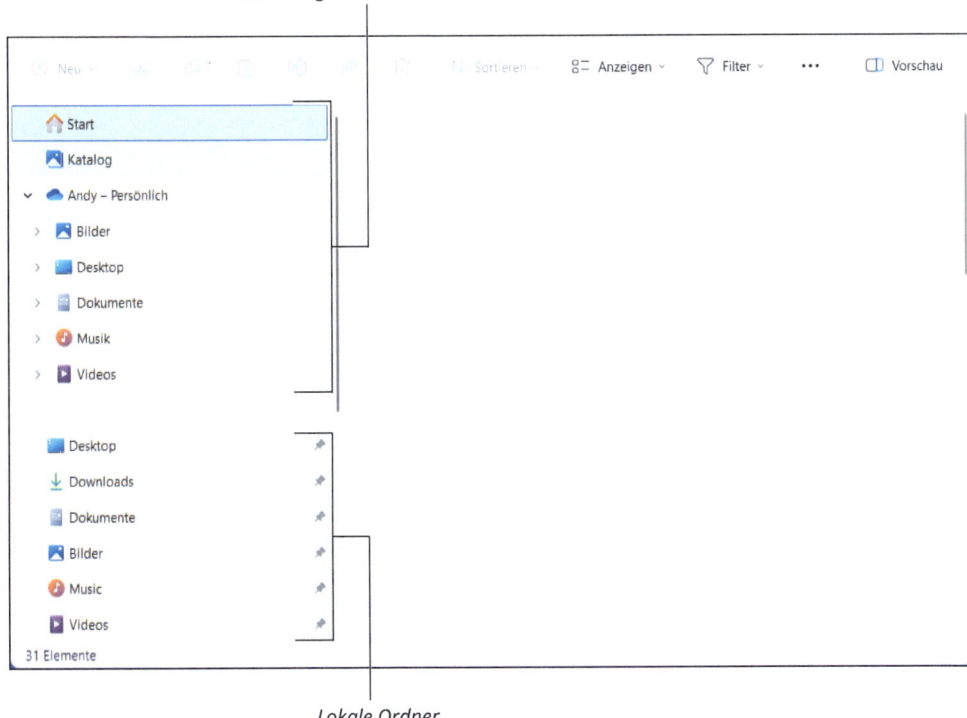

Abbildung 5.13: Ordner unter OneDrive replizieren Ordner auf Ihrer Festplatte.

Jeder Ordner in OneDrive ist ein Duplikat eines lokalen Ordners. Und wenn Sie Dateien in Ihren lokalen Ordnern hinzufügen oder ändern, werden die Sicherungen automatisch synchronisiert. Wenn Ihr Computer verloren geht, gestohlen wird oder beschädigt wird und Sie alle Ihre lokalen Dateien verlieren, können Sie mit einem anderen Computer auf OneDrive zugreifen, und alle »verlorenen« Dateien stehen dort für Sie bereit.

Die OneDrive-Einstellungen ändern

Jeder erhält 5 GB (5 Gigabyte) OneDrive-Speicherplatz kostenlos. Wenn Sie nicht für mehr OneDrive-Speicherplatz bezahlen möchten, sollten Sie die Ordner und Dateitypen, die Sie sichern, auf ein Minimum beschränken. Textdokumente benötigen in der Regel am wenigsten Speicherplatz; Bild-, Ton- und Videodateien können den Speicherplatz schnell auslasten. Sie können Ihre OneDrive-Einstellungen so ändern, dass OneDrive Dokumente und vielleicht auch Bilder sichert, nicht aber größere Ton- und Videodateien.

Das OneDrive-Symbol befindet sich im Infobereich in der unteren rechten Ecke des Bildschirms, normalerweise in der Nähe des WLAN- oder Lautsprechersymbols. Es sieht aus wie eine Wolke und zeigt OneDrive an, wenn Sie mit der Spitze des Mauszeigers auf das Symbol zeigen. Um Ihre OneDrive-Einstellungen zu ändern, klicken Sie mit der rechten Maustaste auf das Wolkensymbol und wählen Sie im daraufhin angezeigten Menü die Option EINSTELLUNGEN aus. Wenn Sie keine Einstellungen sehen, klicken Sie auf das

Zahnradsymbol in der oberen rechten Ecke und wählen Sie dann EINSTELLUNGEN. Der in Abbildung 5.14 gezeigte Bildschirm wird angezeigt.

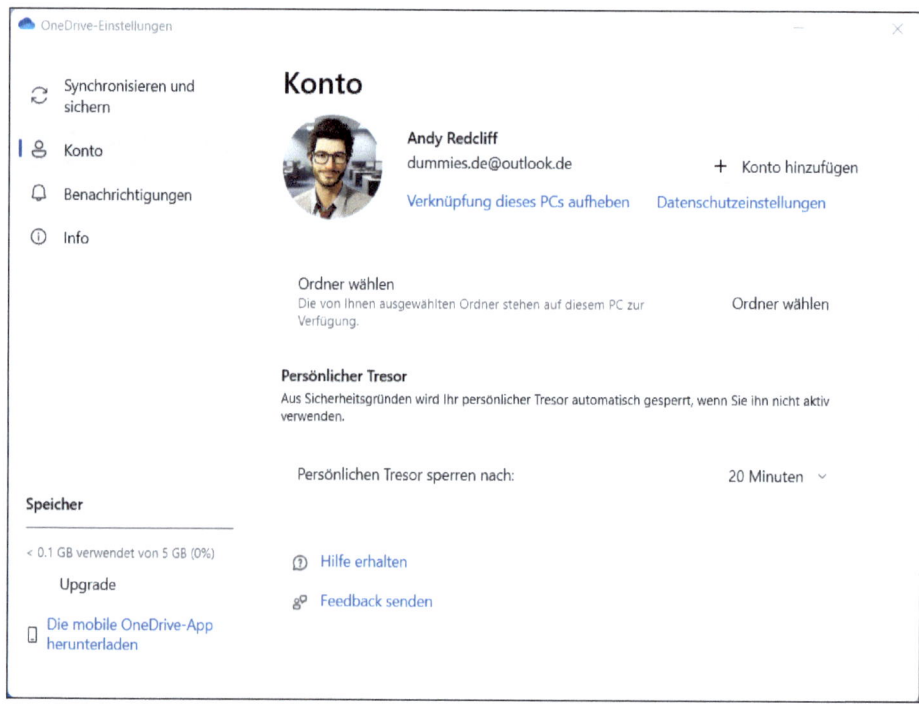

Abbildung 5.14: Die Kontooptionen auf dem Bildschirm OneDrive-Einstellungen.

Im Folgenden finden Sie eine kurze Zusammenfassung der Optionen im Fenster ONEDRIVE-EINSTELLUNGEN. Die Option SYNCHRONISIEREN UND SICHERN auf der linken Seite steuert, wie viele Ihrer Inhalte automatisch gesichert werden und wie oft sie synchronisiert werden. Wenn Sie auf SYNCHRONISIEREN UND SICHERN klicken, werden die in Abbildung 5.15 dargestellten Optionen angezeigt.

Klicken Sie auf SICHERUNG VERWALTEN, um zu ändern, welche Ordner automatisch gesichert werden sollen. Verwenden Sie in dem neuen Fenster, das sich öffnet, den Schalter rechts neben dem Namen eines Ordners, um ihn für die automatische Sicherung auszuwählen.

Im Abschnitt VOREINSTELLUNGEN von SYNCHRONISIEREN UND SICHERN können Sie die Option SYNCHRONISIERUNG ANHALTEN, WENN SICH DAS GERÄT IM ENERGIESPARMODUS BEFINDET aktivieren, um zu verhindern, dass die Synchronisierung Ihren Akku zu schnell entlädt. Wenn Sie ein kostenpflichtiges Netzwerk verwenden, bei dem die Gebühren nach der übertragenen Datenmenge berechnet werden, aktivieren Sie die Option SYNCHRONISIERUNG ANHALTEN, WENN SICH DIESES GERÄT IN EINEM GETAKTETEN NETZWERK BEFINDET.

Unter ERWEITERTE EINSTELLUNGEN können Sie die Upload- und Downloadraten begrenzen, wenn das Surfen im Internet und andere Netzwerkaktivitäten zu langsam sind, während

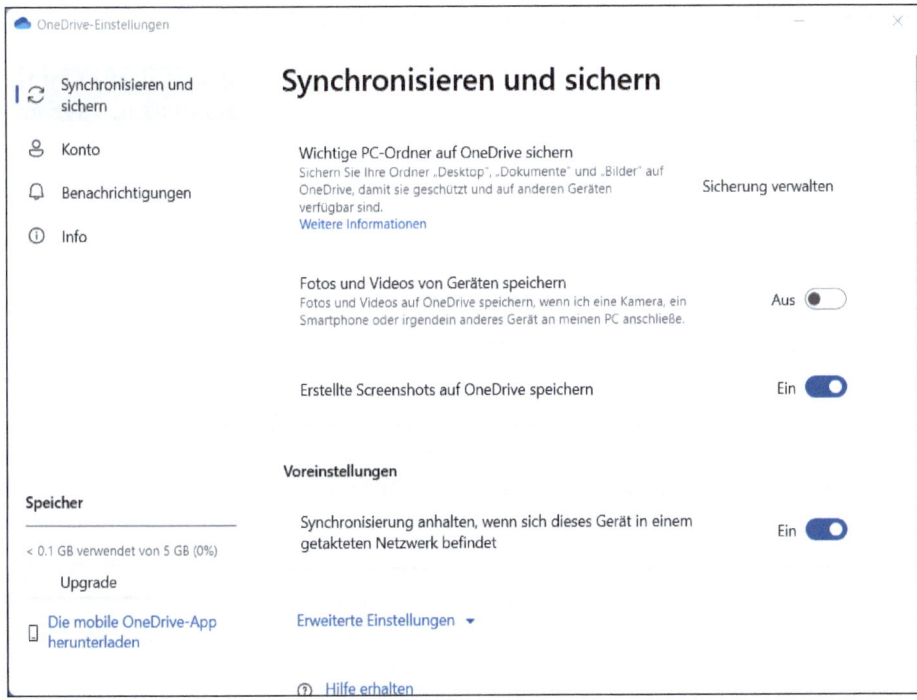

Abbildung 5.15: Optionen für Synchronisieren und sichern in den OneDrive-Einstellungen.

OneDrive synchronisiert. Durch die Reduzierung dieser Raten wird die Synchronisierung verlangsamt, aber die Netzwerkbandbreite für andere Online-Aktivitäten freigegeben.

Klicken Sie unter der Überschrift Ausgeschlossene Dateierweiterungen (Sie müssen möglicherweise nach unten scrollen, um sie zu sehen) auf Ausschliessen, wenn Sie die Sicherung bestimmter Dateitypen vermeiden möchten. Beispielsweise sind .mp4-Videos in der Regel sehr groß, so dass Sie nur diesen Dateityp nicht sichern sollten. Unter Dateien bei Bedarf können Sie auf Speicherplatz freigeben klicken, um den lokalen Speicher zu minimieren und Speicherplatz zu sparen. Sie können von diesen Geräten aus weiterhin auf Ihre OneDrive-Dateien zugreifen, aber die Dateien werden nicht auf Ihre interne Festplatte kopiert und belegen Ihren gesamten lokalen Speicherplatz.

Gehen Sie in den OneDrive-Einstellungen (siehe Abbildung 5.14) zurück zur Option Konto und klicken Sie auf Ordner auswählen, um die Ordner auszuwählen, die Sie zwischen OneDrive und Ihrem Computer oder Gerät replizieren möchten. Sie können Speicherplatz sparen, indem Sie nur Ordner auswählen, die Dateien enthalten, mit denen Sie häufig arbeiten. Sie können auch festlegen, wie schnell sich Ihr Persönlicher Tresor (siehe unten) automatisch sperrt.

Mit der Option Benachrichtigungen in der linken Spalte können Sie festlegen, welche OneDrive-Benachrichtigungen auf Ihrem Desktop angezeigt werden. Und die Option Info bietet technische Informationen und Optionen, um Hilfe zu erhalten. Natürlich können Sie Copilot auch alle Fragen zu OneDrive stellen, die Ihnen in den Sinn kommen.

Dateien in OneDrive öffnen und speichern

Der Navigationsbereich im Explorer bietet einen Link zu OneDrive, so dass Sie die Ordner und Dateien von OneDrive wie auf Ihrer lokalen Festplatte durchsuchen können. Das Symbol zeigt eine Wolke, Ihren Benutzernamen und das Wort *Persönlich* (für Ihr persönliches OneDrive), wie in Abbildung 5.16 dargestellt. Wenn Sie auf das OneDrive-Symbol klicken, zeigt der Hauptbereich auf der rechten Seite die auf OneDrive gespeicherten Ordner und Dateien an. Optional können Sie links neben dem OneDrive-Symbol auf das Größer-Zeichen > klicken, um im Navigationsbereich eine Liste der Ordner auf OneDrive anzuzeigen. Klicken Sie dann auf den Namen eines beliebigen OneDrive-Ordners im Navigationsbereich, um den Inhalt dieses Ordners im Hauptbereich auf der rechten Seite anzuzeigen.

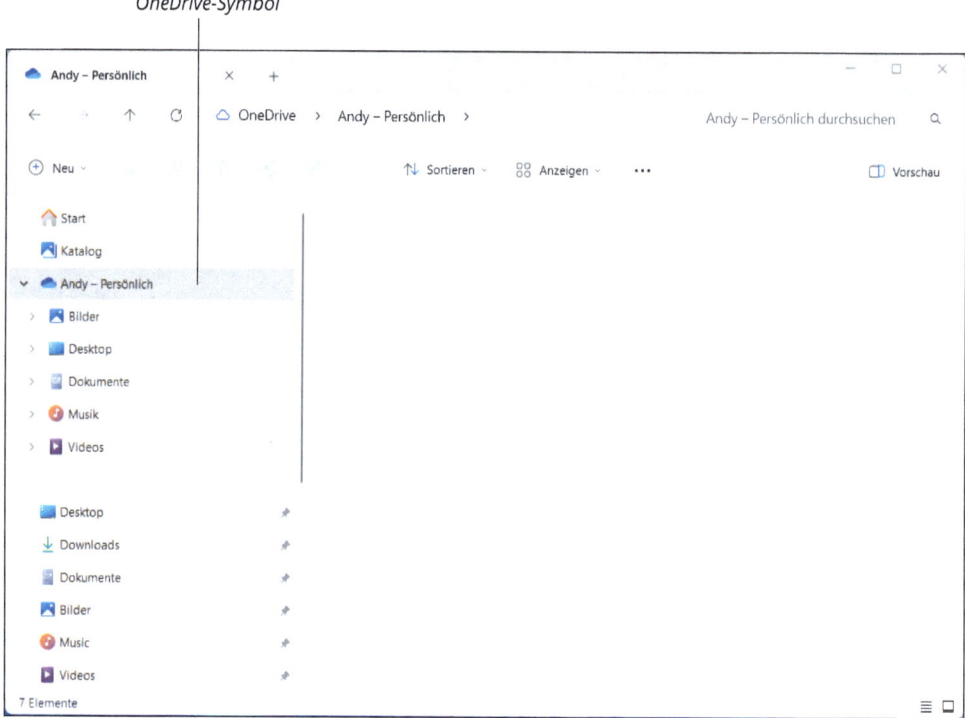

Abbildung 5.16: Das OneDrive-Symbol im Navigationsbereich des Explorers.

Mit OneDrive müssen Sie nichts Neues lernen; die Ordner funktionieren wie jeder andere Ordner auf Ihrem Computer:

- ✔ Um eine in einem OneDrive-Ordner gespeicherte Datei zu bearbeiten, doppelklicken Sie auf sie.

- ✔ Um etwas Neues in einem OneDrive-Ordner zu speichern, speichern Sie es in einem Ordner innerhalb von OneDrive – zum Beispiel im Ordner *Dokumente*. Speichern Sie es nicht einfach im Ordner *Dokumente* auf Ihrem PC.

✔ Um etwas aus OneDrive zu löschen, klicken Sie es mit der rechten Maustaste an und wählen Sie LÖSCHEN. Das Element wird in den Papierkorb Ihres Desktops verschoben, wo Sie es später bei Bedarf wieder abrufen können.

Unabhängig davon, welche Änderungen Sie an Ihren Dateien und Ordnern im OneDrive-Ordner Ihres Computers vornehmen, ändert Windows automatisch die Kopien im Internet entsprechend, sobald Ihr Computer eine Internetverbindung findet.

Wenn Sie später OneDrive mit einem beliebigen Gerät mit einem Webbrowser besuchen – einem Smartphone, Tablet oder sogar einem anderen PC –, stehen Ihre aktuellen Dateien für Sie zur Verfügung.

Ihr persönlicher Tresor in OneDrive

Ein Tresor ist ein schicker Begriff für etwas, das wie ein normaler OneDrive-Ordner aussieht und sich auch so verhält, allerdings mit einem großen Unterschied: Um ihn zu öffnen, müssen Sie eine zweite Sicherheitsebene passieren. Ein persönlicher Tresor ist ein perfekter Ort, um sensible Dateien zu speichern, da nur Personen darauf zugreifen können, die die zweite Sicherheitsebene überwinden können.

Die Sicherheit eines persönlichen Tresors kann so einfach sein wie das Überstreichen eines Fingerabdrucklesegeräts mit der Fingerspitze oder der Blick in eine Kamera. (Ich behandle Windows Hello-Fingerabdruckerkennung und Gesichtserkennung in Kapitel 14.) Sie können auch eine PIN oder einen Geheimcode eingeben, der Ihnen per E-Mail oder Telefon mitgeteilt wird.

Nach 20 Minuten Inaktivität wird der persönliche Tresor automatisch gesperrt, so dass Ihre sensibelsten Dateien sicher und dennoch zugänglich bleiben.

Verstehen, welche Dateien sich auf OneDrive, Ihrem PC oder an beiden Orten befinden

In Windows können Sie die Namen aller Dateien und Ordner sehen, die Sie auf OneDrive gespeichert haben. Dann können Sie eine OneDrive-Datei oder einen Ordner schnell öffnen, auch wenn sie nicht lokal auf Ihrem PC gespeichert sind. OneDrive holt die Datei einfach aus dem Internet und legt sie auf Ihrem Computer ab (vorausgesetzt, Sie haben zu diesem Zeitpunkt eine funktionierende Internetverbindung).

Mit dem OneDrive-Feature »Dateien bei Bedarf« können Sie alle Ihre Dateien auf allen Ihren Geräten anzeigen. Dabei können Sie auf Geräten mit wenig Speicherplatz genau diesen einsparen. So können Sie beispielsweise Ihre gesamte Musiksammlung nur auf Geräten mit viel Speicherplatz synchronisieren. Aber auch auf Geräten mit wenig Speicherplatz können Sie die Musik sehen und – sofern Sie eine Internetverbindung haben – abspielen, wann immer Sie wollen.

Sie können sogar Miniaturansichten von mehr als 300 verschiedenen Dateitypen sehen – auch wenn sie nicht auf Ihrem Computer gespeichert sind.

Befolgen Sie diese Schritte, um Dateien bei Bedarf einzuschalten:

1. **Klicken Sie im Infobereich der Taskleiste mit der rechten Maustaste auf das OneDrive-Symbol und wählen Sie Einstellungen im Kontextmenü.**

   Eventuell müssen Sie auf den kleinen nach oben zeigenden Pfeil klicken, um das OneDrive-Symbol zu sehen.

2. **Klicken Sie auf Synchronisieren und sichern und wählen Sie Erweiterte Einstellungen**

3. **Blättern Sie nach unten zum Abschnitt Dateien bei Bedarf und klicken Sie auf Speicherplatz freigeben.**

   Es wird eine Meldung eingeblendet, die erklärt, was Dateien bei Bedarf bedeutet, um Sie daran zu erinnern, dass die Dateien nicht mehr automatisch synchronisiert werden.

4. **Klicken Sie auf Fortfahren.**

   Auch wenn Ihre OneDrive-Dateien nicht auf Ihrem PC gespeichert sind, können Sie jetzt ihre Namen sehen, wenn Sie einen Ordner in OneDrive öffnen, wie in Abbildung 5.17 dargestellt.

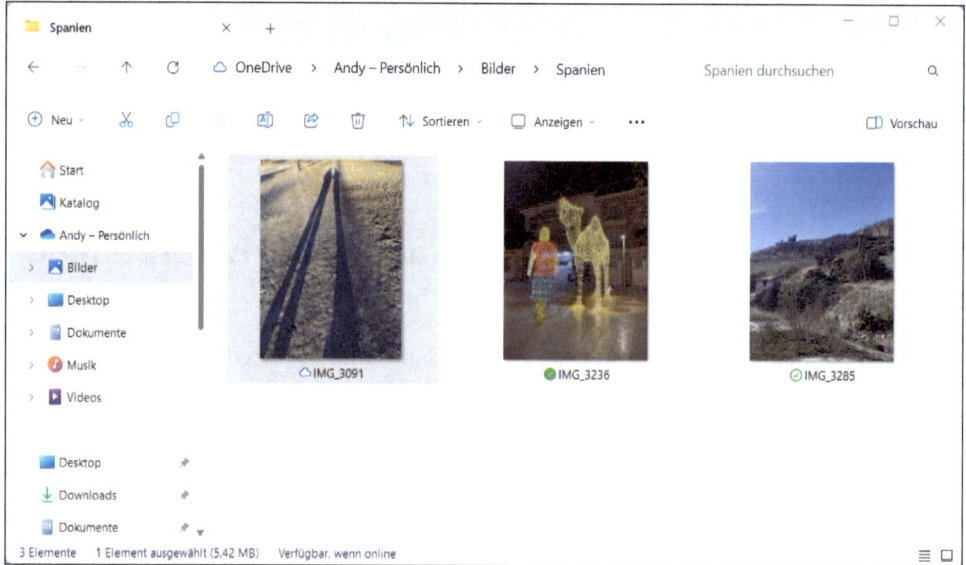

Abbildung 5.17: Das OneDrive-Feature »Dateien bei Bedarf« zeigt den Namen jeder gespeicherten Datei und jedes Ordners an, sowie den Status.

Der Status einer Datei und eines Ordners wird mit drei verschiedenen kleinen Symbole neben den Dateinamen angezeigt. Ich verrate Ihnen, was sie bedeuten:

- ✔ **Verfügbar, wenn online:** Die Datei ist nur im Internet gespeichert und Sie benötigen ein Gerät, das mit dem Internet verbunden ist, um auf die Datei zuzugreifen.

- ✔ **Auf diesem Gerät verfügbar:** Sie haben eine reine Online-Datei auf Ihrem Computer geöffnet, womit sie auf Ihrem Gerät zur Verfügung steht. Änderungen, die Sie an der Datei vornehmen, werden auch in OneDrive übernommen. Wenn Sie Speicherplatz auf Ihrem PC freischaufeln möchten, klicken Sie mit der rechten Maustaste auf die Datei und wählen Sie im Kontextmenü den Eintrag Speicherplatz freigeben. (Die Datei auf OneDrive bleibt davon unberührt und das Symbol im Explorer ändert sich.)

- ✔ **Immer auf diesem Gerät verfügbar:** Die Dateien, die sich mit diesem Symbol schmücken, können Sie jederzeit von Ihrem PC zugreifen, auch ohne Internetverbindung.

Den Status einer Datei oder eines Ordners ändern Sie, indem Sie mit der rechten Maustaste auf den Dateinamen klicken. Im Kontextmenü können Sie zwischen diesen drei Optionen wählen:

- ✔ **Online anzeigen:** Lädt die Datei oder den Ordner auf Ihren PC herunter und sie wird auch gleich geöffnet.

- ✔ **Immer behalten auf diesem Gerät:** Lädt die Datei oder den Ordner lokal auf Ihren Rechner, allerdings wird die Datei nicht geöffnet. Praktisch für Ordner, die Sie später ohne Internetanbindung zur Verfügung haben möchten.

- ✔ **Speicherplatz freigeben:** Damit entfernen Sie die Datei von Ihrem Gerät, womit Speicherplatz frei wird. Die Datei bleibt jedoch weiterhin in OneDrive gespeichert. Sie können sie zu einem späteren Zeitpunkt wieder herunterladen.

Die folgenden Tipps helfen Ihnen bei der Entscheidung, ob es sich lohnt, die Feature *Dateien bei Bedarf* zu aktivieren und wie Sie sie auf verschiedenen Geräten nutzen können:

- ✔ Wenn Ihr Gerät über ausreichend Speicherplatz verfügt, wie dies bei den meisten Desktop-PCs der Fall ist, sollten Sie sich nicht um *Dateien bei Bedarf* bemühen. Klicken Sie stattdessen in der linken Spalte der OneDrive-Einstellungen auf Konto, dann auf Ordner auswählen und aktivieren Sie das Kontrollkästchen Alle Dateien verfügbar machen.

- ✔ Wenn Ihr Gerät nicht über viel Speicherplatz verfügt, Sie aber die Namen aller Ihrer OneDrive-Dateien und -Ordner sehen möchten, aktivieren Sie *Dateien bei Bedarf*. Wenn Sie dann eine Internetverbindung haben und eine Datei oder einen Ordner benötigen, öffnen Sie sie einfach, als ob sie sich auf Ihrem PC befänden. Windows lädt sie schnell herunter und öffnet sie.

Indem Sie Ihre eigenen Bedürfnisse, den Speicherplatz Ihrer Geräte und die Verfügbarkeit Ihrer Internetverbindung bewerten, können Sie die Funktion *Dateien bei Bedarf* von OneDrive so anpassen, dass sie der Speicherkapazität aller Ihrer Geräte gerecht wird.

Vom Webbrowser aus auf OneDrive-Dateien zugreifen

Manchmal kann es vorkommen, dass Sie auf OneDrive zugreifen wollen, ohne dass Ihr Rechner in Reichweite ist. Oder Sie benötigen OneDrive-Dateien, die nicht mit Ihrem Rechner synchronisiert sind. Microsoft hat Verständnis für diese Wünsche und lässt Sie von jedem Internetbrowser aus auf Ihre OneDrive-Daten zugreifen.

Sie schnappen sich also einen Rechner mit Internetzugang, wechseln zur Webseite http://onedrive.live.com und melden sich dort mit dem Namen und Kennwort Ihres Microsoft-Kontos an. Dann wird die OneDrive-Webseite angezeigt (siehe Abbildung 5.18).

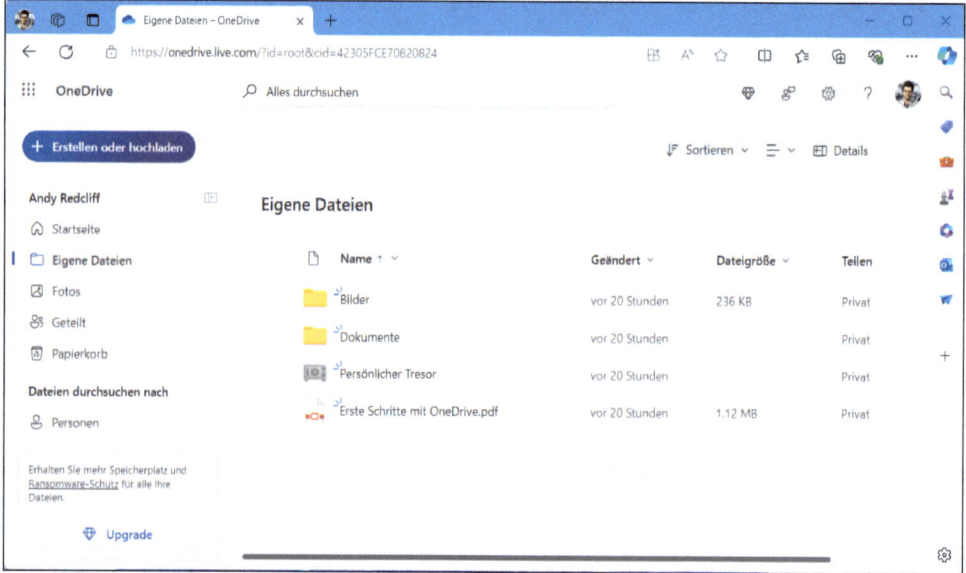

Abbildung 5.18: Sie können von jedem Rechner aus mit einem Webbrowser auf Ihre OneDrive-Dateien zugreifen.

Sie können auf der Webseite Dateien hinzufügen, löschen, verschieben und umbenennen, neue Ordner erstellen und Dateien zwischen den Ordnern verschieben. Sie können sogar Dateien direkt online bearbeiten. (In OneDrive gibt es auch einen Papierkorb, aus dem Sie versehentlich gelöschte OneDrive-Dateien wieder herausholen können, unabhängig davon, ob Sie sie online oder auf irgendeinem Gerät gelöscht haben.)

Es ist viel einfacher, Ihre Dateien direkt vom OneDrive-Ordner aus auf Ihrem Rechner zu verwalten. Aber wenn Sie gerade nicht an Ihrem Rechner sitzen, ist die OneDrive-Webseite die ideale Lösung.

 Auf der OneDrive-Webseite gibt es auch die Möglichkeit, Dateien und Ordner mit anderen zu teilen. Sie brauchen dazu nur einen Link per Mail zu senden. Sie können OneDrive-Dateien auch direkt von Ihrem PC aus für Ihre Freunde freigeben: Klicken Sie mit der rechten Maustaste auf die Datei oder den Ordner, den Sie freigeben möchten, wählen Sie ONEDRIVE und dann im Kontextmenü die Option TEILEN. Es erscheint ein Fenster, in dem Sie die E-Mail-Adresse der Person eingeben können, die einen Link zu dem freigegebenen Element erhalten soll. Wenn der Empfänger auf den Link in der E-Mail klickt, wird er online weitergeleitet, um den Inhalt der Datei oder des Ordners anzusehen.

Wenn Sie vorhaben, regelmäßig mit OneDrive zu arbeiten, und einen Mac-Computer oder ein Apple- und Android Smartphone oder Tablet besitzen, sollten Sie beachten, dass Microsoft kostenlose OneDrive-Apps für macOS, iOS, iPadOS und Android-Betriebssysteme zur Verfügung stellt.

Teil II
Apps und Dateien

IN DIESEM TEIL …

✔ Apps und Dokumente öffnen

✔ Nach verloren geglaubten Apps, Fenstern, Dateien und Einstellungen suchen

✔ Ihre Arbeit drucken und scannen

> **IN DIESEM KAPITEL**
>
> Eine App oder ein Dokument öffnen
>
> Ändern, mit welchem Programm ein Dokument geöffnet wird
>
> Apps installieren, deinstallieren und aktualisieren
>
> Verknüpfungen erstellen
>
> Ausschneiden, Kopieren und Einfügen

Kapitel 6
Mit Apps und Dokumenten jonglieren

In Windows stellen *Apps* Ihr Rüstzeug dar. Mit ihnen können Sie mit Zahlen spielen, Wörter aneinanderreihen und Raumschiffe jagen. *Dokumente* hingegen sind die Ergebnisse, die Sie mit den Programmen und Apps fabrizieren: Steuerformulare, Mahnungen, Adresslisten und so weiter.

In diesem Kapitel erfahren Sie, wie Sie eine App aus dem Microsoft Store des Startmenüs finden, herunterladen und installieren und die App dann über das Startmenü in Windows starten.

Im Verlauf dieses Kapitels erfahren Sie, wie Sie festlegen, mit welcher App eine Datei geöffnet wird. Außerdem erstellen Sie *Desktop-Verknüpfungen* – Schaltflächen, mit denen Sie schnell Ihre Lieblingsdateien, -ordner und -anwendungen öffnen können.

Das Kapitel endet mit einer unverzichtbaren Ausführung zum Thema Ausschneiden, Kopieren und Einfügen. Lernen Sie diesen Teil auswendig und Sie kommen in Windows in jeder Situation klar.

Apps starten

Das in Abbildung 6.1 gezeigte Startmenü enthält Symbole zum Starten von Apps und eine Liste der zuletzt geöffneten Dokumente. Alle Symbole unter der Überschrift Angeheftet stellen Apps dar. Wenn Ihr Computer neu ist, sehen Sie möglicherweise einige

Anwendungssymbole unter EMPFOHLEN, einfach weil Sie noch nicht viele Dokumente geöffnet haben. Mit der Zeit werden die Symbole im Bereich EMPFOHLEN jedoch alle Dokumente darstellen. Wenn Ihnen das alles nicht bekannt vorkommt, werfen Sie einen Blick auf Kapitel 2.

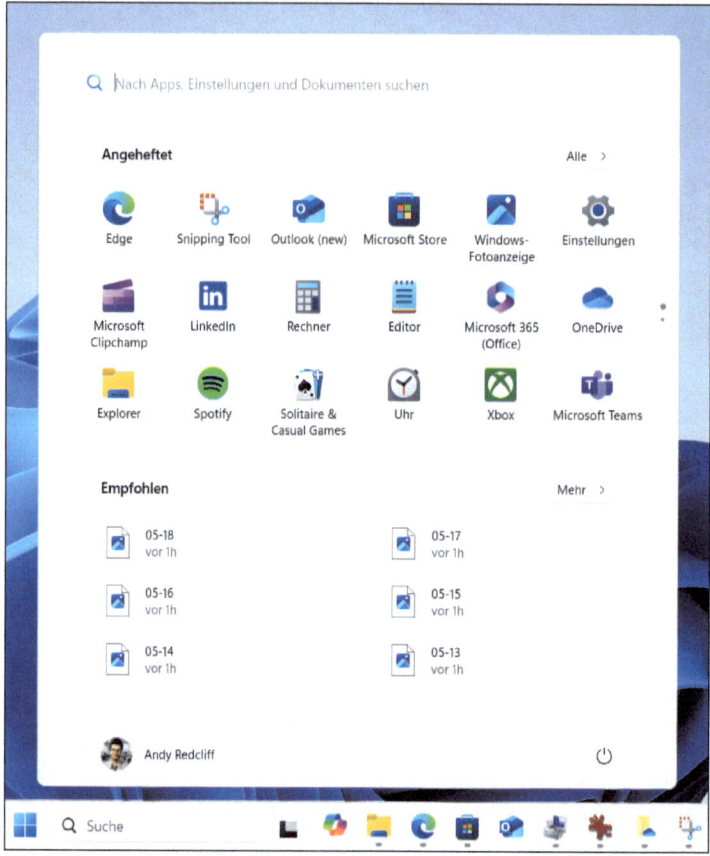

Abbildung 6.1: Klicken Sie im Startmenü auf das Symbol der App, die Sie öffnen wollen.

Wenn Sie eine App starten wollen, geht das so:

1. **Öffnen Sie das Startmenü.**

    Dazu klicken oder tippen Sie einfach auf die Schaltfläche START. Wenn Sie die Finger bereits auf der Tastatur haben, können Sie auch einfach die ⊞-Taste drücken.

2. **Wenn Sie das Symbol für die gewünschte App im Abschnitt ANGEHEFTET sehen, klicken oder tippen Sie darauf.**

    Von Ihrem Programm oder Ihrer App weit und breit keine Spur? Lesen Sie weiter.

3. **Blättern Sie im Startmenü nach unten, um weitere Symbole anzuzeigen.**

    Sie können die App noch immer nicht finden? Machen Sie bei Schritt 4 weiter.

4. **Zeigen Sie *alle* Ihre Apps an, indem Sie auf die Schaltfläche ALLE APPS klicken.**

    Alle Ihre Apps werden alphabetisch aufgelistet. Wenn Sie eine dieser Apps zu Ihren angehefteten Symbolen hinzufügen möchten, klicken Sie mit der rechten Maustaste auf das Symbol der App und wählen Sie AN START ANHEFTEN. Wenn Sie die App nur öffnen möchten, klicken Sie ihr Symbol an.

Wenn Sie Ihre App im zugegebenermaßen überfüllten Startmenü immer noch nicht finden können, klicken Sie in das Suchfeld, das sich am oberen Rand des Startmenüs befindet, und geben Sie den Namen der App ein. Während Sie die ersten Buchstaben eingeben, vergrößert sich das Suchfeld zu einem richtigen Fenster und zeigt alle Apps an, deren Namen die bereits eingegebenen Zeichen enthält. Je mehr Zeichen Sie eingeben, umso kürzer wird die Liste. Haben Sie Ihre App endlich gefunden, klicken beziehungsweise tippen Sie erleichtert darauf, um sie beziehungsweise es zu öffnen

Wenn das Fenster die gewünschte App auflistet, öffnen Sie sie mit einem Klick (oder einem Tippen auf einem Touchscreen). Dies sind alle Möglichkeiten, wie Sie eine Anwendung über das Startmenü starten können. Sie können auch Symbole für Ihre Lieblingsapps an Ihren Desktop anheften. Wenn Sie das Symbol einer App an den Desktop angeheftet haben, können Sie die Anwendung durch einen Doppelklick auf das Symbol öffnen. Sie müssen dann nicht über das Startmenü gehen.

Dokumente öffnen

Dokumente sind die Dinge, die Sie mithilfe von Apps anzeigen, abspielen, erstellen und bearbeiten. Sie können Notepad für Textdokumente, Windows-Fotoanzeige und Paint für Bilder und Clipchamp für Videos verwenden. Das Öffnen eines Dokuments bedeutet, dass das Dokument in der zugehörigen App angezeigt wird, so dass Sie das Dokument anzeigen, wiedergeben oder ändern können.

Um eines der zuletzt verwendeten Dokumente zu öffnen, können Sie im Startmenü unter EMPFOHLEN auf das Symbol des Dokuments klicken.

Sie können jedes Dokument auch über den Explorer öffnen. Öffnen Sie den Explorer, wie in Kapitel 5 beschrieben, navigieren Sie zu dem Ordner (oder Laufwerk), in dem das Dokument gespeichert ist, und doppelklicken Sie das Symbol des Dokuments an.

Eine weitere Möglichkeit, ein Dokument zu öffnen, besteht darin, zuerst die App zu öffnen und dann das Dokument von der App aus zu öffnen.

Wie Tupperware liebt auch Windows Standards. Daher laden alle Programme ihre Dokumente – Dateien genannt – auf dieselbe Weise. Zuerst starten Sie die gewünschte Programm App. Führen Sie dann in der App diese Schritte durch:

1. **Klicken Sie in der App oben in der *Menüleiste* auf den Eintrag DATEI.**

    Keine Menüleiste zu sehen? Manchmal hilft es, wenn Sie `Alt` drücken.

    Immer noch keine Menüleiste? Wenn Sie immer noch keine Menüleiste finden können, müssen Sie möglicherweise das Menüband der Anwendung durchgehen. Fragen Sie Copilot, »Wie öffne ich Dateien in *App*?« und ersetzen Sie *App* durch den Namen der App, die Sie verwenden.

2. **Wenn das Menü DATEI geöffnet ist, wählen Sie den Befehl ÖFFNEN.**

   Oh, ein Déjà-vu? Das Dialogfeld ÖFFNEN hat große Ähnlichkeit mit dem Explorer, wie in Abbildung 6.2 zu sehen ist. Und es funktioniert auch so. Sollten Sie sich dennoch nicht auskennen, lesen Sie Kapitel 5.

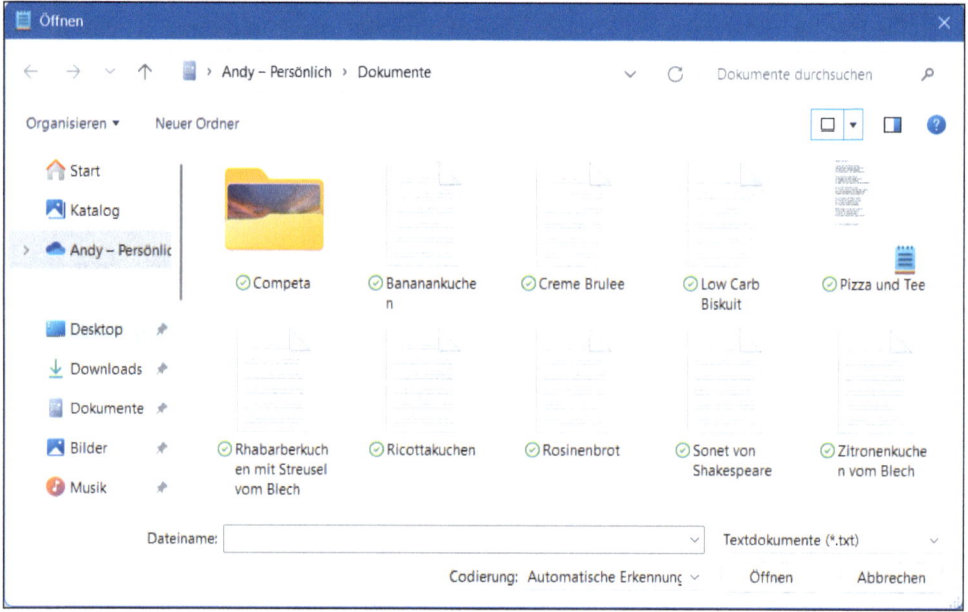

Abbildung 6.2: Sie können auch auf die gewünschte Datei doppelklicken, um sie zu öffnen.

Aber es gibt doch einen Unterschied. Im aktuellen Ordner werden nur die Dokumente angezeigt, die zum aufrufenden Programm passen. Und das ist ja durchaus sinnvoll.

3. **Klicken auf die gewünschte Datei und dann auf die Schaltfläche ÖFFNEN.**

 Bei einem Touchscreen tippen Sie auf die Datei, um sie zu öffnen.

Wenn Sie sich im Dialogfeld ÖFFNEN befinden, können Sie auch Folgendes tun:

✔ Um die Sache zu beschleunigen, doppelklicken Sie im Dialogfeld ÖFFNEN auf die gewünschte Datei. So ersparen Sie sich den Umweg über die Schaltfläche ÖFFNEN.

✔ Menschen, die sich von nichts trennen können, lagern ihren Kram im Keller. Computer verstauen ihre Dateien ordentlich in *Ordnern*. (Doppelklicken Sie auf einen Ordner, um seinen Inhalt anzuzeigen.) Wenn das für Sie noch alles Neuland ist, sollten Sie unbedingt Kapitel 5 lesen.

✔ Wenn der Name Ihrer Datei nicht in der Liste zu finden ist, müssen Sie sich zunächst dem linken Bereich, dem Navigationsbereich, des Dialogfelds zuwenden (siehe auch Abbildung 6.2). Klicken Sie zum Beispiel auf den Ordner ONEDRIVE, um die dort abgelegten Dateien anzuzeigen.

Wenn sich Programmierer über Dateiformate streiten

Wenn sich Programmierer einmal über den besten Pizzaservice einig sind, streiten sie bevorzugt über Dateiformate – das ist die Art, wie man Informationen in eine Datei packt. Um diese Grabenkämpfe etwas aufzubrechen, bieten Programme in der Regel die Möglichkeit, Dateien in verschiedenen Formaten zu speichern.

Schauen Sie sich den Eintrag im Dateitypfeld in Abbildung 6.2 an. Dort steht TEXT-DOKUMENTE (*.TXT). Wenn Sie die Dropdown-Liste öffnen, können Sie zwischen einer Vielzahl von anderen Dateiformaten wählen. Dann werden nur die Dateien im Dialogfeld ÖFFNEN angezeigt, die dem gewählten Dateiformat entsprechen.

Ist es denn auch möglich, eine Liste *aller* Dateien zu Gesicht zu bekommen, die in diesem Ordner untergebracht sind – und zwar ungeachtet ihrer Dateiformate? Ja! Wählen Sie dazu in der Dropdown-Liste den Eintrag ALLE DATEIEN. (Manchmal heißt er auch ALLE DOKUMENTE oder so ähnlich.) Dies muss aber noch lange nicht bedeuten, dass Ihr Programm auch alle Dateien öffnen kann.

Der Editor (ein einfaches Schreibprogramm von Windows) zum Beispiel listet, wenn der Dateityp ALLE DATEIEN gewählt wurde, auch digitale Fotos auf. (Wenn Sie – versehentlich – versuchen, ein solches Foto zu öffnen, werden nur obskure Symbole angezeigt. Speichern Sie das Foto auf keinen Fall. Sonst ist es ruiniert. Klicken Sie also ganz schnell auf ABBRECHEN.) Oder wenn die Datei bereits geöffnet ist, schließen Sie die Anwendung (mit dem üblichen X in der oberen rechten Ecke) und wählen Sie Nein, wenn Sie gefragt werden, ob Sie speichern möchten.

Dokumente speichern

Das *Speichern* eines Dokuments bedeutet, dass alle Änderungen, die Sie an dem geöffneten Dokument vorgenommen haben, erhalten bleiben. Wenn Sie ein Dokument von Grund auf neu erstellt haben, wird beim Speichern das gesamte Dokument gesichert, so dass Sie es in Zukunft wieder verwenden können.

Viele Anwendungen verfügen über eine Option zum automatischen Speichern, die in der oberen linken Ecke angezeigt wird. Wenn diese Option aktiviert ist, werden alle Änderungen, die Sie an dem Dokument vornehmen, automatisch gespeichert, während Sie arbeiten.

Dank der eisernen Microsoft-Disziplin verwenden alle Desktop-Programme ähnliche Befehle zum Speichern, und zwar unabhängig davon, welcher Programmierer sie geschrieben hat. Hier ein paar Vorschläge, wie Sie eine Datei speichern können:

✔ Klicken Sie in der Menüleiste beziehungsweise Symbolleiste auf den Eintrag DATEI und wählen Sie den Befehl SPEICHERN.

✔ Klicken Sie auf das Symbol SPEICHERN (Sie sehen es auch in der Randspalte), das in fast jedem Programm angeboten wird.

✔ Drücken Sie die Tastenkombination [Strg]+[S]. (»S« steht für – na? – Speichern.)

Wenn Sie ein Dokument zum ersten Mal speichern, fordert Windows Sie auf, einen Dateinamen zu vergeben. Denken Sie sich einen passenden Namen aus. Verwenden Sie nur Buchstaben, Ziffern und Leerzeichen. Wenn Sie ein ungültiges Zeichen eingeben (siehe Kapitel 5), bittet Windows Sie höflich, einen anderen Namen zu vergeben.

Wenn Sie ein Dokument zum ersten Mal speichern, fordert Windows Sie auf, einen Dateinamen zu vergeben. Denken Sie sich einen passenden Namen aus. Verwenden Sie nur Buchstaben, Ziffern und Leerzeichen. Wenn Sie ein ungültiges Zeichen eingeben (siehe Kapitel 5), bittet Windows Sie höflich, einen anderen Namen zu vergeben.

Hier folgen ein paar allgemeine Tipps für das Speichern von Dokumenten:

- ✔ Sie können Dateien in jedem Ordner und auch auf USB-Laufwerken ablegen. Am einfachsten finden Sie Ihre Datenschätze aber wieder, wenn Sie sie in einem der Hauptordner (DOKUMENTE, BILDER, MUSIK und VIDEOS) ablegen. (Diese Ordner werden am linken Rand jedes Ordners – im Navigationsbereich – aufgelistet, so dass es einfach ist, Dateien dort zu speichern.)

- ✔ Wählen Sie für Ihre Dokumente aussagekräftige Dateinamen. Windows bietet Ihnen Platz für 255 Zeichen. Das sollte reichen, oder? Und eine Datei mit dem Namen `Juni 2025 Bericht über den Verkauf von Osterhasen` ist einfacher zuzuordnen als eine, die `Dies und das` heißt.

- ✔ Wenn Sie auf Ihre aktuelle Datei auch von anderen Geräten aus zugreifen wollen, vielleicht von Ihrem Handy, Tablet oder einem anderen PC, dann speichern Sie sie am besten im DOKUMENTE-Ordner auf OneDrive. Wählen Sie dazu im linken Bereich des Speicherdialogs den Eintrag ONEDRIVE und dann den OneDrive-Ordner DOKUMENTE. Schnell auf die Schaltfläche SPEICHERN geklickt, und alles ist erledigt.

- ✔ Wenn Sie an etwas Wichtigem arbeiten (und das ist wohl meistens der Fall, oder?), speichern Sie am besten regelmäßig alle paar Minuten. Ob Sie dafür auf das Symbol klicken oder die Tastenkombination `Strg`+`S` drücken, ist egal. Beim ersten Speichern müssen Sie einen Dateinamen und einen Speicherort angeben. Bei jedem weiteren Speichern sind keine Angaben erforderlich.

Was ist der Unterschied zwischen »Speichern« und »Speichern unter«?

Speichern unter? Land unter? Ganz so schlimm ist es nicht. Mit dem Befehl SPEICHERN UNTER gibt Ihnen das Programm die Möglichkeit, ein bereits gespeichertes Dokument unter einem anderen Namen und vielleicht auch noch an einem anderen Ort erneut zu speichern.

Angenommen, Sie öffnen die Datei mit dem Namen ODE AN JETTE, um ein paar Sätze zu ändern. Sie wollen diese Änderungen speichern, ohne das Originaldokument zu ändern. Sie sichern beide Versionen, wenn Sie den Befehl SPEICHERN UNTER wählen und einen neuen Namen vergeben, zum Beispiel WEITERE GEDANKEN ZU JETTE. Wenn Sie ein Dokument zum ersten Mal speichern, sind die Befehle SPEICHERN und SPEICHERN UNTER identisch: Sie müssen beim ersten Mal stets einen Namen vergeben und einen Speicherort bestimmen.

Mit dem Befehl SPEICHERN UNTER können Sie außerdem ein neues Dateiformat festlegen. So können Sie das Original beispielsweise in Ihrem Lieblingsformat speichern und dann eine Kopie für einen Freund in einem anderen Format speichern, weil dieser Freund beispielsweise noch mit einer alten Software arbeitet, die nur Formate von vorgestern kennt.

Festlegen, welche App welche Datei öffnet

In der Regel weiß Windows automatisch, welche App welche Datei öffnen soll. Doppelklicken Sie auf eine Datei und Windows teilt der entsprechenden App mit, dass Arbeit wartet. Die App wird gestartet und der Inhalt der Datei angezeigt.

Manchmal öffnet Windows eine Datei jedoch nicht in der App Ihrer Wahl. Wenn Ihre Dateien von der für Sie falschen App geöffnet werden, können Sie wie folgt reagieren:

1. **Klicken Sie mit der rechten Maustaste auf die problematische Datei und wählen Sie im Kontextmenü den Befehl ÖFFNEN MIT.**

   Wie in Abbildung 6.3 zu sehen ist, schlägt Windows für diese Aufgabe geeignete Apps vor, auch die, mit denen Sie diesen Dateityp früher schon einmal geöffnet haben.

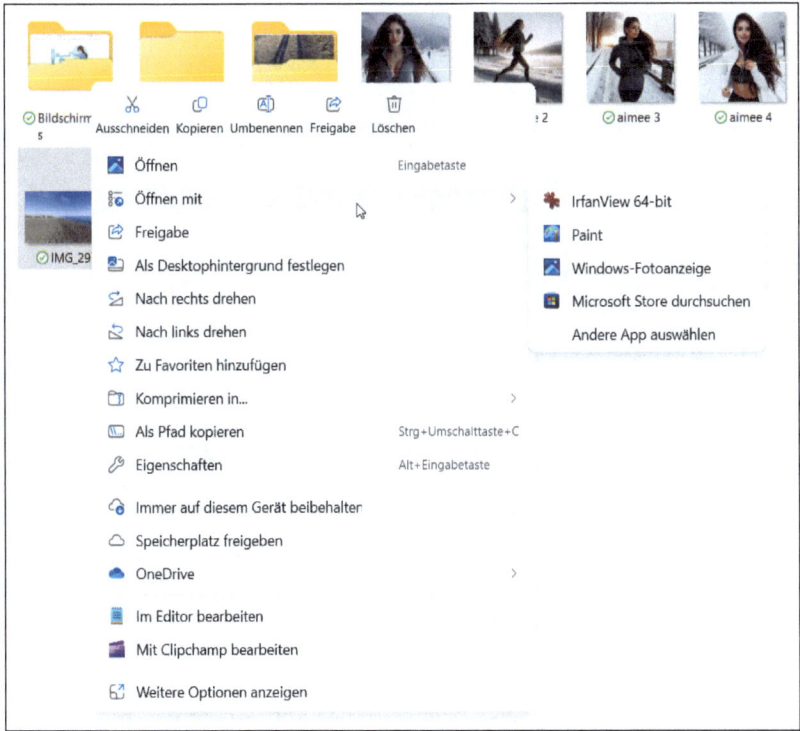

Abbildung 6.3: Windows listet Apps beziehungsweise Programme auf, mit denen solche Dateien bereits früher geöffnet wurden.

2. **Klicken Sie auf ANDERE APP AUSWÄHLEN.**

   Windows blendet eine kleine Liste mit Apps ein. Ganz oben wird die von Windows präferierte App angezeigt.

3. **Klicken Sie die App an, die Sie verwenden wollen.**

4. **Klicken Sie auf IMMER, wenn Sie glauben, dass Sie die ausgewählte App immer für diesen Dateitypen verwenden wollen, oder wählen Sie NUR EINMAL, um nur diese Datei in dieser App zu öffnen (siehe Abbildung 6.4).**

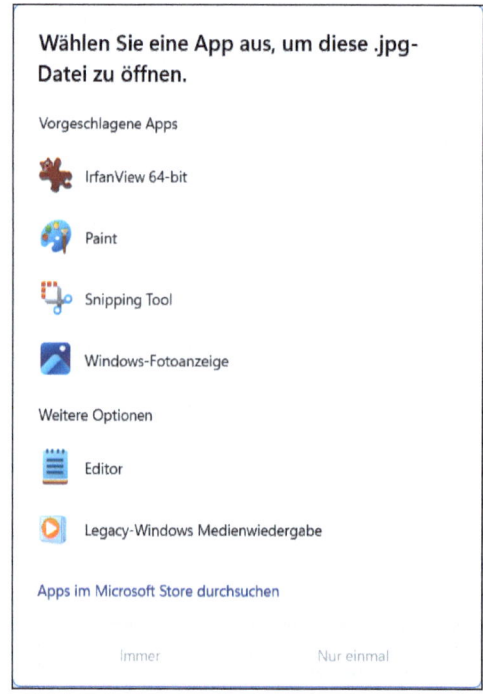

Abbildung 6.4: Wählen Sie die gewünschte App und klicken Sie am unteren Rand auf IMMER oder NUR EINMAL.

Die seltsame Welt der Dateinamenerweiterungen

Jede Windows-App hängt an jede Datei, die es erstellt, einen geheimen Code, der als Dateinamenerweiterung bekannt ist. Diese *Dateinamenerweiterung* arbeitet wie ein Rinderbrandzeichen: Wenn Sie auf die Datei doppelklicken, wirft Windows einen Blick auf die Dateinamenerweiterung und fordert eine App auf, die Datei zu öffnen. Diese App ist die Standardapp für diese Dateinamenerweiterung. Der Editor hängt an seine Dateien beispielsweise die drei Buchstaben txt an. Wenn Sie also einen Doppelklick auf eine Datei mit der Erweiterung .txt doppelklicken, wird der Editor geöffnet, um die Datei anzuzeigen (es sei denn, Sie haben die Standardapp für .txt-Dokumente geändert).

Normalerweise verbirgt Windows die Erweiterung aus Sicherheitsgründen. Denn wenn jemand versehentlich eine Erweiterung ändert oder entfernt, weiß Windows nicht mehr, was Sache ist.

Wenn Sie aber neugierig sind und wissen wollen, wie Dateinamenerweiterungen aussehen, schlagen Sie den Windows-Sicherheitsbedenken folgendermaßen ein Schnippchen:

1. **Klicken Sie oben in einem Ordnerfenster auf ANZEIGEN.**

   Es wird ein Dropdown-Menü angezeigt mit verschiedenen Optionen, um die Inhalte eines Ordners aufzulisten.

2. **Wählen Sie EINBLENDEN und dann DATEINAMENERWEITERUNG.**

   Die Dateien innerhalb des Ordners zeigen sofort ihre Erweiterungen an - eine nützliche Information für technische Notfälle, vor allem, wenn Sie sich mit der Erstellung von Inhalten beschäftigen, bei der Sie mit vielen verschiedenen Dateitypen arbeiten.

3. **Wiederholen Sie diese Schritte, um die Anzeige der Dateinamenerweiterungen zu beenden.**

Bitte ändern Sie die Erweiterung einer Datei nur, wenn Sie genau wissen, was Sie tun. Windows vergisst sonst, welche App zum Öffnen der Datei verwendet werden soll, so dass die Datei möglicherweise unzugänglich ist, bis Sie die Erweiterung wieder auf den ursprünglichen Wert zurücksetzen.

Im Microsoft Store shoppen

 Sie können Apps über die Microsoft Store-App kaufen und herunterladen, die Sie durch einen Klick auf das Microsoft Store-Symbol in der Taskleiste (am Rand angezeigt) aufrufen können. Wenn Sie das Taskleistensymbol entfernt haben, geben Sie einfach Store in das Suchfeld neben der Schaltfläche START ein oder bitten Sie Copilot, dass er den Microsoft Store öffnen soll.

Apps können von großen Unternehmen oder Hobbyisten in ihrer Freizeit erstellt und verkauft werden. Es ist schwierig, im Voraus zu sagen, welcher Anbieter Ihnen die meiste Unterstützung bieten wird, wenn etwas schief geht.

Apps aus dem Microsoft Store herunterladen

Wenn Ihnen die Apps nicht ausreichen, die in Windows von Hause aus zur Verfügung gestellt werden, führen Sie die folgenden Schritte durch:

1. **Klicken Sie auf die Schaltfläche START und dann auf MICROSOFT STORE.**

    Schwupp! Der Store meldet sich zum Dienst, wie in Abbildung 6.5 zu sehen ist. Alternativ können Sie auch in der Taskleiste auf die Schaltfläche MICROSOFT STORE klicken, um die App zu öffnen.

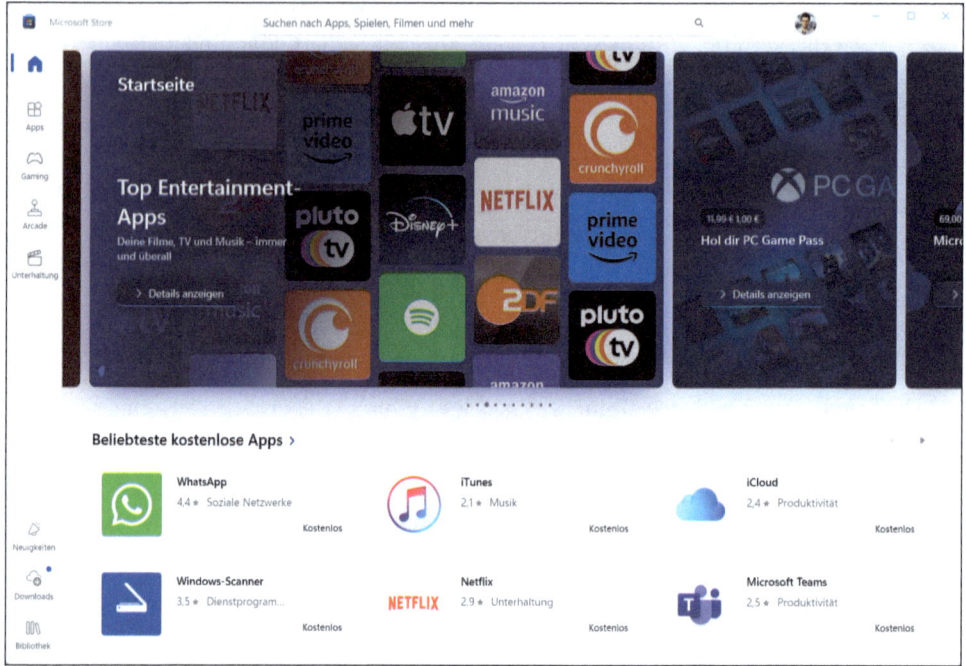

Abbildung 6.5: Im Store finden Sie alle möglichen Apps für Ihr Startmenü.

Der Store ändert zwar immer mal wieder seine Optik, aber normalerweise präsentiert die App oben in der Leiste stolz ihre besonderen Apps. Blättern Sie weiter herunter und Sie gelangen zu besonders beliebten Apps oder Apps, die momentan im Trend liegen.

Um mehr zu sehen, werfen Sie einen Blick auf den linken Rand der Store-App. Dort finden Sie weitere Kategorien: APPS, GAMING, ARCADE und UNTERHALTUNG. (Sie können auch Filme über die Store-App kaufen oder ausleihen und sogar Computer-Geräte und Gadgets erwerben.)

2. **Klicken Sie auf eine Kategorie, um die Suche einzuschränken.**

   Der Store listet Ihnen seine Angebote in dieser Kategorie auf.

   Kramen Sie doch ein bisschen in der Kategorie BELIEBTESTE KOSTENLOSE APPS herum und laden Sie ein paar interessante kostenlose Apps herunter, um ein Gefühl für das Prozedere zu bekommen. Klicken Sie auf HERUNTERLADEN, um die App zu installieren, und warten Sie, bis der Vorgang abgeschlossen ist. (Um eine kostenpflichtige App zu installieren, klicken Sie auf die Schaltfläche, die den Preis anzeigt.)

   Die passende App war noch nicht dabei? Dann geht es weiter mit dem nächsten Schritt.

3. **Wenn Sie nach einer ganz bestimmten App suchen, geben Sie oben in das Suchfeld ein Schlüsselwort ein und drücken Sie dann die ⏎-Taste.**

   Die Store-App listet Ihnen alle Apps, Spiele, Filme oder TV-Sendungen auf, die zu Ihrem Suchbegriff passen (siehe Abbildung 6.6).

Wie die Microsoft Store-App besitzen viele Apps, die eine Suchfunktion enthalten, oben ein Feld, in das Sie einen Suchbegriff eingeben können.

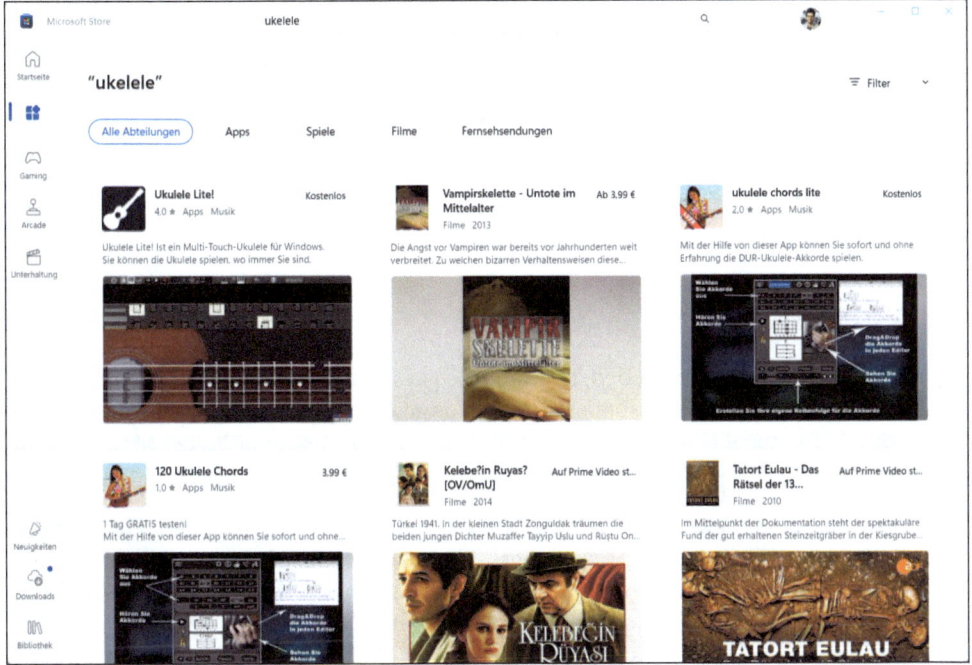

Abbildung 6.6: Geben Sie einen Suchbegriff in das Suchfeld ein und drücken Sie ⏎.

4. **Sortieren Sie die angezeigten Apps.**

   Mit den Schaltflächen oberhalb der Suchergebnisse können Sie Ihre App-Suche über ein Dropdown-Menü verfeinern. Klicken Sie beispielsweise auf APPS, um die Apps weiter nach Unterkategorien sortieren zu lassen. Auch die Schaltflächen SPIELE, FILME und FERNSEHSENDUNGEN grenzen die möglichen Suchergebnisse weiter ein.

5. **Klicken Sie auf eine App, um Informationen dazu anzuzeigen.**

   Eine Infoseite wird geöffnet, die detaillierte Informationen über die gewählte App enthält, beispielsweise Preiskategorie, ein Bild, Bewertungen von Kunden und weitere technische Daten.

6. **Klicken Sie auf die Schaltfläche HERUNTERLADEN oder auf KAUFEN.**

   Wenn Sie eine kostenlose App gefunden haben, ohne die Sie nicht mehr leben möchten, klicken Sie auf die Schaltfläche HERUNTERLADEN. Kostenpflichtige Apps erwerben Sie über die Schaltfläche, die den Preis anzeigt. Microsoft belastet die Kreditkarte, die Sie in Ihrem Microsoft-Konto angegeben haben, mit den Kosten. Wenn Sie noch keine Kreditkartendaten hinterlegt haben, werden Sie durch die dafür erforderlichen Schritte geführt.

 Eventuell fragt der Store Sie, welches Laufwerk Sie für die Installation der App verwenden möchten. In der Regel werden Sie wohl das Laufwerk C: dafür nehmen. Wenn Sie einen Tablet-Computer haben, der über wenig eigenen Speicherplatz verfügt, können Sie die App auch auf einer externen Speicherkarte installieren, die dann in der Regel das Laufwerk D: ist.

Egal, was Sie aus dem Microsoft Store herunterladen, es wird auf jeden Fall ein Eintrag für die App in der alphabetisch sortierten App-Liste im Startmenü eingerichtet.

Um eine App aus der Liste aller installierten Apps als Symbol im Startmenü anzuzeigen, klicken Sie mit der rechten Maustaste auf ihren Eintrag und wählen Sie im Kontextmenü den Befehl AN "START" ANHEFTEN. Weitere Informationen über die Konfiguration des Startmenüs finden Sie in Kapitel 2.

Apps deinstallieren

Sie haben eine App heruntergeladen, die Ihnen so gar nicht gefällt? Kein Problem. Sie können Apps jederzeit wieder deinstallieren. Klicken Sie dazu im Startmenü mit der rechten Maustaste auf die ungeliebte App und dann im Kontextmenü mit der linken Maustaste auf DEINSTALLIEREN.

Die App wird aus dem Startmenü entfernt, aber nur in *Ihrem* Benutzerkonto. Haben andere Benutzer Ihres PC dieselbe App installiert, bleibt sie ihnen selbstverständlich erhalten. Wenn Sie eine App deinstallieren, die Sie bezahlen mussten, erhalten Sie leider keine Rückerstattung, auch wenn Sie die App für unbrauchbar befunden haben!

Apps aktualisieren

Softwarehersteller pflegen ihre Apps zu verbessern, hier eine unrunde Stelle optimieren, da eine neue Funktion hinzufügen, dort eine Sicherheitslücke stopfen. Sobald Ihr Computer mit dem Internet verbunden ist, checkt Windows Ihre Apps, lädt alle verfügbaren Updates herunter und stellt sie im Startmenü zur Verfügung. Irgendwie unheimlich (und) praktisch.

Ist Ihr Handy mit dem Internet verbunden, brauchen Sie sich aber keine Sorgen zu machen. Im Fall von getakteten Internetverbindungen werden die Apps nicht aktualisiert. Sobald Ihr Handy aber über WLAN oder LAN das Internet betritt, holt Windows schnell alles nach und aktualisiert die Apps.

Ihnen ist nicht recht, dass Windows selbstständig die Apps aktualisiert? Sie möchten keine automatischen Aktualisierungen, zum Beispiel, wenn Sie in Gebieten mit einer langsamen oder teuren Internetverbindung unterwegs sind? Sie können die automatische Aktualisierung vorübergehend deaktivieren, indem Sie diese Schritte ausführen:

1. **Klicken Sie auf der Startseite der Microsoft-Store-App auf das Symbol für Ihr Konto und im Menü auf EINSTELLUNGEN.**

    Welche Schaltfläche? Ich meine Ihr Profilfoto, das auf der Startseite der Store-App in der rechten oberen Ecke neben dem Suchfeld prangt.

2. **Ziehen Sie im Fenster EINSTELLUNGEN den Schalter APPS AUTOMATISCH AKTUALISIEREN auf AUS.**

   Ihre Änderung wird sofort wirksam. Wenn Sie wieder eine zuverlässigere Internetverbindung haben, stellen Sie sicher, dass Sie den Schalter wieder einschalten, da Ihre Apps sonst nicht aktualisiert werden können.

   Wenn der Schalter für App-Updates aktiviert ist, werden alle Ihre Apps aktualisiert. Sie können die Aktualisierung einzelner Apps nicht verhindern. Deshalb empfehle ich, dass Sie Ihre Apps so einstellen, dass sie automatisch aktualisieren. Wenn Sie versuchen, die Aktualisierung einer App zu verhindern, könnten es sein, dass Sie Sicherheitsupdates sowie sonstige Verbesserungen für alle anderen Apps verpassen.

Der bequeme Weg der Verknüpfungen

Sie werden bei Ihrer Arbeit dauernd zwischen Desktop und Startmenü hin- und herpendeln. Falls Sie keine Lust haben, ständig in einem Dschungel von Apps, Ordnern, Laufwerken, Dokumenten oder Webseiten umherzuirren, können Sie für Elemente auf dem Desktop eine *Verknüpfung* (von »Techniknerds« auch *Shortcut* genannt) erstellen. In beiden Fällen gelangen Sie per Mausklick zum Ort Ihrer Wünsche.

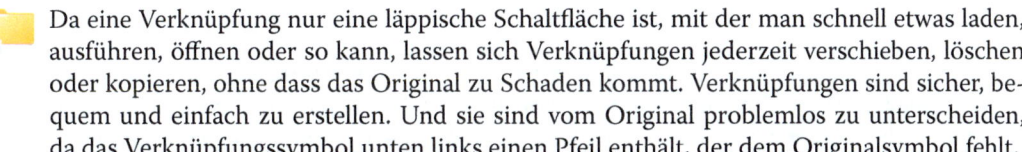

Da eine Verknüpfung nur eine läppische Schaltfläche ist, mit der man schnell etwas laden, ausführen, öffnen oder so kann, lassen sich Verknüpfungen jederzeit verschieben, löschen oder kopieren, ohne dass das Original zu Schaden kommt. Verknüpfungen sind sicher, bequem und einfach zu erstellen. Und sie sind vom Original problemlos zu unterscheiden, da das Verknüpfungssymbol unten links einen Pfeil enthält, der dem Originalsymbol fehlt.

Wenn Sie das Startmenü umgehen wollen, halten Sie sich an die folgenden Punkte, um eine Verknüpfung für häufig benutzte Programme, Ordner, Dokumente oder Ähnliches zu erstellen:

✔ **Ordner oder Dokumente:** Klicken Sie im Explorer mit der rechten Maustaste auf den Ordner oder das Dokument, wählen Sie im Kontextmenü WEITERE OPTIONEN ANZEIGEN und im Untermenü zeigen Sie mit der Maus auf SENDEN AN. Klicken Sie dann auf DESKTOP (VERKNÜPFUNG ERSTELLEN). Die Verknüpfung wird auf dem Desktop eingefügt.

✔ **Webseiten:** Ist Ihnen in Microsoft Edge schon einmal das kleine Symbol aufgefallen, das ganz links in der Adressleiste direkt vor der eingegebenen Internetadresse steht? Wenn Sie dieses Symbol auf den Desktop ziehen, haben Sie kurz und schmerzlos auf dem Desktop eine Verknüpfung zur entsprechenden Webseite erstellt.

✔ **Speicherorte:** Klicken Sie in der Taskleiste auf die Schaltfläche EXPLORER, um ihn zu öffnen (das betreffende Symbol sehen Sie in der Randspalte). Ziehen Sie mit gedrückter rechter Maustaste ein beliebiges Element auf den Desktop. Lassen Sie die Maus los und wählen Sie aus dem kleinen Menü VERKNÜPFUNGEN HIER ERSTELLEN. Windows fügt brav die entsprechende Verknüpfung auf dem Desktop ein. (Das funktioniert für Laufwerke, Ordner, Dateien und sogar für Netzwerkorte.)

Und hier gleich noch ein paar Tipps zum Arbeiten mit Verknüpfungen:

- ✔ Sie wollen eine Desktopverknüpfung in das Startmenü übernehmen? Nichts leichter als das. Klicken Sie mit der rechten Maustaste auf die Desktopverknüpfung und wählen Sie im Kontextmenü den Befehl AN "START" ANHEFTEN.

- ✔ Wenn Sie vorab prüfen wollen, zu welcher App Sie von einer Verknüpfung geschickt werden, klicken Sie mit der rechten Maustaste auf die Verknüpfung und wählen Sie im Kontextmenü den Befehl DATEIPFAD ÖFFNEN.

Verknüpfungen können beliebig verschoben werden. Verschieben Sie aber nie die dazugehörigen Originalelemente. Denn dann sind Ihre Verknüpfungen wertlos. Sobald Sie darauf klicken, versucht Windows etwas zu finden, was es dort, wo es sucht, gar nicht mehr gibt.

Alles, was Sie über Ausschneiden, Kopieren und Einfügen wissen müssen

In Windows gehören das Ausschneiden oder Kopieren und das anschließende Einfügen von verschiedensten Elementen fest zum Repertoire. Sie können so ziemlich alles elektronisch ausschneiden oder kopieren und dann irgendwo wieder einfügen, ohne dass es großen Ärger, geschweige denn Schwierigkeiten gibt.

Kopieren Sie beispielsweise ein Foto und fügen Sie es in einer Einladungsdatei ein. Oder verschieben Sie Dateien, indem Sie sie in einem Ordner ausschneiden und in einem anderen Ordner wieder einfügen. Und genauso einfach lassen sich auch in einem Textverarbeitungsdokument Absätze ausschneiden und an anderer Stelle wieder einfügen.

Die besondere Eleganz besteht darin, dass Sie sich aus allen Fenstern, die gleichzeitig auf dem Bildschirm angezeigt werden, ein Stückchen greifen und in einem anderen Fenster unterbringen können.

Unterschätzen Sie Kopieren und Einfügen auch bei Kleinigkeiten nicht. Es ist zum Beispiel einfacher, den Namen und die Adresse einer Person aus dem elektronischen Adressbuch zu kopieren, als von Hand einzugeben. Und es beugt Tippfehlern vor, wenn Sie eine Webadresse, die Sie per E-Mail erhalten haben, direkt in die Adressleiste des Webbrowsers kopieren, anstatt sie selbst einzugeben. Es ist übrigens ein Kinderspiel, Elemente auf Webseiten zu kopieren und in einem Programm auf Ihrem Rechner wieder einzufügen (natürlich zum Verdruss vieler Profi-Fotografen!).

Auf die Schnelle ausschneiden, kopieren und einfügen

Ich will nicht lange um den heißen Brei herumreden. Prinzipiell müssen Sie zum Ausschneiden, Kopieren und Einfügen drei Schritte ausführen, und zwar folgende:

1. **Wählen Sie das Element aus, das Sie ausschneiden oder kopieren möchten.**

   Sie können ein paar Wörter, einen Absatz, eine ganze Seite, eine Datei, mehrere Dateien, eine Webadresse oder irgendetwas anderes auf Ihrem PC auswählen.

2. **Klicken Sie mit der rechten Maustaste auf die Auswahl und wählen Sie entweder Ausschneiden oder Kopieren, abhängig davon, welche Aktion Sie ausführen wollen.**

   Wenn Sie etwas verschieben wollen, wählen Sie Ausschneiden; wenn Sie etwas duplizieren wollen, wählen Sie Kopieren. Mit folgenden Tastenkombinationen geht es wahrscheinlich noch schneller: Wählen Sie aus, drücken Sie [Strg]+[X], um auszuschneiden, beziehungsweise [Strg]+[C], um zu kopieren.

3. **Klicken Sie mit der rechten Maustaste auf das Ziel für das ausgeschnittene oder kopierte Element und wählen Sie dann Einfügen.**

   Sie können mit der rechten Maustaste auf ein Dokument, einen Ordner, ein anderes Programm und auf ein paar andere Stellen klicken. Die schnelle Tastenkombination: Drücken Sie [Strg]+[V], um einzufügen.

Wie immer kann Copilot Ihnen bei jeder Kopier- und Einfügeaktion helfen. Fragen Sie Copilot zum Beispiel: »Wie kopiere ich Text und füge ihn ein?« oder »Wie kopiere ich Dateien und füge sie ein?« oder »Wie verschiebe ich eine Datei an einen anderen Ort?«

Wem das jetzt zu schnell ging oder wer es gerne ausführlicher hätte, der lese die nächsten drei Abschnitte, in denen das Auswählen der Elemente, das Ausschneiden beziehungsweise das Kopieren und das anschließende Einfügen ziemlich genau und ausführlich beschrieben werden.

Elemente zum Ausschneiden oder Kopieren auswählen

Windows kann nur dann etwas ausschneiden oder kopieren, wenn Sie ihm vorher mitteilen, was genau Sie denn ausschneiden oder kopieren wollen. In den meisten Fällen ist das Auswählen mit der Maus der einfachste Weg, obwohl es auch andere Möglichkeiten gibt.

✔ **Text in einem Dokument, einer E-Mail, auf einer Webseite oder in einer Tabelle auswählen:** Zeigen Sie mit der Maus (beziehungsweise dem Cursor) auf den Anfang der Daten, die Sie auswählen wollen. Ziehen Sie dann mit gedrückter Maustaste über die auszuwählenden Daten und lassen Sie anschließend die Maustaste wieder los. Der ausgewählte Bereich wird hervorgehoben dargestellt (siehe auch Abbildung 6.7). In Kapitel 16 ist das Auswählen von Text ausführlicher beschrieben.

»Doppeltippen« Sie auf einem Touchscreen auf ein Wort, um es auszuwählen. Um die Auswahl auf mehrere Wörter zu erweitern, tippen Sie erneut auf das markierte Wort; bleiben Sie mit dem Finger auf der Bildschirmoberfläche und streifen Sie mit dem Finger in die gewünschte Richtung, bis alle gewünschten Wörter ausgewählt sind. Dann können Sie den Finger vom Bildschirm nehmen.

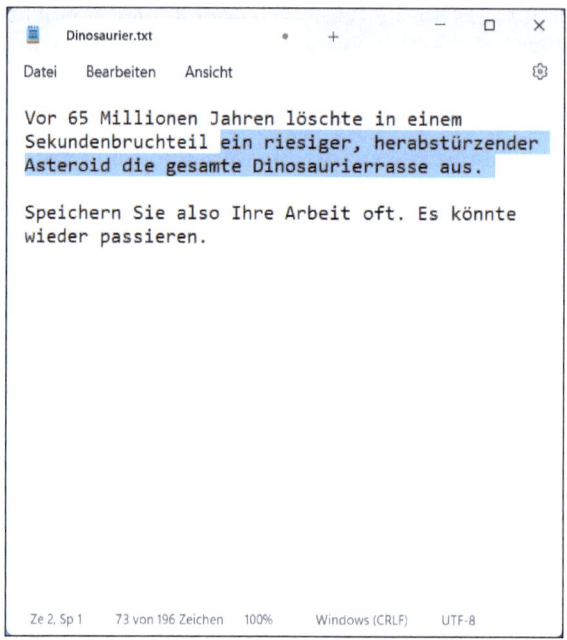

Abbildung 6.7: Der ausgewählte Text wird hervorgehoben, damit man die Auswahl sofort erkennen kann.

Wenn Sie Text markiert haben, seien Sie auf der Hut! Wenn Sie jetzt beispielsweise versehentlich auf die [K]-Taste verrutschen, wird die gesamte Markierung durch ein »K« ersetzt. Um das Unglück rückgängig zu machen, wählen Sie RÜCKGÄNGIG aus dem Menü BEARBEITEN der App (oder drücken Sie blitzschnell [Strg]+[Z], das ist das magische Tastaturkürzel für Rückgängig machen).

✔ **Dateien oder Ordner auswählen:** Klicken Sie einfach auf die Datei oder den Ordner. Wenn Sie *mehrere* Elemente gleichzeitig auswählen wollen, probieren Sie folgende Tricks aus:

- Wenn alle Dateien in Reih und Glied stehen, klicken Sie auf die erste Datei, halten die [⇧]-Taste gedrückt und klicken dann auf die letzte Datei. Die Auswahl umfasst die erste, die letzte und alle dazwischen liegenden Dateien.

- Wenn die Dateien bunt verstreut verteilt sind, halten Sie die [Strg]-Taste gedrückt und klicken dann auf jede einzelne Datei, die Sie auswählen wollen.

Nachdem Sie etwas markiert haben, müssen Sie es sofort ausschneiden oder kopieren. Sobald Sie nämlich mit der Maus auf eine andere Stelle klicken, heben Sie die (vielleicht mühsam zusammengestellte) Auswahl wieder auf und müssen noch einmal von vorn beginnen. Um ein ausgewähltes Element zu löschen, sei es eine Datei, ein Absatz oder ein Bild, drücken Sie einfach die [Entf]-Taste. Alternativ können Sie die Auswahl mit der rechten Maustaste anklicken und im Kontextmenü LÖSCHEN wählen.

 Wenn all diese Begriffe wie Auswählen, Ausschneiden, Kopieren und Einfügen Sie verwirren, versuchen Sie sich an das Schlüsselwort *auswählen* zu erinnern. Dann können Sie Copilot fragen: »Wie wähle ich Text aus?« oder »Wie wähle ich Symbole aus?«

Ausgewählte Elemente ausschneiden oder kopieren

Nachdem Sie Elemente ausgewählt haben (siehe den vorherigen Abschnitt), müssen Sie entscheiden, ob Sie diese ausschneiden oder kopieren (oder einfach nur mit der ⌧Entf⌧-Taste löschen) wollen.

 Diese prinzipielle Vorgehensweise kann nicht oft genug wiederholt werden: Klicken Sie mit der rechten Maustaste auf eine Auswahl. (»Touchscreenler« aufgepasst: Drücken Sie mit dem Finger etwas länger auf den Touchscreen.) Wählen Sie im Kontextmenü entweder Ausschneiden oder Kopieren (siehe auch Abbildung 6.8). Klicken Sie mit der rechten Maustaste auf das Ziel und wählen Sie im Kontextmenü den Befehl Einfügen.

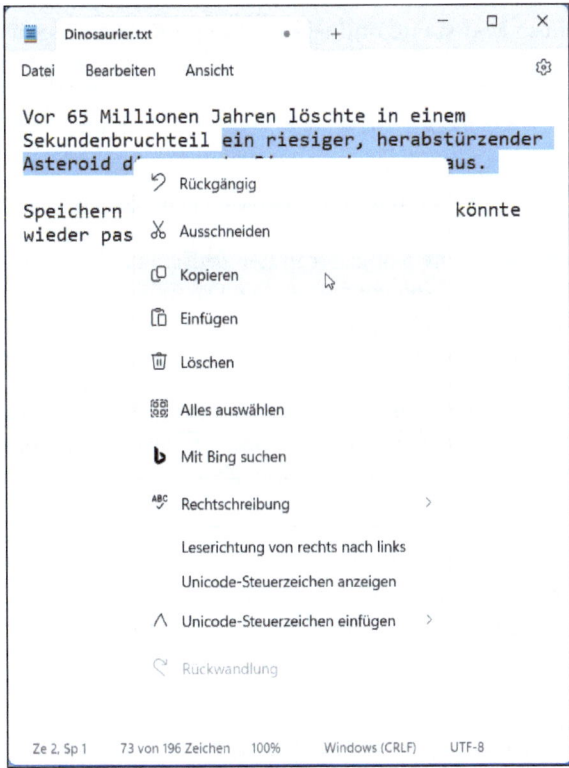

Abbildung 6.8: Um Informationen in ein anderes Fenster zu kopieren, klicken Sie mit der rechten Maustaste auf Ihre Auswahl und wählen Sie Kopieren.

Die Befehle AUSSCHNEIDEN und KOPIEREN unterscheiden sich beträchtlich. Woher wissen Sie, welche Sie wählen? Verwenden Sie AUSSCHNEIDEN, wenn Sie die Auswahl verschieben (an einen anderen Ort bringen) wollen. Verwenden Sie KOPIEREN, wenn Sie die Auswahl duplizieren möchten.

Informationen an anderer Stelle einfügen

Jedes Mal, wenn Sie etwas auswählen und dann kopieren oder ausschneiden, wird eine Kopie dieses Objekts in der Windows-Zwischenablage abgelegt, einem Bereich des Computerspeichers. Sobald Sie die Informationen in der Zwischenablage haben, bleiben diese erhalten, bis Sie etwas anderes ausschneiden oder kopieren. Solange sich das Element noch in der Zwischenablage befindet, können Sie diese Informationen fast überall einfügen.

Das Einfügen ist ganz einfach:

1. **Wenn Sie Symbole einfügen möchten, öffnen Sie den Ordner oder das Laufwerk, in den/die Sie das/die Element(e) einfügen möchten. Wenn Sie mit Text arbeiten, klicken Sie auf die Stelle, an der Sie den Text sonst selbst eingegeben hätten.**

2. **Klicken Sie mit der rechten Maustaste und wählen Sie im Kontextmenü EINFÜGEN, oder drücken Sie** Strg + V .

   Und los geht's! Das Element, das Sie gerade ausgeschnitten oder kopiert haben, springt an seine neue Stelle.

Hier ein paar allgemeine Dinge über das Einfügen, bei denen es sich lohnt, dass Sie sie kennen:

✔ Mit dem Befehl EINFÜGEN wird eine Kopie der in der Zwischenablage abgelegten ausgeschnittenen oder kopierten Elemente eingefügt. Die Daten bleiben auch nach dem Einfügen weiterhin in der Zwischenablage für den Fall, dass Sie sie vielleicht an einer anderen Stelle erneut einfügen wollen.

✔ In manchen Programmen – und hierzu gehört auch der Explorer – finden sich in der Symbolleiste Symbole zum Ausschneiden, Kopieren und Einfügen (siehe Abbildung 6.9). (Damit Sie Ihre Hand nicht zu oft bewegen müssen, erscheinen sie auch am oberen Rand einiger Kontextmenüs.)

Das Einfügen auf einem Touchscreen funktioniert so: Drücken Sie etwas länger auf den Bildschirm. Wenn Sie den Finger dann wieder vom Touchscreen wegnehmen, wird das Kontextmenü geöffnet, in dem Sie auf den Befehl EINFÜGEN tippen.

Wenn Ihnen die Terminologie des Ausschneidens, Kopierens und Einfügens Kopfzerbrechen bereitet, fragen Sie einfach Copilot: »Wie kann ich Text kopieren und einfügen?« oder »Wie kann ich Dateien kopieren und einfügen?«

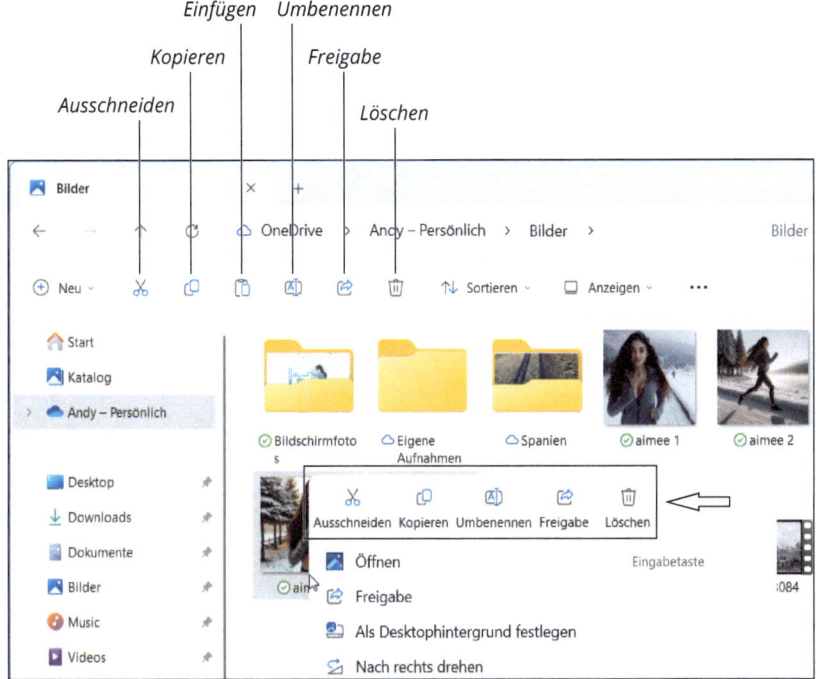

Abbildung 6.9: Halten Sie in Windows 11 24H2 Ausschau nach den Symbolen AUSSCHNEIDEN, KOPIEREN und EINFÜGEN, die Sie oben oder unten in den zahlreichen Kontextmenüs finden.

Bitte rückgängig machen!

Wenn Sie eine Aktion abschließen und plötzlich feststellen, dass Sie einen Fehler gemacht haben, sollten Sie nicht in Panik geraten. Windows bietet Ihnen die Möglichkeit, Ihre letzte Aktion rückgängig zu machen, wodurch Sie die verschüttete Milch zurück in den Karton gießen können.

Drücken Sie einfach die Tastenkombination Strg+Z. Der letzte Fehler, den Sie gemacht haben, wird rückgängig gemacht, und Ihnen wird weitere Schande erspart. (Manche Programme stellen auch eine Schaltfläche zum Rückgängigmachen zur Verfügung.)

Und wenn Sie versehentlich etwas rückgängig machen, das eigentlich an Ort und Stelle hätte bleiben sollen, drücken Sie Strg+Y. Das macht die letzte Rückgängigmachung rückgängig und bringt alles wieder an seinen Platz.

 Wenn Sie nicht mehr wissen, wie Sie etwas rückgängig machen oder wiederherstellen können, fragen Sie Copilot einfach: »Wie mache ich etwas in *Windows* rückgängig? « Ersetzen Sie je nach Bedarf *Windows* durch den Namen der spezifischen App, die Sie verwenden.

IN DIESEM KAPITEL

Aktuell laufende Apps aufspüren

Verloren geglaubte Desktop-Fenster und Dateien finden

Verloren geglaubte Apps, E-Mails, Songs, Fotos und Dokumente wiederfinden

Dinge anhand ihrer Details auffinden

Kapitel 7
Gesucht und gefunden

Es wird der Zeitpunkt kommen, an dem Sie sich verzweifelt fragen, wo die App geblieben ist, mit der Sie doch noch vor einer Minute gearbeitet haben. Oder das Fenster? Eben war es doch noch geöffnet, oder? Wenn Sie ein gewünschtes Element nirgendwo finden können, können Sie Windows verwenden, um nach dem fehlenden Element zu suchen. Dieses Kapitel erklärt, wie das geht.

Aktuell geöffnete Apps aufstöbern

Auf dem Desktop werden Apps in separaten Fenstern gestartet, die manchmal dazu neigen, sich gegenseitig zu verdecken.

Wie also können Sie eine gerade genutzte App wiederfinden? Und wie springen Sie zwischen ihnen bequem hin und her, vom Bericht in das Tabellenblatt und wieder zurück?

Keine Panik! Windows hat eine Lösung für dieses Problem. Sie können nämlich den Bildschirm »reinigen« und gestartete Apps in Form von Miniaturansichten anzeigen lassen, wie in Abbildung 7.1 zu sehen ist. Dann brauchen Sie nur noch auf die Miniatur der gewünschten App zu klicken und schon meldet sich die App in gewohnter Größe zum Dienst.

Um eine Liste der aktuell geöffneten Apps anzuzeigen (und um nicht mehr benötigte Apps bei Bedarf zu schließen), wenden Sie einen der folgenden Tricks an:

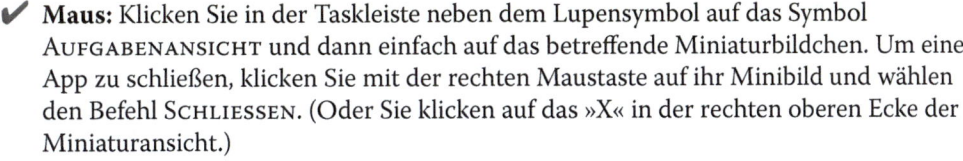
✔ **Maus:** Klicken Sie in der Taskleiste neben dem Lupensymbol auf das Symbol AUFGABENANSICHT und dann einfach auf das betreffende Miniaturbildchen. Um eine App zu schließen, klicken Sie mit der rechten Maustaste auf ihr Minibild und wählen den Befehl SCHLIESSEN. (Oder Sie klicken auf das »X« in der rechten oberen Ecke der Miniaturansicht.)

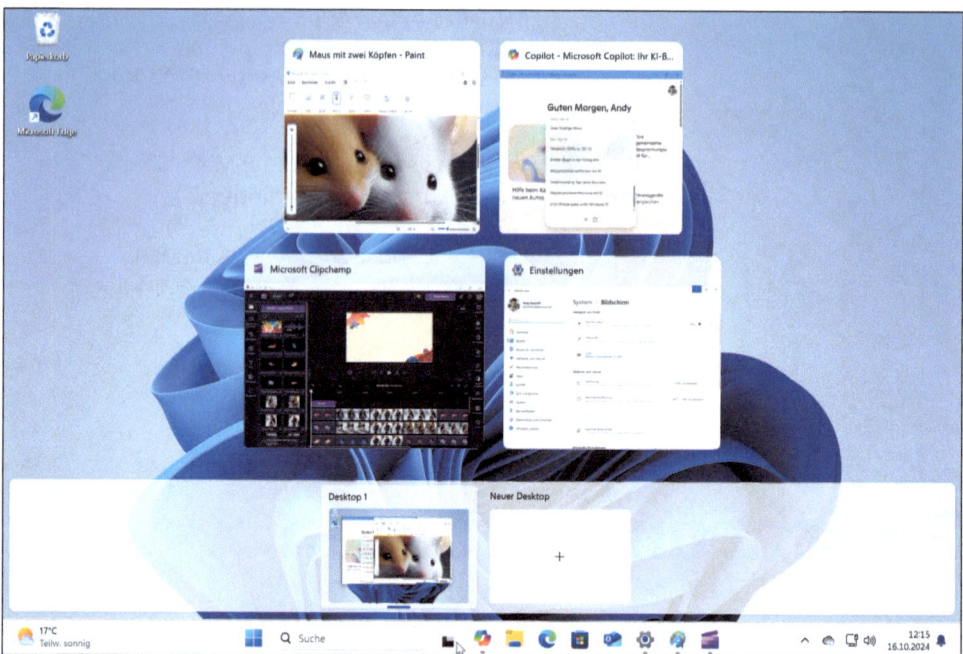

Abbildung 7.1: Klicken Sie in der Taskleiste auf die Schaltfläche AUFGABENANSICHT, um alle aktuell geöffneten Apps im Miniformat anzuzeigen.

✔ **Tastatur:** Drücken Sie ⊞+⇆, um die derzeit geöffneten Apps anzuzeigen (siehe Abbildung 7.1). Drücken Sie dann so lange ← oder →, bis die gewünschte App markiert ist, und bestätigen Sie Ihre Wahl durch Drücken von ↵. Oder drücken Sie Entf, um die ausgewählte App zu schließen.

Früher konnten Sie im Tabletmodus mit dem Finger vom linken Bildschirmrand nach innen wischen oder streifen, um alle geöffneten Apps in Form von Minibildchen anzuzeigen. Diese Möglichkeit hat Windows 11 abgeschafft. Nun ja, Sie können Ihre Finger nach wie vor in diese Richtung bewegen, aber es werden lediglich ein Kalender und gegebenenfalls Benachrichtigungen erscheinen.

Per Klick auf das Symbol AUFGABENANSICHT wird jede aktuell geöffnete App und in einem Minifenster angezeigt. So haben Sie immer schnell Zugriff auf Ihre geöffneten Apps. Außerdem können Sie mit diesem Symbol auch einen oder sogar mehrere virtuelle Desktops erstellen. (Weitere Details finden Sie in Kapitel 4.)

Aktuell geöffnete Fenster auf dem Desktop aufspüren

Der Windows-Desktop funktioniert ähnlich wie ein normaler Desktop, da jedes Mal, wenn Sie ein neues Fenster oder eine neue Anwendung öffnen, legen Sie ein weiteres Stück Information auf das, was bereits vorhanden sind. So wie sich auf einem echten Desktop Papierblätter stapeln können, können sich auf einem Computer-Desktop auch App-Fenster stapeln.

Das oberste Fenster ist relativ leicht auszumachen, aber wie können Sie die darunterliegenden Fenster erreichen?

Wenn Sie zumindest die Ecke eines vergrabenen Fensters sehen, ist es einfach. Sie klicken auf das sichtbare Fitzelchen, und das gesamte Fenster wird in den Vordergrund gebracht und liegt obenauf.

Wenn das gewünschte Fenster vollständig vergraben ist, bleibt Ihnen die Taskleiste unten auf dem Bildschirm. Dort werden alle geöffneten Apps mit einem Symbol aufgelistet. Klicken Sie auf den Eintrag in der Taskleiste und das entsprechende Fenster wird angezeigt. (Weitere Informationen über die Taskleiste finden Sie in Kapitel 4.)

Sie können das fehlende Fenster immer noch nicht erreichen? Drücken Sie [Alt]+[⇥]. Windows zeigt die Miniaturansichten aller geöffneten Fenster in einem Streifen in der Mitte des Bildschirms an, wie in Abbildung 7.2 dargestellt. Drücken Sie bei gedrückter [Alt]-Taste wiederholt die [⇥]-Taste, um vorwärts durch die Miniaturansichten zu blättern, und drücken Sie [Alt]+[⇧]+[⇥], um rückwärts durch die Miniaturansichten zu blättern. Wenn die Miniaturansicht der gewünschten App hervorgehoben ist, lassen Sie die [Alt]-Taste los, und das Fenster wird auf dem Desktop angezeigt.

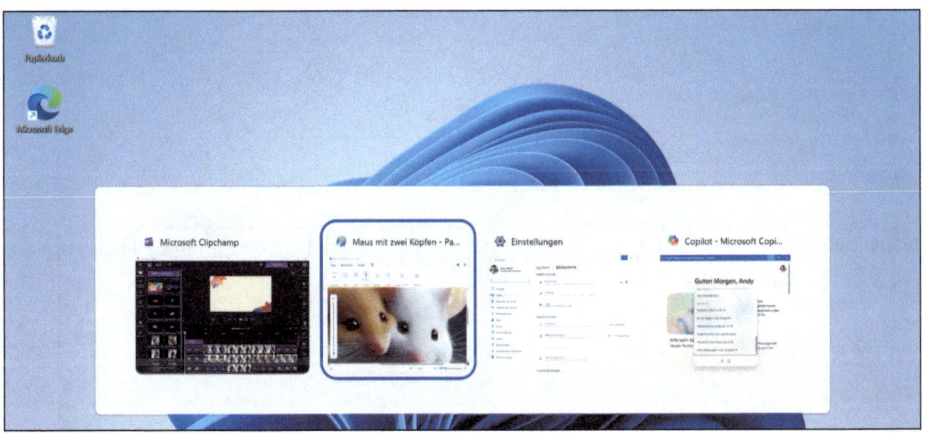

Abbildung 7.2: Halten Sie [Alt] gedrückt und blättern Sie durch Drücken von [⇥] durch die aktuell geöffneten Apps.

Wenn Sie überzeugt sind, dass Sie ein Fenster geöffnet haben, Sie es aber einfach nicht finden können, breiten Sie alle geöffneten Fenster auf dem Bildschirm aus. Blenden Sie dazu wie eben beschrieben (also per Klick auf das Symbol Aufgabenansicht) Minifenster aller geöffneten Apps ein und klicken Sie auf das Fenster mit der vermissten App.

Nach Apps, Einstellungen oder Dateien suchen

In den beiden vorherigen Abschnitten erkläre ich, wie Sie aktuell geöffnete Apps aufspüren können. Was aber, wenn Sie etwas vermissen, mit dem Sie länger nicht gearbeitet haben?

Das ist die Aufgabe des Suchfelds, das sich jetzt oben im Startmenü befindet. Um sofort zum Suchfeld zu gelangen, klicken Sie auf das kleine Lupensymbol in der Taskleiste. (Es befindet sich gleich neben der Schaltfläche START.)

So oder so: Das Suchfeld sucht nach allem überall, auf Ihrem PC und im Internet. Sie finden mithilfe des Suchfelds verloren gegangene Apps, wandernde Dateien, versteckte Einstellungen oder Informationen.

Um nach vermissten Elementen zu fahnden, führen Sie die folgenden Schritte aus:

1. **Klicken Sie in der Taskleiste auf das Suchfeld und geben Sie den Suchbegriff ein.**

   Sobald Sie etwas eingeben, macht Windows sich sofort auf die Suche nach Übereinstimmungen.

   Angenommen, ich suche nach »Torten«. Ich beginne damit, diesen Begriff unten in das Suchfeld einzugeben. Und Windows beginnt, nach Übereinstimmungen mit den bereits eingegebenen Buchstaben zu suchen und diese aufzulisten (wie Abbildung 7.3 zeigt). Nach der Eingabe von Torte zeigt mir Windows gleich ein paar Übereinstimmungen an

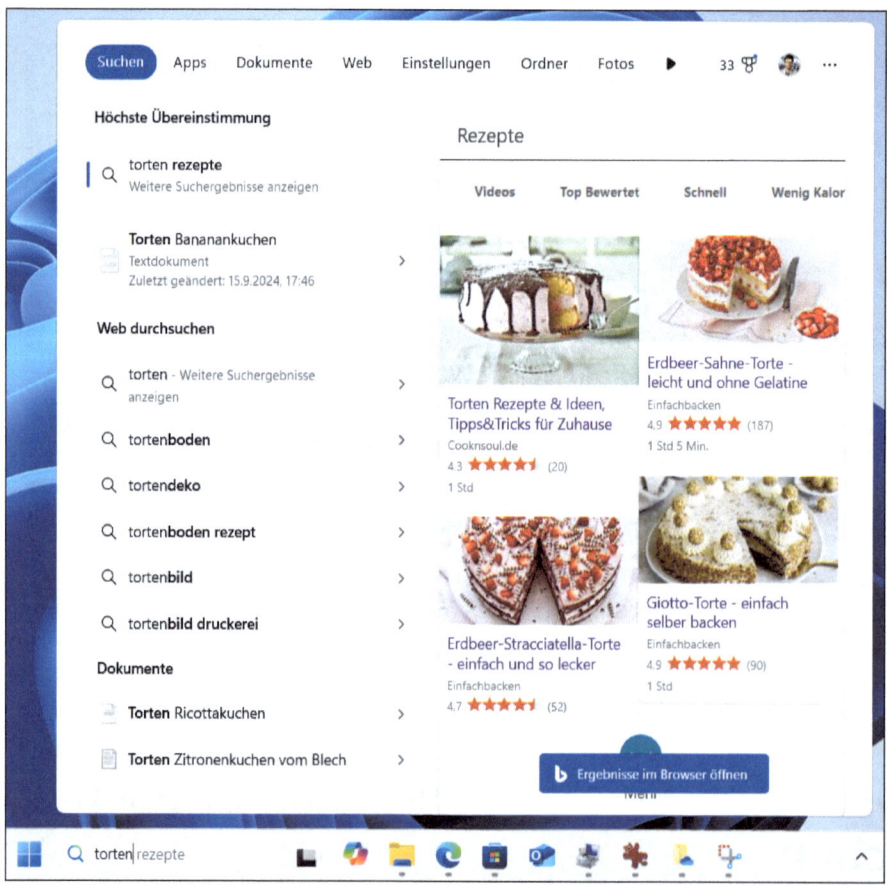

Abbildung 7.3: Die Suchfunktion sucht sowohl auf Ihrem Rechner als auch im Internet nach Übereinstimmungen.

und sortiert diese in der Suchergebnisliste in folgende Kategorien (die aber auch – je nach Suche und den Elementen auf Ihrem PC – variieren können):

- **Höchste Übereinstimmung:** Das Suchfeld präsentiert hier eine Liste mit allen passenden Begriffen. Der beste Treffer landet dabei ganz oben in der Liste, in diesem Fall das Dokument »Torten Bananenkuchen«. Unter dem Ergebnis mit der höchsten Übereinstimmung zeigt das Suchfenster auch Internetlinks zu möglichen Treffern im Internet an.

- **Apps:** Hier präsentiert das Suchfeld Apps, die zum Suchbegriff oder den ersten Buchstaben passen (sofern es Treffer gibt).

- **Web Durchsuchen:** Über diese Schaltfläche suchen Sie direkt im Internet nach dem eingegebenen Wort.

- **Ordner:** Hierunter werden zur Suche passende Ordner präsentiert.

Sobald Sie mit der Eingabe beginnen, ist die Suchfunktion auf Geschwindigkeit gepolt und sucht daher erst einmal nach übereinstimmenden Dateinamen auf Ihrem Rechner und auf OneDrive. Eine schnelle Internetrecherche ist zeitlich auch noch drin.

Wenn Sie das Gesuchte in der Suchergebnisliste sehen, fahren Sie mit Schritt 3 fort.

Wenn Sie das gesuchte Element in der Suchliste nicht finden können, verzweifeln Sie nicht, sondern verfeinern Sie die Suche, wie in Schritt 2 gezeigt.

2. **Begrenzen Sie die Suche auf eine bestimmte Kategorie.**

   Um Ihre Suche auf einen bestimmten Bereich zu beschränken, klicken Sie auf eines der Wörter am oberen Rand der Suchergebnisse. Wenn Sie z. B. Web auswählen, werden Links zu Webseiten mit Tortenrezepten angezeigt, wie in Abbildung 7.4 zu sehen. Unabhängig davon, welche Kategorie Sie wählen, zeigt Windows sofort alle verfügbaren Treffer. Haben Sie sich in der Kategorie geirrt? Klicken Sie auf ein anderes Wort, um die Suche stattdessen auf diese Kategorie zu lenken.

   Um Ihre Suche noch weiter einzugrenzen, klicken Sie auf eine der Kategorien unterhalb des Suchfelds. Wählen Sie beispielsweise Apps, und im Fenster wird ein Link angezeigt, über den Sie nur nach passenden Apps aus dem Microsoft Store suchen können. Über Mehr können Sie nach weiteren Kategorien suchen (siehe Abbildung 7.4). Wählen Sie beispielsweise E-Mail aus, wenn Sie nach Mails in der Mail-App suchen möchten, oder Personen, wenn das Suchfeld in Ihrer Kontakte-App stöbern soll.

3. **Klicken Sie auf einen Eintrag im Suchergebnis, um das Element zu öffnen.**

   Wenn ich in der ursprünglichen Suche (siehe Abbildung 7.3) auf den Namen einer Datei mit einem Rezept klicke, wird diese Datei im Editor geöffnet. Wenn ich in den Web-Ergebnissen (siehe Abbildung 7.4) auf einen der Links klicke, werde ich zu Webseiten mit den betreffenden Rezepten weitergeleitet.

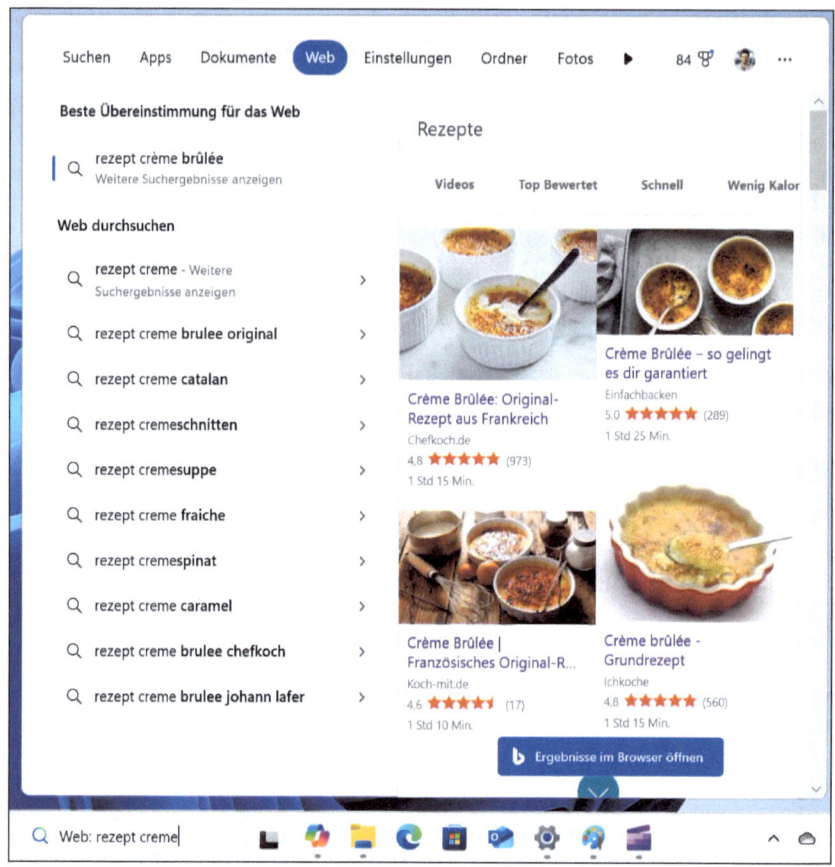

Abbildung 7.4: Grenzen Sie die Suche auf bestimmte Bereiche in Ihrem Rechner ein.

 Die folgenden Tipps werden Ihnen dabei helfen, die Suchfunktion bis aufs Letzte auszureizen:

- Mit dem Schwerpunkt auf Geschwindigkeit zeigt das Suchfenster nur Dateien an, deren Namen Ihren Suchbegriff enthalten. Damit ist die Suchfunktion zwar blitzschnell, findet aber unter Umständen nicht Ihre Einkaufsliste, wenn Sie nach »Orangen« suchen. Wenn Sie also keine eindeutige Übereinstimmung in der Ergebnisliste sehen, klicken Sie oben im Suchfenster auf eines der Symbole, um Ihre Suche in die richtigen Bahnen zu lenken.

- Drücken Sie nicht die ⏎-Taste, wenn Sie den Suchbegriff eingegeben haben. Denn damit wird die erste Übereinstimmung angezeigt, die unter Umständen nicht die ist, nach der Sie gesucht haben. Warten Sie also geduldig auf die Suchergebnisse und klicken Sie dann auf die gewünschte Übereinstimmung.

- Das Suchfeld schaut sich jede Datei an, die Sie in den Ordnern DOKUMENTE, MUSIK, BILDER und VIDEOS abgelegt haben. Es lohnt sich also wirklich, Ihre Dateien ordentlich in diesen Ordnern aufzubewahren.

- ✓ Die Suchfunktion durchforstet auch die Dateien, die Sie auf OneDrive abgelegt haben, und zwar auch dann, wenn diese Dateien gar nicht auf Ihrem Rechner gespeichert sind.

- ✓ Windows sucht nicht nach Dateien auf Wechseldatenträgern wie Speichersticks oder Wechselfestplatten.

- ✓ Wenn Sie bei der Suche eine Zeichenkombination eingeben, die auf Ihrem Computer sehr häufig vorkommt – versuchen Sie es mal mit win –, findet die Suchfunktion ziemlich viele Einträge. Spezifizieren Sie in diesem Fall Ihre Suchanfrage – wie wäre es mit winter ade, scheiden tut weh –, dann wird der Suchergebnisbereich nicht mehr so überquellen.

- ✓ Im Suchfeld wird übrigens die Groß- und Kleinschreibung ignoriert.

- ✓ Wenn Sie alles vergessen haben, was ich Ihnen gerade gesagt habe, sagen Sie Copilot: »Hilf mir, eine Datei zu finden.« Oder wenn Sie sich an einen Teil des Dateinamens erinnern, fragen Sie Copilot: »Wo sind die Dateien, in deren Name *Aimee* enthalten ist?« (wobei Sie *Aimee* durch Ihren eigenen Suchbegriff ersetzen).

Nach einer Datei in einem Ordner suchen

Sie suchen eine bestimmte Datei auf Ihrem Rechner und werden von Suchergebnissen geradezu überflutet. Um das Problem der »Unmengen von Dateien in einem Ordner« zu lösen, bietet der Explorer (die Anwendung, die Ihnen den Inhalt jedes Ordners anzeigt, den Sie öffnen), in der oberen rechten Ecke ein Suchfeld an. Dieses Suchfeld beschränkt Ihre Suche auf die Dateien in diesem bestimmten Ordner.

Wenn Sie zum Beispiel in einem bestimmten Ordner eine Datei vermissen, öffnen Sie in Explorer diesen Ordner und klicken Sie auf das Suchfeld und fangen an, ein oder mehrere Wörter einzugeben. Passend zu Ihren Eingaben beginnt Windows, die Dateien im aktuellen Ordner zu filtern – ähnlich wie beim Suchen über die Taskleiste. Je mehr Sie eingeben, umso näher kommen Sie an die gewünschte Datei heran. Wenn Ihre Eingaben korrekt sind, bleibt am Schluss nur noch die eine Datei übrig, nach der Sie suchen.

Wenn die Suche zu viele Treffer liefert, greifen Sie auf ein paar hilfreiche Elemente im Explorer zurück: die Spaltenbeschriftungen. (Ändern Sie dazu bei Bedarf über das Menü des Symbols Anzeigen die Ansicht. Wählen Sie zum Beispiel Details, um die Dateien in Form einer Liste mit in Spalten angeordneten Zusatzinformationen anzuzeigen, wie in Abbildung 7.5 zu sehen ist.) In der ersten Spalte Name stehen, wie unschwer zu erraten ist, die Dateinamen. Alle anderen Spalten enthalten weitere Informationen zu den jeweiligen Dateien.

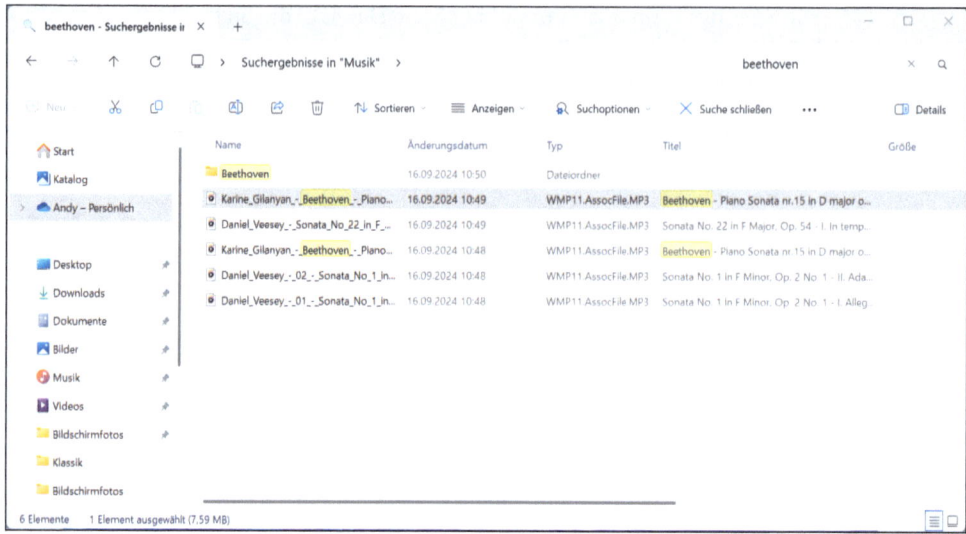

Abbildung 7.5: In der Detailansicht werden diverse Informationen angezeigt.

 Wenn Sie auf eine Spaltenbeschriftung wie NAME, ÄNDERUNGSDATUM oder TYP klicken, wird die Dateiliste nach dieser Spalte sortiert. Wenn Sie auf eine Spaltenbeschriftung mit der rechten Maustaste klicken, können Sie weitere Infospalten einfügen oder vorhandene ausblenden. Sie bestimmen, was angezeigt werden soll. Und so könnte die Sortierung vielleicht auch in Ihrem Ordner DOKUMENTE aussehen:

✔ **NAME:** Sie kennen den ersten Buchstaben des Dateinamens? Dann klicken Sie hier, um die Dateien alphabetisch zu sortieren (was sie wahrscheinlich schon sind). Danach können Sie die gewünschte Datei aus der Liste herauspicken. Wenn Sie noch einmal auf NAME klicken, wird die Sortierreihenfolge umgekehrt.

✔ **ÄNDERUNGSDATUM:** Wenn Sie ungefähr wissen, wann Sie das Dokument das letzte Mal geändert haben, klicken Sie auf die Spaltenbeschriftung ÄNDERUNGSDATUM. Wenn Sie diese Spaltenüberschrift nicht sehen, klicken Sie mit der rechten Maustaste auf eine beliebige Spaltenüberschrift und wählen Sie ÄNDERUNGSDATUM, um diese Spalte hinzuzufügen. Damit werden die kürzlich geänderten Dateien an den Listenanfang gesetzt. (Klicken Sie erneut auf ÄNDERUNGSDATUM, um die ältesten geänderten Dateien oben in der Liste anzuzeigen, die Sie dann vielleicht aussortieren wollen.)

✔ **TYP:** Mit dieser Spaltenbeschriftung sortieren Sie die Dateien nach ihrem Inhalt. Auch hier klicken Sie, falls Sie diese Spaltenüberschrift nicht sehen, mit der rechten Maustaste auf eine beliebige Spaltenüberschrift und wählen dann TYP, um diese Spalte hinzuzufügen. Mit TYP werden zum Beispiel alle Fotos oder alle Word-Dokumente zusammengefasst. So finden Sie beispielsweise schnell alle Fotos, die in einem Meer von Textdokumenten unterzugehen drohen.

✔ **MARKIERUNGEN:** Sie können in Windows Ihre Dateien mit sogenannten Markierungen versehen. Ein kleines Beispiel dafür finden Sie weiter hinten in diesem Kapitel im Abschnitt »Verloren geglaubte Bilder aufspüren«. Wenn Sie also auf MARKIERUNGEN klicken, werden alle Dateien nach Markierungen sortiert.

Welche Spaltenüberschriften in der Detailansicht erscheinen, hängt vom Inhalt des Ordners ab. Aber keine Sorge, Sie können jede beliebige Spalte in beliebiger Reihenfolge anzeigen, und zwar mit diesen genialen Techniken:

✔ Um eine Spalte zu Ihrer Ansicht hinzuzufügen, klicken Sie mit der rechten Maustaste auf eine Spaltenüberschrift und dann auf den Namen der Spalte, die Sie hinzufügen möchten.

✔ Um eine Spalte auszublenden, klicken Sie mit der rechten Maustaste auf eine beliebige Spaltenüberschrift und dann auf die Spalte, die Sie ausblenden möchten. (Der Name der Spalte ist mit einem Häkchen versehen, das anzeigt, dass sie derzeit angezeigt wird.)

✔ Machen Sie eine Spalte breiter oder schmaler, indem Sie den Balken rechts neben der Spaltenüberschrift nach rechts oder links ziehen.

✔ Ordnen Sie die Spalten neu an, indem Sie eine Spaltenüberschrift nach links oder rechts ziehen.

✔ Um nach einer Spalte zu sortieren, klicken Sie auf deren Spaltenüberschrift.

✔ Um zwischen aufsteigender und absteigender Reihenfolge zu wechseln, klicken Sie erneut auf die Spaltenüberschrift.

Weitere Tipps zur Verwendung der Detailansicht erhalten Sie, wenn Sie Copilot fragen: »Gib mir ein paar Tipps zur Verwendung der Detailansicht des Explorers.«

Verfeinerte Suchläufe

In der Detailansicht eines Ordnerfensters (siehe Abbildung 7.5) sind die Dateien und Ordner in der Regel in alphabetischer Reihenfolge nach Dateinamen sortiert. Je nach Lust und Laune können Sie die Liste auch nach anderen Kriterien wie Änderungsdatum, Autor et cetera sortieren lassen. Aber Windows bietet noch raffiniertere Suchläufe an. Das entdecken Sie spätestens, wenn Sie neben einer Spaltenbeschriftung auf den kleinen nach unten gerichteten Pfeil klicken, der erscheint, sobald Sie mit dem Mauszeiger darüberfahren.

Klicken Sie zum Beispiel auf den Pfeil rechts neben ÄNDERUNGSDATUM, und Sie können in einem richtigen Kalender blättern und ein Datum auswählen. So filtern Sie blitzschnell eine Liste mit allen Dateien, die an einem bestimmten Tag geändert wurden. Oder Sie aktivieren das Kontrollkästchen HEUTE, um alle Dateien einzublenden, die Sie heute überarbeitet haben. (Die angezeigten Kontrollkästchen variieren, je nachdem, wie alt die Dateien in dem entsprechenden Ordner bereits sind.)

Klicken Sie auf den Pfeil neben Autoren, und das Menü bietet Ihnen eine Liste mit allen Autoren an, deren Dateien in diesem Ordner abgelegt wurden. Aktivieren Sie das Kontrollkästchen des Autors, dessen Dateien im Ordnerfenster angezeigt werden sollen. (Dieses Feature lässt sich am besten bei Microsoft-Office-Dokumenten einsetzen.)

Diese versteckten Filter bergen allerdings auch eine Gefahr, denn Sie können leicht vergessen, dass Sie sie eingeschaltet haben. Wenn Sie ein Häkchen neben einer Spaltenüberschrift entdecken, haben Sie Filter aktiviert, und der Ordner verbirgt einige seiner Dateien. Um den Filter zu deaktivieren und um den Filter zu deaktivieren und alle Dateien dieses Ordners zu sehen, klicken Sie auf das Häkchen neben der Spaltenüberschrift und deaktivieren Sie dann alle Kontrollkästchen, die die Suchergebnisse filtern. Kein Häkchen, kein Filter!

Verloren geglaubte Bilder aufspüren

Windows indiziert – beispielsweise – Ihre E-Mails bis aufs letzte Wort. Es ist aber nicht in der Lage, den Unterschied zwischen Ihren Fotos vom Matterhorn und denen vom letzten Maledivenurlaub zu erkennen. Wenn es also um Fotos geht, liegt es an Ihnen, für ihre Identifizierung zu sorgen. Die folgenden Tipps helfen dabei, das Ganze so einfach wie möglich zu gestalten:

- ✔ **Speichern Sie Fotosessions in separaten Ordnern.** Beim Importieren der Bilder von der Kamera erstellt Windows automatisch einen neuen Ordner, der mit dem aktuellen Datum benannt wird. Wenn Sie aber andere Apps zum Kopieren der Fotos verwenden, müssen Sie unter Umständen selbst dafür sorgen, dass die neuen Fotos in einem neuen Ordner landen, den Sie wiederum kreativ benennen.

- ✔ **Sortieren Sie nach dem Datum.** Sie sind auf einen Ordner mit einem digitalen Fotochaos gestoßen? Hier ein schneller Trick zum Sortieren: Klicken Sie im Explorer oben auf Anzeigen und im Menü auf Grosse Symbole. Damit werden alle Fotos als Miniaturen im Ordnerfenster angezeigt. Klicken Sie anschließend auf Sortieren, und zeigen Sie dann im Dropdown-Menü auf Mehr. Im Untermenü wählen Sie Erstelldatum. Damit sortieren Sie die Fotos im Ordner nach dem Aufnahmedatum und bringen Ordnung in das Chaos.

- ✔ **Versehen Sie Ihre Fotos mit Tags (Markierungen).** Mit Tags können Sie Fotos Schlüsselwörter zuweisen, nach denen Sie später suchen können. Klicken Sie im Explorer mit der rechten Maustaste auf das Symbol eines beliebigen Fotos und wählen Sie Eigenschaften. Klicken Sie auf die Registerkarte Details und dann in das Feld neben Markierungen auf Tags. Geben Sie Ihre Tags ein. Wenn Sie mehrere Kennzeichnungen verwenden möchten, trennen Sie diese mit Semikolons. Zum Beispiel: **Hawaii; Strand; Luau**. Wenn Sie nach einer dieser Kennzeichnungen suchen, wird das Foto in den Suchergebnissen angezeigt.

Wenn Sie mehrere Fotos mit demselben Wort oder denselben Wörtern kennzeichnen möchten, wählen Sie zuerst die Fotos aus, klicken Sie mit der rechten Maustaste auf ein ausgewähltes Foto und wählen Sie dann EIGENSCHAFTEN.

✔ **Benennen Sie Ihre Fotos neu.** Anstatt Ihren Fotos vom letzten Urlaub in Rom die langweiligen Namen wie DSCM1045, DSCM1046 zu lassen, die Ihre Kamera fantasievollerweise vergeben hat, sollten Sie ihnen sinnvolle und klangvolle Namen geben. Dazu wählen Sie alle Fotos im Ordner aus (klicken Sie dazu oben im Ordner auf die drei Punkte. Im Dropdown-Menü finden Sie den Punkt ALLES AUSWÄHLEN) und klicken dann mit der rechten Maustaste auf das erste markierte Foto. Wählen Sie im Kontextmenü zunächst WEITERE OPTIONEN ANZEIGEN und im Untermenü den Befehl UMBENENNEN (oder klicken Sie oben in der Symbolleiste auf das Symbol UMBENENNEN), vergeben Sie einen klangvollen Namen (beispielsweise Roma_2015) und drücken Sie die ⏎-Taste. Windows benennt dann alle Dateien in Roma_2015, Roma_2015 (2), Roma_2015 (3) … um. (Sollte irgendetwas nicht passen, drücken Sie schnell Strg+Z, um das Ganze wieder rückgängig zu machen.)

Befolgen Sie diese einfachen Regeln und verhindern Sie so Chaos in Ihren wertvollen digitalen Fotoschätzen.

Sorgen Sie dafür, dass Ihre digitalen Aufnahmen regelmäßig auf OneDrive, ein USB-Laufwerk oder ähnliche externe Medien gesichert werden (mehr dazu in Kapitel 13). Wenn Sie die Fotos nicht sichern, verlieren Sie Ihre Familiengeschichte, wenn Ihr Computer verloren geht, gestohlen oder beschädigt wird.

> **IN DIESEM KAPITEL**
>
> Aus Apps heraus drucken und scannen
>
> Dateien, Umschläge und Webseiten drucken
>
> Ausdruck auf eine Seite anpassen
>
> Druckerprobleme beheben

Kapitel 8
Ihre Arbeit drucken und scannen

Sie werden sicherlich hin und wieder Text, Bilder oder sonstige digitale Werke auf Papier bringen wollen. Dieses Kapitel beschäftigt sich genau mit dieser Aufgabe. Hier erfahren Sie, was Sie über das Drucken wissen müssen.

Etwas Interessantes von einer Webseite drucken, Druckertinte fressende Fotos aussparen, ein Dokument auf eine Druckseite pressen, die Druckwarteschlange zähmen – Sie werden zu all diesen Themen in diesem Kapitel fündig. Sie erfahren auch, wie Sie aus Apps heraus drucken, die Ergebnisse des Copilot drucken und eigene PDFs erstellen können. (Einzelheiten zum Einrichten eines Druckers finden Sie in Kapitel 12.)

Und sollten Sie sich in der Nähe eines Druckers wiederfinden, der 17 Seiten des Falschen ausspuckt, lernen Sie in diesem Kapitel die geheimnisvolle Druckwarteschlange kennen. Dies ist ein wenig bekannter Bereich, in dem Sie Dokumente löschen können, bevor sie Ihr gesamtes Papier verschwenden.

Falls Sie Ausdrucke in elektronische Dateien verwandeln möchten oder müssen, blättern Sie zum Ende dieses Kapitels. Dort wird die App Windows-Scanner vorgestellt. In Kombination mit einem Scanner wandelt diese App Karten, Quittungen, Fotos und andere Papierdokumente in digitale Dateien um, die Sie auf Ihrem PC speichern können.

Aus einer App heraus drucken

Wenn bereits ein funktionsfähiger Drucker vorhanden ist, beginnt das Drucken eines Dokuments in der Regel mit dem Öffnen in einer geeigneten App:

✔ Lassen Sie die Datei des Dokuments im Explorer anzeigen und doppelklicken Sie auf das Symbol oder den Dateinamen, um die Datei zu öffnen.

✔ Öffnen Sie die App, aus der Sie drucken möchten, und wählen Sie im Menü der App DATEI | ÖFFNEN aus und öffnen Sie dann das Dokument, das Sie drucken möchten.

Die meisten Apps, mit denen Sie mit Text und Bildern arbeiten können, haben einen Druckbefehl. Die folgenden Schritte sollten also für die meisten Anwendungen funktionieren:

1. **Wählen Sie in der Menüleiste der App DATEI | DRUCKEN, wie in Abbildung 8.1 gezeigt.**

   Normalerweise befindet sich der Befehl DATEI in der oberen linken Ecke. Wenn Sie keine Menüleiste finden, können Sie den Befehl DATEI durch Anklicken eines Hamburger-Menüs (drei horizontale Linien) oder eines weiteren Symbols (drei Punkte) in der rechten oder linken oberen Ecke aufrufen. Oder drücken Sie [Strg]+[P].

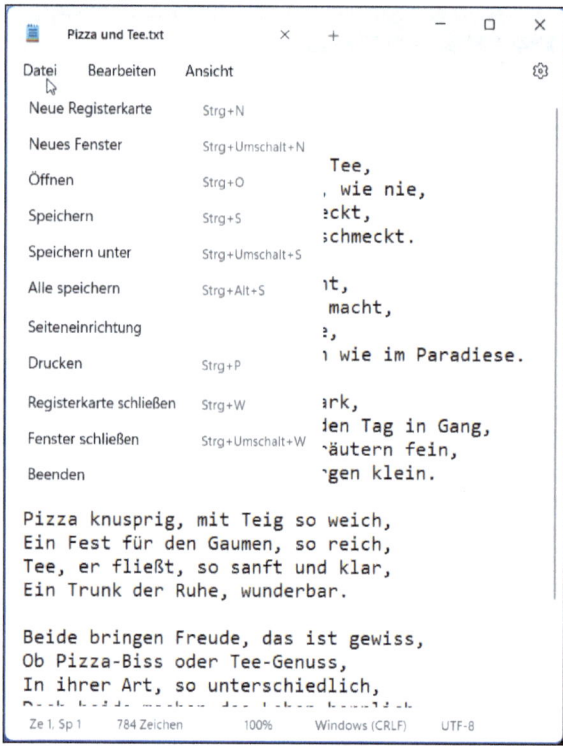

   Abbildung 8.1: Das DATEI-Menü in der App Editor.

2. **Klicken Sie auf das Dropdown-Menü DRUCKER, um zu sehen, welche Drucker für Sie verfügbar sind.**

   Einige Drucker können seltsame Namen haben, wie in Abbildung 8.2 gezeigt. Wenn Sie bei der Arbeit sind und einen der Druckernamen nicht kennen, fragen Sie einen Kollegen, welchen Drucker Sie verwenden sollen. Wenn Sie keinen Drucker installiert haben, sehen Sie nur eine Option zum Drucken als PDF (siehe weiter unten in diesem Kapitel). Klicken Sie an dieser Stelle auf ABBRECHEN, wenn Sie den Vorgang abbrechen möchten.

```
Drucken aus einer Win32-Anwendung – Drucken

Drucker

| HP M401-0

  Microsoft Print to PDF

  EPSON Perfection 1200

  Perfection 1200

  HP401M (HP LaserJet 400 M401dw)

  HP LaserJet 3390/3392 PCL6 Class Driver
```

Abbildung 8.2: Liste der verfügbaren Drucker.

3. **Wenn Sie Ihren Drucker in der angezeigten Liste gefunden haben, klicken Sie auf seinen Namen.**

   Es werden für den gewählten Drucker neue Optionen angezeigt.

4. **Nehmen Sie die letzten Einstellungen vor.**

   Je nach Drucker können Sie weitere Einstellungen vornehmen, beispielsweise die Seitenausrichtung, die Anzahl der zu druckenden Exemplare, die zu druckende(n) Seite(n) und so weiter.

5. **Klicken Sie auf die Schaltfläche DRUCKEN.**

   Windows sendet Ihre Arbeit an den Drucker Ihrer Wahl und verwendet dabei die in Schritt 4 gewählten Einstellungen.

Windows braucht möglicherweise ein paar Sekunden, um sich zurechtzufinden, haben Sie also etwas Geduld. Nehmen Sie sich etwa eine Minute Zeit, und holen Sie sich einen frischen Kaffee. Wenn der Drucker eingeschaltet ist (und über Papier und Tinte verfügt), erledigt Windows alles automatisch und druckt im Hintergrund, während Sie andere Dinge erledigen.

Wenn die gedruckten Seiten nicht richtig aussehen – vielleicht passen die Informationen nicht richtig auf das Papier oder sie sehen verblasst aus – müssen Sie an den Druckeinstellungen herumspielen oder vielleicht die Papierqualität ändern, wie in den folgenden Abschnitten beschrieben.

- ✔ Um schnell mehrere Dokumente zu drucken, wählen Sie auf dem Desktop oder im Explorer die entsprechenden Dateien aus, klicken Sie mit der rechten Maustaste auf die Auswahl und wählen Sie DRUCKEN. Alle Dokumente werden nacheinander an den Drucker gesendet. Nicht schlecht, oder?

- ✔ Wenn Sie mit einem Tintenstrahldrucker zugange sind und die Farben des Ausdrucks merkwürdig verblasst aussehen, wird es Zeit, die Tintenpatronen auszuwechseln.

- ✔ Oh, Sie haben noch keinen Drucker installiert? Schlagen Sie in Kapitel 12 nach, wie Sie den Drucker an Ihren Rechner anschließen und dafür sorgen, dass Windows ihn auch bemerkt.

> **Vor dem Ausdruck einen Blick auf die Druckvorschau werfen**
>
> Für viele bedeutet das Drucken einen Sprung ins Ungewisse: Sie wählen den Befehl zum Drucken, schließen die Augen und hoffen das Beste. Wenn das Glück auf Ihrer Seite ist, sieht die Seite gut aus. Wenn nicht, haben Sie ein weiteres Blatt Papier und Druckertinte verschwendet. Denken Sie an die Wälder!
>
> In manchen Programmen gibt es in der Menüleiste beziehungsweise im Menü DATEI einen Befehl DRUCKVORSCHAU oder SEITENANSICHT. Die Vorschau oder Ansicht kann vorhersagen, wie der Ausdruck aussehen wird. Hier erkennen Sie sofort, ob alles passt.
>
> Die Druckvorschau ist nicht in allen Programmen gleich. Manche Programme gewähren mehr Einblick, manche weniger. Aber Sie können fast immer erkennen, ob alles korrekt auf die Druckseite passt.
>
> Sind Sie mit der Vorschau zufrieden, klicken Sie auf die Schaltfläche zum Drucken und starten Sie so den Druckvorgang. Sind Sie unzufrieden, schließen Sie die Druckvorschau und basteln an den Druckeinstellungen herum.

Druckseiten einrichten

Im DATEI-Menü vieler Apps finden Sie den Befehl SEITE EINRICHTEN oder SEITENEINRICHTUNG (siehe Abbildung 8.1). Klicken Sie auf diesen Befehl, um Optionen ähnlich wie die in Abbildung 8.3 gezeigten zu sehen.

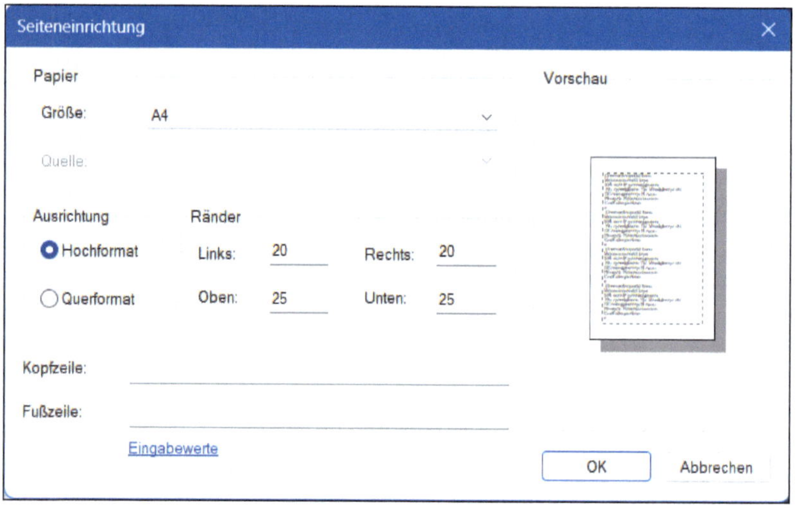

Abbildung 8.3: Allgemeine Einstellungen für die Seiteneinrichtung.

Die genauen Befehle, die zur Verfügung stehen, variieren je nach Anwendung, aber die folgende Liste beschreibt die Optionen, die Sie am häufigsten finden, und die Einstellungen, die in der Regel am besten funktionieren:

✔ **Papierformat:** Mit dieser Option teilen Sie Ihrem Programm die Papiergröße mit. Standardmäßig ist das das DIN-A4-Format. Die Dropdown-Liste enthält eine Menge anderer Papierformate, beispielsweise DIN A5 oder Umschlagsformate. (Nähere Informationen zum Drucken von Umschlägen finden Sie im grauen Kasten »Umschläge ohne Aufwand drucken« in diesem Kapitel.)

✔ **Quelle:** Wenn Ihr Drucker das Papier nur aus einem Schacht bezieht, haben Sie hier keine Auswahl. Ansonsten gibt es vielleicht die Option Manuelle Papierzufuhr. Wenn Sie die wählen, wartet der Drucker so lange, bis Sie ein Blatt Papier eingelegt haben. Wer einen Drucker mit zwei oder mehr Fächern hat, kann das Fach mit dem richtigen Papierformat auswählen. Einige Drucker bieten einen manuellen Papiereinzug, bei dem der Drucker darauf wartet, dass Sie ein einzelnes Blatt Papier einschieben.

✔ **Kopfzeile/Fußzeile:** Geben Sie in diese Felder Codes ein, um festzulegen, was der Drucker am oberen und unteren Rand Ihrer Seiten anbringen soll, beispielsweise Seitenzahlen, Titel und Datum sowie deren Abstände. Leider verwenden verschiedene Programme unterschiedliche Codes für die Kopf- und Fußzeile. Wenn Sie in der oberen rechten Ecke des Fensters Seiteneinrichtung ein Fragezeichen sehen, klicken Sie darauf und dann in das Feld Kopf- oder Fußzeile, um Hinweise auf die Codes zu erhalten. In Abbildung 8.3 liefert ein Klick auf den Link Eingabewerte nützliche Informationen.

✔ **Ausrichtung:** Belassen Sie diese Einstellung auf Hochformat, um ganz normale Seiten zu drucken, die höher als breit sind. Wählen Sie Querformat nur, wenn Sie quer drucken möchten. Diese Einstellung eignet sich besonders zum Drucken von großen Fotos und breiten Tabellen. (Wenn Sie Querformat wählen, druckt der Drucker die Seite automatisch im Querformat; Sie müssen das Papier nicht seitlich in den Drucker einlegen).

✔ **Ränder:** Sie können die Ränder verkleinern, damit alles auf ein einziges Blatt Papier passt. Sie können die Ränder auch vergrößern, damit aus Ihrer sechsseitigen Hausarbeit die erforderlichen sieben Seiten werden. Beachten Sie, dass es bei den meisten Druckern nicht möglich ist, die Ränder auf Null einzustellen.

Wenn Sie alle Einstellungen vorgenommen haben, klicken Sie auf OK, um Ihre Änderungen zu speichern. Wählen Sie dann Datei | Drucken, um mit den von Ihnen gewählten Optionen zu drucken.

In manchen Apps gibt es irgendwo ein Druckersymbol mit einem kleinen Pfeil rechts daneben. Wenn Sie auf diesen Pfeil klicken, wird ein Befehl zum Einrichten der Seite angeboten.

Einen Druckauftrag abbrechen

Sie haben gerade das falsche 26-Seiten-Dokument an den Drucker geschickt. Panik! Schnell den Drucker ausschalten. Unglücklicherweise fangen die meisten Drucker beim erneuten Einschalten genau da wieder an, wo sie beim Ausschalten aufgehört haben.

Um den fehlerhaften Druckjob aus dem Speicher des Druckers zu löschen, gehen Sie folgendermaßen vor:

1. **Klicken Sie in der rechten Ecke der Taskleiste mit der rechten Maustaste auf das Druckersymbol und wählen Sie im Kontextmenü den Druckernamen aus.**

   Um das Druckersymbol in der Taskleiste anzuzeigen, müssen Sie vielleicht auf die kleine nach oben zeigende Pfeilspitze rechts in der Taskleiste klicken.

   Ein Fenster mit den Druckaufträgen des Druckers wird angezeigt; das wird im Volksmund auch »Druckerwarteschlange« genannt (siehe auch Abbildung 8.4).

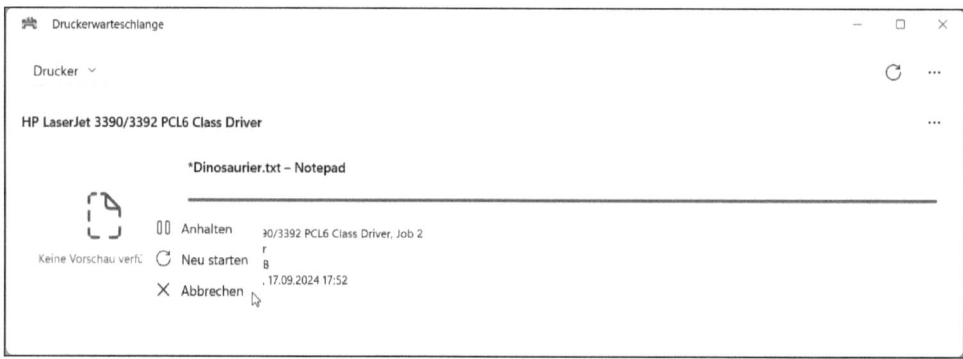

Abbildung 8.4: Brechen Sie in der Druckerwarteschlange einen Druckauftrag ab.

2. **Klicken Sie mit der rechten Maustaste auf das versehentlich an den Drucker gesendete Dokument und wählen** ABBRECHEN. **Bestätigen Sie den Abbruch mit** JA.

   Die Druckwarteschlange braucht eventuell ein bis zwei Minuten für das Löschen des Druckauftrags. Falls Ihnen das zu lange dauert, können Sie das Symbol AKTUALISIEREN anklicken. Wenn die Druckerwarteschlange leer ist, können Sie Ihren Drucker wieder einschalten.

   - Die Druckerwarteschlange, auch Druckerspooler genannt, führt jedes Dokument auf, das geduldig darauf wartet, gedruckt zu werden. Sie können die Druckreihenfolge beliebig ändern, indem Sie Druckaufträge mit der Maus in der Liste nach oben oder nach unten verschieben. (Sie können aber kein Dokument vor das Dokument setzen, das gerade gedruckt wird.)

   - Sie haben Ihren Drucker im Netzwerk freigegeben und die Druckaufträge, die von anderen PCs gesendet werden, landen in Ihrer Druckerwarteschlange? Es liegt bei Ihnen, ob Sie diese unerwünschten Aufträge löschen oder ob Sie Gnade vor Recht ergehen lassen.

   - Wenn Ihrem Drucker während des Druckens eines Auftrags das Papier ausgeht und er deshalb anhält, legen Sie einfach neues Papier nach. Um das Drucken dann fortzusetzen, öffnen Sie die Druckerwarteschlange, klicken mit der rechten Maustaste auf das zu druckende Dokument und wählen FORTSETZEN. (Bei manchen Druckern gibt es auch einfach eine Taste, mit der Sie das Drucken fortsetzen können, und manche fahren auch von selbst fort.)

Sie können das Drucken von Dokumenten vorbereiten, wenn Sie gerade im Café sitzen und mit Ihrem Notebook arbeiten. Senden Sie die zu druckenden Dokumente an den aktuell nicht vorhandenen Drucker. Sobald Sie den Drucker dann zu Hause oder im Büro an Ihr Notebook anschließen, bemerkt die Druckerwarteschlange das und sendet die Dateien stante pede an den Drucker. (Achtung: Dokumente werden in der Druckerwarteschlange für das Drucken mit dem entsprechenden Druckermodell vorbereitet. Wenn Sie nun einen anderen Drucker an Ihr Notebook anschließen, werden die Dokumente, die sich bereits in der Druckerwarteschlange befinden, nicht korrekt gedruckt.)

> ### Umschläge ohne Aufwand drucken
>
> Obwohl es ziemlich einfach ist, Umschläge als Papiergröße im Dialogfeld SEITE EINRICHTEN zu wählen, kann es sich als außerordentlich schwierig erweisen, eine Adresse an die richtige Stelle auf einen Umschlag zu drucken. Bei manchen Druckermodellen müssen Sie den Umschlag verkehrt herum einlegen, bei anderen gehört die zu bedruckende Seite nach oben. Am besten testen Sie das Drucken von Umschlägen, indem Sie die Umschläge so lange immer wieder anders in den Druckerschacht einlegen, bis das Ergebnis stimmt. (Oder lesen Sie in Ihrem Druckerhandbuch das Bedrucken von Umschlägen nach.)
>
> Wenn Sie die richtige Methode herausgefunden haben, kleben Sie einen erfolgreich gedruckten Umschlag so auf Ihren Drucker, wie er in den Druckerschacht eingelegt werden muss. Sie wissen schon, das Kurzzeitgedächtnis.
>
> Wenn Sie es nicht schaffen, Umschläge zu drucken, könnten Sie die kostenlose Avery-Zweckform-Etikettensoftware (https://www.avery-zweckform.com/software/avery-design-print) nutzen. Hier gibt es kostenlose, mit Microsoft Word kompatible Vorlagen, bei denen kleine Felder auf dem Bildschirm platziert werden, die den ausgewählten Avery/Zweckform-Etiketten entsprechen. Geben Sie die Adressen in die Felder ein, legen Sie den Etikettenbogen in den Drucker, und alles wird korrekt auf die Aufkleber gedruckt. Die selbstklebenden Etiketten noch eben auf die Briefumschläge pappen – und fertig!

Eine Webseite drucken

Obwohl mit Informationen gespickte Webseiten unheimlich gut aussehen, gelingt der Ausdruck solcher Seiten nur selten. Auf Papier sind sie eine einzige Katastrophe. Die Zeichen am rechten Rand der Webseiten sind abgeschnitten, sie verbrauchen Riesenmengen Papier oder die Ausdrucke sind viel zu klein zum Lesen.

Um die Sache noch schlimmer zu machen: Die farbige Werbung leert die Farbpatronen Ihres Druckers in Windeseile. Es gibt nur wenige Möglichkeiten, Webseiten erfolgreich zu drucken. Diese stehen in der folgenden Liste nach abnehmenden Erfolgschancen geordnet:

✔ **Verwenden Sie den webseiteninternen Befehl zum Drucken.** Einige, leider nicht alle Webseiten bieten einen Befehl an, der DIESE SEITE DRUCKEN, TEXTVERSION, DRUCKVERSION oder ähnlich heißt. Diese Option weist die Webseite an, die Seite zu entrümpeln und so zu formatieren, dass sie auf eine Druckseite passt. Diese Methode ist die erfolgversprechendste.

✔ **Wählen Sie im Browser den Befehl Druckvorschau oder so ähnlich.** Nach all den Jahren haben die Entwickler von Webseiten endlich erkannt, dass es durchaus Menschen gibt, die diese Seiten drucken wollen. Daher sind die Einstellungen für die Seiten nun manchmal etwas feinfühliger und werden automatisch im Format angepasst, sobald sie gedruckt werden.

✔ **Kopieren Sie die gewünschten Abschnitte und fügen Sie sie in ein Textverarbeitungsprogramm ein.** Dort löschen Sie dann die unerwünschten Elemente, passen die Ränder an und drucken das, was Sie brauchen. Oder nutzen Sie am besten gleich – zumindest in Word – zum Einfügen die Option Nur Text, zu finden in dem kleinen Menü, das Sie per Klick auf das Symbol Einfügen öffnen. Oder verwenden Sie zum Drucken den Editor (in Kapitel 6 erfahren Sie mehr zum Kopieren und Einfügen).

✔ **Kopieren Sie die ganze Webseite und fügen Sie sie in ein Textverarbeitungsprogramm ein.** Das ist zwar mit Arbeit verbunden, aber durchaus eine Möglichkeit. Klicken Sie mit der rechten Maustaste auf die Webseite und wählen Sie im Kontextmenü den Befehl Alles auswählen. Klicken Sie erneut mit der rechten Maustaste und wählen Sie Kopieren. Wechseln Sie zu Microsoft Word oder einem anderen Textverarbeitungsprogramm und fügen Sie die Kopie in ein neues Dokument ein. Wenn Sie dann alles Überflüssige und Unerwünschte eliminieren, könnte etwas Druckbares dabei herauskommen.

Auch die folgenden Tipps sind recht praktisch, wenn es darum geht, Webseiten auf Papier zu bekommen:

✔ Der Webbrowser von Windows, Microsoft Edge, ist voll auf Geschwindigkeit programmiert. Aber er kann auch drucken. Um das zu drucken, was Sie in Microsoft Edge sehen, klicken Sie auf die Schaltfläche Einstellungen und mehr, die mit den drei Punkten, und dann auf Drucken.

✔ Wenn Sie keinen Befehl zum Drucken finden, dafür aber eine Option zum Senden von E-Mails, mailen Sie die Seite einfach an sich selbst. Sie werden höchstwahrscheinlich mehr Erfolg damit haben, die Seite als E-Mail-Nachricht zu drucken.

✔ Wenn eine Tabelle oder ein Foto einer Webseite hartnäckig am rechten Rand des Ausdrucks abgeschnitten wird, versuchen Sie, die Seite im Querformat statt im Hochformat zu drucken. Im Abschnitt »Druckseiten einrichten« weiter vorn in diesem Kapitel finden Sie Informationen zum Drucken im Hoch- und Querformat.

Druckerprobleme beheben

Wenn Sie nicht drucken können, sollten Sie zuallererst nachschauen, ob der Drucker eingeschaltet ist, ob sein Netzkabel in der Steckdose steckt, ob der Drucker ausreichend Papier und Tinte oder Toner hat und ob er auch wirklich mit einem Kabel oder über ein Netzwerk mit dem Computer verbunden ist.

Wenn Sie Fehler dieser Art ausschließen können, probieren Sie es damit, das Druckerkabel in verschiedene Steckdosen einzustecken und den Drucker ein- und auszuschalten, um zu sehen, ob die Betriebsanzeige leuchtet. Wenn die Betriebsanzeige nicht leuchtet, ist wahrscheinlich das Netzteil Ihres Druckers defekt.

Paradoxerweise ist es billiger, einen neuen Drucker zu kaufen, als einen kaputten reparieren zu lassen. Die Druckerhersteller verdienen nämlich ihr Geld hauptsächlich mit den Druckerpatronen, ohne die nichts geht.

Wenn die Betriebsanzeige Ihres Druckers leuchtet, checken Sie folgende Punkte, bevor Sie aufgeben:

- ✔ Prüfen Sie, ob sich eventuell ein Blatt Papier irgendwo im Drucker verklemmt hat. (Durch langsames und gleichmäßiges Ziehen lässt sich eingeklemmtes Papier gewöhnlich aus dem Drucker befreien. Manchmal reicht es aus, die Klappe des Druckers zu öffnen und wieder zu schließen, um ihn wieder zum Laufen zu bekommen.)

Hat Ihr Tintenstrahldrucker noch Tinte in den Patronen? Hat Ihr Laserdrucker noch ausreichend Toner? Versuchen Sie, eine Testseite zu drucken: Geben Sie in das Suchfeld neben der Schaltfläche START, geben Sie drucker ein. Klicken Sie im Startmenü auf DRUCKER UND SCANNER, dann auf den Namen Ihres Druckers und dann auf die Schaltfläche TESTSEITE DRUCKEN, um zu sehen, ob der Computer und Drucker miteinander kommunizieren können.

- ✔ Wenn Sie einen drahtlosen Drucker verwenden, versuchen Sie, ihn mit einem Kabel an Ihren PC anzuschließen. So können Sie feststellen, ob das Problem an der drahtlosen Verbindung oder am Drucker selbst liegt.

- ✔ Versuchen Sie, den Druckertreiber zu aktualisieren. Ein Druckertreiber ist ein kleines Programm, das dem Drucker hilft, mit Windows zu kommunizieren. Besuchen Sie die Webseite des Druckerherstellers, laden Sie den neuesten Windows-Treiber für Ihren Drucker herunter und installieren Sie den Treiber. (Gerätetreiber sind Thema in Kapitel 13.)

Zum Abschluss habe ich noch ein paar Tipps, wie Sie Ihren Drucker und seine Tintenpatronen beziehungsweise seinen Toner schützen können:

- ✔ Schalten Sie Ihren Drucker aus, wenn Sie ihn nicht brauchen. Dies gilt besonders für ältere Tintenstrahldrucker. Die Betriebswärme trocknet die Patronen aus, was wiederum deren Lebensdauer verkürzt.

Schalten Sie Ihren Tintenstrahldrucker niemals durch Ziehen des Netzsteckers aus. Verwenden Sie zum Ausschalten stets den Ein-/Ausschalter am Gerät. Der Schalter stellt sicher, dass die Patronen in ihre Ausgangsposition bewegt werden, was ihr vorzeitiges Austrocknen oder Verstopfen verhindert.

Das richtige Papier für den Drucker auswählen

Ist Ihnen schon einmal aufgefallen, wie viele verschiedene Papiersorten es gibt? Manchmal ist der Verwendungszweck auf der Verpackung angegeben, beispielsweise »Premiumpapier für Tintenstrahldrucker – für hochwertige Ausdrucke«. Im Folgenden finden Sie eine Liste mit Papiersorten für verschiedene Druckaufgaben. Und nicht vergessen: vor dem Drucken im Fenster DRUCKEN auf die Schaltfläche EIGENSCHAFTEN klicken und das Papier auswählen, das Sie in den Drucker eingelegt haben.

- ✔ **Einfaches Papier:** Verwenden Sie billiges oder Schmierpapier, um den Drucker zu testen, um einen Entwurf zu drucken, um eine Nachricht zu hinterlassen oder um andere unwichtige Druckaufträge auszugeben. Fehlerhafte Ausdrucke sind dann nicht so ärgerlich. Sie können einfach die Rückseite des Papiers verwenden.

- ✔ **Briefqualität:** Diese Papiersorte, auf deren Verpackung meist »Premium« oder »leuchtend weiß« steht, eignet sich für Briefe und alle sonstigen Dokumente, die für andere bestimmt sind.

- ✔ **Fotoqualität:** Sie können Fotos auf jedes beliebige Papier drucken, aber nur auf Papier in Fotoqualität – dem teuersten Papier – sehen sie wirklich gut aus. Legen Sie dieses Papier vorsichtig in den Druckerschacht ein, und zwar so, dass das Bild auf die glänzende, spiegelnde Seite gedruckt wird. Einige Fotopapiersorten haben eine besondere Beschichtung, damit das Papier sanft durch den Drucker gleitet.

- ✔ **Etiketten:** Ich will hier wirklich keine Werbung machen, aber ich bin der festen Überzeugung, dass der Etikettendruck mit den Vorlagen von Avery/Zweckform in Microsoft Word am einfachsten ist. Avery/Zweckform arbeitet mit vorformatierten Bögen in den Standardgrößen für Adressetiketten, Grußkarten, Visitenkarten, CD-Aufkleber und so weiter. Praktisch ist auch die kostenfreie Etikettensoftware, die Sie online nutzen können (`https://www.avery-zweckform.com/software/avery-design-print`).

- ✔ **Folien:** Kaufen Sie zum Drucken von PowerPoint-Präsentationen spezielle, für Ihr Druckermodell geeignete, transparente Folien.

Bevor Sie Ihr Geld für Druckerpapier ausgeben, sollten Sie unbedingt überprüfen, ob das Papier auch für Ihren Druckertyp, sei es nun ein Laser- oder ein Tintenstrahldrucker, geeignet ist. Laserdrucker erhitzen das Papier, und nicht alle Papiersorten können dieser Hitze standhalten.

Drucken der Copilot-Ausgabe

Copilot kann praktisch jedes von Ihnen angeforderte Dokument mit Hunderten von Wörtern pro Minute tippen, ohne dass dabei Fehler auftreten. Aber wie bekommt man den gesamten Inhalt vom Bildschirm auf Papier, in eine PDF-Datei oder als Datei gespeichert? Die kurze Antwort ist einfach: Kopieren und Einfügen. Markieren Sie in der Ausgabe von Copilot den Teil der Antwort, den Sie verwenden wollen. Klicken Sie die Markierung mit der rechten Maustaste an und wählen Sie im Kontextmenü den Befehl KOPIEREN, wie in Abbildung 8.5 gezeigt.

KAPITEL 8 Ihre Arbeit drucken und scannen

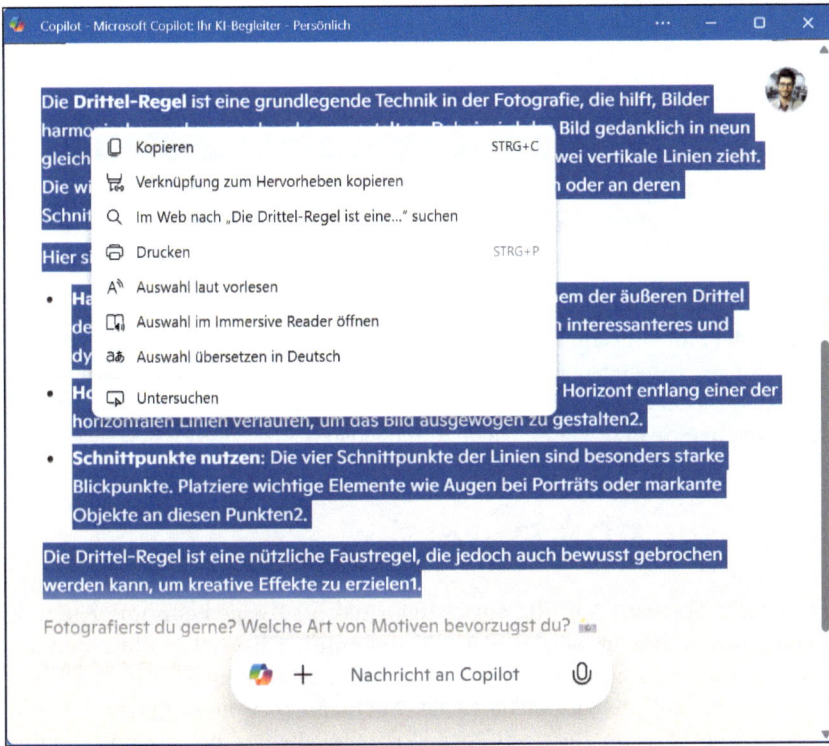

Abbildung 8.5: Im Kontextmenü der Ausgabe von Copilot können Sie die Antwort kopieren und drucken.

Um die Antwort von Copilot zu drucken, müssen Sie sie kopieren und in eine geeignete Anwendung einfügen. Sie können Editor verwenden, das zum Lieferumfang von Windows gehört, oder fortschrittlichere Textverarbeitungsprogramme wie Microsoft Word oder Google Docs. In den folgenden Schritten verwende ich Editor:

1. **Markieren Sie in Ihrer Copilot-Ausgabe den Teil der Antwort, den Sie drucken wollen.**

2. **Klicken Sie die Markierung mit der rechten Maustaste an und wählen Sie im Menü den Befehl KOPIEREN.**

3. **Öffnen Sie Editor über das Startmenü oder das Menü ALLE APPS.**

   Wenn der Editor bereits Inhalte anzeigt, wählen Sie DATEI | NEU, um mit einer leeren Seite zu beginnen.

4. **Klicken Sie irgendwo in das leere Editor-Dokument und drücken Sie dann** ⌜Strg⌝ + ⌜V⌝.

   Sie können stattdessen auch BEARBEITEN | EINFÜGEN wählen oder mit der rechten Maustaste irgendwo in das leere Dokument klicken und EINFÜGEN wählen. Der Text, den Sie kopiert haben, wird in das Dokument eingefügt.

5. Wählen Sie in Editor DATEI | DRUCKEN.

   Wählen Sie Ihren Drucker und alle anderen Optionen, wie zuvor in diesem Kapitel beschrieben, und klicken Sie dann auf DRUCKEN.

Wenn Sie die Ausgabe speichern möchten, um sie später wieder zu verwenden, wählen Sie im Menü von Editor DATEI | SPEICHERN. Legen Sie das Dokument in Ihrem Dokumentenordner ab oder wo immer Sie wollen. Geben Sie einen Dateinamen ein, und klicken Sie dann auf SPEICHERN.

Wenn Sie in der Antwort von Copilot nichts markieren, können Sie eine beliebige Stelle der Antwort anklicken und im Kontextmenü DRUCKEN wählen. Dann wird die Antwort so gedruckt, wie sie auf dem Bildschirm angezeigt wird. Wenn Sie eine PDF-Datei erstellen möchten, um sie mit anderen zu teilen, drucken Sie die Antwort in eine PDF-Datei, wie in den nächsten Abschnitten beschrieben.

Erstellen einer PDF-Datei

Das Portable Document Format (PDF) ist ein Dateiformat für die gemeinsame Nutzung elektronischer Dokumente. Häufig werden PDF-Dokumente an E-Mail-Nachrichten angehängt, um Informationen auszutauschen. Wie jedes andere Dokument wird auch das PDF-Format in einer eigenen Datei gespeichert. Die Dateinamenerweiterung lautet (wenig überraschend) .pdf. Wenn Sie ein elektronisches Dokument haben, das Sie mit anderen teilen möchten, können Sie es als PDF-Datei speichern. Dazu brauchen Sie keinen Drucker. Führen Sie einfach die Schritte zum Drucken des Dokuments aus, wie zu Beginn des Abschnitts »Aus einer App heraus drucken« beschrieben. Wählen Sie im Fenster Drucken jedoch als Drucker MICROSOFT PRINT TO PDF aus (siehe Abbildung 8.6).

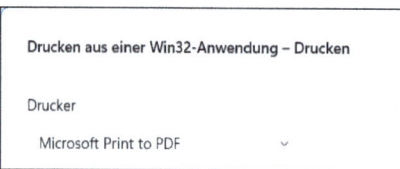

Abbildung 8.6: Um eine PDF-Datei zu erstellen, verwenden Sie den Drucker MICROSOFT PRINT TO PDF.

Wenn Sie auf die Schaltfläche DRUCKEN klicken, fragt Windows, wo Sie die PDF-Datei ablegen und wie Sie sie benennen möchten (siehe Abbildung 8.7). Sie können die Datei auf Ihrem Desktop oder in Ihrem Dokumentenordner ablegen. Geben Sie der Datei einen Namen Ihrer Wahl; die Erweiterung .pdf wird automatisch hinzugefügt. Klicken Sie dann auf SPEICHERN.

Die PDF-Datei wird erstellt und an dem von Ihnen angegebenen Ort abgelegt. Doppelklicken Sie auf das Symbol der PDF-Datei, um sie zu öffnen und zu betrachten. Wenn Sie die Datei per E-Mail an andere weitergeben möchten, hängen Sie sie einfach an eine E-Mail-Nachricht an.

Wo soll die PDF-Datei gespeichert werden

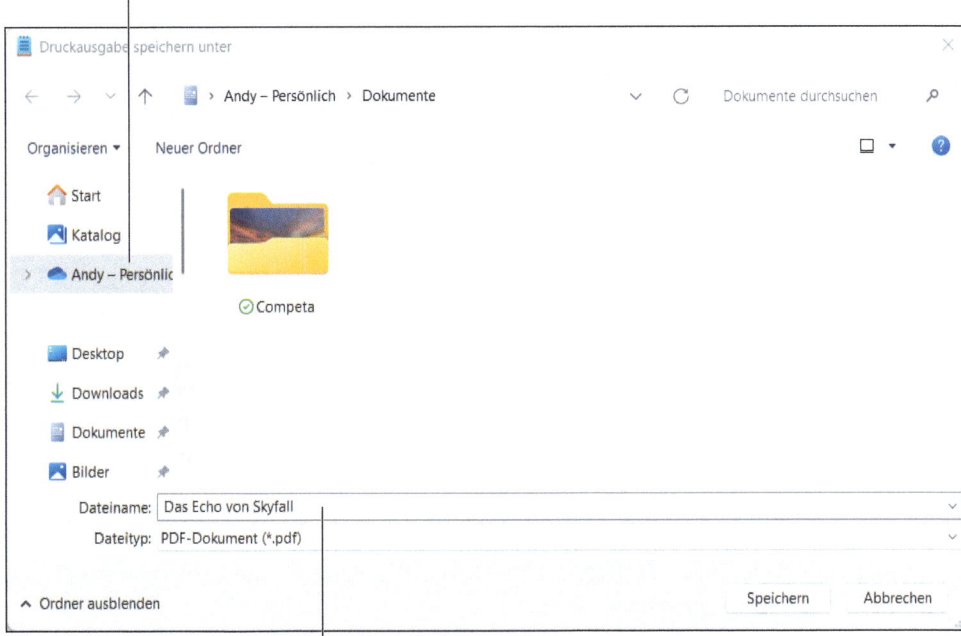

Welchen Namen soll die PDF-Datei erhalten

Abbildung 8.7: Wählen Sie einen Speicherort und benennen Sie Ihre PDF-Datei.

Die App Windows-Scanner verwenden

Beim *Scannen* werden Papierdokumente in elektronische Dokumente umgewandelt. Sie brauchen einen Scanner, damit das funktioniert. Einige Drucker haben einen eingebauten Scanner. Wenn Sie einen Scanner besitzen, dann haben Sie wahrscheinlich eine App, mit der Sie Dokumente scannen können. Wenn Sie einen Scanner, aber keine App dafür haben, können Sie möglicherweise die kostenlose Scanner-App verwenden, die im Microsoft Store erhältlich ist. Suchen Sie nach der App unter ihrem neuen Namen, Windows-Scanner. (Ich erkläre in Kapitel 6, wie Sie Apps aus dem Microsoft Store beziehen.) Die App mag aber leider keine älteren Scanner. Ist Ihr Scanner eher neu, haben Sie gute Chancen, dass es funktioniert.

Ich kann Ihnen keine Schritt-für-Schritt-Anleitung für Ihren speziellen Scanner geben, da sie alle etwas anders funktionieren. Wenn Ihr Scanner jedoch relativ neu ist, ist Windows-Scanner vielleicht eine erfrischende Abwechslung zu der komplizierten Software, die mit den meisten Scannern geliefert wird.

 Wenn Windows-Scanner Ihren Scanner nicht finden kann, bitten Sie Copilot um Hilfe. Wenn möglich, geben Sie auch Informationen zum Modells Ihres Scanners an. Sie könnten zum Beispiel fragen: »Wie schließe ich meinen HP OfficeJet-Scanner in Windows 11 an?«

Sie haben die Windows-Scanner-App installiert und Ihren Scanner mit ihr verbunden. Super! Jetzt geht's ans Eingemachte. So scannen Sie:

1. **Klicken Sie im Startmenü auf das Symbol für die App WINDOWS-SCANNER (oder nur Scanner).**

   Wenn Sie ein solches Symbol nicht entdecken, klicken Sie auf ALLE APPS, um die alphabetisch sortierte Liste mit allen auf Ihrem Rechner installierten Apps und Programmen zu erhalten. Blättern Sie mit der Bildlaufleiste zur Scanner-App.

   Obwohl die App im Microsoft Store *Windows-Scanner* heißt, benennt Sie sich während der Installation in *Scanner* um.

 Sie klicken also auf das Symbol der Scanner-App (das Sie in der Randspalte sehen) und die App wird in einem Fenster geöffnet. Falls sie sich darüber beschwert, dass der Rechner nicht mit dem Scanner verbunden ist, prüfen Sie das USB-Kabel zwischen dem Rechner und dem Scanner. Letzte Frage: Ist der Scanner auch wirklich eingeschaltet?

   Wenn alles gut geht, listet die Scanner-App (siehe Abbildung 8.8) den Namen des Scanners und den Dateityp auf, in dem das Scanergebnis gespeichert werden soll. (Die Scanner-App bevorzugt das Dateiformat PNG, das generell hohes Ansehen bei den meisten Apps und Programmen genießt.)

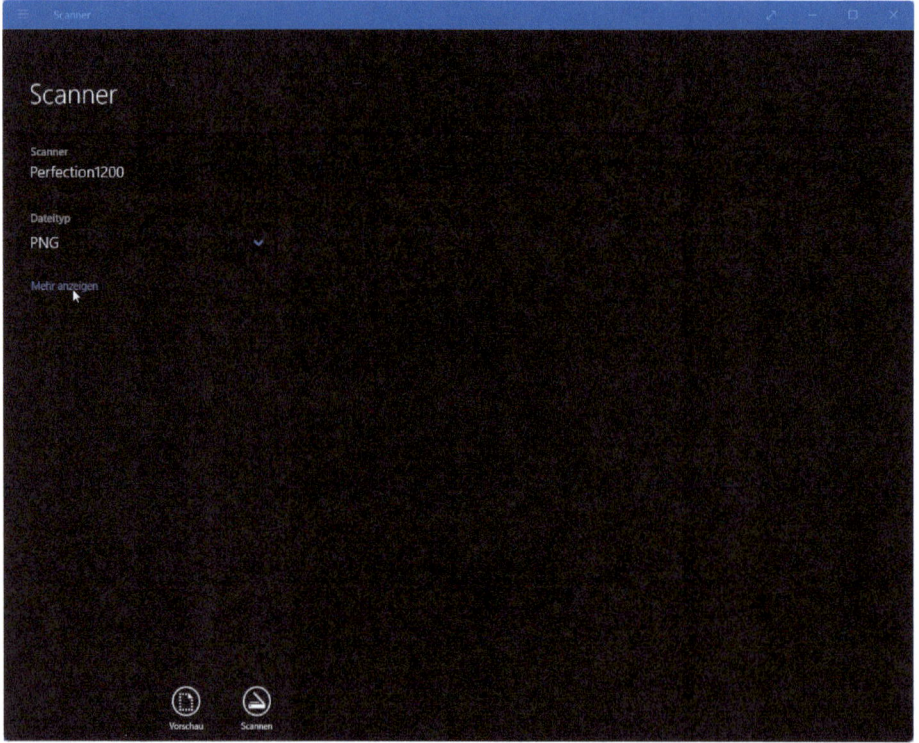

Abbildung 8.8: Klicken Sie auf den Link MEHR ANZEIGEN für weitere Optionen, oder klicken Sie auf VORSCHAU, um den Scan zu testen.

Wenn die App Ihren Scanner nicht erkennt, ist das Gerät einfach zu alt. Sorry! Dann bleibt Ihnen nichts anderes übrig, als die zusammen mit dem Scanner erhaltene Software zu installieren und damit Ihr Glück zu versuchen. Oder Sie kaufen einen neuen Scanner.

2. **(Optional) Um die Einstellungen des Scanners zu ändern, klicken Sie auf den Link MEHR ANZEIGEN.**

   Die Standardeinstellungen der Scanner-App sind in der Regel völlig okay. Hinter dem Link verbergen sich die folgenden Einstellungsmöglichkeiten, die Sie bei Bedarf ändern können:

   - **Dateityp:** Wählen Sie einen Dateityp aus dem Dropdown-Menü. PDF ist für die meisten Scans eine gute Wahl. Wenn Sie ein Foto oder ein Bild (ohne Text) scannen, können Sie PNG oder JPEG verwenden.

   - **Farbmodus:** Verwenden Sie die Farbeinstellung für Fotos und Hochglanzmagazinseiten. Graustufen bietet sich für fast alles an. Und in Schwarz-Weiß können Sie einfache Strichzeichnungen oder Schwarz-Weiß-Bilder scannen.

   - **Auflösung (DPI):** Die Standardeinstellung von 200 dpi passt meistens. Mit einer höheren Auflösung können mehr Details eingefangen werden, die Dateien werden aber auch deutlich größer und können dann beispielsweise schlecht per Mail gesendet werden. Scans mit niedrigerer Auflösung sind nicht so gut, die Dateien dafür aber recht klein.

   - **Speicherort:** Die Scanner-App erstellt automatisch einen Ordner für die von Ihnen erstellten Scans. Und wo finden Sie diesen Ordner? Im Ordner BILDER, der sich wiederum im Superordner DIESER PC befindet. Sie können den Ordnernamen beliebig ändern oder auch für jeden Scanjob einen separaten Ordner bestimmen.

3. **Klicken Sie auf die Vorschauschaltfläche, um das Scanergebnis vorab zu prüfen.**

   Sobald Sie auf die Schaltfläche für die Vorschau klicken, macht die Scanner-App ihren ersten Schritt und zeigt an, wie der Scan mit den aktuellen Einstellungen aussehen wird.

   Es gefällt Ihnen nicht? Dann prüfen Sie die Farbeinstellungen, die Sie im vorigen Schritt vorgenommen haben. Ist die Vorschau leer, haben Sie vielleicht den Scanner nicht entsperrt. Lesen Sie die Anleitung zum Scanner, wenn Sie nicht klarkommen.

   Wenn Sie ein kleines Dokument scannen, das nicht die gesamte Scannerauflage ausfüllt, ziehen Sie im Vorschaufenster die kleinen kreisförmigen Eckpunkte nach innen, um den zu scannenden Bereich zu definieren.

4. **Klicken Sie auf die Schaltfläche SCANNEN, um das Scannen zu starten. Ist alles erledigt, klicken Sie auf die Ansichtsschaltfläche, um den Scan zu begutachten.**

   Die Scanner-App liest die Vorlage mit den aktuellen Einstellungen ein und speichert sie im Ordner SCANS (oder wie auch immer Sie diesen Ordner benannt haben) unterhalb Ihres Ordners BILDER.

Vorteil: Das Scannen mit der Scanner-App funktioniert schnell und einfach. Nachteil: Die App ist einfach gestrickt und deshalb funktionieren die in Ihrem Scanner eventuell eingebauten Steuerungsmöglichkeiten wahrscheinlich nicht.

Wenn Sie mehr Feintuning für Ihre Scans brauchen, lassen Sie die Scanner-App links liegen, wechseln zum Desktop und installieren dort die Scanner-Software, die Sie zusammen mit dem Scanner erhalten haben. (Bei einigen Scanner-Modellen installiert Windows Update die mitgelieferte Software des Scanners automatisch, sobald Sie den Scanner anschließen).

Und wenn es einmal ganz schnell gehen muss, fotografieren Sie das Dokument einfach mit der integrierten Kamera Ihres Handys oder Tablets. So haben Sie das neue Rezept oder die letzte Rechnung schnell im Kasten. Wenn Sie häufig Dokumente fotografieren, sollten Sie Microsoft Lens verwenden. Diese App können Sie kostenlos im App Store von Apple (für iPhone) oder bei Google Play (für Android) herunterladen. Microsoft Lens ist eine praktische App, die Text aus Dokumenten, Whiteboards und Visitenkarten erfassen (fotografieren) und in bearbeitbaren Text umwandeln kann.

Teil III
Ab ins Internet

IN DIESEM TEIL ...

✔ Einen Internetprovider finden und Verbindung zum Internet herstellen

✔ Soziale Kontakte mit E-Mails, Chat und Videoanrufen pflegen

✔ Sicherheit im Internet gewährleisten

> **IN DIESEM KAPITEL**
>
> Was sind Internetdienstanbieter?
>
> Verbindung zum Internet herstellen
>
> Im Web mit Microsoft Edge surfen
>
> Informationen im Web suchen
>
> Seiten zusammenfassen und Bilder vergrößern
>
> Informationen aus dem Internet speichern

Kapitel 9
Unterwegs im Web

Bereits während der Installation versucht Windows, eine Internetverbindung aufzubauen. Kann es eine Verbindung herstellen, lädt es schnell zum Wohle Ihres Rechners verfügbare Updates herunter. Aber nicht alle Verbindungsversuche sind so selbstlos. Windows setzt sich auch mit Microsoft in Verbindung, um sicher zu sein, dass Sie nicht gerade dabei sind, eine Raubkopie zu installieren.

Damit Sie möglichst bequem das Internet aufsuchen können, enthält Windows 11 einen Webbrowser namens *Microsoft Edge*. Microsoft Edge ist schnell und schlank und hilft Ihnen, sich in der heutigen Internet-abhängigen Welt zu bewegen.

In diesem Kapitel erfahren Sie, wie Sie Microsoft Edge auf Ihrem Rechner finden und starten, eine Verbindung zum Internet herstellen, Webseiten besuchen und online das ausfindig machen, wonach Sie suchen.

Welche Strategien zum Schutz vor kriminellen Machenschaften im Internet zur Verfügung stehen, wird in Kapitel 11 beschrieben. Dort erfahren Sie, wie Sie sich vor Viren, Spyware und anderen Internetparasiten schützen. Werfen Sie also gegebenenfalls schon mal einen Blick in dieses Kapitel.

Sinn und Zweck von Internet Service Providern

Für den Zugang zum Web benötigen Sie drei Dinge: einen Computer, einen Browser und einen Internetdienstanbieter, auch Internet Service Provider genannt.

Sie besitzen wahrscheinlich schon den Computer, sei es einen Desktop-Rechner, ein Notebook oder ein Tablet. Und der neue und verbesserte Browser Microsoft Edge kümmert sich um den Softwarepart.

Das bedeutet, dass Sie wahrscheinlich nur einen Internetanbieter finden müssen. In den meisten Cafés, Flughäfen und Hotels können Sie sich drahtlos verbinden, oft kostenlos. Für das Privileg, im Web zu surfen, müssen Sie allerdings einen Provider bezahlen. Wenn Ihr Computer sich mit dem Computer Ihres Providers verbindet, findet Windows automatisch das Internet, und Sie können im Internet surfen.

Sie wissen noch nicht, welchen Provider Sie verwenden wollen? Fragen Sie Ihre Nachbarn, Freunde oder Kollegen, welche Verbindungen sie nutzen und wie zufrieden sie mit ihrem Provider sind. Fragen Sie bei den verschiedenen Providern nach ihren Preisen und vergleichen Sie diese. Die meisten Verträge laufen auf Monatsbasis. Sie können also schnell wechseln, wenn Sie mit den Leistungen nicht mehr zufrieden sind. Hier sind einige weitere hilfreiche Tipps zu Internetanbietern:

✔ Sie müssen nicht überall für Ihre Internetverbindung bezahlen. Es gibt öffentliche Orte, an denen Sie kostenlos über eine kabellose Verbindung ins Internet gelangen können. Wenn Ihr Handy, Notebook oder Tablet drahtlose Internetverbindungen unterstützt (und das werden sie sicherlich tun) und sobald Ihr Notebook oder Tablet ein drahtloses Verbindungssignal empfängt, können Sie sich anmelden und »für umsonst« im Internet surfen.

✔ Die meisten Internet Service Provider stellen Pauschalpreise ohne weitere Nutzungsbeschränkungen, sogenannte Flatrates, in Rechnung. Das Angebot ist nicht sehr übersichtlich und vielfach an den Telefonanbieter gekoppelt. Achten Sie darauf, was Sie zahlen müssen, bevor Sie an Bord gehen, ansonsten können Sie am Ende des Monats eine böse Überraschung erleben.

✔ Eine Verbindung zum Internet kann auf unterschiedliche Weise hergestellt werden. Kaum noch verwendet und eher langsam: ISDN-Verbindungen. Schneller sind die heute vorherrschenden Breitbandverbindungen: DSL und Glasfaser. Einige Kabelfernsehanbieter stellen Kabelmodems bereit. Welche Möglichkeiten Sie haben, einen Internet Service Provider auszuwählen, wird davon bestimmt, wo Sie wohnen.

Sie müssen den Internet Service Provider nur für eine Verbindung bezahlen. Im Netzwerk können Sie diese Verbindung großzügig mit anderen Computern, Handys, Smart-TV-Geräten, intelligenten Kühlschränken, Beleuchtungs- und Heizungssystemen oder sonstigen internetfähigen Geräten teilen. (Netzwerk ist Thema in Kapitel 15.)

Eine Verbindung zum Internet herstellen

Windows ist ständig auf der Suche nach einer funktionierenden Internetverbindung, egal ob Ihr Rechner via Kabel im Internet hängt oder über eine drahtlose Verbindung verfügt. Sobald es eine findet, die Sie bereits verwendet haben, sind Sie startklar. Windows informiert Ihren Browser, und es steht einem Besuch im Web nichts mehr im Weg.

KAPITEL 9 Unterwegs im Web

Unterwegs trifft Windows aber ständig auf neue, unbekannte kabellose Verbindungen, für die es Ihre Erlaubnis braucht, bevor es eine Verbindung herstellen kann. Sie müssen Windows also stets mitteilen, wenn Sie eine Verbindung zu einem neuen Netzwerk herstellen möchten. (Übrigens: kabellos, drahtlos, wireless, WLAN, WiFi – alles ein und dasselbe!)

Um zum ersten Mal eine Verbindung mit einem kabellosen Netzwerk – zu Hause oder an einem öffentlichen Hotspot – herzustellen, führen Sie die folgenden Schritte aus:

1. **Klicken Sie auf das WLAN-Symbol rechts in der Taskleiste, in der Nähe der Uhr.**

   Sie entdecken das WLAN-Symbol nicht? Wenn Sie nicht mit dem Internet verbunden sind, sehen Sie stattdessen das traurig aussehende Symbol KEIN INTERNETZUGANG. Klicken Sie dann darauf. Sie sehen dann das Menü mit den Schnelleinstellungen (siehe Abbildung 9.1).

   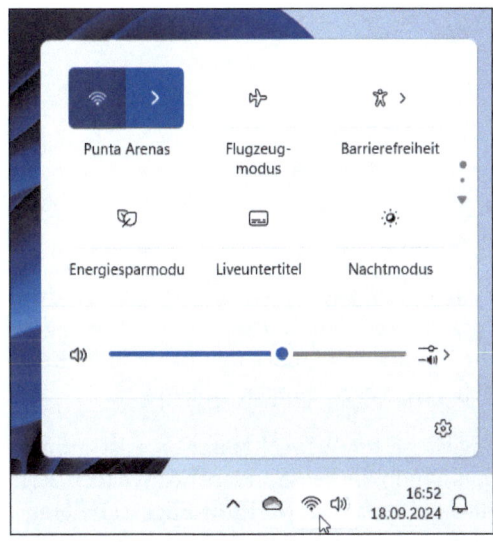

   Abbildung 9.1: Klicken Sie auf das WLAN-Symbol oder das Symbol KEIN INTERNETZUGANG, um dieses Menü zu öffnen.

2. **Klicken Sie auf den Pfeil rechts neben dem WLAN-Symbol im Popup-Menü.**

   Wenn das WLAN-Symbol abgeblendet ist, klicken Sie darauf, um WLAN zu aktivieren. Klicken Sie dann auf den Pfeil. Windows listet alle drahtlosen Netzwerke in der Nähe auf, wie in Abbildung 9.2 dargestellt.

   Die drahtlosen Netzwerke werden nach Signalstärke aufgelistet. Das Netzwerk mit dem stärksten Signal steht ganz oben in der Liste.

Abbildung 9.2: Windows zeigt die WLAN-Netzwerke in Ihrer Reichweite an.

3. **Wählen Sie eine Verbindung zu einem Netzwerk aus, indem Sie auf dessen Namen und dann die Schaltfläche Verbinden anklicken.**

   Wenn das gewählte Netzwerk nicht mit einem Kennwort gesichert ist, sind Sie drin. Alles erledigt. Windows warnt Sie vor *ungesicherten Netzwerken*. Diese Warnung können Sie durch Klicken auf die Schaltfläche Verbinden ignorieren. (Aber bitte! Keine Einkäufe oder Bankgeschäfte mit ungesicherten Verbindungen tätigen!)

    Die Verwendung öffentlicher, ungesicherter WLAN-Netzwerke ist immer mit einem Sicherheitsrisiko verbunden. Wenn Sie keine andere Wahl haben, können Sie das kostenlose VPN (virtuelles privates Netzwerk) in Edge aktivieren und Edge als Browser für diese Internetverbindung verwenden. Das VPN verschlüsselt Ihren Datenverkehr, damit er nicht von jemandem in einem ungesicherten Netzwerk gestohlen werden kann. Für weitere Informationen fragen Sie einfach Copilot: »Wie aktiviere ich das kostenlose VPN in Microsoft Edge?«

    Wenn Sie das Kontrollkästchen Automatisch verbinden neben der Schaltfläche Verbinden aktivieren, stellt Windows automatisch eine Verbindung zu diesem Netzwerk her, sobald Sie in dessen Reichweite gelangen. So ersparen Sie sich die Schritte, die das manuelle Anmelden erfordert. Lassen Sie dieses Kontrollkästchen also nur deaktiviert, wenn Sie bewusst keine automatische Verbindung mit diesem Netzwerk möchten.

4. **Geben Sie bei Bedarf ein Kennwort ein.**

   Wenn Sie sich in einem gesicherten Netzwerk anmelden, brauchen Sie das dazugehörige Kennwort oder den passenden Netzwerksicherheitsschlüssel. Wenn es sich um Ihr drahtloses Netzwerk zu Hause handelt, geben Sie dasselbe Kennwort ein, das Sie im Router beim Einrichten des Netzwerks eingegeben haben.

Handelt es sich nicht um Ihr Netzwerk, müssen Sie das Kennwort vom Netzwerkeigentümer in Erfahrung bringen. Im Hotel oder im Café müssen Sie vielleicht die Kreditkarte zücken und Verbindungszeit bei den Leuten an der Rezeption erwerben. Oft ist dieser Service aber auch gratis.

5. **Legen Sie bei der erstmaligen Verbindung fest, ob Sie Dateien mit anderen im Netzwerk teilen wollen.**

   Wenn Sie mit Ihrem kabellosen Netzwerk zu Hause oder im Büro verbunden sind, sagen Sie »Ja« zum Teilen. Windows richtet Ihnen ein *privates* Netzwerk ein. Dann können Sie Dateien und Geräte, zum Beispiel Drucker, sicher zusammen mit anderen in Ihrem privaten Netzwerk nutzen.

   Wenn Sie sich in einem *öffentlichen* Netzwerk befinden, sagen Sie »Nein« zum Teilen. Als öffentliches Netzwerk können Sie sich zwar mit dem Internet verbinden, andere Computer in diesem Netzwerk haben aber keinen Zugriff auf Ihren Computer und Ihre Dateien. Dieses Feature hilft, Schnüffler von Ihrem Rechner fernzuhalten.

Wenn Sie Probleme mit der Verbindung haben, helfen eventuell die folgenden Tipps weiter:

- ✔ Wenn Windows keine Verbindung zu Ihrem kabellosen Netzwerk herstellen kann, bietet es hilfsbereit an, die Drahtlosnetzwerk-Problembehandlung zu bitten, einen Blick auf das Problem zu werfen. Dieses Programm rödelt dann eine Weile vor sich hin, um hinterher in der Regel etwas von einem zu schwachen Signal zu murmeln, was wiederum nichts anderes bedeutet, als dass Sie und Ihr Computer näher an den Sender rücken sollen.

- ✔ Wenn Sie beispielsweise ein Hotel-Netzwerk nutzen, öffnet Ihr Browser manchmal eine Nutzungsvereinbarung, die Sie bestätigen müssen, bevor Sie lossurfen dürfen.

- ✔ Im Hotel hilft es manchmal, den Rechner näher ans Fenster zu stellen, um das Signal zu verstärken. (Vielleicht vergrößert sich auch damit die Liste der angebotenen drahtlosen Netzwerke.) Oder gehen Sie mit Ihrem Notebook oder Tablet auf Wanderschaft durch das Hotel. Vielleicht wird das Signal in der Lobby besser.

- ✔ Wenn Sie in ein gesichertes Netzwerk nicht hineinkommen, schnappen Sie sich ein ungesichertes, aber nur für den Fall, dass Sie schnell etwas im Internet nachschauen wollen.

Mit Microsoft Edge im Web surfen

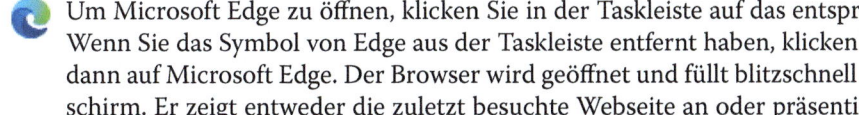

Um Microsoft Edge zu öffnen, klicken Sie in der Taskleiste auf das entsprechende Symbol. Wenn Sie das Symbol von Edge aus der Taskleiste entfernt haben, klicken Sie auf Start und dann auf Microsoft Edge. Der Browser wird geöffnet und füllt blitzschnell den ganzen Bildschirm. Er zeigt entweder die zuletzt besuchte Webseite an oder präsentiert in einem Eingangsbildschirm die neuesten Nachrichten, das Wetter und Ähnliches. Im oberen Bereich des Edge-Fensters (siehe Abbildung 9.3) befinden sich einige Schlüsselkomponenten, die ich im weiteren Verlauf des Kapitels erläutern werde.

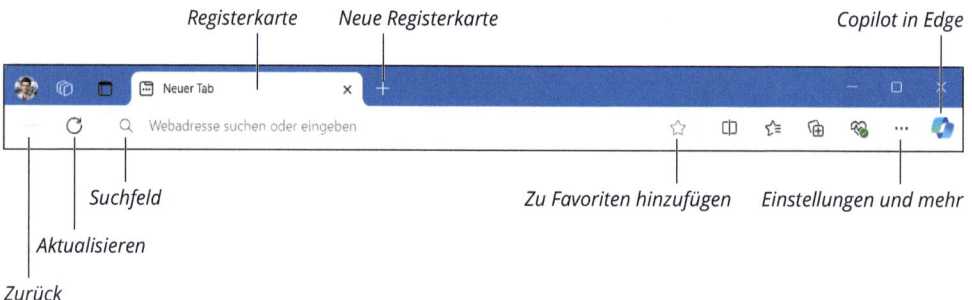

Abbildung 9.3: Die Titelleiste und die Adressleiste in Microsoft Edge.

Navigieren mit der Adressleiste

Microsoft Edge ist ein Webbrowser. Sie sind vielleicht mit ähnlichen Produkten wie Google Chrome, Apple Safari oder Firefox vertraut. Wie alle Webbrowser können Sie mit Edge Webseiten besuchen, im Grunde alles, was online verfügbar ist. Die Adressleiste am oberen Rand des Edge-Fensters ist eines der wichtigsten Werkzeuge für den Besuch von Webseiten. Jede Webseite hat eine Adresse, so wie die meisten Häuser eine Straßenadresse haben. Im Internet wird diese Adresse als URL (Uniform Resource Locator) bezeichnet. Eine URL sieht etwa so aus:

```
https://domain.tld
```

Der Teil `https://` wird als *Protokoll* bezeichnet, aber das sieht man nur selten und man muss es auch nie eingeben. Die Domäne ist der Name der Webseite. Das .tld hinter dem Domänennamen ist die Top-Level-Domäne, die den Typ der Webseite weiter kennzeichnet. So sind beispielsweise .com (kommerziell), .net (Netzwerk), .gov (Regierung) und .edu (Bildung) gängige Top-Level-Domain-Namen. Wenn Sie einen Domänennamen wie *facebook* mit einer Top-Level-Domain (wie *.com*) kombinieren, erhalten Sie einen voll qualifizierten Domänennamen (FQDN): `facebook.com`. Ein vollständig qualifizierter Domänenname wird auch einfach als Domäne oder Domänenname bezeichnet.

Manchmal wird dem Domänenteil ein www oder etwas anderes vorangestellt. Normalerweise spielt der www-Teil keine Rolle, und Sie brauchen ihn nicht einmal einzugeben. Aber in manchen Situationen weist dieses Präfix auf einen Teil einer größeren Webseite hin, so dass es einen Unterschied macht. Zum Beispiel führt `google.com` zur Google-Suchmaschine. Aber `finance.google.com` und `news.google.com` führen Sie zu bestimmten Bereichen innerhalb der Google-Webseite. Sie müssen sich keine dieser URLs merken; es gibt viele andere Möglichkeiten, im Internet zu surfen.

Wenn Sie die URL der Webseite, die Sie besuchen möchten, kennen, geben Sie sie in das Suchfeld ein und drücken Sie die ⏎-Taste. Während Sie tippen, versucht ein Dropdown-Menü unter dem Suchfeld zu erraten, was Sie eingeben wollen. Wenn Sie die URL sehen, die Sie eigentlich eingeben wollten, können Sie die Eingabe abbrechen und auf den Namen klicken. Andernfalls geben Sie einfach die gesamte URL ein. Wenn Sie zum Beispiel in das Suchfeld youtube.com eingeben und die ⏎-Taste drücken, wird YouTube im Browser geöffnet.

Das Suchfeld in Edge ist nicht wählerisch. Wenn Sie die URL der Webseite, die Sie besuchen möchten, nicht kennen, geben Sie die Wörter ein, die beschreiben, wonach Sie suchen, zum Beispiel *Kaufhaus in New York* oder *Welpen in Hessen* oder *Bauernmärkte in Düsseldorf*.

Sie können in das Suchfeld von Edge auch Aufforderungen und Fragen an Copilot eingeben. Fragen Sie Copilot zum Beispiel: »Wann und wie sind die Dinosaurier ausgestorben?« oder »Warum funktioniert die ZURÜCK-Schaltfläche meines Edge nicht?«. Wenn Sie es denken können, können Sie es auch fragen. Es sind keine speziellen Befehle oder Beschwörungsformeln erforderlich.

Browsen per Sprache

Nicht jeder ist ein Virtuose auf der Tastatur. Wenn Sie es vorziehen, per Sprache zu interagieren, stellen Sie zunächst sicher, dass das Mikrofon Ihres Computers eingeschaltet ist. Führen Sie dann die folgenden Schritte aus:

1. **Geben Sie im Suchfeld von Edge** bing.com **ein, und drücken Sie die ⏎-Taste.**

2. **Klicken Sie im Feld FRAGEN SIE MICH ETWAS (siehe Abbildung 9.4) auf das Mikrofonsymbol.**

Mikrofonsymbol

Abbildung 9.4: Suche per Spracheingabe über das Mikrofonsymbol in Bing.

3. **Wenn Sie um Erlaubnis gebeten werden, dass Microsoft Edge auf Ihr Mikrofon zugreifen darf, klicken Sie auf ZULASSEN.**

4. **Wenn Sie die Aufforderung zum Zuhören sehen, sagen Sie, wonach Sie suchen, oder stellen Sie Ihre Frage.**

   Edge beginnt mit der Suche, sobald er erkennt, dass Sie zu Ende gesprochen haben.

Browsen mit Links

Webseiten und viele andere elektronische Dokumente enthalten oft Links. Ein Link ist ein Wort, ein Satz oder ein Bild, das, wenn Sie darauf klicken, zu einer bestimmten Webseite führt. Einige Links erscheinen als unterstrichener Text in Blau (für eine Seite, die Sie noch nie besucht haben) oder Magenta (für eine Seite, die Sie bereits besucht haben). Der Text oder das Bild des Links kann jedoch wie alles andere aussehen. Die einzige Möglichkeit, um sicher zu sein, dass es sich um einen Link handelt, besteht darin, mit dem Mauszeiger auf die betreffende Stelle zu zeigen. Wenn sich der Mauszeiger in eine zeigende Hand verwandelt, wie in Abbildung 9.5 gezeigt, handelt es sich um einen Link, und Sie können daraufklicken, um die verlinkte Webseite aufzurufen.

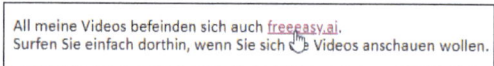

Abbildung 9.5: Der Hand-Mauszeiger zeigt einen Link an.

In vielen Fällen wird, sobald Sie den Mauszeiger auf einen Link setzen, die URL des Links in der linken unteren Ecke des Anwendungsfensters angezeigt. Diese Funktion ist praktisch, wenn Sie wissen möchten, wohin der Link Sie führen soll. Wenn Ihnen der beabsichtigte Ort nicht gefällt, klicken Sie den Link nicht an.

Browsen mit Tabs und der Zurück-Schaltfläche

Wenn Sie auf einen Link klicken, wird die verlinkte Seite geöffnet. Wenn die Seite im selben Tab geöffnet wird wie die zuvor angezeigte Seite, können Sie zur vorherigen Seite zurückkehren, indem Sie an der linken Seite der Adressleiste des Browsers auf das Zurück-Symbol klicken.

Manchmal wird eine Seite in einer neuen Registerkarte geöffnet. In diesem Fall ist das Zurück-Symbol im Browser deaktiviert (abgeblendet), und ein Klick darauf bewirkt nichts. Die ursprüngliche Seite ist jedoch weiterhin in einem eigenen Tab links neben der geöffneten Seite vorhanden, und Sie können zwischen den beiden Seiten wechseln, indem Sie auf die jeweiligen Tabs klicken (siehe Abbildung 9.6). Klicken Sie auf einem beliebigen Tab auf Schliessen (das X), um die Seite dieser Registerkarte zu schließen.

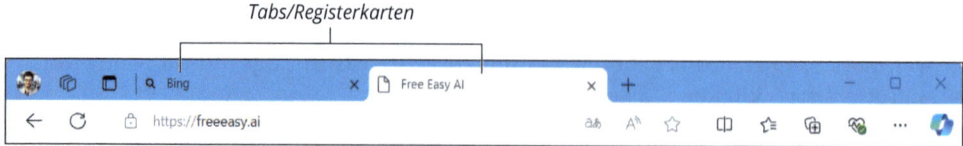

Abbildung 9.6: Sie können mehrere Webseiten öffnen, jede in einem eigenen Tab.

Sie können auch eine oder mehrere verlinkte Seiten in einer neuen Registerkarte öffnen. Klicken Sie einfach mit der rechten Maustaste auf den Link und wählen Sie Link in neuem Tab öffnen, wie in Abbildung 9.7 gezeigt. Oder klicken Sie mit Strg+ auf einen Link, um die verlinkte Seite in einer neuen Registerkarte zu öffnen. Die neue Registerkarte wird möglicherweise nicht automatisch geöffnet. Wenn Sie nicht sofort eine Änderung auf Ihrem Bildschirm sehen, notieren Sie sich die derzeit geöffneten Registerkarten am oberen Rand des Browserfensters.

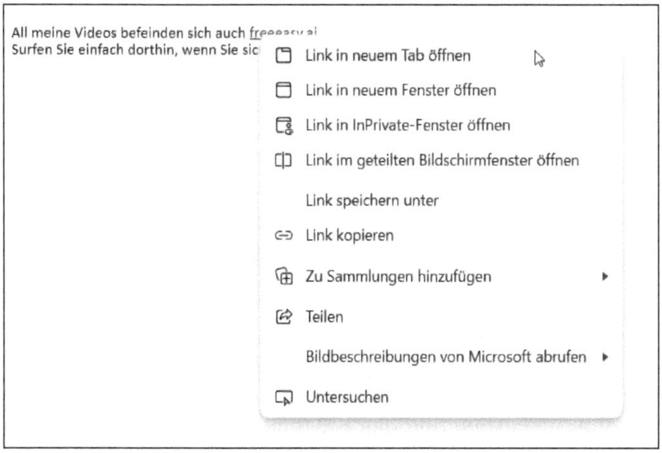

Abbildung 9.7: Klicken Sie mit der rechten Maustaste auf einen Link, um die verlinkte Webseite in einem neuen Tab zu öffnen.

Wenn Sie viele Tabs geöffnet haben und zu einem bestimmten Tab zurückkehren möchten, müssen Sie die geöffneten Tabs nicht nacheinander schließen. Klicken Sie stattdessen auf einen beliebigen Tab, um ihn in den Vordergrund zu bringen, und klicken Sie dann mit der rechten Maustaste auf diesen Tab und wählen Sie ANDERE TABS SCHLIEßEN.

Warum passen die Werbeanzeigen zu meinen Suchanfragen?

In ihren Werbematerialien erwecken die Anbieter von Online-Geschäften oft den Eindruck, als würden sie Ihr Recht auf Privatsphäre zutiefst ehren, respektieren und wertschätzen. Doch dann zeigt die Realität ihr hässliches Gesicht, und Sie stellen fest, dass viele Anzeigen auf Ihrem Computerbildschirm mit Dingen in Verbindung stehen, nach denen Sie online gesucht haben. Willkommen in unserer schönen neuen Welt des Überwachungskapitalismus, in der Werbetreibende mehr Geld für ihre Werbung bekommen, wenn sie gezielt Menschen ansprechen, deren Internetsuchen ein Interesse an ihren Produkten zeigen. In diesem Stadium des Spiels gibt es nicht viel, was Sie tun können, um das zu verhindern. Wenn Sie auf die drei Punkte in der oberen rechten Ecke von Edge klicken und NEUES INPRIVATE FENSTER wählen, wird ein neues Browserfenster geöffnet, das Ihre Sichtbarkeit im Internet einschränkt. Sie können auch Copilot fragen, »Wie kann ich online meine Privatsphäre schützen?«, um weitere Vorschläge zu erhalten. Aber heutzutage gehört der Überwachungskapitalismus für die meisten Menschen einfach zum normalen Alltag.

Eine Startseite für Microsoft Edge festlegen

Wenn Sie Edge öffnen, sehen Sie die Startseite. Die Startseite kann jedoch jede beliebige Webseite sein. Wenn Sie mit Microsoft Edge Ihre Lieblingswebseite öffnen möchten, müssen Sie diese etwas umständlichen Schritte durchlaufen:

1. **Besuchen Sie Ihre Lieblingsseite (oder Seiten).**

   Wenn Sie beispielsweise regelmäßig Instagram oder YouTube besuchen, wechseln Sie zu dieser Webseite. Sie können auch mehr als eine Lieblingsseite in anderen Tabs öffnen.

2. **Klicken Sie in Microsoft Edge auf die Schaltfläche Einstellungen und mehr (die drei Punkte ganz rechts auf der Seite) und dann im Dropdown-Menü auf Einstellungen.**

   Ein neuer Tab namens Einstellungen wird geöffnet.

   Während Sie sich in den Einstellungen befinden, können Sie in der linken Spalte auf Darstellung gehen, um die Farben und das allgemeine Erscheinungsbild des Edge-Browsers zu ändern.

3. **Klicken Sie im linken Bereich auf Start, Startseite und neue Registerkarten.**

   Hier finden Sie viele Einstellungen, mit denen Sie das Verhalten von Edge beim Start festlegen können.

4. **Wählen Sie eine der folgenden Möglichkeiten:**

   - **Eine neue Registerkartenseite öffnen:** Öffnet eine Startseite mit einem Suchfeld und Elementen, die Sie beim ersten Öffnen von Edge gesehen haben.

   - **Registerkarten aus der vorherigen Sitzung öffnen:** Öffnet die Registerkarten und Seiten, die beim letzten Schließen von Edge angezeigt wurden.

   - **Diese Seiten öffnen:** Geben Sie die Seite (oder Seiten) an, die bei jedem Öffnen von Edge geöffnet werden soll(en).

Nachdem Microsoft Edge Ihre Startseite(n) geöffnet hat, können Sie immer noch im Internet surfen. Geben Sie Ihre Suchbegriffe in die Adressleiste ein oder klicken Sie auf verschiedene Links.

   Genauso wie Sie eine Startseite für Ihren Browser bestimmen, verfügt auch jede Webseite über ihre eigene Startseite (auch Homepage genannt), vergleichbar mit der Titelseite einer Zeitschrift. Wenn Sie zu einer Webseite springen, landen Sie in der Regel auf ihrer Startseite.

Lieblingsseiten erneut besuchen

Früher oder später werden Sie auf eine Webseite stoßen, die Sie unbeschreiblich toll finden. Damit Sie sie später schnell wieder besuchen können, fügen Sie sie in Ihre Favoritenliste ein, und das geht so:

1. Klicken Sie rechts in der Adressleiste des Microsoft-Edge-Fensters auf die Schaltfläche DIESE SEITE ZU FAVORITEN HINZUFÜGEN.

   Das Fenster FAVORIT HINZUGEFÜGT klappt auf.

2. Wenn Sie möchten, können Sie den Namen ändern, damit Sie die Seite jederzeit in Ihrer Liste wiederfinden.

3. Klicken Sie auf die Schaltfläche FERTIG.

   Die Webseite wird in die Favoriten aufgenommen.

Wann immer Sie zu dieser Seite wechseln wollen, klicken Sie in Microsoft Edge auf die Schaltfläche FAVORITEN. Eine Liste Ihrer Lieblingswebseiten erscheint. Mit nur einem Klick auf den Namen der Webseite wird sie geöffnet.

Damit Sie Ihre Favoriten immer griffbereit haben, können Sie in Edge die Favoritenleiste einblenden. Klicken Sie auf die drei Punkte in der oberen rechten Ecke von Edge und wählen Sie FAVORITEN. Klicken Sie in der oberen rechten Ecke des heruntergeklappten Favoritenmenüs auf die drei Punkte und wählen Sie FAVORITENLEISTE ANZEIGEN | IMMER. Sie sehen die Symbole und Namen Ihrer gespeicherten Favoriten in einer Leiste unterhalb der Adressleiste des Browsers. Wenn Sie die Option FAVORITENSEITE ÖFFNEN (im Menü FAVORITEN) wählen, können Sie Ihre Favoriten organisieren, indem Sie Ordner erstellen und die Favoriten in diese Ordner ziehen.

Um eine Webseite aus der Favoritenliste zu entfernen, klicken Sie auf das Symbol FAVORITEN. In der Liste Ihrer Favoriten klicken Sie die Seite, die Sie nicht mehr zu Ihren Favoriten zählen möchten, mit der rechten Maustaste an. Im Kontextmenü wählen Sie LÖSCHEN.

Das geheime Microsoft-Edge-Protokoll über Ihre Besuche im Web

In Microsoft Edge werden alle Internetadressen, die Sie besuchen, akribisch protokolliert. Dieses Protokoll, das *Verlauf* genannt wird und einen Überblick über Ihre Aktivitäten am Computer bietet, ist ein Traum für alle Spione.

Und wo befinden sich diese topgeheimen Aufzeichnungen? Klicken Sie auf die Schaltfläche EINSTELLUNGEN UND MEHR (die drei Punkte rechts auf der Seite) und im Menü auf die Schaltfläche VERLAUF. Microsoft Edge listet die zuletzt besuchten Internetadressen auf, die neuesten stehen dabei oben in der Liste. Durch die Darstellung der Webseiten in der Reihenfolge, in der Sie sie angesehen haben, macht es Microsoft Edge einfach, zu einer Webseite zurückzuspringen, die Sie heute Morgen, letzte Woche oder sogar vor mehreren Monaten interessant fanden.

Um Elemente aus Ihrem Browserverlauf zu entfernen, klicken Sie auf das Symbol für weitere Optionen (drei Punkte oben im Dropdown-Menü VERLAUF) und dann auf VERLAUFSSEITE ÖFFNEN. Auf der daraufhin geöffneten Verlaufsseite werden alle Webseiten aufgelistet, die Sie besucht haben. Klicken Sie auf das X neben einer Webseite, die Sie aus Ihrem Verlauf entfernen möchten. Um größere Teile des Verlaufs oder den gesamten Verlauf zu löschen, klicken Sie oben auf der Seite Verlauf auf BROWSERDATEN LÖSCHEN, wählen Sie einen Zeitbereich aus, wählen Sie BROWSERVERLAUF und klicken Sie auf JETZT LÖSCHEN.

Im Internet fündig werden

Wenn Sie etwas in einem Lehrbuch suchen, schlagen Sie vielleicht den Index auf und beginnen die Suche. Das Gleiche gilt für das Internet, wenn Sie eine bestimmte Information suchen. Dabei können Sie eine *Suchmaschine* zu Rate ziehen, einen Dienst, der einen umfangreichen Index von Internetseiten enthält.

Um nach etwas zu suchen, gehen Sie zur Adressleiste – dem Feld, in das Sie normalerweise die Adresse der Webseite eingeben, die Sie besuchen möchten. Geben Sie stattdessen direkt in die Adressleiste Ihren Suchbegriff ein – zum Beispiel exotische Orchideen – und drücken Sie dann die ⏎-Taste. Microsoft Edge leitet Ihre Suche an Bing, die Microsoft-eigene Suchmaschine, weiter und spuckt Namen von Webseiten aus, die sich mit exotischen Orchideen beschäftigen. Klicken Sie auf den Namen einer Webseite, um sie zu besuchen.

Sie möchten nicht, dass Bing Ihre Suchanfragen bearbeitet? Sie können die Suchmaschine zu Google (https://google.com), DuckDuckGo (www.duckduckgo.com) oder zu einer anderen Suchmaschine ändern. Manchmal wird beim Besuch einer anderen Suchmaschine eine Popup-Meldung auf Ihrem Bildschirm angezeigt, in der Sie gefragt werden, ob Sie diese Suchmaschine als Standardsuchmaschine festlegen möchten. Klicken Sie auf die Schaltfläche JA oder OKAY, wenn es sich um Ihre Lieblingssuchmaschine handelt. Andernfalls führen Sie die folgenden Schritte aus, wenn Sie in Microsoft Edge statt Bing eine andere Standardsuchmaschine verwenden möchten:

1. **Klicken Sie in Microsoft Edge rechts oben auf die Schaltfläche EINSTELLUNGEN UND MEHR (die drei Punkte) und im dann angezeigten Dropdown-Menü auf die EINSTELLUNGEN.**

    Das Fenster EINSTELLUNGEN wird in einem neuen Tab angezeigt.

2. Links im Fenster EINSTELLUNGEN klicken Sie auf den Eintrag DATENSCHUTZ, SUCHE UND DIENSTE.

   Es wird eine weitere Seite voller Einstellungsmöglichkeiten angezeigt.

3. Blättern Sie rechts auf der Seite ganz nach unten und klicken Sie im Bereich DIENSTE neben dem Punkt ADRESSLEISTE UND SUCHE auf den kleinen nach rechts zeigenden Pfeil.

   Das Fenster ADRESSLEISTE UND SUCHE erscheint.

4. Klicken Sie auf den Pfeil rechts am Feld IN ADRESSLEISTE VERWENDETE SUCHMASCHINE und wählen Sie Ihre bevorzugte Suchmaschine aus der Liste aus.

   Ihre Einstellungen werden sofort wirksam. Um das Einstellungsfenster wieder verschwinden zu lassen, klicken Sie auf das »X« oben in dem Tab. (So schließen Sie auch jeden anderen Tab.)

Bing wird nun durch die festgelegte Suchmaschine ersetzt.

Mehr Infos über alles Mögliche aufspüren

Durch Klicken auf einen Webseitenlink springen Sie rasch zu anderen Onlineschauplätzen, um dort Informationen nachzuschlagen. Was tun Sie aber, wenn es für die gewünschten Informationen keinen Link gibt, auf den Sie klicken können? Sie lesen beispielsweise auf einer Webseite einen Begriff, den Sie nicht kennen und den Sie gerne nachschlagen wollen.

Das funktioniert folgendermaßen:

1. Markieren Sie in Microsoft Edge Begriffe auf der aktuell angezeigten Webseite, die Sie nachschlagen wollen.

   Doppelklicken Sie beispielsweise auf ein Wort, um es auszuwählen. Oder zeigen Sie mit der Maus auf den Anfang einer zu markierenden Textpassage und ziehen Sie mit gedrückter Maustaste über den gewünschten Bereich. Zum Schluss lassen Sie die Maustaste wieder los.

   Mehr zu den Techniken zum Auswählen von Elementen finden Sie in Kapitel 6.

2. Klicken Sie mit der rechten Maustaste auf Ihre Auswahl und dann im Kontextmenü auf den Eintrag IM WEB NACH »...« SUCHEN (siehe Abbildung 9.8).

   Microsoft Edge sendet den markierten Begriff an die von Ihnen gewählte Suchmaschine und durchsucht das Internet nach passenden Informationen.

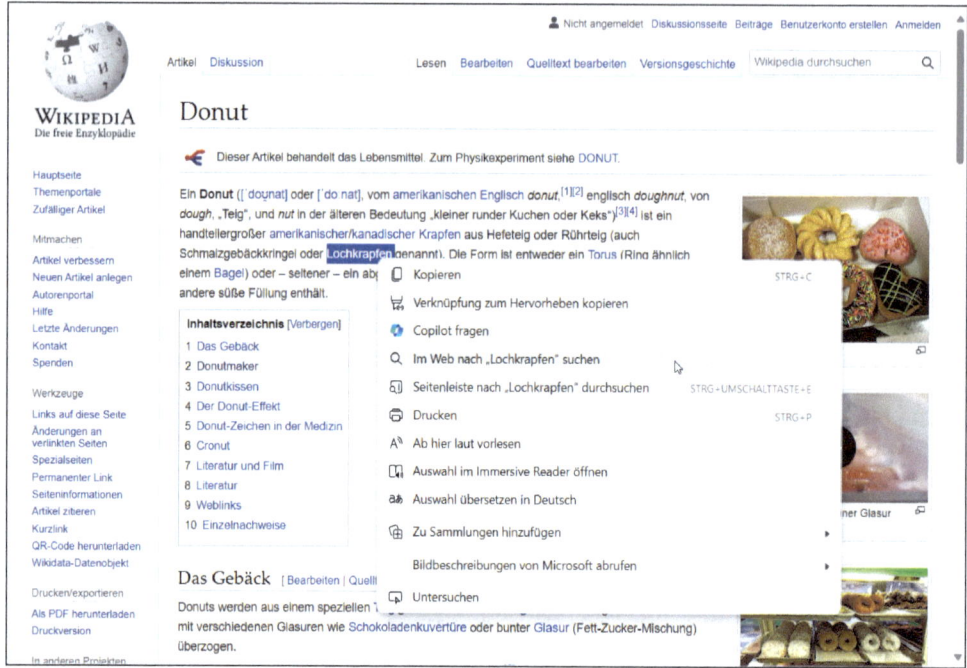

Abbildung 9.8: Microsoft Edge hilft Ihnen, nach Informationen zu den von Ihnen ausgewählten Begriffen zu suchen.

KI eine Webseite zusammenfassen lassen

Manchmal landet man bei der Erkundung eines Themas auf einer Seite, die eine enorme Menge an Informationen enthält, wie beispielsweise eine Seite auf Wikipedia.de. Wenn Sie nur eine Zusammenfassung und keine ausführliche Exegese benötigen, können Sie Copilot in Edge anweisen, die Seite zusammenzufassen. Im Gegensatz zu Copilot in Windows weiß Copilot in Edge, was Sie sich gerade in Edge ansehen. Starten Sie Copilot, indem Sie auf das Copilot-Symbol in der oberen rechten Ecke des Edge-Browsers klicken. Weisen Sie Copilot dann einfach an, »diese Seite zusammenzufassen«.

Copilot in Edge ist etwas besser auf den Edge-Browser und das Surfen im Internet abgestimmt. Sie können ihm also Fragen über Edge, das Internet, das Web oder andere Themen stellen. Sie können Copilot verwenden, um Dinge online zu finden, insbesondere in Ihrem Gebiet. Wenn Sie Copilot beispielsweise fragen: »Wo kann ich in meiner Gegend eine gute Tamale bekommen?«, schlägt es Ihnen gerne einige lokale Restaurants vor.

Bilder vergrößern

Mit dem Internet (und der künstlichen Intelligenz) steht Ihnen im Grunde das gesamte Wissen der Welt zur Verfügung: nicht nur Text, sondern auch Bilder. Manchmal ist jedoch ein Bild auf einer Webseite so winzig, dass man ein Mikroskop braucht, um es zu sehen. Nun, ich habe eine tolle Alternative zum Mikroskop. Berühren Sie einfach mit dem Mauszeiger das Bild, das Sie vergrößern möchten, und drücken Sie dann zweimal schnell hintereinander die ⌈Strg⌉-Taste.

Wenn das Bild immer noch nicht groß genug ist, bewegen Sie den Mauszeiger nach unten in die linke untere Ecke des vergrößerten Bildes, bis Sie einige Symbole sehen. Klicken Sie dann auf das Vergrößerungssymbol (ein Vergrößerungsglas mit +), um das Bild weiter zu vergrößern. Sie können das vergrößerte Bild in seinem Fenster verschieben, um verschiedene Teile des Bildes zu betrachten. Wenn Sie fertig sind, klicken Sie auf X (Schließen) in der oberen rechten Ecke des vergrößerten Bildes.

Informationen aus dem Internet speichern

Sie sehnen sich nach einer praktischen Umrechnung von Fahrenheit in Celsius? Sie möchten Ihren Gästen zum Abendessen Sushi servieren und brauchen Rezepte? Sie möchten eine Reiseroute für Ihren Trip nach Norwegen speichern? Wenn Sie eine Webseite mit unverzichtbaren Informationen finden, können Sie manchmal nicht widerstehen, eine Kopie auf Ihrem Computer zu speichern, um sie zu einem späteren Zeitpunkt anzusehen, durchzusehen oder sogar auszudrucken.

Um eine Webseite zu speichern, klicken Sie mit der rechten Maustaste auf einen leeren Bereich der Seite, wählen Sie im Kontextmenü die Option SPEICHERN UNTER und klicken Sie dann auf die Schaltfläche SPEICHERN.

Microsoft Edge speichert eine Kopie der begehrten Webseite im Ordner Downloads. Um den Ordner DOWNLOADS aufzurufen, öffnen Sie den Explorer und klicken Sie dann im linken Bereich auf DOWNLOADS. (Wie Sie im Explorer navigieren, erkläre ich in Kapitel 5.)

Bitte beachten Sie, dass sich Ihre gespeicherte Seite nicht ändert, selbst wenn die aktuelle Seite im Internet aktualisiert wird. Aus diesem Grund eignet sich das Speichern von Seiten am besten für feststehende Inhalte. Wenn Sie stets aktuelle Informationen wünschen, fügen Sie die Seite einfach zu Ihrer Favoritenliste hinzu (siehe weiter oben in diesem Kapitel).

Text speichern

Wenn Sie nur ein wenig Text von einer Webseite kopieren möchten, wählen Sie den entsprechenden Textteil aus, klicken Sie mit der rechten Maustaste auf die Auswahl und wählen Sie im Kontextmenü den Befehl KOPIEREN. (Wie Sie Text auswählen, ist in Kapitel 6 erläutert.) Öffnen Sie dann Ihr Textverarbeitungsprogramm, fügen Sie den Text in ein neues Dokument ein und speichern Sie das Dokument unter einem möglichst aussagekräftigen Namen im Ordner DOKUMENTE.

Ein Bild speichern

Während Sie von einer Webseite zur anderen springen, kann es vorkommen, dass Sie ein Bild erspähen, das einfach zu gut ist, als dass man es ignorieren könnte. Speichern Sie es auf Ihrem PC: Klicken Sie dazu mit der rechten Maustaste auf das Bild und wählen Sie im Kontextmenü den Befehl BILD SPEICHERN UNTER (siehe Abbildung 9.9).

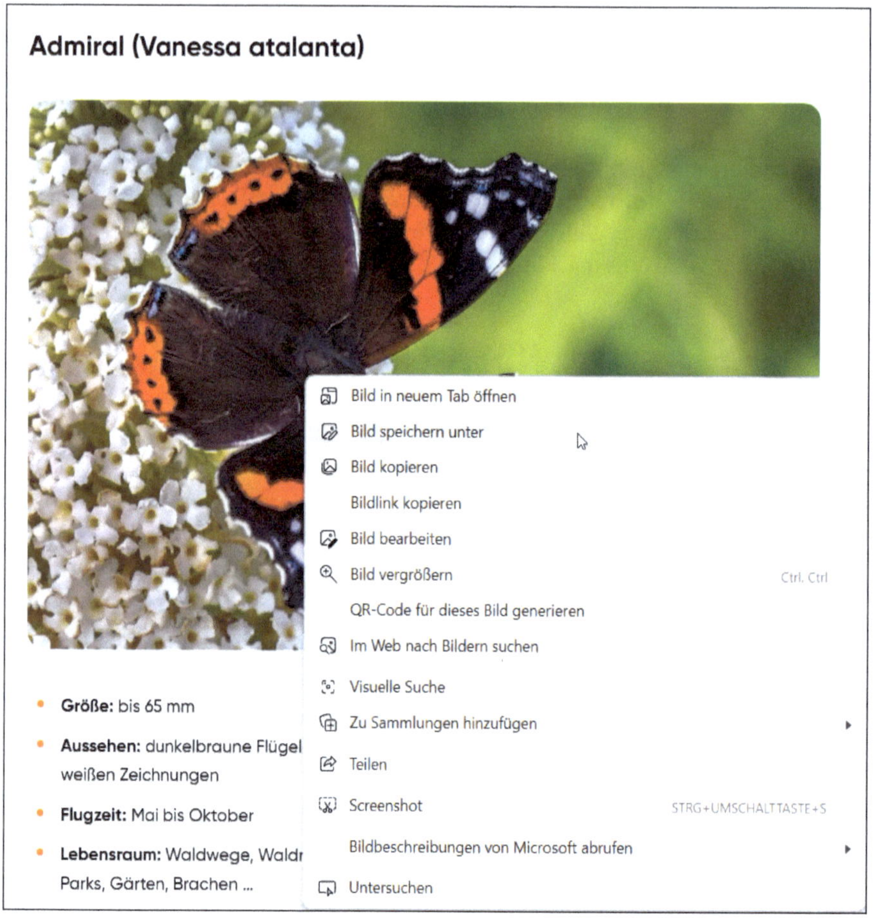

Abbildung 9.9: Mit BILD SPEICHERN UNTER können Sie ein Bild von der Webseite auf Ihrem Rechner speichern.

Das Dialogfeld SPEICHERN UNTER wird geöffnet. Übernehmen Sie den Namen des Bildes von der Webseite oder vergeben Sie selbst einen Namen. Klicken Sie auf SPEICHERN, um das geklaute Bild (ja, es ist geklaut) in einem zuvor gewählten Ordner beziehungsweise einfach im Ordner BILDER abzulegen.

Das Menü in Abbildung 9.9 bietet noch einige weitere Optionen an, wie zum Beispiel das Bild in einem neuen Tab zu öffnen, es in die Windows-Zwischenablage zu kopieren, um es in einer anderen Anwendung einzufügen, oder im Internet nach anderen Versionen des Bildes zu suchen.

Erinnern Sie sich an das Bild neben Ihrem Namen im Windows-Startmenü? Sie können es durch ein beliebiges Bild aus dem Internet ersetzen. Klicken Sie mit der rechten Maustaste auf das neue Bild, und speichern Sie es in Ihrem Ordner BILDER. Verwenden Sie dann die App EINSTELLUNGEN (siehe Kapitel 2), um das Bild für Ihr Benutzerkontobild zu verwenden.

Etwas aus dem Internet herunterladen

Viele Webseiten bieten Links zu Dateien, die Sie herunterladen können. Herunteraden bedeutet, Dateien von einer externen Quelle (in diesem Fall dem Internet) auf Ihren eigenen Computer zu kopieren.

Um etwas von einer Webseite herunterzuladen, klicken Sie auf den Link zu diesem Element oder auf eine in der Nähe stehende Downloadschaltfläche (falls verfügbar). Microsoft Edge lädt das Element sofort herunter und platziert es im Ordner DOWNLOADS.

 Bevor Sie auf einer Webseite auf eine Downloadschaltfläche klicken, prüfen Sie genau, ob es sich wirklich um das Programm, das Lied oder das Etwas handelt, das Sie herunterladen wollen. Nicht dass Sie versehentlich eine Spyware, einen Virus oder ein sonstiges Etwas aus dem Web herunterladen, mit dem die Webseite Geld verdient.

Zwei Wege führen Sie zu Ihren Downloads:

 ✓ **DOWNLOADS-Ordner:** Heruntergeladene Elemente landen auf Ihrem Rechner im Ordner DOWNLOADS. Klicken Sie in der Taskleiste auf die Schaltfläche EXPLORER und im Explorer auf den Ordner DOWNLOADS, um eine Liste mit heruntergeladenem Krimskrams anzuzeigen.

✓ **Die Downloads-Liste in Microsoft Edge:** Klicken Sie in Microsoft Edge oben rechts auf EINSTELLUNGEN UND MEHR (die drei Punkte, die Sie auch in der Randspalte sehen). Wenn sich das Menü EINSTELLUNGEN öffnet, klicken Sie auf DOWNLOADS. Sie sehen eine Liste aller Ihrer Downloads. Außerdem können Sie rechts oben auf den Link DOWNLOADORDNER ÖFFNEN klicken, um direkt zum DOWNLOADS-Ordner zu wechseln.

Dateien komprimieren und extrahieren

 Viele Downloads kommen in einer hübschen Ordnerverpackung mit Reißverschluss daher. Das sind sogenannte *ZIP-Dateien*. Windows behandelt diese Ordner wie normale Ordner. Doppelklicken Sie auf eine ZIP-Datei, um deren Inhalt anzusehen. (Die Dateien in diesem Ordner sind komprimiert, damit der Download nicht so lange dauert.) Um gepackte Dateien zu extrahieren, klicken Sie mit der rechten Maustaste auf die gezippte Datei und wählen Sie den Befehl ALLE EXTRAHIEREN.

 Zip-Dateien mit der Dateinamenerweiterung .zip sind eine gängige Methode, um eine oder mehrere große Dateien oder Ordner auf eine kleinere Größe zu komprimieren, um so den Downloadprozess zu beschleunigen. Es gibt jedoch auch andere Komprimierungsalgorithmen, darunter 7zip und Tar (mit den Dateinamenerweiterungen .7zip bzw. .tar). Wenn Sie eine dieser Dateien erhalten, klicken Sie mit der rechten Maustaste auf das Dateisymbol und wählen Sie ALLE EXTRAHIEREN, um den Inhalt der Datei zu dekomprimieren.

Sie können Dateien und Ordner auch in zip-, 7zip- und tar-Dateien komprimieren. Wählen Sie im Explorer die Dateien oder Ordner aus, die Sie komprimieren möchten. Klicken Sie mit der rechten Maustaste auf ein ausgewähltes Element und wählen Sie Komprimieren in und dann die gewünschte Komprimierungsart. Wenn Sie all das vergessen haben und sich über eine komprimierte Datei wundern, die Ihnen jemand per E-Mail geschickt hat, fragen Sie einfach Copilot in Windows: »Wie kann ich eine Datei dekomprimieren?«

> **IN DIESEM KAPITEL**
>
> E-Mail einrichten
>
> E-Mails lesen und senden
>
> Dateien und Fotos senden und empfangen
>
> Online chatten
>
> Mit Ihrem Computer Video- und Sprachanrufe führen

Kapitel 10

Soziale Kontakte pflegen: E-Mail, Chat und Videoanrufe

Windows 11 Version 24H2 enthält Anwendungen für E-Mail und Online-Meetings. Für E-Mails gibt es Outlook für Windows, eine kostenlose Version von Microsoft Outlook, die in der Geschäftswelt weit verbreitet ist. Für Online-Meetings gibt es Microsoft Teams für die Geschäftswelt und Teams Chat für schnelle Chats und Videoanrufe mit Familie und Freunden.

Dieses Kapitel konzentriert sich auf Outlook für Windows und Teams Chat. Alles, was Sie über diese beiden Anwendungen lernen, gilt jedoch auch für ihre größeren Browser für die Geschäftswelt.

Erste Schritte mit E-Mail

Mit der Windows 11-Version 24H2 müssen Sie beim Senden und Empfangen von E-Mails nichts Neues oder Anderes tun. Sie können diesen Abschnitt überspringen und einfach weiter E-Mails schreiben, wie Sie es schon immer getan haben. Wenn Sie jedoch noch keine E-Mail-Adresse haben, eine zweite E-Mail-Adresse für Familie und Freunde oder für geschäftliche Zwecke einrichten oder Outlook für Windows ausprobieren möchten, lesen Sie weiter.

> **Was ist mit Mail und Kalender?**
>
> Windows 10 und 11 werden mit den kostenlosen Mail- und Kalender-Apps geliefert. Microsoft beabsichtigt, die Unterstützung für diese Anwendungen Ende 2024 einzustellen. Wenn Sie Mail oder Kalender in Windows 11 Version 24H2 starten, werden Sie wahrscheinlich aufgefordert, zum neuen Outlook zu wechseln. Sie sollten jedoch nicht gezwungen sein, Ihre Konten einzurichten oder Ihren Kalender neu zu erstellen. Stattdessen geben Sie an, welche Konten (falls vorhanden) Sie verwenden möchten, und Windows 11 24H2 importiert automatisch Ihre vorhandenen Daten für einen reibungslosen und einfachen Übergang zum neuen Outlook.

Eine neue E-Mail-Adresse erhalten

Dieser Abschnitt ist für Leser gedacht, die eine neue E-Mail-Adresse wünschen und denen es nichts ausmacht, wenn sie auf `@outlook.com` oder `@hotmail.com` endet. Sie müssen sich einen Namen ausdenken, der vor dem `@outlook.com`-Teil steht. Der Name muss mit einem Buchstaben (a-z) beginnen und kann von beliebigen anderen Buchstaben, Zahlen, Bindestrichen, Unterstrichen oder Punkten gefolgt werden. Der Name muss außerdem eindeutig sein, so dass Sie möglicherweise mehrere Namen durchgehen müssen, um einen verfügbaren zu finden.

Sie brauchen auch ein Kennwort. Das Kennwort muss mindestens acht Zeichen lang sein und sollte mindestens zwei der folgenden Elemente enthalten: Großbuchstaben, Kleinbuchstaben, Zahlen und Symbole. Das Passwort darf nicht den von Ihnen gewählten Namen enthalten (der Teil, der vor dem @ in Ihrer E-Mail-Adresse steht). Bei Kennwörtern wird zwischen Groß- und Kleinschreibung unterschieden. Notieren Sie sich das Kennwort und bewahren Sie es an einem Ort auf, an dem Sie es bei Bedarf leicht wiederfinden können.

Outlook für Windows ist eine neue App in Windows 11 Version 24H2, und die App kann sich jederzeit ändern. Wenn Sie auf ein Problem stoßen oder eine Fehlermeldung erhalten, ist Copilot Ihre beste Ressource. Wenn Sie Ihre Frage stellen, fügen Sie die Formulierung »das neue Outlook für Windows« in Ihre Eingabeaufforderung ein, damit Copilot nicht annimmt, dass Sie nach dem älteren Outlook fragen, das Teil von Microsoft 365 ist.

Um eine neue E-Mail-Adresse zu erstellen, gehen Sie folgendermaßen vor:

1. **Klicken Sie auf die Schaltfläche S**TART** und dann auf O**UTLOOK** (N**EU**). Oder klicken Sie auf das Symbol für O**UTLOOK** (N**EU**), wenn es in der Taskleiste angezeigt wird.**

   Wenn Sie bereits Outlook nutzen, das zu Microsoft 365 gehört, sieht das Symbol ähnlich aus wie das Originalsymbol, aber der Name enthält den Zusatz *(Neu)*.

2. **Falls Sie noch nie ein E-Mail-Konto in Outlook eingerichtet haben:**

   a. Klicken Sie auf O*UTLOOK*.*COM*-E-M*AIL*-K*ONTO ERSTELLEN*.
   b. Klicken Sie auf das Einstellungssymbol (Zahnrad).

c. Klicken Sie unter E-Mail-Konten auf Konto hinzufügen.
d. Klicken Sie auf Outlook.com-E-Mail-Konto erstellen.

3. **Geben Sie den Namen Ihrer bevorzugten E-Mail-Adresse ein, und wählen Sie dann** @outlook.de, @outlook.com **oder** @hotmail.com **für den Domänenteil der Adresse. Klicken Sie auf Weiter.**

   Abbildung 10.1 zeigt ein Beispiel, bei dem die E-Mail-Adresse aimee.ai@outlook.de lautet, wenn diese Adresse verfügbar ist. Wenn Ihre bevorzugte E-Mail-Adresse nicht verfügbar ist, wird eine Meldung angezeigt. Versuchen Sie es so lange, bis Sie eine eindeutige E-Mail-Adresse gefunden haben.

Abbildung 10.1: Erstellen einer E-Mail-Adresse in Outlook für Windows.

4. **Geben Sie Ihr Kennwort ein, und klicken Sie dann auf Weiter.**

   Wenn Ihr Kennwort nicht akzeptabel ist, versuchen Sie ein anderes Kennwort, das die oben genannten Anforderungen erfüllt.

   Sie können das Kontrollkästchen deaktivieren, wenn Sie keine Informationen über Microsoft-Produkte und -Dienste erhalten möchten. Wenn Sie sich fragen, womit Sie einverstanden sind, klicken Sie auf die Datenschutzerklärung und die Microsoft-Dienstvereinbarung, bevor Sie fortfahren.

5. **Geben Sie Ihren Vor- und Nachnamen ein, und klicken Sie dann auf Weiter.**

6. **Wählen Sie Ihr Land oder Ihre Region aus, geben Sie Ihr Geburtsdatum ein, und klicken Sie auf Weiter.**

   Wenn Sie minderjährig sind, hat Ihr Geburtsdatum einige Auswirkungen auf Ihr Konto. Ich gehe jedoch davon aus, dass Sie volljährig sind.

7. **Klicken Sie auf Weiter.**

   Es kann eine Weile dauern, bis Windows alles eingerichtet hat.

8. **Klicken Sie auf Weiter oder Akzeptieren, wenn Sie dazu aufgefordert werden.**

Wenn der Vorgang abgeschlossen ist, sind Ihre neue E-Mail-Adresse und Ihr neues Konto eingerichtet und einsatzbereit, und Sie werden automatisch bei Outlook für Windows angemeldet.

Sie können den nächsten Abschnitt überspringen, da Ihr Outlook für Windows-Konto die E-Mail-Adresse und das Kennwort verwendet, die Sie gerade erstellt haben.

Outlook für ein E-Mail-Konto konfigurieren

Ein E-Mail-Client ist eine App, mit der Sie E-Mails senden und empfangen können. Wenn Sie mit Ihrer derzeitigen Art, E-Mails zu versenden, bereits zufrieden sind, müssen Sie Outlook für Windows nicht als E-Mail-Client einrichten.

Wenn Sie Outlook für Windows ausprobieren möchten und derzeit Mail und Kalender in Windows als E-Mail-Client verwenden, müssen Sie die Schritte in diesem Abschnitt nicht ausführen. Sie werden aufgefordert, zum neuen Outlook zu wechseln, wenn Sie eine der beiden Anwendungen starten.

Wenn Sie die Mail- und Kalender-App nicht verwenden, führen Sie die folgenden Schritte mit einer vorhandenen E-Mail-Adresse und einem Kennwort aus. Sie können dieselbe E-Mail-Adresse und dasselbe Kennwort verwenden, die Sie für die Anmeldung bei Ihrem Microsoft-Konto verwenden:

1. **Klicken Sie auf die Schaltfläche Start und dann auf das Symbol Outlook (Neu).**

   Wenn sich das Symbol Outlook (Neu) auf Ihrer Taskleiste befindet, können Sie stattdessen dieses Symbol anklicken. Achten Sie darauf, dass Sie das Symbol mit (Neu) verwenden; das andere Symbol ist für das ursprüngliche Outlook, das mit Microsoft 365 geliefert wird.

2. **Wählen Sie ein Konto aus den unter Vorgeschlagene Konten aufgeführten Optionen aus, wie in Abbildung 10.2 dargestellt.**

   Wenn das gewünschte Konto nicht verfügbar ist, schließen Sie das Outlook-Fenster, klicken Sie auf die Schaltfläche Start und wählen Sie dann Einstellungen | Konten | E-Mail und Konten; als nächstes fügen Sie ein Konto mit der entsprechenden E-Mail-Adresse hinzu. Schließen Sie dann das Fenster Konten.

3. **Klicken Sie auf Weiter.**

   Windows versucht, das Konto für die von Ihnen angegebene E-Mail-Adresse einzurichten.

4. **Wenn Windows weitere Informationen benötigt, folgen Sie den Anweisungen auf dem Bildschirm.**

5. **Klicken Sie auf Weiter und Annehmen, wenn Sie dazu aufgefordert werden.**

   Die Eröffnungsseite von Outlook für Windows wird angezeigt.

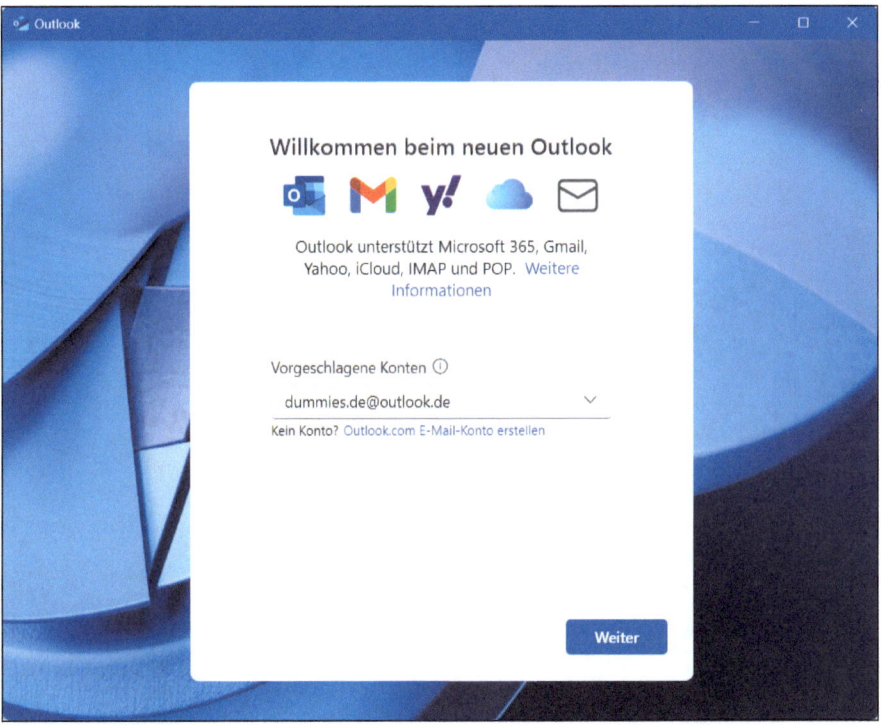

Abbildung 10.2: Erstellen eines Outlook für Windows-Kontens für eine vorhandene E-Mail-Adresse.

Outlook für Windows verwenden

In diesem Abschnitt wird erklärt, wie Sie Outlook für Windows für eine E-Mail-Adresse verwenden, die Sie bereits konfiguriert haben, wie in den vorherigen Abschnitten beschrieben. Ich gehe davon aus, dass Sie nicht mehr bei Ihrem Konto angemeldet sind und vom Windows-Desktop aus starten. Zunächst müssen Sie Outlook für Windows öffnen und sich bei Ihrem Konto anmelden:

1. **Klicken Sie auf die Schaltfläche Start und wählen Sie Outlook (Neu).**

   Wenn sich das Symbol Outlook (Neu) auf Ihrer Taskleiste befindet, können Sie stattdessen dieses Symbol anklicken.

2. **Wenn Sie zur Eingabe einer E-Mail-Adresse aufgefordert werden, wählen Sie eine aus der Liste aus.**

   Wenn Sie nur ein Konto in Outlook für Windows eingerichtet haben, müssen Sie wahrscheinlich weder eine E-Mail-Adresse noch ein Kennwort eingeben. Windows öffnet dann einfach Outlook für Windows, wie in Abbildung 10.3 gezeigt, und Sie können sofort loslegen.

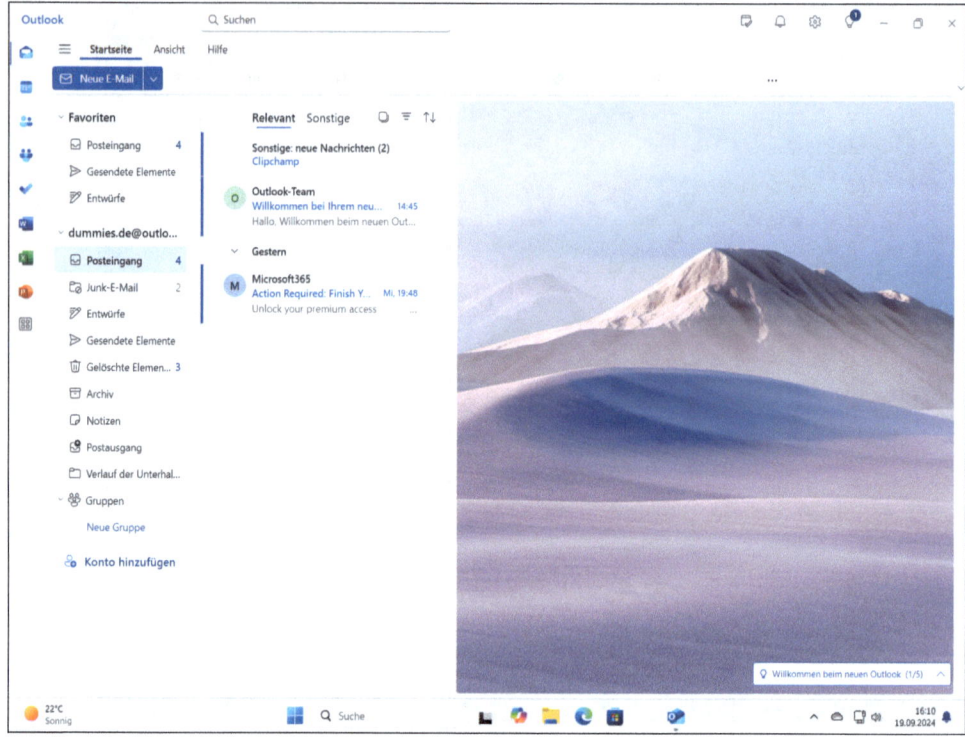

Abbildung 10.3: Outlook für Windows.

Wie Sie es von Dateien im Explorer bereits kennen können auch E-Mails in Ordnern kategorisiert werden. Diese Ordner sehen Sie in Abbildung 10.3 auf der linken Seite. Im Folgenden finden Sie eine Zusammenfassung der E-Mail-Ordner, die Sie wahrscheinlich verwenden werden:

- ✔ **POSTEINGANG:** Enthält alle eingehenden E-Mails.

- ✔ **GESENDETE ELEMENTE:** Hier wird eine Kopie aller von Ihnen gesendeten E-Mails gespeichert.

- ✔ **ENTWÜRFE:** Wenn Sie eine Nachricht schreiben, sie aber aus welchem Grund auch immer noch nicht senden wollen, bleibt sie hier abgelegt, bis Sie sie brauchen.

- ✔ **JUNK-E-MAIL:** Enthält Spam, d. h. Junk-E-Mail-Nachrichten. Outlook entscheidet, welche Nachrichten wahrscheinlich Spam sind.

- ✔ **GELÖSCHTE ELEMENTE:** Enthält E-Mail-Nachrichten, die Sie gelöscht haben.

- ✔ **ARCHIV:** Hier werden E-Mail-Nachrichten gespeichert, die Sie für spätere Zwecke aufbewahren möchten, die aber Ihren Posteingang nicht überfüllen sollen.

Je nachdem, welche anderen Anwendungen Sie installiert haben, können weitere Ordner sichtbar sein. Diese Ordner stehen jedoch nicht in direktem Zusammenhang mit E-Mails, Sie können sie also ignorieren. Der Ordner NOTIZEN wird für Notizen in OneNote verwendet, einer App zur Erstellung von Notizen. Windows 10 wurde mit einer kostenlosen Version von OneNote ausgeliefert, aber die Version von OneNote, die in der Microsoft 365-Suite enthalten ist, ist nicht kostenlos. Der Ordner GESPRÄCHSVERLAUF speichert Unterhaltungen, die Sie in Microsoft Teams geführt haben. Der Ordner GRUPPEN bietet einen Arbeitsbereich für Microsoft 365-Gruppen, die in Unternehmen verwendet werden.

Um zu sehen, was sich in einem Ordner befindet, klicken Sie einfach auf den Namen des Ordners. In Abbildung 10.3 ist der Ordner POSTEINGANG ausgewählt. Auf der rechten Seite sehen Sie Vorschauen von zwei Nachrichten in diesem Ordner. Unter dem Namen des Absenders steht der Betreff der Nachricht und die Uhrzeit, zu der sie eingegangen ist. Darunter sehen Sie die ersten paar Worte der Nachricht. Um eine Nachricht zu lesen, klicken Sie auf eine beliebige Stelle in der Vorschau. Dann wird die gesamte Nachricht im Fenster auf der rechten Seite geöffnet.

E-Mail-Nachricht senden

Starten Sie die Outlook-App und führen Sie dann die folgenden Schritte aus, um eine E-Mail-Nachricht zu verfassen und zu versenden:

1. **Klicken Sie im Menü auf STARTSEITE und dann links oben auf die Schaltfläche NEUE E-MAIL.**

   Sie sehen eine leere E-Mail-Nachricht, die Sie ausfüllen können, wie in Abbildung 10.4 dargestellt.

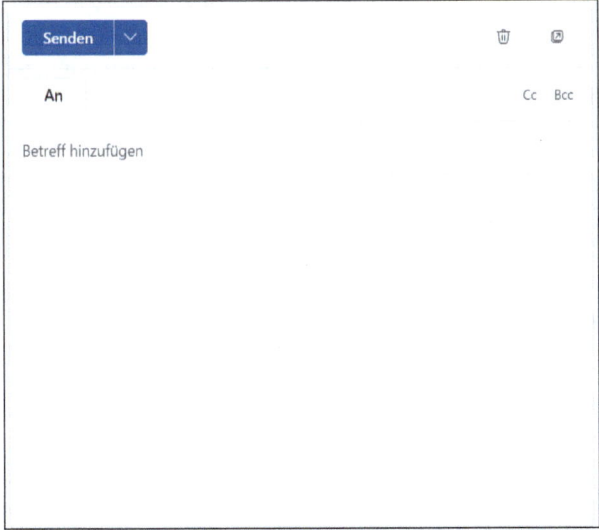

Abbildung 10.4: Eine neue E-Mail-Nachricht erstellen

2. **Geben Sie die E-Mail-Adresse des Empfängers in das Feld AN ein.**

   Sie können die E-Mail auch an sich selbst adressieren, wenn Sie es nur ausprobieren möchten. Wenn Sie eine Liste von Kontakten mit E-Mail-Adressen haben, können Sie auf die Schaltfläche AN klicken, neben dem Namen des Empfängers auf + klicken und dann auf SPEICHERN klicken, um die E-Mail-Adresse dieser Person zur Empfängerliste hinzuzufügen.

3. **Wenn Sie eine weitere E-Mail-Adresse eingeben möchten, drücken Sie die Tabulatortaste und geben Sie die Adresse ein, oder klicken Sie auf AN und fügen Sie den Empfänger hinzu. Wiederholen Sie diesen Vorgang so oft wie nötig.**

4. **Klicken Sie auf BETREFF HINZUFÜGEN und geben Sie Ihren Betreff ein.**

    Der Betreff sollte eine kurze Beschreibung der Nachricht enthalten. Wenn Sie eine Nachricht zu Testzwecken an sich selbst senden, können Sie einfach Test als Betreff eingeben.

5. **Drücken Sie die ⇥-Taste oder die ↵-Taste, oder klicken Sie in das große Feld unterhalb des Betreffs.**

    Der Cursor befindet im Feld für die Eingabe des Textes der E-Mail-Nachricht.

6. **Geben Sie den Text der E-Mail-Nachricht ein.**

    Wenn Sie geschäftliche oder formelle Nachrichten schreiben, können Sie Copilot um Hilfe bitten, wie im Kasten »Lassen Sie Copilot Ihre E-Mail-Nachrichten schreiben« beschrieben.

7. **Klicken Sie auf SENDEN.**

    Die Nachricht wird gesendet und verschwindet von Ihrem Bildschirm. Eine Kopie der Nachricht wird in Ihrem Ordner GESENDETE ELEMENTE gespeichert.

    Wenn Sie die Nachricht an sich selbst gesendet haben, sollten Sie sie in ein oder zwei Minuten in Ihrem Posteingang sehen.

Lassen Sie Copilot Ihre E-Mail-Nachrichten schreiben

Wenn Sie formelle geschäftliche E-Mail-Nachrichten schreiben, möchten Sie einen guten Eindruck hinterlassen, indem Sie sicherstellen, dass Rechtschreibung und Grammatik korrekt sind. Ziehen Sie in Erwägung, Copilot um Hilfe zu bitten. Gehen Sie wie folgt vor:

1. Klicken Sie in der Taskleiste auf das Copilot-Symbol, um Copilot zu starten.
2. Beginnen Sie bei der Eingabe Ihrer Aufforderung mit den Worten »Schreibe eine E-Mail«, um Copilot eine Anleitung für die Länge und den Stil der Nachricht zu geben. Geben Sie dann an, worum es in Ihrer Nachricht gehen soll, zum Beispiel »Schreibe eine E-Mail über die Vorteile von Bio-Lebensmitteln«.
3. Markieren Sie den Text, den Sie verwenden wollen.
4. Klicken Sie die Markierung mit der rechten Maustaste an und wählen KOPIEREN.

5. Klicken Sie in den Hauptteil Ihrer E-Mail-Nachricht und drücken Sie [Strg]+[V], um den von Copilot erstellten Text einzufügen.

   Oder klicken Sie mit der rechten Maustaste in den Hauptteil der Nachricht und wählen Sie EINFÜGEN.

6. Überprüfen Sie den eingefügten Text und passen Sie ihn bei Bedarf an, bevor Sie auf SENDEN klicken.

Ihre E-Mail-Nachrichten lesen

Neue E-Mail-Nachrichten (außer Junk-E-Mails) werden in Ihrem Posteingang gespeichert. Um Ihre neuen Nachrichten zu überprüfen, öffnen Sie Outlook für Windows und klicken Sie auf den Ordner POSTEINGANG (falls Sie sich nicht bereits in diesem Ordner befinden). Neuere Nachrichten werden immer zuerst aufgelistet, so dass Sie nicht lange nach ihnen suchen müssen. Sie sehen eine Vorschau jeder Nachricht mit dem Absender, dem Betreff und vielleicht ein paar Worten aus dem Text der Nachricht.

Um eine Nachricht zu lesen, klicken Sie auf die Vorschau. Im Inhaltsbereich auf der rechten Seite wird die gesamte Nachricht angezeigt. Nachdem Sie die Nachricht gelesen haben, wird sie als gelesen markiert; Sie erkennen dies daran, dass der Absender und der Betreff in der Nachrichtenvorschau heller angezeigt werden. Die Nachricht verbleibt jedoch in Ihrem Posteingang, wenn Sie keine weiteren Maßnahmen ergreifen.

Sobald Sie eine E-Mail-Nachricht geöffnet haben, werden in der oberen rechten Ecke der Nachricht mehrere Symbole angezeigt (siehe Abbildung 10.5). Mit diesen Symbolen können Sie festlegen, was mit der Nachricht geschehen soll, nachdem Sie den Inhalt der Nachricht gelesen haben. Sie haben die folgenden Möglichkeiten:

✔ **ANTWORTEN:** Öffnet eine neue Nachricht, die bereits an den Absender gerichtet ist. Geben Sie Ihre Antwort über der Nachricht des Absenders ein, und klicken Sie auf SENDEN.

✔ **ALLEN ANTWORTEN:** Öffnet eine neue Nachricht, die bereits an den ursprünglichen Absender und alle anderen Empfänger der ursprünglichen Nachricht gerichtet ist.

✔ **WEITERLEITEN:** Leitet die Nachricht an eine andere Person weiter. Sie müssen die E-Mail-Adresse der Person eingeben, an die Sie die Nachricht weiterleiten möchten.

Die Symbolleiste oberhalb der Nachricht enthält weitere Symbole, mit denen Sie noch mehr mit der angezeigten Nachricht machen können. Manche der Befehle sind erst dann sichtbar, wenn Sie an der rechten Seite der Symbolleiste auf die drei Punkte klicken. Hier sind die am häufigsten verwendeten Symbole:

✔ **LÖSCHEN:** Löscht die Nachricht aus Ihrem Posteingang und legt sie in Ihrem Ordner GELÖSCHTE OBJEKTE ab.

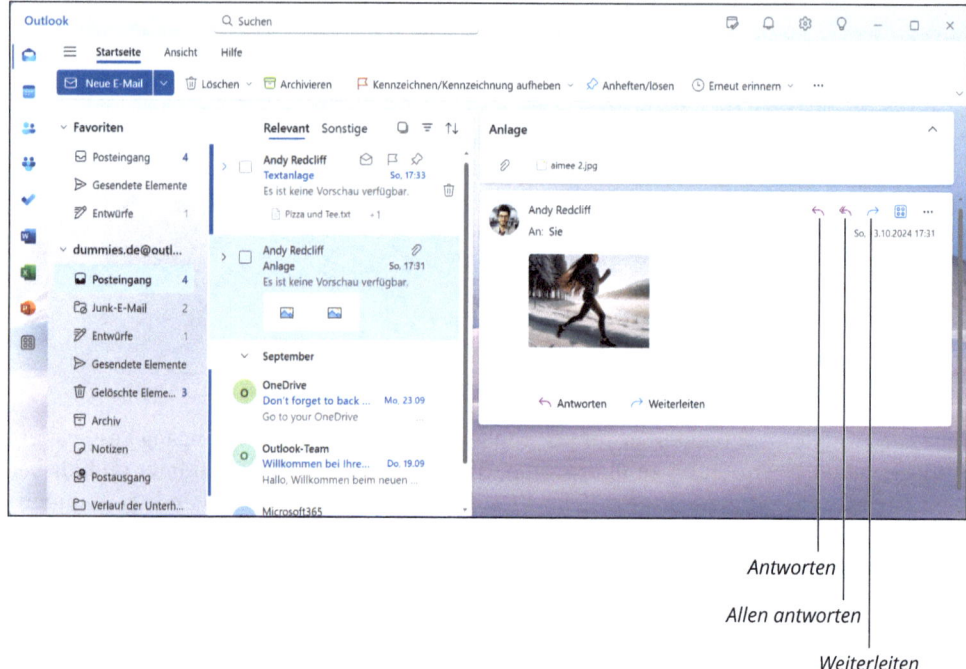

Antworten

Allen antworten

Weiterleiten

Abbildung 10.5: E-Mail-Nachricht in Outlook für Windows beantworten.

✔ **ARCHIVIEREN:** Verschiebt die Nachricht aus Ihrem Posteingang in den Ordner ARCHIV.

✔ **VERSCHIEBEN IN:** Verschiebt die Nachricht in einen Ordner Ihrer Wahl. Wenn der gewünschte Ordner nicht angezeigt wird, klicken Sie auf IN EINEN ANDEREN ORDNER VERSCHIEBEN und wählen Sie dann den gewünschten Ordner aus der sich öffnenden erweiterten Liste aus.

✔ **GELESEN/UNGELESEN:** Markieren Sie eine ungelesene Nachricht als gelesen oder umgekehrt.

✔ **KENNZEICHNEN/KENNZEICHNUNG AUFHEBEN:** Markieren Sie die Nachricht mit einer Kennzeichnung, um sich daran zu erinnern, die Nachricht später zu bearbeiten, oder entfernen Sie die Kennzeichnung.

✔ **RÜCKGÄNGIG MACHEN:** Macht Ihre letzte Aktion rückgängig. Wenn Sie beispielsweise versehentlich eine Nachricht löschen, klicken Sie auf RÜCKGÄNGIG MACHEN, um die gelöschte Nachricht wieder in Ihren Posteingang zu stellen.

 Um die E-Mail-Nachricht zu drucken, klicken Sie auf die drei Auslassungspunkte auf der rechten Seite der Symbolleiste und wählen Sie DRUCKEN.

Wenn Sie eine unerwartete E-Mail von einer Bank, der Sozialversicherung, Ihrem Kreditkartenunternehmen oder einer anderen geldbezogenen Webseite erhalten, klicken Sie auf keinen Fall auf die Links in der E-Mail. Eine kriminelle Branche namens *Phishing* verschickt E-Mails, die Sie dazu verleiten sollen, Ihren Namen und Ihr Passwort auf einer gefälschten Webseite einzugeben. Am Ende geben Sie begehrte Informationen an Leute weiter, die dann prompt Ihr Geld stehlen. Mehr zum Thema Phishing erfahren Sie in Kapitel 11.

Dateien per Mail senden und empfangen

So wie Sie einem Brief als kleines Dankeschön einen Kinogutschein beilegen können, ist es auch möglich, ganze Dateien an eine Mail als Anlage anzufügen. Sie können jeden Dateityp, einschließlich Fotos, per Mail senden und empfangen. In diesem Abschnitt wird beschrieben, wie Sie eine Datei über die Outlook-App senden und empfangen können.

Eine erhaltene Anlage speichern

Wenn Sie eine E-Mail mit Anlage erhalten, erkennen Sie dies sofort: Die im Posteingang aufgelistete Mail ist mit einer Büroklammer verziert. Um die Anlage auf Ihrem Rechner zu speichern, führen Sie die folgenden Schritte aus:

1. **Führen Sie einen der folgenden Aktionen aus:**

    - Wenn es sich bei dem Anhang um eine Datei handelt, klicken Sie auf den Abwärtspfeil neben dem Dateinamen und wählen Sie SPEICHERN UNTER.

    - Wenn es sich bei dem Anhang um ein Foto handelt, bewegen Sie den Mauszeiger auf die Miniaturansicht, klicken Sie auf den Abwärtspfeil und wählen Sie SPEICHERN UNTER.

    Das Fenster SPEICHERN UNTER wird geöffnet. Hier können Sie angeben, wo Sie die angehängte Datei ablegen möchten (untere Hälfte von Abbildung 10.6).

2. **Navigieren Sie im Fenster SPEICHERN UNTER zu dem Ordner, in dem Sie die angehängte Datei oder das Foto ablegen möchten, und klicken Sie auf SPEICHERN.**

    Das war's schon! Die Datei oder das Foto wird gespeichert, und das Fenster **SPEICHERN UNTER** wird geschlossen. Um die Datei später zu öffnen, navigieren Sie einfach zu dem Ordner, der die Datei enthält.

Wenn die heruntergeladene Datei komprimiert ist, sollten Sie sie in einen normalen Ordner dekomprimieren, bevor Sie versuchen, auf ihren Inhalt zuzugreifen. Das Symbol für eine komprimierte Datei sieht normalerweise wie ein Ordner mit einem Reißverschluss aus und hat die Erweiterung .zip, .7z, .tar, .tar.gz oder .tar.tgz. Zum Dekomprimieren klicken Sie mit der rechten Maustaste auf das Symbol der komprimierten Datei und wählen Sie ALLE EXTRAHIEREN und klicken Sie dann auf EXTRAHIEREN. Die Dateien in der komprimierten Datei werden in einem Ordner geöffnet, der denselben Namen wie die komprimierte Datei trägt, aber keine Dateinamenerweiterung besitzt. Das Symbol sieht wie ein normaler Ordner aus.

218   TEIL III Ab ins Internet

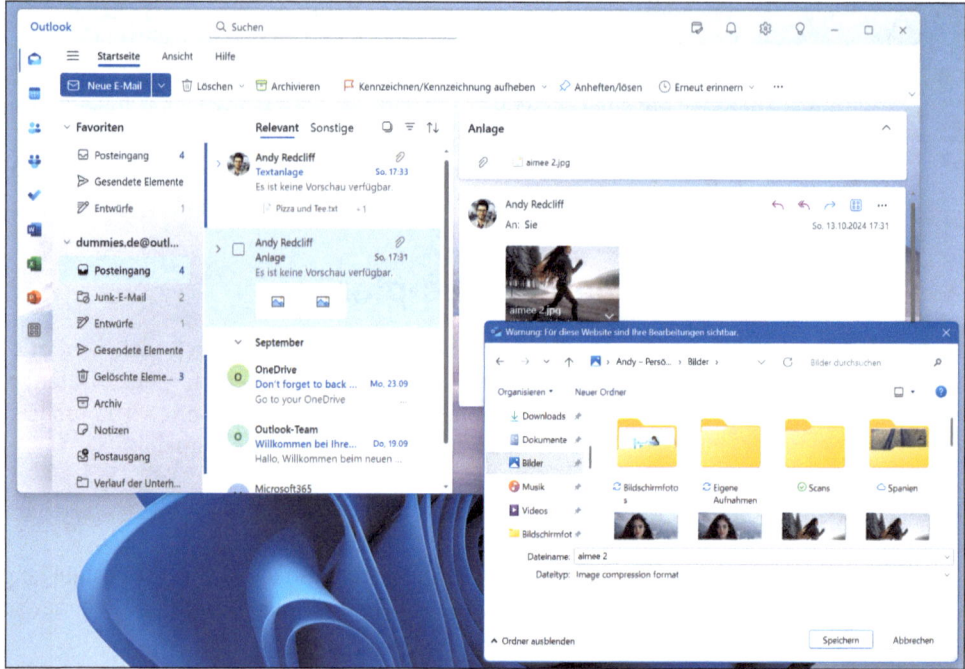

Abbildung 10.6: Speichern einer E-Mail-Dateianlage.

Sobald Sie den entpackten Ordner haben, brauchen Sie die komprimierte Datei nicht mehr zu behalten, sondern können sie löschen.

Eine Datei als Anlage senden

Sie können Fotos und andere Dateien an Ihre E-Mail-Nachrichten anhängen. Wenn Sie mehrere Dateien senden möchten, ist es möglicherweise einfacher, diese zunächst zu komprimieren. Wählen Sie dazu im Explorer die Dateien aus, die Sie versenden möchten. Klicken Sie dann mit der rechten Maustaste auf eine der ausgewählten Dateien und wählen Sie KOMPRIMIEREN IN und dann ein Format. (Das .zip-Format ist das am weitesten verbreitete Format, also wählen Sie es, wenn Sie keine Präferenz haben.)

Sie können diese komprimierte Datei dann wie jede andere Datei versenden, indem Sie die folgenden Schritte ausführen:

1. **Öffnen Sie Outlook für Windows (falls es nicht bereits geöffnet ist) und klicken Sie auf die Schaltfläche NEUE E-MAIL, um eine neue Nachricht zu erstellen.**

   Als Alternative zum Erstellen einer Nachricht können Sie auch auf eine Nachricht des Empfängers antworten und die Datei an diese Antwort anhängen.

2. **Geben Sie die E-Mail-Adresse des Empfängers, den Betreff und den Text ein, den Sie in Ihre Nachricht aufnehmen möchten.**

Auch hier handelt es sich um einen ganz normalen Teil des Versands einer E-Mail. Sie müssen die E-Mail-Adresse und den Betreff nicht eingeben, wenn Sie auf eine E-Mail antworten.

3. **Klicken Sie oben in der Menüleiste auf das Symbol für den Dateianlage (Büroklammer), wie in Abbildung 10.7 gezeigt, und wählen Sie Diesen Computer durchsuchen.**

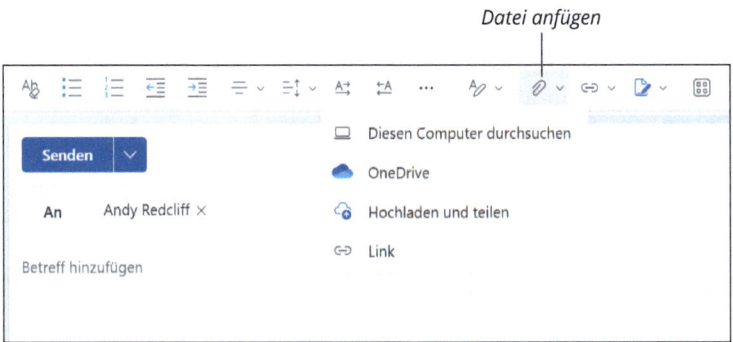

Abbildung 10.7: Klicken Sie auf das Symbol für Datei anfügen, um Dateien an eine E-Mail anzuhängen.

4. **Navigieren Sie im daraufhin angezeigten Fenster Öffnen zu dem Ordner, der die anzuhängende Datei enthält, klicken Sie auf die Datei und dann auf Öffnen.**

   In der E-Mail-Nachricht wird ein Symbol für die angehängte Datei (oder eine Miniaturansicht des angehängten Fotos) angezeigt.

5. **Klicken Sie am oberen Rand der E-Mail-Nachricht, die Sie gerade schreiben, auf die Schaltfläche Senden.**

   Outlook für Windows leitet Ihre E-Mail und den Anhang an den Empfänger weiter.

 Wenn Sie eine angehängte Datei senden, senden Sie nur eine Kopie. Ihr Original bleibt sicher auf Ihrem Computer. Beachten Sie, dass viele Internetanbieter die Größe von Dateianhängen auf 10 bis 25 MB begrenzen. Das reicht aus, um ein paar Fotos zu versenden, aber reicht selten für Videos aus. (Teilen Sie diese auf YouTube oder Facebook.)

 Hier ist eine Abkürzung, die Sie verwenden können, wenn Sie eine Datei per E-Mail versenden. Klicken Sie im Explorer mit der rechten Maustaste auf die zu versendende Datei, wählen Sie Weitere Optionen anzeigen | Senden an | E-Mail-Empfänger und dann Anhängen. Dann adressieren Sie die E-Mail wie gewohnt.

Das sollte genügen, damit Sie mit dem Senden und Empfangen von E-Mails mit Windows 11 24H2 beginnen können. Denken Sie daran, dass Sie jederzeit Copilot fragen können, wenn Sie eine Frage haben, während Sie eine E-Mail verfassen.

Online-Meetings

Microsoft Teams, eine kostenlose App, die in Windows 11 enthalten ist, wird seit Jahren für Online-Meetings, Interviews, Telefonkonferenzen und vieles mehr verwendet. Es gibt zwei Versionen von Teams: beide verwenden auf ihren Symbolen und im App-Fenster den Namen Teams.

Wenn Sie ein persönliches Microsoft-Konto mit einer persönlichen E-Mail-Adresse haben, ist die Version von Teams, die Sie verwenden, Teams Chat. Sie ist einfach und eignet sich ideal für den Online-Chat mit Freunden und Familie. Die Version von Microsoft Teams, die mit Windows 11 24H2 kostenlos zur Verfügung gestellt wird, ersetzt Teams Chat der ursprünglichen Windows 11-Version.

Einige Windows-Nutzer haben von Ihrem Unternehmen oder der Schule/Uni eine E-Mail-Adresse (und ein Benutzerkonto) erhalten. Sie verwenden für dieses Konto nicht ihre persönliche E-Mail-Adresse. Bei diesem Konto handelt es sich um Microsoft Teams für Unternehmen oder das Bildungswesen, das komplexer ist als die in diesem Kapitel behandelte Version.

In diesem Abschnitt wird erklärt, wie Sie die kostenlose Version von Teams starten, die mit Windows 11 24H2 geliefert wird. Verwenden Sie die App, um sich mit Ihren Freunden, Ihrer Familie oder Ihren Kollegen zu verbinden, und beginnen Sie zu chatten, entweder über Textnachrichten oder Video.

Teams starten

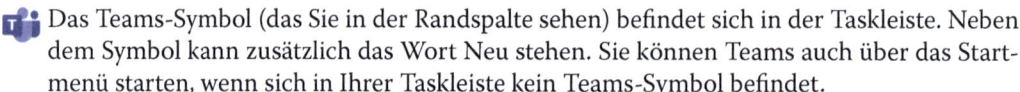 Das Teams-Symbol (das Sie in der Randspalte sehen) befindet sich in der Taskleiste. Neben dem Symbol kann zusätzlich das Wort Neu stehen. Sie können Teams auch über das Startmenü starten, wenn sich in Ihrer Taskleiste kein Teams-Symbol befindet.

Wenn Sie Teams zum ersten Mal öffnen, werden Sie wahrscheinlich aufgefordert, sich anzumelden. Für die kostenlose Version von Microsoft Teams benötigen Sie ein Microsoft-Konto. Stellen Sie also sicher, dass Sie sich mit einem Microsoft-Konto anmelden. Bei der Anmeldung sind einige Dinge zu beachten:

- ✔ Wenn Sie sich mit einem Schul- oder Geschäftskonto anmelden (ein Konto, das von Ihrer Schule/Uni oder Ihrem Unternehmen bereitgestellt wird), werden Sie bei Teams für Unternehmen oder Bildungswesen angemeldet. Weitere Informationen zu dieser Version von Teams finden Sie in *Microsoft Teams für Dummies* von Rosemarie Withee.

- ✔ Wenn Sie sich mit einem lokalen Konto anmelden, können Sie keine Chats initiieren. Sie können jedoch jeder Besprechung beitreten, indem Sie die Besprechungs-ID eingeben, die von der Person gesendet wurde, die die Besprechung organisiert hat.

Der Rest dieses Kapitels geht davon aus, dass Sie sich mit Ihrem persönlichen Microsoft-Konto anmelden.

Hier sind die einfachen Schritte zum Starten von Teams:

1. **Klicken Sie in der Taskleiste auf das Teams-Symbol, oder klicken Sie auf die Schaltfläche START und dann auf MICROSOFT TEAMS.**

2. **Wenn Sie Teams zum ersten Mal verwenden, folgen Sie den Anweisungen auf dem Bildschirm, um sich mit Ihrem persönlichen Microsoft-Konto anzumelden.**

   Wenn Sie sich zum ersten Mal bei Teams anmelden, sieht die App wie in Abbildung 10.8 dargestellt aus.

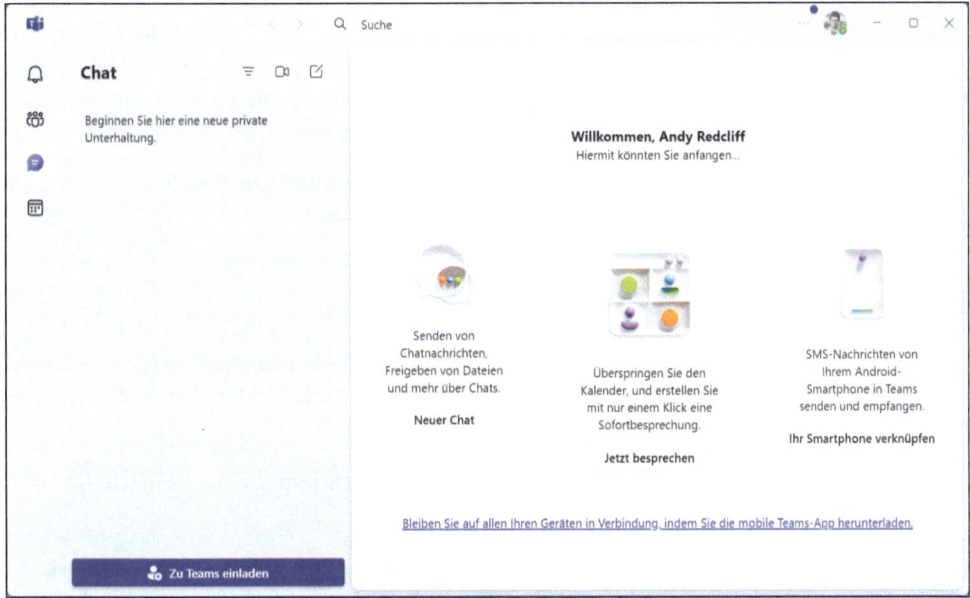

Abbildung 10.8: Microsoft Teams für persönliche Konten.

Chatnachrichten senden

Das Versenden von Chatnachrichten in Teams funktioniert ähnlich wie das Versenden von Textnachrichten auf Ihrem Telefon und an den meisten anderen Orten im Internet. Alle diese Messaging-Apps verwenden eine Technologie namens SMS (Short Message Service), so dass Sie Personen für einen Chat über ihre E-Mail-Adresse oder Handynummer kontaktieren können. Und so geht's:

1. **Klicken Sie in der Teams-App (siehe Abbildung 10.8) auf NEUER CHAT.**

   Auf der rechten Seite öffnet sich ein Panel. Sie können das Zurück-Symbol (<) verwenden, wenn Sie zu einem vorherigen Bildschirm zurückkehren möchten.

2. **Geben Sie in das Feld AN: die E-Mail-Adresse oder Telefonnummer der Person ein, die Sie kontaktieren möchten, und drücken Sie die ⏎-Taste.**

3. Wenn Sie sich zum ersten Mal mit dieser Person in Verbindung setzen, geben Sie ihren Namen ein und klicken Sie auf NAME HINZUFÜGEN.

4. Geben Sie im Feld NACHRICHT EINGEBEN eine kurze Nachricht ein.

5. Klicken Sie auf das Symbol Senden (Papierflieger) oder drücken Sie `Strg` + `↵`.

   Wenn Sie eine Telefonnummer eingegeben haben, sieht der Empfänger Ihre Nachricht auf seinem Mobiltelefon (oder seiner Uhr). Wenn Sie eine E-Mail-Adresse eingegeben haben, erhält der Empfänger eine E-Mail, in der er eingeladen wird, an der Unterhaltung teilzunehmen.

Was als Nächstes geschieht, hängt davon ab, ob der Empfänger erreichbar ist oder nicht. Wenn der Empfänger die Nachricht sieht und sofort antwortet, sehen Sie seine Antwort, und Sie können Ihr Gespräch von dort aus fortsetzen. Wenn nichts passiert, ist der Empfänger möglicherweise nicht erreichbar, und Sie müssen warten.

Wenn Sie den Kontakt hergestellt haben, setzen Sie Ihr Gespräch wie gewohnt fort. Um die Chatsitzung zu beenden, schließen Sie einfach die Teams-App.

Video- und Sprachchats abhalten

Wenn Sie und Ihr Gesprächspartner über Mikrofone und Videokameras verfügen, können Sie während des Gesprächs ganz einfach zu einem Sprach- oder Videochat wechseln. Gehen Sie einfach wie folgt vor:

1. Öffnen Sie Teams und starten Sie eine Chatsitzung, indem Sie die Schritte im vorangegangenen Abschnitt befolgen.

2. Klicken Sie in der oberen rechten Ecke des Chat-Fensters auf das Videosymbol, um zu einem Videoanruf zu wechseln, oder auf das Telefonsymbol, um zu einem reinen Sprachanruf zu wechseln.

   Wenn eines der beiden Symbole deaktiviert (abgeblendet) ist, bedeutet dies in der Regel, dass keine Videokamera oder kein Mikrofon verfügbar ist.

Diese Informationen sollten ausreichen, damit Sie loslegen können. Wenn Sie ein Problem haben, denken Sie daran, dass Copilot alles über Teams im Windows 11 2024-Update weiß. Stellen Sie einfach sicher, dass Sie in Ihrer Copilot-Frage auch den Text »Windows 11 24H2 Teams« eingeben.

> **IN DIESEM KAPITEL**
>
> Lästige Sicherheitsabfragen in den Griff bekommen
>
> Sicher im Internet surfen
>
> Phishing-Spionage verhindern
>
> Familienoptionen konfigurieren

Kapitel 11
Sicheres Arbeiten am Computer und im Internet

Die meisten von uns haben im Laufe ihres Lebens gelernt, dass der Schein manchmal trügen kann, und das gilt auch für die Online-Welt. Hinter einem scheinbar tollen Angebot, einem lustigen Spiel oder einer App, einer einfachen Möglichkeit, Geld zu verdienen, einem gutaussehenden, flirtenden Fremden oder einer Warnung einer Bank, die Sie auffordert, sofort zu handeln, kann sich etwas Heimtückisches verbergen.

Dieses Kapitel hilft Ihnen dabei, die Warnsignale in der virtuellen Nachbarschaft von Windows zu erkennen, und erklärt, was Sie tun können, um sich vor Angriffen zu schützen und eventuelle Schäden so gering wie möglich zu halten. Unterwegs stelle ich Ihnen die App WINDOWS-SICHERHEIT mit ihren Werkzeugen vor, die Ihnen dabei hilft, Bedrohungen zu erkennen und zu bekämpfen.

Die Sicherheitsabfragen verstehen

Wenn Sie eine Anwendung herunterladen und installieren, kann Windows nicht ganz sicher sein, ob Sie die Installation absichtlich durchgeführt haben oder ob der Vorgang hinter Ihrem Rücken gestartet wurde, als Sie dachten, Sie würden etwas anderes tun. Wenn Sie also versuchen, eine Anwendung zu installieren, die möglicherweise eine Systemeinstellung ändert, die Ihre Anfälligkeit erhöht, fragt Windows möglicherweise zuerst Ihre Erlaubnis, wie in Abbildung 11.1 gezeigt.

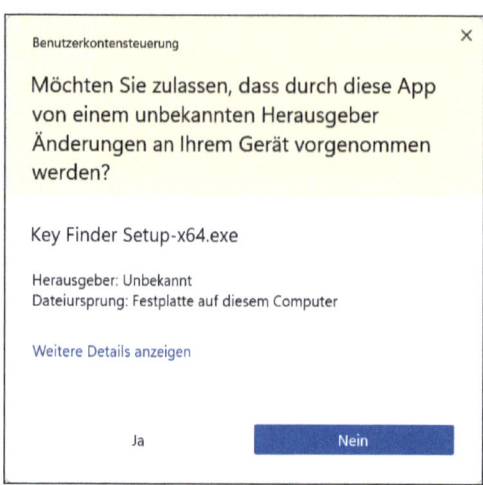

Abbildung 11.1: Klicken Sie auf NEIN, wenn eine Meldung wie die hier gezeigte unerwarteterweise angezeigt wird.

In den meisten Fällen können Sie einfach auf JA klicken und Ihre Arbeit fortsetzen. Wenn jedoch aus heiterem Himmel eine Sicherheitsabfrage erscheint oder wenn Sie versuchen, etwas zu installieren, das Sie von einer verdächtigen Webseite heruntergeladen oder unerwartet per E-Mail erhalten haben, können Sie auf die Bremse treten und den Vorgang abbrechen, indem Sie auf NEIN klicken.

Wenn Sie keine Administratorrechte haben, können Sie allerdings nicht einfach zustimmen. Sie müssen einen Administrator finden (üblicherweise die Person, der der Computer gehört) und ihn bitten, sein Kennwort einzugeben.

Auf der sicheren Seite mit Windows-Sicherheit

Früher haben die Menschen Virenschutzprogramme abonniert, um ihren Computer vor Computerviren zu schützen. Heutzutage verfügt Windows über integrierte Sicherheitsfunktionen, die Sie vor Viren und anderer Malware (Anwendungen, die von außen unschuldig aussehen, aber böse Absichten haben) schützen. Windows-Sicherheit ist automatisch rund um die Uhr im Einsatz. Und wenn Sie versehentlich etwas ändern, das die Sicherheit schwächen könnte, benachrichtigt Sie die App schnell und zeigt Ihnen, welcher Schalter in die sicherere Position umgelegt werden muss.

Windows-Sicherheit ist nicht nur ein Virenschutzprogramm, sondern ein Ort, an dem sich alle wichtigen Sicherheitsfunktionen von Windows versammeln. Meine Hoffnung ist, dass Sie nie in die Verlegenheit kommen werden, sich diese näher anschauen zu müssen, denn die Sicherheitsfunktionen laufen automatisch im Hintergrund und sind schon beim allerersten Start von Windows 11 einsatzbereit. Was für eine Truppe! Und wenn Sie doch unabsichtlich mal eine Einstellung ändern, die Ihre Sicherheit gefährdet, meldet sich das

KAPITEL 11 Sicheres Arbeiten am Computer und im Internet

Programm sofort zu Wort und zeigt Ihnen, welchen Schalter Sie umlegen müssen, um wieder geschützt zu sein.

Sie können überprüfen, ob die integrierte Sicherheit hinter den Kulissen funktioniert, indem Sie die in Abbildung 11.2 gezeigte App WINDOWS-SICHERHEIT öffnen. Klicken Sie auf die Schaltfläche START, klicken Sie auf ALLE APPS und scrollen Sie zum Symbol der App WINDOWS-SICHERHEIT und klicken Sie darauf.

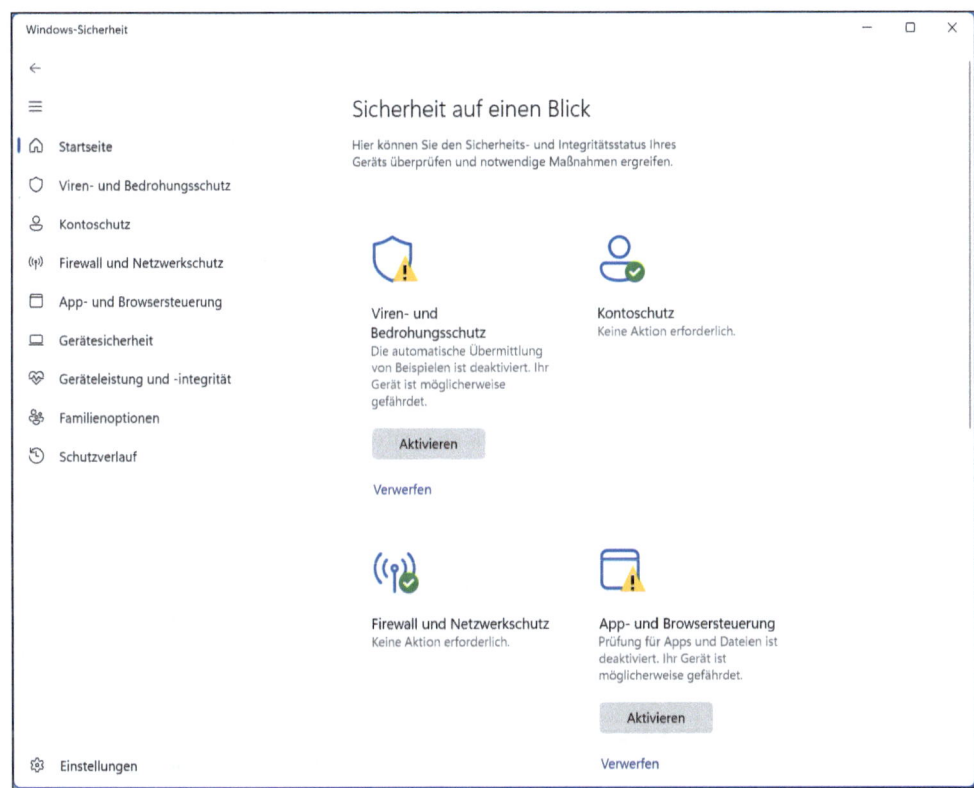

Abbildung 11.2: Sicherheit für Sie und Ihren PC.

Ein Häkchen in einem grünen Kreis neben einem Symbol bedeutet, dass die Sicherheitsfunktion aktiviert ist. Wenn Sie neben einem Symbol ein X in einem roten Kreis oder ein Ausrufezeichen in einem gelben Dreieck entdecken, klicken Sie auf das Symbol. Windows führt Sie zu dem Schalter, der umgelegt werden muss.

WINDOWS-SICHERHEIT umfasst die folgenden Schutzkategorien:

✔ **VIREN- UND BEDROHUNGSSCHUTZ:** Hier residiert der Microsoft Defender, über den Sie im nächsten Abschnitt noch mehr erfahren. Das Programm läuft automatisch im Hintergrund und durchleuchtet Ihren PC ständig auf der Suche nach möglichen Bedrohungen. Wenn Sie zwischendurch das Gefühl haben, bei Ihnen könnte sicherheitstechnisch etwas im Argen liegen, können Sie hier eine außerplanmäßige, schnelle Überprüfung Ihres Rechners anstoßen.

- ✔ **KONTOSCHUTZ:** Schauen Sie hier vorbei, wenn Sie sich über die Sicherheit Ihres Benutzerkontos informieren möchten. Hier können Sie auch ein Fingerabdrucklesegerät einrichten, wenn Sie sich statt mit einem Kennwort mit Ihrem Fingerabdruck bei Windows anmelden möchten.

- ✔ **FIREWALL- UND NETZWERKSCHUTZ:** Dieser Abschnitt führt zu den Einstellungen für die in Windows integrierte Firewall. Das ist ein Schutzwall, der Hacker davon abhalten soll, über das Internet in Ihren Rechner einzubrechen. Dieses Feature ist automatisch eingeschaltet, weshalb Sie hier vermutlich nie vorbeischauen müssen.

- ✔ **APP- UND BROWSERSTEUERUNG:** Mit diesen Einstellungen legen Sie fest, dass Microsoft Defender Antivirus Sie umgehend warnt, sollten Sie versuchen, eine gefährliche App oder Datei herunterzuladen oder mit dem Edge-Browser eine unsichere Webseite aufzurufen. Später im Abschnitt »Phishing unterbinden« erfahren Sie mehr über dieses wichtige Thema.

- ✔ **GERÄTESICHERHEIT:** Damit können Sie die Sicherheitsfunktionen überprüfen, die direkt in die Hardware Ihres Computers eingebaut sind.

- ✔ **GERÄTELEISTUNG UND -INTEGRITÄT:** Wenn Windows mal ruckelt oder hakt, werfen Sie einen Blick in diese Kategorie. Sie erzählt Ihnen, ob es auf Ihrem PC Probleme gibt. Möglicherweise wird Ihr Speicherplatz eng oder ein Treiber hat Schluckauf. Treiber? Dabei handelt es sich um Software, die dafür sorgt, dass sich Ihr Computer mit anderen Geräten wie Ihrer Maus oder einer externen Tastatur unterhalten kann. Dieser Bereich warnt Sie auch bei Problemen mit Apps oder Programmen. (Kapitel 19 widmet sich der Problembehandlung in Windows 11 in aller Ausführlichkeit.)

- ✔ **FAMILIENOPTIONEN:** Online können Sie hier Einstellungen zum Schutz Ihrer Kinder vornehmen und überwachen, wie Ihre Schützlinge ihre Rechner und anderen Geräte mit Windows nutzen. (Weiter hinten in diesem Kapitel finden Sie den Abschnitt »Mit den Familienoptionen den elektronischen Jugendschutz einrichten«.)

- ✔ **SCHUTZVERLAUF:** Dieser Bereich listet alle Fälle auf, in denen Windows-Sicherheit etwas Unsicheres auf Ihrem PC gefunden und abgewehrt hat. Es werden auch Maßnahmen empfohlen, die Sie ergreifen sollten, um Ihren PC sicherer zu machen.

Wenn Sie Virenschutz- oder Firewall-Apps von anderen Anbietern installiert haben, können Sie diese auch über die Windows-Sicherheit aktualisieren.

> Wenn alles reibungslos funktioniert, sind die Symbole in der Windows-Sicherheit mit einem grün eingekreisten Häkchen versehen. Ein rot eingekreistes X oder ein Ausrufezeichen in einem gelben Dreieck zeigen an, dass etwas nicht in Ordnung ist, und weisen Sie darauf hin, dass Sie diese Kategorie besuchen und die empfohlenen Maßnahmen ergreifen sollten.

Viren meiden und entfernen

Viren lauern überall. Sie können über eine E-Mail, eine App, eine Datei, eine Webseite, das Netzwerk oder ein USB-Laufwerk auf Ihren Rechner gelangen. Selbst in Bildschirmschonern, Designs, Symbolleisten und sonstigen Windows-Add-ons können sie übertragen werden.

Aber Windows ist nicht untätig. Es stellt zur effektiven Virenbekämpfung den kostenlosen Microsoft Defender Antivirus zur Verfügung, der Bestandteil von Windows-Sicherheit ist.

Microsoft Defender Antivirus prüft alles und jeden, das beziehungsweise der Ihren Rechner betritt. Egal ob Download, E-Mail, Netzwerk, Nachrichten-Apps, USB-Laufwerke – alles wird gecheckt. Und auch auf OneDrive hat er ein wachsames Auge, es sei denn, Sie untersagen dies.

Wird der Defender fündig, das heißt, irgendetwas Übles versucht, sich Zugang zu Ihrem Rechner zu verschaffen, teilt er Ihnen das sofort in einer entsprechenden Meldung rechts unten in der Ecke auf dem Bildschirm mit (siehe Abbildung 11.3). Dann stellt die Antiviren-Anwendung den Virus schnell unter Quarantäne, bevor er eine Chance hat, Ihren Computer zu infizieren.

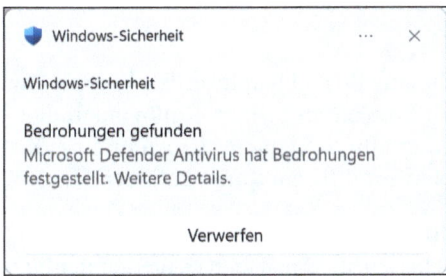

Abbildung 11.3: Microsoft Defender Antivirus erkennt und beseitigt einen Eindringling.

Microsoft Defender Antivirus aktualisiert sich immer wieder selbst auf den neuesten Stand, was es da draußen an Viren gibt, und prüft Ihren Rechner Tag und Nacht.

 Aber auch wenn die App WINDOWS-SICHERHEIT im Hintergrund für Ihre Sicherheit sorgt, sollten Sie zur Vermeidung eines Virenbefalls die folgenden Regeln beachten:

- ✔ Öffnen Sie E-Mail-Anlagen nur, wenn Sie sie erwartet haben. Wenn Sie unerwartete Anlagen erhalten, fragen Sie beim Absender nach, ob damit alles seine Ordnung hat. Vielleicht hat sich der Computer des Absenders infiziert. Mit einem Öffnen der E-Mail-Anlage würden Sie auch Ihren Computer infizieren.

- ✔ Seien Sie auch misstrauisch, wenn Sie eine E-Mail erhalten, in der Sie aufgefordert werden, auf einen Link zu klicken. Vielleicht fragt jemand bei Ihnen per Mail nach, ob Sie sein Facebook-Freund werden wollen. Klicken Sie dann bloß nicht auf den Bestätigungslink. Statten Sie stattdessen Ihrem Facebook-Konto einen Besuch ab und schauen Sie dort nach, ob Sie eine Freundschaftsanfrage erhalten haben.

- ✔ Wenn Sie wichtige Post von Ihrer Bank bekommen, klicken Sie niemals auf einen Link und geben Sie auf keinen Fall Ihren Namen oder gar Ihr Kennwort ein. Besuchen Sie stattdessen die Webseite Ihrer Bank und melden Sie sich dort an. Die Chancen stehen gut, dass mit Ihrem Konto alles okay ist. Der Absender der E-Mail hat nur versucht, Ihren Benutzernamen und Ihr Kennwort zu stehlen. (Diesen kriminellen Akt nennt man *Phishing* und Sie erfahren mehr darüber im nächsten Abschnitt.)

Copilot weiß eine Menge über die App Windows-Sicherheit und die Computersicherheit im Allgemeinen. Wenn Sie mit einer Einstellung nicht zurechtkommen oder sich bei einer bestimmten Terminologie nicht sicher sind, bitten Sie Copilot einfach um Hilfe. Wenn Sie von Copilot nicht auf Anhieb eine gute Antwort erhalten, setzen Sie das Gespräch fort, bis Copilot die gewünschten Informationen gefunden hat. Werfen Sie einen Blick in Kapitel 3, wenn Sie nachlesen wollen, wie Sie Copilot Fragen stellen können.

Phishing unterbinden

Irgendwann einmal werden Sie vielleicht eine E-Mail von Ihrer Bank, eBay, PayPal oder einer ähnlichen Webseite erhalten, die ein Problem mit Ihrem Konto ankündigt. Sie werden gebeten, auf einen Link zu klicken und dann Ihren Benutzernamen und das Kennwort einzugeben, denn nur so könnten die Probleme mit Ihrem Konto behoben werden.

Machen Sie das *niemals*! Ganz egal, wie realistisch und glaubwürdig die E-Mail oder die Webseite auch aussehen mag – Sie haben es hier eindeutig mit *Phishing* zu tun, dem betrügerischen Ausspionieren von Benutzernamen und Kennwörtern. Betrüger versenden weltweit Millionen dieser Nachrichten und hoffen, ein paar Naivlinge (zu denen Sie ja jetzt definitiv nicht zählen werden) davon zu überzeugen, ihre kostbaren Benutzernamen und Kennwörter preiszugeben.

Wie können Sie echte E-Mails von gefälschten unterscheiden? Das ist ganz einfach, weil alle Mails dieser Art gefälscht sind. Seiten, die mit Finanzen zu tun haben, senden Ihnen niemals unerwartet einen Link, auf den Sie klicken sollen, um Ihr Kennwort einzugeben.

Wenn Ihnen etwas nicht geheuer vorkommt, besuchen Sie die echte Webseite des Unternehmens – geben Sie die Webadresse von Hand ein. Wenn Sie regelmäßig über eine Smartphone-App mit dem Unternehmen interagieren, melden Sie sich mit dieser App an und prüfen Sie, ob Sie die Nachricht dort überprüfen können.

Der Browser Microsoft Edge verwendet sogenannte SmartScreen-Filter, durch die die Adressen von Webseiten mit einer Liste bekannter Phishing-Webseiten verglichen werden (siehe Abbildung 11.4). Stimmt die aufgerufene Webseite mit einem Namen in der Liste der Verdächtigen überein, schlägt der SmartScreen-Filter Alarm. Schließen Sie dann die entsprechende Webseite sofort, indem Sie auf die Schaltfläche Zurück klicken. (Die Abbildung hier zeigt eine Webseite, mit der der SmartScreen-Filter getestet werden kann.)

Die Frage stellt sich natürlich, warum die Behörden die Verantwortlichen nicht einfach einsperren. Tja, es ist anscheinend echt schwer, Internetdiebe aufzuspüren und zu verfolgen. Es liegt in der Natur des Internets, dass diese Kriminellen von jedem Ort der Erde aus arbeiten können.

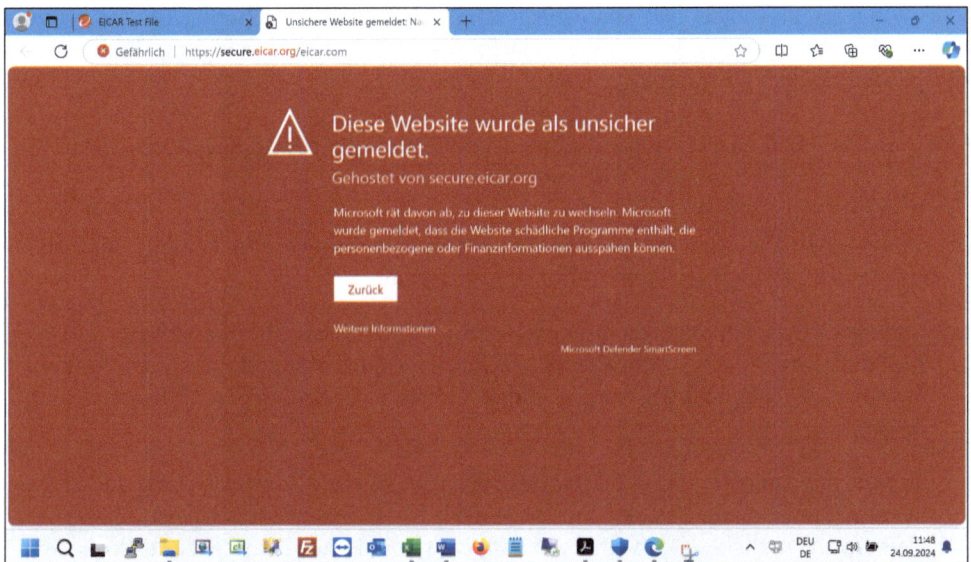

Abbildung 11.4: Microsoft Edge warnt Sie, wenn Sie eine verdächtige Phishing-Webseite besuchen.

Falls Sie versehentlich Informationen preisgegeben haben, die Sie nicht hätten preisgeben sollen, unternehmen Sie die folgenden Gegenmaßnahmen:

✔ Falls Sie Ihren Namen und Ihr Kennwort bereits auf einer Phishing-Seite eingegeben haben, müssen Sie sofort handeln: Besuchen Sie die echte Webseite auf Ihrem Smartphone oder verwenden Sie die Smartphone-App und ändern Sie Ihr Kennwort. Ändern Sie wenn möglich auch Ihren Benutzernamen. Kontaktieren Sie die Bank oder das Unternehmen und bitten Sie um Hilfe. Vielleicht gelingt es noch, die Diebe aufzuhalten, bevor sie sich mit ihren elektronischen Fingern an Ihrem Konto vergreifen.

✔ Wenn Sie Angaben zu Ihrer Kreditkarte gemacht haben, rufen Sie sofort die Notfallnummer des Kreditinstituts an und lassen Sie die Karte sperren.

Mit den Familienoptionen den elektronischen Jugendschutz einrichten

Von Eltern geliebt, von Kindern gehasst, bieten die Familienoptionen von Windows Sicherheit verschiedene Verfahren, den Zugang zum Rechner und die Verbindung zum Internet zu steuern.

Die Familienoptionen eignen sich auch für diejenigen unter Ihnen, die Ihren Rechner mit anderen teilen und das nicht uneingeschränkt tun wollen.

Sie brauchen für die Familienoptionen keine App auf Ihrem Rechner zu starten. Stattdessen agieren Sie über eine Microsoft-Webseite (Family Safety). Dort werden die Aktivitäten der Kinder über ihr Benutzerkonto aufgezeichnet. Und Sie können prüfen, was Ihr Nachwuchs so elektronisch treibt, egal wo er sich anmeldet, beispielsweise auf einem Windows-11-PC oder Windows-11-Tablet. Die kennwortgeschützte Onlineaufzeichnung der Aktivitäten steht für Sie an Ihrem PC, Tablet oder Smartphone jederzeit zur Verfügung. Tja, das kann man gut finden oder auch nicht.

 Der elektronische Jugendschutz klappt nur, wenn sowohl Sie als auch Ihre Kinder über Microsoft-Konten verfügen.

Die Family Safety-Webseite von Microsoft bietet eine Vielzahl von Kategorien zur Überwachung oder Kontrolle verschiedener Verhaltensbereiche:

- ✔ **Aktivitätsberichte:** Als Zufluchtsort für zeitgestresste Eltern bietet der Bereich Aktivitätsberichte einen schnellen Überblick über die Computeraktivitäten Ihres Kindes sowie die Möglichkeit, sich die Informationen wöchentlich per E-Mail zusenden zu lassen.

- ✔ **Computerzeit:** Legen Sie fest, wann und an welchem Wochentag Ihr Kind auf den PC oder das Xbox-Spielsystem zugreifen darf. Wenn Sie auf die Schaltfläche Limits einschalten klicken, wird ein Raster angezeigt, in dem Sie die Zeiten festlegen können, zu denen Ihr Kind auf das Gerät zugreifen darf.

- ✔ **Inhaltsfilter:** Legen Sie fest, ob Ihr Kind die Zustimmung eines Erwachsenen benötigt, um Geld auszugeben, und sperren Sie den Zugang zu ungeeigneten Apps, Spielen, Medien und Webseiten.

- ✔ **Ausgaben:** Möchten Sie, dass Ihr Kind Artikel in der Microsoft Store-App kaufen kann? Gehen Sie hierher und klicken Sie auf die Schaltfläche mit dem gewünschten Betrag. Der Betrag wird von der mit Ihrem Microsoft-Konto verbundenen Kreditkarte abgebucht und dem Konto Ihres Kindes hinzugefügt.

- ✔ **Familie suchen:** Wenn Ihr Kind ein Android-Smartphone hat, auf dem die Microsoft Family Safety-App installiert ist, können Sie das Gerät – und hoffentlich auch Ihr Kind – auf einer Karte lokalisieren. (Sie können die Microsoft Family Safety-App aus dem App-Store von Google herunterladen.).

Wenn Sie eine dieser Kategorien aufrufen, öffnet sich eine neue Seite mit einem Schalter am oberen Rand. Sie können eine ganze Kategorie ein- und ausschalten oder die Einstellungen einer Kategorie feinabstimmen.

Führen Sie die folgenden Schritte aus, um die Optionen von Family Safety zu konfigurieren:

1. **Erstellen Sie für Ihre Kinder Benutzerkonten und definieren Sie sie als Familienmitglieder. Tun Sie das auch für Erwachsene, die in der Lage sein sollen, Ihre Kinder zu kontrollieren.**

    Wie Sie beim Erstellen von Benutzerkonten Familienmitglieder hinzufügen, erfahren Sie in Kapitel 14. Wenn Sie Familienmitglieder in die Liste mit Benutzerkonten auf Ihrem Rechner hinzufügen, erhält jedes Mitglied eine Einladungsmail, dem Familiennetzwerk beizutreten. Sobald eine Person akzeptiert, erscheint ihr Konto automatisch auf Ihrem Rechner.

2. **Besuchen Sie die Webseite Family Safety.**

   Geben Sie in Ihrem Webbrowser die Internetadresse https://account.microsoft.com/family ein.

   Sie kommen auch über Windows-Sicherheit zu den Familieneinstellungen. Wählen Sie den Punkt FAMILIENOPTIONEN und klicken Sie dann auf den Link FAMILIENEINSTELLUNGEN ANZEIGEN.

3. **Melden Sie sich mit Ihrem Microsoft-Konto an, wenn Sie dazu aufgefordert werden.**

   Die Webseite zeigt die Liste der Familienmitglieder an, die ihre Einladungen angenommen haben.

4. **Klicken Sie auf den Namen eines Familienmitglieds.**

   Sie können auf der Webseite verschiedene Kategorien wählen, um dort die Aktivitäten Ihres Kindes aufzuzeichnen und einzuschränken, wie in Abbildung 11.5 dargestellt.

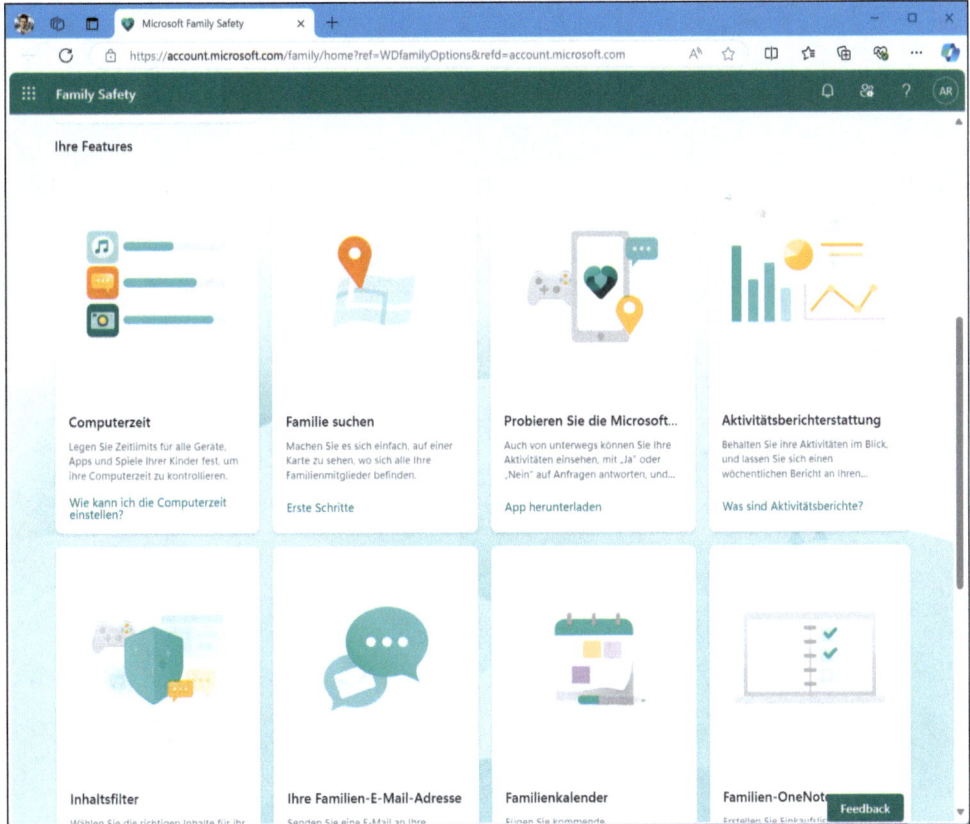

Abbildung 11.5: Mit der Webseite Family Safety können Sie die Computeraktivitäten Ihrer Kinder einschränken.

5. **Wählen Sie die Kategorien aus, für die Sie Einschränkungen festlegen wollen.**

6. **Wenn Sie fertig sind, schließen Sie das Fenster in Ihrem Browser.**

    Ihre Einstellungen werden sofort wirksam.

Obwohl die Familienoptionen von Microsoft gut funktionieren, sind nur wenige Dinge in der Computerwelt narrensicher. Wenn Sie sich Sorgen um die Computernutzung Ihrer Kinder machen, sollten Sie gelegentlich ein Auge auf sie werfen. Außerdem überwachen einige dieser Optionen Ihre Kinder nur, wenn sie sich mit ihrem Microsoft-Konto anmelden und Microsoft Edge verwenden. Wenn Sie ein unbekanntes Konto (oder einen anderen Browser) auf dem PC entdecken, ist es an der Zeit, einige Fragen zu stellen.

Teil IV
Windows 11 anpassen und aktualisieren

IN DIESEM TEIL ...

✔ Die Einstellungen-App von Windows 11 unter Kontrolle haben

✔ Den Computer in Topform halten

✔ Den Computer mit mehreren Benutzern verwenden

✔ Den Computer mit anderen vernetzen

> **IN DIESEM KAPITEL**
>
> Die richtigen Einstellungen finden
>
> Den Windows-Look ändern
>
> Anzeigeeinstellungen ändern
>
> Apps installieren und deinstallieren
>
> Einen Drucker oder Scanner installieren
>
> Ein Bluetooth-Gerät anschließen
>
> Datum und Uhrzeit automatisch einstellen lassen
>
> Einstellungen für automatische Wiedergabe konfigurieren

Kapitel 12
Windows anpassen

Gehören Sie auch zu denjenigen, denen es ein Graus ist, Einstellungen in Windows zu ändern? Dann sind Sie damit nicht allein. Viele werden von den Fragen gequält: Woher weiß ich, welche Einstellung die beste ist? Wie finde ich überhaupt erst die richtige Einstellung? Und wie mache ich falsche Einstellungen wieder rückgängig?

Windows verkompliziert die Dinge leider zusätzlich. Zum einen verfügt jede App selbst über eine Reihe eigener Einstellungen. Dann gibt es die App EINSTELLUNGEN, mit der Sie an Windows selbst herumschrauben können. Und als wäre dies noch nicht genug, meldet sich gelegentlich noch die alte und etwas eingestaubte *Systemsteuerung* mit all ihren Schaltern, Reglern und Häkchen zu Wort – ein Relikt aus vergangenen Zeiten.

Sinn und Zweck all dieser unterschiedlichen Einstellungsmöglichkeiten ist es, den Look, das Feeling, das Flair und die Stimmung von Windows und seinen Apps anzupassen. In diesem Kapitel erfahren Sie, wie Sie die gesuchten Einstellungen finden, was Sie mit Ihrem neu erworbenen Wissen anfangen und wie Sie Einstellungen wieder rückgängig machen, wenn damit alles nur noch schlimmer geworden ist.

Nur damit Sie sich nicht wundern, wenn es so gar nicht funktionieren sollte: Gewisse Einstellungen sind dem Administrator vorbehalten. Das ist in der Regel die Person, der der

Rechner gehört. Wenn Windows also den einen oder anderen Einstellungswunsch ignoriert, könnte es sein, dass Sie nicht über Administratorrechte verfügen.

Die richtige Einstellung finden

Windows 11 24H2 enthält Hunderte, um nicht zu sagen Tausende von Optionen und Schaltern. Um nach bestimmten Einstellungsmöglichkeiten zu suchen, gehen Sie wie folgt vor:

1. **Klicken Sie rechts neben der Schaltfläche START in das Suchfeld und geben Sie einen Begriff für die gesuchte Einstellung in das Suchfeld ein.**

   Wenn Sie mit der Eingabe beginnen, werden im Suchbereich alle Einstellungen aufgelistet, deren Namen mit den bereits eingegebenen Buchstaben beginnen. Wenn Sie nicht genau wissen, wie eine Einstellung heißt, versuchen Sie, möglichst allgemeine Suchbegriffe einzugeben, wie Anzeige, Maus, Benutzer oder Ähnliches.

   Die gewünschte Einstellung ist nicht in Sicht? Drücken Sie die #-Taste, um die eingegebenen Zeichen zu löschen, und geben Sie dann einen anderen Suchbegriff ein, der die Einstellung besser beschreibt.

   In den Suchergebnissen werden nicht nur Einstellungen angezeigt, sondern auch andere Elemente, deren Namen mit den hier eingegebenen Buchstaben übereinstimmen, zum Beispiel Dateien auf Ihrem Rechner, Apps aus dem Microsoft Store und sogar Webseiten. Wenn die Trefferliste zu unübersichtlich wird, filtern Sie die Ergebnisse. Tippen Sie dafür Einstellungen: gefolgt von einem Leerzeichen und Ihrem Suchbegriff in das Suchfeld. Wenn Sie beispielsweise nach Kameraeinstellungen suchen, tippen Sie Einstellungen: Kamera ein und bestätigen die Eingabe mit der ↵-Taste.

2. **Klicken Sie im Suchergebnis auf die gewünschte Einstellung.**

   Windows leitet Sie direkt zur entsprechenden Einstellung.

Wenn Sie auf der Suche nach einer Einstellung sind, beginnen Sie Ihre Suche stets im Suchbereich. Dort ist die Suche um vieles einfacher als ein wahlloses Durchforsten von Windows 11 und seinen Einstellungen.

 Copilot weiß alles über Windows 11 Version 24H2 und seine vielen Einstellungen. Fühlen Sie sich frei, Copilot jederzeit technische Fragen zu stellen. Es schadet nie, wenn Sie Ihre Frage mit »In Windows 11 24H2« zu beginnen, um sicherzustellen, dass Copilot Ihre Frage für Ihre Windows-Version beantwortet. Wenn Sie nach Hilfe zu einer bestimmten Anwendung suchen, ersetzen Sie »Windows 11 2024 Update« durch den Namen der Anwendung. In Kapitel finden Sie weitere Details über die Verwendung von Copilot.

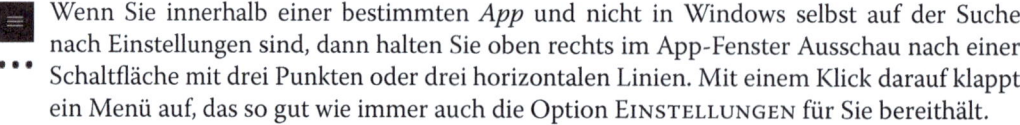 Wenn Sie innerhalb einer bestimmten *App* und nicht in Windows selbst auf der Suche nach Einstellungen sind, dann halten Sie oben rechts im App-Fenster Ausschau nach einer Schaltfläche mit drei Punkten oder drei horizontalen Linien. Mit einem Klick darauf klappt ein Menü auf, das so gut wie immer auch die Option EINSTELLUNGEN für Sie bereithält.

Die meisten Windows-Einstellungen befinden sich in der App *Einstellungen*, die in Abbildung 12.1 dargestellt ist und geöffnet wird, wenn Sie ⊞+I drücken oder auf START klicken und EINSTELLUNGEN wählen.

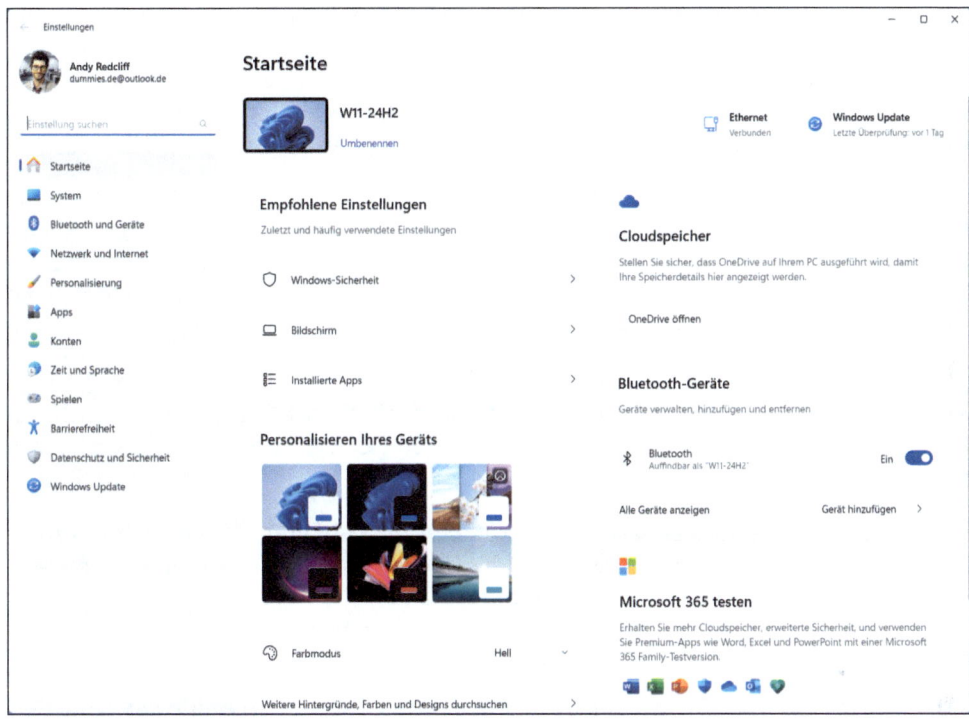

Abbildung 12.1: In der Einstellungen-App können Sie genau festlegen, wie sich Ihr Rechner verhalten soll.

Die Einstellungen-App zeigt in ihrem Startbildschirm auf der linken Seite diverse Kategorien an, hinter denen sich die verschiedenen Einstellungsmöglichkeiten verbergen, die im Rest dieses Kapitels ausführlich beschrieben werden.

System-Einstellungen anpassen

In der Kategorie *System* finden Sie alles, was in keine der anderen Kategorien gepasst hat. Hier können Sie zum Beispiel die Bildschirmauflösung ändern, das heißt die Datenmenge, die auf einem Monitor dargestellt werden kann, ohne dass alles winzig und unleserlich wird. Hier steuern Sie auch, welche Benachrichtigungen rechts unten in der Ecke Ihres Bildschirms auftauchen dürfen (und welche nicht).

In den folgenden Abschnitten picke ich mir für Sie die wichtigsten Einstellungen aus der System-Kategorie heraus.

Bildschirmauflösung und Textgröße ändern

Die Bildschirmauflösung ist eine der vielen Optionen in Windows, die Sie einmalig ändern und dann wieder vergessen können. Sie bestimmt, wie viele Pixel und damit wie viele Informationen Windows auf Ihrem Bildschirm darstellen kann. Auch wenn Sie es mit bloßem Auge nicht erkennen können, werden die Informationen auf Ihrem Bildschirm durch Tausende winziger Leuchtpunkte, die sogenannten Pixel, dargestellt. Je mehr Pixel, desto höher ist die Auflösung des Monitors. Die native Auflösung eines Bildschirms wird oft im Format *Breite x Höhe* angegeben, wobei Breite die Anzahl der Pixel in der Breite und Höhe die Anzahl der Pixel in der Höhe ist.

Wenn Sie die Einstellungen für einen Bildschirm anpassen, sehen Sie in der Regel eine Einstellung, die mit (EMPFOHLEN) gekennzeichnet ist. Das ist die ursprüngliche Auflösung des Bildschirms, die ein klares, scharfes Bild liefert. Manchmal kann eine hohe Auflösung auf einem kleinen Monitor jedoch dazu führen, dass der Text auf dem Bildschirm winzig und schwer zu erkennen ist.

Wenn es schwierig ist, etwas auf Ihrem Bildschirm zu erkennen, können Sie die Bildschirmauflösung oder die Textgröße anpassen. Hier erfahren Sie, wie Sie zu diesen Einstellungen gelangen:

1. **Klicken Sie mit der rechten Maustaste auf den Desktop und wählen Sie im Kontextmenu ANZEIGEEINSTELLUNGEN. Oder klicken Sie auf START und wählen Sie dann EINSTELLUNGEN | SYSTEM | BILDSCHIRM.**

   Die gleichnamige Seite wird angezeigt (siehe Abbildung 12.2).

2. **Öffnen Sie die Dropdown-Liste BILDSCHIRMAUFLÖSUNG und wählen Sie eine Auflösung aus.**

   Die empfohlene Einstellung entspricht der nativen Auflösung des Bildschirms und liefert wahrscheinlich das klarste Bild. Wenn Sie jedoch eine niedrigere Auflösung wählen möchten, um Dinge auf dem Bildschirm größer darzustellen, versuchen Sie eine andere Auflösung.

   Windows passt die Bildschirmauflösung sofort an.

3. **Wenn die Auflösung okay ist, bestätigen Sie die dann angezeigte Windows-Abfrage durch Klicken auf BEIBEHALTEN. Wenn Ihnen die neue Auflösung nicht gefällt oder die Anzeige unleserlich wird, warten Sie einfach, bis der Bildschirm automatisch zur vorherigen Einstellung zurückkehrt.**

Windows gibt Ihnen 15 Sekunden Zeit, sich für Ihre Änderungen zu entscheiden. Wenn Sie durch einen technischen Änderungsfauxpas nichts mehr auf dem Bildschirm sehen, schaltet Windows nach diesen 15 Sekunden automatisch zu den alten Einstellungen zurück. Puh!

Wenn der Bildschirm unscharf und schwer zu erkennen ist, können Sie die vorangegangenen Schritte wiederholen und zur empfohlenen Auflösung zurückkehren. Kehren Sie dann zu den ANZEIGEEINSTELLUNGEN zurück und klicken Sie auf die Option SKALIERUNG. Es wird eine Warnung angezeigt, die darauf hinweist, dass es zu Problemen kommen kann,

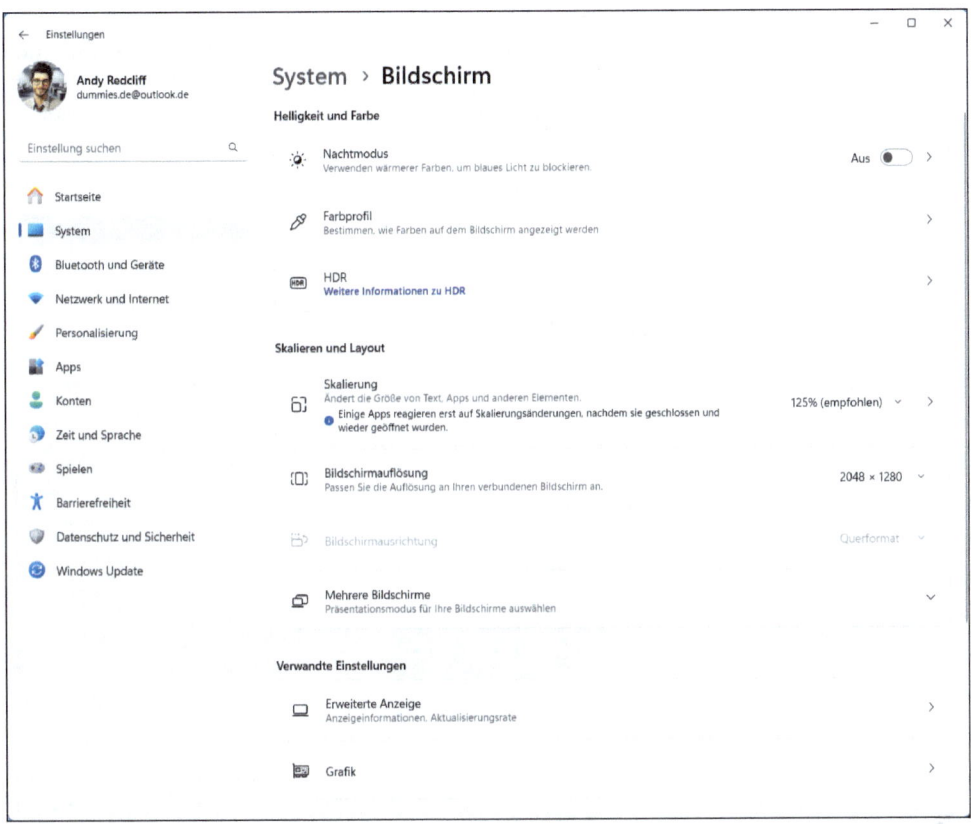

Abbildung 12.2: Die Einstellungen für die Kategorie Bildschirm.

wenn Sie es mit der benutzerdefinierten Skalierung übertreiben. Wenn Sie jedoch auf die Option TEXT klicken und dann den Schieberegler verwenden, um den Text ein wenig größer zu machen, können Sie die Textgröße wahrscheinlich anpassen, ohne dass die Übersichtlichkeit verloren geht. Klicken Sie auf ANWENDEN, nachdem Sie eine Textgröße festgelegt haben, um sie auf den gesamten Bildschirm anzuwenden.

Möglicherweise müssen Sie ein wenig experimentieren, um die richtige Lösung zu finden. Wenn Sie der Meinung sind, dass ein größerer Bildschirm die beste Lösung wäre, können Sie Ihren aktuellen Laptop oder Desktop-Computer wie nachfolgend beschrieben um einen solchen erweitern.

Den Arbeitsbereich mit einem zweiten Bildschirm oder einem Projektor vergrößern

Wenn Sie Schwierigkeiten haben, auf dem Bildschirm eines Laptops zu sehen, und das Verändern der Textgröße und Auflösung (wie im vorherigen Abschnitt beschrieben) nicht geholfen hat, sollten Sie einen größeren externen Monitor anschließen. Die Chancen stehen gut, dass der Laptop bereits über einen HDMI-, DisplayPort- oder USB-C-Anschluss verfügt, an den Sie einen externen Monitor anschließen können. Sie müssen jedoch in der Dokumentation des Laptops nachsehen.

Einige Desktop-PCs haben bereits zwei oder mehr Monitoranschlüsse, so dass Sie jederzeit einen zweiten Bildschirm hinzufügen können. Aber auch hier sollten Sie die technischen Daten Ihres Computers überprüfen. Wenn Sie einen zweiten Monitor an Ihren Computer anschließen und dieser nicht sofort reagiert, vergewissern Sie sich, dass der Monitor an die Steckdose angeschlossen, eingeschaltet und ordnungsgemäß mit dem Computer verbunden ist. Führen Sie dann die folgenden Schritte aus, um Windows mitzuteilen, dass Sie einen zweiten Monitor hinzugefügt haben:

1. **Klicken Sie mit der rechten Maustaste auf den Desktop und wählen Sie im Kontextmenu ANZEIGEEINSTELLUNGEN. Oder klicken Sie auf START und wählen Sie dann EINSTELLUNGEN | SYSTEM | BILDSCHIRM.**

    Sie sehen die Anzeigeeinstellungen mit zwei nebeneinander angeordneten Monitoren, wie in Abbildung 12.3 gezeigt.

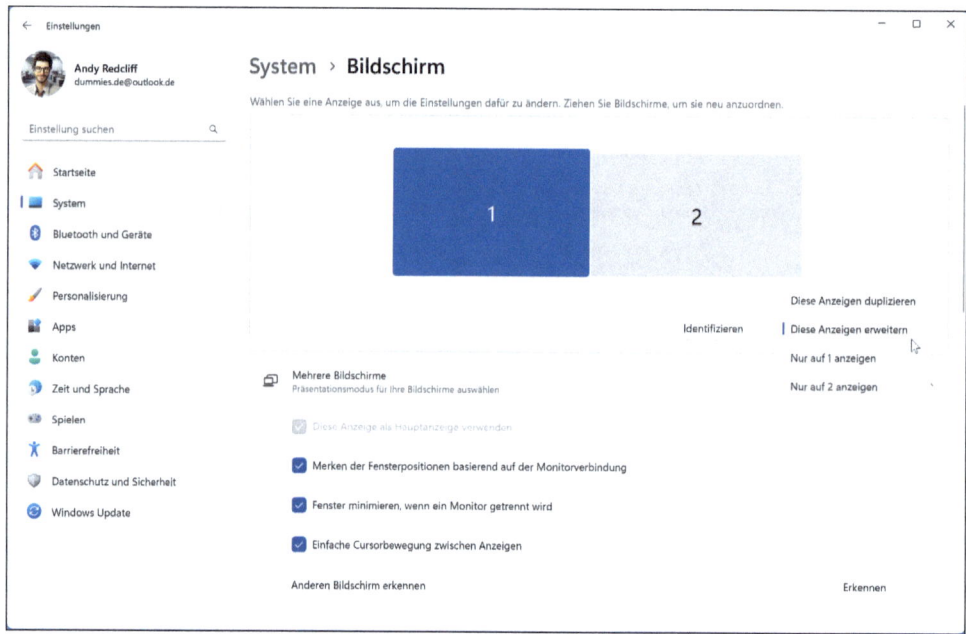

Abbildung 12.3: Die Seite ANZEIGEEINSTELLUNGEN wird geöffnet und zeigt an, dass Ihre Anzeige auf jedem Monitor erweitert ist.

2. **Entscheiden Sie, wie Windows sich auf zwei Bildschirmen präsentieren soll.**

    Windows geht zunächst davon aus, dass Sie Ihre Anzeige auf beiden Monitoren duplizieren möchten. Sie können jedoch auswählen, wie sich Windows auf dem zweiten Monitor verhalten soll, indem Sie auf das Dropdown-Menü mit der Bezeichnung DIESE ANZEIGEN ERWEITERN in Abbildung 12.3 klicken. Das Menü bietet die folgenden Optionen, die jeweils für verschiedene Szenarien nützlich sind:

    - DIESE ANZEIGEN DUPLIZIEREN: Mit dieser Option wird auf beiden Monitoren derselbe Inhalt gezeigt – perfekt für einen angeschlossenen Projektor, mit dem Sie den Inhalt auf Ihrem Bildschirm an eine Wand projizieren möchten.

- DIESE ANZEIGE ERWEITERN: Damit streckt Windows den Bildschirminhalt so, dass er sich auf beiden angeschlossenen Bildschirmen ausbreitet. Dies ist praktisch, wenn Sie viele Fenster gleichzeitig geöffnet haben.

- NUR AUF 1 ANZEIGEN: Wählen Sie diese Option, wenn Sie noch nicht bereit für eine Präsentation auf dem zweiten Bildschirm sind. Der zweite Bildschirm wird abgedunkelt. Wenn es losgehen kann, schalten Sie auf DIESE ANZEIGEN DUPLIZIEREN um.

- NUR AUF 2 ANZEIGEN: Wählen Sie diese Option, um nur den zweiten Bildschirm anzuzeigen, was nützlich ist, wenn Sie ein Tablet an einen Fernseher anschließen, um Filme in einem dunklen Raum anzusehen.

Jedes Mal, wenn Sie eine der oben genannten Optionen wählen, erscheint ein Fenster auf dem Bildschirm. Klicken Sie auf die Schaltfläche ÄNDERUNGEN BEIBEHALTEN, um die neuen Anzeigeeinstellungen zu aktivieren. Klicken Sie auf die Schaltfläche ZURÜCKSETZEN, wenn Ihnen die Einstellung nicht gefällt. Wenn die Änderung den Bildschirm unleserlich macht, warten Sie einfach ein paar Sekunden: Wenn Sie nicht auf ÄNDERUNGEN BEIBEHALTEN klicken, geht Windows davon aus, dass ein Fehler vorliegt, und kehrt zu den früheren Einstellungen zurück.

3. **Klicken Sie auf MEHRERE BILDSCHIRME, um den Präsentationsmodus für Ihre Monitore auszuwählen.**

   Dieser Abschnitt, der sowohl als Problemlösung als auch für Personen, die häufig einen zweiten Monitor anschließen, nützlich ist, enthält einige zusätzliche Einstellungen, die in der folgenden Liste beschrieben werden:

   - MERKEN DER FENSTERPOSITIONEN BASIEREND AUF MONITORVERBINDUNG: Wenn Sie dieses Kontrollkästchen aktivieren, merkt sich Windows die gesamte Arbeit, die Sie bei der Einrichtung der zusätzlichen Monitore geleistet haben. Lassen Sie dieses Kontrollkästchen aktiviert, es sei denn, Sie verbinden sich ständig mit verschiedenen Monitoren in verschiedenen Situationen.

   - FENSTER MINIMIEREN, WENN EIN MONITOR GETRENNT WIRD: Dieses Kontrollkästchen bleibt normalerweise aktiviert, so dass alle geöffneten Fenster automatisch minimiert werden, wenn Sie den zweiten Monitor trennen.

   - EINFACHE CURSORBEWEGUNG ZWISCHEN ANZEIGEN: Wenn Sie feststellen, dass beim Verschieben des Cursors oder eines Fensters von einem Monitor zum anderen etwas nicht stimmt, können Sie diese Option aktivieren, um den Übergang von einem Bildschirm zum anderen zu erleichtern.

   - ANDEREN BILDSCHIRM ERKENNEN: Diese Option ist bei der Fehlersuche sehr hilfreich. Sie informiert Sie darüber, ob Windows den angeschlossenen zweiten Monitor, Projektor oder Fernseher überhaupt erkennt.

   - ERKENNEN: Windows identifiziert seine Monitore anhand von Nummern, aber manchmal können Sie nicht erkennen, welchem Monitor welche Nummer zugewiesen ist. Klicken Sie auf diese Schaltfläche, und jeder Monitor zeigt die ihm zugewiesene Nummer in der Mitte des Bildschirms an.

4. Passen Sie bei Bedarf die Einstellungen BILDSCHIRMAUSRICHTUNG und MEHRERE BILDSCHIRME an und wählen Sie, auf welchem Monitor die START-Schaltfläche auftauchen soll.

   Windows geht davon aus, dass Ihr Bildschirm im Querformat steht, dass er also breiter ist als hoch. (Die meisten Bildschirme und alle Fernseher werden so aufgestellt.) Wenn Sie einen drehbaren Bildschirm haben, der hochkant steht, schauen Sie in der Dropdown-Liste BILDSCHIRMAUSRICHTUNG vorbei und sagen Sie Windows, wie Ihre Bildschirme gedreht werden sollen. Sie können zwischen der Standardeinstellung QUERFORMAT und HOCHFORMAT umschalten, wenn Sie einen Monitor oder ein Tablet hochkant gestellt haben, um zum Beispiel Lesematerial zu präsentieren.

   Entscheiden Sie schließlich, welcher der beiden Monitore das Startmenü anzeigen soll, wenn Sie auf START klicken. Klicken Sie auf den gewünschten Bildschirm und aktivieren Sie dann das Kontrollkästchen ALS HAUPTANZEIGE FESTLEGEN.

5. Ziehen Sie die beiden Monitore mit der Maus nach rechts oder links, bis sie auf dem Bildschirm so wie im wirklichen Leben auf Ihrem Schreibtisch stehen, und bestimmen Sie den Hauptbildschirm.

6. Wenn alles wie gewünscht konfiguriert ist, klicken Sie auf die Schaltfläche ÄNDERUNGEN BEIBEHALTEN.

 Mit denselben Schritten können Sie Ihren Computer auch an die meisten Breitbild-Fernseher anschließen, um Fotos und Filme anzuschauen.

Bei zwei (oder mehr) Bildschirmen müssen Sie unter Umständen noch die eine oder andere Einstellung ändern:

✔ Um die Auflösung oder Textgröße eines Monitors zu ändern, klicken Sie mit der rechten Maustaste auf den Desktop und wählen Sie ANZEIGEEINSTELLUNGEN. Klicken Sie auf die Miniaturansicht des Bildschirms, den Sie ändern möchten. Alle Einstellungen, die Sie unter den Miniaturansichten vornehmen, werden auf den ausgewählten Monitor angewendet.

✔ Wenn Sie die physische Position eines der beiden Monitore verschieben, kehren Sie zum ersten Schritt zurück und beginnen Sie von vorne. Sie müssen Windows die neuen Positionen mitteilen, damit es die richtige Anzeige auf dem richtigen Monitor platziert.

✔ Windows zeigt normalerweise die Taskleiste am unteren Rand des zweiten Monitors an, was beim Anschluss an einen Fernseher oder bei Präsentationen seltsam aussieht. Um diese Taskleiste auszublenden, öffnen Sie die Kategorie PERSONALISIERUNG in der App EINSTELLUNGEN und wählen Sie in der rechten Spalte VERHALTEN DER TASKLEISTE aus. Um die Taskleiste auf dem zweiten Monitor auszublenden, deaktivieren Sie das Häkchen neben MEINE TASKLEISTE AUF ALLEN ANZEIGEGERÄTEN ANZEIGEN.

Benachrichtigungen einschränken

Benachrichtigungen sind diese kleinen Informationsfetzen, die für einige Sekunden in der unteren rechten Ecke Ihres Bildschirms auftauchen und dann im Benachrichtigungsbereich darauf warten, von Ihnen gelesen zu werden.

Manche Leute wollen immer auf dem allerneuesten Stand sein und klicken sofort auf die Benachrichtigung, um die neueste Schlagzeile oder die Betreffzeile einer eingehenden E-Mail zu lesen. Andere Menschen empfinden die unerwarteten Benachrichtigungen als Störung.

Im Folgenden erfahren Sie, wie Sie die mitunter lästigen Benachrichtigungen unter Kontrolle bringen:

1. **Klicken Sie auf die Schaltfläche Start und dann im Startmenü auf die App Einstellungen.**

2. **Klicken Sie auf das Symbol System (das sie in der Randspalte sehen).**

3. **Wählen Sie im rechten Bereich Benachrichtigungen aus.**

   Die gleichnamige Seite erscheint (siehe Abbildung 12.4). Alle hier angezeigten Einstellungen beziehen sich auf die Benachrichtigungen – also auf die Informationen, die angezeigt werden, wenn Sie auf das Symbol für Zeit und Datum in der Taskleiste klicken.

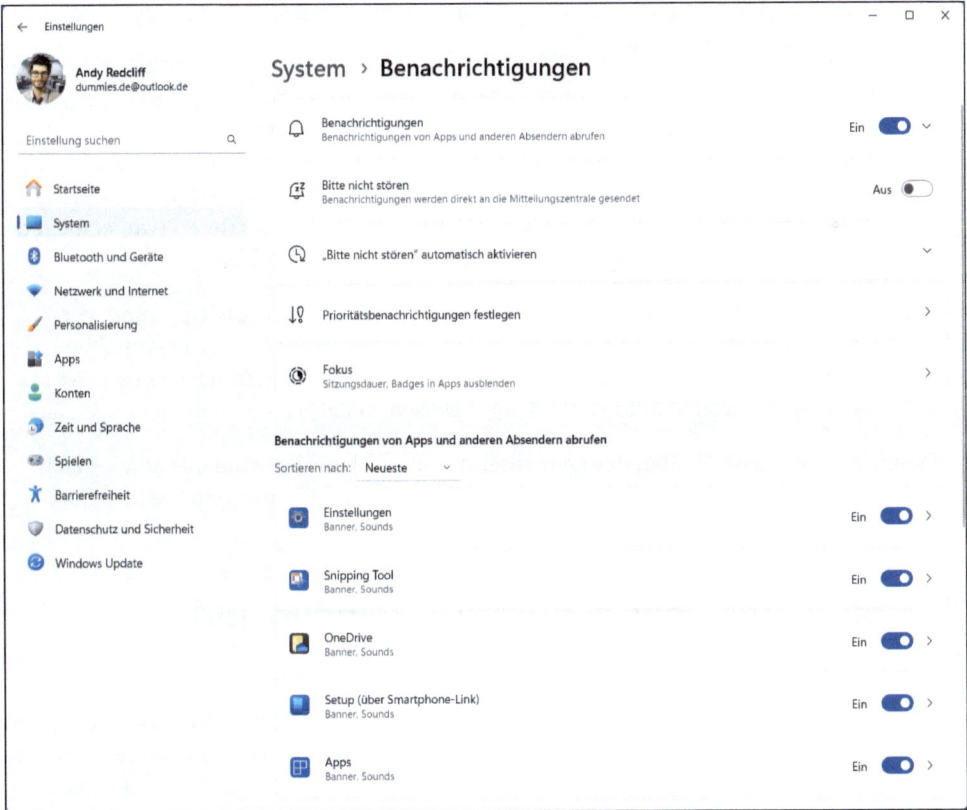

Abbildung 12.4: Hier schalten Sie nervige Werbung und Benachrichtigungen ab.

4. **Nehmen Sie die gewünschten Einstellungen vor.**

   - BENACHRICHTIGUNGEN: Wenn Sie diesen Schalter auf AUS setzen, haben Sie weitgehend Ruhe. Sie erhalten keine App-Benachrichtigungen mehr. (Wenn Ihnen das fehlt, schalten Sie den Regler wieder auf EIN.)

   - BITTE NICHT STÖREN: Aktivieren Sie diese Option, um zu verhindern, dass Benachrichtigungen angezeigt werden und einen Ton erzeugen.

   - "BITTE NICHT STÖREN" AUTOMATISCH AKTIVIEREN: Aktivieren Sie diese Option, um festzulegen, wann der Modus *Bitte nicht stören*, abhängig von der Tageszeit oder von bestimmten Aktivitäten, automatisch aktiviert werden soll.

   - PRIORITÄTSBENACHRICHTIGUNGEN FESTLEGEN: Legen Sie fest, welche Arten von Benachrichtigungen (falls vorhanden) durchgelassen werden sollen, auch wenn sich Ihr PC im Modus *Bitte nicht stören* befindet.

   - FOKUS: Die Fokussitzung ähnelt dem Modus *Bitte nicht stören*, da sie Benachrichtigungen ausblendet und zum Schweigen bringt. Sie können jedoch eine Dauer für die Fokussitzung festlegen, damit Sie nicht daran denken müssen, den Modus *Bitte nicht stören* manuell zu deaktivieren.

   - BENACHRICHTIGUNGEN VON APPS UND ANDEREN ABSENDERN ABRUFEN: Legen Sie fest, welche Apps Benachrichtigungen senden dürfen. Diese Einstellung bietet eine gute Möglichkeit, die unangenehmen Benachrichtigungen zu stoppen und die wichtigen zu erhalten. Verwenden Sie das Dropdown-Menü SORTIEREN NACH, um die Liste der Apps alphabetisch nach Namen oder nach Zeit zu sortieren (wobei die letzte App, die Sie benachrichtigt hat, ganz oben in der Liste erscheint).

   - ZUSÄTZLICHE EINSTELLUNGEN: Legen Sie fest, welche Arten von Tipps und Vorschlägen automatisch angezeigt werden, während Sie Ihren PC verwenden. Obwohl diese Benachrichtigungen anfangs hilfreich sind, können sie sich nach einigen Monaten der Nutzung von Windows als lästig erweisen. Schalten Sie sie dann einfach aus.

   Durch Ein- und Ausschalten der genannten Schalter können Sie die meisten Benachrichtigungen unterbinden. Und wenn Ihnen doch etwas fehlt, machen Sie Ihre Entscheidung schnell rückgängig.

Bluetooth- und andere Geräte verbinden und konfigurieren

Für Windows sind Geräte physische Dinge, wie Ihre Maus, Ihre Tastatur, ein Drucker, Speicherkarten oder ein Scanner. In der Kategorie BLUETOOTH UND GERÄTE können Sie festlegen, wie schnell Ihr Mauszeiger über den Bildschirm huscht und wie Ihr Computer reagiert, wenn Sie eine Speicherkarte einstecken. Kurz und knapp: Es ist ein Sammelsurium an Einstellungen, die Sie am besten mithilfe des Suchfelds ausfindig machen.

Wenn Sie bis zu dieser Kategorie vorgedrungen sind, können Sie all die Einstellungen vornehmen, die in den nächsten Abschnitten beschrieben sind.

Bluetooth-Gerät anschließen

»Blauzahn«-Geräte – Bluetooth-Geräte –, das sind Geräte, die aufgrund der Bluetooth-Technologie ohne Kabel auskommen. Für den Computer gibt es beispielsweise Bluetooth-Mäuse und -Tastaturen, externe Lautsprecher oder anderes Zubehör. Mithilfe von Bluetooth können so Tablet-Benutzer eine Bluetooth-Maus an das Tablet anschließen.

Die meisten Tablets und Laptops verfügen über eine integrierte Bluetooth-Funktion. Sollte Ihr Desktop-PC nicht damit ausgestattet sein, können Sie ein Bluetooth-Modul per USB anschließen.

Mit Bluetooth können Sie auch ein Smartphone an den Computer, an das Notebook oder an das Tablet anschließen, um einen Hotspot für eine drahtlose Verbindung in das Internet zu erstellen – natürlich nur, wenn Sie für Ihr Handy einen solchen Dienst abonniert haben und bezahlen.

Die Verbindung mit einem Bluetooth-Gerät beginnt mit dem *Pairing*, bei dem Sie einfach eine Verbindung zwischen dem Computer und dem Gerät herstellen. Normalerweise müssen Sie das Pairing nur einmal durchführen. Danach können Sie die Verbindung mit dem Gerät nach Bedarf ohne Kopplung herstellen und trennen. Im Folgenden finden Sie die Schritte, die Sie für die erste Kopplung eines Geräts ausführen müssen:

Um ein Bluetooth-Gerät mit Ihrem PC, Notebook oder Tablet bekannt zu machen, führen Sie die folgenden Schritte aus:

1. **Vergewissern Sie sich, dass das Bluetooth-Gerät eingeschaltet und bereit ist, Verbindung mit Ihrem Rechner aufzunehmen.**

    Das Einschalten dürfte nicht das Problem sein. Dafür gibt es bei den meisten Bluetooth-Geräten einen Ein/Aus-Schalter. Die Bereitschaft, eine Verbindung aufzunehmen, man spricht hier auch von *Pairing*, bereitet schon eher ein Problem. Manchmal gibt es auch dafür einen Schalter. Gelegentlich müssen Sie einen Knopf so lange drücken, bis er zu blinken beginnt.

    Egal wie, sobald etwas blinkt, ist das Bluetooth-Gerät bereit, eine Verbindung zu Ihrem Rechner herzustellen.

2. **Klicken Sie auf die Schaltfläche Start, dann im Startmenü auf das Symbol Einstellungen und zum Schluss in der Einstellungen-App auf Bluetooth und Geräte.**

    Praktischerweise wird direkt das Fenster Bluetooth und Geräte angezeigt (siehe Abbildung 12.5).

3. **Wenn der Schalter Bluetooth an Ihrem Computer ausgeschaltet ist, klicken Sie ihn an, um Bluetooth zu aktivieren.**

4. **Klicken Sie auf die große Schaltfläche + Gerät hinzufügen und dann im Fenster Gerät hinzufügen auf die Option Bluetooth.**

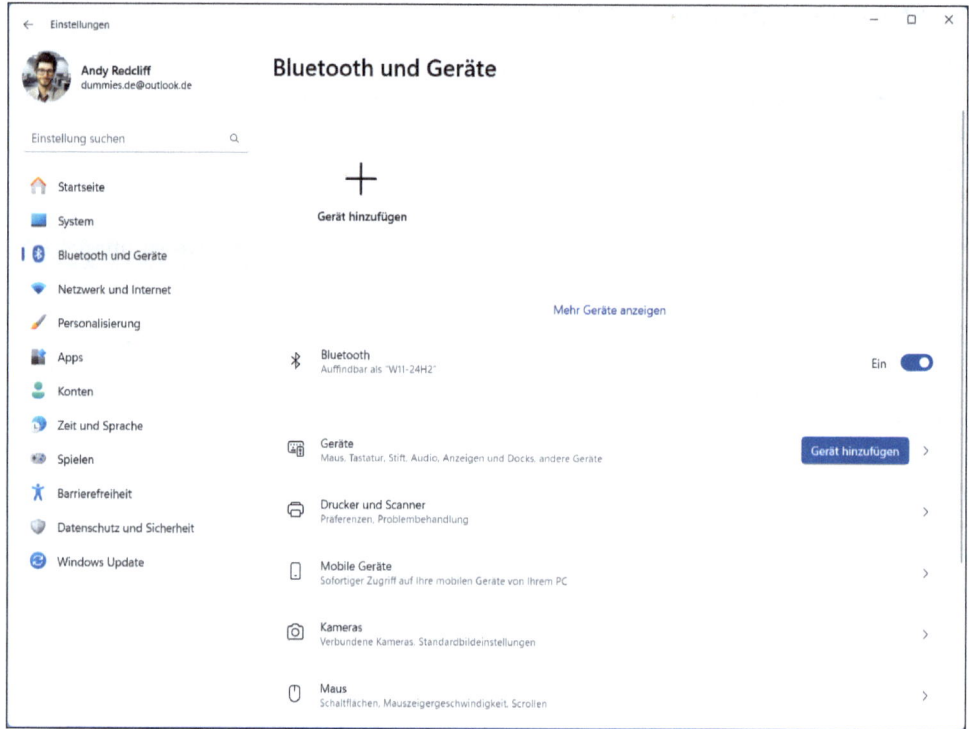

Abbildung 12.5: Um weitere drahtlose Bluetooth-Geräte hinzuzufügen, klicken Sie auf Gerät hinzufügen.

Ihr Computer beginnt schnell mit der Suche nach Bluetooth-Geräten in der Nähe, die eine Verbindung herstellen (oder im Bluetooth-Jargon: koppeln oder pairen) möchten.

Wenn Ihr Gerät nicht angezeigt wird, kehren Sie zu Schritt 1 zurück und vergewissern Sie sich, dass Ihr Bluetooth-Gerät noch eingeschaltet und bereit für die Kopplung ist. (Viele ungeduldige Geräte geben nach 30 Sekunden des Wartens auf eine Verbindung auf und schalten sich aus.)

5. **Wird das Bluetooth-Gerät aufgelistet, klicken Sie auf seinen Namen.**

6. **Geben Sie bei Bedarf den Gerätecode ein oder klicken Sie auf die Schaltfläche zum Verbinden, wenn Sie dazu aufgefordert werden.**

   Und hier wird es kompliziert. Aus Sicherheitsgründen müssen Sie bei manchen Geräten beweisen, dass es sich bei der Person, die an dem Computer sitzt, wirklich um Sie selbst und nicht um eine fremde Person handelt, die sich ins System mogeln will. Leider wenden Geräte für diese Beweiserbringung unterschiedliche Taktiken an.

   Die einen verlangen die Eingabe einer geheimen Nummernfolge sowohl auf dem Computer als auch im Gerät. (Diese geheime Nummer steht meist im Gerätehandbuch. Aber wo ist das Gerätehandbuch?)

Die anderen, und hierzu gehören vor allem Mäuse, wollen, dass Sie zum Zeitpunkt der Anmeldung einen kleinen Knopf an der Unterseite des Geräts drücken.

Handys haben es gerne, wenn Sie auf eine Taste zum Verbinden klicken, wenn die übereinstimmenden Codes auf dem Computer und auf dem Mobiltelefon angezeigt werden.

 Wenn Sie gar nicht mehr weiterwissen, geben Sie 0000 auf der Tastatur ein. Das wird öfter als Universalkennwort für frustrierte Besitzer von Bluetooth-Geräten verwendet, die verzweifelt versuchen, ihre Geräte anzumelden.

Achten Sie darauf, dass die Bluetooth-Funktion Ihres Computers aktiviert ist. Der Regler neben dem Eintrag BLUETOOTH muss auf EIN stehen (siehe Abbildung 12.5).

Bei Tablets und Laptops verlängern Sie durch das Ausschalten die Akkuleistung, aber bei Desktoprechnern ist das nicht nötig. Sie sehen keinen Schalter? Dann verfügt Ihr Computer nicht über eine integrierte Bluetooth-Funktion. Mit einem kostengünstigen kleinen USB-Bluetooth-Adapter können Sie Abhilfe schaffen.

Wenn Sie ein Bluetooth-Gerät erfolgreich mit Ihrem Computer bekannt gemacht haben, werden der Name und das Symbol des Geräts angezeigt (siehe Abbildung 12.5).

Sie können Bluetooth je nach Bedarf direkt über die Taskleiste ein- und ausschalten. Klicken Sie auf das WLAN- oder Lautsprechersymbol in der Nähe von Datum und Uhrzeit in der unteren rechten Ecke des Bildschirms und dann auf das Bluetooth-Symbol (den Buchstaben B), um Bluetooth ein- oder auszuschalten. (Das Symbol ist abgeblendet, wenn Bluetooth ausgeschaltet ist.) Wenn Bluetooth eingeschaltet ist, können Sie auf das Symbol > rechts neben dem Bluetooth-Symbol klicken, um eine Liste der verbundenen und verfügbaren Geräte anzuzeigen. Klicken Sie auf ein aufgelistetes Gerät, um eine Verbindung herzustellen oder die Verbindung zu trennen.

Wenn Sie davon ausgehen, dass Sie ein bestimmtes Bluetooth-Gerät in Zukunft nicht mehr verwenden werden, können Sie den Computer veranlassen, das Gerät und seine Verbindung zu vergessen. Klicken Sie auf die Schaltfläche START, auf das Symbol EINSTELLUNGEN und dann auf BLUETOOTH UND GERÄTE. Stellen Sie sicher, dass Bluetooth aktiviert ist. Sie sehen Miniaturansichten der Geräte, die Sie in der Vergangenheit gekoppelt haben. Wenn Sie die Kopplung eines Geräts aufheben möchten, klicken Sie auf die drei Punkte in der oberen rechten Ecke der Miniaturansicht des Geräts und dann auf GERÄT ENTFERNEN.

Einen Drucker oder Scanner hinzufügen

Leider können sich die Hersteller nicht einigen, wie man Drucker und Scanner installieren sollte. Deshalb gibt es zwei Verfahren, einen Drucker oder Scanner hinzuzufügen:

✔ Bei einigen Herstellern müssen Sie Ihren Drucker oder Scanner lediglich mit einem USB-Kabel anschließen und einschalten. Windows bemerkt, erkennt und begrüßt Ihr neues Gerät automatisch.

✔ Bei anderen Modellen müssen Sie zunächst die mit dem Drucker oder Scanner gelieferte Software installieren, bevor Sie ihn anschließen können. Und wenn Sie die Software nicht zuerst installieren, kann es passieren, dass der Drucker nicht korrekt arbeitet.

Wie Ihr Drucker oder Scanner angeschlossen werden soll, können Sie nur herausfinden, indem Sie im Handbuch nachlesen. (Meist ist eine Installationsanleitung als einzelne Seite der Verpackung Ihres Druckers beigefügt.) Keine Anleitung in Sicht? Die meisten Hersteller stellen diese online auf ihrer Webseite zur Verfügung.

Wenn Ihr Drucker ohne Installationssoftware geliefert wurde, setzen Sie die Tonerkartusche oder die Tintenpatronen ein, legen Sie Papier ein und folgen Sie dieser Anleitung, um ihn zum Drucken zu bringen:

1. **Wenn Windows gestartet ist, schließen Sie den Drucker an den PC an und schalten Sie den Drucker ein.**

   Windows gibt die Nachricht aus, dass der Drucker erfolgreich installiert wurde. Führen Sie aber noch die nächsten beiden Schritte aus, um das Ergebnis zu testen.

2. **Klicken Sie auf die Schaltfläche Start und dann im Startmenü auf Einstellungen. Wählen Sie in der App Einstellungen die Kategorie Bluetooth und Geräte.**

3. **Klicken Sie dann auf der rechen Seite der App Einstellungen auf Drucker und Scanner.**

   Die Einstellungen-App zeigt Ihnen alle Drucker und Scanner an, die an Ihren PC angeschlossen sind. Wenn Sie Ihren Drucker erspähen, der entweder mit seinem Modell- oder seinem Herstellernamen aufgeführt sein sollte, klicken Sie auf dessen Symbol, klicken Sie auf die Schaltfläche Verwalten und anschließend im Fenster Gerät verwalten auf Testseite drucken. Wenn der Ausdruck fehlerfrei durchgeht, sind Sie fertig. Herzlichen Glückwunsch!

   Das Ausdrucken der Testseite hat nicht geklappt? Prüfen Sie, ob Sie alle Verpackungsutensilien am und im Drucker entfernt und die Tintenpatronen beziehungsweise die Tonerkartusche eingesetzt haben. Wenn Ihr Drucker dann immer noch nicht funktioniert, ist er möglicherweise defekt. Kontaktieren Sie das Geschäft, in dem Sie den Drucker gekauft haben, und bitten Sie um Hilfe.

   Die Seite Gerät verwalten enthält meist auch den Link Druckereigenschaften. Klicken Sie darauf, um auf die Einstellungen Ihres Druckers oder Scanners Einfluss zu nehmen.

Das war's. Ihr Drucker sollte jetzt problemlos drucken. Wenn nicht, habe ich noch ein paar Tipps und Tricks für Sie in Kapitel 8 zusammengestellt. Hier sind ein paar weitere Dinge, die Sie im Zusammenhang mit Druckern und Scannern kennen sollten:

✔ Um einen Drucker zu entfernen, den Sie nicht mehr benutzen, klicken Sie in Schritt 3 auf den Namen des Druckers und dann in der oberen rechten Ecke auf Entfernen. Der Name des Druckers wird nicht mehr als Option angezeigt, wenn Sie versuchen, aus einer Anwendung zu drucken. Wenn Windows Sie auffordert, die Treiber und die Software des Druckers zu deinstallieren, klicken Sie auf Ja – es sei denn, Sie möchten den Drucker irgendwann wieder installieren.

✔ Sie müssen nicht in die Einstellungen gehen, um Dinge für einen einzelnen Druckauftrag zu ändern. Wenn Sie in der Menüleiste einer Anwendung DATEI | DRUCKEN wählen, können Sie in der Regel die Seitenausrichtung usw. für diesen einen Druckauftrag anpassen. Wenn die Anwendung kein DATEI-Menü hat, suchen Sie nach einem Drucksymbol in der Symbolleiste oder den drei Punkten auf der rechten Seite der Anwendung oder drücken Sie einfach [Strg] + [P].

Wenn Sie ein Netzwerk eingerichtet haben, können Sie auch Ihren Drucker für andere Geräte in Ihrem Netzwerk freigeben. Wie das genau mit dem Netzwerk funktioniert, erfahren Sie in Kapitel 15. Der Drucker wird dann den anderen Computern im Netzwerk als verfügbares Gerät angeboten.

✔ Wenn Sie die Druckersoftware verwirrt, nutzen Sie in den Dialogfeldern oder Menüs die HILFE-Schaltflächen, die häufig explizit auf Ihr Druckermodell angepasst sind und daher präzise Hilfestellungen bieten können, die Sie in Windows so nicht finden.

✔ Um von einem Tablet oder einem Smartphone drucken zu können, sollten Sie sich einen WLAN-fähigen Drucker anschaffen. Sobald dieser mit Ihrem Netzwerk verbunden und freigegeben wurde, taucht er bei den meisten Geräten auch in der Druckerliste auf.

✔ Ich behandle Drucker und Scanner in Kapitel 8.

Smartphone verbinden

Windows 11 24H2 enthält eine neue Smartphone-Link-App, mit der Sie Ihr iPhone oder Android-Telefon mit Ihrem Computer verbinden können. Sobald die Verbindung hergestellt ist, können Sie Anrufe tätigen, auf Textnachrichten antworten, auf Fotos zugreifen und Dateien zwischen Ihrem Computer und Ihrem Telefon problemlos austauschen. Um die Smartphone-Link-App zu verwenden, gehen Sie wie folgt vor:

1. **Klicken Sie neben der Schaltfläche START in das Suchfeld und geben Sie** `Smartphone-Link` **ein.**

2. **Klicken Sie im Startmenü auf das Symbol der App SMARTPHONE-LINK.**

   Wenn Sie die App zum ersten Mal verwenden, werden Sie aufgefordert, ein Smartphone zu koppeln, wie in Abbildung 12.6 dargestellt.

3. **Vergewissern Sie sich, dass Ihr Telefon eingeschaltet und betriebsbereit ist, und klicken Sie dann auf ANDROID oder IPHONE, je nachdem, welches Smartphone Sie verbinden möchten.**

4. **Scannen Sie gemäß den Anweisungen auf dem Bildschirm den QR-Code mit Ihrem Smartphone.**

5. **Öffnen Sie auf Ihrem Smartphone den Link, den der QR-Code gesendet hat, und laden Sie die App** *Link zu Windows* **herunter.**

Abbildung 12.6: Die App Smartphone-Link verbindet Ihr Smartphone mit Ihrem Computer.

6. **Wenn der Download abgeschlossen ist, öffnen Sie die soeben heruntergeladene App *Link zu Windows*.**

7. **Folgen Sie den Anweisungen auf Ihrem Smartphone, um die Einrichtung abzuschließen. Klicken Sie auf der letzten Einrichtungsseite auf die Schaltfläche FERTIG.**

   Zurück auf Ihrem Computerbildschirm zeigt die App Smartphone Link die Meldung an, das es weitergehen kann.

8. **Klicken Sie auf die Schaltfläche FORTSETZEN.**

Das war's mit den Schritten, die Sie auf dem Smartphone durchführen. Als Nächstes werden auf dem Computerbildschirm Optionen zum Anheften von Smartphone-Link an die Taskleiste und zum automatischen Öffnen von Smartphone-Link bei jedem Start des Computers angezeigt. Unabhängig davon, welche Optionen Sie wählen, können Sie Smartphone-Link immer wie jede andere App starten, indem Sie auf die Schaltfläche START (oder die Schaltfläche ALLE APPS) und dann auf SMARTPHONE-LINK klicken.

Von nun an sollte jedes Mal, wenn Sie die App Smartphone-Link öffnen, automatisch angezeigt werden, was sich auf Ihrem Telefon befindet. Verwenden Sie die Registerkarten NACHRICHTEN, ANRUFE und FOTOS am oberen Rand, um auf Nachrichten, Anrufe bzw. Fotos zuzugreifen. Wenn Sie Hilfe benötigen, fragen Sie Copilot und geben Sie dabei den Smartphone-Typ und die App Smartphone-Link an. Sie könnten zum Beispiel fragen: »Wie verwende ich Windows 11 Smartphone-Link mit meinem iPhone?«

Sich mit WLAN-Netzwerken in der Nähe und dem Internet verbinden

Ich lehne mich mal weit aus dem Fenster und behaupte, dass für die allermeisten von Ihnen die Kategorie *Netzwerk und Internet* nur aufgrund dieser Frage interessant ist: Wie finde ich verfügbare WLAN-Netzwerke und wie verbinde ich meinen Computer damit?

Dafür müssen Sie nicht einmal die App Einstellungen aufrufen. Klicken Sie an der rechten Seite der Taskleiste im Infobereich auf das WLAN-Symbol. Ein kleines Fenster wird geöffnet. Klicken Sie auf den nach rechts zeigenden Pfeil neben dem WLAN-Symbol in der oberen linken Ecke des Menüs. Wenn die Liste der WLAN-Netzwerke in der Nähe angezeigt wird, klicken Sie auf den Namen des gewünschten Netzwerks. (Das Netzwerk mit dem stärksten Signal erscheint immer ganz oben in der Liste.) Lesen Sie in Kapitel 9 nach, um weitere Einzelheiten zu erfahren.

Das Menü klappt auf und zeigt Ihnen die umliegenden und verfügbaren WLAN-Netzwerke. Wählen Sie das Netzwerk Ihrer Begierde aus.

Zurück zur App EINSTELLUNGEN: Die anderen Bereiche der Kategorie *Netzwerk und Internet* sind überwiegend für Technik-Nerds interessant. Sie können sie beruhigt links liegen lassen. Technikaffine Nutzer können hier ein VPN (Virtual Private Network) und Nostalgiker eine DFÜ-Verbindung einrichten. Wenn Sie hier herumklicken, landen Sie früher oder später ohnehin in der eingestaubten Systemsteuerung.

Kapitel 15 widmet sich einzig und allein dem interessanten Netzwerkthema. Das Thema Internet wird in Kapitel 9 unter die Lupe genommen.

Ihren PC personalisieren

In der äußerst beliebten Kategorie *Personalisierung* der Einstellungen-App ändern Sie das Aussehen und das Verhalten von Windows 11 auf vielfältige Weise. Einige dieser Einstellungen haben Sie vielleicht schon bei der Personalisierung Ihres Computers in Kapitel 3 kennengelernt. Diese neun Bereiche warten auf Sie:

✔ **HINTERGRUND:** Hier ändern Sie die Hintergrundeinstellungen für Ihren Desktop. Sie können ein eigenes Bild oder eine bestimmte Farbe auswählen. Im nächsten Abschnitt erfahren Sie alles, was es zu dem Thema zu wissen gibt.

✔ **Farben:** Wenn der Hintergrund stimmt, wählen Sie hier die Farben für das Startmenü, die Fensterrahmen, Apps und Taskleiste. Klicken Sie auf eine der angebotenen Farben und fertig sind Sie. (Lieblingsfarbe ist nicht dabei? Dann mischen Sie sich eine eigene über die Schaltfläche Benutzerdefinierte Farbe zusammen.)

✔ **Designs:** Nachdem Sie Ihren Lieblingshintergrund, Ihre Lieblingsfarben und Ihren Sperrbildschirm ausgewählt haben, können Sie die Einstellungen hier als Design speichern – eine Sammlung von Verschönerungen, die einfach aufgesetzt oder entfernt werden können. Der Link Weitere Designs aus dem Microsoft Store abrufen bringt Sie zum Microsoft Store, wo Sie Dutzende von kostenlosen Designs herunterladen können.

✔ **Dynamische Beleuchtung:** Einige Computer und Geräte (beispielsweise Tastaturen und Mäuse) verfügen über eine RGB-Beleuchtung (RGB = Rot-Grün-Blau). Jedoch zeigen die Geräte, die diese Funktion bieten, eine breite Palette von Farben an. In den Einstellungen können Sie mit der dynamischen Beleuchtung die Akzentfarben Ihres Windows-Desktops auf diese Geräte ausweiten, die Helligkeit dieser Beleuchtung ändern und vieles mehr.

✔ **Sperrbildschirm:** Normalerweise wählt Windows aus seiner eigenen Sammlung Bilder für Ihren Sperrbildschirm (den Bildschirm, bevor Sie sich anmelden) aus. Hier können Sie aber auch Ihr eigenes Foto auswählen.

✔ **Texteingabe:** Diese nur für Touchscreen-Besitzer nützliche Funktion ermöglicht es Ihnen, verschiedene Farben über die Bildschirmtastatur zu legen. Noch wichtiger ist, dass Sie die Größe der Bildschirmtastatur ändern können, was vor allem für »Daumentipper« und Besitzer von Tablets und Laptops mit Breitbildschirmen praktisch ist.

✔ **Start:** Schauen Sie hier vorbei, um das Startmenü selbst an Ihre Bedürfnisse anzupassen. (In Kapitel 2 erfahren Sie alles über das Startmenü und die Einstellungen in diesem Bereich.)

✔ **Taskleiste:** In diesem Bereich stellen Sie das Verhalten der Taskleiste ein, die sich über den unteren Bildschirmrand erstreckt. Lesen Sie mehr dazu in Kapitel 3. (Um schnell hierher zu wechseln, klicken Sie mit der rechten Taste auf die Taskleiste und wählen Sie im Kontextmenü den Befehl Taskleisteneigenschaften.)

✔ **Schriftarten:** Öffnen Sie die Schriftarten-App, in der Sie die im Lieferumfang von Windows enthaltenen Schriftarten überprüfen können. Sie können weitere Schriftarten aus dem Microsoft Store, von Google Fonts oder einer anderen Online-Quelle hinzufügen. Wenn Sie zwischen verschiedenen Schriftartenformaten wählen können, sollten Sie sich für `.ttf` (True Type) oder `.otf` (Open Type) entscheiden, um in Windows 11 die besten Ergebnisse zu erzielen.

✔ **Geräteverwendung:** Windows 11 verwirrt Sie? Klicken Sie hier und schalten Sie alle Verwendungszwecke Ihres Computers ein: Spiele, Familie, Kreativität, Schule, Unterhaltung oder Geschäft. Windows macht Ihnen dann Vorschläge, wie Sie diese Aufgaben leichter bewältigen können.

In den folgenden Abschnitten stelle ich Ihnen die Personalisierungsaufgaben vor, die Sie am häufigsten benötigen werden.

Den Desktophintergrund ändern

Gestalten Sie den Hintergrund des Desktops nach Belieben. Sie können ihm ein Bild zuweisen oder ihn einfarbig streichen, ganz wie es Ihnen gefällt. Gehen Sie dafür folgendermaßen vor:

1. **Klicken Sie auf die Schaltfläche Start, wählen Sie im Startmenü das Symbol Einstellungen aus und öffnen Sie dann die Kategorie Personalisierung.**

   Windows bringt Sie direkt zur Design-Auswahl und zum Punkt Hintergrund (siehe Abbildung 12.7).

    Schneller landen Sie auf dieser Seite, wenn Sie mit der rechten Maustaste auf den Desktop klicken und im Kontextmenü den Befehl Anpassen wählen. Windows wechselt sofort zur Einstellungen-App mit der Kategorie Personalisierung.

2. **Klicken Sie auf den Pfeil am Punkt Hintergrund. Wählen Sie im nächsten Fenster in der Dropdown-Liste Hintergrund Personalisieren den Eintrag Bild aus (siehe Abbildung 12.7).**

   Sie können in dieser Dropdown-Liste entweder ein Bild, eine Volltonfarbe oder eine Diashow (eine Reihe von Fotos, die abwechselnd angezeigt werden) als Hintergrund für den Desktop wählen.

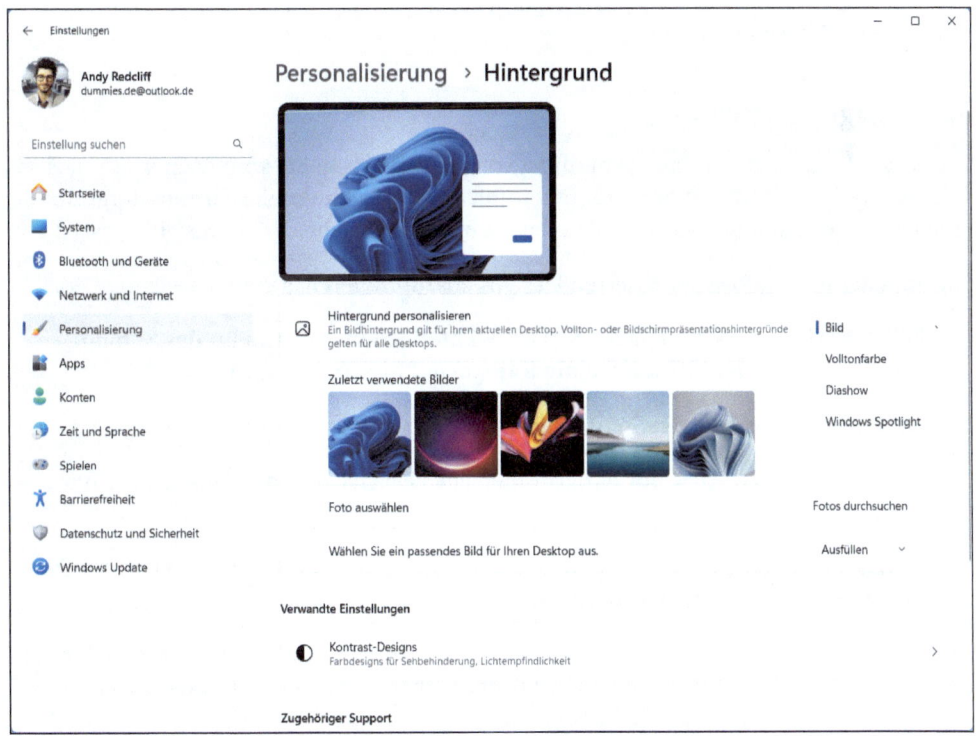

Abbildung 12.7: Ändern Sie den Hintergrund Ihres Windows-Desktops.

3. **Klicken Sie auf ein neues Bild für das Hintergrundbild.**

   Wenn Ihnen die von Windows vorgeschlagenen Bilder nicht zusagen, klicken Sie auf die Schaltfläche Fotos Durchsuchen, um Ihren eigenen Bilder-Ordner nach geeigneten Fotos zu durchsuchen.

   Wenn Sie auf ein neues Bild klicken, platziert Windows es auf Ihrem Desktop. Wenn Sie damit zufrieden sind, fahren Sie mit Schritt 4 fort.

4. **Legen Sie dann im Dropdown-Menü neben dem Eintrag Wählen Sie das Passende für Ihr Desktopbild aus fest, ob das Bild ausgefüllt, angepasst, gedehnt, als Kacheln verteilt, zentriert oder gestreckt werden soll.**

   Auch wenn Windows versucht, die beste Darstellung für das gewählte Bild einzustellen, passt nicht jedes Bild perfekt auf Ihren Bildschirm. So müssen zum Beispiel kleinere Bilder gedehnt werden, um den Platz auszufüllen, oder sie werden wie Badezimmerfliesen über den Bildschirm verteilt. Wenn Sie sonderbare Ergebnisse erzielen, versuchen Sie, das Bild zu zentrieren, auch wenn dabei Ränder entstehen. Wenn Sie mit mehreren Bildschirmen arbeiten, eignet sich das Strecken, um das Hintergrundbild auf beide Bildschirme zu verteilen.

   Wenn Sie verschiedene Optionen auswählen, ändert Windows den Hintergrund, um Ihre neue Auswahl anzuzeigen. Gefällt Ihnen, was Sie sehen? Schließen Sie einfach das Fenster, und schon sind Sie fertig. Windows speichert Ihren neuen Hintergrund automatisch auf Ihrem Bildschirm.

Das Design wechseln

Designs sind eigentlich nur eine Sammlung von Einstellungen: Sie können zum Beispiel Ihren Lieblingsbildschirmschoner zusammen mit Ihrem Lieblingsbildschirmhintergrund als Design speichern und im Fall der Fälle schnell zwischen verschiedenen Designs umschalten.

Um eines der in Windows integrierten Designs auszuprobieren, gehen Sie wie folgt vor:

1. **Klicken Sie auf die Schaltfläche Start, wählen Sie im Startmenü das Symbol Einstellungen und öffnen Sie die Kategorie Personalisierung.**

2. **Wählen Sie in der rechten Spalte den Punkt Designs.**

   Die App Einstellungen präsentiert Ihnen alle Designs, die von Haus aus bei Windows 11 dabei sind.

3. **Klicken Sie auf eines der angebotenen Designs (siehe Abbildung 12.8) und sofort zieht Windows das neue Gewand an.**

Sie haben auch die Möglichkeit, ein eigenes Design abzuspeichern. Ihnen gefällt Ihre aktuelle Kombination aus Bildschirmhintergrund, Farben, Klängen und Bildschirmschoner? Dann klicken Sie auf die Schaltfläche Benutzerdefiniertes Design verwenden und anschließend auf Design speichern. Vergeben Sie zu guter Letzt noch einen Namen, dann erscheint Ihr persönliches Design auch als Auswahlmöglichkeit in diesem Bereich.

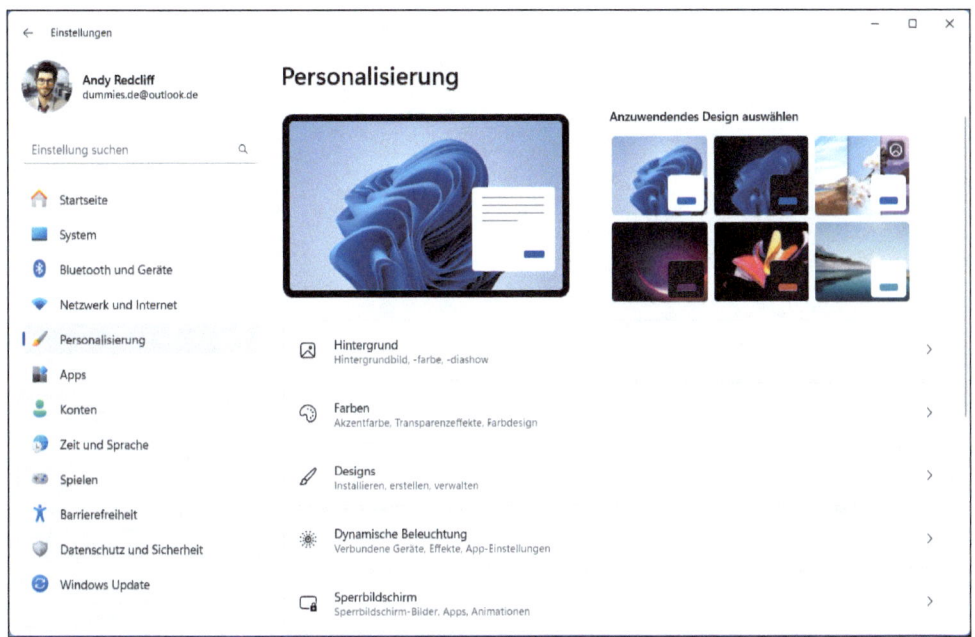

Abbildung 12.8: Sie können aus verschiedenen Windows-Designs wählen oder ein eigenes Design erstellen.

Apps zurücksetzen und entfernen

In der Kategorie *Apps* der Einstellungen-App können Sie Apps deinstallieren, wenn Sie sie nicht mehr benötigen sowie nicht funktionierende Apps reparieren. Sie können auch Standard-Apps auswählen, also die Apps, die automatisch geöffnet werden, wenn Sie auf das Symbol einer Dokumentendatei doppelklicken. Sie können auch festlegen, welche Apps automatisch geöffnet werden, sobald Sie Windows starten.

Wenn Sie eine Anwendung aus Ihrem System entfernen möchten, gehen Sie folgendermaßen vor:

1. **Klicken Sie auf die Schaltfläche Start und im Startmenü auf das Symbol Einstellungen und klicken Sie in der Einstellungen-App auf die Kategorie Apps.**

    Sie sehen dann eine Vielzahl von Optionen, mit denen Sie Apps verwalten können (siehe Abbildung 12.9).

2. **Klicken Sie auf Installierte Apps.**

    Es wird eine alphabetische Liste Ihrer installierten Apps angezeigt.

3. **Klicken Sie auf die drei Punkte rechts neben der App, die Sie entfernen möchten, und wählen Sie dann Deinstallieren.**

4. **Befolgen Sie die Anweisungen auf dem Bildschirm, um den Vorgang abzuschließen.**

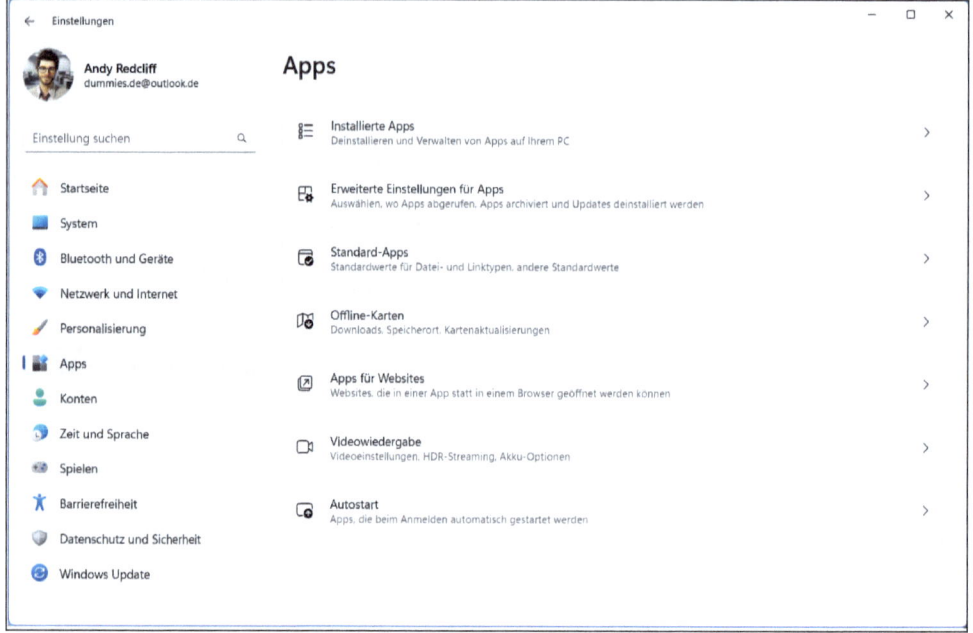

Abbildung 12.9: Windows 11-Einstellungen für Apps.

Nachdem Sie eine App gelöscht haben, ist sie für immer verschwunden. Ihr Symbol wird nicht mehr im Startmenü angezeigt, und Sie können die App nicht mehr aus dem Papierkorb wiederherstellen.

 Entfernen Sie ein Programm stets mithilfe der Einstellungen-App. Das einfache Löschen der Programmordner und -dateien reicht hier nicht aus. Im Gegenteil, Sie verwirren Windows damit, und es gibt dann vielleicht seltsame Fehlermeldungen aus.

Microsoft lässt Sie viele der mit Windows 11 gebündelten Anwendungen nicht löschen, da sie in das Betriebssystem integriert sind. Sie können sie aber dennoch aus dem Startmenü entfernen, indem Sie mit der rechten Maustaste auf ihre Symbole klicken und im Kontextmenü die Option VON "START" LÖSEN wählen.

Neue Programme installieren

Heutzutage installieren sich die meisten Apps automatisch selbst, sobald Sie sie im Microsoft Store herunterladen oder auf eine heruntergeladene Installationsdatei doppelklicken.

Wenn Sie sich nicht sicher sind, ob eine App installiert wurde, wechseln Sie in das Startmenü und schauen Sie in der alphabetischen Liste nach, ob Sie den Ankamen dort finden können. Wenn Sie die App in der Liste aller Apps finden, ist sie installiert.

Hier ein paar Tipps, wie Sie vorgehen können, wenn sich eine App nicht automatisch auf Ihren Computer wagt:

✔ Für die Installation von Apps benötigen Sie ein Benutzerkonto mit Administratorrechten. (Die meisten Computerbesitzer verfügen automatisch über ein solches Konto.) Alle anderen Kontoinhaber, wie beispielsweise Ihre Kinder, können keine neuen Apps installieren. So haben Sie als Boss die Programmhoheit. (Benutzerkonten sind Thema in Kapitel 14.)

✔ Sie haben eine App aus dem Internet heruntergeladen? Windows speichert diese Apps normalerweise in Ihrem Ordner DOWNLOADS. Sie finden diesen Ordner im SCHNELLZUGRIFF-Bereich des Explorers. Doppelklicken Sie im Ordner DOWNLOADS auf den Namen der App, und die App sollte sich ordnungsgemäß installieren.

✔ Viele neu installierte Apps oder Programme wollen unbedingt ein Symbol im Startmenü, eine Verknüpfung auf dem Desktop oder ein Symbol in der Taskleiste anlegen. Sagen Sie zu allem einfach »Ja«. So können Sie das Programm im Startmenü und auf dem Desktop bequem starten. (Und wenn Ihnen das später zu viel wird, entfernen Sie das Symbol aus dem Startmenü, löschen die Verknüpfung vom Desktop oder entfernen das Programmsymbol aus der Taskleiste. Nichts ist für immer.)

Benutzerkonten für andere erstellen und ändern

Statten Sie der Kategorie KONTEN einen Besuch ab, wenn Sie Benutzerkonten für andere Personen erstellen oder ändern möchten. (Mehr zu dem Thema erfahren Sie in Kapitel 14.) Auch das Löschen eines Kontos erledigen Sie hier. Abgesehen davon ändern Sie hier Ihr Kennwort und Ihr Profilbild.

Datum, Zeit und Sprache

Microsoft hat die Kategorie *Zeit und Sprache* hauptsächlich für die Benutzer von Notebooks und Tablets entwickelt, die sich in verschiedenen Zeitzonen und Ländern bewegen. Sitzt Ihr Computer fest auf oder unter dem Schreibtisch, werden Sie diesen Bereich einmal ganz am Anfang aufsuchen und dann wohl nie wieder. Windows kennt Datum und Uhrzeit, selbst wenn Sie den Computer ausschalten.

Aber Vielreisende werden sich sicherlich für diese Kategorie der App EINSTELLUNGEN interessieren. Ebenso ist dieser Bereich für zweisprachig agierende Menschen interessant, da sie hier unterschiedliche Spracheinstellungen wählen können.

Klicken Sie auf die Schaltfläche START und wählen Sie im Startmenü das Einstellungen-Symbol. Klicken Sie auf die Kategorie ZEIT UND SPRACHE. Sie enthält die vier folgenden Bereiche:

✔ **DATUM UND UHRZEIT:** Die Optionen in diesem Bereich sind selbsterklärend.

✔ **Sprache und Region:** Sie sind in ein anderes Land umgezogen? Aktualisieren Sie hier Ihren Aufenthaltsort, damit Windows diese Information an Apps weitergeben kann, für die sie wichtig ist.

✔ **Eingabe:** Es gibt eine Fülle von Optionen, mit denen Sie steuern können, wie Windows Ihre Eingaben interpretiert. Mit den Schaltern können Sie entscheiden, ob Windows falsch geschriebene Wörter automatisch korrigieren oder hervorheben soll. Sie können auch Ihren Korrekturverlauf aufrufen, um Fehler zu ändern, die Windows gemacht hat.

✔ **Spracherkennung:** Mit diesen Einstellungen können Sie die Spracherkennung sowie die von Windows zum Vorlesen verwendeten Stimmen anpassen. Stellen Sie als Sprache die Sprache ein, die Sie bei der Verwendung des Computers sprechen. Wenn Windows Sie nur schwer verstehen kann, aktivieren Sie die Option Nicht muttersprachliche Akzente erkennen. Sie können auch verschiedene Stimmen für die integrierten Text-in-Sprache-Dienste auswählen.

Einrichtung für Videospiele

In der Kategorie *Spielen* der App Einstellungen steuern Sie, wie Sie Screenshots und Spielclips in Windows aufnehmen. Darüber hinaus können Sie hier die Verbindung Ihres PCs zur Xbox-Spielekonsole überprüfen und die Xbox Game Bar aktivieren. Computerspiele interessieren Sie nicht die Bohne? Dann werden Sie hier wohl nie vorbeischauen müssen.

Windows an Ihre speziellen Anforderungen anpassen

Windows stellt in der Einstellungen-App die Kategorie *Barrierefreiheit* zur Verfügung, die Einstellungsmöglichkeiten für Menschen enthält, die nicht gut hören, nicht gut sehen oder die Maus nicht bedienen können.

 Wenn Sie Hilfe bei einer bestimmten Beeinträchtigung oder Behinderung benötigen und nicht sicher sind, wie Sie vorgehen sollen, besprechen Sie dies mit Copilot. Wenn Sie Ihre Frage mit »In Windows 11 24H2 …« beginnen, stimmt Copilot seine Antwort auf die in dieser Version von Windows verfügbaren Funktionen ab. Schlagen Sie Kapitel 3 auf, wenn Sie Hinweise zum Chatten mit Copilot benötigen.

Um eine Einstellung in der Kategorie Barrierefreiheit vorzunehmen, gehen Sie folgendermaßen vor:

5. Öffnen Sie die Einstellungen-App über das Startmenü oder mit der Tastenkombination ⊞ + Ⅰ.

6. Klicken Sie in der Einstellungen-App links auf die Kategorie Barrierefreiheit.

   Die Seite Barrierefreiheit wird geöffnet (siehe Abbildung 12.10).

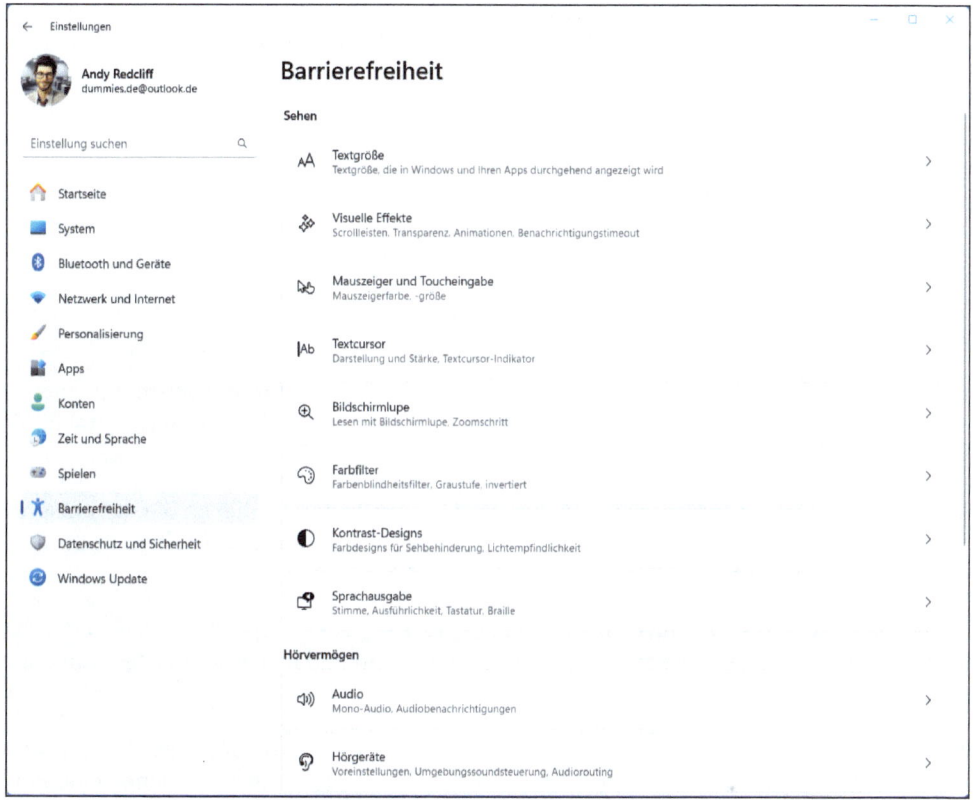

Abbildung 12.10: Die Seite BARRIEREFREIHEIT in der App Einstellungen

7. **Führen Sie die gewünschten Änderungen durch.**

   Das Fenster BARRIEREFREIHEIT bietet drei verschiedene Einstellungsgruppen: SEHEN, HÖRVERMÖGEN und INTERAKTION. In jeder dieser Gruppen finden Sie Optionen, die Ihnen dabei helfen, Ihren Computer leichter zu steuern. Um eine Option ein- oder auszuschalten, klicken Sie auf den entsprechenden Schalter.

   - TEXTGRÖSSE: Vergrößert den Text in Windows und seinen Apps.

   - VISUELLE EFFEKTE: Der erste Schalter, Bildlaufleisten immer anzeigen, macht die Bildlaufleisten besser sichtbar. Dies war meine erste Anlaufstelle nach der Installation von Windows 11.

   - MAUSZEIGER UND TOUCHEINGABE: Ändert die Größe, Farbe oder Form des Mauszeigers, um ihn besser erkennen zu können.

   - TEXTCURSOR: Ändert den Cursor, der zwischen zwei getippten Wörtern erscheint.

- Bildschirmlupe: Wenn Sie diese Option aktivieren, wird der Bereich rund um den Mauszeiger vergrößert, damit Sie immer an der richtigen Stelle klicken.

- Farbfilter: Passt die Farben an, damit Farbenblinde den Bildschirminhalt besser erkennen.

- Kontrast-Designs: Passt die Farben auf dem Bildschirm an oder entfernen Sie sie ganz. Für Menschen mit einer Sehbehinderung wird die Anzeige auf dem Bildschirm so deutlicher.

- Sprachausgabe: Sehbehinderte Menschen aktivieren hier eine Computerstimme, die Wörter und Schaltflächen auf dem Bildschirm beschreibt.

Der Bereich Hörvermögen bietet noch weitere Funktionen für Menschen mit einer Hörschädigung, beispielsweise Untertitel. Im Bereich Interaktion erhalten mobilitätseingeschränkte Personen Hilfe.

Wenn Sie eine Option auswählen, wird sie sofort eingeschaltet. Schließen Sie das entsprechende Fenster, wenn Sie mit dem Ergebnis zufrieden sind. Ansonsten schalten Sie die Option einfach wieder aus.

Fragen Sie in Behindertenzentren nach, ob diese über spezielle Software verfügen oder Sie bei der Anpassung der Optionen in der Einstellungen-App und in der Systemsteuerung unterstützen können.

Wenn Sie nicht sicher sind, wie Sie anfangen sollen, experimentieren Sie einfach mit den Einstellungen. Bei den meisten Schaltern handelt es sich um Schalter, mit denen eine Einstellung sofort ein- oder ausgeschaltet wird. Wenn Ihnen die Einstellung nicht gefällt, klicken Sie erneut auf den Schalter, um sie zu deaktivieren.

Datenschutz und Sicherheit verwalten

Traurig, aber wahr – es gibt nicht mehr viel Privatsphäre im Internet. In der Kategorie *Datenschutz und Sicherheit* finden Sie aber dennoch ein paar Einstellungen, mit denen Sie bestimmen, welche Informationen Apps und Webseiten über Sie sammeln dürfen. Legen Sie hier zum Beispiel fest, welche Apps Ihren Standort ermitteln, die eingebaute Kamera verwenden oder auf die Kontakte in der Kontakte-App zugreifen dürfen.

Beachten Sie dabei aber, dass Apps, denen Sie den Zugriff auf Ihre Daten verweigern, unter Umständen nicht mehr besonders nützlich sind. Die Karten-App beispielsweise muss Ihren Standort kennen, bevor Sie Ihnen eine Wegbeschreibung liefern kann.

Wenn Sie ständig Meldungen sehen, dass Windows Ihren Standort nicht kennt, und es Sie nicht stört, wenn Apps wissen, wo Sie sind, klicken Sie auf Standort und aktivieren Sie dann Ortungsdienste und Apps den Zugriff auf Ihren Standort erlauben. Sie können auch auswählen, welche Apps die Ortungsdienste verwenden dürfen.

Windows mit Windows Update auf dem neuesten Stand halten

Wenn Microsoft ein Update veröffentlicht, erhalten Sie es automatisch über das Internet. Wenn Sie sich jedoch vergewissern möchten, dass Ihr PC auf dem neuesten Stand ist, wenn Sie kontrollieren möchten, wann (oder ob) Updates erscheinen, oder wenn Sie sehen möchten, welche Updates Sie bereits haben, sollten Sie sich den Abschnitt WINDOWS UPDATE in den Einstellungen ansehen. Die meisten dieser Optionen sind selbsterklärend. In Kapitel 13 gehe ich auf die wichtigsten Updates ein, damit Ihr PC immer in Topform ist.

Einstellungen für die automatische Wiedergabe ändern

Wenn Sie ein USB-Laufwerk oder eine Speicherkarte an den Computer anschließen, fragt Windows, ob Sie eine Standardaktion für dieses Gerät festlegen möchten. Die Standardaktion legt fest, was jedes Mal automatisch geschieht, wenn Sie das Gerät anschließen. Wenn Sie feststellen, dass Sie in der Vergangenheit eine falsche Entscheidung getroffen haben, können Sie die Einstellungen für die automatische Wiedergabe für jedes Gerät jederzeit ändern. Die Schritte dazu sind ähnlich wie die für alle anderen Einstellungen:

1. **Klicken Sie auf die Schaltfläche START und im Startmenü auf das Symbol EINSTELLUNGEN oder drücken Sie ⊞ + Ⓘ.**

2. **Klicken Sie in der linken Spalte auf BLUETOOTH UND GERÄTE.**

3. **Blättern Sie gegebenenfalls nach unten, und klicken Sie auf AUTOMATISCHE WIEDERGABE.**

   Es wird ein Dropdown-Menü für WECHSELDATENTRÄGER (USB-Laufwerke) und für SPEICHERKARTEN angezeigt.

4. **Verwenden Sie das Menü unter jeder Option, um die Standardeinstellung zu ändern.**

   Am einfachsten ist die Option JEDES MAL NACHFRAGEN, so dass Sie jedes Mal, wenn Sie ein externes Gerät anschließen, entscheiden können, was mit dem Gerät geschehen soll.

Wenn Sie verhindern möchten, dass eine Anwendung bei jeder Anmeldung auf Ihrem Desktop geöffnet wird, ist das etwas anderes. Ich zeige Ihnen, wie Sie das machen können, aber zuerst eine wichtige Warnung.

Deaktivieren Sie Autostart nur für Anwendungen, die nicht mehr beim Start auf Ihrem Desktop erscheinen sollen, wenn Sie sich anmelden. Einige Autostart-Anwendungen werden im Hintergrund ausgeführt, das heißt, sie sind nicht auf dem Desktop sichtbar, erfüllen aber wichtige Aufgaben. Windows Security und Microsoft OneDrive sind zwei solcher Anwendungen, die automatisch gestartet

werden sollten. Wenn Sie sich bei einer Anwendung unsicher sind, fragen Sie Copilot: »Was würde es in Windows 11 bewirken, wenn der automatische Start von *App* verhindert würde?« Ersetzen Sie *App* durch den Namen der App, die Sie in Betracht ziehen.

Um zu verhindern, dass eine App automatisch gestartet wird, wenn Sie sich anmelden, gehen Sie wie folgt vor:

1. **Klicken Sie auf die Schaltfläche Start und im Startmenü auf das Symbol Einstellungen oder drücken Sie ⊞+I.**

2. **Klicken Sie in der linken Spalte auf Apps.**

3. **Klicken Sie im Hauptfenster rechts auf Autostart.**

   Es werden Schaltflächen für verschiedene Anwendungen angezeigt.

4. **Schalten Sie alle Anwendungen aus, die nicht mehr automatisch gestartet werden sollen.**

   Natürlich können Sie auch jede Anwendung aktivieren, die bei jedem Start des Computers automatisch geöffnet werden soll.

IN DIESEM KAPITEL
Ihren Computer mit dem Dateiversionsverlauf sichern
Technische Daten Ihres PC abrufen
Festplattenspeicher freischaufeln
Neue Gerätetreiber installieren
Wiederherstellungslaufwerk erstellen

Kapitel 13
Windows hegen und pflegen

Dieses Kapitel fungiert als eine Art Checkliste, in der jeder Abschnitt eine einfache und notwendige Aufgabe erklärt, die zur optimalen Funktionsweise von Windows beiträgt. Sie erfahren auch, wie Sie ein Wiederherstellungslaufwerk erstellen, das Sie retten kann, wenn Ihr Computer im Falle einer Katastrophe nicht mehr normal gestartet werden kann.

Sie lernen, wie Sie schlechten Gerätetreibern kündigen und qualifiziertere einstellen. Das sind die kleinen Programme, die dafür sorgen, dass Drucker, Bildschirme, Faxgeräte und ähnliche Geräte einwandfrei mit Windows kommunizieren.

Daten mit dem Dateiversionsverlauf sichern

Wenn die Festplatte Ihres Computers ihren Geist aufgibt, nimmt sie alles mit: jahrelange digitale Fotos, Musik, Briefe, Finanzunterlagen, eingescannte Erinnerungsstücke und alles andere, was Sie auf Ihrem PC erstellt oder gespeichert haben. Aus diesem Grund sollten Sie Ihre Dateien regelmäßig sichern. Wenn es um Computer geht, ist es am sichersten, mindestens zwei Kopien von allem zu erstellen und die Kopien an verschiedenen Orten zu speichern.

OneDrive ist eine schnelle und einfache Möglichkeit, Sicherungskopien zu erstellen, da sie automatisch und im Hintergrund erfolgen. In Kapitel 5 erfahren Sie, wie Sie die Datensicherung mit OneDrive einschalten können. Beachten Sie, dass der Speicherplatz auf OneDrive auf 5 GB begrenzt ist, wenn Sie kein

Abonnement für Microsoft 365 haben. Sie können zwischen 100 GB und 6 TB OneDrive-Speicherplatz erhalten, wenn Sie Microsoft 365 abonnieren.

Wenn Sie ein physisches Laufwerk für die Datensicherung bevorzugen, anstatt oder zusätzlich zu etwas in der nebulösen Cloud, lesen Sie weiter.

Die Verwendung der Cloud für Backups schützt Ihre Daten vor Verlust durch Feuer oder Diebstahl, da die Daten außerhalb Ihrer Wohnung/Ihres Büros gespeichert werden. Die Sicherung ausschließlich auf einem physischen Gerät auf Ihrem Grundstück bietet nicht den gleichen Schutz.

Wie frühere Versionen enthält auch Windows 11 eine Anwendung namens *Dateiversionsverlauf*, die die Dateien in Ihren Hauptordnern stündlich auf einer zweiten Festplatte sichert, die mit Ihrem Computer verbunden ist. Bevor der Dateiversionslauf jedoch seine Arbeit aufnehmen kann, benötigen Sie eine tragbare Festplatte, die relativ preiswert ist. Sie wird über ein Kabel mit einem der USB-Anschlüsse Ihres Computers verbunden, und wenn Sie das Laufwerk einstecken, wird es von Windows sofort erkannt.

Es kann schon etwas anstrengend und kontraproduktiv werden, wenn Sie immer eine externe Wechselplatte zusammen mit Ihrem Tablet oder Notebook herumschleppen müssen. Eine sichere, aber auch etwas kostenintensivere Option ist eine externe Netzwerkfestplatte, die ganz ohne Kabel auskommt. Sobald Sie mit Ihrem Computer zur Tür hereinkommen, beginnt die Platte ganz automatisch mit der Datensicherung.

Führen Sie die folgenden Schritte aus, um Ihren Computer anzuweisen, jede Stunde automatisch eine Sicherungskopie Ihrer Arbeit zu erstellen:

1. **Stecken Sie das Kabel des tragbaren Laufwerks in den USB-Anschluss.**

Der rechteckige Stecker am Ende des Laufwerks oder des Kabels wird in den rechteckigen USB-Anschluss Ihres Computers gesteckt. (Wenn der Stecker nicht auf Anhieb passt, drehen Sie ihn um.) Einige neuere Computer verfügen auch über kleinere USB-C-Anschlüsse, die oval sind. Diese werden in den entsprechenden ovalen Steckplatz des Computers in beide Richtungen eingesteckt. Endlich hat jemand die Computer einfacher gemacht!

Sie verwenden ein kabelloses Laufwerk? Installieren Sie es gemäß den Anweisungen, damit es von Windows erkannt wird. (Leider kann ich Ihnen keine Anleitung geben, da die Schritte je nach Marke und Modell unterschiedlich sind.) Einige Modelle werden an den USB-Anschluss Ihres Routers angeschlossen, der Ihre Internetverbindung in einen WLAN-Hotspot in Ihrem Haus verwandelt.

2. **Klicken Sie auf das Suchfeld in der Taskleiste (rechts neben der Schaltfläche Start), geben Sie** Dateiversionsverlauf **ein und drücken Sie die** ⏎-**Taste.**

Die Seite Dateiversionsverlauf wird geöffnet (siehe Abbildung 13.1) und beginnt mit der Suche nach einer angeschlossenen Festplatte oder Speicherkarte.

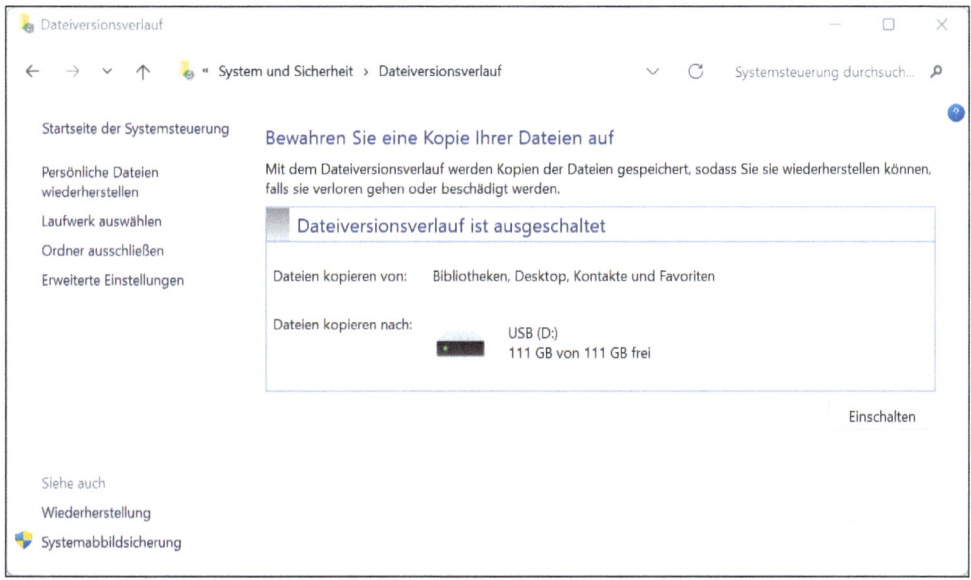

Abbildung 13.1: Das Fenster DATEIVERSIONSVERLAUF.

3. **Wenn der Dateiversionsverlauf Ihr angeschlossenes tragbares Laufwerk nicht automatisch findet und auswählt, klicken Sie in der linken Spalte auf LAUFWERK AUSWÄHLEN und dann in der Liste der verfügbaren Laufwerke auf das gewünschte Laufwerk.**

Wenn Ihr Laufwerk nicht in der Liste aufgeführt ist, wird es von Windows nicht erkannt. Versuchen Sie, das Laufwerk abzustecken, den Computer neu zu starten und dann das Laufwerk wieder an einen anderen USB-Anschluss anzuschließen. Wenn Sie das Laufwerk noch nie formatiert haben, müssen Sie es möglicherweise formatieren. Beachten Sie, dass beim Formatieren eines Laufwerks alle Dateien auf dem Laufwerk dauerhaft gelöscht werden.

 Sie können als Sicherungsort auch ein Netzlaufwerk angeben. Um ein Laufwerk auszuwählen, klicken Sie im Fenster DATEIVERSIONSVERLAUF auf den Link NETZWERKADRESSE AUSWÄHLEN. Vernetzte Laufwerke sind eine gute Datensicherungsoption für tragbare PCs, also Notebooks und Tablets. (In Kapitel 15 erfahren Sie mehr darüber, wie Sie ein Heimnetzwerk einrichten.) Wenn Sie Ihre Daten auf einem PC-Laufwerk innerhalb eines Netzwerks speichern möchten, fragt Windows Sie nach Benutzernamen und Kennwort des Administrators des anderen Computers.

4. **Klicken Sie auf OK.**

5. **Klicken Sie auf die Schaltfläche EINSCHALTEN.**

   Der Sicherungsvorgang wird gestartet.

Wenn Sie den Dateiversionsverlauf aktivieren, beginnt Windows sofort mit der Sicherung – auch wenn keine Sicherung geplant ist. Das liegt daran, dass das stets wachsame Windows sicherstellen möchte, dass es alles sofort erfasst, bevor etwas schief geht. Die erste Sicherung kann sehr *lange* dauern.

Nachdem jedoch alles gesichert wurde, sichert Windows jede Stunde nur die geänderten Dateien, was viel weniger Zeit in Anspruch nimmt. Der erste Stapel gesicherter Dateien wird für den Fall aufbewahrt, dass Sie diese zu einem späteren Zeitpunkt wiederherstellen möchten.

Der Dateiversionsverlauf ist eine prima Sache. Alles läuft fast von allein. Es gibt aber doch die eine oder andere Einstellungsmöglichkeit:

✔ Der Dateiversionsverlauf sichert alle Daten in den Hauptordnern (BILDER, DESKTOP, DOKUMENTE, DOWNLOADS, MUSIK und VIDEOS) und noch ein paar anderen. (Das Dialogfeld verwendet den alten Begriff Bibliotheken.) Um einen Ordner aus der Datensicherung auszuschließen, klicken Sie auf der linken Seite des Fensters auf den Link ORDNER AUSSCHLIESSEN. Dann haben Sie die Möglichkeit, nicht nur Ordner auszuschließen, sondern auch weitere hinzuzunehmen.

✔ Standardmäßig sichert der Dateiversionsverlauf die Daten stündlich. Um dieses Intervall zu ändern, klicken Sie auf den Link ERWEITERTE EINSTELLUNGEN. Hier können Sie das Intervall verkürzen oder verlängern. (Zwischen ALLE 10 MINUTEN und TÄGLICH ist fast alles möglich.) Sie können auch einstellen, wie lange die Backups aufbewahrt werden sollen. Ich verwende die Einstellung BIS PLATZ BENÖTIGT WIRD.

✔ Der Dateiversionsverlauf sichert nur Ihre Dateien und Einstellungen. Andere Benutzer mit eigenem Benutzerkonto auf Ihrem Computer müssen den Dateiversionsverlauf selbst einschalten, sobald sie mit ihrem Konto angemeldet sind.

Mit dem Dateiversionsverlauf geht es auch relativ einfach, Ihre Dateien von einem alten Rechner mit Windows 10 auf einen neuen Rechner mit Windows 11 zu transportieren; mehr hierzu in Kapitel 21.

✔ Sie können die gesicherten Dateien nicht nur wiederherstellen, sondern sogar einen Versionsvergleich durchführen, um dann vielleicht nur die »besseren« Dateiversionen wiederherzustellen. In Kapitel 19 beschreibe ich, wie Sie Dateien aus der Sicherung des Dateiversionsverlaufs wiederherstellen können. Es lohnt sich jedoch, diesen Abschnitt jetzt zu lesen.

Windows speichert die Datensicherung im Ordner FILEHISTORY (beziehungsweise DATEIVERSIONSVERLAUF) auf dem ausgewählten Laufwerk. Verschieben Sie diesen Ordner auf keinen Fall, sonst findet Windows ihn im Notfall nicht und kann die Dateien nicht mehr wiederherstellen.

Technische Daten über Ihren Computer anzeigen

 Wenn Sie jemals unter die Motorhaube von Windows blicken müssen, wovor der Himmel Sie bewahren möge, öffnen Sie die App EINSTELLUNGEN.

Öffnen Sie dazu das Startmenü und klicken Sie auf das Symbol EINSTELLUNGEN. Klicken Sie in den Einstellungen auf die Kategorie SYSTEM. Blättern Sie in der rechten Spalte bis zum Eintrag INFO herunter und klicken Sie darauf (siehe Abbildung 13.2). Rechts werden Ihnen nun jede Menge technischer Informationen über Ihren Computer angezeigt. Schauen wir uns die Daten mal genauer an:

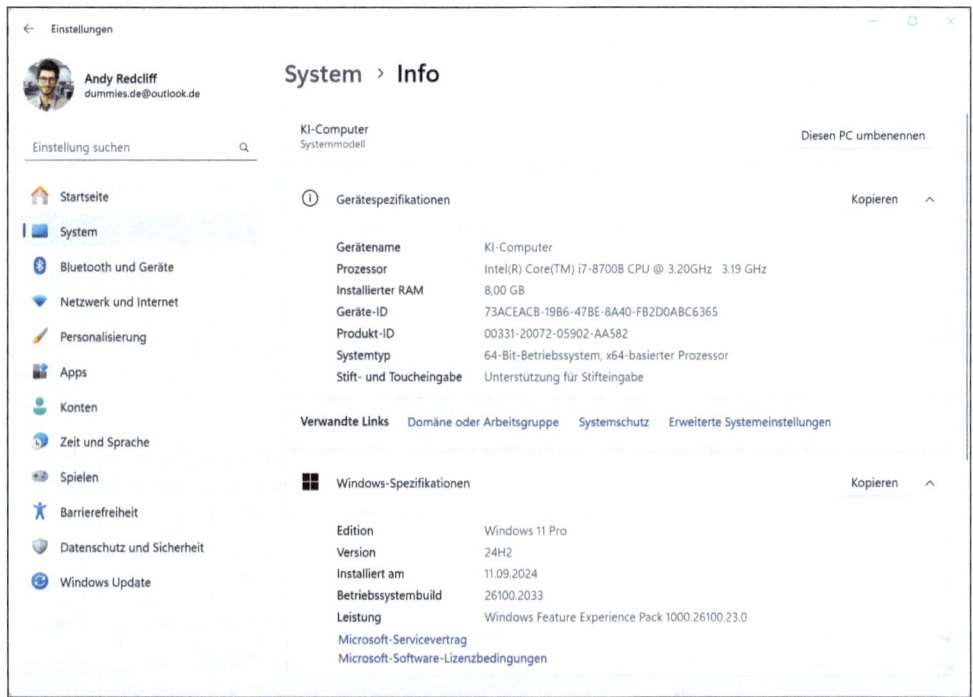

Abbildung 13.2: Im Bereich INFO finden Sie jede Menge technische Informationen zu Ihrem Computer.

✔ **GERÄTESPEZIFIKATIONEN:** Hier finden Sie Angaben zum Prozessor und zum Arbeitsspeicher (auch als RAM bekannt) Ihres Rechners.

✔ **WINDOWS-SPEZIFIKATIONEN:** Windows 11 gibt es in verschiedenen Ausführungen. In diesem Bereich können Sie Ihrem Gedächtnis auf die Sprünge helfen und nachsehen, welches Windows auf Ihrem Gerät läuft. Ich vermute stark, dass bei Ihnen Windows 11 Home oder Pro steht. Die Versionsnummer des Funktionsupdate von Windows 11 im Jahr 2024 lautet 24H2.

✔ **VERWANDTE LINKS:** In diesem Abschnitt finden Sie einige Links zu wenig genutzten Einstellungen, die vor allem für Techniker und Netzwerkadministratoren nützlich sind.

Das meiste von dem, was Sie im Bereich SYSTEM der App EINSTELLUNGEN von Windows finden, ist ziemlich kompliziert. Beschäftigen Sie sich damit also nur, wenn Sie wissen, was Sie tun, oder wenn Sie vom technischen Support aufgefordert werden, dort eine bestimmte Einstellung zu ändern.

Wenn Sie ein fortgeschrittener Benutzer sind, der nach Informationen über die GPU oder NPU sucht, ist der Task-Manager oder die App Systeminformationen wahrscheinlich die beste Wahl. Fragen Sie einfach Copilot um Hilfe, z. B. »Wo kann ich in Windows 11 Statistiken zur GPU-Nutzung abrufen?« oder »Wo kann ich in Windows 11 Infos über meinen NPU-Chip anzeigen?«

Laufwerke, RAM und Speicher

Wenn Techniker über Computerspeicher sprechen, meinen sie in der Regel RAM (Random Access Memory). Im RAM befinden sich ein Teil von Windows und nur die Apps und Dokumente, die Sie gerade geöffnet haben. Wenn Sie eine App starten oder ein Dokument öffnen, holt Windows eine Kopie dieser App oder dieses Dokuments von Ihrer Festplatte und lädt sie in den RAM. Der Arbeitsspeicher ist viel schneller als die Festplatte. Da Sie also eine Kopie der App im Arbeitsspeicher nutzen, können Sie reibungslos und ohne lange Verzögerungen zwischen den Aktionen mit der App interagieren. Für die eigentliche Arbeit ist der CPU (Central Processing Unit) zuständig, die in der Fachwelt oft einfach als Prozessor bezeichnet wird.

Der Nachteil von RAM ist, dass er flüchtig ist. Wenn Sie Ihren Computer ausschalten oder die Stromversorgung unterbrechen, verschwindet alles im RAM. Wenn alles auf Ihrem Computer im RAM gespeichert wäre, würden Windows und alle Ihre Apps und Dokumente jedes Mal verschwinden, wenn der Computer nicht mehr mit Strom versorgt wird oder Sie den PC ausschalten. Das ist unpraktisch.

Computer haben in der Regel viel mehr Speicherplatz auf der Festplatte als im RAM, weil die meisten Menschen nur wenige Apps gleichzeitig öffnen. Wenn Sie versuchen würden, jede App und jedes Dokument auf Ihrem Computer zu öffnen, würden Sie irgendwann eine Fehlermeldung erhalten, die lautet: »Nicht genügend Arbeitsspeicher«. Aber das passiert vielleicht nie, weil die meisten Computer genug Arbeitsspeicher haben, um gleichzeitig eine ganze Reihe von Apps und Dokumenten zu öffnen.

Platz auf der Festplatte freiräumen

Wenn Programme anfangen, sich bitterlich darüber zu beklagen, dass es auf der Festplatte Ihres Computers langsam eng wird, weisen Sie Windows an, dieses Problem selbst in die Hand zu nehmen. Die Funktion *Speicheroptimierung* ist ein hilfreiches Werkzeug.

Wenn Sie dieses Feature eingeschaltet haben, wird Windows zur eigenen Müllabfuhr. Es leert automatisch seinen Papierkorb und löscht temporäre Dateien, die von Apps und Programmen liegen gelassen wurden. Aktivieren Sie dieses praktische Feature so:

 1. **Klicken Sie im Startmenü auf das Symbol der Einstellungen-App.**

   Die App Einstellungen erscheint.

2. **Wählen Sie die Kategorie SYSTEM und klicken Sie in der rechten Spalte auf die Option SPEICHER.**

   Das Fenster SPEICHER aus Abbildung 13.3 wird angezeigt.

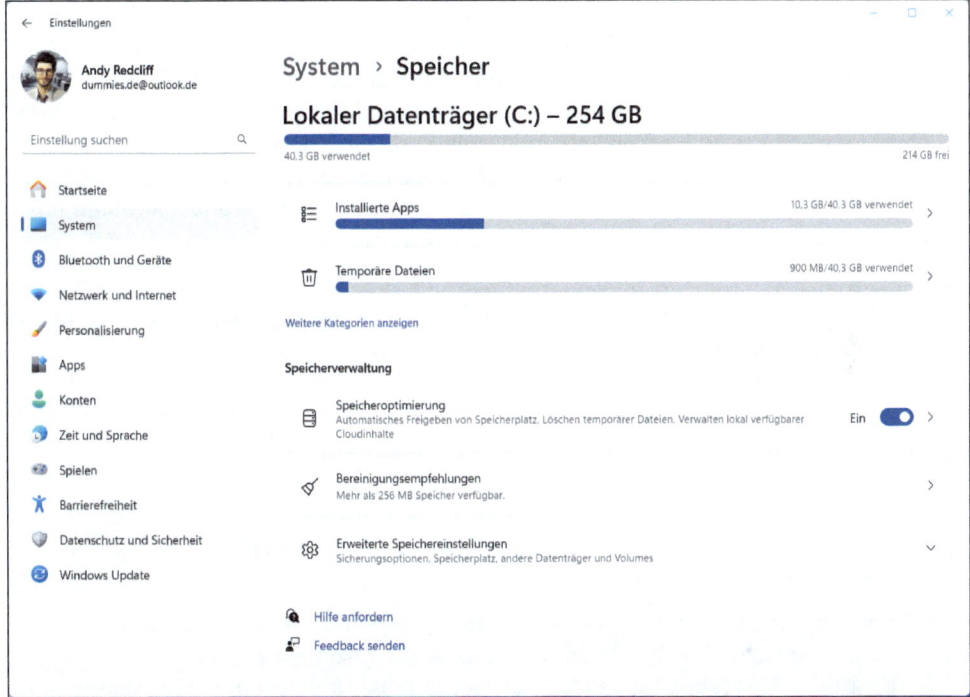

Abbildung 13.3: Schaufeln Sie mit dem Feature Speicheroptimierung Speicherplatz frei.

3. **Setzen Sie den Schalter neben Speicheroptimierung auf EIN.**

Mit dieser Einstellung räumt Windows ab sofort selbst auf. Um die Voreinstellungen der Speicheroptimierung an Ihre Wünsche und Bedürfnisse anzupassen, klicken Sie direkt auf den Punkt SPEICHEROPTIMIERUNG. Eine Seite mit zahlreichen Einstellungsmöglichkeiten wird geöffnet:

✔ **BEREINIGUNG TEMPORÄRER DATEIEN:** Legen Sie fest, wie oft Windows temporäre Dateien löschen soll, die es im Hintergrund für seine eigenen Haushaltsaufgaben erstellt hat. Sie sehen diese Dateien nie, da sie alle ohne Ihr Wissen erstellt werden. Die Chancen stehen gut, dass Sie sie nie vermissen werden.

✔ **AUTOMATISCHE BEREINIGUNG DES BENUTZERINHALTS:** Bei eingeschalteter Speicheroptimierung räumt Windows je nach Auswahl täglich, jede Woche, jeden Monat oder bei wenig freiem Speicherplatz Ihr Laufwerk auf. Sie können dem Programm auch mitteilen, wie oft es den Papierkorb leeren soll. Aber sagen Sie dem Programm besser nicht, wann es den Inhalt Ihres Downloads-Ordners löschen soll, es sei denn, Sie verschieben die heruntergeladenen Dateien gewissenhaft in andere Ordner.

✔ **Lokal verfügbare Cloudinhalte:** Wenn Sie auf Dateien zugreifen, die in Ihrem OneDrive-Speicherplatz liegen, kopiert Windows diese auf Ihren Rechner. Hier stellen Sie ein, ob Windows diese Kopien löschen soll, wenn Sie sie nach einem bestimmten Zeitraum nicht mehr geöffnet haben. Das Original verbleibt natürlich bei OneDrive.

✔ **OneDrive:** Wenn Sie auf eine in OneDrive gespeicherte Datei zugreifen, lädt Windows eine Kopie auf Ihren PC herunter. Wenn Sie diese Kopie eine Zeit lang nicht angefasst haben, wird sie von der Speicheroptimierung gelöscht; es verbleibt jedoch eine identische Kopie sicher auf OneDrive. Um Speicherplatz freizugeben, indem Sie diese überflüssigen Dateien löschen, öffnen Sie den Explorer. Klicken Sie mit der rechten Maustaste auf das OneDrive-Symbol im Navigationsbereich (normalerweise zeigt das Symbol eine Wolke, Ihren Benutzernamen und Persönlich an). Wählen Sie dann im Kontextmenü die Option Speicherplatz freigeben.

✔ **Speicheroptimierung Jetzt ausführen:** Geben Sie sofort Speicherplatz frei, indem Sie über die Speicheroptimierung Dateien und alte gelöschte Dateien in Ihrem Papierkorb löschen lassen.

Mit diesen Optionen sollten Sie in der Lage sein, Windows so weit aufzuräumen, dass Sie weiterarbeiten können.

Was hat es mit KB, GB, TB und Gigabyte auf sich?

Die Speicherkapazität von Computern wird in Bytes gemessen, wobei ein Byte in etwa dem Platz entspricht, der für die Speicherung eines einzelnen Buchstabens benötigt wird. KB ist die Abkürzung für *Kilobyte*, also etwa tausend Byte. GB ist die Abkürzung für *Gigabyte*, also etwa eine Milliarde Byte. TB ist die Abkürzung für *Terabyte*, also etwa eine Billion Byte. Mit anderen Worten: Ein KB entspricht etwa tausend Byte, ein GB entspricht etwa tausend KB und ein TB entspricht etwa tausend GB. Wenn Sie genaue Zahlen möchten, fragen Sie Copilot: »Was sind KB, GB und TB?«

Mit Gerätetreibern hantieren

Windows hat ein ganzes Arsenal von Treibern – das sind Programme, die dafür sorgen, dass Windows mit den Geräten kommunizieren kann, die an Ihrem Rechner angeschlossen sind. Normalerweise erkennt Windows ein neues Gerät automatisch und sorgt dafür, dass es funktioniert. Ist dies nicht der Fall, geht Windows ins Internet und holt sich Anweisungen, um das Gerät erfolgreich zu integrieren.

Gott sei Dank müssen Sie nur dann einen neuen Treiber installieren, wenn einer der folgenden Fälle vorliegt:

✔ Sie haben eine neue Hardware gekauft und eingerichtet und sie funktioniert nicht: Die Treiber, die mit neuer Hardware ausgeliefert werden, sind häufig veraltet. Besuchen Sie die Webseite des Herstellers und laden Sie die neuesten Treiber herunter und installieren Sie sie.

✔ Sie haben neue Hardware angeschlossen und Windows erkennt sie nicht: Auch hier kann das Installieren des neuesten Treibers Wunder bewirken.

Aber wenn die Hardware läuft, denken Sie bitte nicht im Traum daran, den Treiber zu aktualisieren. Die Chancen stehen gut, dass der neue Treiber auch nur die neueren Modelle Ihrer Hardware unterstützt und dass Ihre bisher fehlerfrei funktionierende Hardware mit dem neuen Treiber nicht mehr so einwandfrei funktioniert.

Und bitte abonnieren Sie auch keinen Service, der Ihren Rechner mit den neuesten Treibern auf dem Laufenden halten will. Das schadet oft mehr, als dass es hilft.

Lokale Computer-Reparaturwerkstätten sind in der Regel eine gute Anlaufstelle für die Lösung von Geräte- und Treiberproblemen. Wenn Sie sich Ihre Fähigkeiten in diesem Bereich nicht zutrauen, sollten Sie den Computer zu einer nahegelegenen Reparaturwerkstatt bringen.

Windows Update kann einige Treiber aktualisieren. Stellen Sie also sicher, dass Sie mit Windows Updates auf dem neuesten Stand sind, bevor Sie sich auf die Suche machen. Geben Sie in das Suchfeld rechts neben der Schaltfläche START update ein und klicken Sie dann auf NACH UPDATES SUCHEN.

Wenn Ihr Gerät nach der Aktualisierung von Windows immer noch nicht funktioniert, führen Sie die folgenden Schritte aus:

1. **Klicken Sie mit der rechten Maustaste auf die Schaltfläche START und wählen Sie GERÄTE-MANAGER.**

   Es öffnet sich eine Liste mit Gerätekategorien, die an der linken Seite jeweils mit > gekennzeichnet sind, auf das Sie klicken können, um zu sehen, was sich in der Kategorie befindet.

2. **Klicken Sie auf den Gerätenamen, der aktualisiert werden muss.**

   Oft ist neben dem Gerätenamen ein gelbes Warnsymbol zu sehen.

3. **Wenn Sie sicher sind, dass Sie auf den richtigen Gerätenamen geklickt haben, führen Sie einen der folgenden Schritte aus:**

   - Wenn Sie nicht bereits einen aktualisierten Treiber heruntergeladen haben: Klicken Sie mit der rechten Maustaste auf den Gerätenamen und wählen Sie TREIBER AKTUALISIEREN. Natürlich können Sie auch jede Anwendung aktivieren, die bei jedem Start des Computers automatisch geöffnet werden soll.

   - Wenn Sie einen aktualisierten Treiber heruntergeladen haben: Wählen Sie AUF MEINEM COMPUTER NACH TREIBERN SUCHEN, navigieren Sie zum Treiber, und doppelklicken Sie dann auf das Symbol des Treibers. Oder wählen Sie AUTOMATISCH NACH TREIBERN SUCHEN und lassen Sie Windows das Internet nach einem aktualisierten Treiber durchsuchen.

4. **Befolgen Sie die Anweisungen auf dem Bildschirm, um den Treiber zu aktualisieren.**

   Der Rest des Prozesses läuft automatisch ab.

5. **Schließen Sie den Geräte-Manager, wenn Sie die Schritte abgeschlossen haben.**

Wenn keiner dieser Schritte funktioniert, ist möglicherweise das Gerät selbst defekt, und die Aktualisierung des Treibers hat keine Wirkung. Möglicherweise müssen Sie den Computer für eine weitere Diagnose in eine Reparaturwerkstatt bringen.

 Es gibt mit dem neuen Treiber Probleme? Schnell zum Geräte-Manager. Doppelklicken Sie dort auf den Namen des Problemteils und wählen Sie im Eigenschaftendialog die Registerkarte TREIBER. Halten Sie die Luft an und klicken Sie auf die Schaltfläche VORHERIGER TREIBER. Windows eliminiert den neuen Treiber und kehrt reumütig zu der älteren Treiberversion zurück.

Wiederherstellungslaufwerk erstellen

Die Erstellung eines Wiederherstellungslaufwerks bietet Ihnen eine Möglichkeit zur Wiederherstellung, wenn Ihre Festplatte ausfällt und Sie nicht mehr auf Ihren Computer zugreifen können. Ein Wiederherstellungslaufwerk enthält alle Dateien, aus denen sich Windows zusammensetzt sowie alle Systemdateien. Die Systemdateien sind spezifisch für Ihren Computer und enthalten Informationen, die Windows verwendet, um den Computer in Ihrem Namen zu betreiben.

Das Wiederherstellungslaufwerk enthält keine persönlichen Dateien oder Anwendungen, die Sie heruntergeladen haben. Sie sollten Ihre persönlichen Dateien dennoch separat sichern, indem Sie OneDrive (siehe Kapitel 5) oder den Dateiversionsverlauf (siehe weiter vorne in diesem Kapitel) verwenden.

Für das Wiederherstellungslaufwerk benötigen Sie ein USB-Laufwerk mit mindestens 16 GB Speicherplatz. Verwenden Sie kein Laufwerk, das bereits wichtige Dateien enthält, da beim Erstellen des Wiederherstellungslaufwerks alle diese Dateien gelöscht werden.

Gehen Sie folgendermaßen vor, um ein Wiederherstellungslaufwerk zu erstellen:

1. **Schließen Sie das USB-Laufwerk an einen USB-Anschluss an.**

2. **Geben Sie in das Suchfeld neben der Schaltfläche START den Suchbegriff** `Wiederherstellungslaufwerk erstellen` **ein, und klicken Sie dann im Startmenü auf WIEDERHERSTELLUNGSLAUFWERK ERSTELLEN (SYSTEMSTEUERUNG).**

3. **Klicken Sie auf JA, wenn Sie dazu aufgefordert werden.**

4. **Vergewissern Sie sich, dass das Kontrollkästchen zum Sichern von Systemdateien aktiviert ist, und klicken Sie dann auf WEITER.**

5. **Wenn mehr als ein externes Laufwerk angeschlossen ist, vergewissern Sie sich, dass unter VERFÜGBARE(S) LAUFWERK(E) das USB-Laufwerk für die Wiederherstellung ausgewählt ist.**

6. **Klicken Sie auf WEITER.**

    Sie werden darauf hingewiesen, dass alles auf diesem Laufwerk gelöscht wird.

7. **Um fortzufahren, klicken Sie auf Erstellen.**

    Folgen Sie den Anweisungen auf dem Bildschirm. Der Vorgang kann ein paar Minuten dauern, haben Sie also etwas Geduld.

Bewahren Sie das USB-Laufwerk an einem sicheren Ort auf. Verwenden Sie das Laufwerk für keinen anderen Zweck als für die Wiederherstellung von Windows, wenn keine andere Reparaturoption funktioniert. Das Laufwerk ist bootfähig, das heißt, Sie können Ihren Computer von diesem Laufwerk aus starten. Weitere Informationen zur Verwendung eines bootfähigen Laufwerks finden Sie in Kapitel 19.

IN DIESEM KAPITEL

Benutzerkonten verstehen

Benutzerkonten hinzufügen, löschen und ändern

Zwischen Benutzern hin und her wechseln

Ihr Profilbild ändern

Kennwörter verstehen

Mit Windows Hello anmelden

Kapitel 14
Ihren Computer mit anderen teilen

Mit Windows können sich mehrere Benutzer einen Rechner, ein Notebook oder ein Tablet teilen, aber niemand kann dabei die persönlichen Dateien der anderen sehen.

Und wie macht Windows das? Windows erstellt für jeden Benutzer ein *Benutzerkonto*, in dem sich die jeweiligen Dateien sozusagen in einem geschützten und isolierten Raum bewegen. (Sie werden in diesem Zusammenhang auch immer wieder auf den Begriff *Account* stoßen; das ist auch nichts anderes als ein Benutzerkonto.) Sobald jemand den Benutzernamen samt Kennwort eingibt, stellt sich der Rechner maßgeschneidert für den angemeldeten Benutzer zur Verfügung. Desktophintergrund, Sperrbildschirm, Startmenü, Menüwahl, Apps und Dateien – alles genau auf die angemeldete Person abgestimmt. Und es ist streng verboten beziehungsweise erst gar nicht möglich, in die Dateien der anderen zu schauen.

In diesem Kapitel erfahren Sie, wie Sie für jeden Bewohner Ihres Hauses ein eigenes Benutzerkonto einrichten. Außerdem erfahren Sie, wie Sie Konten für Kinder einrichten, mit denen Sie deren Computeraktivitäten überwachen und bei Bedarf einschränken können.

Benutzerkonten verstehen

Wenn Sie nicht jedem, der Ihren PC gemeinsam mit Ihnen nutzt, Zugriff auf alle Ihre Dateien geben möchten, können Sie Benutzerkonten einrichten. Dann kann jeder, der den

Computer verwendet, alle Apps auf dem Computer ausführen, aber jede Person hat ihre eigenen Ordner für Dokumente, Bilder, Musik und Videos.

Windows bietet zwei Typen von Benutzerkonten an: Administrator und Standard (sowie ein spezielles Standardkonto für Kinder). Jeder Kontotyp hat die Berechtigung, unterschiedliche Dinge auf dem Computer zu tun:

- **Administrator:** Administratorkonten haben die volle Kontrolle über das System. Sie können Benutzerkonten für andere einrichten, Apps installieren und entfernen und vieles mehr. Auf einem Computer gibt es immer mindestens ein Administratorkonto; es können aber auch beliebig viele sein.

- **Standard:** Inhaber eines Standardkontos können auf den größten Teil des Computers zugreifen, aber sie können keine großen Änderungen vornehmen. Sie können alle Apps auf dem Computer verwenden, aber keine neuen Apps installieren.

- **Kind:** Ein Konto des Typs Kind ist lediglich ein Standardkonto, bei dem die Microsoft Family Safety-Einstellungen automatisch aktiviert sind. Ich behandle die Einstellmöglichkeiten von Microsoft Family Safety in Kapitel 11.

Manchmal meldet sich eine Person am Rechner an und geht dann erst einmal einen Kaffee trinken. Wenn am Rechner länger nichts los ist, macht er ein Nickerchen. Sobald er aufwacht, weil vielleicht jemand an der Maus gerüttelt hat, werden nur der Benutzername und das Foto der Person angezeigt, die sich zuletzt angemeldet und nicht wieder abgemeldet hat. Windows listet aber links unten auf dem Bildschirm alle anderen Kontoinhaber auf, damit sie sich per Mausklick anmelden können.

Vielleicht stoßen Sie auf einen Hinweis auf ein lokales Konto. Ein *lokales Konto* ist einfach ein Administrator- oder Standardkonto, das kein Microsoft-Konto ist. Lokale Konten sind an einen bestimmten Computer gebunden. Für sie ist keine E-Mail-Adresse erforderlich, und sie bieten nicht alle Vorteile eines Microsoft-Kontos.

Ein Benutzerkonto ändern oder neu erstellen

Windows bietet zwei verschiedene Wege, ein Standardbenutzerkonto hinzuzufügen. Es unterscheidet dabei zwischen zwei Typen von Personen, für die Sie ziemlich wahrscheinlich ein Benutzerkonto hinzufügen werden:

- **Familienmitglied hinzufügen:** Wenn Sie sich für diesen Kontotyp entscheiden, können Sie eine Überwachung für Kinderkonten automatisch einrichten lassen. Jeder Erwachsene, den Sie hier hinzufügen, kann die Kinderkonten ebenfalls überprüfen. Alle Familienmitglieder müssen über ein Microsoft-Konto verfügen. Ist das nicht der Fall, werden Sie beim Hinzufügen des Kontos gleich durch den Prozess der Erstellung eines Microsoft-Kontos geführt.

✔ **ANDERE BENUTZER HINZUFÜGEN:** Dieser Kontotyp eignet sich zum Beispiel für Mitbewohner oder Dauergäste, die Ihren Rechner nutzen, aber nicht überwacht werden müssen und auch nicht Ihre Kinder überwachen sollen.

In diesem Abschnitt erfahren Sie, wie Sie beide Arten von Konten erstellen und wie Sie bestehenden Konten ändern können.

Nur der Administrator kann ein neues Benutzerkonto einrichten. Wenn Sie nicht über Administratorrechte verfügen, fragen Sie beim PC-Eigentümer nach, ob sich das nicht ändern lässt, indem er Ihnen auch ein Administratorkonto einrichtet.

Ein Konto für ein Familienmitglied hinzufügen

Wenn Sie ein Kind als Familienmitglied hinzufügen, können Sie seine Computeraktivitäten nach Bedarf limitieren. Wenn Sie eine erwachsene Person als Familienmitglied hinzufügen, kann sie genauso wie Sie das Kinderkonto überwachen.

Wenn Sie ein Konto hinzufügen möchten, das nicht in diese Familienangelegenheiten involviert ist, lesen Sie den nächsten Abschnitt »Ein Konto für ein Nicht-Familienmitglied hinzufügen«.

Um ein Familienmitglied hinzuzufügen, vergewissern Sie sich, dass Sie als Administrator an Ihrem Computer angemeldet sind, und führen Sie dann die folgenden Schritte aus:

Wenn Sie ein Konto hinzufügen wollen, das nicht in die Familienangelegenheiten involviert sein soll, dann erstellen Sie einfach ein Konto für weitere Benutzer, zum Beispiel für einen Mitbewohner oder einen Dauergast.

Als Administrator fügen Sie ein neues Benutzerkonto, egal ob für ein Familienmitglied oder für sonstige Benutzer, folgendermaßen hinzu:

 1. **Klicken Sie auf die Schaltfläche START und dann im Startmenü auf das Symbol EINSTELLUNGEN und wählen Sie dann auf der linken Seite die Kategorie KONTEN.**

   Die KONTEN-Seite wird angezeigt (siehe Abbildung 14.1). Hier können Sie Änderungen am eigenen Konto vornehmen sowie neue Benutzerkonten einrichten.

2. **Klicken Sie rechts auf FAMILIE.**

   Unter der Überschrift IHRE FAMILIE sollten Sie Ihren Namen und den Namen der Personen sehen, die Sie der Familie hinzugefügt haben.

3. **Um ein Familienmitglied hinzuzufügen, klicken Sie auf JEMANDEN HINZUFÜGEN.**

   Das in Abbildung 14.2 gezeigte Fenster erscheint und fordert Sie auf, die E-Mail-Adresse der Person einzugeben.

4. **Führen Sie einen der folgenden Schritte aus:**

   - Wenn Sie ein Konto für ein Familienmitglied hinzufügen, das kein Kind ist, geben Sie die E-Mail-Adresse dieser Person ein.

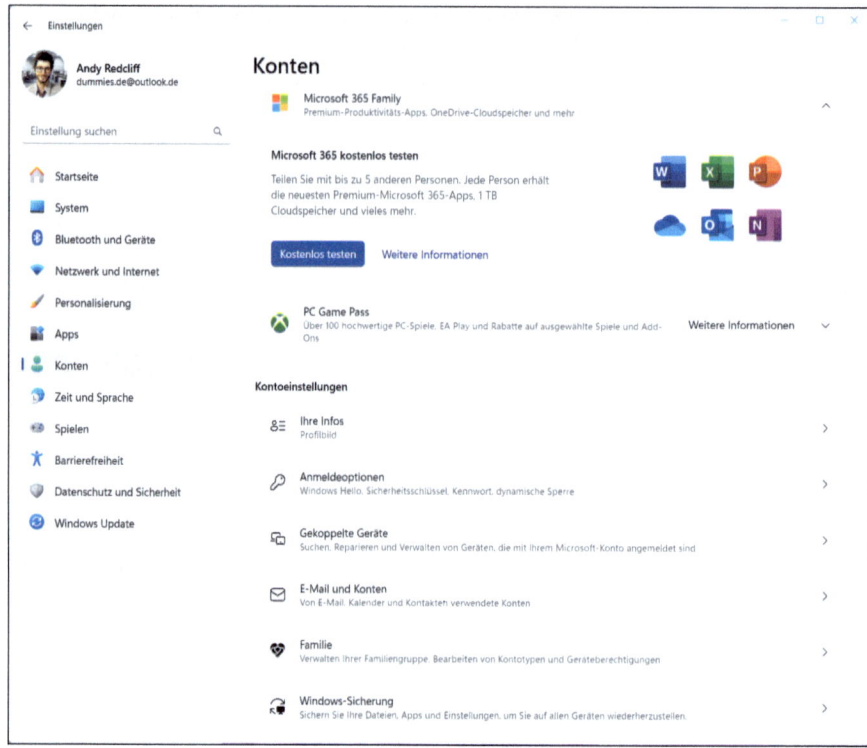

Abbildung 14.1: Klicken Sie auf FAMILIE, um ein neues Benutzerkonto zu erstellen.

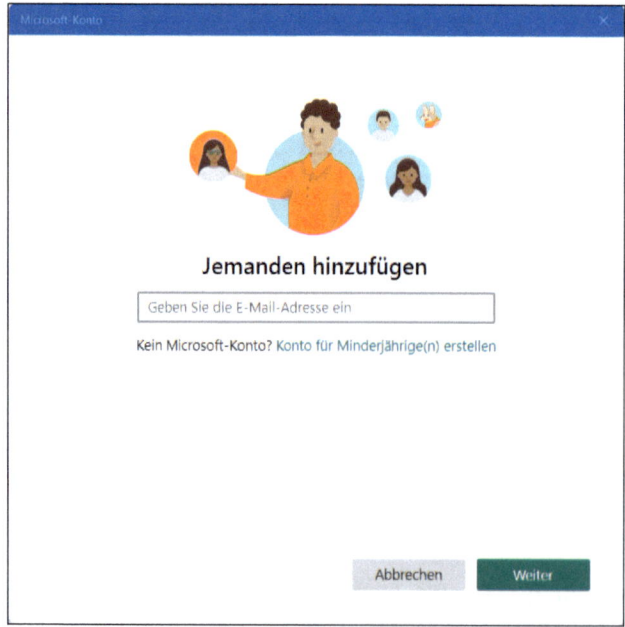

Abbildung 14.2: Wählen Sie aus, ob Sie ein Kind oder ein erwachsenes Familienmitglied hinzufügen möchten.

- Wenn Sie ein Konto für ein Kind hinzufügen möchten, klicken Sie auf Ein Konto für Minderjährige(n) erstellen und folgen Sie den Anweisungen auf dem Bildschirm. Auf der daraufhin angezeigten Seite können Sie für das Kind eine E-Mail-Adresse einrichten, die auch als Microsoft-Konto dient.

  Ihr eingeladenes Familienmitglied erhält eine E-Mail, in der es darüber informiert wird, dass es eingeladen wurde, ein Familienkonto auf Ihrem Computer zu erstellen. Nachdem das Kind das Angebot angenommen hat, wird es automatisch als Konto auf Ihrem Computer angezeigt.

Wenn sich der neue Benutzer nicht über das normale Anmeldeverfahren anmelden kann, vergewissern Sie sich, dass er die Berechtigung hat, sich anzumelden. Siehe »Ein bestehendes Benutzerkonto ändern« weiter hinten in diesem Kapitel, und vergewissern Sie sich, dass das Konto auf Kann sich anmelden eingestellt ist.

Windows erstellt Standardkonten für alle neuen Benutzer, unabhängig davon, ob sie sich mit einem Microsoft-Konto oder einem lokalen Konto angemeldet haben oder nicht. Wenn Sie dies zu einem späteren Zeitpunkt ändern möchten, können Sie das Standardkonto in ein Administratorkonto umwandeln, wie im nächsten Abschnitt »Ein bestehendes Benutzerkonto ändern« beschrieben.

Ein Konto für ein Nicht-Familienmitglied hinzufügen

Wenn Sie ein Benutzerkonto für einen Gast oder ein anderes Nicht-Familienmitglied erstellen möchten, verwenden Sie weiterhin die Seite Konten in den Einstellungen. Vergewissern Sie sich, dass Sie bei Ihrem Computer als Administrator angemeldet sind, und führen Sie dann die folgenden Schritte aus:

1. **Klicken Sie auf die Schaltfläche Start, dann auf Einstellungen und schließlich in der linken Spalte auf Konten.**

   Sie werden zur Seite Konten weitergeleitet.

2. **Blättern Sie nach unten und klicken Sie auf Weitere Benutzer.**

3. **Klicken Sie auf Konto hinzufügen.**

   Der in Abbildung 14.3 dargestellte Bildschirm wird angezeigt.

4. **Führen Sie einen der folgenden Schritte aus:**

   - Wenn der hinzuzufügende Benutzer über ein Microsoft-Konto für Windows, Microsoft 365, Outlook.com oder einen anderen Microsoft-Dienst verfügt, geben Sie seine E-Mail-Adresse oder Handynummer ein, klicken Sie auf Weiter und dann auf Fertig stellen.

   - Um ein lokales Konto zu erstellen, mit dem der Benutzer nur auf diesen einen Computer zugreifen kann, klicken Sie auf Ich kenne die Anmeldeinformationen dieser Person nicht. Klicken Sie dann auf Benutzer ohne Microsoft-Konto hinzufügen und geben Sie der Person einen Benutzernamen Ihrer Wahl. Sie können der Person auch ein Kennwort geben oder den Benutzer später ein Kennwort erstellen lassen. Klicken Sie auf Weiter, um den Vorgang abzuschließen.

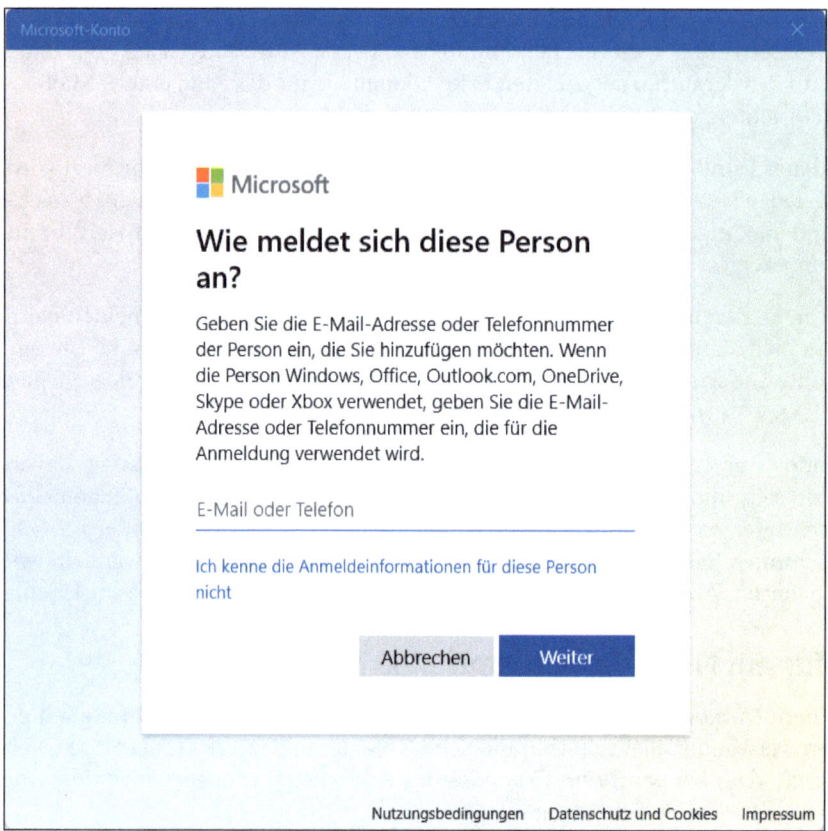

Abbildung 14.3: Hinzufügen eines Benutzerkontos für einen Nicht-Familienangehörigen.

5. **Schließen Sie die Seite EINSTELLUNGEN, indem Sie in der oberen rechten Ecke auf das X klicken.**

Auf der Anmeldeseite sollte der Benutzer auf sein Konto klicken können, um sich anzumelden. Benutzer mit Microsoft-Konten müssen das Kennwort für ihr Microsoft-Konto eingeben. Neue Benutzer, für die Sie kein Passwort erstellt haben, werden bei der ersten Anmeldung aufgefordert, ein Passwort zu erstellen.

Ein bestehendes Benutzerkonto ändern

Sie können Benutzerkonten jederzeit über die Seite KONTEN in den Einstellungen ändern und löschen. Sie können auch verhindern, dass sich Benutzer am Computer anmelden, oder ihnen erlauben, sich anzumelden, wenn ihr Konto nicht auf der Anmeldeseite angezeigt wird.

Hier sind die Schritte:

1. **Klicken Sie auf die Schaltfläche START, dann auf EINSTELLUNGEN und schließlich in der linken Spalte auf KONTEN.**

2. **Um die Einstellungen für ein Familienkonto zu ändern, klicken Sie auf FAMILIE. Für ein Nicht-Familienkonto klicken Sie auf WEITERE BENUTZER.**

3. Klicken Sie auf das Konto, das Sie ändern möchten.

4. Nehmen Sie die erforderlichen Änderungen an dem Konto vor.

   Sie können den Kontotyp in ein Administrator- oder ein Standardkonto ändern. Benutzer mit Microsoft-Konten können Sie daran hindern, sich anzumelden, indem Sie ANMELDUNG BLOCKIEREN wählen. Wählen Sie ANMELDUNG ZULASSEN, um sicherzustellen, dass sich der Benutzer über die Anmeldeseite anmelden kann. Um zu verhindern, dass sich Benutzer mit lokalen Konten anmelden, können Sie einfach deren lokales Konto löschen.

5. Schließen Sie die Seite EINSTELLUNGEN, indem Sie auf das X in der oberen rechten Ecke klicken.

Die Verwaltung von Benutzerkonten kann entmutigend sein. Denken Sie daran, dass Copilot alles über die Verwaltung von Benutzerkonten weiß. Wenn Sie sich nicht mehr zurechtfinden, können Sie Copilot jede Frage zu Benutzerkonten in Windows 24H2 stellen.

Ein lokales Konto in ein Microsoft-Konto umwandeln

Wenn Sie Ihr einfaches lokales Konto in ein echtes Microsoft-Konto umwandeln wollen, ist das nicht weiter kompliziert. Befolgen Sie einfach diese Schritte:

1. Melden Sie sich mit Ihrem lokalen Konto an.

2. Öffnen Sie im Startmenü die App EINSTELLUNGEN und klicken Sie im linken Bereich auf KONTEN.

3. Wählen Sie im Abschnitt IHRE INFOS die Option STATTDESSEN MIT EINEM MICROSOFT-KONTO ANMELDEN aus.

4. Geben Sie das Kennwort für Ihr bestehendes Microsoft-Konto ein oder klicken Sie auf den Link DANN ERSTELLEN SIE JETZT EINS, um ein neues Microsoft-Konto zu erstellen.

Fertig! Ihr lokales Konto wird in Ihr bestehendes oder neues Microsoft-Konto umgewandelt.

Zwischen verschiedenen Benutzern wechseln

Windows sorgt dafür, dass eine ganze Familie, eine komplette Wohngemeinschaft oder alle Mitarbeiter eines kleinen Büros an ein und demselben Computer arbeiten können. Der Computer führt Buch über alle Aktivitäten. Marius kann eine Runde Schach spielen und

Sabine kann danach ihre Mails checken. Wenn sich Marius kurz danach wieder anmeldet, stehen seine Schachfiguren noch so, wie er sie verlassen hat.

Der schnelle Wechsel zwischen Benutzern ist überhaupt kein Problem. Wenn der Rechner gerade kurz frei ist und Sie sich rasch zwischendurch anmelden wollen, um beispielsweise Ihre Mails zu lesen, tun Sie Folgendes:

1. **Klicken Sie auf die Schaltfläche Start oder drücken Sie die ⊞-Taste.**

2. **Klicken Sie in der unteren linken Ecke des Startmenüs auf den Namen oder das Foto des Benutzerkontos.**

3. **Klicken Sie auf die drei Punkte in der oberen rechten Ecke des Kontextmenüs und wählen Sie Benutzer wechseln.**

4. **Klicken Sie auf das Bild oder den Namen des Benutzerkontos, bei dem Sie sich anmelden möchten, und geben Sie dann das Kennwort oder die PIN für dieses Benutzerkonto ein.**

   Der Computer verhält sich so, als ob nur dieser neue Benutzer angemeldet ist. Es sind jedoch weiterhin beide Benutzer angemeldet. Wenn Sie mit Benutzer wechseln zu dem Konto zurückkehren, bei dem Sie ursprünglich angemeldet waren, ist alles auf dem Bildschirm so, wie Sie es verlassen haben.

Behalten Sie die folgenden Tricks im Hinterkopf, wenn sich häufig mehrere Benutzer auf ein und demselben Rechner anmelden:

✔ Bei all diesen Benutzerwechseln kann es passieren, dass Sie vergessen, welches Konto Sie verwenden. Um dies zu überprüfen, öffnen Sie das Startmenü. Das Bild und der Name des aktuellen Kontoinhabers erscheinen in der linken unteren Ecke des Startmenüs.

✔ Um andere Konten zu sehen, die derzeit angemeldet sind, drücken Sie ⌈Strg⌉ + ⌈Alt⌉ + ⌈Entf⌉ und wählen Sie Task-Manager. Klicken Sie in der linken Spalte auf das Benutzersymbol (zwei kleine Benutzerkontosymbole). Sie sehen die Symbole und Namen der angemeldeten Benutzer. Um den Task-Manager zu schließen, klicken Sie in der oberen rechten Ecke auf die Schließen-Schaltfläche (die mit dem X).

Starten Sie den Rechner nicht neu, solange ein anderer Benutzer angemeldet ist. Ansonsten gehen alle seine nicht gespeicherten Arbeiten verloren. (Windows erkennt diese Gefahr und warnt Sie, wenn Sie versuchen, den Rechner neu zu starten, obwohl noch andere Benutzer angemeldet sind.)

✔ Wenn ein Benutzer mit einem Standardkonto versucht, eine App zu installieren oder eine Einstellung zu ändern, wird er in einem Dialogfeld gebeten, das Administratorkennwort einzugeben. Wenn Sie (als Administrator) das Administratorkennwort eingeben, ändert Windows die entsprechende Einstellung oder installiert die gewünschte App.

Mit dem Profilbild das Profil zeigen

Jetzt zu den wichtigen Dingen. Ändern Sie das langweilige Bild, das Windows Ihrem Benutzerkonto automatisch zuweist. Für jedes neu erstellte Benutzerkonto wählt Windows eine allgemeine Silhouette aus. Sie können dieses Bild in ein beliebiges Bild ändern, entweder ein Foto von Ihnen selbst oder einen Avatar.

Gehen Sie folgendermaßen vor, um das Bild Ihres Benutzerkontos zu ändern:

1. Klicken Sie auf die Schaltfläche START und dann auf EINSTELLUNGEN (oder drücken Sie ⊞ + Ⅰ).

2. Klicken Sie in der linken Spalte auf KONTEN.

3. Klicken Sie unter KONTOEINSTELLUNGEN auf IHRE INFOS.

    Es werden zwei Optionen zum Ändern des Kontobilds angezeigt, wie in Abbildung 14.4 dargestellt.

Abbildung 14.4: In Windows kann jeder Benutzer ein Profilbild auswählen.

4. Führen Sie einen der folgenden Schritte aus:

    - **Nehmen Sie ein Foto auf:** Klicken Sie auf die nebenstehende Schaltfläche KAMERA ÖFFNEN, wählen Sie eine Kamera aus (wenn Sie eine zur Verfügung haben) und nehmen Sie das Bild direkt von Ihrem Bildschirm aus auf.

    - **Wählen Sie eine Datei aus:** Klicken Sie auf die Schaltfläche DATEIEN DURCHSUCHEN, navigieren Sie zu dem Ordner, der das gewünschte Bild enthält, klicken Sie auf das Symbol des Bildes und dann auf BILD AUSWÄHLEN. Windows fügt das Bild in Ihr Startmenü ein.

Hier sind noch ein paar Tipps für die Auswahl Ihres wichtigen Kontofotos:

✔ Nach der Auswahl eines Profilbildes wird es mit Ihrem Microsoft-Konto und allen anderen Orten verknüpft, bei denen Sie sich mit Ihrem Microsoft-Konto anmelden, vielleicht Microsoft-Webseiten, Apps und andere Windows-Rechner, bei denen Sie sich mit diesem Konto anmelden.

✔ Sie können ein beliebiges Bild aus dem Internet herunterladen und in Ihrem Ordner *Bilder* speichern. Klicken Sie dann im Abschnitt Datei auswählen auf die Schaltfläche Dateien durchsuchen, um das Bild zu suchen und es als Ihr Kontofoto zuzuweisen. (Klicken Sie mit der rechten Maustaste auf das Internetbild und wählen Sie je nach Webbrowser Bild speichern unter oder eine ähnliche Menüoption.)

✔ Machen Sie sich keine Sorgen, ob das Foto zu groß oder zu klein ist. Windows passt es automatisch an die richtige Größe an.

Um Ihr Kontobild für ein Microsoft-Konto zu entfernen, zu vergrößern, zu verkleinern oder zu drehen, wechseln Sie zu https://account.microsoft.com/profile, klicken Sie auf Ihre Infos und dann auf Foto ändern. Nehmen Sie im Dialogfeld Foto ändern, das sich öffnet, die gewünschten Änderungen am Foto vor. Klicken Sie dann auf Speichern.

Was weiß mein Microsoft-Konto über mich?

Ein Microsoft-Konto besteht aus einer E-Mail-Adresse und einem Kennwort. Nicht mehr und nicht weniger. Mit dieser Kombination identifizieren Sie sich gegenüber Microsoft. Wenn Sie sich mit einem Microsoft-Konto anmelden, können Sie auf zahlreiche Microsoft-Dienste zugreifen: OneDrive beispielsweise ist Ihr ganz persönlicher Ort zum Speichern und Teilen von Dateien und funktioniert sogar auf und mit Apple-Geräten oder mit Android-Systemen. Auch zum Herunterladen von vielen Apps benötigen Sie ein Microsoft-Konto.

Wie fast jede Firma auf dieser Welt sammelt auch Microsoft leidenschaftlich gerne Daten über Sie und mich und alle anderen. Damit befindet sich Microsoft in guter Gesellschaft. Denn Google, Facebook und die meisten Webseiten sind auch fleißig beim Sammeln. Ihre Bank, Ihr Internetdienstanbieter, Kreditkarten- und Versicherungsunternehmen – alle sammeln Daten über Sie.

Um der Aushöhlung Ihrer Privatsphäre entgegenzuwirken, besuchen Sie das Microsoft Privacy Center unter https://account.microsoft.com/privacy und melden Sie sich mit Ihrem Microsoft-Konto an. Sie können Informationen über Ihre Rechnungen und Zahlungen einsehen, Microsoft-Dienste wie OneDrive, Office 365 und Xbox Live verlängern, kündigen oder abonnieren, Ihre verlorenen Windows-Geräte auf einer Karte finden und Ihren Bing-Suchverlauf löschen. Sie können Ihre Interessen unter Such- und Nachrichtenpersonalisierung und Personalisierung von Werbeeinstellungen anpassen, um Mitteilungen zu Themen auszuschließen, an denen Sie kein Interesse haben. Außerdem können Sie die Computeraktivitäten Ihrer Kinder überprüfen, vorausgesetzt, Sie haben für sie ein Microsoft-Konto eingerichtet.

Kennwörter und sonstige Sicherheitsvorkehrungen

Ein Benutzerkonto hat wenig Sinn, wenn Sie kein Kennwort verwenden. Ohne ein solches kann ein Schnüffler aus dem Nachbarbüro oder ein anderes Familienmitglied Ihr Konto auf dem Anmeldebildschirm anklicken und Ihre Dateien durchsuchen.

Wenn Ihr Kennwort kompromittiert wird, sollten Sie es unbedingt ändern. Inhaber eines Microsoft-Kontos können ihre Kennwörter online ändern, indem sie `https://account.microsoft.com` besuchen. Lokale Kontoinhaber können ein Kennwort erstellen oder ändern, indem sie die folgenden Schritte ausführen:

1. **Klicken Sie auf die Schaltfläche Start und dann im Startmenü auf das Symbol Einstellungen und wählen Sie dann auf der linken Seite die Kategorie Konten.**

   Das bekannte Fenster Konten wird angezeigt (siehe Abbildung 14.1), in dem Sie andere Konten hinzufügen, Ihr eigenes Konto ändern und andere kontenbezogene Aufgaben ausführen können.

2. **Wählen Sie die Schaltfläche Anmeldeoptionen.**

   Der Bildschirm Anmeldeoptionen wird angezeigt, in dem alle Möglichkeiten für die Anmeldung bei Ihrem Computer aufgeführt sind.

3. **Klicken Sie auf der rechten Seite des Fensters auf die Option Kennwort. Führen Sie einen der folgenden Schritte aus, wenn sich das Menü öffnet:**

   - Wenn Sie ein bestehendes Kennwort ändern möchten, klicken Sie auf Ändern. Geben Sie Ihr bestehendes Kennwort in das Feld Aktuelles Kennwort ein.
   - Wenn Sie noch kein Kennwort erstellt haben, klicken Sie auf Kennwort erstellen.

4. **Geben Sie das Kennwort in das Textfeld Neues Kennwort ein. Wenn Sie aufgefordert werden, das neue Kennwort ein zweites Mal einzugeben, geben Sie dasselbe Kennwort in das darunter liegende Textfeld Kennwort erneut eingeben ein. Klicken Sie dann auf Weiter.**

   Durch die erneute Eingabe des Kennworts wird die Gefahr von Tippfehlern ausgeschlossen.

Weitere Informationen zu Kennwörtern finden Sie in Kapitel 2.

Mit Windows Hello anmelden

Mit einem Kennwort erhöhen Sie ohne Frage die Sicherheit Ihres Kontos. Fremde haben dann keinen Zugriff auf Ihren Rechner und auf Ihre Daten. Allerdings ist die ständige Kennworteingabe auch vielen Menschen lästig.

Mit *Windows Hello* können Sie Ihr Kennwort einfach vergessen und sich trotzdem sicher innerhalb weniger Sekunden anmelden. Wie geht das? Wenn Sie eine kompatible Kamera oder einen Fingerabdruckscanner an Ihren Computer anschließen, erkennt Ihr PC Ihr Gesicht oder Ihren Fingerabdruck und entriegelt die Tür.

Bei einigen neueren Notebooks und PCs sind bereits Windows-Hello-kompatible Fingerabdruckscanner und Kameras eingebaut. Es gibt auch passende Geräte zu kaufen, die Sie über den USB-Anschluss Ihres Computers anschließen.

Folgen Sie diesen Schritten, um *Windows Hello* einzurichten:

5. **Klicken Sie auf die Schaltfläche Start, dann auf Einstellungen und abschließend auf Konten.**

   Die Seite Konten wird angezeigt.

6. **Klicken Sie rechts auf Anmeldeoptionen.**

   Nun sehen Sie alle Anmeldemöglichkeiten, die Sie haben (siehe Abbildung 14.5). Wenn Sie keine Option zum Einrichten von Windows Hello sehen, vergewissern Sie sich, dass Ihr kompatibles Fingerabdrucklesegerät oder Ihre Kamera an den Computer angeschlossen und vollständig installiert ist.

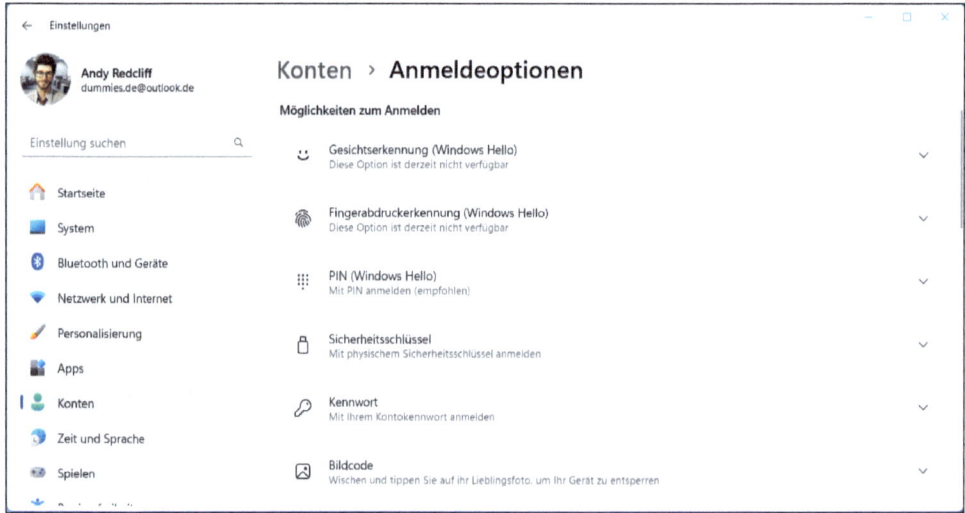

Abbildung 14.5: Wählen Sie eine der Optionen aus, um sich ohne Kennwort anzumelden.

7. **Wählen Sie entweder Fingerabdruckerkennung oder Gesichtserkennung aus und klicken Sie dann auf die Schaltfläche Einrichten. Folgen Sie den Anweisungen auf dem Bildschirm.**

   Windows führt Sie durch das Scannen Ihres Fingerabdrucks oder die Aktivierung der Gesichtserkennung. Möglicherweise müssen Sie eine PIN erstellen, eine vierstellige Zahl, die eine zusätzliche Sicherheitsebene für besondere Umstände darstellt.

Wenn Ihr Computer weder über eine Kamera für die Gesichtserkennung noch über ein Fingerabdrucklesegerät verfügt, ist das kein Problem. Sie können ein Fingerabdrucklesegerät für weniger als 40 Euro online oder in einem Computerfachgeschäft kaufen.

Die Notwendigkeit, sich ständig durch die Eingabe eines Passworts auszuweisen, wird sehr schnell überholt. Erwarten Sie weitere Fortschritte in diesem Bereich. Wie immer können Sie Copilot um Hilfe bitten, um Alternativen zu Passwörtern zu verstehen und zu verwenden. Fragen Sie: »Welche Alternativen zu Kennwörtern gibt es in Windows 11 24H2?« Sie sollten zumindest eine Liste von Optionen erhalten, und Sie können dann die Konversation fortsetzen, indem Sie sich auf interessante Alternativen konzentrieren.

IN DIESEM KAPITEL

Einrichten des ersten Netzwerks

Gemeinsame Nutzung von Ordnern und Druckern

Zugriff auf gemeinsame Netzressourcen

Desktop-PCs von einem Laptop oder Mac aus steuern

Kapitel 15
Den Computer mit einem Netzwerk verbinden

Wenn Sie zu Hause oder im Büro über WLAN verfügen, haben Sie bereits ein Netzwerk. Es mag nicht offensichtlich sein, weil Windows nicht automatisch Drucker, Ordner und Computer unter den Geräten freigibt, die eine Netzwerkverbindung nutzen. Um Computer und Geräte für die gemeinsame Nutzung von Ressourcen freizugeben, müssen Sie jedoch nur wenige Einstellungen ändern, wie Sie in diesem Kapitel erfahren.

Ein Netzwerk einrichten

Die meisten Heimnetzwerke ähneln einer Spinne, wie in Abbildung 15.1 dargestellt. Der Teil, der dafür sorgt, dass alle Computer eine gemeinsame Internetverbindung nutzen, wird als Router bezeichnet. Wenn jemand anderes das WLAN in Ihrem Haus oder Büro eingerichtet hat, wissen Sie vielleicht nicht, dass Sie einen Router haben oder wo er sich befindet. Meiner steht in meiner Garage (glaube ich). Aber wenn Sie WLAN haben, gibt es irgendwo einen Router.

Der Router verteilt seine Aufmerksamkeit effizient auf die vernetzten Computer, so dass alle Computer gleichzeitig eine einzige Internetverbindung nutzen können. Vielleicht haben Sie auch WLAN-Extender im ganzen Haus. Diese elektronischen Boxen sorgen für eine starke WLAN-Verbindung in jedem Raum und sind mit demselben zentralen Router verbunden. Wenn Sie einen Smart-TV, Amazon Alexa-Geräte, Fire TV, Roku, Chromecast, iPads, Tablets, drahtlose Spielegeräte und ähnliche Geräte haben, werden diese ebenfalls mit dem Router verbunden, um dieselbe Internetverbindung zu nutzen.

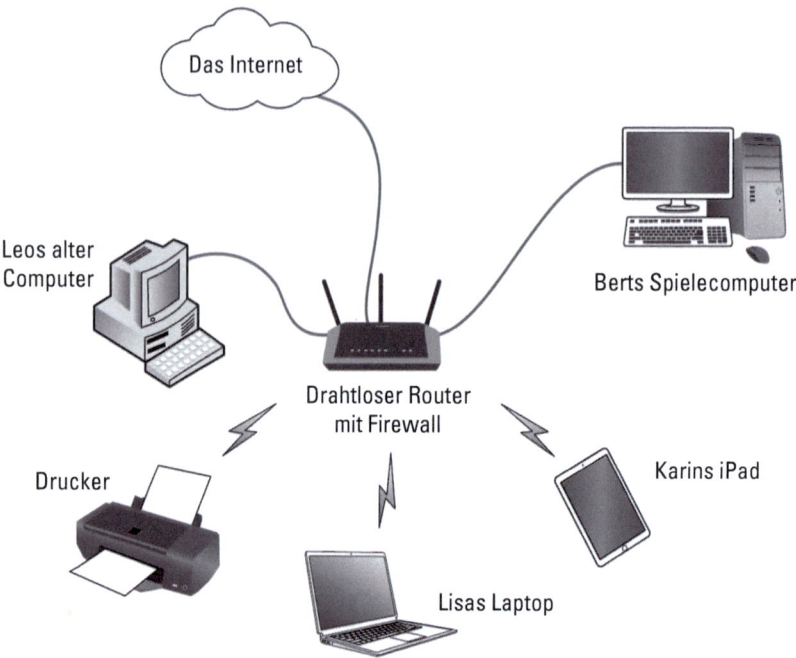

Abbildung 15.1: Ein Netzwerk ähnelt einer Spinne, wobei jeder Computer mit einem Router in der Mitte kommuniziert.

Sobald zwei oder mehr Computer mit derselben WLAN-Verbindung verbunden sind, befinden sie sich in einem Netzwerk. Dies ist aber nicht offensichtlich, wenn die Computer nicht auffindbar oder im Netzwerk sichtbar sind. Der erste und wichtigste Teil der Einrichtung eines Netzwerks besteht darin, sicherzustellen, dass sich alle Computer im selben WLAN-Netzwerk befinden. Dies ist besonders wichtig in Haushalten und Büros, die über zwei oder mehr mögliche WLAN-Netzwerke verfügen.

Um zu sehen, welches WLAN-Netzwerk (falls vorhanden) ein Computer gerade verwendet, klicken Sie in der unteren rechten Ecke des Bildschirms auf das WLAN-Symbol. In dem daraufhin angezeigten Popup-Fenster sehen Sie den Namen Ihres aktuellen Netzwerks. Mein Netzwerk heißt *Punta Arenas*, wie in Abbildung 15.2 gezeigt.

 Die Annahme, dass sich zwei Computer im selben WLAN-Netzwerk befinden, ohne dies zu überprüfen, ist eine der Hauptursachen für Netzwerkausfälle, Frustration und Flüche.

Um den Computer, an dem Sie sich gerade befinden, im WLAN-Netzwerk auffindbar zu machen, müssen Sie einige Einstellungen vornehmen, die im nächsten Abschnitt beschrieben sind. In diesen Schritten werden Sie auch sicherstellen, dass Ihr Netzwerk sicher ist.

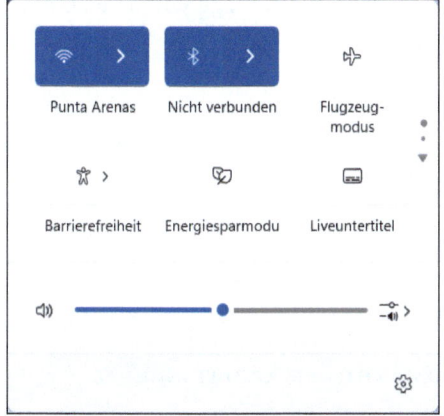

Abbildung 15.2: Stellen Sie sicher, dass die vernetzten Computer dasselbe WLAN-Netzwerk verwenden.

Den Namen Ihres Computers kennen

Jeder Computer in einem Netzwerk wird durch seinen Namen identifiziert, vorzugsweise einen Namen, der leicht zu erkennen ist. Sie möchten sicherstellen, dass keine zwei Computer im Netzwerk denselben Namen haben? Führen Sie die folgenden Schritte aus, um den Namen eines Computers anzuzeigen und gegebenenfalls zu ändern:

1. Klicken Sie mit der rechten Maustaste auf die Schaltfläche START, und wählen Sie im Menü den Befehl SYSTEM. Die Seite SYSTEM > INFO der App EINSTELLUNGEN wird geöffnet.

   Der Name des Computers wird im oberen Abschnitt angezeigt (siehe Abbildung 15.3).

Abbildung 15.3: Schlagen Sie den Namen Ihres Computers nach, oder ändern Sie ihn, wenn Sie möchten.

2. **Wenn Sie dem Computer einen besseren Namen geben wollen, gehen Sie wie folgt vor:**

   a. Klicken Sie im Fenster INFO auf die Schaltfläche DIESEN PC UMBENENNEN.

   b. Befolgen Sie die Anweisungen auf dem Bildschirm. Für den Namen können Sie Buchstaben, Zahlen oder Bindestriche verwenden, aber keine anderen Satzzeichen, Symbole oder Leerzeichen.

   c. Starten Sie den PC neu.

   d. Beginnen Sie wieder bei Schritt 1.

3. **Klicken Sie neben VERWANDTE LINKS auf DOMÄNE ODER ARBEITSGRUPPE.**

   Das Dialogfeld SYSTEMEIGENSCHAFTEN wird geöffnet. Optional können Sie diesem Computer eine kurze Beschreibung geben, wie beispielsweise Homeoffice-PC in Abbildung 15.4.

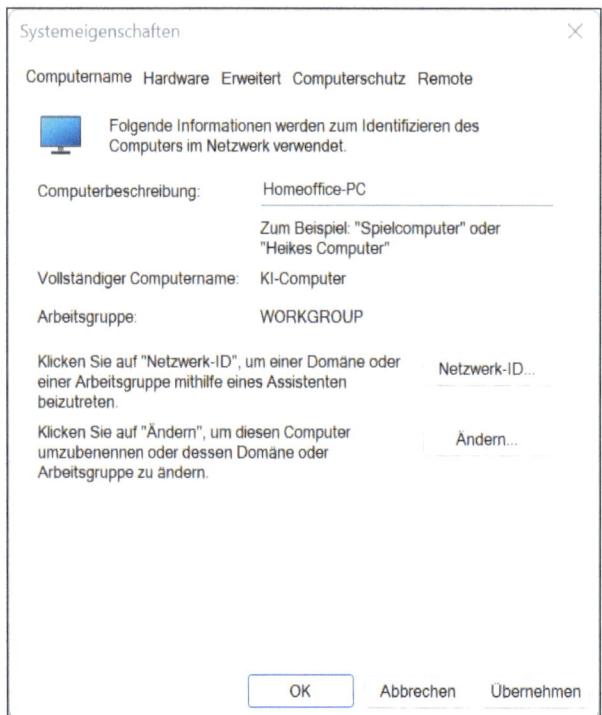

Abbildung 15.4: Geben Sie im Dialogfeld SYSTEMEIGENSCHAFTEN eine kurze Beschreibung Ihres Computers ein.

4. **Vergewissern Sie sich, dass der Name der Arbeitsgruppe WORKGROUP lautet.**

   WORKGROUP ist der Standardname. Wenn jemand ihn geändert hat, müssen Sie ihn wieder auf WORKGROUP zurücksetzen.

5. Schließen Sie das Dialogfeld Systemeigenschaften, indem Sie auf OK klicken.

6. Schließen Sie die Seite mit den Systemeinstellungen, indem Sie auf X klicken.

Sie kehren zum Windows-Desktop zurück und können mit den Schritten im nächsten Abschnitt fortfahren.

Netzwerkerkennung einschalten

Um Ihren Computer in Ihrem privaten Netzwerk sichtbar zu machen und die gemeinsame Nutzung von Ressourcen zu ermöglichen, müssen Sie im nächsten Schritt die Netzwerkerkennung und -freigabe aktivieren. Denken Sie daran, dass Sie möchten, dass freigegebene Ordner und Ressourcen nur in Ihrem privaten Netzwerk sichtbar sind. Mit anderen Worten: Die Dinge, die Sie freigeben, sollten sichtbar sein, wenn Sie mit dem WLAN zu Hause oder im Büro verbunden sind, aber nicht, wenn Sie mit einem öffentlichen Netzwerk an einem Flughafen oder in einer Geschäftsstelle verbunden sind.

Im Folgenden werden die Schritte zum Aktivieren der Netzwerkerkennung beschrieben:

1. Klicken Sie auf die Schaltfläche Start und dann auf Einstellungen.

2. Klicken Sie auf Netzwerk und Internet.

3. Blättern Sie ggf. nach unten und klicken Sie auf Erweiterte Netzwerkeinstellungen.

4. Klicken Sie auf Erweiterte Freigabeeinstellungen.

    Die Seite Erweiterte Freigabeeinstellungen hat drei Hauptabschnitte mit den Titeln Private Netzwerke, Öffentliche Netzwerke und Alle Netzwerke. Klicken Sie auf einen beliebigen Abschnitt, um ihn zu erweitern oder zu reduzieren.

5. Vergewissern Sie sich, dass unter Private Netzwerke alles eingeschaltet und ausgewählt ist, wie in Abbildung 15.5 gezeigt.

    Alles andere kann deaktiviert werden, um die Sichtbarkeit Ihres Computers in öffentlichen Netzen zu minimieren. Verwenden Sie die empfohlene 128-Bit-Verschlüsselung (die eine zusätzliche Sicherheitsebene darstellt).

    Wenn Sie die letzte Option, Kennwortgeschütztes Freigeben, aktivieren, können nur Personen, die ein Benutzerkonto auf dem Computer haben, auf die freigegebenen Elemente zugreifen. Sie müssten jedoch für jeden in der Familie (oder im Büro) ein Benutzerkonto einrichten, damit sie auf die freigegebenen Ressourcen zugreifen können. Wenn Sie der Einzige sein möchten, der von den anderen Computern in Ihrem Netzwerk auf die gemeinsamen Ressourcen dieses Computers zugreifen kann, aktivieren Sie das kennwortgeschützte Freigeben. Sie brauchen das kennwortgeschützte Freigeben nicht zu aktivieren, um die Öffentlichkeit auszuschließen.

6. Schließen Sie das Fenster Erweiterte Netzwerkeinstellungen.

Abbildung 15.5: Netzwerkerkennung und Freigabeeinstellungen für ein privates Netzwerk.

An diesem Punkt sind Sie so gut wie fertig. Der Computer wird in Ihrem privaten Netzwerk sichtbar sein, wie Sie gleich sehen werden.

Ordner in Ihrem Netzwerk freigeben

Die Freigabe eines Ordners in Ihrem Netzwerk ermöglicht Ihnen den Zugriff auf den Inhalt des Ordners von jedem Computer in Ihrem privaten Netzwerk aus. Wenn Sie die kennwortgeschützte Freigabe nicht aktiviert haben, haben auch Familienmitglieder oder Bürokollegen mit demselben WLAN-Netzwerk Zugriff auf diese Ordner. Diese Funktion ist vor allem dann praktisch, wenn Sie ein sogenanntes »Sneakers«-Netzwerk verwenden, bei dem Sie Dateien von und auf USB-Laufwerke kopieren und von Computer zu Computer laufen, um alles auf dem neuesten Stand zu halten.

Bisher haben Sie noch keine Ordner freigegeben. Sie haben lediglich ein privates Netzwerk eingerichtet. Um einen Ordner auf dem Computer freizugeben, gehen Sie folgendermaßen vor:

1. **Öffnen Sie Explorer und navigieren Sie zu dem Symbol für den Ordner, den Sie freigeben möchten.**

   Wenn Sie Ihren integrierten Ordner Dokumente, Bilder, Musik oder Videos freigeben möchten, können Sie dies über den Navigationsbereich im Explorer tun. Sie können auch jeden OneDrive-Ordner in Ihrem privaten Netzwerk freigeben.

2. **Klicken Sie mit der rechten Maustaste auf das Symbol des Ordners, den Sie freigeben möchten, und wählen Sie EIGENSCHAFTEN.**

   Das Dialogfeld EIGENSCHAFTEN für den Ordner wird geöffnet. Auf der Registerkarte ALLGEMEIN wird unter ORT der genaue Speicherort des freigegebenen Ordners angezeigt. In der Regel ist es *C:\Benutzer*, gefolgt vom Benutzernamen. Wenn Sie automatische Sicherungen aktiviert haben, wird möglicherweise am Ende *\OneDrive* angehängt.

   Wenn Sie den lokalen Ordner freigeben möchten, klicken Sie auf ABBRECHEN, um das Dialogfeld zu schließen. Klicken Sie im Navigationsbereich auf DIESER PC, auf LOKALER DATENTRÄGER (C:), auf BENUTZER und dann auf den Benutzernamen.

3. **Klicken Sie im Dialogfeld EIGENSCHAFTEN auf die Registerkarte FREIGABE.**

   Einige Ordner sind bereits freigegeben, da dies die Standardeinstellung ist. Der Ordner ist jedoch erst dann für andere im lokalen Netzwerk sichtbar, wenn Sie alle Schritte abgeschlossen haben.

4. **Klicken Sie auf ERWEITERTE FREIGABE.**

   Ein Dialogfeld mit Optionen für die erweiterte Freigabe wird geöffnet.

5. **Aktivieren Sie das Kontrollkästchen DIESEN ORDNER FREIGEBEN.**

6. **(Optional) Ändern Sie den Namen der Freigabe in einen aussagekräftigen Namen und fügen Sie gegebenenfalls einen Kommentar hinzu, wie in Abbildung 15.6 gezeigt.**

7. **Klicken Sie auf BERECHTIGUNGEN und legen Sie dann fest, wer was in den gemeinsamen Ordner tun darf.**

   Die Gruppe *Jeder* bezieht sich auf Personen im privaten Netzwerk (nicht auf alle Menschen auf der Welt). Wenn Sie möchten, dass andere Personen die Dateien im gemeinsamen Ordner nur anzeigen und kopieren können (nicht aber Dateien im Ordner ändern oder löschen), lassen Sie die Berechtigung auf LESEN eingestellt. Wenn Sie anderen die Möglichkeit geben wollen, im Ordner zu tun, was sie wollen, setzen Sie die Berechtigung auf VOLLZUGRIFF, wie in Abbildung 15.7 gezeigt.

   Optional können Sie mit den Schaltflächen HINZUFÜGEN und NAMEN ÜBERPRÜFEN Benutzer nach Namen hinzufügen und dann den verschiedenen Benutzern unterschiedliche Berechtigungen erteilen.

Abbildung 15.6: Ordner freigeben und seinen Freigabenamen und seine Beschreibung ändern.

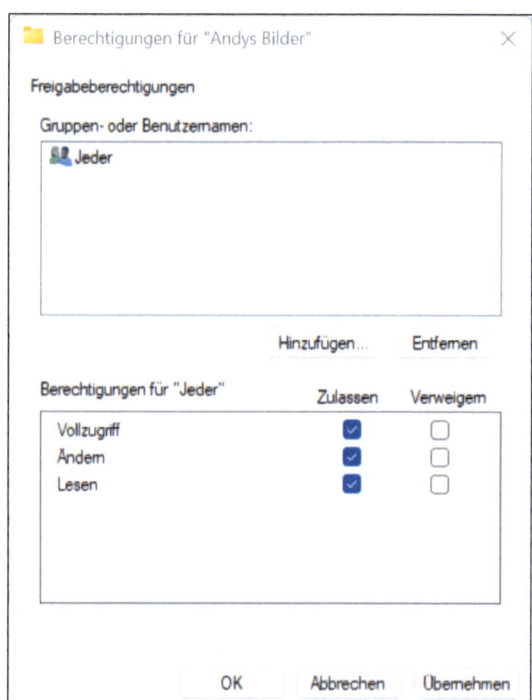

Abbildung 15.7: Geben Sie anderen Benutzern vollen Zugriff auf einen gemeinsamen Ordner.

8. **Wenn Sie fertig sind, klicken Sie in allen geöffneten Dialogfeldern auf OK, um Ihre Änderungen zu speichern.**

   Sie sind hier noch keine lebenslangen Verpflichtungen eingegangen. Um eine dieser Einstellungen zu ändern, wiederholen Sie einfach diese Schritte.

Sie können so viele oder so wenige Ordner freigeben, wie Sie möchten, und zwar von jedem Benutzerkonto auf dem aktuellen Computer aus. Sie können den Vorgang auf anderen Computern im Netzwerk wiederholen, um Ressourcen von ihnen freizugeben.

Wenn Sie Windows 7/8/10-Computer zu Ihrem Netzwerk hinzufügen müssen, fragen Sie Copilot danach, wie das geht. Fragen Sie zum Beispiel: »Wie aktiviere ich in Windows 10 die Netzwerkerkennung und -freigabe?« oder »Wie gebe ich Ordner in Windows 8 frei?«

Drucker gemeinsam nutzen

Die gemeinsame Nutzung von Druckern ist eine der häufigsten Anwendungen in einem privaten Netzwerk. Wenn Sie schon einmal das Internet-Meme mit dem Titel »Der Mythos vom Drucker, der tatsächlich funktioniert« gesehen und darüber gelacht haben, wissen Sie wahrscheinlich nur zu gut, wie schwierig es sein kann, mit einem Drucker auszukommen. Der Gedanke, mehrere Drucker im ganzen Haus verteilt zu haben, könnte Sie erschrecken. Durch die gemeinsame Nutzung eines Druckers lässt sich das Problem auf einen einzigen Drucker reduzieren.

Der erste Schritt zur gemeinsamen Nutzung eines Druckers besteht darin, ihn auf einem einzigen Computer im Netzwerk zum Laufen zu bringen. Wenn es sich um einen drahtlosen Drucker handelt, ist er wahrscheinlich bereits über Ihre WLAN-Verbindung mit Ihrem privaten Netzwerk verbunden, was hilfreich ist. Aber nur weil ein Computer mit einem privaten Netzwerk verbunden ist, bedeutet das nicht, dass er auf den Drucker zugreifen kann. Möglicherweise müssen Sie trotzdem zu dem Computer gehen, von dem aus Sie auf den Drucker zugreifen können, und diesen Zugriff freigeben.

Falls noch nicht geschehen, aktivieren Sie zunächst die Netzwerkerkennung und -freigabe, wie zuvor beschrieben. Stellen Sie sicher, dass Sie sich mit einem Administratorkonto anmelden. Führen Sie dann die folgenden Schritte aus:

1. **Klicken Sie auf die Schaltfläche START und dann auf EINSTELLUNGEN.**

2. **Klicken Sie auf BLUETOOTH UND GERÄTE.**

3. **Klicken Sie auf DRUCKER UND SCANNER und dann auf den Namen des Druckers, den Sie freigeben möchten.**

   Wenn Ihr Drucker nicht aufgeführt ist, klicken Sie auf GERÄT HINZUFÜGEN. Der Drucker sollte auf der nächsten Seite, die sich öffnet, aufgeführt sein. Wenn der Drucker nicht angezeigt wird, drucken Sie etwas von Ihrem Computer aus, um sicherzustellen, dass Sie auf den Drucker zugreifen können.

4. Klicken Sie auf DRUCKEREIGENSCHAFTEN und dann auf die Registerkarte FREIGABE.

5. Vergewissern Sie sich, dass die Option DIESEN DRUCKER FREIGEBEN ausgewählt ist und dass der FREIGABENAME dem Namen des Druckers entspricht.

Abbildung 15.8 zeigt ein Beispiel mit dem Namen meines Druckers.

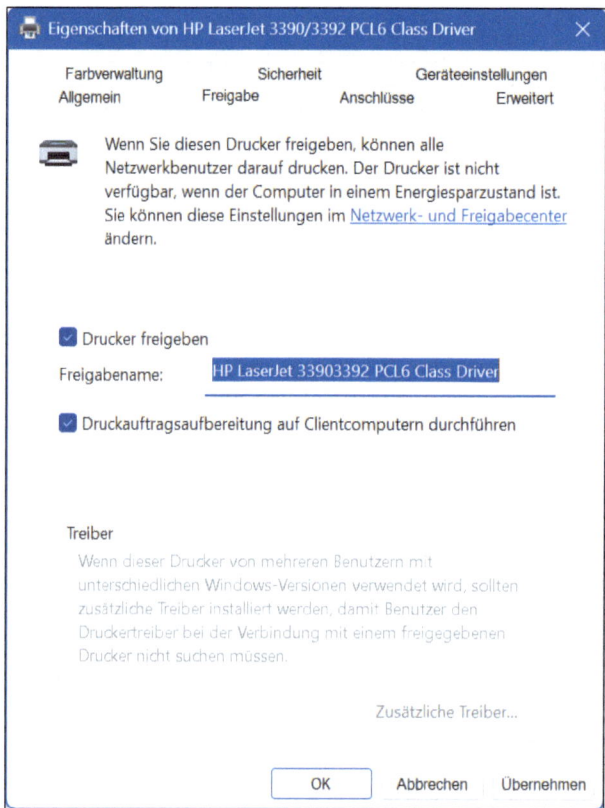

Abbildung 15.8: Einstellungen für einen gemeinsamen Drucker.

6. Klicken Sie auf OK.

7. Schließen Sie die Seite EINSTELLUNGEN, indem Sie auf X klicken.

Es ist gut möglich, dass der Drucker bereits freigegeben war, so dass Sie keine Einstellungen ändern mussten. Im nächsten Abschnitt erkläre ich, wie Sie auf im Netzwerk freigegebene Geräte zugreifen können.

Zugriff auf gemeinsam genutzte Netzwerkressourcen

Die Freigabe von Daten in Ihrem Netzwerk ist eine Sache, sie auf anderen Computern in Ihrem Netzwerk zu finden, ist eine andere. In diesem Abschnitt erfahren Sie, wie Sie die von Ihnen freigegebenen Inhalte finden können.

Bevor Sie versuchen, auf freigegebene Ressourcen auf dem aktuellen Computer zuzugreifen, stellen Sie sicher, dass Sie sich mit Ihrem Microsoft-Kennwort und nicht mit einer PIN oder einer anderen Windows Hello-Option bei diesem Computer anmelden.

Anmeldung mit Ihrem Microsoft-Kennwort

Wenn Sie sich bei dem Computer, der die freigegebenen Ressourcen enthält, mit einer PIN oder einer anderen Microsoft Hello-Option angemeldet haben, haben andere Benutzer in Ihrem Netzwerk möglicherweise Probleme beim Zugriff auf diese Ressourcen. Bevor Sie also nach freigegebenen Ressourcen von anderen Computern suchen, melden Sie sich bei diesem Computer mit Ihrem Microsoft-Kennwort an. Sie müssen sich bei den anderen Computern nicht mit Ihrem Microsoft-Kennwort anmelden.

Führen Sie diese Schritte auf dem PC aus, von dem aus Sie die Ressourcen freigegeben haben:

1. Klicken Sie auf die Schaltfläche START und dann unten links im Startmenü auf das Bild Ihres Benutzerkontos.

2. Klicken Sie auf die drei Punkte in der oberen rechten Ecke des angezeigten Popup-Fensters und wählen Sie dann ABMELDEN.

3. Klicken Sie auf dem Sperrbildschirm auf den Benutzernamen oder das Bild eines Administratorkontos, das über ein Microsoft-Konto verfügt. Wenn Sie sich normalerweise mit einer PIN oder einer anderen Option anmelden, klicken Sie auf ANMELDEOPTIONEN und dann auf das Symbol KENNWORT FÜR MICROSOFT-KONTO.

   Geben Sie keine PIN ein und verwenden Sie keine andere Windows Hello-Methode.

4. Geben Sie das Kennwort für Ihr Microsoft-Konto ein und drücken Sie die ⏎-Taste oder klicken Sie auf den Pfeil auf der rechten Seite des Feldes.

   Sie werden keinen Unterschied bemerken. Ihr PC wird sich wie immer verhalten. Wenn Sie diesen Schritt jedoch nicht durchführen, haben Sie möglicherweise Probleme beim Zugriff auf gemeinsame Ressourcen von anderen Computern in Ihrem Netzwerk.

Wenn der freigegebene Computer herunterfährt oder in den Ruhezustand geht, während Sie versuchen, auf die freigegebenen Ressourcen zuzugreifen, können Sie nicht auf diese Ressourcen zugreifen. Wie Sie sicherstellen, dass der Computer nicht zu schnell in den Ruhezustand geht, wenn er unbeaufsichtigt ist, erfahren Sie im Kasten »Timeouts für Energiesparmodus und Ruhezustand ändern«.

Timeouts für Energiesparmodus und Ruhezustand ändern

Um zu verhindern, dass ein Computer, der im Netzwerk Ressourcen freigibt, unerwartet nicht mehr verfügbar ist, können Sie die Zeitlimits für den Ruhezustand und den Ruhemodus anpassen. Wenn Sie Ressourcen von einem Laptop aus freigeben, müssen Sie möglicherweise die Einstellungen für Netzbetrieb und Akkubetrieb anpassen. Hier sind die Schritte:

1. Drücken Sie ⊞ + [I], oder klicken Sie auf die Schaltfläche Start und dann auf Einstellungen.
2. Klicken Sie in der linken Spalte auf System.
3. Klicken Sie in der rechten Spalte auf Leistung.
4. Klicken Sie auf Timeouts für Bildschirm, Ruhezustand und Standbymodus.
5. Legen Sie neben Mein Gerät in den Standbymodus versetzen nach ein Zeitintervall fest, das Sie aufgrund Ihrer Nutzung für ausreichend halten.

   Sie können bis zu 5 Stunden einstellen, oder Sie wählen Nie, um zu verhindern, dass der Computer jemals in den Standbymodus geht.

6. Legen Sie neben Mein Gerät in den Ruhezustand versetzen nach eine längere Dauer fest.

   Oder setzen Sie diese Option auf Nie, um zu verhindern, dass der Computer jemals in den Ruhezustand versetzt wird.

7. Wenn Sie bei einem akkubetriebenen Computer davon ausgehen, dass Sie im Akkubetrieb Ressourcen des Laptops freigeben werden, wiederholen Sie die Schritte 5 und 6 sowohl für den Netzbetrieb als auch für den Akkubetrieb.
8. Schließen Sie die Seite Einstellungen.

Wenn Sie mehr über den Ruhezustand erfahren möchten, fragen Sie einfach Copilot: »Was sind Ruhezustand und Standbymodus in Windows 11?«

Nach freigegebenen Ressourcen suchen

Zum Glück ist die ganze Prozedur, die Sie gerade erlebt haben, vorbei. Sie sollten das alles nicht noch einmal durchmachen müssen. Jetzt können Sie zu den anderen Computern in Ihrem Netzwerk gehen und auf Ihre freigegebenen Ressourcen zugreifen.

Nachfolgend finden Sie die Schritte für den Zugriff auf freigegebenen Ressourcen von jedem Computer in Ihrem Netzwerk aus:

1. Melden Sie sich auf einem anderen Computer wie gewohnt an.

   Vergewissern Sie sich, dass der Computer dasselbe WLAN-Netzwerk verwendet wie der Computer, der Ressourcen freigibt.

KAPITEL 15 Den Computer mit einem Netzwerk verbinden 301

2. **Öffnen Sie den Explorer, indem Sie dessen Symbol in der Taskleiste oder im Startmenü klicken.**

   Werfen Sie einen Blick in Kapitel 5, wenn Sie mit dem Explorer nicht vertraut sind.

3. **Klicken Sie im Navigationsbereich auf der linken Seite des Explorers auf Netzwerk.**

   Wenn Sie den Navigationsbereich im Explorer nicht sehen, klicken Sie in der Symbolleiste des Explorers auf Ansicht. Klicken Sie auf Anzeigen und dann auf Navigationsbereich. Klicken Sie schließlich im Navigationsbereich auf Netzwerk.

4. **Wenn eine Meldung angezeigt wird, dass die Netzwerkerkennung deaktiviert ist (siehe Abbildung 15.9), klicken Sie auf diese Meldung und wählen Sie die Option zum Aktivieren der Netzwerkerkennung und Dateifreigabe.**

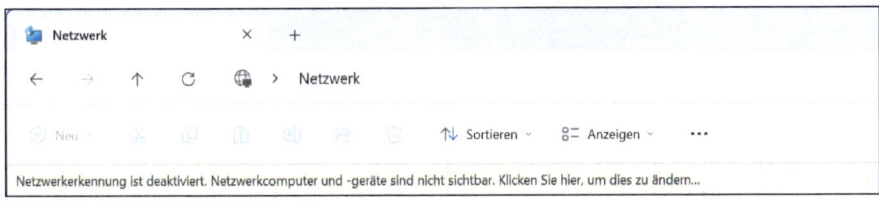

Abbildung 15.9: Aktivieren Sie die Netzwerkerkennung für den Zugriff auf private Netzwerkressourcen.

Die Meldung wird nicht angezeigt, wenn die Netzwerkerkennung bereits aktiviert ist.

5. **Wenn Sie gefragt werden, ob Sie die Netzwerkerkennung und die Dateifreigabe für alle öffentlichen Netzwerke aktivieren möchten, wählen Sie die Schaltfläche Nein, das Netzwerk, mit dem ich verbunden bin, zu einem privaten Netzwerk machen.**

 Wenn Sie das kennwortgeschützte Freigeben deaktiviert haben, aber immer noch nach den Netzwerkanmeldeinformationen gefragt werden oder der Zugriff auf die freigegebene Ressource blockiert wird, kehren Sie zu dem PC zurück, von dem aus Sie die Ressourcen freigegeben haben, und melden Sie sich mit Ihrem Microsoft-Konto und Ihrem Kennwort (nicht mit einer PIN) an, wie weiter vorne beschrieben.

Schließlich zeigt das Hauptfenster auf der rechten Seite alles in Ihrem lokalen Netzwerk an, wie in Abbildung 15.10 dargestellt. Seien Sie nicht beunruhigt, wenn es so aussieht, als ob Ihre gesamte Nachbarschaft darin enthalten ist. Sie sehen jedes mit dem Internet verbundene Gerät in Ihrem Haus oder Büro, einschließlich Smart-TVs, WLAN-Extender, Alexa-Geräte und andere Dinge, an die Sie wahrscheinlich nie denken. Die meisten von ihnen können Sie ignorieren. Ihr Hauptaugenmerk liegt auf den anderen Computern im Netzwerk, die normalerweise oben im Fenster aufgelistet sind.

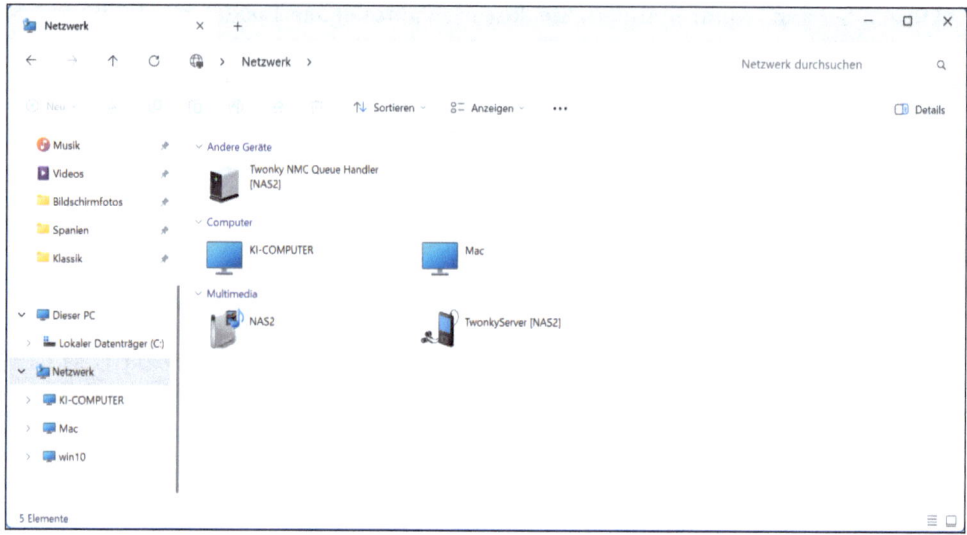

Abbildung 15.10: Unter NETZWERK können viele mit dem Internet verbundene Geräte erscheinen.

Auf einen freigegebenen Ordner zugreifen

Wenn Sie im Navigationsbereich des Explorers die Kategorie NETZWERK erweitern, sollten alle Computer mit freigegebenen Ressourcen aufgelistet sein (außer Computern, die ausgeschaltet sind oder sich im Ruhezustand befinden). Um auf freigegebene Ordner auf einem Computer zuzugreifen, klicken Sie im Navigationsbereich auf den Pfeil nach rechts neben dem Namen des Computers. Die freigegebenen Ordner werden unterhalb des Computernamens aufgelistet.

Wenn Sie im Navigationsbereich auf den Namen eines Ordners klicken, wird der Inhalt dieses Ordners im Hauptbereich auf der rechten Seite geöffnet, genau wie bei der Anzeige des Inhalts eines lokalen Ordners. Um eine Datei zu öffnen, doppelklicken Sie wie immer auf das Symbol der Datei.

Wenn Sie nur Leserechte für den Ordner haben, können Sie den Inhalt jeder Datei öffnen und anzeigen. Wenn Sie jedoch Änderungen an der Datei vornehmen, können Sie diese Änderungen nicht im ursprünglichen Ordner speichern. Stattdessen können Sie in der Anwendung, mit der Sie die Datei geändert haben, auf SPEICHERN UNTER klicken und Ihre Kopie der Datei in einem lokalen Ordner auf Ihrem eigenen Computer speichern. Sie können eine Datei auch einfach aus dem freigegebenen Ordner kopieren, indem Sie das Symbol der Datei in einen lokalen Ordner auf Ihrem Computer ziehen. Mit dieser lokalen Kopie der Datei können Sie dann tun, was Sie wollen.

Was ist mit Apple-Produkten?

Wenn Sie Mac-Computer haben, können Sie diese zu Ihrem privaten Windows-Netzwerk hinzufügen, aber der Vorgang kann schwierig sein. Sie sollten Copilot um Hilfe bitten und ihm mitteilen, welche Version von macOS Sie verwenden.

Ich finde es viel einfacher, wenn ich von meinem Mac aus auf den gesamten Windows-Computer zugreife. Auf diese Weise verwende ich im Grunde den Bildschirm, die Tastatur und das Trackpad oder die Maus des Macs, um den Windows-PC von meinem Mac aus zu bedienen. Außerdem habe ich vom entfernten PC aus direkten Zugriff auf OneDrive.

Sie benötigen Windows 11 Pro auf dem PC, auf den Sie zugreifen möchten. (Windows Home Edition unterstützt keinen Fernzugriff.) Im Abschnitt »Von Laptops und Mac-Computern auf Ihre PC zugreifen« wird beschrieben, wie Sie die Remote-Desktop-Freigabe in Windows 11 Pro einrichten, damit Sie von jedem Gerät im lokalen Netzwerk (Windows-Computer, Mac, Smartphone oder iPad) auf diesen Computer zugreifen können.

Zugriff auf freigegebene Drucker

Wenn Sie im Navigationsbereich des Explorers auf NETZWERK klicken, zeigt der Bereich auf der rechten Seite alle freigegebenen Ressourcen, einschließlich der Drucker. Um auf einem dieser Drucker zu drucken, müssen Sie jedoch nicht den Explorer verwenden. Stattdessen drucken Sie einfach aus einer beliebigen Anwendung heraus, wie Sie es normalerweise tun würden. Drücken Sie zum Beispiel Strg + P, um das Dialogfeld DRUCKEN zu öffnen. Klicken Sie auf das Dropdown-Menü unter DRUCKER, und alle Ihre Drucker sollten verfügbar sein, wie in Abbildung 15.11 gezeigt. Klicken Sie dann einfach auf den Namen des Druckers, auf dem Sie drucken möchten, und fahren Sie fort, wie Sie es mit jedem lokalen Drucker tun würden.

Wenn Sie den freigegebenen Drucker nicht sehen, klicken Sie am unteren Ende der Liste auf DRUCKER HINZUFÜGEN. Klicken Sie im nächsten Fenster, das sich öffnet, auf den gewünschten Drucker, um ihn für die zukünftige Verwendung zum Dropdown-Menü hinzuzufügen.

 Denken Sie daran, dass Copilot Ihr bester Freund sein kann, wenn Sie Probleme bei der Einrichtung und Nutzung eines privaten Netzwerks haben. Sie können Hilfe bei bestimmten Fehlermeldungen erhalten, auf die Sie unterwegs stoßen. Und Sie können allgemeine Fragen zu Ihrem privaten Windows 11-Netzwerk stellen.

304 TEIL IV Windows 11 anpassen und aktualisieren

Abbildung 15.11: Freigegebene Netzwerkdrucker im Dropdown-Menü DRUCKER.

Von Laptops und Mac-Computern auf Ihren PC zugreifen

Als Alternative zur Freigabe bestimmter Ordner auf einem Windows 11-PC können Sie den gesamten Computer freigeben. Im Grunde arbeiten Sie mit Ihrem PC wie gewohnt, verwenden aber Bildschirm, Tastatur und Maus eines anderen Computers in Ihrem Netzwerk. Auf diese Weise haben Sie unbegrenzten Zugriff auf diesen Computer. Alle Anwendungen, die Sie auf diese Weise ausführen, werden auf dem entfernten PC ausgeführt. Wenn Sie für Spiele oder erweiterte künstliche Intelligenz auf einen High-End-Desktop zugreifen, laufen diese Anwendungen auch dann einwandfrei, wenn Sie einen älteren, leistungsschwachen Laptop verwenden.

 Es gibt nur einen großen Haken. Sie müssen Windows 11 Pro verwenden. Die Windows Home Edition bietet keinen Remotedesktop-Zugriff. Um zu sehen, welche Windows-Version Sie verwenden, klicken Sie auf die Schaltfläche START, EINSTELLUNGEN, SYSTEM und dann auf INFO. Ihre Windows-Edition wird neben EDITION im Abschnitt WINDOWS-SPEZIFIKATIONEN angezeigt.

Das Aktivieren des Fernzugriffs umfasst zwei Schritte. Zunächst müssen Sie den Fernzugriff auf dem Windows 11 Pro-Computer einrichten, auf den Sie aus der Ferne zugreifen möchten. Ich bezeichne diesen Computer als Hauptcomputer. Auf den anderen Computern in Ihrem Netzwerk greifen Sie mit der App REMOTEDESKTOPVERBINDUNG auf den Hauptcomputer zu (das ist der Ausdruck, den Techniker verwenden).

Remotedesktop einrichten

Remotedesktop ist eine Windows-Funktion, die in großen Unternehmen weit verbreitet ist, damit IT-Techniker den Computer eines Benutzers aus der Ferne bedienen und so Probleme beheben können, ohne zum PC reisen zu müssen.

Zu Hause können Sie mit Remotedesktop von Ihren ältesten und billigsten Laptops sowie von Macs, iPads, Android-Telefonen und iPhones aus auf Ihre High-End-Desktop-Computer für Spiele und künstliche Intelligenz zugreifen, solange sie sich im selben WLAN-Netzwerk befinden. Während Sie also im Wohnzimmer vor dem Großbildfernseher mit Ihrem schwächsten Laptop sitzen, können Sie trotzdem die gewaltige Leistung Ihres teuren Desktop-Computers nutzen.

Ihr PC muss sich in Ihrem privaten Netzwerk befinden. Im Folgenden gehe ich davon aus, dass Sie Ihr Netzwerk gemäß den Schritten in diesem Kapitel eingerichtet haben. Gehen Sie dann zu dem Windows 11 Pro-Computer, auf den Sie aus der Ferne zugreifen möchten, und führen Sie die folgenden Schritte aus:

1. **Klicken Sie auf die Schaltfläche START und dann auf EINSTELLUNGEN.**

2. **Klicken Sie in der linken Spalte auf SYSTEM.**

3. **Blättern Sie nach unten und klicken Sie auf REMOTEDESKTOP.**

4. Schalten Sie den Schalter für den Remotedesktop ein.

5. Wenn Sie dazu aufgefordert werden, klicken Sie auf Bestätigen, um zu bestätigen, dass Sie dies wirklich tun wollen.

   Der Name Ihres Computers wird neben PC-Name angezeigt. Dies ist der Name, den Sie für den Fernzugriff auf den Computer verwenden werden.

6. Klicken Sie auf den Abwärtspfeil neben dem Ein/Aus-Schalter und stellen Sie sicher, dass die Option Geräte müssen für die Verbindung die Authentifizierung auf Netzwerkebene verwenden (empfohlen) ausgewählt ist, wie in Abbildung 15.12 gezeigt.

Sie möchten Ihren PC nicht dem Internet aussetzen. Um sicher zu sein, sollten Sie bei der Einrichtung des Remotedesktops die empfohlenen Einstellungen wählen.

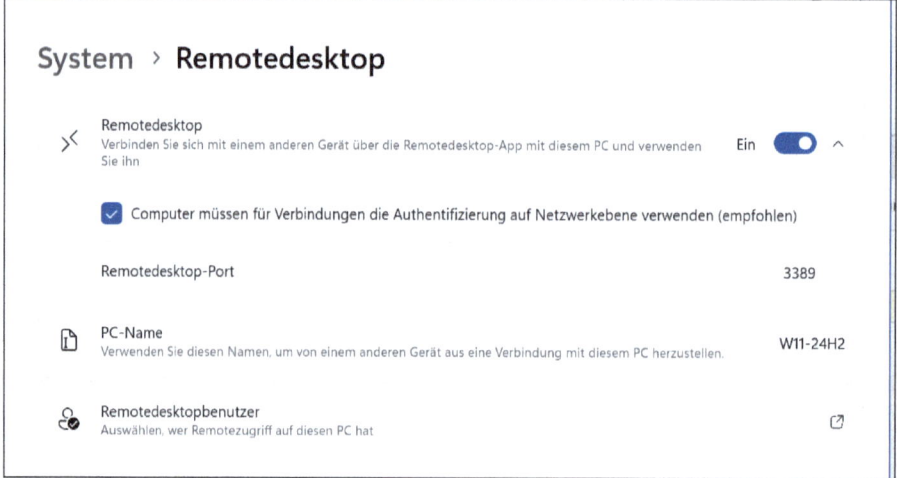

Abbildung 15.12: Einrichten von Remotedesktop auf einem Computer mit Windows 11 Pro.

7. Klicken Sie auf Remotedesktopbenutzer.

   Ein Dialogfeld mit den Remotedesktopbenutzern wird geöffnet. Sie sollten sehen, dass Ihnen bereits Fernzugriff gewährt wurde, so dass Sie sich nicht selbst hinzufügen müssen.

8. Wenn Sie sich großmütig und vertrauensvoll fühlen, gewähren Sie anderen Benutzern Ihres Netzwerks Fernzugriff.

   Um jemanden hinzuzufügen, klicken Sie auf die Schaltfläche Hinzufügen, beginnen Sie mit der Eingabe des Benutzernamens und klicken Sie auf Namen überprüfen, um den genauen Benutzernamen zu erhalten, der für Remotedesktop benötigt wird.

9. Klicken Sie im Dialogfeld auf OK, nachdem Sie Benutzernamen hinzugefügt haben, oder klicken Sie auf Abbrechen, um nur sich selbst Zugriff zu gewähren.

10. Schließen Sie das Fenster Einstellungen, indem Sie auf X klicken.

Im nächsten Abschnitt zeige ich Ihnen, wie Sie aus der Ferne auf Ihren PC zugreifen können.

 Bevor Sie aus der Ferne auf diesen Computer zugreifen können, müssen Sie sich bei diesem Computer (nicht bei den anderen Computern) mit Ihrem Microsoft-Kennwort anmelden, und nicht mit einer PIN oder einer anderen Windows Hello-Option. Lesen Sie den Abschnitt »Anmeldung mit Ihrem Microsoft-Kennwort« weiter oben in diesem Kapitel, um sicherzustellen, dass andere Computer nicht für den Fernzugriff blockiert werden.

Aus der Ferne auf einen PC zugreifen

Nachdem Sie Remote Desktop auf Ihrem PC eingerichtet und sich mit Ihrem Microsoft-Kennwort angemeldet haben, können Sie auf jeden anderen Computer in Ihrem privaten Netzwerk zugreifen und den PC fernsteuern.

Wenn Sie eine Verbindung von einem anderen Windows-Computer aus herstellen, sollten Sie keine Anwendungen installieren müssen. Wenn Sie ein Apple-Gerät verwenden, laden Sie Windows-App MOBILE aus dem App Store von Apple herunter, installieren Sie es und verwenden Sie diese App. Wenn Sie ein Android-Gerät verwenden, laden Sie REMOTE DESKTOP aus dem Play Store von Google herunter und installieren Sie es.

Gehen Sie dann wie folgt vor:

1. **Öffnen Sie die App REMOTEDESKTOPVERBINDUNG bzw. WINDOWS APP auf dem Computer, an dem Sie sich gerade befinden.**

   Um die Anwendung in Windows zu finden, klicken Sie auf die Schaltfläche Start und geben Sie in das Suchfeld das Wort remote ein. Wenn REMOTEDESKTOPVERBINDUNG in den Suchergebnissen erscheint, klicken Sie darauf. Wenn Sie nicht mit Windows arbeiten, suchen Sie die App wie jede andere App auf Ihrem Apple- oder Android-Gerät.

2. **Geben Sie im Fenster REMOTEDESKTOPVERBINDUNG, das sich öffnet, den Namen des Computers ein, auf den Sie zugreifen möchten.**

   In meinem Beispiel lautet der Name des PCs *KI-Computer*.

3. **Klicken Sie auf VERBINDEN.**

4. **Geben Sie Ihren Benutzernamen und Ihr Kennwort ein, wie in Abbildung 15.13 gezeigt.**

   Dies ist dasselbe Microsoft-Kennwort, mit dem Sie sich lokal bei dem PC anmelden, auf den Sie nun aus der Ferne zugreifen möchten.

5. **(Optional) Wählen Sie ANMELDEDATEN SPEICHERN, um den zukünftigen Zugriff zu vereinfachen.**

6. **Klicken Sie auf OK.**

Abbildung 15.13: Zugriff auf einen PC mit Remotedesktopverbindung unter Windows.

Wenn Sie eine Meldung sehen, dass die Identität des Remote-Computers nicht überprüft werden kann, können Sie das Kontrollkästchen NICHT MEHR NACHFRAGEN aktivieren, um diese Meldung in Zukunft nicht mehr zu sehen. Klicken Sie dann auf JA.

Der Desktop des entfernten Computers füllt Ihren Bildschirm aus. Sie können nun Ihren Bildschirm, Ihre Maus und Ihre Tastatur verwenden, um mit dem entfernten Computer zu arbeiten, als ob Sie an diesem Computer sitzen würden. Sie können jede Anwendung ausführen, unabhängig davon, welches Betriebssystem Sie auf dem entfernten Computer verwenden.

Oben in der Mitte des Bildschirms befindet sich eine kleine Titelleiste. Dies ist der einzige Teil des Bildschirms, der sich auf den Computer bezieht, an dem Sie sich gerade befinden. Um Ihre Fernzugriffssitzung zu beenden, klicken Sie auf X auf der rechten Seite der Titelleiste. Die Fernzugriffssitzung wird beendet, und Ihr Bildschirm, Ihre Maus und Ihre Tastatur arbeiten wieder mit dem Computer, den Sie gerade benutzen, und nicht mit dem Ferncomputer.

Wie immer, wenn Sie ein Problem haben oder eine Fehlermeldung erhalten, ist Copilot Ihr bester technischer Support.

Teil V
Text, Musik, Fotos und Filme

IN DIESEM TEIL ...

✔ Schreiben wie ein Profi, mithilfe von KI

✔ Professionelle Inhalte mit Fotos und KI-Bildern gestalten

✔ Fesselnde Filme mit Ton und Video erstellen

> **IN DIESEM KAPITEL**
>
> Dokumente erstellen
>
> Textabschnitte verschieben, kopieren und löschen
>
> Mit KI Ihre Texte verbessern
>
> Texte zusammenfassen, vereinfachen und übersetzen

Kapitel 16
Mit Text arbeiten

Wahrscheinlich haben Sie schon einmal mit Texten gearbeitet, als Sie E-Mails, Hausaufgaben und Ähnliches getippt haben. Aber nicht jeder hat Erfahrung mit dem Erstellen und Speichern längerer Textdokumente. In diesem Kapitel lernen Sie die Fähigkeiten, die Sie für die Arbeit mit längeren Textdokumenten benötigen.

Erste Schritte mit dem Editor

Windows 11 wird mit dem Texttool Editor ausgeliefert. Im Gegensatz zu einigen komplexeren Textverarbeitungsprogrammen ist Editor einfach zu bedienen. Die Fähigkeiten, die Sie hier erlernen, können jedoch auf die Texteingabe in jeder Schreibanwendung angewendet werden, von anderen Texteditoren bis hin zu umfangreichen Textverarbeitungsprogrammen wie Microsoft Word und Google Docs.

Editor öffnen

Um Editor zu öffnen, klicken Sie auf die Schaltfläche Start. Wenn Sie im Startmenü das Symbol von Editor sehen, klicken Sie es an. Andernfalls klicken Sie auf die Schaltfläche Alle Apps oder geben Sie in das Suchfeld Editor ein; wenn Sie die Editor-App sehen, klicken Sie darauf.

Wenn Sie Editor zum ersten Mal öffnen, sehen Sie eine Registerkarte mit dem Namen *Unbenannt* und ein leeres Blatt Papier, auf das Sie schreiben können (siehe Abbildung 16.1). Wenn Sie Editor in der Vergangenheit verwendet haben, sehen Sie stattdessen möglicherweise Dokumente, an denen Sie bereits gearbeitet haben.

Abbildung 16.1: Editor mit einem leeren Dokument.

Tippen im Editor

Wenn Sie mit längeren Textabschnitten arbeiten, sollte der Text innerhalb des Editor-Fensters umbrochen werden, damit Sie nicht scrollen müssen, um Text zu sehen, der nicht auf den Bildschirm passt. Wenn Sie in einem Editor-Dokument nach links und rechts blättern müssen, wählen Sie ANSICHT | ZEILENUMBRUCH, um den Zeilenumbruch zu aktivieren.

Sie können den Text ändern, indem Sie zunächst den Cursor an die Stelle bewegen, an der Sie die Änderung vornehmen möchten, indem Sie entweder auf diese Stelle klicken oder den Cursor mit den Pfeiltasten bewegen. Wenn der Cursor an der gewünschten Stelle steht, können Sie einen der folgenden Schritte ausführen:

- ✔ Um Text links vom Cursor zu löschen, drücken Sie die ⟵.
- ✔ Um Text rechts vom Cursor zu löschen, drücken Sie Entf.
- ✔ Um eine neue Zeile zu beginnen oder eine Leerzeile einzufügen, drücken Sie ↵.
- ✔ Um das, was Sie gerade getan haben, rückgängig zu machen, drücken Sie Strg + Z. Zum Wiederherstellen (also um das soeben rückgängig Gemachte rückgängig zu machen), drücken Sie Strg + Y.

Rechtschreibung überprüfen

Bei der Eingabe in Editor kann es vorkommen, dass sich ein Wort direkt nach der Eingabe ändert. In den meisten Fällen hat Notepad festgestellt, dass Sie das Wort falsch geschrieben haben, und korrigiert die Schreibweise automatisch. Wenn Sie sicher sind, dass Sie das

Wort richtig geschrieben haben, klicken Sie mit der rechten Maustaste auf das korrigierte Wort und wählen Sie Rückgängig, um zur ursprünglichen Schreibweise zurückzukehren.

Wenn Editor ein Wort nicht erkennt, wird es mit einer roten Wellenlinie unterstrichen. Sie können mit der rechten Maustaste auf das unterstrichene Wort klicken und Rechtschreibung wählen, um die Vorschläge von Editor zu sehen, wie in Abbildung 16.2 gezeigt.

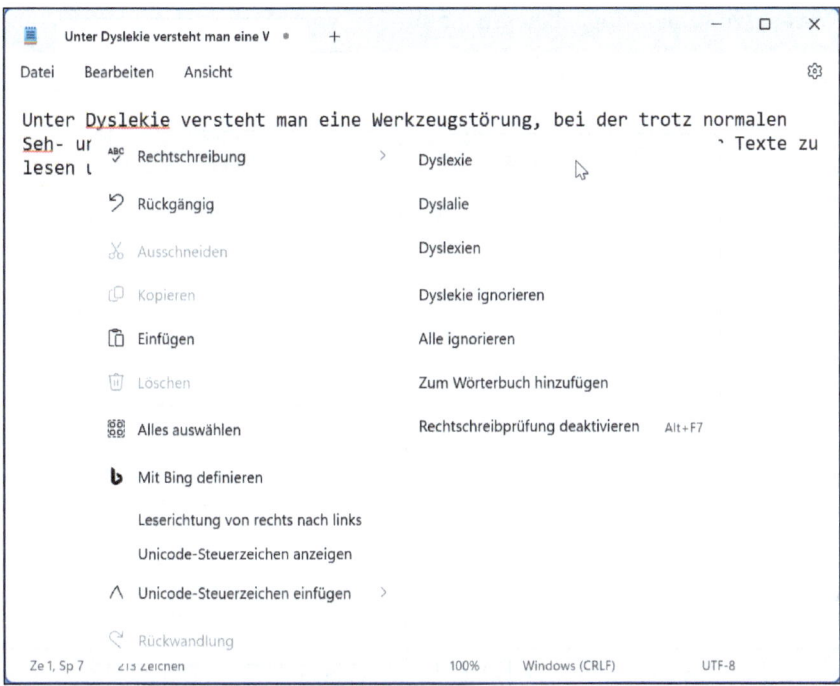

Abbildung 16.2: Klicken Sie mit der rechten Maustaste auf ein Wort, das mit einer Wellenlinie unterstrichen ist.

Wenn Sie das richtig geschriebene Wort sehen, klicken Sie es, und Sie sind fertig. Andernfalls können Sie aus den anderen Optionen wählen:

- ✔ **Wort ignorieren:** Lassen Sie das Wort so stehen, wie es geschrieben ist, und entfernen Sie die rote Wellenlinie unter diesem Wort.

- ✔ **Alle ignorieren:** Lassen Sie das Wort unverändert, und entfernen Sie die rote Wellenlinie von allen anderen Stellen, an denen das Wort vorkommt.

- ✔ **Zum Wörterbuch hinzufügen:** Belassen Sie das Wort so, wie es ist, und kennzeichnen Sie es in künftigen Dokumenten nicht als Rechtschreibfehler.

- ✔ **Rechtschreibprüfung deaktivieren:** Beenden Sie die Rechtschreibprüfung.

 Wenn Sie ein Amazon Alexa-Gerät in Hörweite haben, können Sie auch einfach sagen: »Alexa, wie buchstabierst du ...« und dann das Wort nennen, das Sie buchstabieren möchten.

Mit größeren Textabschnitten arbeiten

Wenn Sie einen großen Textabschnitt löschen, kopieren oder verschieben möchten, ist es am einfachsten, den Textbereich zuerst zu markieren. Wenn Sie Text markieren, ändert sich seine Hintergrundfarbe von weiß zu hellblau. Hier sind einige praktische Möglichkeiten, Text mit der Maus zu markieren:

- Um ein Wort auszuwählen, doppelklicken Sie auf das Wort.
- Um einen Absatz auszuwählen, klicken Sie ihn dreimal an.
- Um einen anderen Textabschnitt auszuwählen, ziehen Sie den Mauszeiger über den Text.
- Um den gesamten Text des Dokuments zu markieren, wählen Sie Bearbeiten | Alles auswählen.

Wenn Sie Ihre Meinung ändern oder neu beginnen möchten, klicken Sie auf eine beliebige Stelle innerhalb oder außerhalb des ausgewählten Textes.

Sie können Text auch über die Tastatur auswählen. Bewegen Sie zunächst den Cursor an die Stelle, an der Sie die Auswahl beginnen möchten. Hier sind ein paar Tricks dafür:

- Um an den Anfang einer Zeile zu gelangen, drücken Sie [Pos1].
- Um an das Ende der Zeile zu gelangen, drücken Sie [Ende].
- Um sich wortweise zu bewegen, halten Sie die [Strg]-Taste gedrückt, während Sie die [←] oder [→] drücken.
- Um an den Anfang des Dokuments zu gelangen, drücken Sie [Strg] + [Pos1].
- Um an das Ende des Dokuments zu gelangen, drücken Sie [Strg] + [Ende].
- Um sich seitenweise zu bewegen, verwenden Sie die Tasten [Bild ↑] und [Bild ↓].

Wenn Sie den Cursor an der Stelle platziert haben, an der Sie mit der Auswahl beginnen möchten, halten Sie die [⇧]-Taste gedrückt und verwenden Sie die gleichen Tasten, um die Auswahl zu erweitern. Zum Beispiel:

- Um die Auswahl in eine bestimmte Richtung zu erweitern, halten Sie die [⇧]-Taste gedrückt, während Sie die [↑], [↓], [←] oder [→] oder die Taste [Bild ↑] und [Bild ↓] drücken.
- Um bis zum Anfang der Zeile auszuwählen, drücken Sie [⇧] + [Strg] + [Pos1].
- Um bis zum Ende der Zeile auszuwählen, drücken Sie [⇧] + [Strg] + [Ende].
- Um eine Zeile auszuwählen, drücken Sie [Pos1], um an den Anfang der Zeile zu gelangen, und drücken Sie dann [⇧] + [↓].
- Um von der Cursorposition aus eine bestimmte Stelle im Text auszuwählen, halten Sie die [⇧]-Taste gedrückt und klicken Sie an die Stelle, an der Sie die Auswahl erweitern möchten.

✔ Um Ihre Auswahl rückgängig zu machen, drücken Sie eine beliebige Pfeiltaste, ohne die ⬆-Taste gedrückt zu halten.

Und um das gesamte Dokument auszuwählen, drücken Sie einfach `Strg` + `A` (ohne die ⬆-Taste zu drücken).

Sobald Sie den Text ausgewählt haben, können Sie ihn folgendermaßen bearbeiten:

✔ Um den markierten Text zu löschen, drücken Sie `Entf` oder `←`. (Drücken Sie `Strg` + `Z`, wenn Sie Ihre Meinung ändern.)

✔ Um den markierten Text zu kopieren, drücken Sie `Strg` + `C`, oder wählen Sie BEARBEITEN | KOPIEREN, oder klicken Sie mit der rechten Maustaste auf die Auswahl und drücken Sie KOPIEREN.

✔ Um den markierten Text zu verschieben, drücken Sie `Strg` + `X`, oder wählen Sie BEARBEITEN | AUSSCHNEIDEN, oder klicken Sie mit der rechten Maustaste auf die Auswahl und wählen Sie AUSSCHNEIDEN.

✔ Um den kopierten oder ausgeschnittenen Text einzufügen, bewegen Sie den Cursor an die Stelle, an der Sie den Text einfügen möchten. Drücken Sie dann `Strg` + `V`, oder wählen Sie BEARBEITEN | EINFÜGEN, oder klicken Sie mit der rechten Maustaste auf den Cursor und wählen Sie EINFÜGEN.

Wenn Sie eine dieser Techniken vergessen haben, fragen Sie Copilot einfach: »Welche Möglichkeiten gibt es, Text auszuwählen?« oder »Wie kann ich Text verschieben oder kopieren?«

Lassen Sie KI Ihren Text schreiben

Wie in Kapitel 3 erwähnt, kann Copilot KI so ziemlich alles für Sie schreiben. Mit dem Copilot-Feature VERFASSEN in Microsoft Edge erhalten Sie etwas mehr Kontrolle über die Ausgabe. So geht's:

1. **Öffnen Sie Microsoft Edge.**

2. **Klicken Sie in der oberen rechten Ecke von Edge auf das Copilot-Symbol.**

3. **Klicken Sie oben im Copilot-Fenster auf VERFASSEN.**

   Die auf der rechten Seite in Abbildung 16.3 dargestellten Optionen werden angezeigt.

4. **Treffen Sie Ihre Auswahl anhand der folgenden Optionen:**

   a. **SCHREIBEN ÜBER:** Geben Sie ein, worüber Copilot schreiben soll.

   b. **TON:** Wählen Sie einen Tonfall für die Ausgabe (professionell, leger, lustig oder was auch immer).

316   TEIL V Text, Musik, Fotos und Filme

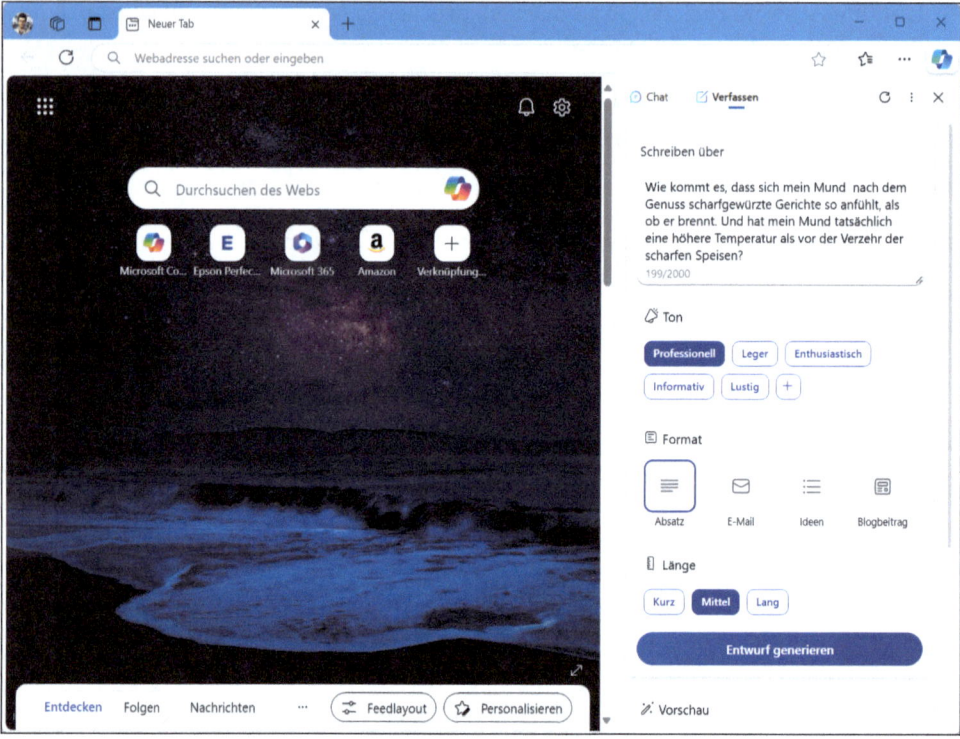

Abbildung 16.3: Copilot VERFASSEN in Microsoft Edge.

    c. **FORMAT:** Wählen Sie ABSATZ für normales Schreiben; wählen Sie IDEEN für eine Aufzählungsliste oder Gliederung; wählen Sie E-MAIL, um die Ausgabe als E-Mail-Nachricht zu formatieren; oder wählen Sie BLOGBEITRAG, um die Ausgabe als Blog oder Social-Media-Beitrag zu formatieren.

    d. **LÄNGE:** Wählen Sie KURZ, MITTEL oder LANG, um die gewünschte Textlänge festzulegen.

5. **Klicken Sie auf ENTWURF GENERIEREN.**

   Der Text von Copilot wird im Bereich VORSCHAU angezeigt. Sie können das Copilot-Bedienfeld verbreitern oder verkleinern, indem Sie seinen inneren Rand im Edge-Browserfenster nach links bzw. rechts ziehen.

Um den generierten Text zu bearbeiten, können Sie die folgenden Symbole verwenden, die in Abbildung 16.4 beschriftet sind:

✔ **STOPP-Symbol:** Während Copilot Ihren Text schreibt, klicken Sie auf dieses Symbol, wenn Sie die Ausgabe stoppen möchten. Sobald die Ausgabe gestoppt ist, können Sie Ihre Eingabeaufforderung oder andere Auswahlmöglichkeiten ändern und dann auf ENTWURF GENERIEREN klicken, um es erneut zu versuchen.

✔ **Symbole für NÄCHSTEN ENTWURF und VORHERIGEN ENTWURF:** Wenn Sie das Symbol ENTWURF ERNEUT GENERIEREN verwenden, um mehrere Entwürfe zu erstellen, können Sie mit diesen Symbolen durch die Entwürfe blättern.

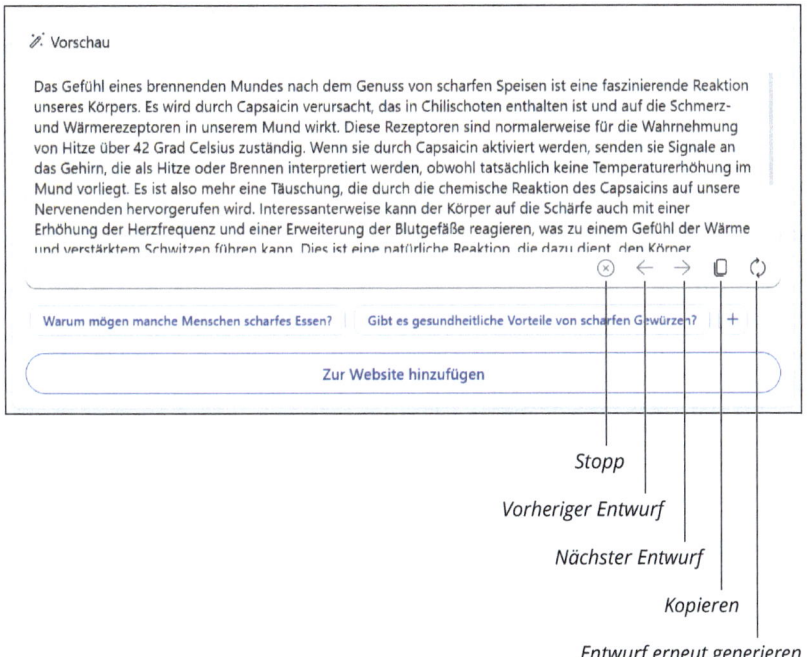

Abbildung 16.4: Werkzeuge für die Arbeit mit von Copilot-generiertem Text.

✔ **Symbol Kopieren:** Klicken Sie auf dieses Symbol, um die Ausgabe zu kopieren. Anschließend können Sie den Text in Editor (oder eine andere Anwendung) einfügen.

✔ **Symbol Entwurf erneut generieren:** Wenn Sie mit der Ausgabe von Copilot nicht zufrieden sind, klicken Sie auf dieses Symbol, damit die KI eine neue Antwort auf Ihre ursprüngliche Anfrage erstellt.

Klicken Sie auf den vorgeschlagenen Text unter den Symbolen, um das Thema fortzusetzen und Copilot zusätzliche Ausgaben liefern zu lassen. Oder klicken Sie auf die Schaltfläche mit dem Pluszeichen, um Ihre eigenen Vorschläge hinzuzufügen.

Wenn Sie ein elektronisches Dokument schreiben, beispielsweise eine E-Mail oder einen Blogbeitrag, können Sie den Cursor in diesem Dokument positionieren, als ob Sie mit der Eingabe beginnen würden. Klicken Sie dann auf der Copilot-Seite auf ZUR WEBSITE HINZUFÜGEN, um den generierten Text in Ihr Dokument einzufügen. Im Grunde handelt es sich um einen Kopier- und Einfügevorgang.

Copilot ist nicht darauf ausgelegt, ein ganzes Buch oder umfangreiche Dokumente zu verfassen. Erwarten Sie also nicht, dass Sie sofort ein berühmter Autor des großen europäischen Romans werden. Wenn Sie ein langes Dokument benötigen, können Sie Copilot anweisen, eine Gliederung für ein Thema zu schreiben, und Ihr Thema angeben. Kopieren Sie die Gliederung und fügen Sie sie in ein Dokument ein. Bitten Sie Copilot dann, zu jedem Thema in Ihrer Gliederung einen Aufsatz zu schreiben, einen nach dem anderen, und fügen Sie jeden Aufsatz unter der entsprechenden Überschrift in Ihrer Gliederung ein.

Wenn Sie professionelle Unterstützung beim Schreiben oder akademische Arbeiten mit Zitaten im APA- oder MLA-Format benötigen, sollten Sie Copilot in Windows fragen: »Welche Webseiten bieten generative KI für professionelle Autoren (oder akademische Autoren)?« Werfen Sie dann einen Blick auf einige der vorgeschlagenen Ressourcen (beachten Sie, dass einige nicht kostenlos sind).

Das eigene Schreiben verbessern

Legasthenie ist eine weit verbreitete Krankheit, die intelligente Menschen daran hindert, sich an die zahllosen Regeln für Grammatik, Zeichensetzung und Rechtschreibung zu halten, die ihre Sprache vorschreibt. Von Legasthenie betroffene Menschen sind oft unsicher, wenn es darum geht, anderen von ihnen geschriebene Texte zu zeigen.

Lassen Sie sich von Copilot und moderner KI helfen. Und so geht's:

1. **Geben Sie den Text in Editor (oder einer anderen Anwendung) mit Ihren eigenen Worten ein.**

2. **Markieren Sie den Text, den Sie verbessern möchten, und drücken Sie Strg + C, um den ausgewählten Text zu kopieren.**

3. **Klicken Sie in der Taskleiste auf das COPILOT-Symbol.**

4. **Geben Sie in das Feld NACHRICHT AN COPILOT den Text** `Verbessere diesen Text` **ein und drücken Sie Strg + V, um den kopierten Text einzufügen.**

5. **Drücken Sie die ←-Taste oder klicken Sie auf das Symbol Nachricht übermitteln.**

   Copilot schreibt den von Ihnen eingefügten Text neu und sorgt dafür, dass Rechtschreibung, Grammatik und Zeichensetzung perfekt sind! Sie können den Text kopieren und in ein beliebiges Dokument einfügen.

Editor-Dokumente speichern

Sie können Editor-Dokumente genauso speichern und öffnen wie jedes andere Dokument in jeder anderen App. Um ein Editor-Dokument zu speichern, führen Sie einen der folgenden Schritte aus:

✔ Wählen Sie in der Menüleiste von Editor DATEI | SPEICHERN.

✔ Drücken Sie Strg + S.

✔ Schließen Sie die Registerkarte des Dokuments, indem Sie auf das X klicken, und klicken Sie dann auf SPEICHERN, wenn Sie gefragt werden, ob Sie Ihre Arbeit speichern möchten.

✔ Schließen Sie Editor, indem Sie auf das X-Symbol von Notepad klicken oder in der Menüleiste von Notepad DATEI | BEENDEN wählen; klicken Sie dann auf Speichern, wenn Sie gefragt werden, ob Sie Ihre Arbeit speichern möchten.

Wenn Sie das Dokument noch nie gespeichert haben, wird das Dialogfeld SPEICHERN UNTER geöffnet (siehe Abbildung 16.5), in dem Sie den Namen und den Speicherort des Dokuments angeben können. Die meisten Benutzer verwenden den Ordner DOKUMENTE für Textdokumente, aber Sie können jeden beliebigen Ordner wählen. Behalten Sie den vorgeschlagenen Dateityp, TEXTDOKUMENTE (*.TXT), bei und klicken Sie auf SPEICHERN.

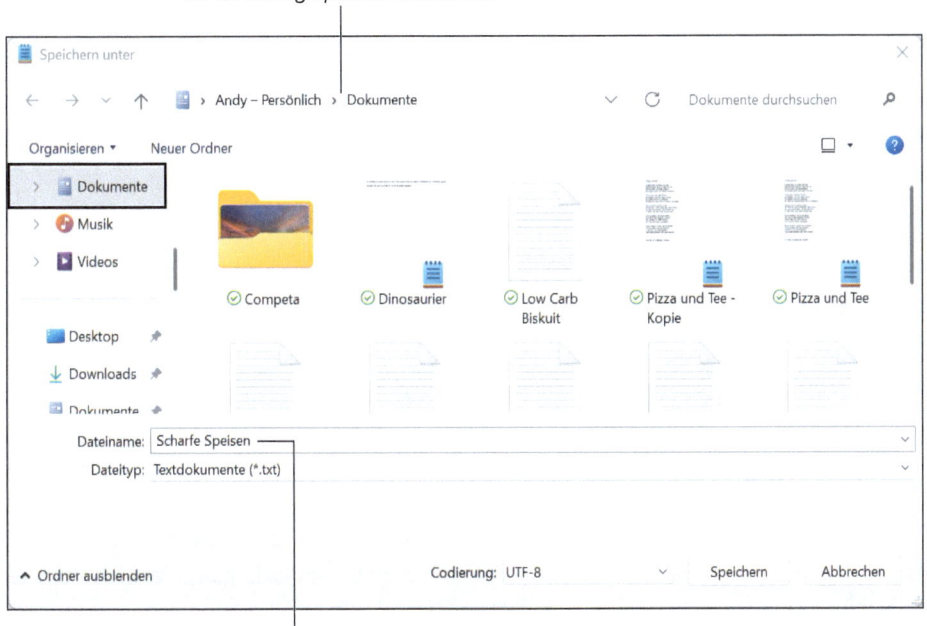

Abbildung 16.5: Das Dialogfeld SPEICHERN UNTER zum Speichern einer Datei.

Wenn Sie das Dokument einmal gespeichert haben, müssen Sie den Namen oder den Speicherort nicht mehr angeben, wenn Sie Ihre Änderungen das nächste Mal speichern.

Editor-Dokumente öffnen

Wenn Sie Editor schließen, während Sie noch Dokumente geöffnet haben, werden diese Dokumente beim nächsten Öffnen von Editor wieder geöffnet. Um ein neues Dokument in Notepad zu beginnen, wählen Sie einfach DATEI | NEU. Um ein Dokument zu schließen, klicken Sie auf X auf der rechten Seite der Registerkarte des Dokuments. Wenn das Dokument ungespeicherte Änderungen enthält, werden Sie aufgefordert, Ihre Änderungen zu speichern.

Sie können ein Editor-Dokument von Editor aus oder vom Explorer aus öffnen. Gehen Sie wie folgt vor, um ein Dokument von Editor aus zu öffnen:

1. **Öffnen Sie Editor und wählen Sie DATEI | ÖFFNEN.**

   Es erscheint das Dialogfeld ÖFFNEN, das wahrscheinlich den Inhalt Ihres Ordners *Dokumente* anzeigt, wie in Abbildung 16.6 dargestellt.

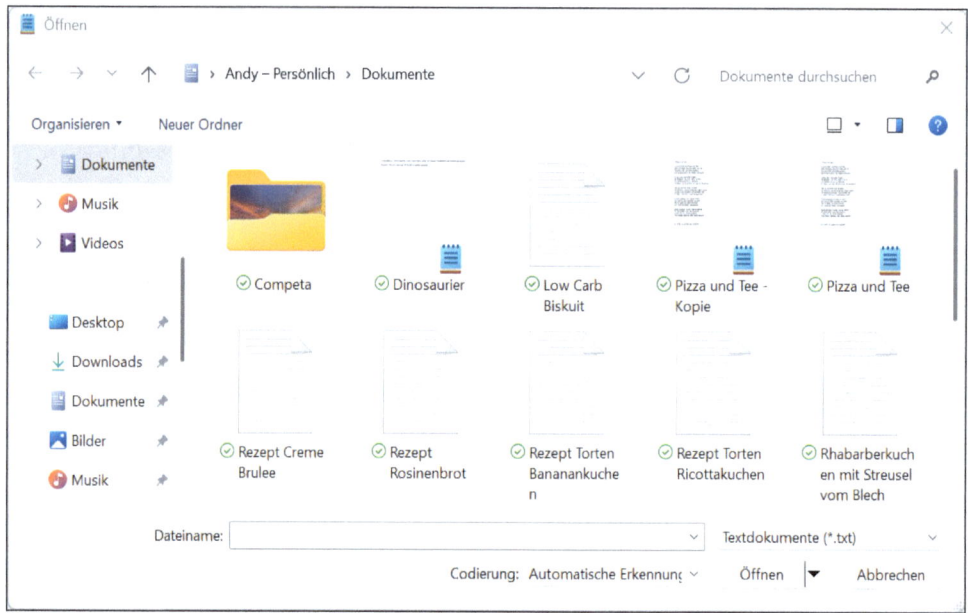

Abbildung 16.6: Das Dialogfeld zum Öffnen einer Datei.

2. **Wenn Sie das Dokument nicht in Ihrem Ordner *Dokumente* gespeichert haben, navigieren Sie im Dialogfeld ÖFFNEN zu dem entsprechenden Ordner.**

   Verwenden Sie den Navigationsbereich auf der linken Seite des Dialogfelds ÖFFNEN, so wie Sie den Navigationsbereich im Explorer verwenden würden.

3. **Klicken Sie auf den Dateinamen des Dokuments und wählen Sie ÖFFNEN, oder doppelklicken Sie einfach auf den Dateinamen.**

   Das Dokument wird in Editor in einer eigenen Registerkarte geöffnet.

Alternativ zum Öffnen von Editor können Sie auch den Explorer öffnen und zu dem Ordner navigieren, in dem Sie das Dokument gespeichert haben. Doppelklicken Sie dann auf den Namen des Dokuments, das Sie öffnen möchten. Wenn die Datei die Dateinamenerweiterung .txt besitzt, sollte sie automatisch in Editor geöffnet werden (es sei denn, Sie haben die Standardanwendung für Textdateien geändert). Wenn Sie keine Dateinamenerweiterungen sehen, können Sie sie anzeigen, indem Sie im Explorer ANZEIGEN | EINBLENDEN | DATEINAMENERWEITERUNGEN wählen.

 Wenn Sie eine Datei nicht in der Standardanwendung, sondern in einer anderen Anwendung öffnen möchten, klicken Sie mit der rechten Maustaste auf den Dateinamen, klicken Sie auf ÖFFNEN MIT und dann auf den Namen der Anwendung, die Sie verwenden möchten. Aber seien Sie vorsichtig. Manchmal wird Kauderwelsch angezeigt, weil Sie einen Dateityp geöffnet haben, der von der aktuellen Anwendung nicht unterstützt wird. Schließen Sie in diesem Fall einfach das Dokument, aber achten Sie darauf, dass Sie NEIN wählen, wenn Sie gefragt werden, ob Sie das Dokument speichern möchten.

Mit Ihrer Stimme tippen

Windows 11 24H2 enthält ein Feature namens *Spracheingabe*, mit der Sie mit Ihrer Stimme statt mit Ihren Fingern tippen können. (Seltsamerweise wird im Startmenü keine Anwendung mit dem Namen Spracheingabe angezeigt.) Um Spracheingabe zu verwenden, benötigen Sie ein Mikrofon, einen Texteditor oder eine Textverarbeitungsanwendung (wie Editor) und eine Internetverbindung. Wenn Sie das alles haben, können Sie Spracheingabe folgendermaßen ausprobieren:

1. **Öffnen Sie Editor.**

   Oder klicken Sie in ein beliebiges Textfeld in einem Formular oder an eine andere Stelle, an der Sie Text eingeben können.

2. **Drücken Sie ⊞ + H.**

   Am unteren Rand des Bildschirms öffnet sich ein kleines Fenster, wie in Abbildung 16.7 dargestellt.

 Wenn Sie per Spracheingabe ein Dokument erstellen, empfehle ich Ihnen, auf das Symbol EINSTELLUNGEN (das Zahnrad) links neben dem Mikrofonsymbol zu klicken und AUTOMATISCHE INTERPUNKTION zu aktivieren. Auf diese Weise müssen Sie beim Sprechen keine Interpunktion hinzufügen. Wenn Sie ein Formular ausfüllen, sollten Sie die automatische Interpunktion ausgeschaltet lassen, da beim Ausfüllen von Formularen in der Regel keine Interpunktion verwendet wird wie bei normalem Text. Um die Einstellungsoptionen zu schließen, klicken Sie erneut auf das Zahnradsymbol.

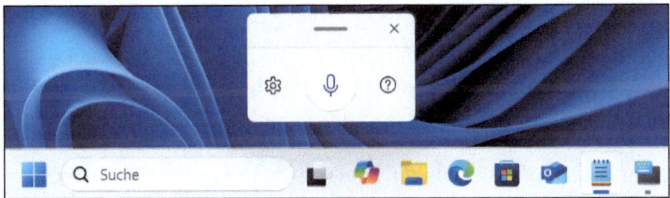

Abbildung 16.7: Das Fenster SPRACHEINGABE.

3. **Klicken Sie im Fenster SPRACHEINGABE auf das Mikrofonsymbol und sprechen Sie langsam.**

   Die Wörter werden getippt, während Sie sprechen. Der Vorgang kann etwas Zeit in Anspruch nehmen, daher hilft langsames Sprechen.

4. **Wenn Sie mit dem Sprechen fertig sind, klicken Sie erneut auf das Mikrofonsymbol.**

Die Spracheingabe ist nicht perfekt, daher sollten Sie den getippten Text überprüfen und gegebenenfalls korrigieren.

Es gibt Technologien, die bereits getippte Textdokumente in gesprochenen Text umwandeln können. Wenn Sie schon einmal ein Video gesehen haben, in dem der Sprecher roboterhaft klingt, hören Sie wahrscheinlich ein geschriebenes Skript, das von einer Text-in-Sprache-Technologie vorgelesen wird.

In Windows 11 24H2 können Sie mit der Clipchamp-App ein geschriebenes Skript kostenlos in gesprochene Kommentare umwandeln. (In Kapitel 18 finden Sie weitere Details.) Viele andere Ressourcen sind online verfügbar. Fragen Sie einfach Copilot: »Wo finde ich kostenlose oder preiswerte Text-in-Sprache-Webseiten und -Apps?«

Sprache-in-Text ist das Gegenteil von Text-in-Sprache. Sprache-in-Text wandelt gesprochenen Text in einer Datei in geschriebenen Text um. Um kostenlose oder kostengünstige Technologien für Sprache-in-Text zu finden, fragen Sie Copilot: »Wo finde ich kostenlose oder kostengünstige Sprache-in-Text-Webseiten und -Apps?«

Webseiten zusammenfassen und vereinfachen

Wenn Sie mit Microsoft Edge im Internet surfen, können Sie Copilot in Edge verwenden, um längere Webseiten schnell zusammenzufassen. Klicken Sie während der Anzeige einer Seite auf das Copilot-Symbol in der oberen rechten Ecke des Edge-Fensters. Das Copilot-Bedienfeld wird auf der rechten Seite eingeblendet. Wählen Sie einen Stil für die zusammengefasste Ausgabe: KREATIV, AUSGEWOGEN oder GENAU. Führen Sie dann einen der folgenden Schritte durch:

✔ Klicken Sie auf SEITENZUSAMMENFASSUNG GENERIEREN.

✔ Geben Sie in das Feld FRAGEN SIE MICH die Aufforderung `Seite zusammenfassen` ein. Copilot geht davon aus, dass sich dies auf die Seite bezieht, die Sie gerade im Browser anzeigen.

Sie können sowohl zusammenfassen als auch vereinfachen, wenn Sie möchten. Beginnen Sie die Aufforderung entweder mit `zusammenfassen` oder `vereinfachen`. Wenn Copilot diese Aufgabe abgeschlossen hat, geben Sie `Diese Antwort zusammenfassen` oder `Diese Antwort vereinfachen` ein, was sich auf den Text bezieht, den Copilot gerade für Sie eingegeben hat, und nicht auf das gesamte Dokument.

Text übersetzen

Wenn Sie einen Text in einer Sprache erhalten, die Sie nicht verstehen, können Sie diesen Text einfach und kostenlos übersetzen. Ähnlich verhält es sich, wenn Sie einen Text an eine Person senden müssen, die kein Deutsch spricht. Sie können ihn in deren Sprache übersetzen lassen. Copilot in Windows verfügt nicht über diese Funktion, Google Übersetzer hingegen schon. Folgen Sie diesen Schritten:

1. **Markieren Sie den Text, den Sie übersetzen möchten, und drücken Sie** Strg + C, **um den Text zu kopieren.**

    Es spielt keine Rolle, wo der Text angezeigt wird. Wenn Sie Ihre eigenen Worte übersetzen möchten, können Sie Ihren Text auf Deutsch in Editor eingeben. Markieren und kopieren Sie dann den Text, den Sie eingegeben haben.

2. **Öffnen Sie Microsoft Edge (oder einen anderen Webbrowser, beispielsweise Chrome oder Firefox) und gehen Sie zu** https://translate.google.com.

    Google Übersetzer öffnet sich mit zwei Textfeldern im oberen Bereich, wie in Abbildung 16.8 dargestellt.

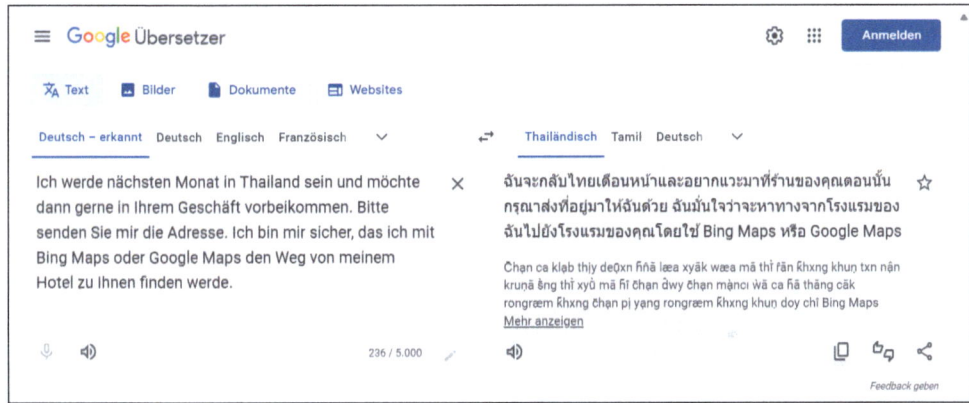

Abbildung 16.8: Übersetzen vom Deutschen ins Thailändische in Google Übersetzer.

3. **Klicken Sie in das linke Textfeld und drücken Sie dann** Strg + V, **um den kopierten Text einzufügen.**

4. **Klicken Sie über dem Textfeld rechts auf den V-förmigen Pfeil und dann auf den Namen der Sprache, in die Sie übersetzen möchten.**

    Das Textfeld auf der rechten Seite zeigt den übersetzten Text an. Wie immer können Sie unter dem übersetzten Text auf das Symbol KOPIEREN klicken und dann den kopierten Text beispielsweise in eine E-Mail-Nachricht einfügen.

IN DIESEM KAPITEL

KI darum bitten, Ihre Bilder zu zeichnen

Objekte (und Personen) aus Fotos entfernen

Bilder ändern und kommentieren

Bilder kombinieren und überlagern

Kapitel 17
Mit Bildern spielen

In der Welt der Technik umfasst der Begriff *Bilder* alle Arten von Bildern, einschließlich Fotos, Cartoons, Zeichnungen, Diagramme, KI-generierte Kunst, was auch immer. Der Begriff *Bilddatei* bezieht sich auf jede Datei, die ein Bild enthält. In diesem Kapitel lernen Sie Techniken zum Betrachten Ihrer Bilder, zum Erstellen von Bildern und zum Ändern von Bildern kennen.

Ihre Bilder durchsuchen

Jedes Bild auf Ihrem Computer ist eine Datei in einem Ordner auf Ihrer Festplatte. Der schnellste und einfachste Weg, alle Bilder auf Ihrem Computer zu sehen, ist das Öffnen des Explorers. Wenn Sie noch keine Zeit mit dem Explorer verbracht haben, ist jetzt ein guter Zeitpunkt, zu Kapitel 5 zurückzublättern, in dem der Explorer, Ordner und Dateien behandelt werden.

Vergewissern Sie sich im Explorer, dass auf der linken Seite des Fensters der Navigationsbereich angezeigt wird (siehe Abbildung 17.1). Wenn der Navigationsbereich fehlt, klicken Sie im Explorer auf die Schaltfläche ANZEIGEN und wählen Sie EINBLENDEN | NAVIGATIONSBEREICH ANZEIGEN. Sie können das Navigationsfenster verbreitern und verkleinern, indem Sie seinen inneren Rand nach rechts und links ziehen.

Klicken Sie oben im Navigationsbereich auf KATALOG. Wenn Sie bereits Bilder auf Ihrem Computer gespeichert haben, werden diese im Inhaltsbereich auf der rechten Seite angezeigt, wobei die neuesten Fotos ganz oben stehen. Blättern Sie nach unten, um in der Zeit zurückzugehen.

Wenn Sie das Aussehen der Fotos im Explorer ändern möchten, klicken Sie in der Symbolleiste auf die Schaltfläche ANZEIGEN. Wählen Sie dann eine beliebige Ansicht. Bei EXTRA

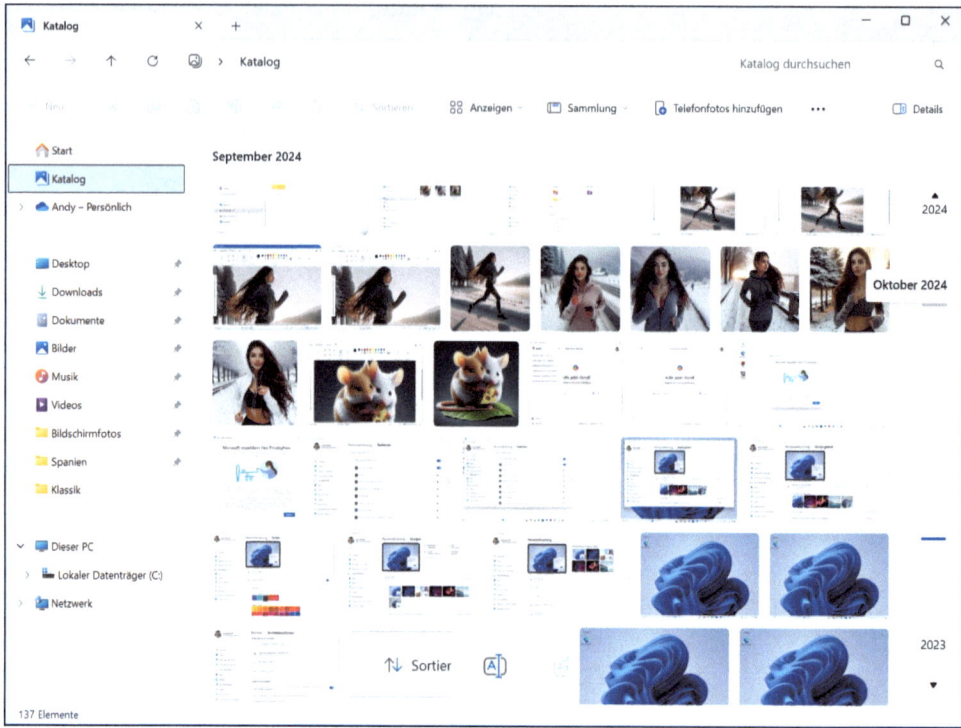

Abbildung 17.1: Anzeige des Katalogs im Explorer.

GROSSE SYMBOLE wird beispielsweise jedes Foto als sehr große Miniaturansicht angezeigt. LISTE zeigt nur die Dateinamen an. Probieren Sie andere Ansichten aus, um herauszufinden, welche für Sie am besten geeignet ist.

Typen von Bilddateien

Bei Computern gibt es zwei Haupttypen von Bilddateien: Raster- und Vektorbilder. Rasterbilder speichern Informationen über die Farbe jedes Pixels (jeden kleinen farbigen Punkt, aus dem das Bild besteht) und werden bevorzugt für fotorealistische Bilder verwendet. Vektorbilder werden mathematisch durch Formen und Kurven definiert und werden häufiger für Logos und Illustrationen mit klaren Linien und Volltonfarben verwendet. Rasterbilder sind am weitesten verbreitet, haben aber eine Schwäche: Je mehr man ein Rasterbild vergrößert, desto verschwommener sieht es aus. Vektorbilder behalten ihre Qualität bei, egal wie sehr man sie vergrößert.

Für jede Bildkategorie gibt es viele verschiedene Dateiformate bzw. Dateitypen. Der Typ einer Datei wird durch die Dateinamenerweiterung angegeben. Im Windows-Explorer sind die Dateinamenerweiterungen normalerweise ausgeblendet. Um Dateinamenerweiterungen anzuzeigen, klicken Sie im Explorer auf die Schaltfläche ANZEIGEN und wählen Sie EINBLENDEN | DATEINAMENERWEITERUNGEN.

> Rasterbilder haben normalerweise die Erweiterung .gif, .heif, .jpeg, .jpg, .png, .psd oder .tiff. Vektorbilder haben die Endung .svg, .eps oder .ai. Sie müssen nicht alle Feinheiten wissen, wie die einzelnen Dateitypen ihre Informationen speichern, aber es ist hilfreich zu wissen, dass verschiedene Anwendungen für verschiedene Dateitypen funktionieren. In Paint und Windows-Fotoanzeige können Sie zum Beispiel die meisten Rasterbilder öffnen, aber keine Vektorbilder.
>
> Wenn Sie mehr über einen Bilddateityp wissen möchten oder welche Bildtypen mit einer bestimmten Anwendung kompatibel sind, fragen Sie einfach Copilot.

Bilder von einer Kamera oder einem Smartphone importieren

Um Fotos von einer Digitalkamera oder einem anderen Gerät auf den Computer zu übertragen, müssen Sie oft nur den Anweisungen auf dem Bildschirm folgen. Schalten Sie das Telefon oder die Kamera ein und schließen Sie es mit dem Übertragungskabel an den Computer an. Wenn Sie nur eine Speicherkarte aus dem Telefon oder der Kamera haben, schieben Sie diese in einen entsprechenden Steckplatz am Computer ein, oder schließen Sie die Karte mit einem USB-Adapter an den Computer an. Wenn eine Meldung erscheint, in der Sie gefragt werden, was Sie mit dem Objekt tun möchten, wählen Sie die Option FOTOS UND VIDEOS IMPORTIEREN und folgen Sie den Anweisungen auf dem Bildschirm.

Wenn Sie keine Aufforderung zum Importieren von Fotos erhalten, stellen Sie sicher, dass das Gerät eingeschaltet und verbunden ist. Versuchen Sie dann, stattdessen die Fotos-App zu verwenden:

1. Öffnen Sie die App WINDOWS-FOTOANZEIGE.

2. Klicken Sie in der oberen rechten Ecke auf IMPORTIEREN und wählen Sie dann Ihr Smartphone, Ihre Kamera oder Ihre SD-Karte aus.

3. Wählen Sie in dem sich öffnenden Fenster die Fotos aus, die Sie auf Ihren Computer übertragen möchten.

4. Klicken Sie in der oberen rechten Ecke auf die Schaltfläche HINZUFÜGEN.

5. Wenn Sie den Ordner ändern möchten, in dem die Bilder gespeichert werden sollen, klicken Sie auf die Schaltfläche ÄNDERN und navigieren Sie zu dem Ordner, in den Sie die Fotos importieren möchten.

6. Klicken Sie auf BESTÄTIGEN und dann auf IMPORTIEREN.

    Je nachdem, wie viele Bilder Sie importieren, kann der Vorgang einige Minuten in Anspruch nehmen.

Wenn Sie auf Schwierigkeiten stoßen, können Sie Copilot um Hilfe für Ihr spezielles Telefon oder Ihre Kamera bitten. Sie könnten Copilot zum Beispiel fragen: »Wie kann ich in Windows 11 Fotos von meinem iPhone herunterladen?« Wenn Sie dabei eine Fehlermeldung auf dem Bildschirm erhalten, können Sie Copilot auch bitten, die Fehlermeldung zu erklären.

Bildschirmfotos aufnehmen

Wenn Sie technischen Support anfordern, bittet Sie der Techniker am Telefon vielleicht, einen Screenshot zu schicken. Ein Screenshot ist wie ein Foto Ihres Computerbildschirms, nur dass Sie kein Telefon oder eine Kamera verwenden, um das Bild aufzunehmen. Sie verwenden die Taste [Druck] auf Ihrer Tastatur wie folgt:

1. **Drücken Sie auf Ihrer Tastatur die Taste [Druck], um den gesamten Bildschirm zu erfassen, oder drücken Sie [Alt] + [Druck] um nur das aktive Fenster zu erfassen.**

    Wenn Sie die Taste [Druck] drücken, um das Snipping Tool zu öffnen, überspringen Sie die folgenden Schritte und verwenden Sie stattdessen das Snipping Tool (wie im nächsten Abschnitt beschrieben).

2. **Öffnen Sie die App PAINT (klicken Sie auf die Schaltfläche START und wählen Sie PAINT).**

3. **Wählen Sie BEARBEITEN | EINFÜGEN.**

4. **Wenn das Bild zu groß ist, verringern Sie die Vergrößerung mit dem Schieberegler in der unteren rechten Ecke von Paint.**

5. **Um das Bildschirmfoto auszudrucken, wählen Sie DATEI | DRUCKEN.**

6. **Wählen Sie DATEI | SPEICHERN, um den Screenshot in einem beliebigen Ordner auf Ihrem Computer zu speichern.**

Snipping Tool für Bildschirmfotos verwenden

Windows 11 24H2 enthält eine App für Bildschirmaufnahmen namens Snipping Tool, die mehr Optionen als die Taste [Druck] bietet. Klicken Sie auf die Schaltfläche START und wählen Sie SNIPPING TOOL oder geben Sie das Wort `Snip` in das Suchfeld neben der Schaltfläche START ein und klicken Sie dann auf SNIPPING TOOL APP, wenn Sie diese Option sehen.

Um einen Screenshot mit dem Snipping Tool zu erstellen, klicken Sie auf die Schaltfläche AUSSCHNITT, die wie eine normale Kamera aussieht (keine Videokamera). Klicken Sie dann auf den Abwärtspfeil an der Schaltfläche dem SNIPPINGMODUS, um die in Abbildung 17.2 gezeigten Optionen anzuzeigen.

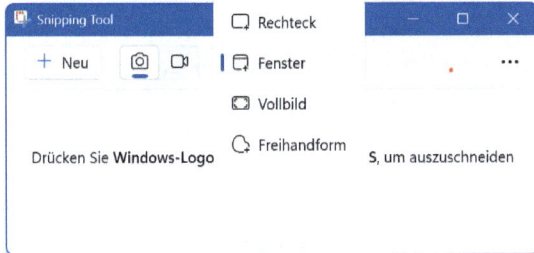

Abbildung 17.2: Das Menü SNIPPINGMODUS.

Klicken Sie auf den Modus, der am besten beschreibt, was Sie aufnehmen möchten:

- ✔ **RECHTECK:** Erfassen Sie einen beliebigen rechteckigen Teil des Bildschirms.
- ✔ **FENSTER:** Erfassen Sie ein einzelnes geöffnetes Anwendungsfenster auf dem Bildschirm.
- ✔ **VOLLBILD:** Erfassen Sie den gesamten Bildschirm.
- ✔ **FREIHANDFORM:** Erfassen Sie einen beliebigen Teil des Bildschirms in beliebiger Form.

Ordnen Sie Ihren Bildschirm so an, dass das, was Sie in Ihrem Screenshot festhalten wollen, zu sehen ist. Wenn Sie ein einzelnes geöffnetes Fenster aufnehmen möchten, klicken Sie auf dieses Fenster, um es in den Vordergrund zu bringen. Klicken Sie dann auf der linken Seite des Snipping Tools auf NEU.

Ihr Bildschirm wird dunkler. Wenn Sie VOLLBILD gewählt haben, wird der Bildschirm automatisch wieder normal angezeigt. Wenn Sie FENSTER gewählt haben, klicken Sie auf die Titelleiste des Fensters, das Sie aufnehmen möchten. Wenn Sie eine andere Option gewählt haben, ziehen Sie den Mauszeiger um den Bereich, den Sie aufnehmen möchten, und lassen Sie dann die Maustaste los.

In der unteren rechten Ecke wird eine Benachrichtigung angezeigt, wenn Ihr Bild fertig ist. Das Bildschirmfoto wird im Ordner *Bildschirmfotos* in Ihrem Ordner BILDER gespeichert.

Photoshop-Features kostenlos erhalten

Vielleicht haben Sie den Begriff Photoshop schon einmal in Bezug auf ein verändertes Bild gehört, zum Beispiel »Dieses Bild wurde gephotoshoppt«. Das Wort Photoshop stammt von der Bildbearbeitungssoftware Adobe Photoshop. Diese Anwendung ist für nicht-professionelle Benutzer wahrscheinlich zu teuer.

Glücklicherweise können Paint und Windows-Fotoanzeige vieles von dem, was Photoshop kann, so dass die Wahrscheinlichkeit groß ist, dass Sie nie etwas anderes benötigen. Wenn Sie jedoch über fortgeschrittene Grafikbearbeitungsfähigkeiten verfügen und mit Photoshop-PSD-Dateien arbeiten müssen, können Sie die kostenlose Photopea-App verwenden. Sie müssen dafür nichts herunterladen oder installieren. Surfen Sie einfach zu https://photopea.com. Die App verfügt über ein eigenes Lernmodul, und online finden Sie zahlreiche kostenlose Tutorials. Suchen Sie einfach auf YouTube oder Bing Videos (https://bing.com/videos) nach Photopea-Tutorial, um zu sehen, was verfügbar ist.

Bilder mit Windows-Fotoanzeige bearbeiten

Windows 11 enthält zwei kostenlose Anwendungen zur Bildbearbeitung. Wie mit der berühmten Photoshop-App können Sie mit diesen Apps Fotos und andere Bilder bearbeiten (ändern). Windows-Fotoanzeige ist die Standardanwendung für die Arbeit mit Bildern. Wenn Sie also auf das Symbol oder die Miniaturansicht einer Bilddatei doppelklicken, wird diese höchstwahrscheinlich in Windows-Fotoanzeige geöffnet. Wenn Sie (oder jemand anderes) jedoch die Standardeinstellung für den Dateityp, den Sie öffnen, geändert haben, können Sie das Bild trotzdem in Windows-Fotoanzeige öffnen, indem Sie mit der rechten Maustaste auf das Dateisymbol klicken und Öffnen mit | Windows-Fotoanzeige wählen. Abbildung 17.3 zeigt ein Beispiel für ein in Windows-Fotoanzeige geöffnetes Bild.

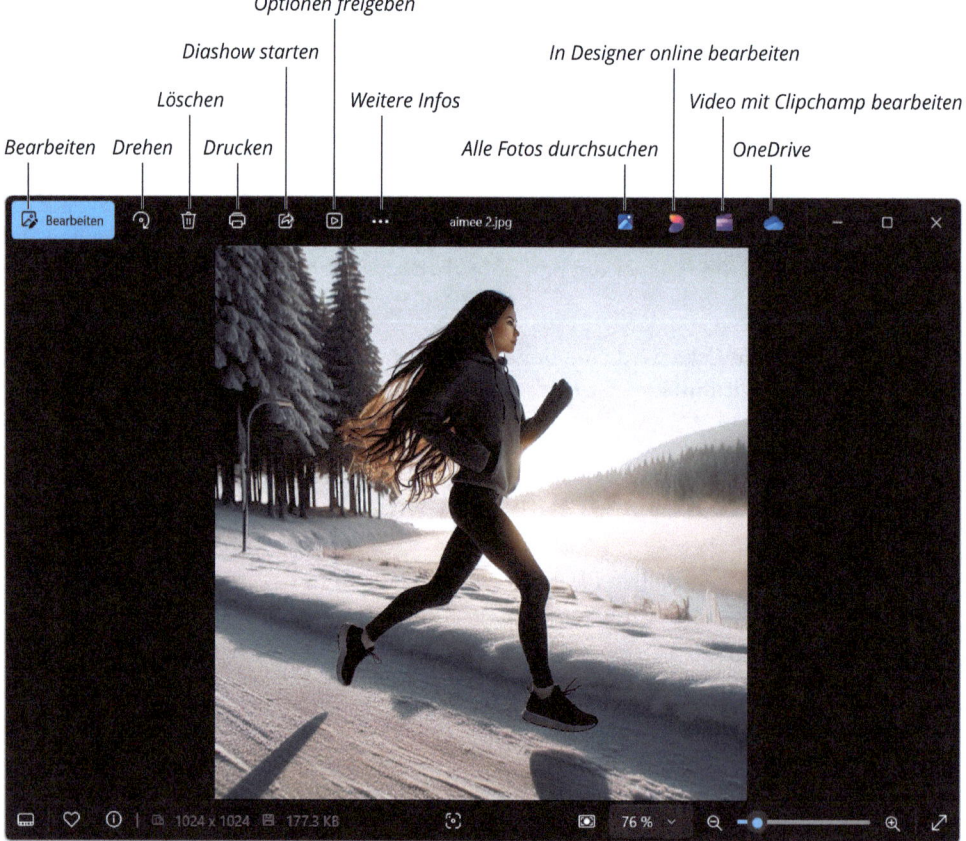

Abbildung 17.3: Ein in der App Windows-Fotoanzeige geöffnetes Bild.

Verwenden Sie die Steuerelemente in der unteren rechten Ecke, um das Bild zu vergrößern oder zu verkleinern, das Bild in seiner tatsächlichen Größe anzuzeigen oder das Bild im Vollbildmodus anzuzeigen. Wenn das Bild im Vollbildmodus angezeigt wird, drücken Sie [Esc], um zur vorherigen Ansicht zurückzukehren.

Die Symbole im oberen Bereich der App WINDOWS-FOTOANZEIGE haben folgende Funktionen:

- ✔ **BEARBEITEN:** Bearbeiten Sie das Bild mit den Funktionen, die nach dieser Liste beschrieben sind.

- ✔ **DREHEN:** Drehen Sie das Bild um 90 Grad im Uhrzeigersinn.

- ✔ **LÖSCHEN:** Löschen Sie das Bild aus seinem aktuellen Ordner und verschieben Sie es in den Papierkorb.

- ✔ **DRUCKEN:** Drucken Sie das Bild auf Papier.

- ✔ **OPTIONEN FREIGEBEN:** Geben Sie das Bild auf OneDrive oder für andere Geräte in Ihrer Nähe frei.

- ✔ **DIA-SHOW STARTEN:** Starten Sie eine Diashow mit Ihren Bildern.

- ✔ **MEHR:** Zeigt weitere Optionen zur Größenänderung und zum Speichern des Bildes an.

- ✔ **ALLE IHRE FOTOS UND BILDER DURCHSUCHEN:** Zeigt alle Fotos und Bilder an.

- ✔ **IN DESIGNER ONLINE BEARBEITEN:** Öffnen Sie das Bild in Microsoft Designer, wo Sie auch ohne einen Abschluss in Grafikdesign professionelle Grafiken erstellen können. Fügen Sie dem Bild Text hinzu, um Anzeigen, Beiträge für soziale Medien, Schilder und vieles mehr zu erstellen.

- ✔ **ERSTELLEN SIE EIN VIDEO MIT CLIPCHAMP:** Öffnen Sie die Clipchamp-App (siehe Kapitel 18) und legen Sie die Bilddatei in die Medienablage, um sie in einer Diashow oder einem Video zu verwenden.

- ✔ **ONEDRIVE:** Öffnen Sie den Ordner BILDER in OneDrive (wenn Sie ein OneDrive-Konto eingerichtet haben).

Sie brauchen sich die Namen der Symbole nicht zu merken, denn Sie können ihre Funktion in einer QuickInfo nachlesen, wenn Sie mit der Maus auf ein Symbol zeigen.

Wenn Sie auf BEARBEITEN klicken (das Sie in der Randspalte sehen), wechselt die App WINDOWS-FOTOANZEIGE in den Bearbeitungsmodus, in dem Sie eine Photoshop-ähnliche Bearbeitung vornehmen können. Die Symbole am oberen Rand des App-Fensters stellen Werkzeuge zum Ändern des Bildes dar, wie in Abbildung 17.4 gezeigt. Zeigen Sie mit der Maus auf ein Symbol, um zu sehen, was das Werkzeug bewirkt.

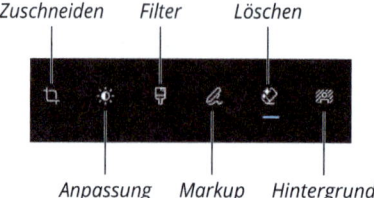

Abbildung 17.4: Bearbeitungsmodus in der App WINDOWS-FOTOANZEIGE.

Hier finden Sie einen kurzen Überblick über die einzelnen Optionen:

✔ **ZUSCHNEIDEN:** Zeigt Griffe zum Zuschneiden des Bildes an. Ziehen Sie den oberen, seitlichen, unteren oder Ziehpunkt an den Ecken, um das Bild zuzuschneiden.

✔ **ANPASSUNG:** Ändern Sie die Helligkeit, den Kontrast, die Farbe oder andere Aspekte des Bildes.

✔ **FILTER:** Ändern Sie den Farbton des Bildes, wandeln Sie ein Farbbild in ein Schwarzweißbild um, oder klicken Sie auf AUTOMATISCH VERBESSERN, um die integrierte KI entscheiden zu lassen, wie die Farben am besten angepasst werden.

✔ **MARKUP:** Zeichnen Sie Linien auf das Bild, um Teile des Bildes zu unterstreichen oder einzukreisen.

✔ **LÖSCHEN:** Entfernen Sie Objekte (oder Personen) aus dem Bild mithilfe der generativen KI-Objektentfernung. Einzelheiten dazu finden Sie im nächsten Abschnitt.

✔ **HINTERGRUND:** Entfernen Sie den Bildhintergrund. Sie sehen Optionen zum Füllen, Entfernen oder Weichzeichnen des Hintergrunds. Wenn Sie einen transparenten Hintergrund wünschen, wählen Sie ENTFERNEN. Speichern Sie die Datei dann als PNG. (JPEG unterstützt keine Transparenz, und BMP und GIF sind ältere Formate, die sich nicht für Bilder in Fotoqualität eignen.)

Verwenden Sie die Schaltfläche SPEICHEROPTIONEN oben rechts in der App, um Ihre Änderungen zu speichern. Ein Dialogfeld SPEICHERN UNTER wird geöffnet. Ändern Sie den Dateinamen, damit Sie das Originalbild nicht überschreiben.

Objekte aus Fotos entfernen

Die AI-Objektentfernung (auch generatives Löschen genannt) ist eine Technologie, mit der Sie unerwünschte Objekte (und Personen) aus Fotos und anderen Bildern entfernen können. Um die Technologie zu verwenden, maskieren Sie das zu entfernende Objekt, indem Sie die Maustaste gedrückt halten und mit dem Pinsel über das Objekt streichen.

Um ein Objekt aus einem Bild zu entfernen, öffnen Sie den Explorer. Klicken Sie dann mit der rechten Maustaste auf das Symbol der Bilddatei, und wählen Sie ÖFFNEN MIT | WINDOWS-FOTOANZEIGE, um die Datei in Windows-Fotoanzeige zu öffnen. Bevor Sie mit den Änderungen beginnen, klicken Sie auf SPEICHEROPTIONEN | ALS KOPIE SPEICHERN und speichern Sie das Bild unter einem anderen Dateinamen, um das Originalfoto vor eventuellen Fehlern zu schützen, die Sie beim Erlernen dieser neuen Technologie machen.

Klicken Sie dann auf das BEARBEITEN. Klicken Sie dann auf das LÖSCHEN, wie in Abbildung 17.5 dargestellt.

Abbildung 17.5: KI-generatives Löschen in der App WINDOWS-FOTOANZEIGE.

 Der Name *generatives Löschen* rührt daher, dass dieses Tool generative KI verwendet, die Technologie, die es der KI ermöglicht, Ihre Dokumente zu schreiben und Ihre Bilder zu erzeugen. Nachdem Sie ein Objekt aus einem Bild entfernt haben, generiert (erstellt) die KI das, was sich höchstwahrscheinlich hinter dem Objekt befand, und füllt den leeren Raum.

Sie können das generative Löschen auf zwei Arten verwenden: mit eingeschalteter oder ausgeschalteter Option AUTOMATISCH ANWENDEN. Probieren Sie beide Methoden aus, um zu sehen, mit welcher Sie die besten Ergebnisse erzielen. Wenn Sie das automatische Anwenden eingeschaltet lassen, halten Sie einfach die Maustaste gedrückt, streichen mit dem Pinsel über das Objekt, das Sie entfernen möchten, und lassen die Maustaste los. AI entfernt das Objekt sofort. Sie können diesen Vorgang so oft wie nötig wiederholen.

Wenn Sie das automatische Anwenden deaktivieren, werden die Schaltflächen MASKE HINZUFÜGEN und MASKE ENTFERNEN angezeigt. Sie ermöglichen es Ihnen, in mehreren Schritten über ein Objekt zu streichen. Wenn Sie beim Pinseln eine Stelle übersehen haben, können Sie noch einmal darüberstreichen. Wenn Sie zu weit gehen und zu viel maskiert haben, klicken Sie auf MASKE ENTFERNEN, um die letzte Pinselmaske zu entfernen. Das Objekt wird erst dann gelöscht, wenn Sie auf das LÖSCHEN klicken.

Bevor Sie mit dem Pinsel über ein Objekt streichen, verwenden Sie das Werkzeug Pinselgröße (siehe Abbildung 17.5), um die Größe des Pinsels anzupassen. Es ist in Ordnung, ein wenig über die Kanten des zu löschenden Objekts hinauszugehen, wie ich es bei der Person in Abbildung 17.6 getan habe. Gehen Sie nur nicht so weit über die Ränder hinaus, dass Sie anfangen, andere Elemente zu entfernen. Sie möchten zum Beispiel nicht den Ellbogen der Frau entfernen.

Abbildung 17.6: Maskieren des zu entfernenden Bereichs mit generativem Radieren.

Wenn Sie AUTOMATISCH ANWENDEN eingeschaltet haben, wird das Objekt gelöscht, sobald Sie die Maustaste loslassen. Andernfalls klicken Sie auf das LÖSCHEN, wenn Sie bereit sind, das Objekt zu löschen. Wenn merkwürdige Überreste oder Markierungen zurückbleiben, können Sie diese in der Regel beheben, indem Sie erneut über den Bereich gehen. Aktivieren Sie die Funktion AUTOMATISCH ANWENDEN und streichen Sie mit einer kleinen Pinselgröße über die Überreste, bis Sie zufrieden sind.

Wenn Sie es wirklich vermasselt haben, klicken Sie auf RÜCKGÄNGIG MACHEN oder drücken Sie so oft wie nötig [Strg] + [Z]. Die Technik des generativen Löschens ist nicht perfekt, aber mit etwas Geduld und Ausdauer können Sie vielleicht genau das gewünschte Aussehen erzielen.

Bilder in Paint erstellen und bearbeiten

Das Bildbearbeitungsprogramm PAINT ist seit vielen Jahren ein Bestandteil von Windows. Die aktualisierte Paint-Version in Windows 11 24H2 bietet neue KI-Funktionen, die mit denen von Photoshop und anderen teuren Bildbearbeitungsprogrammen konkurrieren. Sie können in Paint sogar Bilder zeichnen oder malen, indem Sie lediglich Worte verwenden, was für Leute wie mich, die nicht zeichnen können, ein Segen ist.

Öffnen Sie Paint, indem Sie auf die Schaltfläche START und dann auf PAINT klicken. Oder geben Sie das Wort Paint in das Suchfeld ein und wählen Sie PAINT APP, wenn es erscheint. Sie sehen das in Abbildung 17.7 dargestellte Fenster. In der Symbolleiste unterhalb der Menüleiste werden verschiedene Symbole angezeigt, die Werkzeuge darstellen, die Sie im Paint-Fenster verwenden können. Wie immer können Sie mit dem Mauszeiger auf ein beliebiges Symbol der Symbolleiste zeigen, damit der Name des Werkzeugs angezeigt wird.

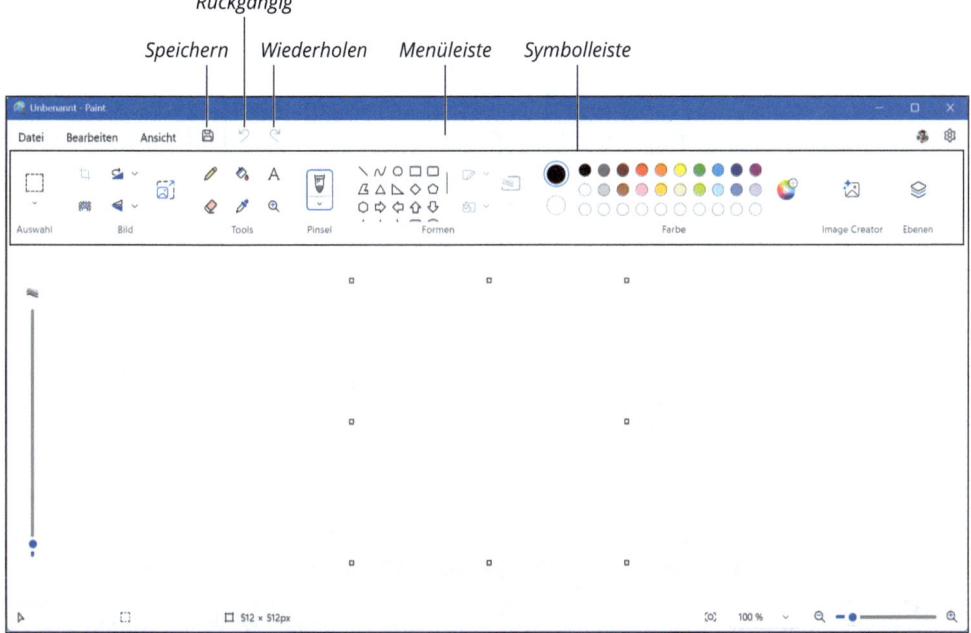

Abbildung 17.7: Die Paint-App.

KI-Bilder erstellen

Das Rechteck in der Mitte der Paint-App ist eine Leinwand zum Zeichnen. Die vorgeschlagene Leinwandgröße ist 768x630 Pixel. Wenn Sie eine andere Bildgröße benötigen, können Sie diese Abmessungen wie folgt ändern:

1. **Klicken Sie auf das Symbol GRÖSSE ÄNDERN UND ZERREN (in Abbildung 17.8 markiert).**

2. **Wählen Sie in dem daraufhin angezeigten Dialogfeld die Option Pixel und geben Sie für Höhe und Breite jeweils 512 ein. Für ein größeres Bild können Sie auch 1024 eingeben.**

Die meisten von der KI erzeugten Bilder sind aus technischen Gründen quadratisch, was damit zusammenhängt, wie die KI trainiert wird. Achten Sie also darauf, dass die Höhe und die Breite gleich sind, wenn Sie eine Größe angeben. Sowohl 512 als auch 1024 sind gängige Größen für KI-generierte Bilder.

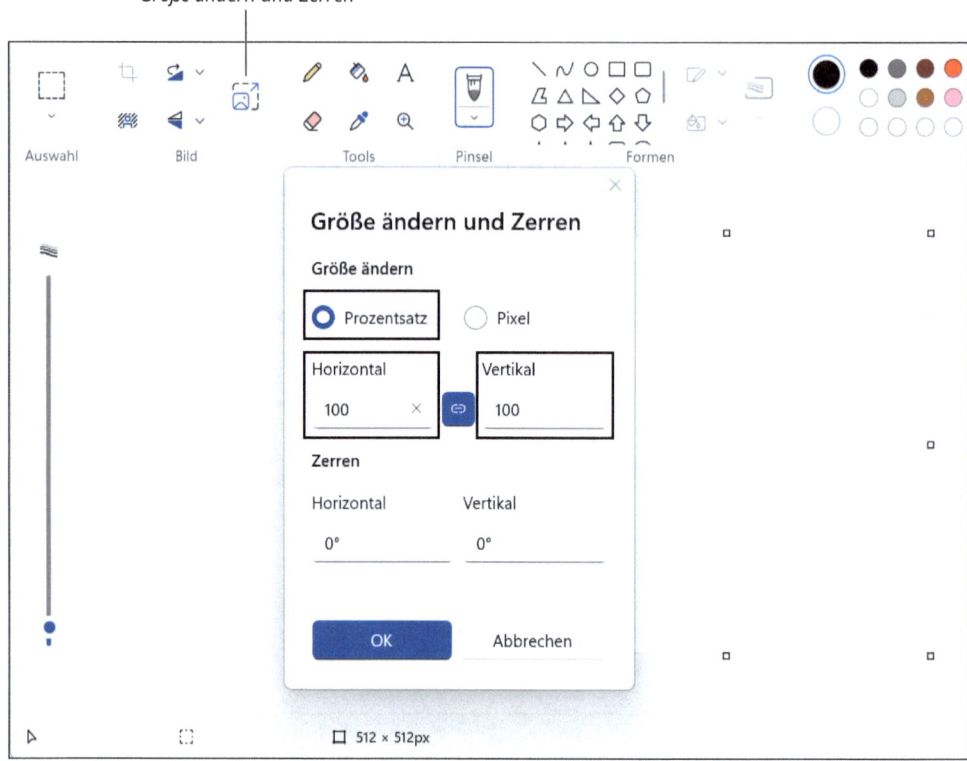

Abbildung 17.8: Einstellen der Leinwandgröße auf 512x512 Pixel.

Wenn die Änderung einer Zahl dazu führt, dass sich die andere Zahl ändert, klicken Sie auf das Kettenglied-Symbol zwischen den Zahlen, um sie zu entkoppeln. Versuchen Sie es dann erneut.

3. Lassen Sie beide Werte für ZERREN auf 0 stehen.

4. Klicken Sie auf OK.

Um die Leinwand mit einem KI-generierten Bild zu füllen, folgen Sie einfach diesen Schritten:

1. Klicken Sie in der Symbolleiste auf IMAGE CREATOR.

   Das Fenster IMAGE CREATOR wird in Paint geöffnet.

2. Beschreiben Sie im ersten Textfeld Ihr gewünschtes Bild.

   Mein Auftrag lautete: »Eine heiße dampfende Salami-Pizza frisch aus dem Ofen.«

3. Geben Sie unter EINE FORMATVORLAGE WÄHLEN die Art des gewünschten Bildes an.

   Ich habe FOTOREALISTISCHE gewählt, weil ich wollte, dass das Bild wie ein Foto aussieht. Weitere Optionen sind KOHLE, FREIHANDSKIZZE, WASSERFARBE, ÖLGEMÄLDE, DIGITALE KUNST, ANIME und PIXELKUNST.

4. **Klicken Sie auf** ERSTELLEN.

   Haben Sie etwas Geduld, denn es kann einige Sekunden dauern, bis die Miniaturbilder angezeigt werden. Schließlich sehen Sie zwei oder mehr Miniaturbilder im Bereich IMAGE CREATOR.

5. **Klicken Sie auf eine Miniaturansicht, um das Bild auf der größeren Leinwand zu sehen, wie in Abbildung 17.9 gezeigt.**

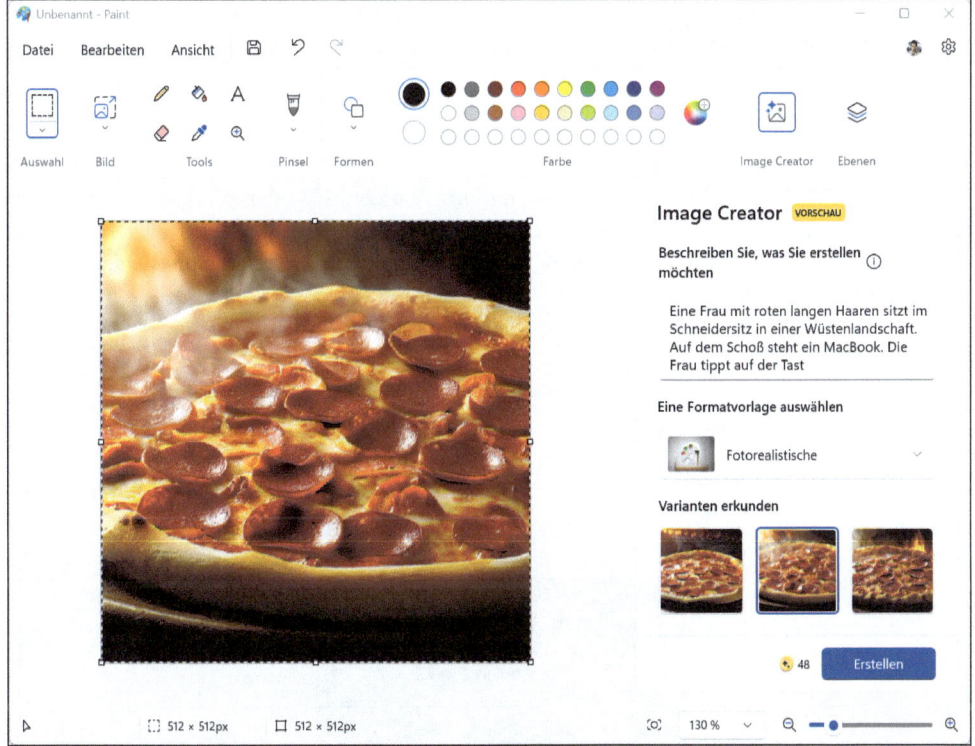

Abbildung 17.9: Ein Image Creator-Bild auf dem Zeichenbereich von Paint.

6. **Wenn Ihnen die Bilder nicht gefallen, erstellen Sie einen neuen Stapel von Bildern, indem Sie erneut auf** ERSTELLEN **klicken.**

   Bevor Sie auf ERSTELLEN klicken, können Sie den Wortlaut Ihrer Beschreibung ändern oder eine andere Formatvorlagre für Ihr Bild wählen.

7. **Um das Bild auf der Leinwand zu speichern, wählen Sie** DATEI | SPEICHERN **oder drücken Sie** Strg + S. **Wählen Sie einen Ordner, geben Sie dem Bild einen Dateinamen und klicken Sie auf** SPEICHERN.

Während Sie Bilder erstellen, werden Sie feststellen, dass die Zahl neben der Schaltfläche ERSTELLEN abnimmt. Wenn Ihr Guthaben auf Null sinkt, dauert die Bilderstellung viel länger. Sie können durch verschiedene von Microsoft angebotene Aufgaben und Werbeaktionen Credits verdienen. Um die neuesten Informationen über Credits zu erhalten, fragen Sie einfach Copilot: »Wie funktionieren Credits in Image Creator?«

Der Microsoft Image Creator auf der Bing-Webseite produziert einige der besten Bilder überhaupt. Die Credits auf dieser Webseite werden täglich aktualisiert, so dass Sie im Laufe der Zeit viele kostenlose Bilder erstellen können. Um die Onlineversion von Image Creator auszuprobieren, öffnen Sie Microsoft Edge und gehen Sie zu https://bing.com/images/create.

Bilder bearbeiten

Paint bietet viele Werkzeuge zum Ändern von Bildern. Um ein Bild zu bearbeiten, wählen Sie in der Menüleiste von Paint DATEI | ÖFFNEN und öffnen Sie das Bild. Sie können auch zu dem Bildsymbol im Explorer navigieren, mit der rechten Maustaste auf die Bildminiatur oder das Symbol klicken und ÖFFNEN MIT | PAINT wählen.

Die Werkzeuge zum Ändern des Bildes befinden sich in der Werkzeugleiste, wie in Abbildung 17.10 dargestellt. Um den Namen eines Werkzeugs in der Werkzeugleiste zu sehen, zeigen Sie mit dem Mauszeiger auf das Symbol. Wenn ein Werkzeug abgeblendet ist, ist es im Moment nicht relevant. Das Werkzeug ZUSCHNEIDEN ist beispielsweise deaktiviert, bis Sie einen Bereich zum Zuschneiden auswählen.

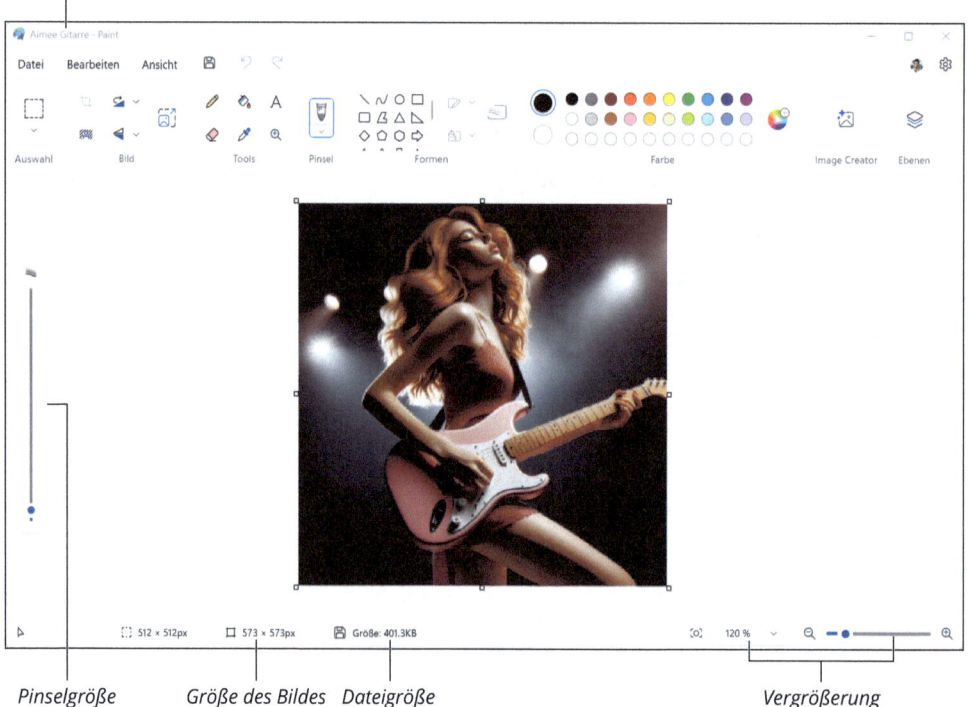

Abbildung 17.10: Bereiche in Paint.

Wenn Sie Ihr Bild zum ersten Mal öffnen, möchten Sie vielleicht die Vergrößerung ändern, damit es gut in Paint passt. Für eine schnelle Anpassung wählen Sie ANSICHT | ZOOM | AN FENSTER ANPASSEN (oder drücken Sie [Strg] + [1]). Sie können das Bild auch über das

Dropdown-Menü und den Schieberegler in der rechten unteren Ecke von Paint vergrößern oder verkleinern.

Es ist eine gute Idee, mit einer Kopie des Originalbildes zu arbeiten. Auf diese Weise haben Sie immer Ihr Originalbild zur Hand, und zwar gerade dann, wenn Ihnen etwas misslingt. Um eine schnelle Kopie zu erstellen, wählen Sie Datei | Speichern unter. Wenn Sie vorhaben, einen Teil des Bildes transparent zu machen, wählen Sie als Dateityp PNG. (JPEG-Dateien unterstützen keine Transparenz.) Benennen Sie die Datei und klicken Sie dann auf Speichern. Der Dateiname des aktuellen Bildes wird in der oberen linken Ecke von Paint angezeigt, so dass Sie immer wissen, an welchem Bild Sie gerade arbeiten.

Text- und Formfarben auswählen

Mit den Werkzeugen Bleistift, Füllen, Text und Formen können Sie auf dem Bild schreiben oder zeichnen. Bevor Sie ein solches Werkzeug verwenden, legen Sie eine Vorder- und Hintergrundfarbe für das Werkzeug fest. Um eine Vordergrundfarbe auszuwählen, klicken Sie auf den Kreis oben links im Abschnitt Farben (in Abbildung 17.11 beschriftet). Um eine Hintergrundfarbe auszuwählen, klicken Sie auf den Kreis unten links. Die Farbe, auf die Sie klicken, wird ausgewählt (eingekreist), damit Sie wissen, welche Farbe Sie definieren.

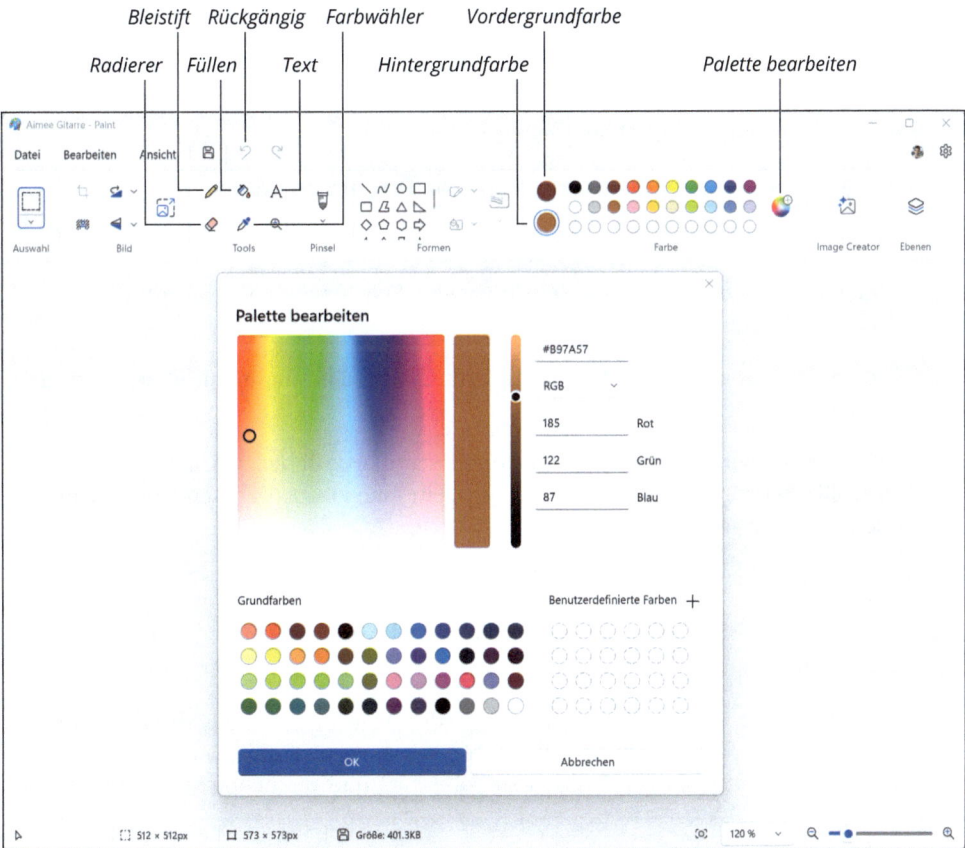

Abbildung 17.11: Farben für Zeichnungen, Formen und Text auswählen.

Wählen Sie dann eine Farbe mithilfe der kleineren Farbkreise aus. Wenn Sie eine Farbe aus dem Bild übernehmen möchten, klicken Sie auf den Farbwähler und dann auf die Farbe im Bild, die Sie übernehmen möchten. Wenn Sie mit der Definition Ihrer eigenen Farben vertraut sind, klicken Sie auf Palette bearbeiten, definieren Sie Ihre Farbe im Fenster Palette bearbeiten und klicken Sie dann auf OK.

Ein Bild mit Anmerkungen versehen

Sie können ein Bild mit Anmerkungen versehen, indem Sie Linien, Pfeile, Kästen und Textbeschriftungen hinzufügen.

1. **Wählen Sie Ihre Farbe(n) aus.**

2. **Klicken Sie im Feld Formen auf die gewünschte Form.**

   Sobald Sie eine Form ausgewählt haben, werden die Werkzeuge Kontur, Formfüllung und Größe aktiviert.

3. **Legen Sie den Umriss der Form, die Füllfarbe und die Linienstärke der Form fest.**

4. **Ziehen Sie Ihre Form auf dem Bild auf.**

   Wenn Sie das Linien-, Kreis- oder Rechteckwerkzeug verwenden, können Sie beim Ziehen die ⇧-Taste gedrückt halten, um eine gerade Linie, einen perfekten Kreis oder ein perfektes Quadrat zu erhalten. Wenn Sie einen Fehler machen, klicken Sie auf Rückgängig (siehe Abbildung 17.11) oder drücken Sie Strg + Z, und versuchen Sie es erneut, bis Sie genau das erhalten, was Sie wollen.

5. **Führen Sie diese Schritte durch, um dem Bild Text hinzuzufügen**

   a. Klicken Sie auf das Werkzeug Text.

   b. Wählen Sie wie gewünscht eine Schriftart, eine Schriftgröße, Fettschrift, Kursivschrift und Durchstreichen aus.

   c. Wenn Sie möchten, können Sie den Text innerhalb seines Rahmens links, zentriert oder rechts ausrichten.

   d. Wenn der Text eine undurchsichtige Hintergrundfarbe haben soll, aktivieren Sie das Kontrollkästchen Hintergrundfüllung. Für einen transparenten Hintergrund lassen Sie es ausgeschaltet.

   e. Klicken Sie in das Bild und geben Sie Ihren Text ein.

   f. Ziehen Sie die Griffe an den Ecken und Kanten des Rahmens, um den Text zu vergrößern.

   g. Um den Rahmen zu verschieben, setzen Sie den Mauszeiger in die Mitte des Rahmens und ziehen Sie. Wenn Sie einen Fehler machen, klicken Sie auf das Rückgängig-Symbol oder drücken Sie Strg + Z, und versuchen Sie es erneut.

KAPITEL 17 Mit Bildern spielen   341

6. **Zum Freihandzeichnen auf dem Bild gehen Sie wie folgt vor:**

    a. Klicken Sie auf das BLEISTIFT-Werkzeug.

    b. Wählen Sie einen Pinselstil aus, indem Sie das Dropdown-Menü PINSEL verwenden.

    c. Bestimmen Sie die Pinselgröße mit dem großen Schieberegler auf der linken Seite des Zeichenbereichs.

    d. Zum Zeichnen ziehen Sie durch das Bild. Wie immer gilt: Wenn Sie einen Fehler machen, klicken Sie auf RÜCKGÄNGIG und versuchen Sie es erneut.

Hintergrund löschen und entfernen

Um einen Teil eines Bildes zu löschen, klicken Sie auf das Radierersymbol. Stellen Sie die Breite des Radiergummis mit dem Schieberegler für die Pinselgröße ein und ziehen Sie dann über den zu löschenden Bereich.

Um den gesamten Bildhintergrund zu entfernen, klicken Sie auf das Symbol HINTERGRUND ENTFERNEN, das in Abbildung 17.12 beschriftet ist. Es kann ein paar Sekunden dauern, bis KI das Bild analysiert hat. Danach sollte der Hintergrund wie ein Schachbrettmuster aussehen, um anzuzeigen, dass der Hintergrund jetzt transparent ist. Wenn das Entfernen nicht ganz gelungen ist, verwenden Sie das Radierer-Werkzeug, um eventuelle Reste zu entfernen. Vergessen Sie nicht, das Bild als PNG zu speichern, damit die Transparenz erhalten bleibt.

Wenn Sie in Paint keinen transparenten Hintergrund erzielen können, öffnen Sie das Bild in Windows-Fotoanzeige, klicken Sie auf BEARBEITEN und verwenden Sie dann das Werkzeug HINTERGRUND ENTFERNEN. Sobald der Hintergrund erscheint, haben Sie die Möglichkeit, ihn unscharf zu machen, ihn zu entfernen (wodurch er transparent wird) oder ihn mit einer weißen Fläche zu füllen. Wenn Sie ein Bild in Windows-Fotoanzeige bearbeiten, unterstützt das Löschsymbol die KI-Objektentfernung, bei der Sie ein Objekt oder eine Person aus dem Foto löschen können und der Hintergrund automatisch ausgefüllt wird, damit er mit dem restlichen Hintergrund übereinstimmt.

Bild zuschneiden

Wenn Sie ein Bild zuschneiden, entfernen Sie einen Teil des Bildes. In Abbildung 17.13 zum Beispiel ist das linke Bild das Original und das rechte Bild die zugeschnittene Version, die sich auf die Person ohne den störenden Hintergrund konzentriert.

Um ein Bild zuzuschneiden, öffnen Sie es in Paint. Um das Originalbild beizubehalten, speichern Sie das aktuelle Bild unter einem anderen Dateinamen. Klicken Sie dann auf den Pfeil am Auswahlwerkzeug und wählen Sie Rechteck. Ziehen Sie im Bild einen Rahmen um den

342 TEIL V Text, Musik, Fotos und Filme

Hintergrund entfernen

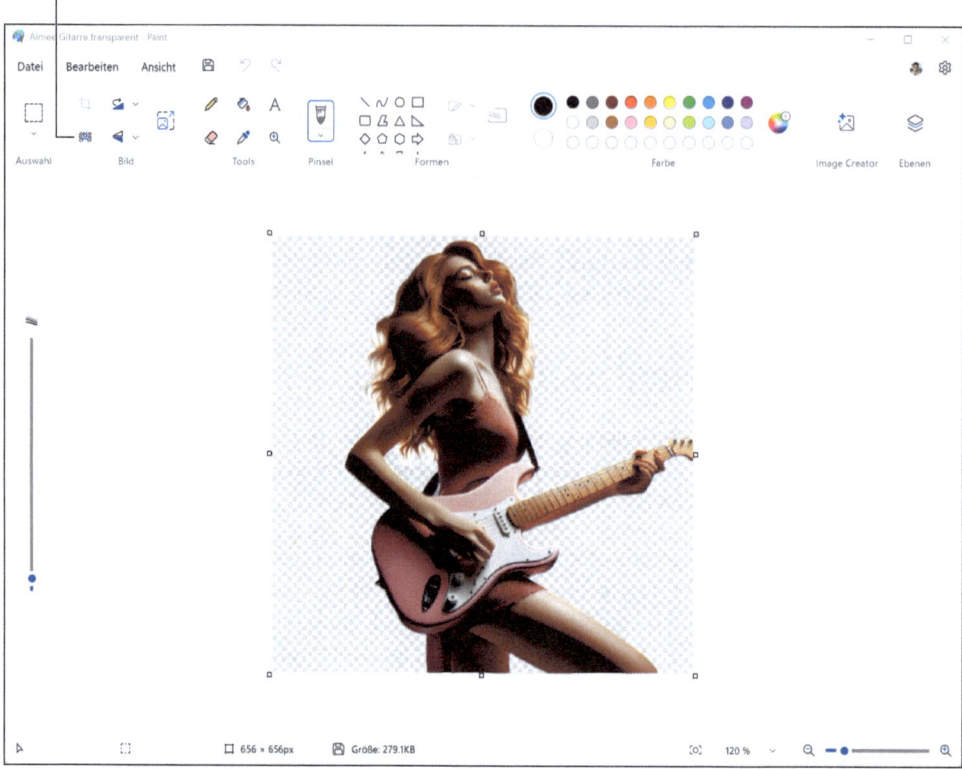

Abbildung 17.12: Das Schachbrett zeigt transparente Teile des Bildes an.

Abbildung 17.13: Ein Originalbild (links) und die zugeschnittene Version (rechts).

Teil des Bildes, den Sie beibehalten möchten. Wenn Sie einen Fehler machen, klicken Sie außerhalb des ausgewählten Bereichs und versuchen Sie es erneut. Wenn Sie mit der Auswahl zufrieden sind, klicken Sie in der Werkzeugleiste auf das Werkzeug ZUSCHNEIDEN (siehe Abbildung 17.4).

Bilder kombinieren und überlagern

Das Kombinieren mehrerer Bilder wird manchmal auch als Überlagerung bezeichnet, weil Sie ein Bild über ein anderes legen können. Wenn Sie ein Bild mit transparentem Hintergrund über ein anderes Bild legen, sieht das darüber liegende Bild so aus, als sei es Teil des Originalbildes.

Zur Veranschaulichung zeigt Abbildung 17.14 zwei Bilder, die noch nicht überlagert wurden. Ich habe den Adler aus einem anderen Bild ausgeschnitten und dieses ausgeschnittene Bild mit einem transparenten Hintergrund versehen.

Abbildung 17.14: Zwei getrennte Bilder.

Um zwei oder mehr Bilder zu stapeln, öffnen Sie zunächst das Hintergrundbild in Paint. In meinem Beispiel ist das das Bild einer Frau, die den Himmel fotografiert. Um dann ein weiteres Bild mit Ebenen einzufügen, wählen Sie DATEI | IN LEINWAND IMPORTIEREN | AUS EINER DATEI und öffnen Sie das Bild, das Sie darüber stapeln möchten. In meinem Fall ist das das Bild des Adlers mit dem transparenten Hintergrund. Das importierte Bild landet in der oberen linken Ecke des größeren Bildes.

Ziehen Sie dann das importierte Bild an eine neue Position im größeren Bild. Passen Sie die Größe des importierten Bildes an, indem Sie die Ziehpunkte um den Rand des Bildes ziehen. Sobald das Bild platziert ist, klicken Sie außerhalb des importierten Bildes. Das Ergebnis ist, dass die beiden getrennten Bilder nun als ein einziges Bild erscheinen, wie in Abbildung 17.15 gezeigt.

Abbildung 17.15: Das Bild eines Adlers wird in das Hintergrundbild eingefügt.

Es macht viel Spaß, mit Ebenen in Bildern herumzuspielen. Aber es braucht etwas Übung und Geduld, um gut darin zu werden. Wie immer können Sie Copilot um Hilfe bitten. Ältere Versionen von Paint verfügen nicht über alle in diesem Kapitel beschriebenen Funktionen. Beginnen Sie daher Ihre Frage an Copilot mit »Wie kann ich in der Windows 24H2 Paint-App…?«.

Copilot über Ihren Bildschirm und Ihre Bilder befragen

KI hat keine Augen (und auch kein Gehirn), kann also keine Bilder sehen, wie wir es können. Dennoch kann KI Ihnen etwas über die meisten Bilder sagen. Sie können sie nach etwas fragen, das Sie gerade auf Ihrem Bildschirm sehen, oder nach einem Bild in einer Bilddatei. So geht's:

1. Öffnen Sie Copilot in Windows, indem Sie auf das Copilot-Symbol in der Taskleiste klicken.

2. Geben Sie in das Feld MIT COPILOT CHATTEN `Was ist das?` ein, aber senden Sie die Frage noch nicht ab.

3. Führen Sie einen der folgenden Aktionen aus:

    - **So fragen Sie nach etwas auf Ihrem Bildschirm:** Verwenden Sie wie im Abschnitt »Snipping Tool für Bildschirmfotos verwenden« weiter vorne beschrieben das Snipping Tool, um das Objekt Ihrer Neugierde einzufangen. Klicken Sie im Fenster der App Snipping Tool auf KOPIEREN. Kehren Sie zurück zu Copilot und drücken Sie `Strg` + `V`, um Ihre Frage um das Bild zu ergänzen

    - **Um nach etwas in einer Bilddatei zu fragen:** Klicken Sie auf BILD HINZUFÜGEN und öffnen Sie dann das Bild, das Sie interessiert.

4. **Klicken Sie auf die Schaltfläche Nachricht übermitteln und lassen Sie Copilot eine Weile über Ihre Frage nachdenken.**

Sie werden angenehm überrascht sein, wie viel und wie schnell Sie mit dieser Methode über die Dinge lernen können, die Sie auf Ihrem Computerbildschirm sehen (siehe Abbildung 17.16)!

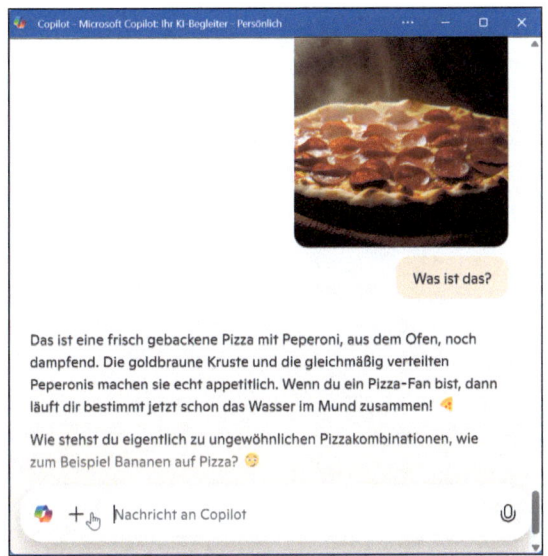

Abbildung 17.16: Fragen Sie Copilot über etwas auf Ihrem Bildschirm oder in einer Bilddatei.

> **IN DIESEM KAPITEL**
>
> Ihre Bildschirmaktivitäten aufzeichnen
>
> Videos mit Microsoft Clipchamp erstellen
>
> KI zur Erstellung eines Videos verwenden
>
> Musik für die Wiedergabe im Auto vorbereiten

Kapitel 18
Tüftelei mit Video und Musik

Es gibt viele Möglichkeiten, Video- und Audiomaterial für Ihren Computer zu erwerben. Sie können Videos, die Sie mit Ihrem Handy oder einer digitalen Videokamera aufgenommen haben, auf Ihren Computer herunterladen, genauso wie Sie Fotos herunterladen. Sie können Songs von Onlinediensten wie Amazon Music und iTunes herunterladen. Sie können Video- und Audiomaterial von kostenlosen Diensten wie pexels.com und pixabay.com sowie von kostenpflichtigen Diensten wie Adobe Stock und Shutterstock herunterladen.

Darüber hinaus entstehen ständig neue Webseiten für die Erstellung von Musik und Videos aus Text mit KI. Fragen Sie einfach Copilot: »Wo kann ich online KI-Musik erstellen?« oder »Wo kann ich online KI-Videos erstellen?«

In diesem Kapitel lernen Sie die in Windows 11 24H2 integrierten Tools kennen, mit denen Sie Video- und Musikdateien erstellen und bearbeiten können.

Aufzeichnung Ihres Computerbildschirms

Sie können Ihre Computeraktivitäten in einem Video aufzeichnen. Vielleicht möchten Sie Ihren Bildschirm aufzeichnen, um Anleitungen zu erstellen oder um ihn mit dem technischen Support zu teilen. Alles, was Sie zum Aufzeichnen Ihres Bildschirms brauchen, ist in das Snipping Tool integriert, das mit Windows 11 geliefert wird.

Um Ihren Bildschirm aufzuzeichnen, gehen Sie wie folgt vor:

1. **Klicken Sie auf die Schaltfläche START und wählen Sie dann SNIPPING TOOL.**

    Wenn das Snipping Tool nicht an das Startmenü angeheftet ist, klicken Sie auf die Schaltfläche ALLE APPS und wählen Sie dann SNIPPING TOOL.

2. **Klicken Sie auf die Schaltfläche AUFZEICHNEN, die in Abbildung 18.1 beschriftet ist.**

Abbildung 18.1: Verwenden Sie im Snipping Tool die Schaltfläche AUFZEICHNEN, um Ihre Bildschirmaktivitäten aufzuzeichnen.

3. **Klicken Sie auf die Schaltfläche + NEU.**

4. **Ziehen Sie einen Rahmen um den Bereich des Bildschirms (oder den gesamten Bildschirm), den Sie aufnehmen möchten.**

5. **Klicken Sie auf START.**

   Ein Timer zählt von 3 herunter nach 1.

6. **Wenn der Countdown endet, führen Sie die Aktivität aus, die Sie aufzeichnen möchten.**

7. **Wenn Sie die Aufnahme beendet haben, klicken Sie im Snipping Tool auf das rote Symbol AUFNAHME STOPPEN.**

   Die Schaltfläche AUFNAHME STOPPEN befindet sich an der gleichen Stelle wie die Schaltfläche AUFZEICHNEN. Die Aufzeichnung wird in einem Snipping Tool-Fenster geöffnet.

8. **Um die Aufnahme als Videodatei zu speichern, klicken Sie auf die Schaltfläche SPEICHERN UNTER (in Abbildung 18.2 markiert).**

   Die Videodatei wird mit der Erweiterung *.mp4* gespeichert.

Abbildung 18.2: Die Schaltfläche SPEICHERN UNTER im Snipping Tool.

Wenn Sie möchten, können Sie das Video nun online stellen oder es in einer beliebigen Videobearbeitungssoftware für eine größere Präsentation verwenden.

Videos mit Clipchamp erstellen

Mit Videobearbeitungsprogrammen können Sie Filme erstellen, die Ihre Videos, Fotos und Audiodateien enthalten. Die meisten Videos, die Sie auf YouTube und anderen Social-Media-Webseiten sehen, wurden mit Videobearbeitungssoftware erstellt. Professionelle Videobearbeitungsprogramme sind jedoch teuer. Bevor Sie Geld oder Zeit für das Herunterladen von Drittanbieter-Apps ausgeben, sollten Sie mit Microsoft Clipchamp beginnen, das im Lieferumfang von Windows 11 24H2 enthalten ist.

Über Videoerstellung und Videobearbeitung sind ganze Bücher geschrieben worden. So viel Platz habe ich nicht, aber ich kann Ihnen zeigen, wie Sie mit Clipchamp loslegen und wo Sie weitere Informationen zur Videobearbeitung mit Clipchamp finden.

Um Clipchamp auszuprobieren, starten Sie es wie jede andere App auch. Klicken Sie auf die Schaltfläche START und wählen Sie MICROSOFT CLIPCHAMP. Oder, wenn Clipchamp nicht an das Startmenü angeheftet ist, klicken Sie auf die Schaltfläche ALLE APPS und wählen Sie dann MICROSOFT CLIPCHAMP. Clipchamp wird gestartet und die Startseite wird angezeigt (siehe Abbildung 18.3).

Abbildung 18.3: Die Clipchamp-Startseite.

Um zu den kostenlosen Tutorials zu gelangen, klicken Sie in der unteren rechten Ecke auf das Fragezeichen und wählen Sie dann HILFE UND LERNEN. Klicken Sie auf der neuen Seite, die sich öffnet (siehe Abbildung 18.4), auf das ERSTE SCHRITTE. Arbeiten Sie sich dann nach und nach, wie es Ihre Zeit erlaubt, durch die anderen Themen: MEDIEN HINZUFÜGEN, FEATURES FÜR DIE BEARBEITUNG und so weiter.

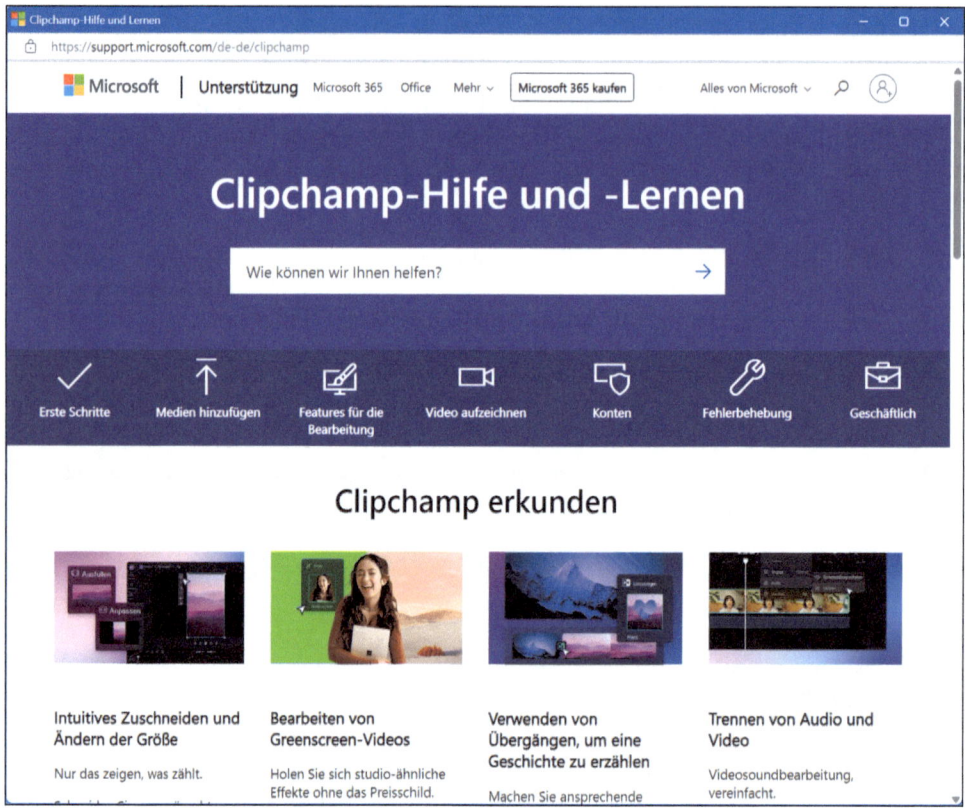

Abbildung 18.4: Der Hilfe- und Lernbereich von Clipchamp.

Wenn Sie versuchen möchten, ein schnelles Video oder eine Diashow aus Ihren eigenen Dateien zu erstellen, ohne etwas zu lernen oder zu studieren, probieren Sie die KI-Funktion von Clipchamp aus, die im nächsten Abschnitt beschrieben wird.

Ihr Video von KI erstellen lassen

Wenn Sie KI ein Video für Sie erstellen lassen, können Sie ohne großen Zeitaufwand mit der Videobearbeitung beginnen. Wählen Sie einfach eines oder mehrere Ihrer Videos oder Fotos oder beides aus. Die Fotos in einem Video werden als Diashow angezeigt. So fangen Sie an:

1. **Klicken Sie auf die Schaltfläche START und wählen Sie MICROSOFT CLIPCHAMP.**

    Wenn Clipchamp nicht an das Startmenü angeheftet ist, klicken Sie auf die Schaltfläche ALLE APPS und wählen Sie dann MICROSOFT CLIPCHAMP.

2. Klicken Sie auf EIN VIDEO MIT KI ERSTELLEN.

   Es erscheint das Fenster, das Sie in Abbildung 18.5 sehen.

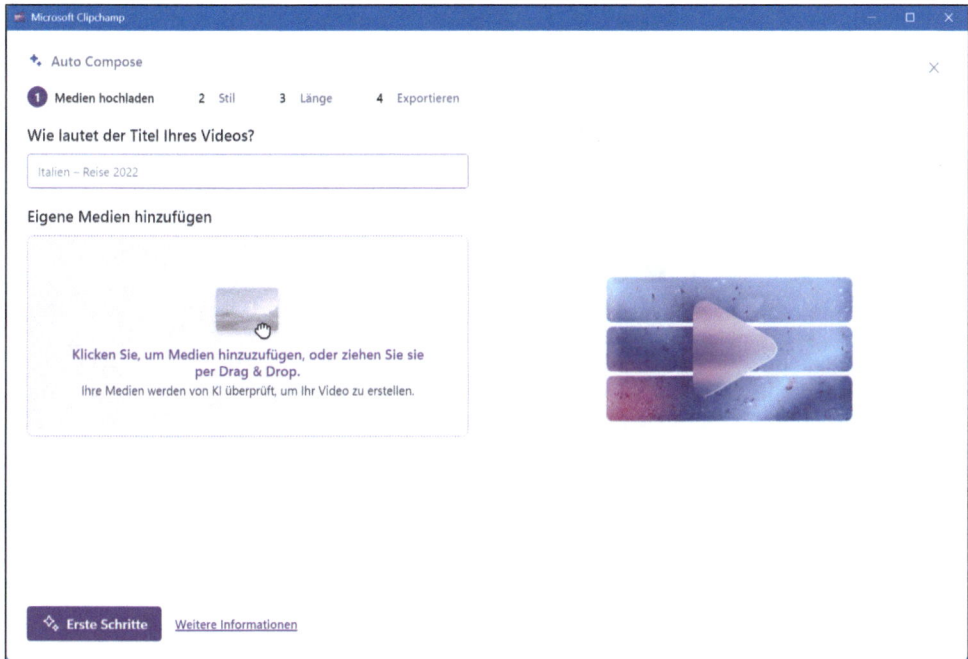

Abbildung 18.5: Die Seite AUTO COMPOSE in Clipchamp.

3. Geben Sie einen Titel für Ihr Video ein.

4. Fügen Sie im Bereich EIGENE MEDIEN HINZUFÜGEN die Fotos und Videos hinzu, die Sie in Ihrer Produktion verwenden möchten.

   Um Dateien hinzuzufügen, können Sie sie aus dem Explorer ziehen. Oder klicken Sie auf den Link KLICKEN SIE, UM MEDIEN HINZUFÜGEN, ODER ZIEHEN SIE SIE PER DRAG & DROP, und navigieren Sie zu den gewünschten Dateien und wählen Sie sie aus. Jede Datei, die Sie hinzufügen, wird als Miniaturansicht angezeigt.

5. Wenn Sie alle Medien hinzugefügt haben, klicken Sie auf ERSTE SCHRITTE.

   Auf der nächsten Seite, die in Abbildung 18.6 dargestellt ist, können Sie zwischen verschiedenen Stilen wählen.

6. Klicken Sie auf das Symbol mit dem nach unten zeigenden Daumen, um einen Stil abzulehnen, oder auf das Symbol mit dem nach oben zeigenden Daumen, um einen Stil zu wählen, den Sie für geeignet halten. Klicken Sie dann auf WEITER.

   Um weitere Stile zu sehen, klicken Sie oben auf Stil. Oder klicken Sie auf FÜR MICH AUSWÄHLEN, um KI einen Stil auswählen zu lassen.

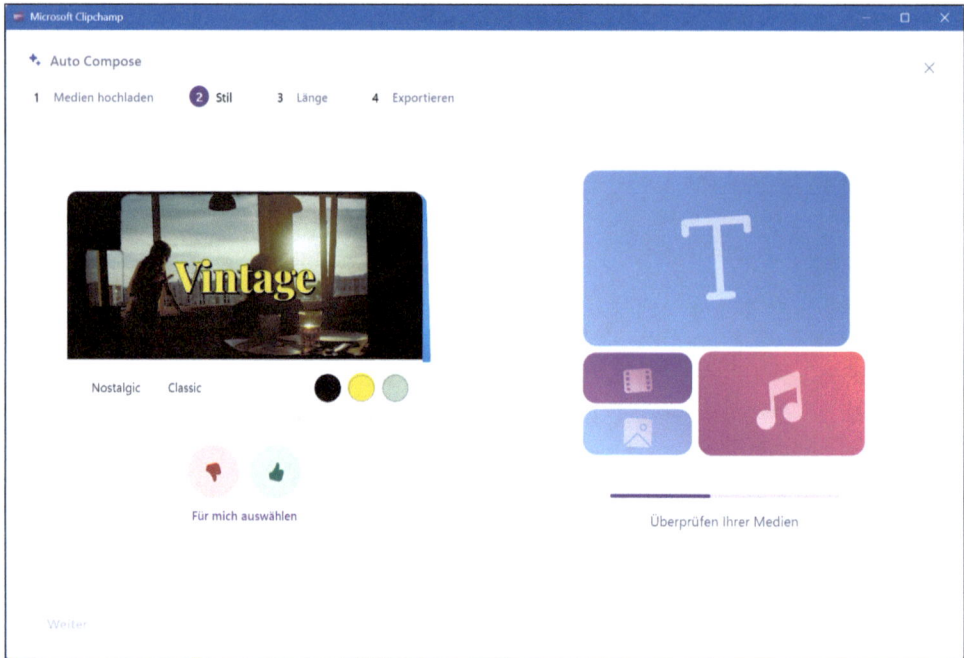

Abbildung 18.6: Wählen Sie einen Stil für ein KI-generiertes Video aus.

Der letzte Stil, der Ihnen gefällt, bevor Sie auf Weiter klicken, wird zur Erstellung des Videos verwendet.

7. **Wählen Sie ein Seitenverhältnis (Ausrichtung) und klicken Sie dann auf Weiter.**

   Sie haben die Wahl zwischen Querformat (breit) und Porträt (schmal). Die meisten Fernsehgeräte und Computerbildschirme sind im Querformat ausgerichtet, aber TikTok-Videos, YouTube-Kurzfilme und einige andere Webseiten verwenden das Format Porträt (Hochformat).

8. **Wählen Sie unter Wie lang soll Ihr Video dauern eine Länge aus und klicken Sie dann auf Weiter.**

   Wenn Sie nur ein paar Bilder oder kurze Videos verwenden, ist Vollständige Länge wahrscheinlich die einzige Option.

9. **Klicken Sie im Feld Musik auf >, um die verfügbare Hintergrundmusik anzuzeigen.**

   Klicken Sie auf den Vorschaupfeil unter den verschiedenen Musiknamen, um zu hören, wie die Musik in Ihrem Video klingen wird.

10. **Lassen Sie Ihre bevorzugte Musik ausgewählt (hervorgehoben), und klicken Sie dann auf den Zurück-Pfeil neben der Überschrift Musik, um zur vorherigen Seite zurückzukehren.**

11. **Klicken Sie rechts neben dem Feld Schriftart auf > und dann auf die gewünschte Schriftart.**

12. Optional können Sie auf IN ZEITACHSE BEARBEITEN klicken und das Video vor dem Exportieren mit den später in diesem Kapitel beschriebenen Werkzeugen und Techniken des Videoeditors bearbeiten.

    Für den ersten Versuch können Sie diesen Schritt auslassen.

13. **Klicken Sie auf EXPORTIEREN.**

    Es kann ein paar Sekunden dauern, bis KI Ihr Video erstellt hat. Aber schließlich sehen Sie die in Abbildung 18.7 gezeigte Seite. Das fertige Video wird an Ihren Download-Ordner gesendet. Der Dateiname des Videos ist normalerweise der von Ihnen angegebene Titel, gefolgt von der Dateinamenerweiterung .mp4.

    Optional können Sie eine Kopie des erstellten Videos auf OneDrive, YouTube, TikTok oder einer anderen auf der Seite aufgeführten Webseite speichern, indem Sie einfach auf die entsprechende Option klicken und den Anweisungen auf dem Bildschirm folgen.

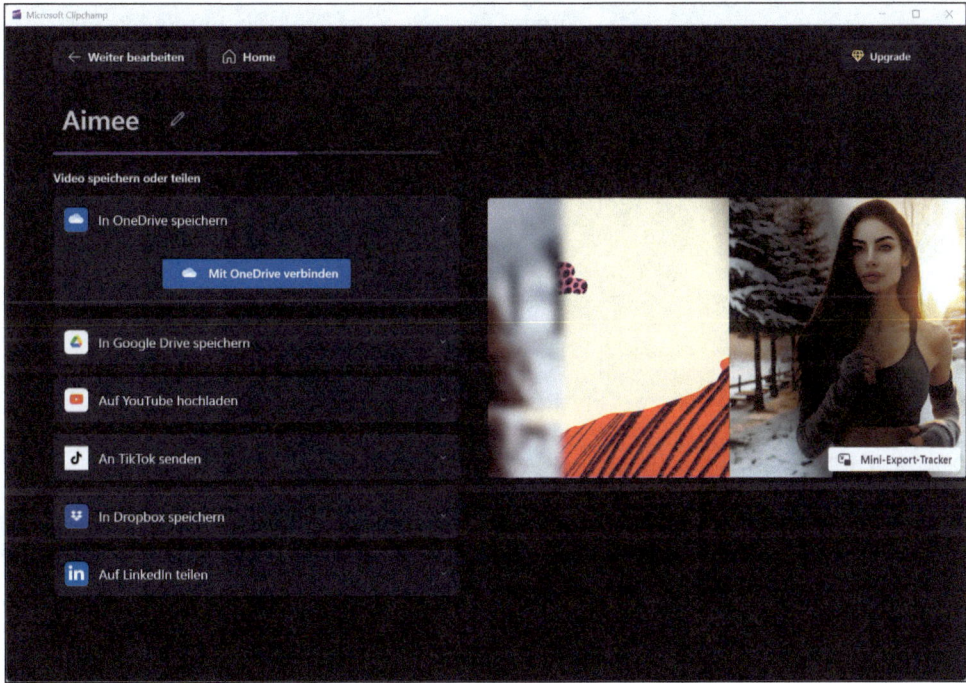

Abbildung 18.7: Das fertige Video.

Um das Video anzusehen, doppelklicken Sie auf das Symbol der Datei. Sie haben auch eine Kopie des Videos, die Sie mit Microsoft Clipchamp bearbeiten können. Klicken Sie in der oberen linken Ecke auf WEITER BEARBEITEN, um die Videobearbeitungsseite von Clipchamp aufzurufen. Oder, wenn Sie Clipchamp geschlossen haben, öffnen Sie es einfach erneut und klicken Sie dann auf die Miniaturansicht des Videos unter IHRE VIDEOS.

Grundlagen der Videobearbeitung verstehen

Wenn Sie Ihr KI-generiertes Video bearbeiten möchten oder ein Video von Grund auf neu erstellen wollen, können Sie dies auf der Videobearbeitungsseite von Clipchamp tun, die in Abbildung 18.8 dargestellt ist. Bei der Videobearbeitung werden die Clips entlang der Zeitleiste angeordnet. Die linke Seite der Zeitleiste stellt den Anfang des Videos dar, die rechte Seite der Zeitleiste das Ende des Videos.

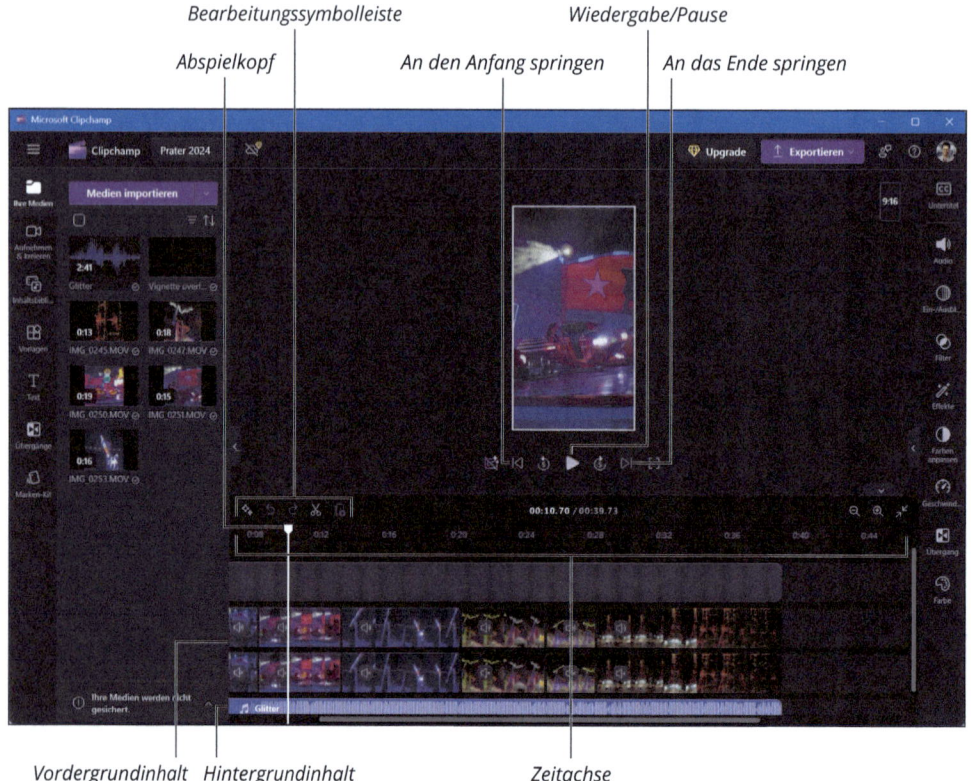

Abbildung 18.8: Die Videobearbeitungsseite von Clipchamp.

Der untere Teil der Zeitleiste zeigt Hintergrundinhalte, wie beispielsweise Hintergrundmusik oder gesprochene Kommentare. Text, Pfeile, Sticker und andere kleinere Inhalte, die im Vordergrund abgespielt werden sollen, befinden sich weiter oben in der Zeitleiste.

Sie können das Video in Clipchamp ansehen, indem Sie auf die Schaltfläche WIEDERGABE klicken (die sich in die Schaltfläche PAUSE verwandelt, wenn die Wiedergabe des Videos beginnt). Der Abspielkopf bewegt sich entlang der Zeitachse, um anzuzeigen, welcher Teil des Videos gerade abgespielt wird.

Sie können den Abspielkopf nach links und rechts zu einem beliebigen Teil der Zeitachse ziehen, um Änderungen an diesem Teil des Videos vorzunehmen. Um beispielsweise einen Clip an der Position des Abspielkopfes zu teilen, klicken Sie in der Bearbeitungssymbolleiste auf TEILEN (das Scherensymbol). Ziehen Sie einen Clip nach links oder rechts, um seine

Position auf der Zeitachse zu ändern. Klicken Sie auf einen beliebigen Clip, um ihn auszuwählen; der ausgewählte Clip erhält einen farbigen Rahmen. Drücken Sie auf LÖSCHEN, um den ausgewählten Clip zu löschen.

Auf der linken Seite des Clipchamp-Fensters befinden sich Symbole, die weitere Werkzeuge für die Erstellung Ihres Video-Meisterwerks darstellen. Beginnen Sie oben links und sehen Sie, was sie bieten:

- **IHRE MEDIEN:** Zeigt die Medienablage für das aktuelle Projekt an, in die Sie Inhalte zur Verwendung im Video importieren. Um einen Clip zu Ihrem Video hinzuzufügen, ziehen Sie ihn auf die Zeitachse, oder klicken Sie auf den Clip und dann auf das angezeigte Pluszeichen (+). Denken Sie daran, dass Clips, die sich weiter unten in der Zeitachse befinden, im Hintergrund sind, während Clips, die sich am oberen Rand der Zeitachse befinden, im Vordergrund stehen.

- **AUFNEHMEN & KREIEREN:** Nehmen Sie den Bildschirm, sich selbst oder Ihre Stimme auf, oder wandeln Sie ein geschriebenes Skript in eine gesprochene Erzählung um, indem Sie eine von mehreren männlichen oder weiblichen KI-Stimmen verwenden.

- **INHALTSBIBLIOTHEK:** Fügen Sie (kostenlose und nicht kostenlose) Inhalte in Ihr Video ein, zum Beispiel Sticker, Formen, Hintergründe, Rahmen, Umrandungen, Cartoons, Soundeffekte, Fotos und Archivmaterial.

- **VORLAGEN:** Beginnen Sie mit vorhandenen Inhalten, anstatt das Video von Grund auf neu oder mit künstlicher Intelligenz zu erstellen. In der Regel werden Vorlagen nicht für die Bearbeitung eines bestehenden Videos verwendet.

- **TEXT:** Fügen Sie Text mit Spezialeffekten zu Ihrem Video hinzu.

- **ÜBERGÄNGE:** Fügen Sie spezielle Übergangseffekte zwischen zwei beliebigen Clips hinzu, indem Sie die Nahtstelle zwischen zwei Videoclips in der Timeline ziehen.

- **MARKEN-KIT:** Legen Sie ein Standardlogo, Markenfarben und Schriftarten für Videos fest. Diese Funktionen sind jedoch optional und nur für zahlende Abonnenten verfügbar.

Auf der rechten Seite des Clipchamp-Fensters befinden sich Werkzeuge, mit denen Sie einzelnen Clips Spezialeffekte hinzufügen können. Um sie zu verwenden, klicken Sie zunächst den Clip an, auf den Sie den Effekt anwenden möchten. Um mehrere Clips auszuwählen, halten Sie während des Klickens die `Strg`-Taste gedrückt. Verwenden Sie dann die folgenden Symbole, um Effekte auf den/die ausgewählten Clip(s) anzuwenden:

- **UNTERTITEL:** Fügen Sie automatische schriftliche Untertitel für gesprochenen Text hinzu, wenn Ihr Video gesprochene Erzählungen enthält.

- **AUDIO:** Legen Sie die Lautstärke des Tons für den Clip fest. Oder trennen Sie die Tonspur von der Videospur, damit Sie mit dem Ton in einer eigenen Spur auf der Zeitachse arbeiten können.

- **EIN-/AUSBLENDEN:** Wenden Sie eine Ein- oder Ausblendung (oder beides) auf den Clip an und verwenden Sie die Schieberegler, um die Dauer (in Sekunden) zu steuern.

- **Filter:** Wenden Sie einen Spezialeffekt auf den ausgewählten Clip an. Sie können wärmere oder kühlere Farben, Schwarz-Weiß, einen Retro-Effekt und mehr wählen. Nachdem Sie auf einen Effekt geklickt haben, verwenden Sie den Schieberegler Intensität, um die Stärke des Effekts zu steuern.

- **Effekte:** Wenden Sie Zoom-, Zeitlupen-, Glitch- oder andere Spezialeffekte auf den ausgewählten Clip an.

- **Farben anpassen:** Passen Sie die Belichtung, den Kontrast, die Sättigung und andere visuelle Aspekte des ausgewählten Clips an.

- **Geschwindigkeit:** Legen Sie die Geschwindigkeit fest, mit der der Clip abgespielt wird, um Zeitraffer- und Zeitlupeneffekte zu erzielen.

- **Übergang:** Wenn Sie zwei nebeneinanderstehende Clips markiert haben, können Sie hier den Übergang (Wischen, Überblenden, usw.) von einem zum anderen Clips festlegen.

- **Farbe:** Fügen Sie dem Hintergrund eine Farbe hinzu. Diese Option wird angezeigt, wenn ein ausgewählter Clip leeren Hintergrundbereich enthält.

Wenn Sie gerne kreativ sind, werden Sie wahrscheinlich auch gerne Videos machen. Ich empfehle Ihnen dringend, sich durch die Clipchamp-Hilfe und die Lerntutorials zu arbeiten.

Musik genießen

Heutzutage beziehen viele Menschen ihre Musik von Streamingdiensten wie Spotify, Apple Music oder Amazon Music. Sie können auch Musik herunterladen und abspielen, indem Sie auf das entsprechende Symbol doppelklicken.

Musik von CDs abrufen

Wenn Sie Musik-CDs besitzen, können Sie diese auf Ihren Computer kopieren, sofern Ihr Computer über ein optisches Laufwerk verfügt. Wenn Ihr Computer kein solches Laufwerk hat, können Sie ein kostengünstiges externes Laufwerk kaufen. Suchen Sie bei Amazon oder einem anderen Online-Händler nach einem externen optischen Laufwerk für Windows 11.

Wenn Sie eine Musik-CD in das Laufwerk einlegen, zeigt Windows eine Meldung an, in der Sie gefragt werden, was Sie mit dem Datenträger tun möchten. Wählen Sie die Option zum Kopieren von Musiktiteln auf Ihren Computer. Die Titel werden in Ihrem Musikordner gespeichert, es sei denn, Sie geben einen anderen Speicherort an. Wenn Sie Hilfe benötigen, fragen Sie Copilot einfach: »Wie kopiere ich Musik von CDs in Windows 11?« Wenn Ihnen die erste Antwort von Copilot nicht ausreicht, sehen Sie sich einige der externen Ressourcen an, die Copilot empfiehlt.

Musik für die Wiedergabe im Auto auf USB-Laufwerke kopieren

Im Gegensatz zu einer CD, auf der nur etwa ein Dutzend Titel gespeichert werden können, lassen sich auf einem USB-Laufwerk Tausende von Titeln speichern. Wenn Ihr Auto die Wiedergabe von Musik von einem USB-Laufwerk unterstützt und Sie eine Musiksammlung auf Ihrem Computer haben, sollte es einfach sein, ein Musiklaufwerk für Ihr Auto zu erstellen.

Wenn sich die Musik, die Sie hören möchten, bereits auf Ihrem Smartphone befindet, müssen Sie die Titel möglicherweise nicht auf ein USB-Laufwerk kopieren. Verwenden Sie ein Kabel oder Bluetooth, um das Smartphone mit dem Autoradio zu verbinden, und prüfen Sie, ob Ihr Auto Musik direkt von Ihrem Smartphone abspielen kann.

Der erste Schritt besteht darin, im Handbuch des Fahrzeugs nachzuschauen, welches Format das USB-Laufwerk hat: FAT, exFAT, FAT32 oder NTFS. Für ein Musik-USB-Laufwerk ist exFAT normalerweise das bevorzugte Format. Außerdem müssen Sie die Größe des USB-Anschlusses in Ihrem Fahrzeug kennen. In der Regel handelt es sich dabei um den größeren (und älteren) USB-A-Anschluss, es könnte aber auch der modernere und kleinere USB-C-Anschluss sein.

Die Speicherkapazität Ihres USB-Laufwerks bestimmt, wie viele Musiktitel auf dem Laufwerk gespeichert werden können. Auf einem 16-GB-Laufwerk können weit mehr als tausend Songs gespeichert werden, so dass Sie wahrscheinlich nicht in ein teures USB-Laufwerk mit hoher Kapazität investieren müssen. Sie müssen das Laufwerk zunächst formatieren, das heißt, alles löschen, was sich bereits auf dem Laufwerk befindet. Ich schlage vor, dass Sie ein neues USB-Laufwerk kaufen oder eines verwenden, das Dateien enthält, die Sie nicht mehr benötigen. Führen Sie dann die folgenden Schritte aus:

1. **Stecken Sie das USB-Laufwerk in einen USB-Anschluss an Ihrem Computer.**

2. **Wenn Sie dazu aufgefordert werden, wählen Sie die Option zur Anzeige des Datenträgerinhalts.**

3. **Öffnen Sie den Explorer, klicken Sie mit der rechten Maustaste auf das Symbol für das USB-Laufwerk und wählen Sie FORMATIEREN, wie in Abbildung 18.9 gezeigt.**

4. **Wählen Sie bei DATEISYSTEM die Option EXFAT (oder das von Ihrem Fahrzeug unterstützte Format).**

    Die Formatierung kann ein oder zwei Minuten in Anspruch nehmen.

5. **Kopieren Sie alle gewünschten Titel von Ihrer Festplatte auf das USB-Laufwerk, indem Sie das Symbol des Titels ziehen oder kopieren und einfügen.**

Nachdem Sie das USB-Laufwerk in den entsprechenden USB-Steckplatz in Ihrem Fahrzeug eingesteckt haben, müssen Sie möglicherweise die Bedienelemente des Fahrzeugs verwenden, um das USB-Laufwerk als Musikquelle auszuwählen. Schlagen Sie im Handbuch des Fahrzeugs nach, wenn Sie Hilfe benötigen.

358 TEIL V Text, Musik, Fotos und Filme

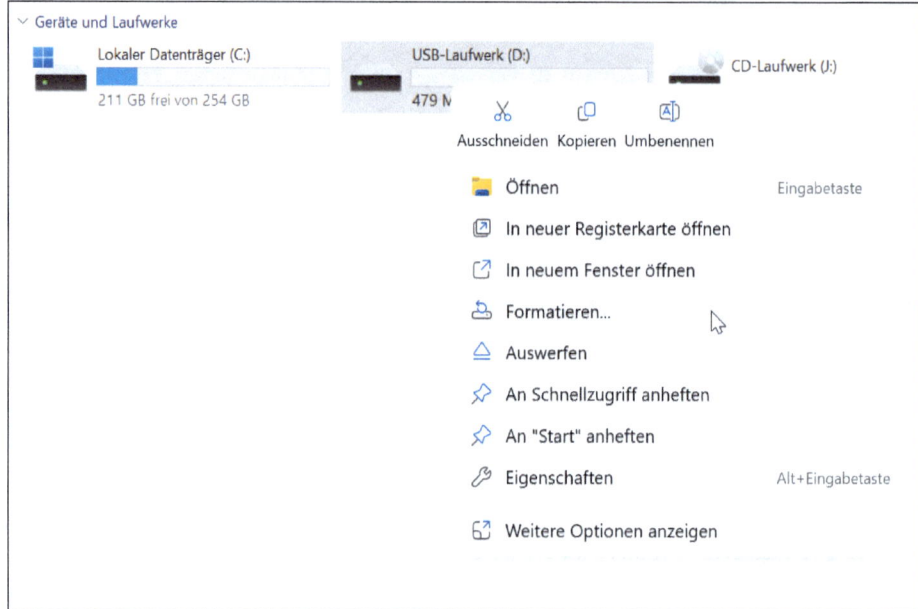

Abbildung 18.9: Klicken Sie mit der rechten Maustaste auf das Symbol des USB-Laufwerks und wählen Sie FORMATIEREN.

Denken Sie daran, dass Ihr zuverlässiger Copilot sich mit Videos, Musik und sogar Microsoft Clipchamp auskennt. Wenn Sie einmal nicht weiterkommen, fragen Sie Copilot um Hilfe.

Teil VI
Hilfe!

IN DIESEM TEIL ...

✔ Die Reparaturwerkzeuge von Windows einsetzen

✔ Fehlermeldungen verstehen

✔ Von einem alten auf einen neuen Rechner umziehen

✔ Hilfe für Windows 11 finden

IN DIESEM KAPITEL

Copilot dazu bringen, Ihr Problem zu lösen.

Neustart des Computers

Fehlerbehebungen überprüfen

Gelöschte Dateien und Ordner wiederherstellen

Ein vergessenes Kennwort zurückholen

Eingefrorene Apps und Computer in den Griff kriegen

Was Sie tun können, wenn alles andere nicht hilft

Kapitel 19
Wenn gar nichts mehr geht …

Manchmal haben Sie nur so ein komisches Gefühl, dass etwas falsch läuft. Der Computer gibt leise grummelnde Geräusche von sich oder Windows arbeitet langsamer als der Bundestag.

In anderen Fällen ist offensichtlich etwas schiefgelaufen. Programme frieren ein, Menüs werden immer wieder eingeblendet oder Windows nervt Sie mit einer unverständlichen Fehlermeldung, sobald Sie Ihren Computer einschalten.

Viele der größten Probleme lassen sich mit den kleinsten Lösungen lösen. Dieses Kapitel zeigt Ihnen die richtige Lösung für die häufigsten Probleme.

Fragen Sie den Alleswisser

Wenn Ihr Computer starten und online gehen kann, sollte Ihr erster Schritt sein, Copilot um Hilfe zu bitten. Copilot ist wie Ihr nerviger, besserwisserischer Freund.

Öffnen Sie Copilot, schildern Sie Ihr Problem so gut Sie können, und sehen Sie, was es zu bieten hat. In manchen Fällen müssen Sie ein Gespräch mit Copilot führen, um das Problem einzugrenzen. Aber wenn Sie Glück haben, kann Copilot Sie in die richtige Richtung lenken und Ihnen helfen, das Problem zu lösen.

Neustart Ihres Computers

Manchmal lässt sich ein Problem lösen, indem Sie Tabula rasa machen, anstatt eine Vielzahl von Anwendungen und Dateien geöffnet zu haben. Dieser Vorgang wird als Neustart des Computers bezeichnet. Wenn Ihre Maus noch funktioniert, klicken Sie auf die Schaltfläche START, dann auf die EIN/AUS-Schaltfläche in der unteren rechten Ecke des Startmenüs, und wählen Sie NEU STARTEN.

Wenn nur Ihre Tastatur funktioniert, drücken Sie [Strg] + [Alt] + [Entf] und dann so lange die [⇥]-Taste, bis die EIN/AUS-Schaltfläche in der unteren rechten Ecke des Bildschirms ausgewählt ist. Drücken Sie die [↵]-Taste, verwenden Sie die Pfeiltasten, um zur Option NEU STARTEN zu gelangen, und drücken Sie erneut die [↵]-Taste.

Wenn Sie aufgefordert werden, Ihre Arbeit zu speichern, wählen Sie JA. Befolgen Sie dann alle weiteren Anweisungen, die auf dem Bildschirm angezeigt werden. Schließlich schaltet sich der Bildschirm aus und der Computer sollte wieder hochfahren.

Verwendung einer Problembehandlung

Windows 11 verfügt über sogenannte *Problembehandlungen*. Dies sind Apps, die bei bestimmten Problemen helfen sollen, zum Beispiel bei Internet- oder Soundproblemen. Gehen Sie folgendermaßen vor, um auf die Problembehandlung zuzugreifen:

1. **Klicken Sie auf die Schaltfläche START und wählen Sie EINSTELLUNGEN, oder drücken Sie [⊞] + [I].**

2. **Klicken Sie im linken Fensterbereich auf SYSTEM.**

3. **Blättern Sie nach unten und klicken Sie auf PROBLEMBEHANDLUNG.**

4. **Klicken Sie auf ANDERE PROBLEMBEHANDLUNGEN.**

    Es wird eine Teilliste der Fehlerbehebungen angezeigt, wie in Abbildung 19.1 dargestellt. Blättern Sie nach unten, um sie alle zu sehen.

5. **Wenn Sie die Problembehandlung gefunden haben, die den Bereich, in dem Sie ein Problem haben, am besten beschreibt, klicken Sie auf die Schaltfläche AUSFÜHREN.**

6. **Befolgen Sie die Anweisungen auf dem Bildschirm.**

    Mit etwas Glück kann die Problembehandlung das Problem selbst beheben.

KAPITEL 19 Wenn gar nichts mehr geht ... 363

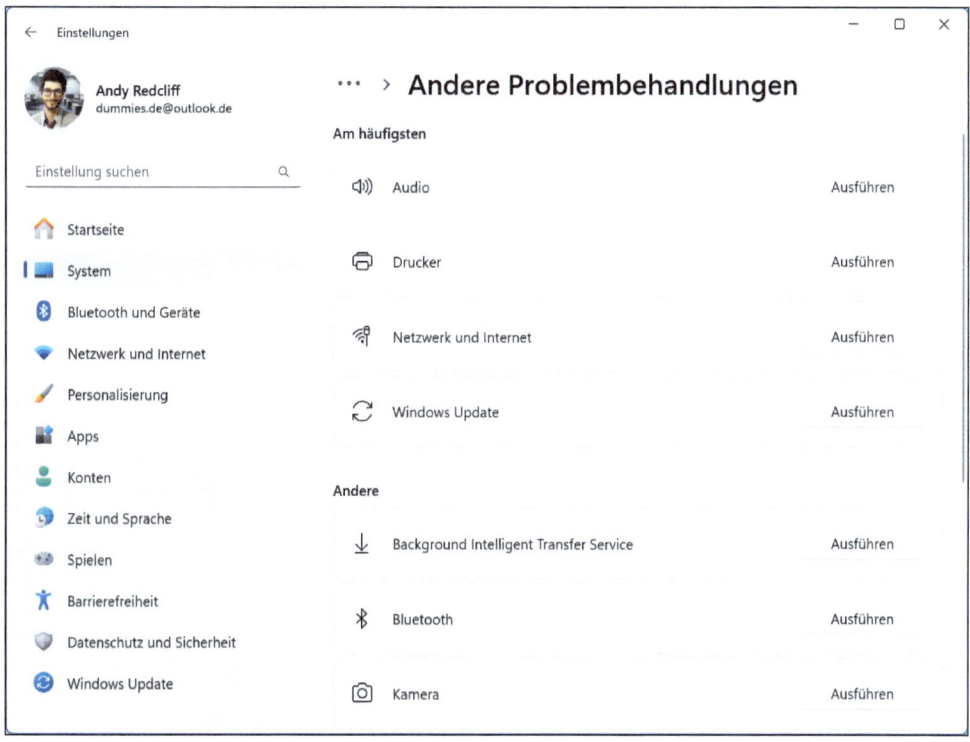

Abbildung 19.1: Windows 11-Problembehandlungen.

Dateiversionsverlauf zur Wiederherstellung einer Sicherung verwenden

Wenn Sie Ihre Dateien mit der App DATEIVERSIONSVERLAUF gesichert haben (wie in Kapitel 13 beschrieben), können Sie alle persönlichen Dateien wiederherstellen, die Sie gesichert haben.

Führen Sie die folgenden Schritte aus, um Ihre gesicherten Dateien und Ordner zu durchsuchen und die gewünschten wiederherzustellen:

1. **Klicken Sie auf das Suchfeld neben der Schaltfläche START, geben Sie** Dateiversionsverlauf **ein und klicken Sie dann im Startmenü auf** DATEIVERSIONSVERLAUF (SYSTEMSTEUERUNG).

   Die uralte Systemsteuerung wird angezeigt, die den Abschnitt Dateiversionsverlauf öffnet.

2. **Klicken Sie auf der linken Seite des Abschnitts auf den Link** PERSÖNLICHE DATEIEN WIEDERHERSTELLEN.

   Das Fenster DATEIVERSIONSVERLAUF wird angezeigt, wie in Abbildung 19.2 dargestellt, und zeigt die Ordner an, die Sie gesichert haben: Ihre Hauptordner, den Desktop, die Kontakte und die Lieblingswebsites sowie die Ordner MUSIK, DOKUMENTE, VIDEOS und MUSIK, um nur einige zu nennen.

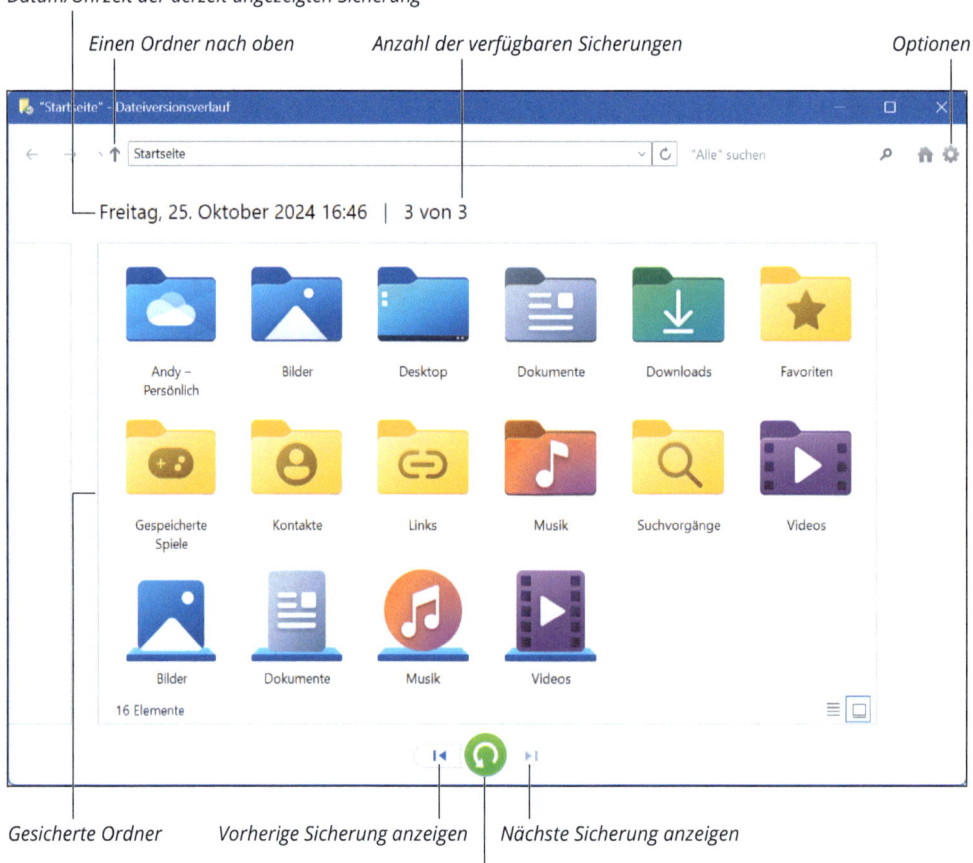

Abbildung 19.2: Mit dem Programm DATEIVERSIONSVERLAUF können Sie Sicherungen aus jedem Ihrer Hauptordner wiederherstellen.

Wenn Sie möchten, können Sie im Fenster Dateiversionsverlauf die Ordner öffnen. Sie können auch einen Blick in die Dateien werfen, die Sie dort finden, um deren Inhalt zu sehen.

3. **Wählen Sie, was Sie wiederherstellen möchten.**

    Zeigen und klicken Sie sich durch die Bibliotheken, Ordner und Dateien, bis Sie das Element oder die Elemente finden, die Sie wiederherstellen möchten:

    - **Ordner:** Um einen ganzen Ordner an seiner ursprünglichen Position wiederherzustellen, doppelklicken Sie auf den betreffenden Ordner, um ihn zu öffnen.

    - **Dateien:** Um mehrere Dateien wiederherzustellen, öffnen Sie den Ordner, in dem sie abgelegt sind, so dass sie angezeigt werden.

    - **Einzelne Datei:** Um eine einzelne Datei wiederherzustellen, öffnen Sie den Ordner, in dem sie abgelegt ist.

Was sind Bibliotheken?

Eine Bibliothek ist eine Sammlung von Ordnern, die in der Regel ähnliche Dateitypen enthalten. Bibliotheken wurden in Windows 7 eingeführt, haben sich aber nie durchgesetzt und sind in Windows 11 so gut wie verschwunden. Wenn Sie jedoch den Dateiversionsverlauf in Windows 7 verwendet haben, um Ihre Dateien zu sichern, wurden auch Ihre Bibliotheken mitgesichert. Diese Bibliotheken befinden sich immer noch im Dateiversionsverlauf, so dass Sie sie auf Ihrem Windows 11-Computer wiederherstellen können.

Der Zugriff auf Bibliotheken erfolgt in Windows 11 über den Explorer. Wenn Sie einige Bibliotheken wiederherstellen, diese aber in Windows 11 nicht angezeigt werden, klicken Sie mit der rechten Maustaste auf eine leere Stelle im Navigationsbereich des Explorers und wählen Sie BIBLIOTHEKEN ANZEIGEN. Alle verfügbaren Bibliotheken sind dann im Navigationsbereich unterhalb des Eintrags DIESER PC zu finden.

4. **Blättern Sie in den Versionen, um die Version zu finden, die wiederhergestellt werden soll.**

   Klicken Sie auf den nach links zeigenden Pfeil, um zu älteren Versionen zu scrollen, beziehungsweise auf den nach rechts zeigenden Pfeil, um neuere Versionen anzuzeigen (siehe Abbildung 19.3).

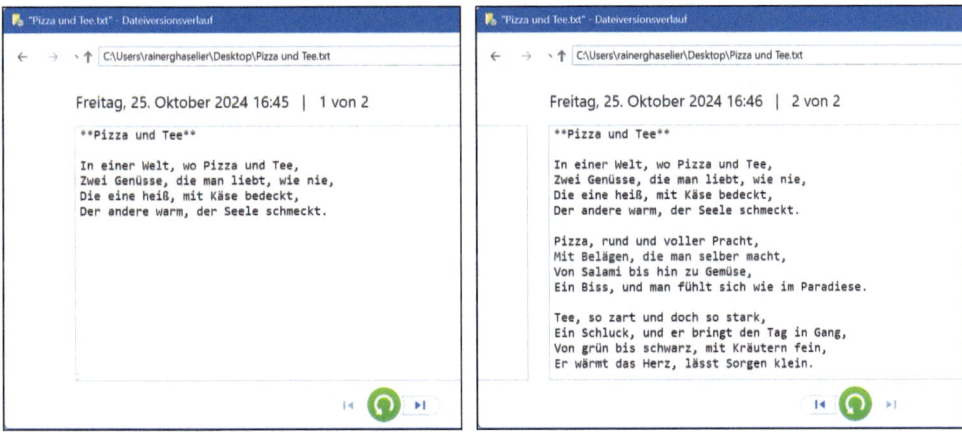

Abbildung 19.3: Klicken Sie auf den Pfeil, der nach links oder rechts zeigt, um neuere und ältere Versionen der Datei anzuzeigen.

Während Sie sich vorwärts und rückwärts durch die Zeit bewegen, klicken Sie bei Bedarf auf geöffnete Ordner oder einzelne Dateien, bis Sie die Version sehen, die Sie abrufen möchten.

 Wenn Sie nicht sicher sind, ob ein bestimmter Ordner auch wirklich das Element enthält, das Sie wiederherstellen möchten, geben Sie den Namen oder ein oder zwei Begriffe aus Ihrem Dokument rechts oben in das Suchfeld des Dateiversionsverlaufs ein.

5. **Klicken Sie auf die Schaltfläche WIEDERHERSTELLEN (die Sie in der Randspalte sehen), um die gewünschte Version wiederherzustellen.**

    Unabhängig davon, ob es sich um eine einzelne Datei, einen Ordner oder den Inhalt einer ganzen Bibliothek handelt, wird das Element an seinem ursprünglichen Speicherort wiederhergestellt.

6. **Wenn Windows einen Namenskonflikt mit dem wiederherzustellenden Element feststellt, wählen Sie aus, wie der Konflikt behandelt werden soll, wie in Abbildung 19.4 gezeigt.**

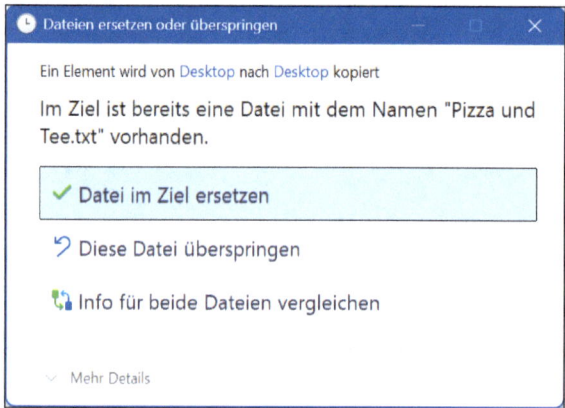

Abbildung 19.4: Legen Sie fest, ob Sie die vorhandene Datei ersetzen wollen, die Datei überspringen wollen oder ob Sie auswählen wollen, welche Datei Sie behalten möchten.

- **DATEI IM ZIEL ERSETZEN**: Entscheiden Sie sich nur dann für diese Option, wenn Sie sicher sind, dass die ältere Version besser als die auf der Festplatte vorhandene ist.

- **DIESE DATEI ÜBERSPRINGEN**: Klicken Sie auf diese Option, wenn Sie von der Wiederherstellung dieser Datei oder dieses Ordners die Finger lassen wollen. Damit schalten Sie zurück zum Fenster DATEIVERSIONSVERLAUF und können sich weiter in den Versionen umsehen.

- **INFO FÜR BEIDE DATEIEN VERGLEICHEN**: Diese Option ist oft die beste Wahl, denn sie ermöglicht es Ihnen, die Dateigrößen und -daten zu vergleichen, bevor Sie sich entscheiden, welche Datei Sie behalten möchten: die Ersatzdatei oder die aktuelle Datei. Wenn Sie möchten, können Sie mit dieser Option auch beide Dateien behalten: Windows fügt einfach eine Zahl hinter dem Namen der neuen Datei ein, zum Beispiel *Notizen (1)*.

7. **Klicken Sie in der Titelleiste auf die Schaltfläche mit dem »X«, um das Fenster DATEIVERSIONSVERLAUF zu schließen.**

Defekte Apps reparieren

Windows macht es ziemlich einfach, Apps zu reparieren, die fast immer aus dem Microsoft Store heruntergeladen werden. Wenn eine App nicht mehr in gutem Zustand zu sein scheint und Sie sie zurücksetzen und von vorne beginnen möchten, befolgen Sie diese Schritte:

1. **Klicken Sie auf die Schaltfläche Start und wählen Sie im Startmenü das Symbol Einstellungen.**

   Die Einstellungen-App wird mit der Kategorie System geöffnet.

2. **Klicken Sie in der linken Spalte auf das Symbol Apps (das Sie auch hier in der Randspalte sehen) und dann auf Installierte Apps.**

   Die Seite Installierte Apps wird angezeigt, auf der Ihre Apps alphabetisch aufgelistet sind.

3. **Blättern Sie ggf. nach unten, bis Sie die App finden, die Ihnen Probleme bereitet. Oder verwenden Sie das Feld Apps suchen, um eine App nach ihrem Namen zu suchen.**

4. **Klicken Sie auf die drei Punkte rechts neben dem Namen der App, wählen Sie Erweiterte Optionen und klicken Sie dann auf die Schaltfläche Reparieren.**

   Windows repariert die App, wenn möglich unter Beibehaltung Ihrer Einstellungen und Daten.

5. **Wenn das Problem durch eine Reparatur nicht gelöst ist, klicken Sie gegebenenfalls auf die Schaltfläche Zurücksetzen.**

   Wenn Sie Zurücksetzen wählen, löscht Windows die App und installiert sie von Grund auf neu, wobei Ihre Einstellungen und Anmeldedaten beibehalten werden.

Ich habe mein Kennwort vergessen

Das Vergessen des Kennworts ist eines der ärgerlichsten und häufigsten Computerprobleme. Vergewissern Sie sich zunächst, dass die Feststelltaste ausgeschaltet ist, da bei vielen Kennwörtern die Groß- und Kleinschreibung eine Rolle spielt. Wenn Sie mehrere Tastaturlayouts verwenden, achten Sie darauf, dass Sie das richtige Layout für die Sprache Ihres Kennworts wählen.

Wenn es nicht an der Feststelltaste oder dem Tastaturlayout liegt, bleibt Ihnen nur die Möglichkeit, bei der Kennworteingabe auf Ich habe mein Kennwort vergessen zu klicken und den Anweisungen auf dem Bildschirm zu folgen, um Ihr Kennwort zurückzusetzen. Bei diesem Vorgang müssen Sie normalerweise Ihre Identität nachweisen und sich ein neues Passwort ausdenken.

Wenn Sie ein Microsoft-Konto haben, können Sie dieses Konto verwenden, um einige andere Windows 11-Kennwörter zu ändern und wiederherzustellen. Rufen Sie `https://microsoft.com` auf und prüfen Sie, ob der Name Ihres Benutzerkontos in der oberen rechten Ecke angezeigt wird. Wenn nicht, klicken Sie auf ANMELDEN, um sich bei Ihrem Microsoft-Konto anzumelden. Wenn Sie das nicht können, weil Sie Ihr Microsoft-Konto-Kennwort vergessen haben, wählen Sie dort ICH HABE MEIN KENNWORT VERGESSEN und legen Sie ein neues Kennwort für Ihr Microsoft-Konto fest. Schreiben Sie sich das Kennwort dieses Mal unbedingt auf!

Sobald Sie sich bei Ihrem Microsoft-Konto angemeldet haben, klicken Sie im Menü oben auf SUPPORT. Geben Sie in das Feld WIE KÖNNEN WIR IHNEN HELFEN? Kennwörter ein und drücken Sie dann die ⏎-Taste. Es werden Optionen für eine Vielzahl von Kennwortproblemen angezeigt. Klicken Sie auf die Option, die das Problem, das Sie lösen möchten, am besten beschreibt.

Meine App ist eingefroren!

Irgendwann kann es passieren, dass eine Ihrer Apps einfriert und Sie im Regen stehen lässt, ohne dass Sie den Befehl zum Schließen der App erreichen können. Mit den folgenden Schritten können Sie die eingefrorene App aus dem Speicher Ihres Computers (und auch vom Bildschirm) entfernen:

1. **Klicken Sie mit der rechten Maustaste auf die Schaltfläche START und wählen Sie im Kontextmenü TASK-MANAGER aus oder drücken Sie** Strg + Alt + Entf .

   Das Programm TASK-MANAGER bietet seine Hilfe an und zeigt alle Programme, die gerade auf Ihrem PC laufen.

2. **Klicken Sie auf den Namen der eingefrorenen App.**

   Wenn Sie die App nicht auf Anhieb sehen, klicken Sie unten auf den Link MEHR DETAILS. Damit erhalten Sie einen detaillierten Überblick über die Aktivitäten Ihres Computers.

3. **Klicken Sie im Kontextmenü auf TASK BEENDEN, und Windows schließt die abgestürzte App.**

   Wenn Ihr Computer danach etwas unruhig erscheint, starten Sie ihn zur Sicherheit neu.

Mein Computer ist eingefroren

Ab und an hat Windows die Nase voll und verabschiedet sich ohne weitere Worte, um gemütlich unter einem Baum Pause zu machen. Sie bleiben allein zurück und schauen auf einen Computer, der nichts mehr zu sagen hat. Kein Computerlämpchen blinkt. Hektisches Klicken bewirkt gar nichts. Sie können auf der Tastatur herumdrücken, so viel Sie wollen, und erreichen im besten Fall, dass der Computer bei jedem Tastendruck hilflos piepst.

Wenn sich auf dem Bildschirm nichts bewegt (im Höchstfall noch der Mauszeiger), ist der Computer vollständig eingefroren. Probieren Sie die folgenden Methoden in der angegebenen Reihenfolge, um ihn wieder aufzutauen:

✔ **Methode 1:** Drücken Sie zweimal `Esc`.

Das hilft zwar fast nie, aber Sie haben es immerhin versucht.

✔ **Methode 2:** Drücken Sie gleichzeitig `Strg` + `Alt` + `Entf` und klicken Sie dann auf die Option TASK-MANAGER.

Wenn Sie Glück haben, reagiert der Task-Manager noch und teilt Ihnen mit, dass eine Anwendung nicht mehr antwortet. Der Task-Manager listet die Namen aller aktuell laufenden Programme auf, darunter auch das Programm, das diesen Schlamassel verursacht. Wechseln Sie im Task-Manager zur Registerkarte PROZESSE, klicken Sie mit der rechten Maustaste auf den Namen des Störenfrieds und dann auf TASK BEENDEN. Alle Arbeiten, die Sie in diesem Programm noch nicht gespeichert haben, gehen verloren. Aber da kann man jetzt auch nichts mehr machen. (Sollten Sie einmal versehentlich die Tastenkombination `Strg` + `Alt` + `Entf` drücken, drücken Sie anschließend `Esc`, um zu Windows zurückzuschalten.)

Wenn das alles immer noch nicht hilft, drücken Sie erneut `Strg` + `Alt` + `Entf` und klicken Sie dann in der rechten unteren Ecke des Bildschirms auf die Schaltfläche HERUNTERFAHREN. Wählen Sie dann NEU STARTEN, um den Rechner herunterzufahren und anschließend neu zu starten. Hoffentlich sind der Rechner und Windows jetzt besser gelaunt.

✔ **Methode 3:** Wenn die vorhergehenden Methoden nicht funktioniert haben, drücken Sie kurz den Ein/Aus-Schalter des Computers. Sollten sich doch noch die drei Wahlmöglichkeiten beim Herunterfahren auf dem Bildschirm melden, klicken Sie schnell auf NEU STARTEN, um den Rechner herunterzufahren und anschließend neu zu starten.

✔ **Methode 4:** Wenn alle bisherigen Methoden nicht geholfen haben, drücken Sie so lange den Ein/Aus-Schalter des Rechners, bis der Rechner aufgibt und abschaltet.

Wenn alles andere nicht weiterhilft

Wenn der Computer nicht startet, stellen Sie zunächst sicher, dass der Laptop-Akku nicht leer ist. Laden Sie den Akku eine Weile auf, wenn Sie keine Anzeichen von Energie sehen. Wenn es sich um einen Desktop-PC handelt, stellen Sie sicher, dass der Computer an das Stromnetz angeschlossen ist. Suchen Sie nach einem kleinen Netzschalter in der Nähe des Steckers, und stellen Sie sicher, dass dieser Schalter eingeschaltet ist.

Wenn diese einfache Lösung nicht hilft, sollten Sie sich bewusst sein, dass der Rest dieses Abschnitts nichts für Technikmuffel ist. Wenn Ihr Problem zu schwerwiegend ist, als dass einer der vorangegangenen Abschnitte helfen könnte, ist eine Reparaturwerkstatt vielleicht die sicherste Lösung. Aber wenn das für Sie nicht in Frage kommt, lesen Sie weiter.

Wenn Sie, wie in Kapitel 13 beschrieben, ein Wiederherstellungslaufwerk erstellt haben, können Sie Windows möglicherweise von diesem Laufwerk wiederherstellen und den Computer wieder zum Laufen bringen. Beachten Sie, dass Sie bei dieser Methode wahrscheinlich alle Ihre persönlichen Dateien verlieren werden. Sie verlieren keine Dateien auf OneDrive oder von Ihnen erstellte Sicherungen.

Wenn Sie keine andere Wahl haben, als von einem Wiederherstellungslaufwerk wiederherzustellen, folgen Sie diesen Schritten:

1. **Stecken Sie das Wiederherstellungslaufwerk bei ausgeschaltetem Computer in einen USB-Anschluss an Ihrem Computer.**

2. **Halten Sie die ⬙-Taste gedrückt (lassen Sie sie erst los, wenn ich es Ihnen sage) und schalten Sie den Computer ein.**

    Wenn bei gedrückter ⬙-Taste keine Boot-Optionen angezeigt werden, müssen Sie sich möglicherweise an den Hersteller Ihres Computers wenden, um spezifische Anweisungen für Ihre Marke und Ihr Computermodell zu erhalten.

3. **Wenn Sie etwas auf dem Bildschirm sehen, lassen Sie die ⬙-Taste los. Verwenden Sie die Pfeiltasten, um USB-Boot zu markieren, und drücken Sie dann die ↵-Taste.**

4. **Folgen Sie den Anweisungen auf dem Bildschirm.**

Sobald Sie Windows wieder zum Laufen gebracht haben, sollten Sie Ihre Dateien auf OneDrive abrufen können. Oder, wenn Sie den Dateiversionsverlauf zum Sichern von Dateien verwendet haben, stellen Sie die Dateien von dort wieder her, wie weiter vorne in diesem Kapitel im Abschnitt »Dateiversionsverlauf zur Wiederherstellung einer Sicherung verwenden« beschrieben. Wenn Sie Microsoft 365 mit Word, Excel und anderen Office-Apps haben, sollten Sie sich bei Office 365 anmelden, um diese Apps wieder zu aktivieren. Alle anderen fehlenden Apps können wahrscheinlich wieder aus dem Microsoft Store heruntergeladen werden.

> **IN DIESEM KAPITEL**
>
> Meldungen über Ihr Microsoft-Konto entschlüsseln
>
> Nachrichten darüber interpretieren, was als nächstes passieren soll
>
> Auf Meldungen über Berechtigungen reagieren

Kapitel 20
Seltsame Fehlermeldungen

Die meisten Fehlermeldungen, die Ihnen im Alltag unterkommen, sind leicht zu durchschauen. Das blinkende Licht am Videorekorder zeigt an, dass Sie die Uhr noch nicht eingestellt haben. Das Piepen beim Verlassen des Autos bedeutet, dass Sie das Licht haben brennen lassen.

Aber Fehlermeldungen von Windows könnten von einem Unterausschuss des Bundestags geschrieben worden sein, wenn sie nicht so kurz wären. Windows-Fehlermeldungen beschreiben nie, was Sie falsch gemacht haben, und so gut wie nie, wie Sie den Fehler beheben können.

Wenn Sie eine Nachricht auf Ihrem Bildschirm sehen, die Sie nicht verstehen, sollte Ihr erster Schritt darin bestehen, Copilot nach der Nachricht zu fragen. Klicken Sie in der Taskleiste auf die Schaltfläche COPILOT. Wenn Sie in der Vergangenheit bereits Unterhaltungen geführt haben, klicken Sie neben dem Copilot-Titel in der oberen linken Ecke auf NEUES THEMA. Geben Sie dann Ihre Frage ein und fügen Sie die Wörter aus der verwirrenden Nachricht ein. Zum Beispiel: »Was soll ich tun, wenn ich eine Nachricht sehe, in der ich aufgefordert werde, meine Netzwerk-Anmeldedaten einzugeben?« Oder »Was soll ich tun, wenn ich eine Nachricht für eine Datei oder einen Ordner erhalte, für die ich derzeit keine Berechtigung habe?«

Wenn Sie keine zufriedenstellende Antwort erhalten, setzen Sie das Gespräch mit Copilot fort. Manchmal braucht man mehrere Fragen und Antworten, um das Problem einzugrenzen und eine gute Lösung zu finden.

In diesem Kapitel erfahren Sie, wie Sie mit einigen der häufigsten Windows-Fehlermeldungen umgehen können. Suchen Sie die Meldung, die auf das zutrifft, was Sie auf dem Bildschirm sehen, und lesen Sie dann, wie Sie das Problem elegant lösen.

Fügen Sie Ihr Microsoft-Konto hinzu

Bedeutung: Der genaue Wortlaut der Meldungen zu Ihrem Microsoft-Konto kann variieren, aber sie bedeuten letztendlich immer das Gleiche – Sie müssen sich mit einem Microsoft-Konto anmelden, wie in Abbildung 20.1 dargestellt.

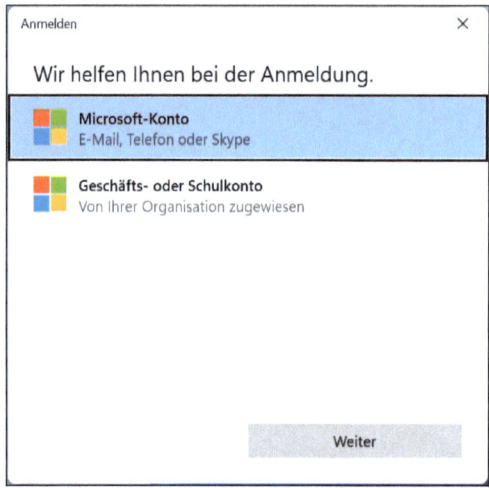

Abbildung 20.1: Bei vielen Windows-Features geht ohne ein Microsoft-Konto gar nichts.

Sie müssen sich für die Durchführung verschiedenster Aufgaben in Windows mit einem Microsoft-Konto anmelden. Wenn Sie noch kein Microsoft-Konto angegeben haben, sehen Sie eine Meldung (die unterschiedlich aussehen kann). Wie in Kapitel 2 genauer erklärt, holen Sie mit einem Microsoft-Konto das Optimum aus Windows heraus.

Mögliche Ursachen: Sie haben vielleicht versucht, im Microsoft Store einzukaufen, OneDrive zu verwenden oder die Family-Safety-Funktion zu aktivieren. Bei diesen Dingen geht ohne ein Microsoft-Konto gar nichts.

Lösung: Melden Sie sich für ein kostenloses Microsoft-Konto an. Keine Panik! Das geht ziemlich einfach und wird in Kapitel 2 beschrieben.

Wählen Sie eine Aktion für ...

Bedeutung: Windows fragt – wie in Abbildung 20.2 gezeigt – nach, was es mit dem Gerät anfangen soll, das Sie an den Rechner angeschlossen haben. Das bedeutet: Windows möchte wissen, was mit dem Gerät geschehen soll, das Sie gerade an den Computer angeschlossen haben. Daher wird in der unteren rechten Ecke des Bildschirms eine Meldung wie in Abbildung 20.2 angezeigt. Wenn Sie auf das Fenster in Abbildung 20.2 klicken, wird in der oberen rechten Ecke des Bildschirms das Fenster in Abbildung 20.3 angezeigt.

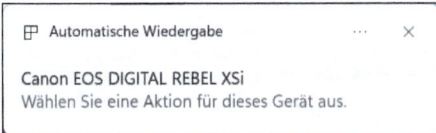

Abbildung 20.2: Klicken Sie hier, um Windows mitzuteilen, wie es reagieren soll, wenn Sie ein Gerät an Ihren Computer anschließen.

Abbildung 20.3: Sagen Sie Windows, was es mit dem Element tun soll, das Sie gerade in den Computer eingelegt bzw. angeschlossen haben.

Mögliche Ursachen: Wahrscheinliche Ursachen: Sie haben gerade ein Flash-Laufwerk (einen Speicherstick) in den USB-Anschluss Ihres Computers gesteckt, ein Telefon oder eine Kamera angeschlossen oder ein anderes Gerät mit Ihrem Computer verbunden.

Lösung: Klicken Sie auf die Meldung in Abbildung 20.2, um Windows mitzuteilen, wie es reagieren soll, wenn Sie das Gerät in Zukunft erneut verbinden. Sie können diese Entscheidung auch nachträglich in der Einstellungen-App ändern. Gehen Sie dazu in der Kategorie BLUETOOTH & GERÄTE rechts auf AUTOMATISCHE WIEDERGABE. Sie sehen dann eine Liste all Ihrer Geräte und auch, wie Windows aktuell beim Anschließen an Ihren PC damit umgeht. Klicken Sie auf den Namen des gewünschten Geräts (z. B. Wechseldatenträger) und wählen Sie in der Dropdown-Liste eine Option aus. (Ich bevorzuge die Option JEDES MAL NACHFRAGEN. Damit nimmt Windows mir diese Entscheidung nicht ab.)

Gelöschte Dateien werden überall entfernt

Bedeutung: Wenn Sie eine Datei aus OneDrive löschen, ist sie auf anderen Geräten nicht mehr verfügbar, also unwiderruflich gelöscht. Um Sie daran zu erinnern, zeigt Windows die Meldung an, die Sie in Abbildung 20.4 sehen.

Abbildung 20.4: Sollen alle Dateien gelöscht werden?

Mögliche Ursache: Sie löschen eine Datei, die auf OneDrive gespeichert ist.

Lösung: Sie können die Datei aus OneDrive löschen, wenn Sie sie dort nicht mehr benötigen. Stellen Sie jedoch sicher, dass Sie eine Kopie auf den PCs aufbewahren, auf denen sie benötigt wird. Wenn Sie eine OneDrive-Datei löschen, wandert sie in den *OneDrive-Papierkorb*, wo sie 30 Tage lang verbleibt. Um eine versehentlich gelöschte Datei wiederherzustellen, klicken Sie in der Nachricht auf die Schaltfläche ONEDRIVE-PAPIERKORB ÖFFNEN, wählen die versehentlich gelöschte Datei aus und klicken auf die Schaltfläche WIEDERHERSTELLEN. Weitere Informationen zu OneDrive finden Sie in Kapitel 5.

Möchten Sie zulassen, dass durch diese App Änderungen an Ihrem Gerät vorgenommen werden?

Bedeutung: In Abbildung 20.5 werden Sie von Windows gefragt, ob Sie sicher sind, dass die Software frei von Viren oder sonstigem Befall ist.

Abbildung 20.5: Darf das Programm Änderungen vornehmen?

Mögliche Ursachen: Sie versuchen, heruntergeladene Software oder einen Treiber zu installieren. In diesem Fall möchte das Sicherheitsprogramm von Microsoft einfach wissen, ob Sie der Quelle dieses Downloads vertrauen und Sie der Software erlauben wollen, Änderungen an Ihrem Computer vorzunehmen.

Lösung: Wenn Sie versuchen, ein Programm zu installieren, dass Sie aus dem Microsoft Store oder von der Webseite Ihres Computerherstellers heruntergeladen haben, klicken Sie auf OK, JA oder INSTALLIEREN. Wenn diese Nachricht aber völlig unerwartet auftaucht, klicken Sie auf ABBRECHEN, NEIN oder NICHT INSTALLIEREN, um das verdächtige Programm zu stoppen. Lesen Sie in Kapitel 11 nach, um sich über das Thema Sicherheit Ihres Rechners schlauzumachen.

Möchten Sie Ihre Änderungen speichern?

Bedeutung: Die Meldung in dem Dialogfeld in Abbildung 20.6 möchte Ihnen gerne mitteilen, dass Sie Ihre mühevolle Arbeit in einer App – hier in Editor – noch nicht gespeichert haben und dabei sind, alle nicht gespeicherten Daten zu verlieren, da Sie die App gerade schließen.

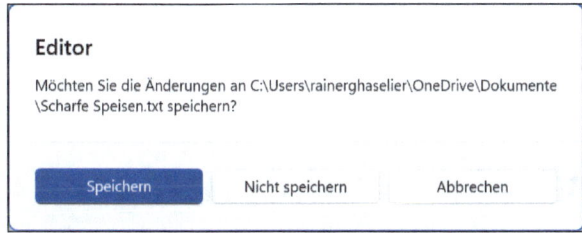

Abbildung 20.6: Wollen Sie Ihre Arbeit speichern?

Mögliche Ursache: Wahrscheinlich versuchen Sie gerade, die App zu schließen, und haben vergessen, Ihre Arbeit zu speichern.

Lösung: Wenn Sie eine Datei in der falschen App geöffnet haben und der Inhalt der Datei wie Kauderwelsch aussieht, klicken Sie auf NICHT SPEICHERN. Wenn Sie jedoch in der App gearbeitet haben und Ihre Änderungen speichern möchten, klicken Sie auf SPEICHERN, um Ihre Arbeit zu speichern und die App zu schließen.

Netzwerkanmeldeinformationen eingeben

Bedeutung: Windows lässt den Zugriff auf eine bestimmte Datei oder einen bestimmten Ordner nicht zu und zeigt Ihnen daher die Meldung in Abbildung 20.7 an.

Mögliche Ursache: Sie versuchen, auf eine Datei oder einen Ordner in einem Netzwerk oder in einem anderen Benutzerkonto zuzugreifen, für die Sie keine Berechtigung haben.

Abbildung 20.7: Geben Sie Ihren Benutzernamen und Ihr Kennwort ein.

Lösung: Wenn Sie versuchen, in einem privaten Netzwerk auf eine freigegebene Ressource zuzugreifen, muss sich die Person, die die Ressource freigegeben hat, mit einem Microsoft-Konto bei dem Computer anmelden, der die Ressource freigibt, und nicht mit einer PIN oder einer anderen Methode. Weitere Informationen finden Sie in Kapitel 15.

Auswählen, was mit Wechseldatenträgern geschieht

Bedeutung: Windows zeigt die Meldung aus Abbildung 20.8 an, wenn es wissen will, was zu tun ist, wenn Sie eine Festplatte oder ein USB-Laufwerk an den USB-Anschluss des Computers anschließen.

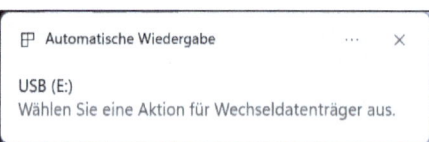

Abbildung 20.8: Windows möchte wissen, was mit einem neuen Laufwerk geschehen soll.

Mögliche Ursache: Sie haben eine neue Festplatte oder ein USB-Laufwerk an den USB-Anschluss Ihres Computers angeschlossen.

Lösung: Sie können die Meldung ignorieren, und sie wird verschwinden, ohne dass etwas passiert. Wenn Sie die Meldung anklicken, lässt Windows Sie eine der folgenden Aktionen wählen:

✔ **Speichereinstellungen konfigurieren:** Öffnet die Speichereinstellungen der App Einstellungen, von denen nur wenige mit tragbaren Laufwerken zu tun haben. (Zuvor bot Windows an, das Laufwerk als Sicherungsgerät zu verwenden.)

✔ **Ordner öffnen, um Dateien anzuzeigen:** Hier können Sie den Inhalt des neu angeschlossenen Laufwerks anzeigen.

✔ **Keine Aktion durchführen:** Beendet die Anzeige sinnloser Meldungen wie dieser. Wenn Sie sehen möchten, was sich auf dem Laufwerk befindet, öffnen Sie den Explorer, um den Inhalt des Laufwerks anzuzeigen.

Bedrohung gefunden

Bedeutung: Wenn das in Windows integrierte Virenschutzprogramm Microsoft Defender Antivirus auf eine potenziell gefährliche Datei auf Ihrem Rechner stößt, lässt es Sie das sofort mit der Meldung »Bedrohung gefunden« wissen. Diese Meldung erscheint stets rechts unten auf dem Bildschirm (siehe Abbildung 20.9).

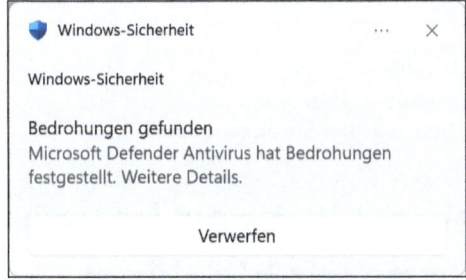

Abbildung 20.9: Microsoft Defender Antivirus hat eine potenziell gefährliche Datei auf Ihrem Computer gefunden und entfernt.

Mögliche Ursache: Eine womöglich gefährliche Datei – die *Schadsoftware* – hat sich über eine Mail, einen USB-Stick, einen vernetzten Computer oder eine Webseite auf Ihren Rechner geschlichen. Windows ist aber schon dabei, die Datei zu entfernen, damit sie keinen Schaden anrichten kann.

Lösung: Sie müssen erst einmal gar nichts tun. Windows erledigt das für Sie. Versuchen Sie, sich daran zu erinnern, was Microsoft Defender Antivirus auf den Plan gerufen hat. Wiederholen Sie diesen Vorgang aber nicht. Es kann auch nicht schaden, mit dem Defender eine Überprüfung Ihres Computers und gegebenenfalls des verwendeten Speichermediums (Speicherkarte, USB-Stick) durchzuführen. (Über Microsoft Defender Antivirus und Windows-Sicherheit erfahren Sie mehr in Kapitel 11.)

Sie haben derzeit keine Berechtigung zum Zugriff auf diesen Ordner

Bedeutung: Wenn Sie das Fenster in Abbildung 20.10 sehen, lässt Windows Sie nicht in den Ordner schauen, den Sie zu öffnen versuchen. Eine ähnliche Meldung erscheint, wenn Windows Sie eine Datei nicht öffnen lässt.

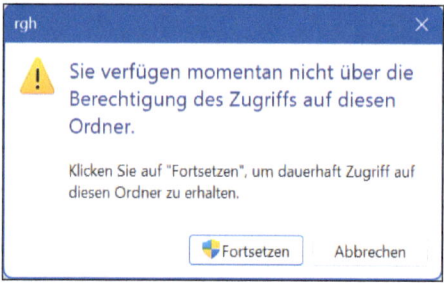

Abbildung 20.10: Suchen Sie jemanden mit einem Administratorkonto, um den Ordner oder die Datei zu öffnen.

Mögliche Ursache: Die Datei oder der Ordner gehört einer Person mit einem anderen Benutzerkonto.

Lösung: Wenn Sie über ein Administratorkonto verfügen, können Sie Dateien und Ordner aus den Benutzerkonten anderer Personen öffnen, indem Sie auf FORTSETZEN klicken. Wenn Sie kein Administratorkonto haben, werden Sie ausgesperrt.

Ihre Datenschutzeinstellungen haben den Zugriff auf Ihren Standort blockiert

Bedeutung: Windows oder eine App bittet um die Erlaubnis, Ihren aktuellen physischen Standort zu erfahren, und möchte wissen, ob Sie dies zulassen wollen (siehe Abbildung 20.11).

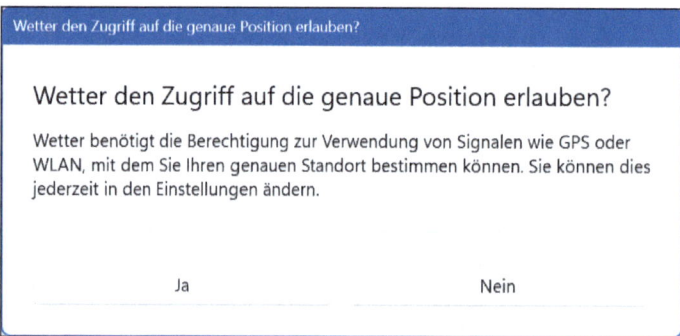

Abbildung 20.11: Zugriff auf den Standort erlauben?

Mögliche Ursache: Ihre Datenschutzeinstellungen in Windows 11 sind so eingestellt, dass keine App Ihren Standort kennen darf.

Lösung: Falls Sie ein Dialogfeld wie in Abbildung 20.11 sehen, können Sie auf Ja klicken, um dieser App den Zugriff auf den genauen Standort zu erlauben. Um weitere Datenschutzeinstellungen zu ändern, öffnen Sie die App Einstellungen im Startmenü. Gehen Sie dann zum Abschnitt Datenschutz und Sicherheit. Dort können Sie unter App-Berechtigungen auswählen, welche Apps auf Informationen zugreifen können. Ich behandle die App-Einstellungen in Kapitel 12.

IN DIESEM KAPITEL

Herausfinden, ob Sie Dateien übertragen müssen

Privates Netzwerk zur Übertragung von Dateien verwenden

Externes USB-Laufwerk oder Festplatte zur Übertragung von Dateien verwenden

Lösung eines Drittanbieters nutzen

Kapitel 21
Von einem alten Rechner auf einen Windows-11-Computer umziehen

Wenn Sie Ihren aufregenden neuen Windows 11-Computer mit nach Hause nehmen, fehlt ihm das Wichtigste von allem: die Daten von Ihrem alten Computer. Wie kopieren Sie Ihre Dateien von dem verstaubten alten PC auf den glänzenden neuen Windows-PC? Wie finden Sie überhaupt alles, was Sie verschieben möchten?

In diesem Kapitel werden Ihre Möglichkeiten untersucht und deren Schwierigkeitsgrad verglichen.

So können Sie Zeit sparen: Wenn Sie Ihren relativ neuen Windows 10-PC auf Windows 11 aktualisieren, können Sie dieses Kapitel überspringen. Beim Upgrade lässt Windows 11 Ihre persönlichen Dateien, Apps und Desktop-Programme unverändert.

Dateiübertragungen vermeiden

Wenn Sie Ihre persönlichen Dateien in einem Cloud-Laufwerk speichern, müssen Sie überhaupt keine Dateien übertragen. Cloud-Laufwerke wie OneDrive, Google Drive, Dropbox und iCloud speichern Ihre persönlichen Dateien an einem privaten Ort im Internet (allgemein als Cloud bezeichnet). Sie können von jedem mit dem Internet verbundenen

Computer oder Gerät auf die Dateien zugreifen; Sie müssen keine Dateien verschieben, kopieren oder übertragen.

Wenn Sie unter Windows Ihre Dateien in den integrierten Ordnern Dokumente, *Bilder*, *Musik* und *Videos* auf OneDrive speichern, sind diese Dateien auf Ihrem neuen Computer verfügbar, sobald Sie sich auf dem neuen Computer bei OneDrive anmelden. Wenn Sie sich bei Ihrem Konto bei einem anderen von Ihnen verwendeten Cloud-Laufwerkdienst anmelden, werden die in diesen Diensten gespeicherten Dateien auch auf Ihrem neuen Computer verfügbar.

Wenn Sie mit einem der genannten Dienste nicht vertraut sind, können Sie Copilot um weitere Informationen bitten. (Und wenn Sie Hilfe dabei benötigen, wie Sie an Copilot Fragen stellen, lesen Sie Kapitel 3.)

Dateien in einem privaten Netzwerk übertragen

Wenn zwei oder mehr Computer das gleiche WLAN-Netzwerk für den Internetzugang nutzen, werden sie automatisch Mitglieder eines privaten Netzwerks, das heißt, Sie können Dateien und Ordner auf einem Computer für andere Computer (und Geräte) im gleichen WLAN-Netzwerk freigeben.

Standardmäßig ist das private Netzwerk ausgeschaltet und unsichtbar. Sie müssen das private Netzwerk einrichten und die Netzwerkerkennung aktivieren, um Dateien zwischen den Computern im Netzwerk austauschen zu können. In Kapitel 15 finden Sie hierzu weitere Informationen.

Sobald Ihr neuer PC Mitglied des privaten Netzwerks ist, kann er über den Explorer auf alle freigegebenen Ressourcen zugreifen (wie in Kapitel 15 beschrieben). Um eine Datei aus dem privaten Netzwerk auf Ihren neuen PC zu kopieren, verwenden Sie einfach die Standardtechniken zum Kopieren, wie in Kapitel 5 beschrieben.

Dateien mit einem externen Laufwerk übertragen

Die Verwendung eines externen Laufwerks als Zwischenstation zum Kopieren von Dateien von einem Computer auf einen anderen ist eine praktikable Alternative zu Cloud-Laufwerken und privaten Netzwerken. Wenn sich alle Ihre persönlichen Dateien in Ihren Windows-Ordnern *Dokumente*, *Bilder*, *Musik* und *Videos* befinden, können Sie herausfinden, wie viel Speicherplatz Sie auf dem externen Laufwerk benötigen, um alle Dateien in einem Schritt zu kopieren.

Gehen Sie folgendermaßen vor, um zu ermitteln, wie viel Speicherplatz Sie für die Übertragung all Ihrer Dateien benötigen:

KAPITEL 21 Von einem alten Rechner auf einen Windows-11-Computer umziehen

1. **Öffnen Sie den Explorer, indem Sie auf sein Symbol in der Taskleiste klicken oder das Startmenü verwenden.**

2. **Erweitern Sie im Navigationsbereich auf der linken Seite den Eintrag DIESER PC, indem Sie auf den Pfeil nach rechts klicken. Tun Sie dasselbe für LOKALER DATENTRÄGER (C:).**

3. **Klicken Sie mit der rechten Maustaste auf den Ordner BENUTZER und wählen Sie EIGENSCHAFTEN.**

   Das Dialogfeld EIGENSCHAFTEN wird geöffnet.

4. **Klicken Sie auf die Registerkarte ALLGEMEIN.**

   Der von allen Dateien in allen Benutzerkonten belegte Speicherplatz wird neben GRÖSSE AUF DATENTRÄGER angezeigt und beträgt in Abbildung 21.1 etwas mehr als 4 GB. Für dieses Beispiel benötigen Sie ein USB-Laufwerk oder eine externe Festplatte mit mindestens 4 GB freiem Speicherplatz, um alle Dateien aller Benutzerkonten in Ihrem Ordner *Benutzer* zu speichern.

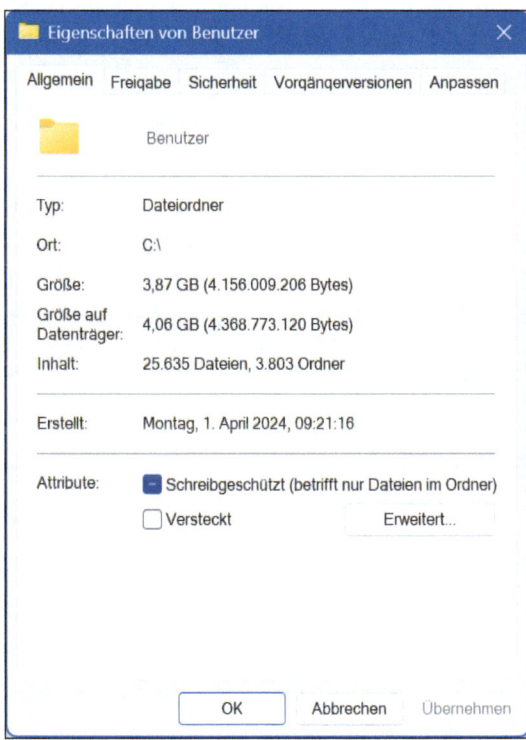

Abbildung 21.1: GRÖSSE AUF DEM DATENTRÄGER zeigt an, wie viel Platz der Ordner *Benutzer* auf der Festplatte belegt.

Natürlich müssen Sie nicht alle Dateien auf einmal übertragen. Sie können sie nach und nach übertragen, zum Beispiel zuerst in den Ordner *Dokumente*, dann in den Ordner *Bilder* und so weiter, bis Sie alle gewünschten Dateien auf den neuen Computer kopiert und übertragen haben.

 Wenn Sie die App Dateiversionsverlauf (siehe Kapitel 13) verwenden, um Ihre Dateien auf einem externen Laufwerk zu sichern, können Sie den Dateiversionsverlauf auf Ihrem neuen Computer verwenden, um Dateien auf dem neuen Computer wiederherzustellen.

Lösung von Drittanbietern verwenden

Wenn keine der zuvor beschriebenen Optionen in Frage kommt, versuchen Sie es mit einer Lösung eines Drittanbieters wie PCmover, die kostenlos im Microsoft Store erhältlich ist. Die kostenlose Version ist auf 500 MB begrenzt, daher ist sie vielleicht nicht für jeden geeignet. Aber selbst, wenn Sie mehr als 500 MB übertragen müssen, können Sie die kostenlose Version zum Testen verwenden und später das kostenpflichtige Produkt erwerben.

Um den Microsoft Store zu öffnen, klicken Sie auf sein Symbol in der Taskleiste oder auf die Schaltfläche START und wählen Sie MICROSOFT STORE. Sie können auch in das Suchfeld neben der Schaltfläche START `microsoft store` eingeben und im Startmenü auf MICROSOFT STORE (SYSTEM) klicken.

Sobald Sie im Store sind, suchen Sie nach `pcmover` und suchen Sie nach der kostenlosen Windows Store Edition.

Für die Übertragung von Dateien mit PCmover brauchen Sie weder ein Kabel noch externe Laufwerke. Allerdings müssen Ihr alter und Ihr neuer Computer dasselbe WLAN-Netzwerk nutzen und PCmover muss installiert sein. Außerdem können Sie nur 500 MB auf einmal übertragen, was bei großen Bild- und Videodateien sehr zeitaufwendig sein kann. Die kostenpflichtigen Versionen von PCmover, erhältlich unter `https://laplink.com`, können größere Dateien schneller übertragen.

Wenn die bisher erörterten Lösungen Ihre technischen Fähigkeiten übersteigen, sollte eine Computerwerkstatt in der Lage sein, die Dateien für Sie zu übertragen.

> **IN DIESEM KAPITEL**
>
> Sofortige Hilfe erhalten
>
> Die in Windows integrierten Hilferessourcen nutzen
>
> Hilfe von der Windows Community Webseite anfordern

Kapitel 22
Hilfe beim Windows-Hilfesystem anfordern

Hier sind die schnellsten Möglichkeiten, Windows dazu zu bringen, hilfreiche Informationen zu liefern, wenn Sie auf dem Desktop nicht mehr weiterwissen:

- ✔ **Fragen Sie Copilot:** Copilot ist Ihr allzeit bereitstehender, kostenloser Technik-Nerd. Sie können ihn alles fragen. Sehen Sie in Kapitel 3 nach, wenn Sie Hilfe beim Stellen von Fragen an Copilot benötigen.

- ✔ **Drücken Sie F1:** Drücken Sie in Windows oder in einer App die F1-Taste.

- ✔ **Startmenü:** Klicken Sie auf die Schaltfläche START und dann im Startmenü auf die Kachel HILFE ANFORDERN.

- ✔ **Fragezeichen:** Wenn Sie in der oberen rechten Ecke eines Dialogs auf ein kleines Fragezeichen stoßen, stürzen Sie sich mit einem schnellen Klick darauf.

In jedem Fall holt sich Windows Hilfe, indem es entweder online geht, integrierte Anweisungen abruft oder Sie zu einem integrierten Lernprogramm führt. In diesem Kapitel wird erklärt, wie Sie die von Windows 11 angebotene Hilfe nutzen können.

Erste Schritte mit Windows 11

Die App ERSTE SCHRITTE bietet eine kurze Einführung in Windows 11. Sie wendet sich an die gleichen Leute, die gerne Bucheinführungen lesen, um sich auf das Kommende einzustimmen. Um die App zu finden, geben Sie in das Suchfeld neben der Schaltfläche START | ERSTE SCHRITTE ein und klicken Sie dann im Startmenü auf ERSTE SCHRITTE. Der in Abbildung 22.1 dargestellte Bildschirm wird angezeigt.

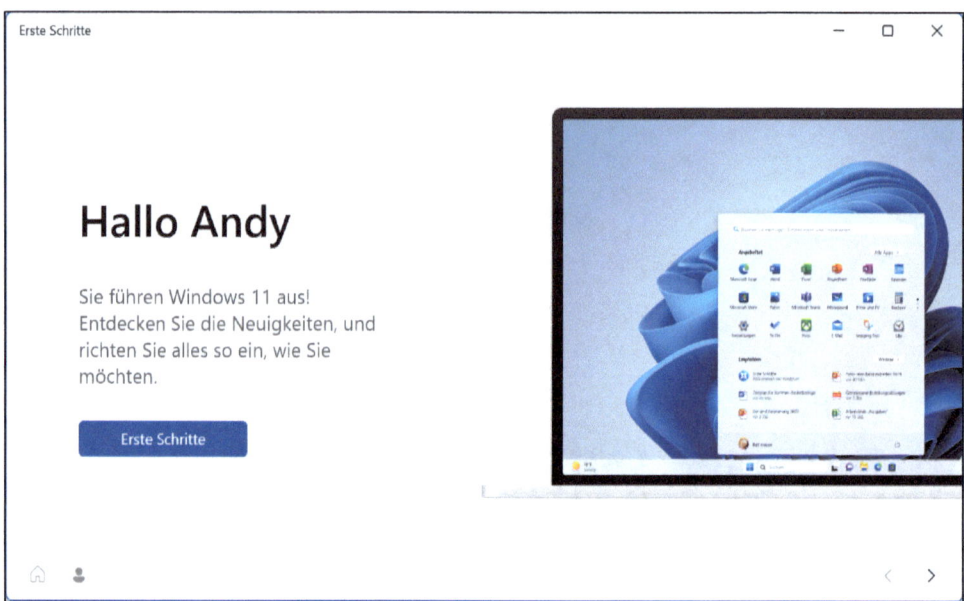

Abbildung 22.1: Die App ERSTE SCHRITTE gibt eine Einführung in Windows 11.

Klicken Sie auf die Schaltfläche ERSTE SCHRITTE. Der Rest der App ist interaktiv. Sie sehen eine Liste möglicher Interessen und der verschiedenen Arten, wie Menschen ihren Computer nutzen. Aktivieren Sie den Schalter für jede Kategorie, die Sie interessiert. Klicken Sie dann in der unteren rechten Ecke des Bildschirms auf >, um mit der interaktiven App fortzufahren.

Die App »Hilfe anfordern«

Windows 11 wird mit einer App ausgeliefert, die es Ihnen erleichtert, die benötigte Hilfe zu finden. Die App heißt einfach *Hilfe anfordern* und funktioniert ähnlich wie diese Telefonroboter, bei denen Sie verschiedene Nummern drücken müssen, bis Sie an die richtige Abteilung weitergeleitet werden.

Die App HILFE ANFORDERN braucht selbst etwas Hilfe: Sie funktioniert nur, wenn Sie mit dem Internet verbunden sind. Wenn Sie nicht verbunden sind, zeigt die App lediglich eine Fehlermeldung an.

Führen Sie die folgenden Schritte aus, um die App HILFE ANFORDERN aufzurufen und sich selbst an jemanden oder etwas weiterzuleiten, das Ihnen bei Ihrem Computerproblem hilft:

1. **Klicken Sie auf die Schaltfläche START, dann auf das ALLE APPS und abschließend auf HILFE ANFORDERN.**

    Die App HILFE ANFORDERN wird angezeigt (siehe Abbildung 22.2) und ruft einen virtuellen Assistenten (einen Roboter) herbei, der Ihr Problem beantwortet.

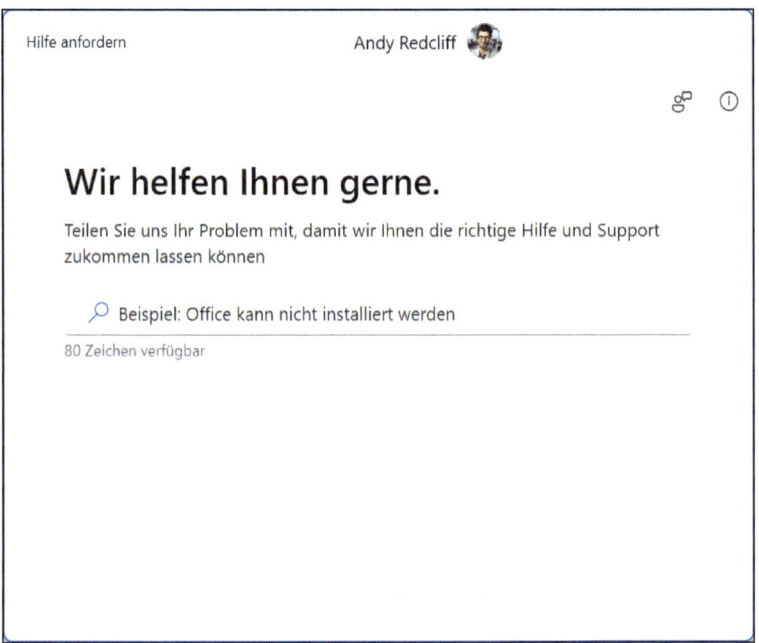

Abbildung 22.2: Die Windows 11-App HILFE ANFORDERN versucht, Sie zu einer Antwort zu führen.

2. **Geben Sie Ihre Frage in das Feld ein.**

   Der Roboter durchsucht den Onlinevorrat an Antworten von Microsoft nach Übereinstimmungen und zeigt die Ergebnisse an. Wenn eines der Ergebnisse Ihre Frage beantwortet, sind Sie fertig!

Wenn Sie immer noch Fragen haben, ist es am besten, wenn Sie mit einem Menschen sprechen, was der nächste Abschnitt beschreibt.

Fragen Sie die Microsoft Community

Kostenlose Unterstützung erhalten Sie am besten auf der Microsoft Community Webseite. Sie ist ein Online-Treffpunkt für verwirrte Besitzer, sachkundige Technik-Enthusiasten und gelegentlich einen Microsoft-Mitarbeiter.

Nachdem Sie die Webseite aufgerufen haben, wählen Sie eine Kategorie und geben Ihre Frage ein. Manchmal antwortet ein Microsoft-Mitarbeiter, aber normalerweise meldet sich jemand, der ein ähnliches Problem hatte. Je mehr Leute antworten, desto wahrscheinlicher ist es, dass alle eine Lösung für ein gemeinsames Problem finden. Aber denken Sie daran: Die Foren sind nur für Microsoft-Produkte gedacht.

Führen Sie die folgenden Schritte aus, um die Microsoft Support Community zu besuchen:

1. **Besuchen Sie die Microsoft Community Webseite unter** `https://answers.microsoft.com`.

Die Webseite *Community* wird geöffnet und sieht ungefähr so aus wie in Abbildung 22.3. Webseiten ändern sich häufig. Wundern Sie sich also nicht, wenn die Seite, die Sie sehen, etwas anders aussieht.

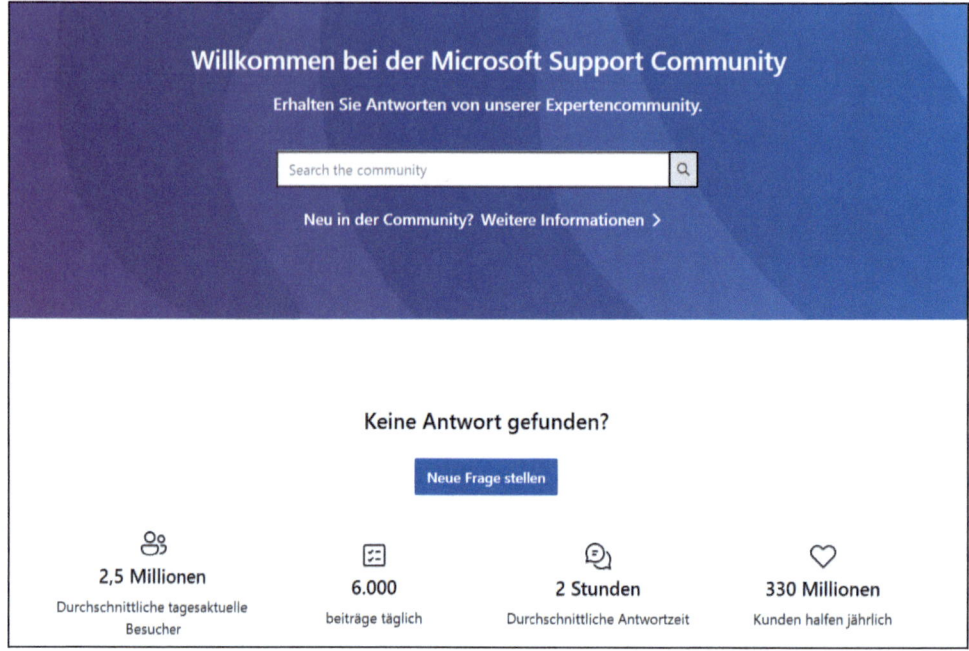

Abbildung 22.3: Durchsuchen Sie die Community nach Ihrer Frage oder Ihrem Problem.

2. **Geben Sie in das Feld COMMUNITY DURCHSUCHEN einige Schlüsselwörter ein, die Ihre Frage oder Ihr Problem erklären, und drücken Sie dann die ⏎-Taste.**

   Durchsuchen Sie die Ergebnisse, um zu sehen, ob es für Ihr spezielles Computerproblem eine Lösung gibt. Wenn Sie eine Lösung gefunden haben, sind Sie mit diesen Schritten fertig.

3. **Wenn Sie keine Antwort sehen, kopieren Sie Ihre ursprüngliche Frage, indem Sie sie dreifach anklicken und Strg + C drücken.**

4. **Klicken Sie auf ERSTE SCHRITTE (oben auf der Seite) und dann im angezeigten Menü auf FRAGE STELLEN.**

5. **Wenn Sie dazu aufgefordert werden, melden Sie sich bei Ihrem Microsoft-Konto an.**

6. **Fügen Sie Ihre ursprüngliche Frage in das in Abbildung 22.4 gezeigte Fragefeld ein, indem Sie Strg + V drücken.**

7. **Geben Sie im Abschnitt DETAILS so viele relevante Informationen an, wie Sie können.**

   Befolgen Sie die Richtlinien unter STELLEN SIE GUTE FRAGEN, um die besten Ergebnisse zu erzielen. Sehen Sie sich auch die Liste am Ende des Kapitels an.

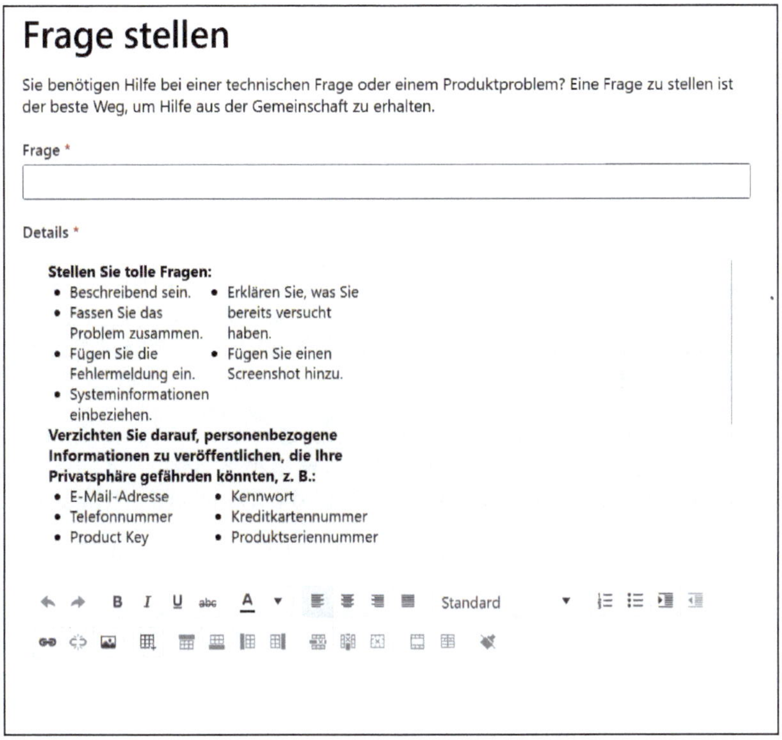

KAPITEL 22 Hilfe beim Windows-Hilfesystem anfordern

Abbildung 22.4: Seite zum Stellen einer detaillierten Frage.

8. **Wählen Sie im Dropdown-Menü PRODUKTE die Option WINDOWS.**

9. **Aktivieren Sie das Kontrollkästchen MICH BENACHRICHTIGEN, WENN JEMAND AUF DIESEN BEITRAG ANTWORTET.**

10. **Klicken Sie auf SENDEN.**

    Jetzt warten Sie. Wenn jemand antwortet, erhalten Sie in Ihrer E-Mail eine Nachricht mit einem Link zu Ihrer Nachricht und der Antwort.

11. **Klicken Sie auf den per E-Mail zugesandten Link, um das Forum erneut aufzurufen, wo Sie eine Korrespondenz beginnen können, die Ihr Problem lösen könnte.**

Die Microsoft-Community-Webseite ist kostenlos, und obwohl nicht garantiert ist, dass sie eine Antwort liefert, ist es auf jeden Fall einen Versuch wert. Ich habe schon einige Lösungen gefunden, indem ich einfach die Antworten auf früher gestellte Fragen durchgesehen habe.

 Die besten Ergebnisse erzielen Sie, wenn Sie die folgenden Tipps beachten, wenn Sie eine Nachricht auf der Microsoft Community-Webseite veröffentlichen:

✔ Schimpfen Sie nicht herum, wenn Ihnen etwas nicht passt. Die anderen Benutzer, die helfen wollen, bekommen nichts dafür bezahlt.

✔ Um die besten Antworten zu bekommen, sollten Sie Ihr Problem so präzise wie möglich beschreiben. Wenn Sie zum Beispiel ein Problem mit einer hartnäckigen Fehlermeldung haben, dann zitieren Sie die gesamte Meldung – ohne Rechtschreibfehler. Und geben Sie immer genaue Daten über Ihr Rechnermodell an.

✔ Wenn möglich, beschreiben Sie genau die Schritte, mit denen das Problem nachvollzogen werden kann. Lässt sich Ihr Problem auch auf anderen Computern reproduzieren, kann es oft leichter behoben werden.

✔ Behalten Sie Ihren Posteingang im Auge und antworten Sie den Leuten, die versuchen zu helfen. Selbst wenn sich Ihr akutes Problem nicht lösen lässt, die Informationsspuren, die Sie hier hinterlassen, können noch Jahre später anderen bei der Lösung eines ähnlichen Problems helfen.

Die meisten der besten Antworten kommen nicht von den bezahlten Technikern von Microsoft, sondern von Fremden, die dasselbe Problem haben, vielleicht sogar dieselbe Computermarke und dasselbe Computermodell, und die Tipps austauschen möchten, damit es Ihnen beiden besser geht.

Teil VII
Der Top-Ten-Teil

 Folgen Sie uns jetzt auch auf Instagram: https://www.instagram.com/furdummies/

IN DIESEM TEIL ...

✔ Zehn Tipps für Content Creators

✔ Die zehn besten Tipps für ein erfolgreiches Leben im Zeitalter der KI

> **IN DIESEM KAPITEL**
>
> Mit KI Ihre Fotos verbessern
>
> Objekte (und Personen) aus Fotos entfernen
>
> Bilder auf bestimmte Seitenverhältnisse zuschneiden
>
> Fotohintergründe ändern und entfernen
>
> Geschriebenen Text in gesprochene Sprache umwandeln

Kapitel 23
Zehn Tipps für Content Creators

Bei der Content Creation geht es um die Erstellung von Bildern, Videos, Anzeigen, Beiträgen in sozialen Medien und vielem mehr für die Selfpublishing im Internet. Es gibt viele Tools, die Ihnen dabei helfen, multimediale Inhalte in professioneller Qualität zu erstellen und auf YouTube, TikTok, Instagram, Facebook, X und anderen Plattformen zu veröffentlichen. Einige dieser Tools sind teuer und schwer zu erlernen. Doch wie Sie in diesem Kapitel erfahren, bietet Windows 11 24H2 kostenlose KI-Tools für die Erstellung von Inhalten.

Fotos mit KI verbessern

 Wenn Sie ein Foto haben, das verblasst ist oder nicht genug Pepp hat, können Sie es von KI verbessern lassen. Folgen Sie einfach diesen Schritten:

1. **Öffnen Sie über das Startmenü die App WINDOWS-FOTOANZEIGE und doppelklicken Sie auf das Bild, das Sie verbessern möchten.**

   Wenn sich das Bild nicht in der App Windows-Fotoanzeige befindet, öffnen Sie den Explorer, navigieren Sie zu dem Ordner, der das Bild enthält, klicken Sie mit der rechten Maustaste auf das Symbol des Bildes und wählen Sie ÖFFNEN MIT | WINDOWS-FOTOANZEIGE.

2. **Klicken Sie in der oberen linken Ecke der App WINDOWS-FOTOANZEIGE auf BEARBEITEN.**

3. **Klicken Sie auf die Schaltfläche FILTER (siehe Abbildung 23.1) und dann auf AUTOMATISCH VERBESSERN.**

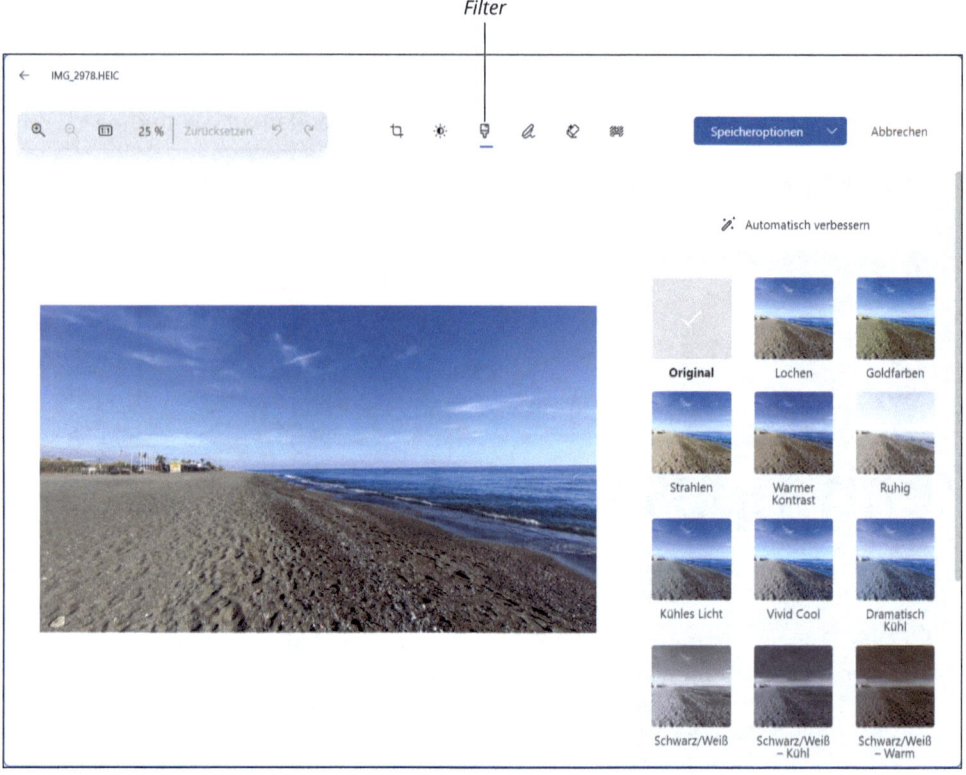

Abbildung 23.1: Die Schaltfläche FILTER in der APP WINDOWS-FOTOANZEIGE.

4. **Ziehen Sie den Schieberegler INTENSITÄT nach links und rechts, um eine Intensität auszuwählen.**

   Je weiter Sie nach rechts ziehen, desto intensiver ist die Verstärkung.

5. **(Optional) Klicken Sie auf einen Farbeffekt wie BRENNEN, VIVID COOL oder SCHWARZ/WEIß.**

   Jeder Effekt verfügt über einen Schieberegler für die Intensität, den Sie verwenden können.

6. **Wenn Sie mit dem Effekt zufrieden sind, klicken Sie auf SPEICHEROPTIONEN, klicken Sie auf ALS KOPIE SPEICHERN und geben Sie für das Bild einen neuen Dateinamen ein.**

   Sie können die Datei auch in einem anderen Ordner speichern und denselben Dateinamen beibehalten. Wenn Sie einen neuen Dateinamen eingeben oder in einem anderen Ordner speichern, bleibt das Originalfoto erhalten.

Beim Ändern und Experimentieren mit Fotos empfiehlt es sich, die Änderungen unter einem neuen Namen oder in einem separaten Ordner zu speichern, damit Sie das Originalfoto weiterhin verwenden können.

Objekte und Personen aus einem Foto entfernen

Hin und wieder machen wir ein tolles Foto, das durch eine unerwünschte Person oder ein unerwünschtes Objekt ruiniert wird. Vielleicht wird eine schöne Landschaft durch ein Schrottauto im Vordergrund beeinträchtigt. Oder auf einem Familienfoto taucht ein Fremder auf. KI ist ziemlich gut darin, unerwünschte Objekte und Personen aus Fotos zu entfernen. In der Windows 11-App **Windows-Fotoanzeige** ist diese Funktion bereits integriert, so dass Sie sie jederzeit kostenlos nutzen können. Hier sind die Schritte:

1. **Suchen Sie in der App Windows-Fotoanzeige das Bild und doppelklicken Sie darauf.**

    Wenn sich das Bild nicht in der App **Windows-Fotoanzeige** befindet, öffnen Sie den Explorer, navigieren Sie zu dem Ordner, der das Bild enthält, klicken Sie mit der rechten Maustaste auf das Symbol des Bildes und wählen Sie Öffnen mit | Windows-Fotoanzeige.

2. **Klicken Sie in der oberen linken Ecke auf Bearbeiten und dann auf die Schaltfläche Löschen (siehe Abbildung 23.2). Vergewissern Sie sich, dass Automatisch anwenden aktiviert ist.**

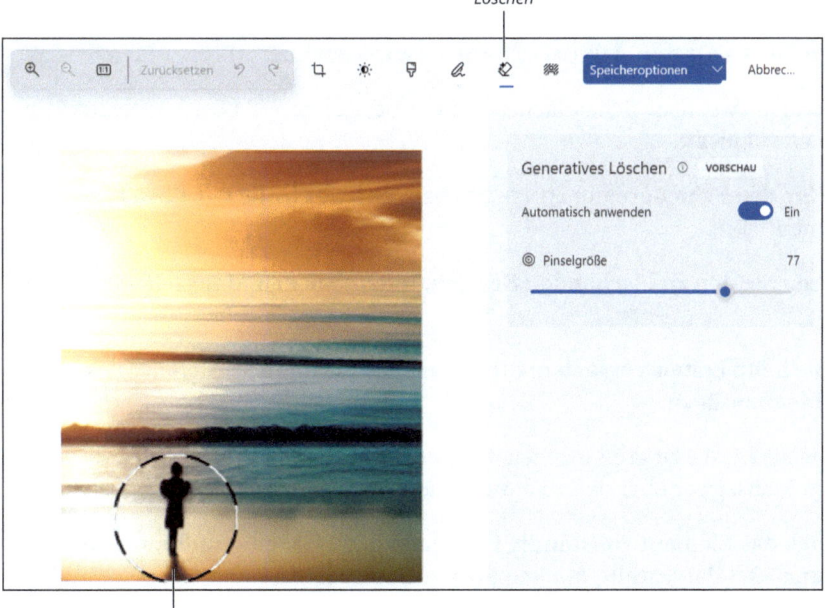

Abbildung 23.2: Der größte Teil des zu löschenden Objekts befindet sich innerhalb des Kreises.

3. **Bewegen Sie den Mauszeiger über das Foto.**

   Der Kreis, der erscheint, ist der Pinsel.

4. **Ziehen Sie den Schieberegler für die Pinselgröße, um den Pinsel so zu vergrößern, dass das zu löschende Objekt ganz oder größtenteils im Kreis enthalten ist.**

5. **Klicken Sie und warten Sie einige Sekunden.**

   KI versucht, das Objekt zu entfernen.

6. **Wiederholen Sie die Schritte 3 bis 5 nach Bedarf, bis alle Spuren des unerwünschten Gegenstands beseitigt sind.**

   Wenn das Objekt zu groß ist, um in den Kreis zu passen, versuchen Sie die Methode in den nächsten Schritten.

7. **Wenn Sie mit dem Ergebnis zufrieden sind, speichern Sie das Bild, indem Sie auf Speicheroptionen klicken. Um das Originalfoto beizubehalten, wählen Sie Als Kopie speichern und speichern Sie das Bild unter einem neuen Dateinamen oder in einem anderen Ordner.**

Wenn Sie das Objekt oder die Person mit den vorangegangenen Schritten nicht entfernen können, klicken Sie auf Abbrechen, um die aktuellen Änderungen rückgängig zu machen und den Vorgang ohne Speichern zu beenden. Versuchen Sie dann die folgenden Schritte, die dasselbe Löschwerkzeug verwenden, aber ohne die Option Automatisch anwenden. Bei diesem Verfahren maskieren Sie das Objekt, das Sie entfernen möchten, indem Sie den Mauszeiger über das Objekt ziehen:

1. **Führen Sie die Schritte 1 und 3 in der vorherigen Schrittfolge aus.**

2. **Schalten Sie die Option Automatisch anwenden aus.**

   Es erscheinen zwei neue Schaltflächen mit der Bezeichnung **Maske hinzufügen** und **Maske entfernen**.

3. **Ziehen Sie den Schieberegler Pinselgröße, um die Größe des Pinsels zu bestimmen.**

4. **Maskieren Sie den zu löschenden Bereich, indem Sie den Mauszeiger darüber ziehen.**

5. **Wenn Sie beim ersten Versuch nicht genug maskiert haben, ziehen Sie, um mehr Maske hinzuzufügen.**

   Wenn Sie die Maske zu groß machen, können Sie auf Maske entfernen klicken und dann den Mauszeiger über den zu entfernenden Maskenbereich ziehen.

6. **Wenn sich das Element vollständig innerhalb der Maske befindet, wie in Abbildung 23.3 dargestellt, klicken Sie auf Löschen.**

   KI tut sein Bestes, um das maskierte Objekt zu entfernen.

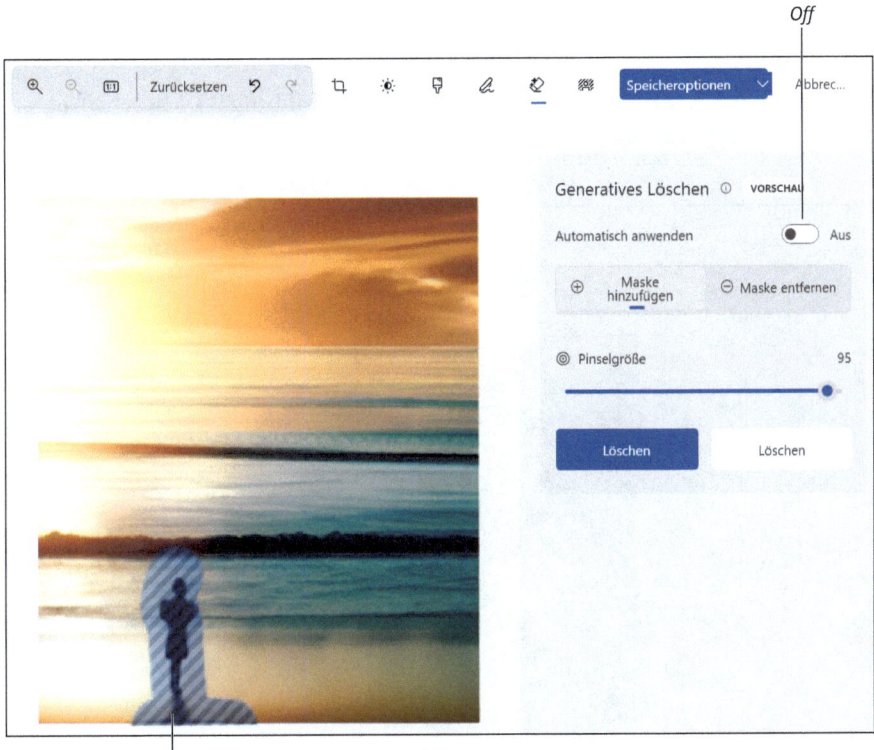

Objekt, das entfernt werden soll

Abbildung 23.3: Das zu entfernende Objekt ist maskiert.

7. **Wenn das Element nur teilweise entfernt wurde, fahren Sie mit der Maskierung fort und löschen Sie die verbleibenden Bereiche wie erforderlich.**

     Sie können jederzeit auf ABBRECHEN klicken, wenn Ihre Bemühungen mehr schaden als nutzen.

8. **Wenn Sie mit dem Ergebnis zufrieden sind, klicken Sie auf SPEICHEROPTIONEN, wählen Sie ALS KOPIE SPEICHERN und speichern Sie die Kopie unter einem neuen Dateinamen.**

Bild zuschneiden

Wenn Sie ein Bild in sozialen Medien oder einem gedruckten Dokument verwenden, benötigen Sie möglicherweise ein bestimmtes Seitenverhältnis, damit das Bild richtig passt. Oder Sie möchten einen störenden Hintergrund durch Zuschneiden des Bildes entfernen. Beides können Sie mit der App **WINDOWS-FOTOANZEIGE** erledigen. Hier sind die Schritte:

1. **Doppelklicken Sie in WINDOWS-FOTOANZEIGE auf das Bild.**

    Oder klicken Sie mit der rechten Maustaste auf das Bildsymbol im Explorer und wählen Sie ÖFFNEN MIT | WINDOWS-FOTOANZEIGE.

2. Klicken Sie in der oberen linken Ecke der App WINDOWS-FOTOANZEIGE auf BEARBEITEN.

3. Klicken Sie auf das Werkzeug ZUSCHNEIDEN, das in Abbildung 23.4 beschriftet ist.

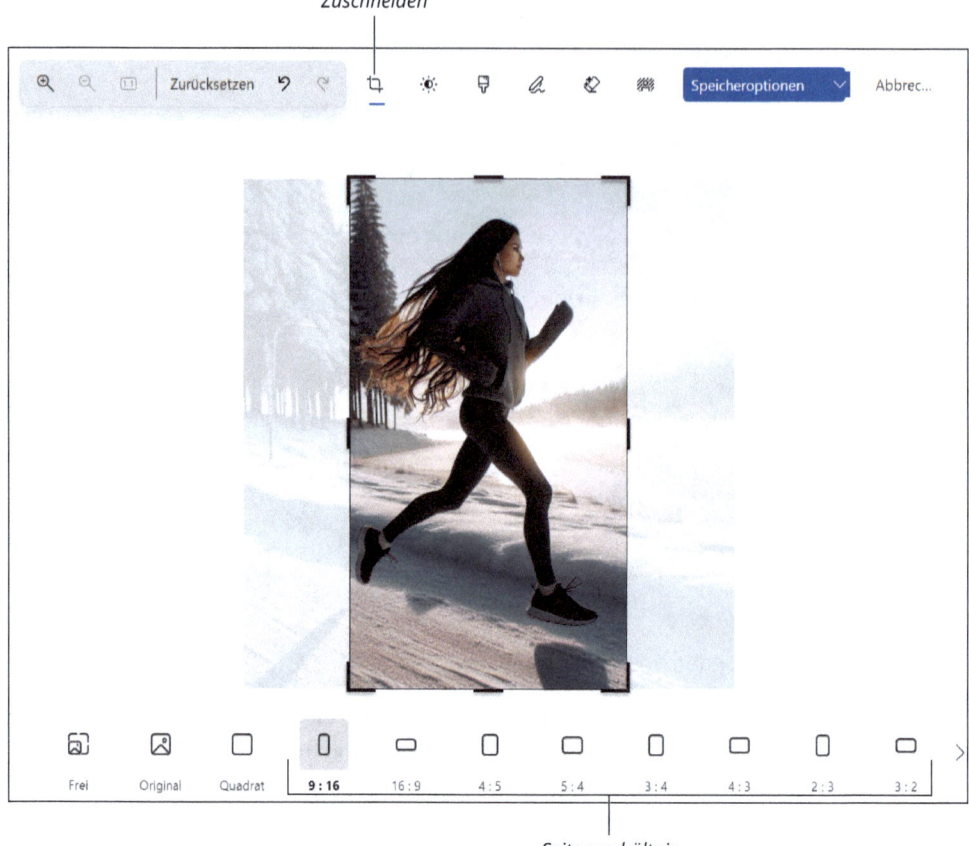

Abbildung 23.4: Zuschneiden eines Bildes in WINDOWS-FOTOANZEIGE.

4. Wenn Sie ein bestimmtes Seitenverhältnis benötigen, klicken Sie auf FREI (unten auf dem Bildschirm) und dann auf das gewünschte Seitenverhältnis.

5. Ziehen Sie das Bild nach Bedarf, um es im Rahmen zu positionieren. Um die Größe des Rahmens zu ändern, ziehen Sie eine Ecke oder einen Rand.

   Alles, was innerhalb des Rahmens liegt, erscheint im endgültigen Bild. Alles, was außerhalb des Rahmens liegt, wird abgeschnitten (gelöscht).

6. Wenn Sie mit dem Ergebnis zufrieden sind, klicken Sie auf SPEICHEROPTIONEN, klicken Sie auf ALS KOPIE SPEICHERN und geben Sie einen neuen Dateinamen für das Bild ein.

Sie können die Größe des Bildes auch mit der Paint-App ändern, wie im nächsten Abschnitt beschrieben.

 Das Seitenverhältnis definiert das Verhältnis zwischen der Breite und der Höhe des Bildes. Es legt nicht die Größe des Bildes fest. Um das Bild bei dem aktuellen Seitenverhältnis zu vergrößern oder zu verkleinern, müssen Sie das Bild vergrößern.

Größe eines Bildes ändern

Die Größe eines Bildes kann durch seine Abmessungen, die Höhe und Breite in Pixeln, ausgedrückt werden. Wenn Sie im Explorer mit dem Mauszeiger auf das Symbol eines Bildes zeigen, wie in Abbildung 23.5 gezeigt, werden normalerweise die Abmessungen des Bildes angezeigt. Sie können auch im Explorer mit der rechten Maustaste auf das Symbol eines Bildes klicken, EIGENSCHAFTEN wählen und dann auf die Registerkarte DETAILS klicken, um die Abmessungen im Dialogfeld EIGENSCHAFTEN anzuzeigen.

Abbildung 23.5: Zeigen Sie mit dem Mauszeiger auf ein Bild, um dessen Abmessungen zu sehen.

Um die Größe eines Bildes zu ändern, gehen Sie folgendermaßen vor:

1. **Klicken Sie im Explorer mit der rechten Maustaste auf das Symbol des Bildes und wählen Sie ÖFFNEN MIT | PAINT.**

   Die Abmessungen des Bildes werden am unteren Rand des App-Fensters angezeigt.

2. **Klicken Sie auf die Schaltfläche AN FENSTERGRÖSSE ANPASSEN (siehe Abbildung 23.6), um die Vergrößerung so einzustellen, dass das Bild in das Fenster der App passt.**

3. **Klicken Sie auf die Schaltfläche GRÖSSENÄNDERUNG UND SCHIEFE.**

4. **Geben Sie im angezeigten Dialogfeld (siehe Abbildung 23.7) die neue Größe für das Bild an.**

   Wenn Sie das Seitenverhältnis des Bildes ändern, wird das Bild verzerrt, wie bei einem Spiegelbild. Um die Größe zu ändern, ohne die Form zu verändern, wählen Sie zunächst entweder PROZENT oder PIXEL. Wenn Sie beispielsweise die Größe des Bildes verdoppeln möchten, klicken Sie auf Prozent und setzen sowohl HORIZONTAL (Breite) als auch VERTIKAL (Höhe) auf 200 (für 200 Prozent). Wenn Sie eine bestimmte Größe benötigen, klicken Sie auf PIXEL. Geben Sie dann die Abmessung in Pixeln entweder für

400　TEIL VII **Der Top-Ten-Teil**

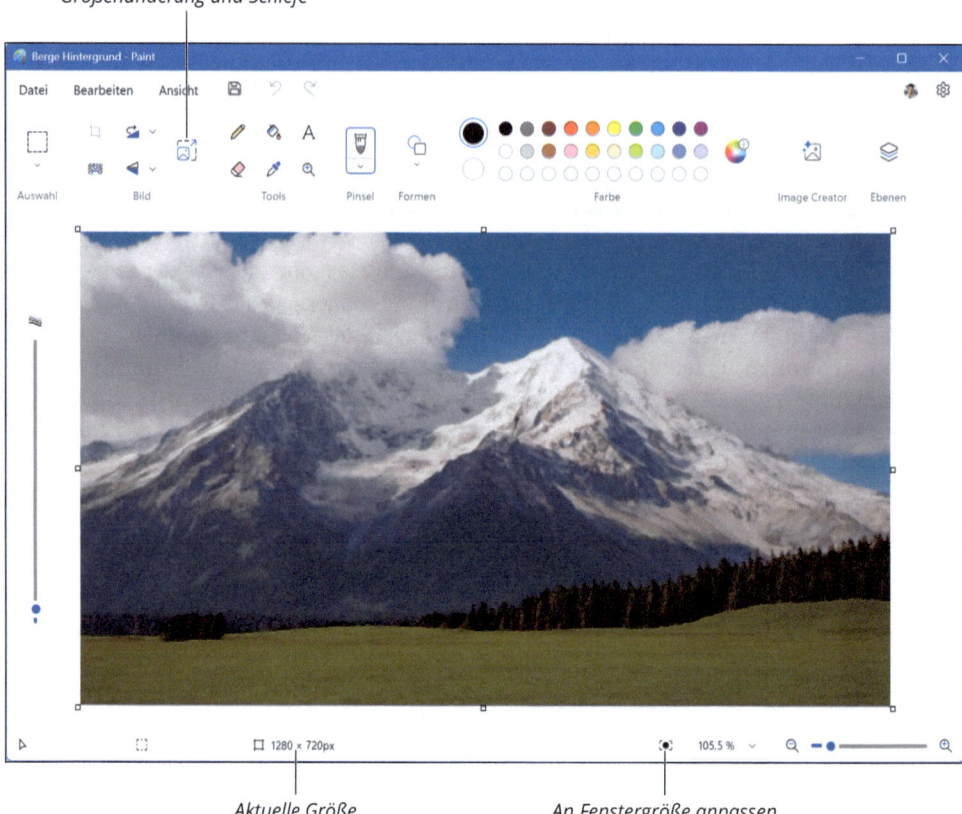

Abbildung 23.6: Ein Bild in Paint.

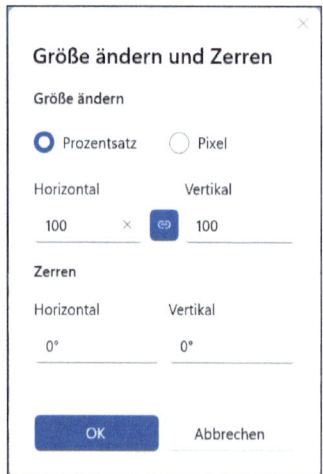

Abbildung 23.7: Dialogfeld GRÖSSE ÄNDERN UND ZERREN in Paint.

Horizontal oder Vertikal in Pixeln ein. Das andere Maß wird automatisch angepasst, um die aktuelle Form des Bildes beizubehalten.

5. **Wenn Sie fertig sind, klicken Sie auf OK.**

Wenn Sie etwas falsch gemacht haben, können Sie Ihre letzte Änderung rückgängig machen, indem Sie ⌜Strg⌝ + ⌜Z⌝ drücken. Oder schließen Sie einfach die Paint-App und wählen Sie Nein, wenn Sie gefragt werden, ob Sie Ihre Änderungen speichern möchten.

Wenn Sie versuchen, ein kleines Bild zu stark zu vergrößern, wird es unscharf. Um dieses Problem zu umgehen, müssen Sie das Bild hochskalieren und nicht nur die Größe ändern. Leider verfügt Windows nicht über ein integriertes Tool zum Hochskalieren von Bildern. Sie finden jedoch im Internet Webseiten, auf denen Sie Bilder kostenlos hochskalieren können, zum Beispiel https://dgb.lol.

Hintergrund entfernen

KI kann Ihnen helfen, den Hintergrund aus einem Bild zu entfernen. Diese Funktion ist hilfreich, wenn Sie ein Bild vor ein anderes setzen möchten, zum Beispiel, wenn Sie ein Bild von sich selbst in den Vordergrund eines YouTube-Hintergrundbilds oder eines Beitrags in sozialen Medien stellen, wie in Abbildung 23.8 gezeigt.

Abbildung 23.8: Das Foto einer Person wird auf ein Hintergrundbild gelegt.

Ein einfacher Hintergrund ist leichter zu entfernen als ein komplexer. Wenn Sie vorhaben, den Hintergrund aus einem Foto von Ihnen selbst zu entfernen, nehmen Sie zunächst ein Foto mit einer einfachen Wand im Hintergrund auf. Oder noch besser: Verwenden Sie einen Greenscreen, der sowohl für Fotos als auch für Videos geeignet ist. Suchen Sie bei Amazon oder einem ähnlichen Online-Händler nach einem Greenscreen für Videos. Für allgemeine Informationen über Greenscreens in der Videografie fragen Sie Copilot: »Was ist ein Greenscreen in Videos?«

Um den Hintergrund aus einem Bild zu entfernen, sollten Sie zunächst mit einem Bild beginnen, das zugeschnitten wurde, damit weniger überflüssiger Hintergrund zu entfernen ist. Verwenden Sie dazu die im Abschnitt »Bild zuschneiden« beschriebene Methode. Führen Sie dann die folgenden Schritte aus:

1. **Doppelklicken Sie in WINDOWS-FOTOANZEIGE auf das Bild, von dem Sie den Hintergrund entfernen möchten.**

   Oder klicken Sie im Explorer mit der rechten Maustaste auf das Bild und wählen Sie ÖFFNEN MIT | WINDOWS-FOTOANZEIGE.

2. **Klicken Sie in der oberen linken Ecke der App WINDOWS-FOTOANZEIGE auf BEARBEITEN.**

3. **Klicken Sie auf die Schaltfläche HINTERGRUND und dann auf ENTFERNEN, wie in Abbildung 23.9 gezeigt.**

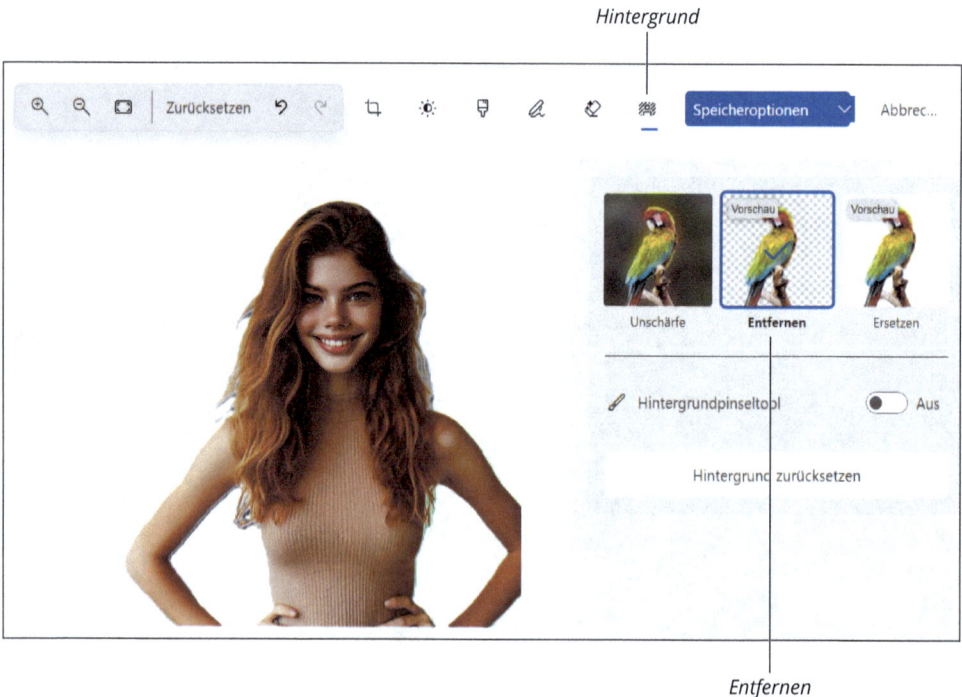

Abbildung 23.9: Hintergrund in der App WINDOWS-FOTOANZEIGE entfernen.

Das grau-weiße Schachbrettmuster im resultierenden Bild zeigt den transparenten Teil des Bildes, in dem der Hintergrund entfernt wurde.

4. Wenn KI nur teilweise erfolgreich war, schalten Sie das Hintergrundpinsel-tool ein, und löschen Sie alle Reste, die zurückgeblieben sind.

5. Klicken Sie auf Speicheroptionen und wählen Sie Als Kopie speichern.

   Das Dialogfeld Speichern unter wird angezeigt.

6. Wählen Sie als Dateityp png (*.png) aus, wählen Sie den Ordner, in dem Sie das Bild speichern möchten, und legen Sie einen neuen Dateinamen fest.

Wenn Sie ein Bild mit dem transparenten Hintergrund auf ein anderes Bild legen, werden die transparenten Teile unsichtbar. Im nächsten Abschnitt sehen Sie, wie man das in Paint macht.

Hintergrund eines Bildes ändern

Um den Hintergrund eines Bildes zu ändern, ist es am besten, zwei Bilder übereinander zu legen. Sie wählen ein Foto für den Hintergrund aus. Dann legen Sie ein Foto mit transparentem Hintergrund vor das Hintergrundfoto. Beide Schritte können Sie in der Paint-App durchführen. So geht's:

1. Klicken Sie mit der rechten Maustaste auf das Hintergrundbild, und wählen Sie Öffnen mit | Paint.

2. Klicken Sie auf die Schaltfläche An Fenstergröße einpassen (siehe Abbildung 23.6), damit Sie das gesamte Bild sehen können.

3. Wählen Sie in Paint Datei | In Zeichenbereich importieren | Aus einer Datei und öffnen Sie das Bild, das Sie in den Vordergrund legen wollen (das Bild mit dem transparenten Hintergrund).

   Das Bild im Vordergrund ist das Bild, das Sie im vorangegangenen Abschnitt erstellt haben.

4. Vergrößern Sie das importierte Bild, indem Sie einen Ziehpunkt ziehen, wie in Abbildung 23.10 gezeigt.

5. Verschieben Sie das gesamte importierte Bild, indem Sie den Mauszeiger in der Mitte des Bildes platzieren, bis Sie einen Mauszeiger mit vier Pfeilen sehen, und dann das Bild ziehen.

6. Wenn das Bild im Vordergrund platziert ist, wählen Sie Datei | Speichern unter und speichern Sie das Bild unter einem neuen Dateinamen in einem beliebigen Ordner.

   In der neu gespeicherten Datei sind beide Bilder zu einem einzigen Bild kombiniert.

Transparentes Hintergrundbild   *Anfasser zur Größenänderung*

Abbildung 23.10: Bild mit transparentem Hintergrund vor einem Hintergrundbild.

Text in Sprache umwandeln

 Wenn Sie einen gesprochenen Kommentar für ein Video benötigen, Sie sich bei der Aufnahme aber immer versprechen, können Sie ein Skript schreiben und es von KI vorlesen lassen. Sie können dies kostenlos direkt von Windows aus tun und hierbei aus einer Vielzahl von Stimmen wählen.

Arbeiten Sie für das Skript mit Textabschnitten von jeweils 100 bis 300 Wörtern (ein oder zwei Minuten Redezeit). Sie können das Skript selbst schreiben oder Copilot bitten, dies für Sie zu tun. Sie können das Skript in einem einfachen Textdokument mit Editor (im Lieferumfang von Windows enthalten), Word, Google Docs oder einem anderen Editor speichern.

Nachdem Sie Ihre Worte zu Papier gebracht haben, folgen Sie diesen Schritten:

1. Öffnen Sie Microsoft Clipchamp über das Startmenü oder über das Suchfeld.

    Die Clipchamp-Startseite wird angezeigt.

2. Klicken Sie unter TEXT-TO-SPEECH auf AUSPROBIEREN.

3. Wenn der Clipchamp-Editor geöffnet wird, klicken Sie in der linken Spalte auf TEXT-TO-SPEECH, wie in Abbildung 23.11 dargestellt.

4. Klicken Sie auf das Feld UNBENANNTES VIDEO in der oberen linken Ecke und geben Sie einen neuen Namen ein, der Ihr Skript beschreibt.

5. Wählen Sie im Dropdown-Menü SPRACHE (auf der rechten Seite des Fensters) die Sprache, die die KI-Stimme sprechen soll.

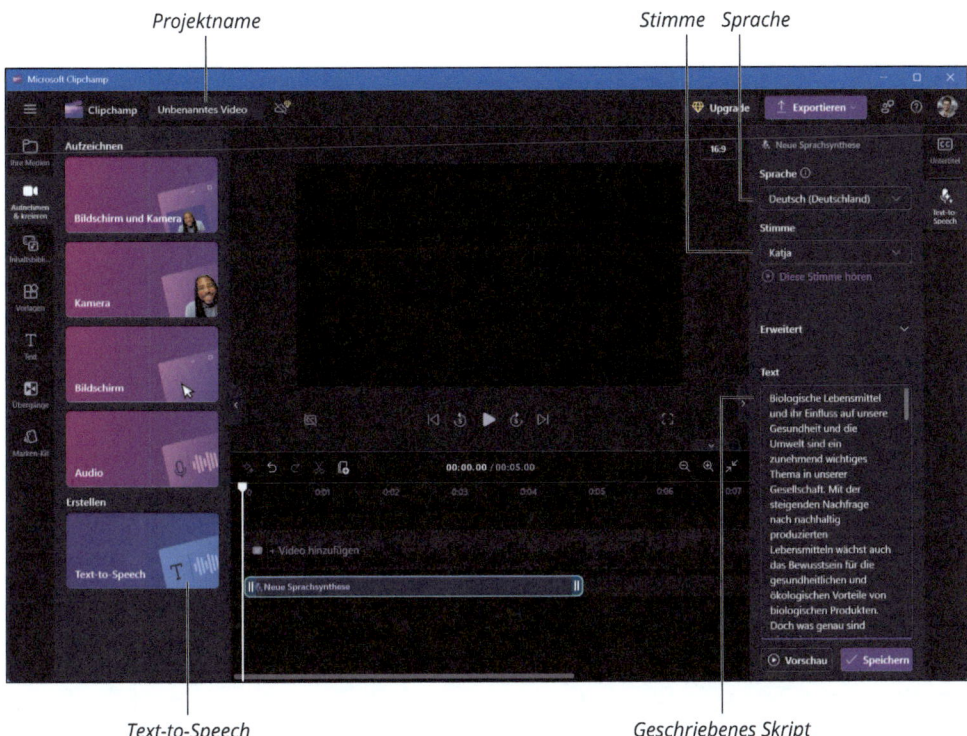

Abbildung 23.11: Geschriebenes Skript in Microsoft Clipchamp, das vorgelesen wird.

6. Wählen Sie im Dropdown-Menü STIMME eine Stimme aus. Klicken Sie auf DIESE STIMME ANHÖREN, um eine Vorschau der Stimme anzuhören.

7. Kopieren Sie Ihren getippten Text und fügen Sie ihn in das Feld TEXT ein.

8. Klicken Sie auf die Schaltfläche VORSCHAU, um sich das Skript anzuhören.

9. Falls erforderlich, können Sie den Text ändern, indem Sie ihn im Feld TEXT bearbeiten.

10. (Optional) Klicken Sie auf ERWEITERTE EINSTELLUNGEN und passen Sie die Stimmlage und das Tempo der Stimme an.

11. Wenn Sie mit dem gesprochenen Text zufrieden sind, klicken Sie auf SPEICHERN, um das Skript als Projekt in Clipchamp zu speichern, und dann auf EXPORTIEREN, um die Stimme in eine separate Datei zu exportieren. Wenn Sie gefragt werden, wählen Sie 720p oder 1080p.

Die gesprochene Stimme wird in Ihrem Download-Ordner mit dem in Schritt 4 angegebenen Dateinamen und der Dateinamenerweiterung .mp4 gespeichert.

Um den Text anzuhören, öffnen Sie den Ordner DOWNLOADS und doppelklicken Sie auf die exportierte mp4-Datei. Wenn Sie die Sprachdatei in mp3, flac oder einem anderen Audioformat benötigen, können Sie eine kostenlose Online-Konvertierungsseite wie www.online-convert.com oder www.zamzar.com nutzen.

Aus Wörtern Bilder machen

 Wenn Sie ein Bild von etwas benötigen, aber kein kostenloses Bild finden können, versuchen Sie, es selbst zu erstellen, indem Sie das Bild mit Wörtern beschreiben. Beachten Sie, dass Sie ein Microsoft-Konto benötigen, damit dies funktioniert. Außerdem ist die Anzahl der Bilder, die Sie an einem Tag erstellen können, begrenzt, da die Bilderstellung mit KI viel Rechenleistung benötigt.

Windows 11 24H2 unterstützt die Erzeugung von KI-Bildern in der Paint-App, die zum Lieferumfang von Windows gehört. Hier erfahren Sie, wie Sie es verwenden können:

1. **Öffnen Sie Paint über das Startmenü.**

    Wenn Sie Paint nicht im angehefteten Bereich sehen, klicken Sie auf die Schaltfläche ALLE APPS und dann auf PAINT.

2. **Klicken Sie in Paint auf die Schaltfläche IMAGE CREATOR, wie in Abbildung 23.12 dargestellt.**

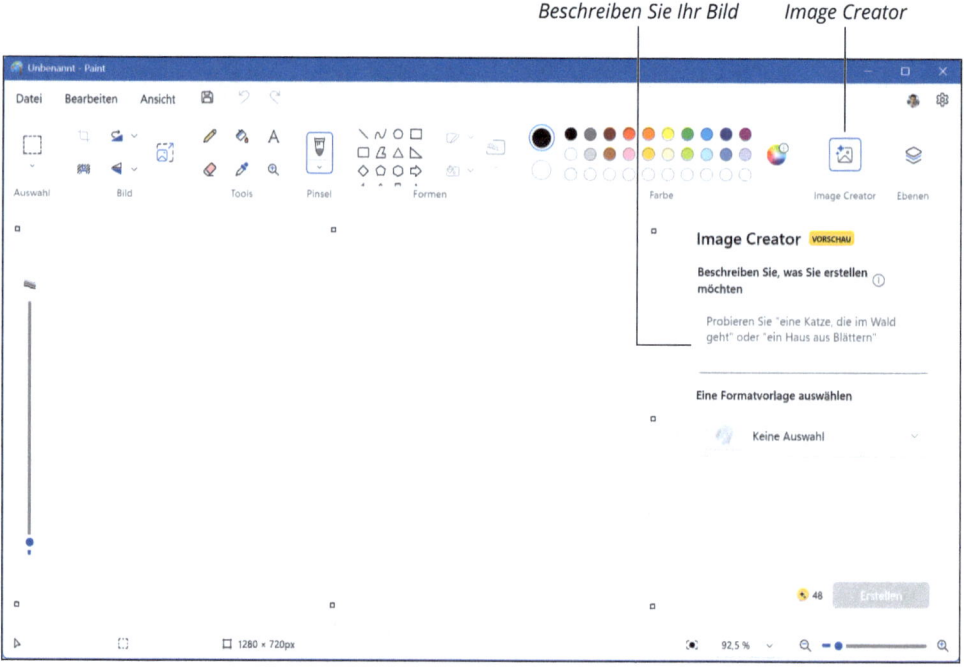

Abbildung 23.12: Image Creator in Paint.

3. **Beschreiben Sie in dem Feld das gewünschte Bild.**

    Beschreiben Sie das Bild so genau wie möglich. Sie brauchen keine besonderen Befehle einzugeben. In Abbildung 23.13 habe ich zum Beispiel die Eingabeaufforderung »Süße Hasen spielen in einem grünen Feld mit Wasserfällen und Regenbögen unter einem klaren, sonnigen Himmel« eingegeben.

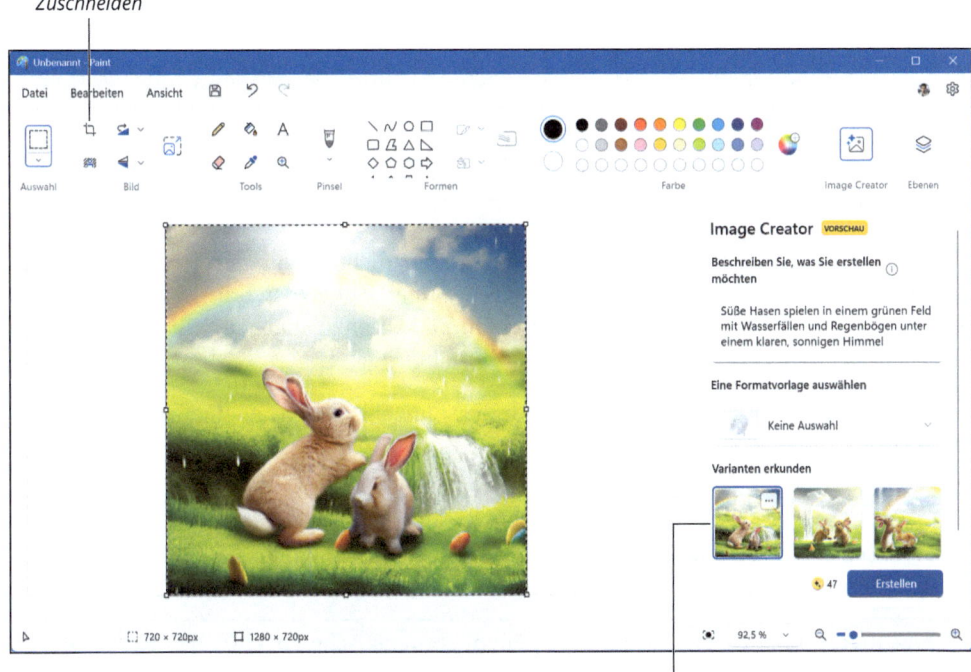

Abbildung 23.13: Anzeige eines KI-generierten Bildes in Paint.

4. **Wählen Sie unter EINE FORMATVORLAGE AUSWÄHLEN die Art des Bildes aus, die Sie wünschen (FOTOREALISTISCH, WASSERFARBE, ÖLGEMÄLDE usw.).**

   Ich habe für mein Beispiel WASSERFARBE gewählt, um dem Bild ein weiches Aussehen zu verleihen.

5. **Klicken Sie auf ERSTELLEN.**

   Nach einigen Sekunden zeigt Paint die erzeugten Bilder als Miniaturbilder unter VARIANTEN ERKUNDEN an, wie in Abbildung 23.13 dargestellt.

6. **Klicken Sie auf ein Miniaturbild, um es zu vergrößern.**

   Wenn das erzeugte Bild über eine leere Leinwand oder ein vorheriges Bild gelegt zu sein scheint, klicken Sie auf die Schaltfläche ZUSCHNEIDEN, um den zusätzlichen Hintergrund zu löschen.

7. **Wenn Sie ein Bild gefunden haben, das Sie speichern möchten, wählen Sie DATEI | SPEICHERN UNTER und speichern Sie die Datei.**

Nachdem Sie Ihr Bild erhalten haben, können Sie damit machen, was Sie wollen. Es gibt keine urheberrechtlichen Einschränkungen. Sie können es also in Ihren Beiträgen in sozialen Medien oder anderen von Ihnen erstellten Inhalten verwenden.

KI-Bilder mit Image Creator erstellen

Die Paint-Anwendung, die im vorangegangenen Abschnitt beschrieben wurde, verwendet Microsoft Image Creator, um Bilder für Sie zu erstellen. Alternativ zu Paint können Sie auch die Image Creator-Webseite verwenden, um Bilder zu generieren. Viele Benutzer sind der Meinung, dass die Bilder, die sie von der Webseite erhalten, qualitativ besser sind als die Bilder, die sie mit Paint erstellen.

Im Gegensatz zu Paint werden Sie bei Image Creator nicht nach einer Formatvorlage gefragt, zum Beispiel Wasserfarbe oder Anime. Sie können jedoch den Stil, die Stimmung, das Medium und die Einstellungen des gewünschten Bildes genau angeben. Je detaillierter Ihre Eingabe ist, desto besser sind die Ergebnisse. Zum Beispiel:

Foto einer jungen Frau aus Hawaii, die in der Banzai Pipeline auf einer riesigen Welle surft

Eine abstrakte Kohlezeichnung eines bärtigen alten Mannes, der schon viel erlebt hat

Aquarell von Baby-Einhörnern und süßen Häschen, die in einer Landschaft mit Wasserfällen und Regenbögen herumtollen

Ölgemälde im Stil von Van Gogh mit einem gespenstischen nächtlichen Karneval

Bleistiftskizze einer jungen Frau, die an einer Rose riecht

iPhone-Selfie, aufgenommen von einer jungen Frau im Kostüm auf einer Anime-Cosplay-Convention

Digitalfoto eines Waldes in Maine auf dem Höhepunkt der Herbstfärbung, aufgenommen von der Spitze des Mt. Desert zur goldenen Stunde

Für den Zugriff auf Image Creator benötigen Sie ein persönliches Microsoft-Konto. Um die Webseite aufzurufen, gehen Sie zu `https://bing.com/create`. Webseiten ändern sich häufig, so dass ich nicht genau sagen kann, was Sie sehen werden, wenn Sie dort ankommen. Wahrscheinlich gibt es aber ein Feld, in das Sie Ihre Eingabeaufforderung, einige Anweisungen und einige Beispielbilder eingeben können, wie in Abbildung 23.14 gezeigt.

Der Abschnitt »Anweisungen auf der Homepage von Image Creator« enthält einige Tipps und nützliche Informationen zur Erstellung von Bildern. Beispielbilder erscheinen unter der Überschrift IDEEN ERKUNDEN. Zeigen Sie mit dem Mauszeiger ein beliebiges Beispielbild, um die Eingabeaufforderung anzuzeigen, mit der das Bild erstellt wurde.

Um ein Bild zu erstellen, geben Sie Ihre Eingabeaufforderung in das Feld oben auf der Seite ein, und klicken Sie dann auf die Schaltfläche ERSTELLEN rechts neben dem Feld. Haben Sie etwas Geduld. Innerhalb von etwa einer Minute sollten Sie ein bis vier Beispielbilder sehen (siehe Abbildung 23.15).

KAPITEL 23 Zehn Tipps für Content Creators 409

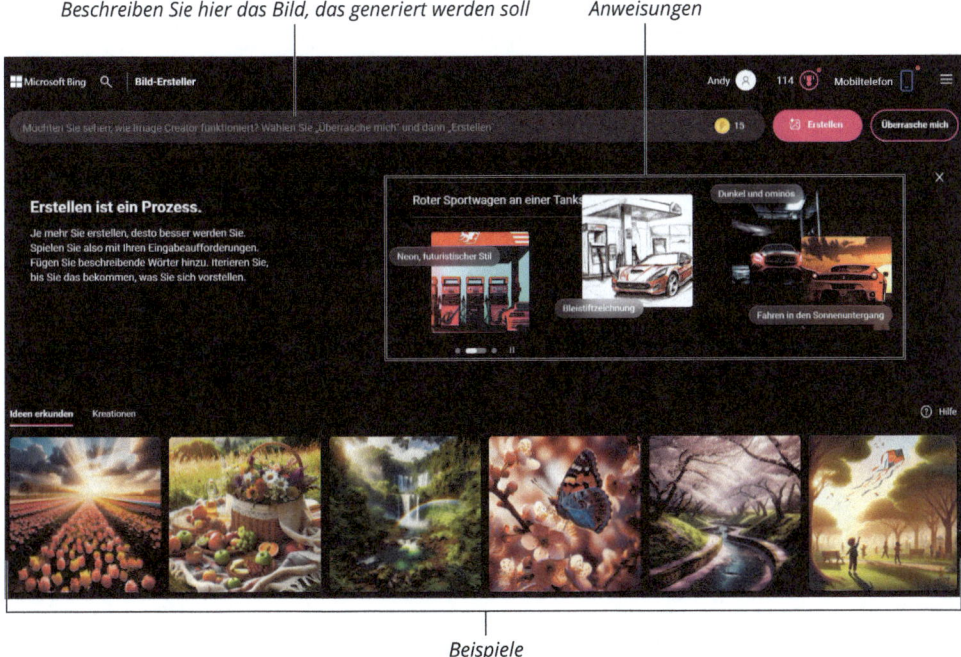

Abbildung 23.14: Startseite von Microsoft Image Creator

Abbildung 23.15: Mit Microsoft Image Creator erstellte Bleistiftskizzenbilder.

Klicken Sie auf ein Bild, um es für eine genauere Betrachtung zu vergrößern. Klicken Sie auf < und > an den Seiten des vergrößerten Bildes, um durch alle erstellten Bilder zu blättern. Verwenden Sie die Optionen rechts neben dem angezeigten Bild, wie in Abbildung 23.16 gezeigt, um eine der folgenden Aktionen auszuführen:

✔ **TEILEN:** Zeigt eine Webadresse (URL) an, unter der andere Ihr Bild sehen können.

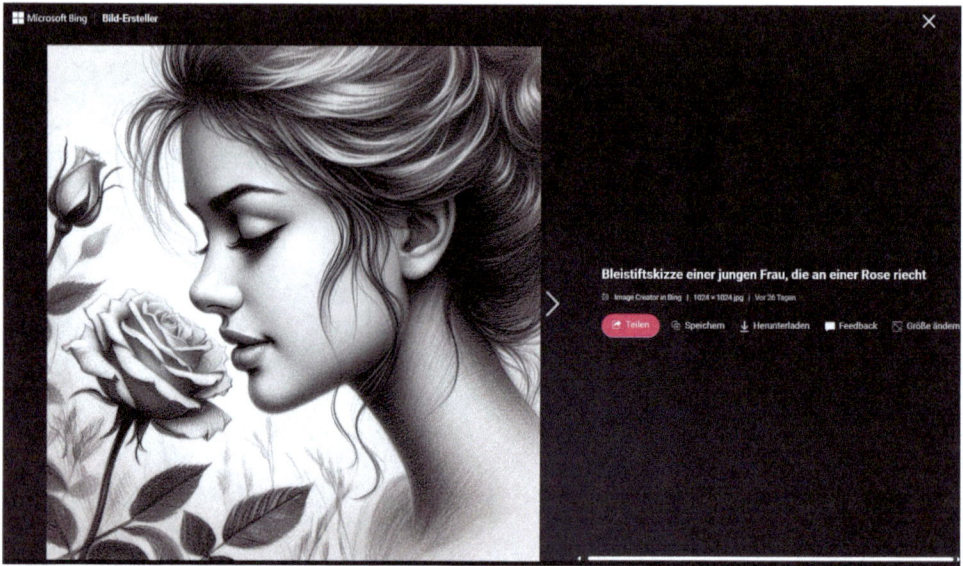

Abbildung 23.16: Eine KI-generierte Bleistiftskizze.

✔ **Speichern:** Speichert das Bild in Ihren Sammlungen, die Sie unter www.bing.com/saves finden können.

✔ **Herunterladen:** Lädt das Bild auf Ihren Computer herunter (standardmäßig in Ihren Download-Ordner).

✔ **Größe ändern:** Wechselt vom quadratischen Seitenverhältnis (1:1) zu einem Querformat von 4:3.

Wenn Sie mit der Erstellung von Bildern beginnen, wird auf der Startseite von Image Creator neben Ideen erkunden die Überschrift Kreationen angezeigt. Klicken Sie auf Kreationen, um Ihre letzten Kreationen zu sehen. Wenn Sie neue Bilder erstellen, werden ältere Bilder von der Seite entfernt. Stellen Sie also sicher, dass Sie alle Bilder, die Sie behalten möchten, herunterladen. Oder speichern Sie diese Bilder zumindest, damit Sie sie in Zukunft auf der Seite www.bing.com/saves wiederfinden können.

Kostenlos designen wie ein Profi

Microsoft Designer ist ein Grafikdesign-Tool, mit dem Sie Posts für soziale Medien, Anzeigen, gedruckte Geschäftsunterlagen und vieles mehr in professioneller Qualität erstellen können, ohne dass Sie hierfür Kenntnisse in Grafikdesign benötigen. Wenn Sie ein Microsoft 365-Konto haben (das nicht kostenlos ist), können Sie Microsoft Designer aus dem Microsoft Store herunterladen. Wenn Sie kein Microsoft 365-Konto haben, können Sie stattdessen die Microsoft Designer-Webseite nutzen. Gehen Sie einfach zu https://designer.microsoft.com. Wenn Sie nicht automatisch angemeldet sind, wenn Sie die Webseite aufrufen, melden Sie sich mit Ihrem persönlichen Microsoft-Konto an.

Auf der Microsoft Designer-Webseite sehen Sie ein Feld, in dem Sie genau angeben können, was Sie erstellen möchten, wie in Abbildung 23.17 gezeigt. Oder klicken Sie auf Erstellen mit KI, um verschiedene Arten von Designs zu sehen, die Sie erstellen können, zum Beispiel Grußkarten, Symbole, Beiträge in sozialen Netzwerken, Einladungen, Sticker, Avatare und Emojis. Verwenden Sie die Bildlaufpfeile auf der linken und rechten Seite, um weitere Optionen zu sehen. Klicken Sie dann auf die Art von Design, die Sie erstellen möchten, und folgen Sie den Anweisungen auf dem Bildschirm.

Abbildung 23.17: Die Startseite von Microsoft Designer.

Sie können auch mit vorhandenen Bildern arbeiten. Klicken Sie auf Mit KI bearbeiten und Sie sehen Optionen zum Bearbeiten des Bildes, zum Einrahmen des Bildes und mehr. Klicken Sie auf die Option, die Sie ausprobieren möchten, und folgen Sie den Anweisungen auf dem Bildschirm. Mit der Option Bild umgestalten können Sie beispielsweise verschiedene Arten von Illustrationen aus einem Foto oder einem anderen Bild erstellen, wie in Abbildung 23.18 gezeigt.

Um das Feature Bild umgestalten auszuprobieren, rufen Sie zunächst die Startseite von Microsoft Designer auf. Führen Sie dann die folgenden Schritte aus:

1. Klicken Sie auf Bearbeiten mit KI.

2. Klicken Sie auf Bild umgestalten.

3. Wenn Sie einen Hinweis sehen, dass Sie eventuell enttäuscht werden könnten, klicken Sie auf Ich stimme zu.

   Die KI ist noch nicht ausgereift, also erwarten Sie nicht, dass die Qualität der eines menschlichen Künstlers entspricht.

4. Klicken Sie auf Bild hinzufügen, klicken Sie auf die Schaltfläche Bild hinzufügen und wählen Sie dann das hochzuladende Bild aus. Klicken Sie dann auf Öffnen.

   Wenn sich das Bild auf Ihrer Festplatte befindet, klicken Sie auf Von diesem Gerät und navigieren Sie zu dem Ordner, in dem sich das Bild befindet.

Abbildung 23.18: Originalbild (oben links) und umgestaltete Varianten.

5. Klicken Sie unter IN DESIGNER HOCHGELADEN auf das soeben hochgeladene Bild und dann auf AUSWÄHLEN.

6. Klicken Sie auf STIL und dann auf den Stil, den Sie anwenden möchten.

   Blättern Sie durch die Optionen, indem Sie auf die Pfeile auf der linken und rechten Seite klicken.

7. Wenn Sie etwas Bestimmtes im Hintergrund haben möchten, zum Beispiel Luftballons oder ein Feuerwerk, klicken Sie auf HINTERGRUNDELEMENTE und beschreiben Sie, was der Hintergrund darstellen soll.

8. Klicken Sie auf GENERIEREN.

   Nach einer Minute oder weniger sehen Sie bis zu vier Miniaturansichten Ihres neu gestalteten Bildes. In Abbildung 23.19 habe ich eine Pop-Art-Version einer Person aus einem Foto erstellt. Unterhalb des Pop-Art-Bildes befinden sich Miniaturansichten anderer umgestalteter Versionen desselben Bildes.

Um ein neu gestaltetes Bild herunterzuladen, klicken Sie auf die Miniaturansicht und dann auf das die Schaltfläche HERUNTERLADEN, die in der oberen rechten Ecke der Miniaturansicht erscheint. Alle neu gestalteten Bilder sind auf der Registerkarte MEINE KREATIONEN verfügbar.

Der dritte große Bereich von Microsoft Designer ist VON GRUND AUF NEU ENTWERFEN. Wenn Sie auf der Startseite des Designers diese Option anklicken, haben Sie viele Möglichkeiten, Ihre Kreation zu gestalten. Blättern Sie durch die Optionen, sowohl vertikal auf der

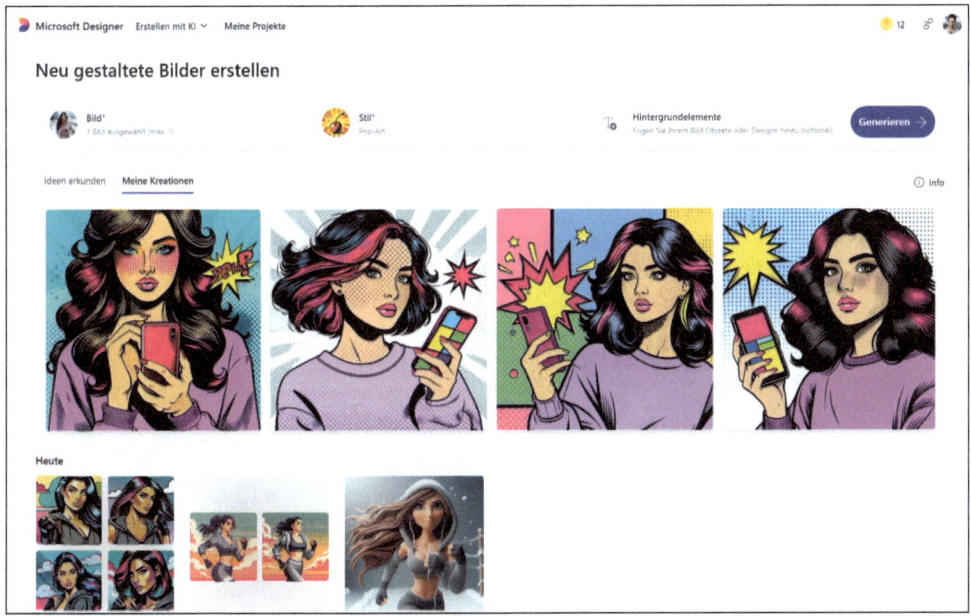

Abbildung 23.19: Miniaturansichten von neu gestalteten Bildern.

Seite als auch horizontal in den einzelnen Kategorien. Nachfolgend finden Sie eine kleine Auswahl der Dokumenttypen, die Sie mit Designer erstellen können:

- Broschüre
- Einladung
- Geschenkgutschein
- Flyer
- LinkedIn-Beitrag
- Instagram-Story
- Facebook-Anzeige
- Pinterest-Story
- X (Twitter)-Beitrag

Klicken Sie auf den Inhaltstyp, den Sie erstellen möchten, und folgen Sie dann den Anweisungen auf dem Bildschirm, um mit der Gestaltung zu beginnen. Wenn Sie nicht weiterkommen, bitten Sie Copilot um Hilfe. Sagen Sie Copilot in der Eingabeaufforderung, dass Sie Hilfe zum Microsoft Designer wünschen. Sie können auch zu https://support.microsoft.com gehen und nach Microsoft Designer suchen. Weitere unterhaltsame Möglichkeiten, mit KI und Bildern zu arbeiten, finden Sie in Kapitel 17.

> **IN DIESEM KAPITEL**
>
> Mit Copilot chatten und die Antworten von Copilot einfügen
>
> Fragen zu Bildern stellen
>
> Technische Hilfe erhalten und mathematische Probleme lösen
>
> Schreiben wie ein Profi
>
> Webseiten und PDFs zusammenfassen
>
> Mit KI programmieren

Kapitel 24
Die zehn besten Tipps für ein erfolgreiches Leben im Zeitalter der KI

Windows 11 24H2 stellt die Möglichkeiten der modernen künstlichen Intelligenz (KI) allen kostenlos zur Verfügung. Die meisten KI-Funktionen befinden sich in der App COPILOT, die Sie durch Klicken auf das Copilot-Symbol in der Taskleiste öffnen können. Stellen Sie sich Copilot als einen allwissenden besten Freund vor, der nie müde wird, Ihre Fragen zu beantworten. In diesem Kapitel gebe ich Ihnen einige Tipps, wie Sie die Vorteile von Copilot und KI jetzt sofort nutzen können.

Chatten mit Copilot

Wenn Sie das Internet mit Google, Bing oder einer anderen Suchmaschine nach einem Begriff oder Thema durchsuchen, erhalten Sie eine Fülle von Verweisen auf Inhalte zu Ihrem Thema. Sie sind auf sich allein gestellt, um die Ergebnisse zu sichten. Copilot – und KI im Allgemeinen – funktionieren nicht so. Stattdessen lassen Sie sich auf ein Gespräch ein. Sie stellen Copilot eine Frage, und Sie erhalten eine Antwort. Wenn die Antwort nicht ganz Ihren Erwartungen entspricht, können Sie weitere Fragen stellen, bis Sie die gewünschten Informationen gefunden haben.

Sie können Copilot auf verschiedene Arten öffnen: Klicken Sie auf das Symbol in der Taskleiste, wie in Abbildung 24.1 dargestellt; klicken Sie auf die Schaltfläche START und dann auf das Copilot-Symbol, wenn es im Bereich ANGEHEFTET angezeigt wird; oder klicken Sie auf die Schaltfläche START, auf ALLE APPS und dann auf COPILOT.

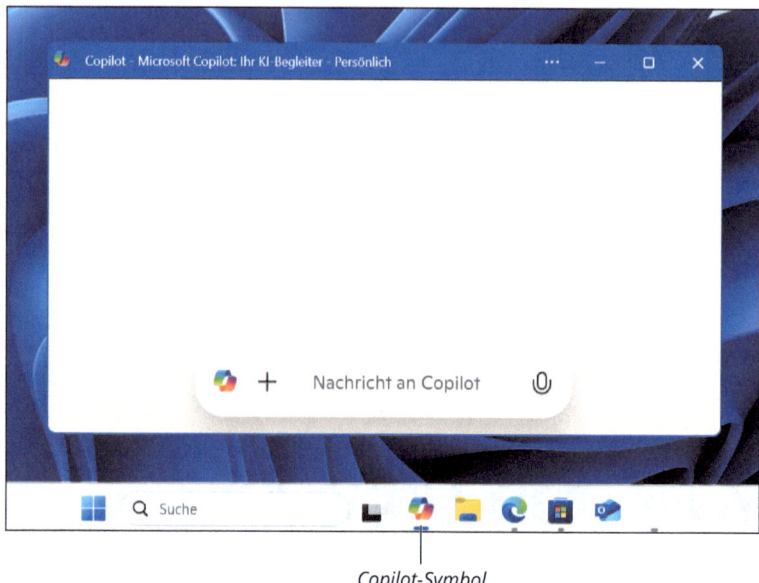

Copilot-Symbol

Abbildung 24.1: Das Copilot-Chatfenster.

Sobald die App geöffnet ist, geben Sie einfach Ihre Frage in das Feld NACHRICHT AN COPILOT ein. Drücken Sie dann die ⏎-Taste oder klicken Sie auf das Symbol NACHRICHT ÜBERMITTELN, wie in Abbildung 24.2 dargestellt.

Ihre Antwort wird in Kürze eintreffen. Wenn diese Antwort jedoch nicht genau das ist, was Sie erwartet haben, können Sie weiter chatten, wie Sie es tun würden, wenn Sie mit einer anderen Person sprechen. Ändern Sie vielleicht einen Aspekt Ihrer Frage oder geben Sie weitere Informationen. Sie können das Gespräch so lange fortsetzen, bis Sie genau das bekommen, wonach Sie suchen. Sie könnten zum Beispiel mit einer allgemeinen Frage beginnen, wie zum Beispiel:

> Welche Möglichkeiten gibt es, online Geld zu verdienen?

Möglicherweise erhalten Sie eine lange Antwort mit vielen Optionen. In diesem Fall können Sie nach weiteren Einzelheiten zu einer der Optionen fragen, zum Beispiel:

> Was ist Affiliate-Marketing?

Nachdem Sie Ihre Antwort erhalten haben, könnten Sie eine weitere Frage stellen, zum Beispiel:

> Wo kann ich Affiliate-Marketing-Links erhalten?

Die meisten Leute finden diesen Vorgang schneller und einfacher als die Suche im Internet. Wenn Sie Ihre Unterhaltung beendet haben und eine neue Unterhaltung beginnen

KAPITEL 24 Die zehn besten Tipps für ein erfolgreiches Leben im Zeitalter der KI

Geben Sie hier Ihre Frage ein   *Schaltfläche »Nachricht übermitteln«*

Abbildung 24.2: Copilot eine Frage stellen.

möchten, klicken Sie im Copilot-Fenster auf ZUR STARTSEITE WECHSELN. Klicken Sie dann auf der Startseite auf VERLAUF ANZEIGEN und schließlich im Fenster UNSERE GEMEINSAME UNTERHALTUNGEN auf das Symbol NEUEN CHAT STARTEN am unteren Rand des Fensters (in Abbildung 24.3 markiert).

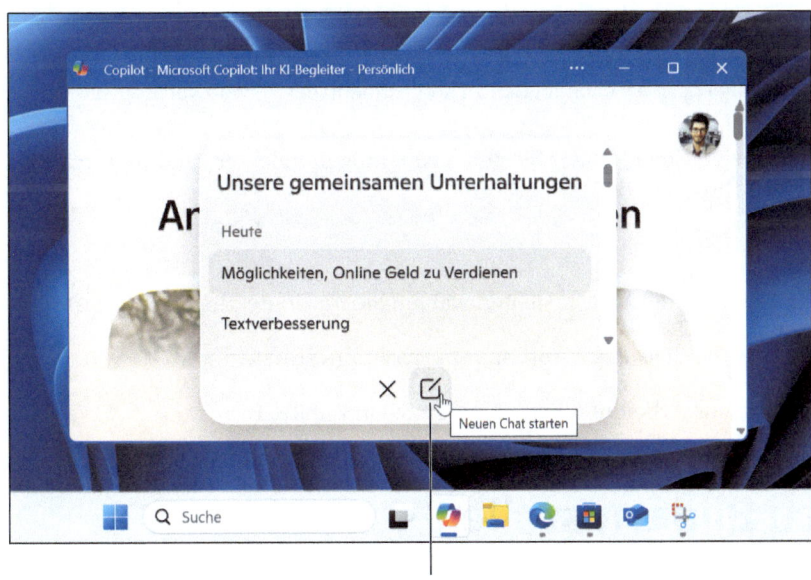

Neuer Chat

Abbildung 24.3: Klicken Sie auf das Symbol für einen neuen Chat, um eine neue Unterhaltung zu beginnen.

Antworten von Copilot kopieren und einfügen

Nachdem Copilot Ihre Frage beantwortet hat, können Sie die Antwort kopieren und in eine beliebige Anwendung einfügen, in der Sie Text eingeben können, zum Beispiel in Notepad (im Lieferumfang von Windows enthalten), Microsoft Word und Google Docs. Markieren Sie den Teil der Antwort, den Sie kopieren wollen. Klicken Sie die Auswahl mit der rechten Maustaste an und wählen Sie im Kontextmenü den Befehl KOPIEREN (siehe Abbildung 24.4), um die Antwort von Copilot zu kopieren.

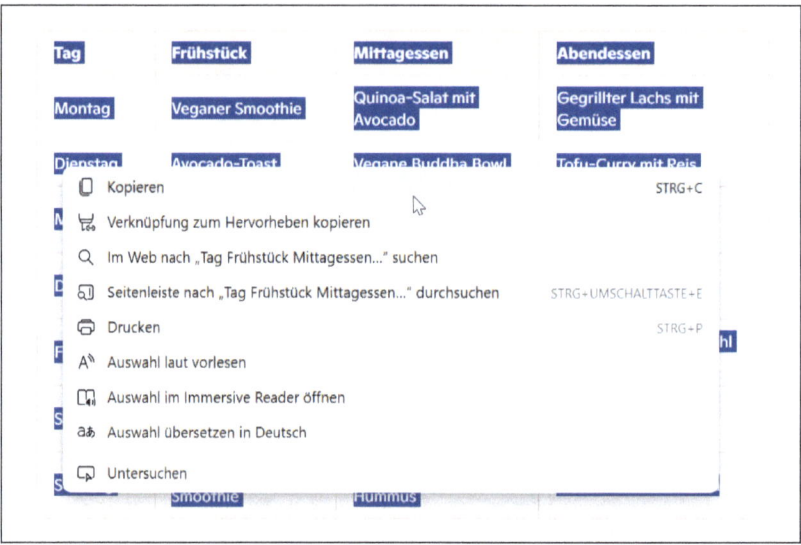

Abbildung 24.4: Der Befehl KOPIEREN befindet sich im Kontextmenü der Antwort von Copilot.

Navigieren Sie dann zu der Stelle, an der Sie den Text einfügen möchten, und führen Sie einen der folgenden Schritte aus:

✔ Drücken Sie [Strg] + [V].

✔ Klicken Sie mit der rechten Maustaste und wählen Sie im Kontextmenü EINFÜGEN.

✔ Wählen Sie in der Menüleiste der App BEARBEITEN | EINFÜGEN.

Weitere Informationen zur Arbeit mit Texten finden Sie in Kapitel 16.

Fragen zu Bildern stellen

Wenn Sie sich für ein Bild auf Ihrem Bildschirm interessieren, können Sie in der Regel mehr Informationen darüber erhalten, indem Sie Copilot fragen: »Was ist das?« oder »Wo ist das?« Aus Gründen des Datenschutzes macht Copilot die Gesichter der Personen auf den

Bildern unkenntlich, so dass die Personen auf den Fotos oft nicht identifiziert werden können. Wenn Sie ein Foto einer Person einreichen und fragen »Wer ist das?«, erhalten Sie wahrscheinlich eine Antwort wie: »Es tut mir leid, aber ich kann die Personen auf den Bildern nicht identifizieren oder Vermutungen über sie anstellen.«

Um eine Frage zu einem Bild zu stellen, gehen Sie folgendermaßen vor:

1. Klicken Sie mit der rechten Maustaste auf das Bild und wählen Sie beispielsweise in Microsoft Edge den Befehl BILD KOPIEREN, wie in Abbildung 24.5 gezeigt.

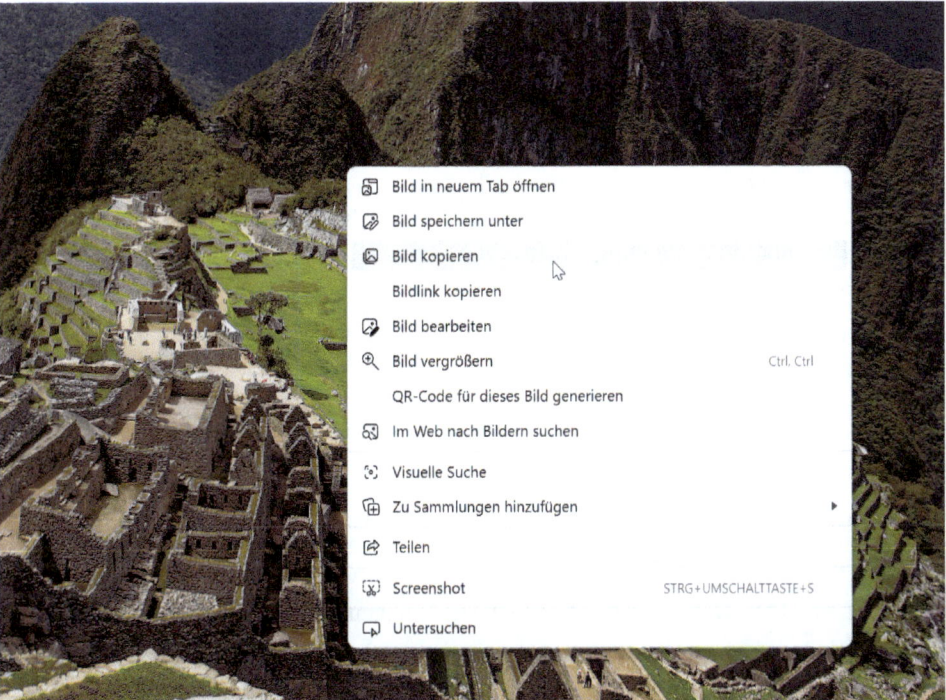

Abbildung 24.5: Klicken Sie mit der rechten Maustaste auf das Bild und wählen Sie BILD KOPIEREN.

2. Öffnen Sie in Microsoft Edge Copilot, indem Sie das Symbol oben rechts im Edge-Fenster anklicken.

3. Tippen Sie auf der Registerkarte CHAT Was ist das? oder Wo ist das?

4. Klicken Sie auf die Schaltfläche BILD HINZUFÜGEN, die in Abbildung 24.6 markiert ist.

5. Drücken Sie [Strg] + [V], um das kopierte Bild einzufügen.

6. Klicken Sie auf SENDEN (der blaue Pfeil, der nach dem Einfügen des Bildes erscheint).

   Copilot tut sein Bestes, um das Bild zu analysieren und eine Antwort zu finden.

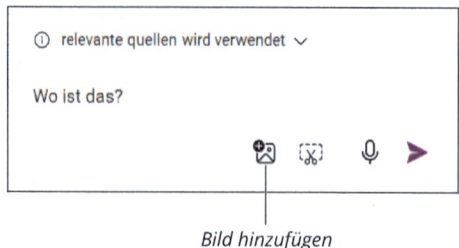

Bild hinzufügen

Abbildung 24.6: Ein Bild in die Copilot-Eingabeaufforderung einfügen.

Sofortige technische Hilfe erhalten

Wenn Sie mit etwas auf Ihrem Bildschirm nicht weiterkommen, denken Sie daran, dass Sie KI jederzeit bitten können, den Begriff zu definieren. Wenn Sie versuchen, eine bestimmte Aufgabe zu erledigen, fragen Sie KI. Die besten Ergebnisse erzielen Sie, wenn Sie so viele spezifische Informationen wie möglich angeben.

Wenn Sie nicht gleich beim ersten Versuch die erwartete Antwort erhalten, setzen Sie das Gespräch fort, wie zu Beginn des Kapitels beschrieben. Sie können so ziemlich alles fragen. Zum Beispiel:

- Was bedeutet ein Rechtsklick und wie mache ich ihn auf einem Tablet?
- Was sind Dateien und Ordner in Windows?
- Was sind Apps, Dateien und Dokumente in Computern?
- Was genau ist das Internet?
- Was ist eine PDF-Datei und wie kann ich sie anzeigen?
- Was ist Bluetooth?
- Wie kann ich Text kopieren und einfügen?

Indem Sie solche Fragen stellen, wenn sie auftauchen, können Sie sich einfach und schnell weiterbilden. Machen Sie sich keine Gedanken darüber, ob Sie sich die Antwort merken können. Wenn Sie sie vergessen haben, stellen Sie die Frage einfach noch einmal.

KI löst mathematische Probleme

Copilot kann die meisten alltäglichen mathematischen Probleme mit Leichtigkeit lösen. Geben Sie Ihre Eingabeaufforderung einfach so ein, als ob Sie eine Person bitten würden, die Aufgabe zu lösen. Zum Beispiel:

✔ Wie hoch ist der Betrag von 145,89 plus 21 Prozent Mehrwertsteuer?

✔ Wenn mein Vorgarten 3 x 6 Meter und mein Hinterhof 3,80 x 6 Meter groß ist, wie viele Quadratmeter sind das dann?

KAPITEL 24 Die zehn besten Tipps für ein erfolgreiches Leben im Zeitalter der KI

- ✔ Ich habe einen Kreis mit einem Durchmesser von 3 m. Wie viele Quadratmeter sind das?
- ✔ Was ergibt 214,15 geteilt durch 11?
- ✔ Wenn ich ein rechtwinkliges Dreieck mit einer Seite A von 20 und einer Seite B von 15 habe, wie groß ist dann die Hypotenuse?
- ✔ Was ist die Quadratwurzel aus 11,3?
- ✔ Wie lautet die Summe der Quadratzahlen von 11, –4, 91, –44, 70, –2?

Bei komplexeren Gleichungen können Sie einen Screenshot verwenden, wie in Abbildung 24.7 von einer Webseite in Microsoft Edge.

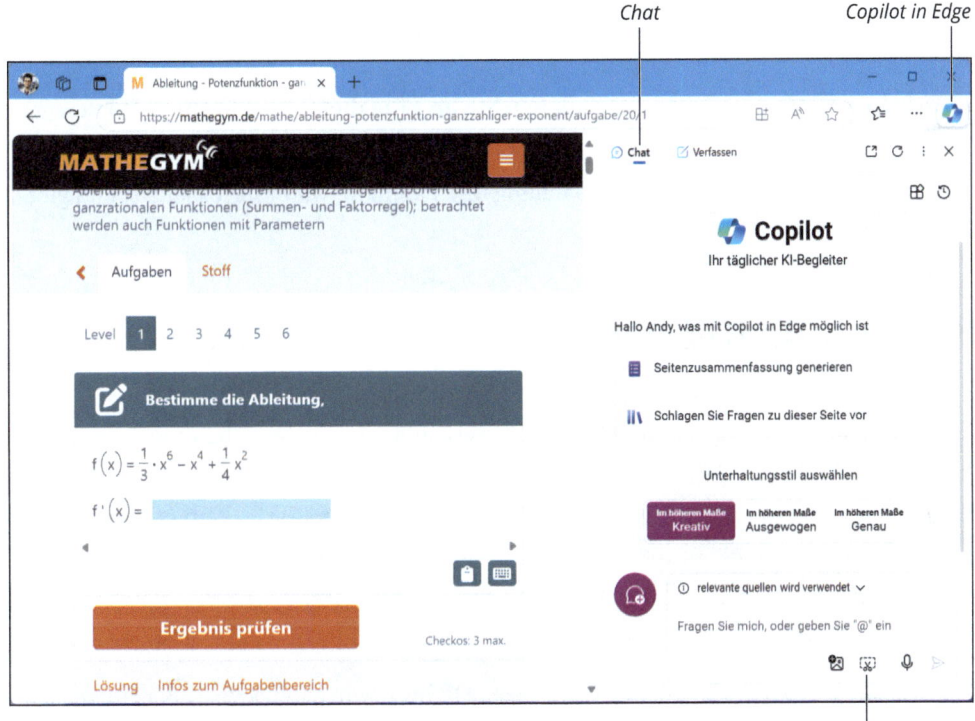

Abbildung 24.7: Mathematische Gleichung auf dem Bildschirm.

Gehen Sie wie folgt vor, damit Copilot in Windows die Gleichung löst:

1. **Öffnen Sie Copilot für Edge, indem Sie auf das Symbol in der oberen rechten Ecke des Fensters der Edge-App klicken.**
2. **Wenn Sie sich auf der Registerkarte VERFASSEN befinden, klicken Sie auf CHAT.**
3. **Geben Sie in das Feld FRAGEN SIE MICH `Bitte löse dies:` ein.**

4. **Klicken Sie auf das Symbol** Bildschirmfoto hinzufügen **(das kleine Rechteck mit der Schere).**

   Ziehen Sie um die Gleichung einen Rahmen und klicken Sie dann auf das grüne Häkchen, um die Gleichung zu Ihrer Eingabeaufforderung hinzuzufügen, wie in Abbildung 24.8 gezeigt.

   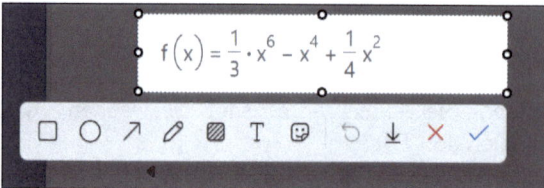

   Abbildung 24.8: Die zu lösende Gleichung wird in einem Bildschirmfoto isoliert.

5. **Drücken Sie die ⏎-Taste oder klicken Sie im Eingabefeld auf** Senden **(blauer Pfeil nach oben).**

   Copilot zeigt Ihnen, wie Sie die Gleichung lösen können (wenn sie lösbar ist) und gibt Ihnen die richtige Antwort.

Reiseplanung mit KI

KI kann ein praktisches Hilfsmittel bei der Reiseplanung sein. Sie können zum Beispiel Entfernungen und Ratschläge für bestimmte Orte erhalten, die Sie besuchen möchten, indem Sie eine Frage wie diese stellen:

> Ich reise in Maine von Süden nach Norden und möchte Bar Harbor, Belfast, Camden, Castine, Kennebunkport und Ogunquit besuchen. In welcher Reihenfolge sollte ich sie besuchen, und wie viele Kilometer liegen zwischen den einzelnen Orten?

Sie können auch fragen:

> Wie lange dauert es, auf dem Pacific Coast Highway von San Diego, Kalifornien nach Ashland, Oregon zu fahren?

Wenn Sie in ein fremdes Land mit einer anderen Währung reisen, können Sie sofortige Währungsumrechnungen vornehmen. Zum Beispiel:

> Wie viel sind 10.000 mexikanische Pesos in Euro?

Sie können auch schnelle Übersetzungen machen:

> Wie sagt man »Guten Morgen« auf Französisch?

Grundsätzlich können Sie jede Frage, die Ihnen in den Sinn kommt, an die KI stellen.

Mit KI schreiben wie ein Profi

Viele von uns tun sich schwer damit, Worte zu Papier zu bringen. Und selbst wenn der Text endlich geschrieben ist, sind wir vielleicht nicht sicher, ob die Zeichensetzung, Rechtschreibung und Grammatik korrekt sind.

KI kann helfen. Gehen Sie einfach wie folgt vor:

1. Verwenden Sie einen Texteditor oder ein Textverarbeitungsprogramm (zum Beispiel Windows-Editor oder Microsoft Word), um Ihren Text einzugeben.
2. Markieren und kopieren Sie den Text, indem Sie [Strg] + [A] und dann [Strg] + [C] drücken.
3. Öffnen Sie Copilot.
4. Tippen Sie Verbessere dies: (mit Doppelpunkt) und drücken Sie [Strg] + [V], um den kopierten Text einzufügen.
5. Klicken Sie auf NACHRICHT ÜBERMITTELN (Pfeil nach oben) und warten Sie einige Sekunden.

   Copilot prüft Ihren Text, korrigiert eventuelle Fehler und kann sogar Vorschläge zur Verbesserung des Textes machen.

Kopieren Sie einfach, was Copilot geschrieben hat, und fügen Sie es in Ihr eigenes Dokument ein.

Das Schreiben der KI überlassen

Müssen Sie eine E-Mail, einen Beitrag für soziale Medien, einen Blogbeitrag, eine Hausaufgabe, ein Gedicht oder etwas anderes schreiben, wissen aber nicht, wo Sie anfangen sollen? Sagen Sie der KI, sie soll es für Sie schreiben. Copilot in Windows kann zwar alles schreiben, was Sie wollen, aber mit der Funktion VERFASSEN in Microsoft Edge haben Sie mehr Kontrolle. So geht's:

1. Öffnen Sie Microsoft Edge über das Windows-Startmenü.
2. Klicken Sie in der oberen rechten Ecke auf das Copilot-Symbol.
3. Wenn CHAT ausgewählt ist (unterstrichen), klicken Sie auf VERFASSEN (siehe Abbildung 24.9).
4. Geben Sie in das Feld SCHREIBEN ÜBER das Thema Ihres Textes ein.
5. Wählen Sie unter TON einen Ton für Ihr Schreiben: PROFESSIONELL, LEGER, ENTHUSIASTISCH, INFORMATIV oder WITZIG.

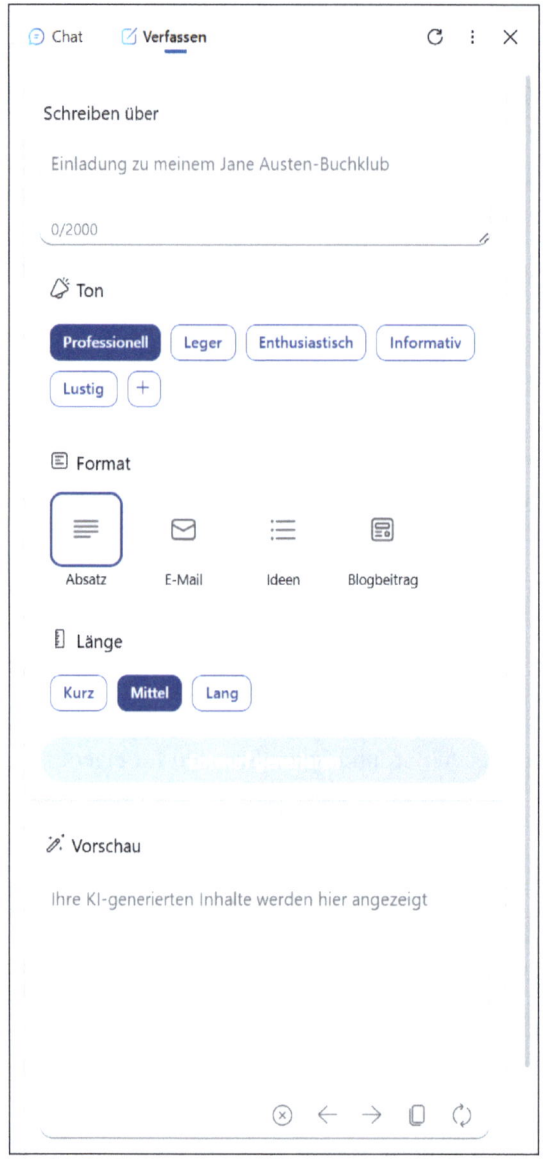

Abbildung 24.9: Das Copilot-Feature VERFASSEN in Microsoft Edge.

6. Wenn Sie keinen Ton sehen, der Ihnen gefällt, klicken Sie auf + und geben Sie einen Ton an, zum Beispiel Liedtext oder romantisch.

7. Wählen Sie unter FORMAT die Option ABSATZ (für normalen Text), E-MAIL, IDEEN (für eine Liste oder eine Gliederung) oder Blogbeitrag.

8. Klicken Sie unter LÄNGE auf KURZ, MITTEL oder LANG.

9. Klicken Sie auf ENTWURF GENERIEREN.

Wenn Sie eine bestimmte Art von Dokument benötigen, beispielsweise ein Skript, ein Gedicht, einen Liedtext oder ein Haiku, geben Sie dies in Ihrer Aufforderung zum SCHREIBEN ÜBER an. Hier ein paar Beispiele:

> Schreibe ein Gedicht über Pizza und Bier.

> Schreibe ein Videoskript darüber, wie man den Computerbildschirm in Windows aufzeichnen können.

> Schreibe einen Text für ein trauriges Lied darüber, dass du deine Katze im Urlaub zu Hause gelassen hast.

Bei längeren, formelleren Dokumenten und Büchern sollten Sie in Etappen arbeiten. Zum Beispiel könnten Sie in das Feld SCHREIBEN ÜBER folgendes schreiben:

> Verfasse eine Gliederung für ein Forschungspapier über die Debatte über die Bedrohung durch eine technologische Singularität.

Setzen Sie den TON auf PROFESSIONELL, das FORMAT auf IDEEN und die LÄNGE auf LANG. Klicken Sie auf ENTWURF GENERIEREN. Kopieren Sie die Gliederung und fügen Sie sie in ein Word-Dokument ein (oder in die App, die Sie zum Schreiben verwenden). Dann können Sie KI jeden Abschnitt als Absatz schreiben lassen, einen Abschnitt nach dem anderen. Wenn eine Ihrer Überschriften beispielsweise »Definition der technologischen Singularität« lautet, gehen Sie zurück zur Registerkarte VERFASSEN und sagen Sie Copilot:

> Beschreibe, was die technologische Singularität ist, und füge Zitate im APA-Format hinzu.

(Oder verwenden Sie das MLA-Format, wenn dies vorgeschrieben ist.) Achten Sie darauf, dass Sie das Format ABSATZ verwenden. Wiederholen Sie den Vorgang für jeden Punkt in Ihrer Gliederung. Sie müssen alles, was KI liefert, als Entwurf behandeln, aber es ist eine gute Möglichkeit, alle Fakten und Ideen schnell zu Papier zu bringen.

Webseiten und PDFs zusammenfassen und vereinfachen

Wenn man online nach Informationen sucht, bekommt man manchmal viel mehr, als man erwartet hat. Vielleicht erhalten Sie eine Wikipedia-Seite, die sich wie ein technisches Handbuch für Ingenieure liest, obwohl Sie nur nach grundlegenden Informationen suchen. Oder vielleicht müssen Sie eine lange PDF-Datei zusammenfassen, die Sie heruntergeladen oder von jemandem erhalten haben. In diesen Fällen kann Copilot in Edge Ihr bestes Werkzeug sein:

1. Klicken Sie bei einer PDF-Datei mit der rechten Maustaste auf das Symbol der PDF-Datei und wählen Sie ÖFFNEN MIT | MICROSOFT EDGE öffnen. Bei einer Webseite rufen Sie die Seite in Microsoft Edge auf.

2. Klicken Sie in der oberen rechten Ecke auf das Copilot-Symbol von Edge.

3. Wenn VERFASSEN ausgewählt ist (unterstrichen), klicken Sie auf CHAT (siehe Abbildung 24.10).

Abbildung 24.10: Copilot in Microsoft Edge.

4. **Führen Sie einen der folgenden Schritte aus:**

   - Wenn Sie eine PDF-Datei zusammenfassen wollen, klicken Sie auf die Schaltfläche DOKUMENTZUSAMMENFASSUNG GENERIEREN, wenn Sie diese sehen. Bei einer Webseite klicken Sie auf SEITENZUSAMMENFASSUNG GENERIEREN.

   - Wenn Sie weder die Schaltfläche DOKUMENTZUSAMMENFASSUNG GENERIEREN noch SEITENZUSAMMENFASSUNG GENERIEREN sehen, geben Sie in das Feld FRAGEN SIE MICH @ ein oder klicken Sie auf das Dropdown-Menü am oberen Rand des Feldes und wählen Sie DIESE SEITE als Ihre Quelle.

 Wenn Sie in das Feld Fragen Sie mich @ eingeben, können Sie zwischen der Verwendung des Internets (Relevante Quellen), der aktuell in Edge angezeigten Seite (Diese Seite) oder Diese Website (deren URL in der Adressleiste angezeigt wird) wählen.

Es kann einige Sekunden dauern, bis Copilot Ihre Zusammenfassung erstellt hat; haben Sie also etwas Geduld.

5. **Wenn Sie mit der Zusammenfassung, die Sie beim ersten Mal erhalten, nicht zufrieden sind, geben Sie Versuche es nochmal ein und klicken Sie auf Senden.**

    Copilot unternimmt einen weiteren Versuch, die Seite zusammenzufassen. Sie können ihn anweisen, es so oft wie gewünscht zu wiederholen.

Programmieren lernen mit KI

Alle Anwendungen und Webseiten, die Sie besuchen, werden von Menschen erstellt, die Computercode in verschiedenen Sprachen mit Namen wie HTML, CSS, JavaScript und Python schreiben. Die Menschen, die diesen Code schreiben, werden gemeinhin als Entwickler (oder Computerprogrammierer oder einfach Programmierer) bezeichnet. Die künstliche Intelligenz kennt sich mit Programmierung und fast allen Programmiersprachen aus, so dass sie den Großteil Ihres Codes für Sie schreiben kann.

Sie müssen trotzdem die Terminologie und die Konzepte lernen, die mit dem Programmieren einhergehen. Wenn Sie der KI zum Beispiel sagen: »Schreibe eine App, die viral geht und mich zum Milliardär macht, damit ich für den Rest meines Lebens im Luxus leben kann«, wird das nicht funktionieren. Leider werden wir nicht alle Milliardäre, indem wir KI-Aufforderungen eintippen.

Sobald Sie jedoch mit dem Programmieren beginnen und Fragen mit der richtigen Terminologie stellen können, können Sie die KI dazu bringen, Teile des Codes für Sie zu schreiben. Stellen Sie nur sicher, dass Sie der KI die Programmiersprache, in der Sie arbeiten, als Teil Ihrer Frage mitteilen. Die folgenden Fragen zum Beispiel sind alle gültig und können funktionierenden Computercode erzeugen:

   Schreibe eine HTML-Seite mit header-, nav-, main- und footer-Abschnitten und einem Link zu einem externen CSS-Stylesheet.

   Schreibe ein externes CSS-Stylesheet mit Stilregeln für body, header, nav, main und footer.

   Schreibe eine Python-Anwendung zur Bildklassifizierung, die Pytorch verwendet.

   Schreibe eine Java-Klasse, die einen Standardkonstruktor und eine main()-methode enthält.

Natürlich werden Sie ohne eine Ausbildung in Softwareentwicklung nicht in der Lage sein, sich solche Fragen auszudenken und zu stellen. Aber ich hoffe, dass Sie sehen, dass die Möglichkeit, Fragen wie diese zu stellen und sofortige Antworten zu erhalten, den Lernprozess erheblich beschleunigen kann.

Abbildungsverzeichnis

Abbildung 1.1: Windows 11 24H2 sieht mehr oder weniger so aus – Ihr Bildschirm kann ein wenig anders aussehen. 32

Abbildung 1.2: Das Copilot-Symbol und das geöffnete Copilot-Fenster. 34

Abbildung 2.1: Klicken Sie auf den Sperrbildschirm oder wischen Sie ihn mit dem Finger nach oben weg oder drücken Sie einfach eine beliebige Taste. 40

Abbildung 2.2: Klicken Sie auf Ihr Konto, um sich anzumelden. Geben Sie dann Ihr Kennwort oder ihre PIN ein. 41

Abbildung 2.3: Klicken Sie auf KENNWORT und dann auf die Schaltfläche ÄNDERN. 43

Abbildung 2.4: Für den Zugriff auf eine Reihe von Windows-Funktionen benötigen Sie ein Microsoft-Konto. 45

Abbildung 2.5: Die Schaltfläche START ist immer das Symbol ganz links in der Ihrer Taskleiste, die sich am unteren Rand des Bildschirms befindet. 47

Abbildung 2.6: Jedes geöffnete Fenster enthält diese Elemente. 51

Abbildung 2.7: Ihr Startmenü ist möglicherweise einfacher zu nutzen, wenn der Bereich ANGEHEFTET lediglich Ihre Lieblingssymbole enthält. 56

Abbildung 2.8: Klicken Sie in der unteren linken Ecke des Startmenüs auf Ihr Kontobild oder Ihren Namen, um diese Optionen anzuzeigen. 59

Abbildung 2.9: Im Menü hinter der EIN/AUS-Schaltfläche finden Sie diese Befehle. 59

Abbildung 3.1: Der Windows 11-Desktop mit der Taskleiste am unteren Rand. 62

Abbildung 3.2: Das Fenster PERSONALISIERUNG. 63

Abbildung 3.3: Die Seite DESIGNS im Bereich PERSONALISIERUNG. 64

Abbildung 3.4: Farbauswahl für Ihr Windows-Design. 65

Abbildung 3.5: Gestalten Sie Ihren Desktop-Hintergrund. 67

Abbildung 3.6: Die Taskleiste von Windows 11. 68

Abbildung 3.7: Der Bereich WIDGETS. 69

Abbildung 3.8: Klicken Sie mit der rechten Maustaste auf ein Symbol im Startmenü, um eine Liste nützlicher Aktionen anzuzeigen. 71

Abbildung 3.9: Klicken Sie mit der rechten Maustaste auf ein Dokument in einer Sprungliste, um weitere Optionen anzuzeigen. 72

Abbildung 3.10: Klicken Sie auf ein Symbol links neben dem Datum und der Uhrzeit, um eine erweiterte Ansicht der Taskleistensymbole anzuzeigen. 74

Abbildung 3.11: Wählen Sie aus, welche Symbole in der Taskleiste angezeigt werden sollen. 76

Abbildung 3.12: Klicken Sie auf den Zeit- und Datumsbereich, um den Benachrichtigungsbereich und den Kalender anzuzeigen. 77

Abbildung 3.13: Die Copilot-Chat-Schnittstelle ist auf dem Desktop geöffnet. 80

Abbildung 3.14: Antwortsymbole des Copiloten. 81

Abbildung 3.15: Klicken Sie auf das Mikrofonsymbol, um mit Copilot zu sprechen. 84

Abbildung 3.16: Ihre letzten Aktivitäten in Copilot. 85

Abbildung 4.1: So nennen die immer präzisen Computer-Nerds die verschiedenen Teile eines Fensters. 88

Abbildung 4.2: Eine vertikale und eine horizontale Bildlaufleiste. 89

Abbildung 4.3: Wenn Sie den Mauszeiger auf ein Element setzen, können Bildlaufpfeile erscheinen. 90

Abbildung 4.4: Bildlaufleisten zeigen an, dass Sie nicht alles sehen können.   91

Abbildung 4.5: Mauszeiger als Doppelpfeil zur Größenänderung eines Fensters.   93

Abbildung 4.6: Mit Andocklayouts können Sie geöffnete Fenster auf einfache Weise vergrößern und positionieren.   96

Abbildung 4.7: Sie können auch mit dem Mauszeiger auf das Symbol MAXIMIEREN eines Fensters zeigen, um die Andocklayouts anzuzeigen.   96

Abbildung 4.8: Die Aufgabenansicht zeigt geöffnete Anwendungen als Miniaturansichten an.   97

Abbildung 4.9: Zwei virtuelle Desktops mit den Namen Desktop 1 und Desktop 2.   98

Abbildung 5.1: Wie sich Laufwerk, Ordner und Datei zu einem herkömmlichen Aktenschrank verhalten.   102

Abbildung 5.2: Explorer über das Symbol in der Taskleiste öffnen.   103

Abbildung 5.3: Das Fenster des Explorers auf dem Desktop.   103

Abbildung 5.4: Abschnitte im Navigationsbereich des Explorers.   105

Abbildung 5.5: Den Inhalt des Ordners »Bilder« anzeigen.   106

Abbildung 5.6: Eine Kamera und ein USB-Laufwerk sind an diesen Computer angeschlossen.   107

Abbildung 5.7: Klicken Sie auf den Pfeil hinter dem Ordnernamen, um zu einem anderen Ort innerhalb desselben Ordners zu springen.   109

Abbildung 5.8: Spielen Sie mit den Symbolen in der Symbolleiste, um Ihre Sicht auf die Dinge zu verbessern.   111

Abbildung 5.9: Ziehen Sie Dateien oder Ordner mit gedrückter Maustaste aus einem Fenster in ein anderes.   118

Abbildung 5.10: Die geheimen Informationen zu einer Bilddatei.   120

Abbildung 5.11: Hochladen bedeutet das Kopieren von Ihrem PC auf ein externes Gerät, und Herunterladen bedeutet das Kopieren von einem externen Gerät (oder dem Internet) auf Ihren PC.   125

Abbildung 5.12: Mit diesem Dialogfeld in den OneDrive-Einstellungen legen Sie fest, welche lokalen Ordner in OneDrive gesichert werden sollen.   126

Abbildung 5.13: Ordner unter OneDrive replizieren Ordner auf Ihrer Festplatte.   127

Abbildung 5.14: Die Kontooptionen auf dem Bildschirm OneDrive-Einstellungen.   128

Abbildung 5.15: Optionen für SYNCHRONISIEREN UND SICHERN in den OneDrive-Einstellungen.   129

Abbildung 5.16: Das OneDrive-Symbol im Navigationsbereich des Explorers.   130

Abbildung 5.17: Das OneDrive-Feature »Dateien bei Bedarf« zeigt den Namen jeder gespeicherten Datei und jedes Ordners an, sowie den Status.   132

Abbildung 5.18: Sie können von jedem Rechner aus mit einem Webbrowser auf Ihre OneDrive-Dateien zugreifen.   134

Abbildung 6.1: Klicken Sie im Startmenü auf das Symbol der App, die Sie öffnen wollen.   140

Abbildung 6.2: Sie können auch auf die gewünschte Datei doppelklicken, um sie zu öffnen.   142

Abbildung 6.3: Windows listet Apps beziehungsweise Programme auf, mit denen solche Dateien bereits früher geöffnet wurden.   145

Abbildung 6.4: Wählen Sie die gewünschte App und klicken Sie am unteren Rand auf IMMER oder NUR EINMAL.   146

Abbildung 6.5: Im Store finden Sie alle möglichen Apps für Ihr Startmenü.   148

Abbildung 6.6: Geben Sie einen Suchbegriff in das Suchfeld ein und drücken Sie ⏎.   149

Abbildung 6.7: Der ausgewählte Text wird hervorgehoben, damit man die Auswahl sofort erkennen kann.   154

Abbildung 6.8: Um Informationen in ein anderes Fenster zu kopieren, klicken Sie mit der rechten Maustaste auf Ihre Auswahl und wählen Sie KOPIEREN.   155

Abbildung 6.9: Halten Sie in Windows 11 24H2 Ausschau nach den Symbolen AUSSCHNEIDEN, KOPIEREN und EINFÜGEN, die Sie oben oder unten in den zahlreichen Kontextmenüs finden.   157

Abbildung 7.1: Klicken Sie in der Taskleiste auf die Schaltfläche AUFGABENANSICHT, um alle aktuell geöffneten Apps im Miniformat anzuzeigen.   160

Abbildung 7.2: Halten Sie [Alt] gedrückt und blättern Sie durch Drücken von [↹] durch die aktuell geöffneten Apps.   161

Abbildung 7.3: Die Suchfunktion sucht sowohl auf Ihrem Rechner als auch im Internet nach Übereinstimmungen.   162

Abbildung 7.4: Grenzen Sie die Suche auf bestimmte Bereiche in Ihrem Rechner ein.   164

Abbildung 7.5: In der Detailansicht werden diverse Informationen angezeigt.   166

Abbildung 8.1: Das DATEI-Menü in der App Editor.   172

Abbildung 8.2: Liste der verfügbaren Drucker.   173

Abbildung 8.3: Allgemeine Einstellungen für die Seiteneinrichtung.   174

Abbildung 8.4: Brechen Sie in der Druckerwarteschlange einen Druckauftrag ab.   176

Abbildung 8.5: Im Kontextmenü der Ausgabe von Copilot können Sie die Antwort kopieren und drucken.   181

Abbildung 8.6: Um eine PDF-Datei zu erstellen, verwenden Sie den Drucker MICROSOFT PRINT TO PDF.   182

Abbildung 8.7: Wählen Sie einen Speicherort und benennen Sie Ihre PDF-Datei.   183

Abbildung 8.8: Klicken Sie auf den Link MEHR ANZEIGEN für weitere Optionen, oder klicken Sie auf VORSCHAU, um den Scan zu testen.   184

Abbildung 9.1: Klicken Sie auf das WLAN-Symbol oder das Symbol KEIN INTERNETZUGANG, um dieses Menü zu öffnen.   191

Abbildung 9.2: Windows zeigt die WLAN-Netzwerke in Ihrer Reichweite an.   192

Abbildung 9.3: Die Titelleiste und die Adressleiste in Microsoft Edge.   194

Abbildung 9.4: Suche per Spracheingabe über das Mikrofonsymbol in Bing.   195

Abbildung 9.5: Der Hand-Mauszeiger zeigt einen Link an.   196

Abbildung 9.6: Sie können mehrere Webseiten öffnen, jede in einem eigenen Tab.   196

Abbildung 9.7: Klicken Sie mit der rechten Maustaste auf einen Link, um die verlinkte Webseite in einem neuen Tab zu öffnen.   197

Abbildung 9.8: Microsoft Edge hilft Ihnen, nach Informationen zu den von Ihnen ausgewählten Begriffen zu suchen.   202

Abbildung 9.9: Mit BILD SPEICHERN UNTER können Sie ein Bild von der Webseite auf Ihrem Rechner speichern.   204

Abbildung 10.1: Erstellen einer E-Mail-Adresse in Outlook für Windows.   209

Abbildung 10.2: Erstellen eines Outlook für Windows-Kontens für eine vorhandene E-Mail-Adresse.   211

Abbildung 10.3: Outlook für Windows.   212

Abbildung 10.4: Eine neue E-Mail-Nachricht erstellen   213

Abbildung 10.5: E-Mail-Nachricht in Outlook für Windows beantworten.   216

Abbildung 10.6: Speichern einer E-Mail-Dateianlage.   218

Abbildung 10.7: Klicken Sie auf das Symbol für DATEI ANFÜGEN, um Dateien an eine E-Mail anzuhängen.   219

Abbildung 10.8: Microsoft Teams für persönliche Konten.   221

Abbildung 11.1: Klicken Sie auf NEIN, wenn eine Meldung wie die hier gezeigte unerwarteterweise angezeigt wird.   224

Abbildung 11.2: Sicherheit für Sie und Ihren PC.   225

Abbildung 11.3: Microsoft Defender Antivirus erkennt und beseitigt einen Eindringling.   227

Abbildung 11.4: Microsoft Edge warnt Sie, wenn Sie eine verdächtige Phishing-Webseite besuchen.   229

Abbildung 11.5: Mit der Webseite Family Safety können Sie die Computeraktivitäten Ihrer Kinder einschränken.   231

Abbildung 12.1: In der Einstellungen-App können Sie genau festlegen, wie sich Ihr Rechner verhalten soll.   237

Abbildung 12.2: Die Einstellungen für die Kategorie Bildschirm.   239

Abbildung 12.3: Die Seite ANZEIGEEINSTELLUNGEN wird geöffnet und zeigt an, dass Ihre Anzeige auf jedem Monitor erweitert ist.   240

Abbildung 12.4: Hier schalten Sie nervige Werbung und Benachrichtigungen ab.   243

Abbildung 12.5: Um weitere drahtlose Bluetooth-Geräte hinzuzufügen, klicken Sie auf GERÄT HINZUFÜGEN.   246

Abbildung 12.6: Die App Smartphone-Link verbindet Ihr Smartphone mit Ihrem Computer.   250

Abbildung 12.7: Ändern Sie den Hintergrund Ihres Windows-Desktops.   253

Abbildung 12.8: Sie können aus verschiedenen Windows-Designs wählen oder ein eigenes Design erstellen.   255

Abbildung 12.9: Windows 11-Einstellungen für Apps.   256

Abbildung 12.10: Die Seite BARRIEREFREIHEIT in der App Einstellungen   259

Abbildung 13.1: Das Fenster DATEIVERSIONSVERLAUF.   265

Abbildung 13.2: Im Bereich INFO finden Sie jede Menge technische Informationen zu Ihrem Computer.   267

Abbildung 13.3: Schaufeln Sie mit dem Feature Speicheroptimierung Speicherplatz frei.   269

Abbildung 14.1: Klicken Sie auf FAMILIE, um ein neues Benutzerkonto zu erstellen.   278

Abbildung 14.2: Wählen Sie aus, ob Sie ein Kind oder ein erwachsenes Familienmitglied hinzufügen möchten.   278

Abbildung 14.3: Hinzufügen eines Benutzerkontos für einen Nicht-Familienangehörigen.   280

Abbildung 14.4: In Windows kann jeder Benutzer ein Profilbild auswählen.   283

Abbildung 14.5: Wählen Sie eine der Optionen aus, um sich ohne Kennwort anzumelden.   286

Abbildung 15.1: Ein Netzwerk ähnelt einer Spinne, wobei jeder Computer mit einem Router in der Mitte kommuniziert.   290

Abbildung 15.2: Stellen Sie sicher, dass die vernetzten Computer dasselbe WLAN-Netzwerk verwenden.   291

Abbildung 15.3: Schlagen Sie den Namen Ihres Computers nach, oder ändern Sie ihn, wenn Sie möchten.   291

Abbildung 15.4: Geben Sie im Dialogfeld SYSTEMEIGENSCHAFTEN eine kurze Beschreibung Ihres Computers ein.   292

Abbildung 15.5: Netzwerkerkennung und Freigabeeinstellungen für ein privates Netzwerk.   294

Abbildung 15.6: Ordner freigeben und seinen Freigabenamen und seine Beschreibung ändern.   296

Abbildung 15.7: Geben Sie anderen Benutzern vollen Zugriff auf einen gemeinsamen Ordner.   296

Abbildung 15.8: Einstellungen für einen gemeinsamen Drucker.   298

Abbildung 15.9: Aktivieren Sie die Netzwerkerkennung für den Zugriff auf private Netzwerkressourcen.   301

Abbildung 15.10: Unter NETZWERK können viele mit dem Internet verbundene Geräte erscheinen.   302

Abbildung 15.11: Freigegebene Netzwerkdrucker im Dropdown-Menü DRUCKER.   304

Abbildung 15.12: Einrichten von Remotedesktop auf einem Computer mit Windows 11 Pro.   306

Abbildung 15.13: Zugriff auf einen PC mit Remotedesktopverbindung unter Windows.   308

Abbildungsverzeichnis

Abbildung 16.1: Editor mit einem leeren Dokument.   312

Abbildung 16.2: Klicken Sie mit der rechten Maustaste auf ein Wort, das mit einer Wellenlinie unterstrichen ist.   313

Abbildung 16.3: Copilot VERFASSEN in Microsoft Edge.   316

Abbildung 16.4: Werkzeuge für die Arbeit mit von Copilot-generiertem Text.   317

Abbildung 16.5: Das Dialogfeld SPEICHERN UNTER zum Speichern einer Datei.   319

Abbildung 16.6: Das Dialogfeld zum Öffnen einer Datei.   320

Abbildung 16.7: Das Fenster SPRACHEINGABE.   321

Abbildung 16.8: Übersetzen vom Deutschen ins Thailändische in Google Übersetzer.   323

Abbildung 17.1: Anzeige des Katalogs im Explorer.   326

Abbildung 17.2: Das Menü SNIPPINGMODUS.   329

Abbildung 17.3: Ein in der App WINDOWS-FOTOANZEIGE geöffnetes Bild.   330

Abbildung 17.4: Bearbeitungsmodus in der App WINDOWS-FOTOANZEIGE.   332

Abbildung 17.5: KI-generatives Löschen in der App WINDOWS-FOTOANZEIGE.   333

Abbildung 17.6: Maskieren des zu entfernenden Bereichs mit generativem Radieren.   334

Abbildung 17.7: Die Paint-App.   335

Abbildung 17.8: Einstellen der Leinwandgröße auf 512x512 Pixel.   336

Abbildung 17.9: Ein Image Creator-Bild auf dem Zeichenbereich von Paint.   337

Abbildung 17.10: Bereiche in Paint.   338

Abbildung 17.11: Farben für Zeichnungen, Formen und Text auswählen.   339

Abbildung 17.12: Das Schachbrett zeigt transparente Teile des Bildes an.   342

Abbildung 17.13: Ein Originalbild (links) und die zugeschnittene Version (rechts).   342

Abbildung 17.14: Zwei getrennte Bilder.   343

Abbildung 17.15: Das Bild eines Adlers wird in das Hintergrundbild eingefügt.   344

Abbildung 17.16: Fragen Sie Copilot über etwas auf Ihrem Bildschirm oder in einer Bilddatei.   345

Abbildung 18.1: Verwenden Sie im Snipping Tool die Schaltfläche AUFZEICHNEN, um Ihre Bildschirmaktivitäten aufzuzeichnen.   348

Abbildung 18.2: Die Schaltfläche SPEICHERN UNTER im Snipping Tool.   348

Abbildung 18.3: Die Clipchamp-Startseite.   349

Abbildung 18.4: Der Hilfe- und Lernbereich von Clipchamp.   350

Abbildung 18.5: Die Seite AUTO COMPOSE in Clipchamp.   351

Abbildung 18.6: Wählen Sie einen Stil für ein KI-generiertes Video aus.   352

Abbildung 18.7: Das fertige Video.   353

Abbildung 18.8: Die Videobearbeitungsseite von Clipchamp.   354

Abbildung 18.9: Klicken Sie mit der rechten Maustaste auf das Symbol des USB-Laufwerks und wählen Sie FORMATIEREN.   358

Abbildung 19.1: Windows 11-Problembehandlungen.   363

Abbildung 19.2: Mit dem Programm DATEIVERSIONSVERLAUF können Sie Sicherungen aus jedem Ihrer Hauptordner wiederherstellen.   364

Abbildung 19.3: Klicken Sie auf den Pfeil, der nach links oder rechts zeigt, um neuere und ältere Versionen der Datei anzuzeigen.   365

Abbildung 19.4: Legen Sie fest, ob Sie die vorhandene Datei ersetzen wollen, die Datei überspringen wollen oder ob Sie auswählen wollen, welche Datei Sie behalten möchten.   366

Abbildung 20.1: Bei vielen Windows-Features geht ohne ein Microsoft-Konto gar nichts.   372

Abbildung 20.2: Klicken Sie hier, um Windows mitzuteilen, wie es reagieren soll, wenn Sie ein Gerät an Ihren Computer anschließen.   373

Abbildung 20.3: Sagen Sie Windows, was es mit dem Element tun soll, das Sie gerade in den Computer eingelegt bzw. angeschlossen haben. 373

Abbildung 20.4: Sollen alle Dateien gelöscht werden? 374

Abbildung 20.5: Darf das Programm Änderungen vornehmen? 374

Abbildung 20.6: Wollen Sie Ihre Arbeit speichern? 375

Abbildung 20.7: Geben Sie Ihren Benutzernamen und Ihr Kennwort ein. 376

Abbildung 20.8: Windows möchte wissen, was mit einem neuen Laufwerk geschehen soll. 376

Abbildung 20.9: Microsoft Defender Antivirus hat eine potenziell gefährliche Datei auf Ihrem Computer gefunden und entfernt. 377

Abbildung 20.10: Suchen Sie jemanden mit einem Administratorkonto, um den Ordner oder die Datei zu öffnen. 378

Abbildung 20.11: Zugriff auf den Standort erlauben? 378

Abbildung 21.1: GRÖSSE AUF DEM DATENTRÄGER zeigt an, wie viel Platz der Ordner *Benutzer* auf der Festplatte belegt. 383

Abbildung 22.1: Die App ERSTE SCHRITTE gibt eine Einführung in Windows 11. 386

Abbildung 22.2: Die Windows 11-App HILFE ANFORDERN versucht, Sie zu einer Antwort zu führen. 387

Abbildung 22.3: Durchsuchen Sie die Community nach Ihrer Frage oder Ihrem Problem. 388

Abbildung 22.4: Seite zum Stellen einer detaillierten Frage. 389

Abbildung 23.1: Die Schaltfläche FILTER in der APP WINDOWS-FOTOANZEIGE. 394

Abbildung 23.2: Der größte Teil des zu löschenden Objekts befindet sich innerhalb des Kreises. 395

Abbildung 23.3: Das zu entfernende Objekt ist maskiert. 397

Abbildung 23.4: Zuschneiden eines Bildes in WINDOWS-FOTOANZEIGE. 398

Abbildung 23.5: Zeigen Sie mit dem Mauszeiger auf ein Bild, um dessen Abmessungen zu sehen. 399

Abbildung 23.6: Ein Bild in Paint. 400

Abbildung 23.7: Dialogfeld GRÖSSE ÄNDERN UND ZERREN in Paint. 400

Abbildung 23.8: Das Foto einer Person wird auf ein Hintergrundbild gelegt. 401

Abbildung 23.9: Hintergrund in der App WINDOWS-FOTOANZEIGE entfernen. 402

Abbildung 23.10: Bild mit transparentem Hintergrund vor einem Hintergrundbild. 404

Abbildung 23.11: Geschriebenes Skript in Microsoft Clipchamp, das vorgelesen wird. 405

Abbildung 23.12: Image Creator in Paint. 406

Abbildung 23.13: Anzeige eines KI-generierten Bildes in Paint. 407

Abbildung 23.14: Startseite von Microsoft Image Creator 409

Abbildung 23.15: Mit Microsoft Image Creator erstellte Bleistiftskizzenbilder. 409

Abbildung 23.16: Eine KI-generierte Bleistiftskizze. 410

Abbildung 23.17: Die Startseite von Microsoft Designer. 411

Abbildung 23.18: Originalbild (oben links) und umgestaltete Varianten. 412

Abbildung 23.19: Miniaturansichten von neu gestalteten Bildern. 413

Abbildung 24.1: Das Copilot-Chatfenster. 416

Abbildung 24.2: Copilot eine Frage stellen. 417

Abbildung 24.3: Klicken Sie auf das Symbol für einen neuen Chat, um eine neue Unterhaltung zu beginnen. 417

Abbildung 24.4: Der Befehl KOPIEREN befindet sich im Kontextmenü der Antwort von Copilot. 418

Abbildung 24.5: Klicken Sie mit der rechten Maustaste auf das Bild und wählen Sie BILD KOPIEREN. 419

Abbildung 24.6: Ein Bild in die Copilot-Eingabeaufforderung einfügen. 420

Abbildung 24.7: Mathematische Gleichung auf dem Bildschirm. 421

Abbildung 24.8: Die zu lösende Gleichung wird in einem Bildschirmfoto isoliert. 422

Abbildung 24.9: Das Copilot-Feature VERFASSEN in Microsoft Edge. 424

Abbildung 24.10: Copilot in Microsoft Edge. 426

Stichwortverzeichnis

A

Account *siehe*
  Benutzerkonten
Administratorkonto
  Definition 276
Adobe Photoshop 329
Adressleiste
  (Edge) 194
  (Explorer) 109
AI-Explorer 36
Aktive Ansicht 159
Aktives Fenster 94
Akzentfarbe auf Start- und
  Taskleiste 66
Amazon Music 356
Andere Taskleistensymbole 76
Andocklayouts 95
Anmeldebildschirm 40
  Barrierefreiheit 41
  Fingerabdrucklesegerät 45
  Gesichtserkennung 45
  PIN-Code 45
Anmeldung
  Benutzerkonten 42
  lokale Konten 46
  Microsoft-Konten 45
  mit Fingerabdruck 285
  mit Gesichtserkennung 285
Antivirus 377
Apple Music 356
Apps 32
  aktualisieren 150
  anzeigen
    alle installierten Apps
      48–49, 52
    kürzlich installierte Apps
      49
    zuletzt verwendete 70
  aus dem Microsoft Store
    laden 147
  beenden 52
  Definition 32
  deinstallieren 150, 255
  dem Startmenü
    hinzufügen 54

Druckfunktionen 171
eingefroren 368
Einstellungen 43, 235, 237
im Startmenü 52
im Startmenü starten 48
im Task-Manager beenden
  368
installieren 256
kaufen im Microsoft Store
  53
laufende Apps anzeigen
  159
maximieren 50
minimieren 51
nach geöffneten suchen 159
OneDrive 124
reparieren 367
Sprunglisten 52, 57, 72
starten 139–140
Store 147
suchen 49, 162
Taskleistensymbole 50
Teams 220
Teams Chat 220
verschieben zwischen
  virtuellen Desktops 99
Wiederherstellen 50
Windows-Scanner 183
Windows-Sicherheit 224
zum Öffnen von Dateien
  festlegen 145
Arbeitsspeicher 268
Artificial Intelligence *siehe*
  Copilot, KI
Audio
  Lautstärke anpassen 74
  Musik-CDs rippen 356
  Sprachchat 222
  Sprache-in-Text 322
  Text-in-Sprache 322
Audiorekorder, App
  Definition 52
Aufgabenansicht 95, 97, 159
Ausrichtung 175
Ausschneiden 152

Elemente auswählen
  für 153
  in Zwischenablage 155
Ausschneiden, Kopieren und
  Einfügen 152
  Antworten von Copilot 81
  Copilot-Ausgabe 180
  Dateien und Ordner 118
  Elemente auswählen 153
  Informationen an anderer
    Stelle einfügen 156
Auswählen 153
  Dateien 114
  Ordner 114
Auswerfen, USB-Laufwerke
  108
Automatische Wiedergabe 261
  für Wechseldatenträger
    und Speicherkarten
    konfigurieren 108
Avery 177
  Design & Print 177
  Etiketten 180
  kostenlose Vorlagen 177

B

Backup mit OneDrive 125
Barrierefreiheit, Apps
  Definition 52
Barrierefreiheit
  Bildlaufleiste besser
    sichtbar 259
  Bildschirmlupe 260
  Designs 260
  Einstellungen 258
  Farbfilter 260
  Hörvermögen 260
  Interaktion 260
  Kontrast-Designs 260
  Maus 259
  Sprachausgabe 260
  Textcursor 259
  Textgröße 259
  Touchscreen 259
  visuelle Effekte 259

Bedrohung gefunden 377
Beenden
  Windows 58
Benachrichtigungen 242
  alle löschen 78
  einblenden 76
  einer App deaktivieren 78
  einzelne schließen 78
  Fokussitzung 78
  für Apps konfigurieren 78
  ignorieren 77
  OneDrive 129
  stummschalten 78
Benutzer wechseln 282
Benutzerfoto 42
Benutzerkonto
  Administratorkonto 276
  Benutzerkontensteuerung 374
  bestehendes ändern 280
  Definition 275
  einrichten oder ändern 276
  für Familienmitglieder 277
  für Nicht-Familienmitglieder hinzufügen 279
  Kennwort
    Alternativen 45
    einrichten/ändern 43
    Kennworthinweis 44
    vergessen 44
    vergeben 285
    wiederherstellen 367
  Kinderkonto 276
  Kontenname im Startmenü 48
  lokales Konto 46, 276
    erstellen 279
    löschen 281
    umwandeln 281
  Microsoft-Konto
    anmelden 45
    aus lokalem Konto erstellen 281
    Datenschutz 284
    hinzufügen 279, 372
    Kontobild ändern 284
    neu erstellen 46
    online verwalten 284
    Privatsphäre 284

vorhandenes verwenden 46
  vs. lokales Konto 46
  Profilbild ändern 283
  Standardkonto 276
  Typen 276
  wechseln zwischen 281
  Windows Hello 286
Benutzerkontensteuerung 223, 374
Betriebssystem 31
Bildcode für Benutzerkonto erstellen 44
Bilddatei 326
Bild
  bearbeiten
    Anmerkungen erstellen 339
    drehen 331–332
    Farbton 332
    Helligkeit 332
    Hintergrund entfernen 332, 341
    in Designer online 331
    in Windows-Fotoanzeige 331
    kombinieren 343
    Kontrast 332
    löschen 331–332
    Markup 332
    Text hinzufügen 340
    überlagern 343
    zuschneiden 332, 341
  Bildcode 44
  Bilddatei 326
  Bildschirmfoto aufnehmen 328
  Copilot Fragen zu Bildern stellen 418
  durchsuchen 325
  Größe ändern 399
  Hintergrund ändern 403
  Hintergrund entfernen 402
  in Webseiten
    speichern 203
    vergrößern 202
  mit KI generieren 406, 408
  Objekt entfernen aus 395
  Rasterbilder 326
  suchen 168

umgestalten mit Microsoft Designer 411
  Vektorbilder 326
  verbessern mit Windows-Fotoanzeige 393
  von Copilot beschreiben lassen 345
  von Kamera oder Smartphone importieren 327
  zuschneiden 397
Bildlaufleisten
  besser sichtbar 259
Bildschirm
  Helligkeit einstellen 74
  zweiten anschließen 239
Bildschirmauflösung
  ändern 238
Bildschirmfotos
  aufnehmen 328
  drucken 328
  speichern 328
Bildschirmlupe 260
Bildschirmtastatur 252
Bing 195, 201
Bing Suchmaschine 200
Bitte nicht stören-Modus 78
Bluetooth-Gerät
  anschließen 245
  Pairing 245
Blu-ray 122
Browsen per Sprache 195
Browser
  Links 196
  Microsoft Edge 193
Browserverlauf löschen 199

C

CD 122
Chat
  anmelden 220
  App starten 221
  Chatnachrichten senden 221
  Video- und Sprachchats abhalten 222
ChatGPT 79
Claude 84
Clipchamp, App 349
  Auto Compose 351
  Marken-Kit 355
  Seitenverhältnis 352

starten 349
Stil wählen 351
Tutorials 350, 356
Video exportieren 353
Video mit KI erstellen 351
Videobearbeitung 354
   Abspielkopf 354
   Audio 355
   Effekte 356
   ein-/ausblenden 355
   Farbe für Hintergrund 356
   Farben anpassen 356
   Filter 356
   Geschwindigkeit 356
   Glitch 356
   Übergänge 355–356
   Untertitel 355
   Zeitlupe 356
   Zoom 356
Vorlagen 355
Cloud *siehe auch* OneDrive
   Begriff 124
   Cloud-PCs 37
   hochladen und herunterladen 125
Computer
   eingefroren 368
   herunterfahren 60
   neu starten 60
   Ruhezustand 59
   sperren 59
   wiederherstellen 370
Computerneustart 362
Copilot
   Alternativen 84
   Antwort kopieren 81
   Antwort vorlesen lassen 81
   Antworten kopieren 418
   Anwort bewerten 81
   Ausgabe drucken 180
   Ausgabe in PDF-Datei exportieren 182
   beenden 34
   Beispiele für Fragen 82
   Bilder beschreiben lassen 345
   Bildschirm beschreiben lassen 345
   E-Mail-Nachricht schreiben lassen 214
   Features 33

Fragen stellen 80, 415
Fragen zu Bildern stellen 418
in Microsoft Edge 195
Kopieren und Einfügen von Antworten 81
mathematische Probleme lösen 420
neuen Chat starten 416
PDFs zusammenfassen und vereinfachen 425
Programmcode schreiben lassen 427
Reiseplanung 422
Seite in Edge zusammenfassen lassen 202
Spracheingabe 84
starten 34, 415
Symbol 34
technische Hilfe 385, 420
Texte
   verbessern lassen 318
   verfassen lassen 83, 315, 423
Texte verbessern 423
Webseiten zusammenfassen 322
Webseiten zusammenfassen und vereinfachen 425
Cortana 35
CPU (Central Processing Unit) 268

D

Datei
   als E-Mail-Anlagen senden 218
   Ansicht ändern 111
   auf anderem Laufwerk anzeigen 107
   auf neuen Computer übertragen 382
   auswählen 114
   Begriff 102
   Bilddateien 326
   Dateinamenerweiterungen 112
   Details anzeigen 119
   E-Mail-Anlagen speichern 217
   extrahieren 205
   Formate 143

   gelöschte werden überall entfernt 373
   gültige Namen 113
   in einem Ordner suchen 165
   komprimieren 205
   kopieren 118
   löschen 115
   löschen ohne Papierkorb 117
   mit Dateiversionsverlauf wiederherstellen 117
   öffnen 110
   öffnen mit bestimmten Apps 145
   öffnen von OneDrive 130
   sortieren 111
   speichern auf OneDrive 130
   suchen 162
   umbenennen 114
   verschieben 118
   Vorgängerversionen 121
   Vorschau 111
   wiederherstellen 116, 363
   ZIP-Dateien 205
   Zugriffsberechtigungen 121
Dateinamenerweiterung 111, 146
Dateisystem 357
Dateiversionsverlauf
   Daten auf neuen PC übertragen 384
   Daten wiederherstellen 363
   einschalten 263
   Laufwerk auswählen 265
   Ordner ausschließen 266
   Zeitintervall festlegen 266
Datensicherung
   Dateiversionsverlauf 263, 363
   mit OneDrive 263
   Wiederherstellungslaufwerk erstellen 272
Datenträger
   aufräumen 268
   Begriff 102
   optische 122
Datum-/Uhrzeiteinstellung 257

Defender *siehe* Microsoft
  Defender Antivirus
Deinstallieren
  Apps 150
  Programme 255
Designs 252
  auswählen 63, 254
  Desktop 63
  Kontrast-Designs 260
  mit hohem Kontrast 63
Desktop *siehe* auch
  Startmenü
  Aufgabenansicht 159
  Design auswählen 254
  Designs 63
  Farbe 66
  Fenster 87
  Fenster anordnen 94
  Hintergrund 253
    ausfüllen 254
    Bild 254
    Diashow 253
  nach geöffneten Apps
    suchen 160
  Papierkorb 116
  personalisieren 61
    Akzentfarben 64
    Hintergrund 66
  Verknüpfung zu Website
    auf Desktop erstellen 151
  Verknüpfungen erstellen
    151
  virtuelle Desktops 98
    Apps verschieben
      zwischen 99
    neuen erstellen 98
  Widgets
    alle entfernen 70
    angeheftete 69
    anpassen 70
    hinzufügen 70
    lösen 70
Digitale Signaturen 121
Dokument
  öffnen 141
Dokumente
  Begriff 141
  öffnen 141, 319
  speichern 143, 318
Download 205
Downloads, Ordner 203

Drag&Drop 88
Drahtlos
  Internetverbindung
    herstellen 190
Druckauftrag 176
  abbrechen 175
Drucken
  Ausrichtung 175
  Bildschirmfoto 328
  Copilot-Ausgabe 180
  Druckaufträge
    abbrechen 175
  Drucker auswählen 172
  E-Mail-Nachrichten 216
  Etiketten 177
  in Apps 171
  in Microsoft Edge 178
  in PDF-Datei 182
  Kopfzeile/Fußzeile
    festlegen 175
  Papier auswählen 180
  Papierformat 175
  Papierzufuhr 175
  Ränder festlegen 175
  Seiteneinrichtung 174
  Umschläge 177
  Webseiten 177
Drucker
  Aufträge abbrechen
    175
  auswählen 172
  hinzufügen 247
  Probleme beheben 178
Druckerspooler 176
Druckvorschau 174
Druckwarteschlange 176
DuckDuckGo
  Suchmaschine 200
Dunkles Design 63
DVDs 122
Dynamische Beleuchtung
  252

E

Edge, Browser
  Adressleiste 194
  Bilder vergrößern 202
  Browsen mit Tabs 196
  Browserverlauf löschen
    199
  Copilot 195

Copilot Webseite
  zusammenfassen
    lassen 202
Downloads aus dem
  Internet 205
drucken 203
Elemente speichern
  Bilder 203
  Dateien komprimieren
    und extrahieren 205
  Downloads 205
  Texte 203
Favoriten definieren 199
Links 196
SmartScreen-Filter 228
Spracheingabe 195
starten 193
Startseite definieren 198
Suchmaschine wechseln
  200
Verknüpfung zu Website
  auf Desktop erstellen 151
Verlauf 199
Webseiten speichern 203
Webseiten zusammenfas-
  sen und vereinfachen
  322
weitere Informationen
  finden 201
Werbeanzeigen 197
Zurück-Schaltfläche 196
Editor
  bewegen im Text 314
  Dokumente öffnen 319
  Dokumente speichern 318
  letzte Aktion rückgängig
    machen 312
  öffnen 311
  Rechtschreibung
    überprüfen 312
  Spracheingabe 321
  Texte auswählen 314
  Texteingabe 312
  Zeilenumbruch 312
Editor, App
  Definition 52
Ein/Aus-Schaltfläche
  Energie sparen 59
  Herunterfahren 60
  Neustart 60
  Sperren 59

EIN/AUS-Schaltfläche 59
Einfügen 152
  Symbole im Startmenü 54
Eingefroren
  Apps 368
  Computer 368
Einstellungen
  ändern 43
  Apps/Programme
    entfernen 255
  Bildschirmauflösung
    ändern 238
  Bluetooth-Geräte
    anschließen 245
  Datenschutz und
    Sicherheit 260
  Design auswählen 254
  Desktophintergrund
    ändern 253
  Scanner hinzufügen 247
  zweiten Bildschirm
    einrichten 239
Einstellungen (App)
  Personalisierung 57
Einstellungen, App 235
  Apps, Kategorie 255
    App deinstallieren 255
    deinstallieren 255
    installieren 256
  arbeiten mit 237
  Automatische Wiedergabe
    261
  Autostart, Kategorie 262
  Barrierefreiheit 258
    Bildschirmlupe 260
    Farbfilter 260
    Hörvermögen 260
    Interaktion 260
    Kontrast-Designs 260
    Maus 259
    Sprachausgabe 260
    Textcursor 259
    Textgröße 259
    Touchscreen 259
    visuelle Effekte 259
  Bildlaufleiste 259
  Bluetooth und Geräte,
    Kategorie 244
    Bluetooth-Gerät
      anschließen 245
    Drucker hinzufügen 247

Scanner hinzufügen 247
Smartphone verbinden
  249
Datenschutz und
  Sicherheit 260
Definition 52
Desktophintergrund 253
Einstellungen finden 236
Kategorien 237
Konten, Kategorie 257
Netzwerk und Internet 251
Personalisierung, Kategorie
  251
Problembehandlungen 362
Spiele, Kategorie 258
Suchen nach Einstellungen
  236
System, Kategorie 237, 267
  Benachrichtigungen
    deaktivieren 242
  Bildschirmauflösung
    ändern 238
  Projektor verwenden 240
  Speicherplatz 268
  technische Informa-
    tionen 266
  Textgröße 239
  zweiten Bildschirm
    anschließen 239
Windows Update,
  Kategorie 261
Zeit und Sprache, Kategorie
  257
E-Mail-Client 210
E-Mail
  Anlagen 217
  erhaltene speichern
    217
  senden 218
  Sicherheit 227
  App starten 211
  archivieren von
    Nachrichten 216
  Copilot Nachricht
    schreiben lassen 214
  Dateien
    als Anlage senden 218
    erhaltene Anlagen
      speichern 217
  drucken von Nachrichten
    216

E-Mail-Nachricht senden
  213
für E-Mail-Konto
  konfigurieren 210
löschen von Nachrichten
  215
Nachrichten als gelesen/
  ungelesen markieren 216
Nachrichten beantworten
  215
Nachrichten kennzeichnen
  216
Nachrichten lesen 215
Nachrichten weiterleiten
  215
neue E-Mail-Adresse
  erhalten 208
neue E-Mail-Adresse
  erstellen 208
Ordner in App 212
Phishing 217, 228
schreiben 213
senden 213
verschieben von
  Nachrichten 216
Energie sparen 59
Energiesparmodus 300
Erste Schritte, App 385
  Definition 52
Etiketten
  drucken 177
ExFAT 357
Explorer 101
  Alle extrahieren 205
  Elemente 87
  Katalog 325
Explorer, App 103
  Adressleiste 104, 109
  Cloudsymbol 105
  Dateien
    Ansicht ändern 111
    auf anderem Laufwerk
      anzeigen 107
    auswählen 114
    Details anzeigen 119
    kopieren 118
    löschen 115
    löschen ohne Papierkorb
      117
    mit Dateiversionsverlauf
      wiederherstellen 117

öffnen 110
sortieren 111
umbenennen 114
verschieben 118
Vorschau 111
wiederherstellen 116
Dateinamenerweiterungen
anzeigen 112
Definition 52
Dieser PC, Symbol 104
Inhaltsbereich 104
Katalog, Symbol 105
Navigationsbereich 104
Netzwerk, Symbol 105
öffnen 103
OneDrive 105
Ordner
auswählen 114
blättern in 110
erstellen 112
kopieren 118
löschen 115
löschen ohne Papierkorb 117
umbenennen 113–114
verschieben 118
Start, Symbol 105
Symbolbereich 104
Titelleiste 104
USB-Laufwerk, Symbol 104

F

Familienoptionen 229
Family safety 229
Farben
Desktop 66
dunkles Design 63
Fensterrändern 66
helles Design 63
Startmenü 66
Taskleiste 66
Titelleisten 66
Farbfilter 260
Favoriten, Browser
definieren 199
entfernen 199
Favoritenleise anzeigen 199
öffnen 199

Fehlermeldungen 371
Aktion beim Anschließen eines Geräts 372
Änderungen speichern 375
Anmeldung mit Microsoft-Konto 372
App erlauben, Änderungen vorzunehmen 374
Bedrohung gefunden 377
Benutzerkontensteuerung 374
Datenschutzeinstellungen blockieren Zugriff auf Standort 378
Festlegen, was mit Wechseldatenträger geschehen soll 376
Gelöschte Dateien werden überall entfernt 373
keine Zugriffsberechtigung 378
Netzwerkanmeldeinformationen eingeben 375
Fenster
aktives 94
anordnen 93–94
Bildlauf in Bereich 90
Bildlaufleiste 89
Definition 32
Drag&Drop 88
Elemente 87
Größe ändern 93
herauszoomen 91
hineinzoomen 91
maximieren 92
nach geöffneten Apps suchen 160
verschieben 95
Ziehen und Ablegen 88
Fenster andocken lassen 95
Fenstergröße ändern 51
Festplatten
aufräumen 268
FileHistory (Dateiversionsverlauf) 266
Fingerabdruckerkennung
anmelden mit 285
Firewall 226
Fokussitzung 78

Formatieren 123
Foto *siehe* Bild
Freigabe
Drucker 298

G

Gemini 84
Geräte-Manager 270
Gerätetreiber 270
Geschäfts- oder Schulkonto 46
Gesichtserkennung 45
anmelden mit 285
Google Gemini 84
Google Suchmaschine 200
Google Übersetzer 323
Greenscreen 402
Groove 35
Größe von Bildern ändern 399

H

Hängt
App hängt 368
Computer hängt 368
Hardwareanforderungen für Widows 11 36
Helles Design 63
Herauszoomen 91
Herunterfahren 60
Herunterladen
neue Apps aus Microsoft Store 147
Hilfe
Copilot fragen 385
Copilot zu Windows befragen 420
Erste Schritte, App 385
Hilfe anfordern, App 386
Hilfe anfordern, App 52, 385–386
Hilferessourcen 385
Copilot 385
Erste Schritte, App 385
F1-Taste 385
Fragezeichen-Schaltfläche 385
Hilfe anfordern, App 386
Microsoft Community Website 387

Hineinzoomen 91
Hintergrund
　Desktop 66
　　Bild 66
　　Diashow 67
　　Volltonfarbe 66
　　Windows-Blickpunkt 67
　eines Bildes ändern 403
　eines Bildes entfernen 402
Hintergrundbild
　über Geräte
　　synchronisieren 35
Hintergrundeinstellung
　für Desktop 251
Hintergrundpinseltool 403
Hörvermögen 260
https-Protokoll 194

I

Image Creator
　Paint-App 406
　Webseite 408
Infobereich
　Benachrichtigungen
　　alle löschen 78
　　einer App
　　　deaktivieren 78
　　für Apps konfigurieren
　　　78
　　ignorieren 77
　Helligkeit einstellen 74
　Kalender 76
　Lautstärke anpassen 74
　Standardsymbole 75
　Symbole auswählen 76
Infobereich (Taskleiste) 74
InfoberereichBenachrichti-
　gungen
　alle löschen 78
Installieren
　Apps/Programme 256
Internet
　auf OneDrive-Dateien
　　zugreifen 134
　Chat
　　anmelden 220
　　App starten 221
　　Chatnachrichten
　　　senden 221
　　Video- und Sprachchats
　　　abhalten 222

drahtlose Verbindung
　herstellen 190
Einstellungen 251
E-Mails
　Anlagen 217
　Anlagen senden 218
　Anlagen speichern 217
　App für E-Mail-Konto
　　konfigurieren erstellen
　　210
　App starten 211
　archivierenv von
　　Nachrichten 216
　Copilot Nachricht
　　schreiben lassen 214
　Dateianlagen speichern
　　217
　Dateien als Anlage
　　senden 218
　drucken von Nachrichten
　　216
　E-Mail-Nachricht senden
　　213
　löschen von Nachrichten
　　215
　Nachrichten als
　　gelesen/ungelesen
　　markieren 216
　Nachrichten beantworten
　　215
　Nachrichten
　　kennzeichnen 216
　Nachrichten lesen 215
　Nachrichten weiterleiten
　　215
　neue E-Mail-Adresse
　　erstellen 208
　Ordner in Outlook 212
　Phishing 217, 228
　Phishing verhindern 228
　Sicherheit und Anlagen
　　227
　verschieben von
　　Nachrichten 216
　https-Protokoll 194
　Links 196
Netzwerke 46
　Computername 291
　Computername
　　ändern 292
　Drucker 297
　einrichten 289

kennwortgeschütztes
　Freigeben 301
　mit Microsoft-Kennwort
　　anmelden 299
　Netzwerkerkennung 293,
　　301
　Ordner freigeben 294
　Ruhezustand 300
　Standbymodus 300
　suchen nach Ressourcen
　　300
　Zugriff auf freigegebenen
　　Drucker 303
　Zugriff auf freigegebenen
　　Ordner 302
　Phishing verhindern 228
　Provider aus wählen 190
Surfen
　Adressleiste 194
　Bilder speichern 203
　Bilder vergrößern 202
　Browser starten 193
　Browserverlauf löschen
　　199
　Copilot 195
　Copilot Webseite
　　zusammenfassen
　　lassen 202
　Dateien komprimieren
　　und extrahieren 205
　Downloads aus dem
　　Internet 205
　drucken 203
　Favoriten definieren 199
　Spracheingabe 195
　Startseite definieren 198
　Suchmaschine wechseln
　　200
　Texte speichern 203
　Webseiten speichern 203
　weitere Informationen
　　finden 201
　Werbeanzeigen 197
　Zurück-Schaltfläche 196
　URLs 194
　WLAN 191
　　Kennwörter 192
　　ungesicherte vs. gesi-
　　　cherte Netzwerke 192
Internet Explorer 35
Internet Service Provider 189
Internetanbieter 189

J

JavaScript 427
Junk-E-Mails 215

K

Kalender anzeigen 76
Kalender-App 208
Kamera
   Aktion auswählen beim
      Verbinden 372
   Bilder importieren 327
   Foto für Profilbild
      aufnehmen 283
   Gesichtserkennung 45
   Videochat 222
Kamera, App
   Definiton 52
Keine Berechtigung zum
   Zugriff 378
Kennwörter
   Alternativen 45, 286
   ändern 285
   Auswertung 44
   Bildcode 44
   einrichten/ändern 43
   für Benutzerkonto
      ändern 285
   für Benutzerkonto
      wiederherstellen 367
   für E-Mail-Konten 208
   Kennworthinweis 44
   vergessen 44
   WLAN 192
Kennwortgeschütztes
   Freigeben 301
KI
   Bilder generieren 406, 408
   Bildhintergrund entfernen
      401
   Fotos verbessern 393
   Objekte/Personen
      entfernen aus Fotos 395
   Programmieren lernen mit
      427
   Text-in-Sprache 404
Kinderkonto
   Definition 276
KI-PCs mit NPUs 36
Konto
   Bildcode definieren 44
   Kennwort einrichten 42

   lokales 46
   Microsoft 45
   Microsoft-Konto
      anmelden 45
   Microsoft-Konto
      hinzufügen 372
   PIN definieren 45
Kontrast-Designs 260
Kopfzeile/Fußzeile 175
Kopieren 152
   Dateien 118
   Elemente auswählen für
      153
   in Zwischenablage 155
   Ordner 118
Kopieren und einfügen von
   Antworten 418
Künstliche Intelligenz *siehe*
   Copilot, KI
Kurznotizen, App
   Definition 52

L

Ländereinstellung 257
Laufwerk
   Festplatte 123
Laufwerke
   Begriff 102
   Festplatte 107
   Laufwerksbuchstaben 107
   optische 122
   USB-Laufwerke 102
      Auswerfen 108
      automatische Wieder-
         gabe konfigurieren 108
      Festlegen, was beim
         Anschließen passieren
         soll 107
      formatieren 123
      Laufwerksbuchstaben
         104
Laufwerksbuchstaben 107
Lautstärke anpassen 74
Layoutvorschläge 51
Link (Browser) 196
Lokale Konten 46, 276
   erstellen 279
   löschen 281
Löschen
   Dateien 115
   Ordner 115

   Symbol aus dem
      Startmenü 55

M

Mail-App 208
Malware erkannt 377
Mauszeiger
   vergrößern 259
Maximieren von Fenstern
   92
Medienwiedergabe, App
   Definition 53
   Ersatz für Groove 35
Microsoft Clipchamp *siehe*
   Clipchamp
   Text-in-Sprache 404
Microsoft Clipchamp, App
   Definition 53
Microsoft Community
   Website 387
Microsoft Defender Antivirus
   226, 377
Microsoft Designer 410
Microsoft Edge *siehe* Edge,
   Browser
   drucken in 178
Microsoft Edge, App
   Definition 53
Microsoft Print to PDF
   182
Microsoft Store *siehe* App,
   Store
   Desktop-Designs
      herunterladen 64
Microsoft Store, App
   Definition 53
Microsoft Teams *siehe*
   Teams, App
Microsoft Teams, App
   Definition 53
Microsoft To Do, App
   Definition 53
Microsoft-Konto
   anmelden bei 45
   aus lokalem Konto erstellen
      281
   Datenschutz 284
   Kontobild ändern 284
   neu erstellen 46
   online verwalten 284
   Privatsphäre 284

Voraussetzung für
  OneDrive 124
vorhandenes verwenden 46
vs. lokales Konto 46
Musik für Wiedergabe
  im Auto 357
Musik-CDs rippen 356

N

Netzwerk
  Computername 291
  Computername ändern
    292
  Drucker
    gemeinsam nutzen 297
    zugreifen auf
      freigegebene 303
  einrichten 289
  Einstellungen 251
  kennwortgeschütztes
    Freigeben 301
  Komponenten 289
  mit Microsoft-Kennwort
    anmelden 299
  Netzerkerkennung 293,
    301
  Ordner
    freigeben 294
    zugreifen auf
      freigegebene 302
  Ruhezustand 300
  Standbymodus 300
  suchen nach Ressourcen
    300
  ungesichert 192
Netzwerkanmeldeinforma-
  tionen eingeben 375
Neuralprozessor 36
Neustart 60
Neustart, Computer 362
NPU, Neural Processing
  Unit 36

O

OneDrive 124, 270
  als Sicherungsgerät 125
  Apps für andere
    Betriebssysteme 135
  Benachrichtigungen 129

Bilder mit Windows-
  Fotoanzeige bearbeiten
  331
Datei bearbeiten 130
Datei löschen 131
Datei speichern 130
Dateien auf neuen
  Computer
  übertragen 381
Dateien bei Bedarf 131
Dateien löschen 373
Dateien öffnen und
  speichern 130
Dateien speichern 130
Dateien teilen 134
Einstellungen 128
für Sicherungskopien 263
Microsoft-Konto
  erforderlich 372
persönlicher Tresor 131
Speicherplatz 127
Speicherplatz freigeben
  270
Status einer Datei 133
Symbol im Infobereich
  127, 132
vom Webbrowser aus
  zugreifen auf 134
Voraussetzungen 124
OneNote 36
Onlineessourcen
  Microsoft Community
    Website 387
Onlineressourcen
  Avery 177, 180
  OneDrive 124
OpenAI 79
Ordner
  auswählen 114
  Begriff 102
  blättern in 110
  Details anzeigen 119
  Downloads 203
  erstellen 112
  gültige Namen 113
  kopieren 118
  löschen 115
  löschen ohne Papierkorb
    117
  nach Dateien suchen 165
  umbenennen 113–114

verschieben 118
Outlook für Windows siehe
  Outlook, App
Outlook, App
  Analgen
    Sicherheit 227
  Anlagen 217
    erhaltene speichern 217
    senden 218
  archivieren von
    Nachrichten 216
  Copilot Nachricht
    schreiben lassen 214
  Dateien
    als Anlage senden 218
    erhaltene Anlagen
      speichern 217
  Definition 53
  Drucken von Nachrichten
    216
  E-Mail-Nachricht erstellen
    213
  E-Mail-Nachricht senden
    213
  für E-Mail-Konto
    konfigurieren 210
  Löschen von Nachrichten
    215
  Nachrichten als gelesen/
    ungelesen markieren
    216
  Nachrichten beantworten
    215
  Nachrichten kennzeichnen
    216
  Nachrichten lesen 215
  Nachrichten weiterleiten
    215
  neue E-Mail-Adresse
    erstellen 208
  Ordner 212
  Phishing 217, 228
  Phishing verhindern 228
  starten 211
  verschieben von
    Nachrichten 216

P

Paint 3D 35
Paint, App

Anmerkungen hinzufügen 339
Bilder bearbeiten 338
Bilder generieren 406
Bildgröße ändern 399
Bildhintergrund ändern 403
Bildschirmfotos drucken 328
Bildschirmfotos speichern 328
Definition 53
Formfarben auswählen 338
Hintergrund löschen 341
Image Creator 336
KI-Bilder erstellen 336
Leinwandgröße ändern 335
Text hinzufügen 340
Textfarben auswählen 338
Werkzeugleiste 338
zuschneiden 341
Pairing 245
Papier für Drucker auswählen 180
Papierkorb 116
   Dateien wiederherstellen 116
   Elemente im Netzwerk löschen 117
   Inhalt sortieren 117
   leeren 117
   löschen ohne 117
   öffnen 116
   permant löschen 117
PCmover 384
PDF-Dateien
   erstellen 182
PDFs zusammenfassen und vereinfachen 425
Personalisierung 251
Pfad
   Begriff 109
Phishing 228
   verhindern 228
Photopea 329
PIN für Benutzerkonto
   erstellen 45
Portable Document Format (PDF) 182
Privatsphäre 260
Problem beheben

Rechnerneustart 362
Problembehandlung 361
Apps
   eingefroren 368
   reparieren 367
   zur Problembehandlung 362
Backup zurückspielen 363
Computer eingefroren 368
Copilot um Hilfe fragen 361
Kennwort vergessen 367
Task beenden 368
Wiederherstellungslaufwerk verwenden 369
Problembehandlungen, Apps 362
Profilbild ändern 283
Programm
   deinstallieren 255
   installieren 256
   nach geöffnetem suchen 159–160
   suchen 162
   von Webseiten speichern 205
Programmieren lernen mit KI 427
Projektor
   als zweiten Bildschirm anschließen 239
Provider 189
Prozessor 268
Python 427

R

RAM 268
Rasterbilder 326
Rechner
   eingefroren 368
Rechner, App
   Definition 53
Rechtschreibung
   überprüfen 312
Reiseplanung mit KI 422
Remotedesktop
   Authentifizierung 306
   Benutzer festlegen 306
   einrichten 305
Remotedesktopverbindung, App 307

   verbinden mit
      Computer 307
      Windows App 307
Router 289
Rückgängig machen 157
Ruhezustand 300

S

Scannen
   Begriff 183
   grundlegende Schritte 184
   Microsoft Lens App 186
   Windows-Scanner-App 183
Scanner hinzufügen 247
Schneller Benutzerwechsel 282
Schriftarten 252
Schutzverlauf 226
Screenshots aufnehmen 328
Seiteneinrichtung 175
Senden
   E-Mail-Anlagen 218
   E-Mails 213
Shortcut siehe Verknüpfung
Sicherheit 224
   Abfragen 224
   Microsoft Defender Antivirus 226
   Phishing verhindern 228
Sicherheitsrisiko
   ungesicherte Netzwerke 192
Sicherheitsvorkehrungen 285
Sicherung siehe Datensicherung
Skype 35
Smartphone
   Bilder importieren 327
   verbinden mit PC 249
Smartphone-Link 249
SmartScreen-Filter 228
Snipping Tool 53
   Bildschirmfotos aufnehmen 328
   Computerbildschirm aufzeichnen 347
Snippingmodus 328
Solitaire Collection, App 53
Speicherkarte 123
   auswerfen 108

automatische
  Wiedergabe 261
automatische Wiedergabe
  konfigurieren 108
  formatieren 123
  Laufwerksbuchstaben 104
  Lesegerät 123
Speichern
  Bildschirmfotos 328
  Dokumente 143
  Webseiten 203
Speicheroptimierung 268
Speicherplatz
  auf Festplattte freigeben 268
  auf OneDrive 127
  USB-Laufwerk 357
Speicherstick 123
Sperrbildschirm 252
  anzeigen 58–59
  entsperren 39
Spiele 48, 53
Spotify 356
Sprachausgabe 260
Sprachchat 222
Spracheingabe 321
Spracheinstellungen 257
Sprache-in-Text 322
Sprunglisten 52, 57
  Dokument anheften 72
  Optionen anzeigen 72
Standardkonto 277
  Definition 276
Standbymodus 300
Standort, Datenschutzeinstellungen 378
Starten
  Apps im Startmenü 48
Startmenü 47
  Abschnitt angeheftet 48
  Abschnitt Empfohlen 47–49
  Alle Apps 48–49, 52, 54
  anpassen 55
  Apps 52
  Apps starten 48
  Benutzername 47–48
  Bereich angeheftet 54
  Desktoprechner 48
  Desktopverknüpfungen anheften an 152
  Ein/Aus-Schaltfläche 47–48

Einstellungen ändern 57
Live-Kacheln 35
nach Apps suchen 49
Ordner 35
Suchfeld 47–48
Symbol entfernen 55
Symbol hinzufügen/entfernen 54–55
Suchen
  Apps 49
  Bilder 168
  Einstellungen 236
  im Browser per Sprache 195
  in einem Ordner 165
  lokal und im Internet 162
  nach Elementen 162
  nach geöffneten Apps 159
  nach geöffneten Programmfenstern auf dem Desktop 160
  Suchläufe in Ordnerfenstern verfeinern 167
Suchmaschine (Browser) 200
Surfen
  Adressleiste 194
  Bilder speichern 203
  Bilder vergrößern 202
  Browser starten 193
  Browserverlauf löschen 199
  Copilot 195
  Copilot Webseite zusammenfassen lassen 202
  Dateien komprimieren und extrahieren 205
  Downloads aus dem Internet 205
  Favoriten definieren 199
  Spracheingabe 195
  Startseite definieren 198
  Suchmaschine wechseln 200
  Texte speichern 203
  Webseiten speichern 203
  weitere Informationen finden 201
  Werbeanzeigen 197
  Zurück-Schaltfläche 196
Symbol
  im Startmenü einfügen/entfernen 54–55
  verschieben 56

Synchronisieren und sichern mit OneDrive 128
Systemsteuerung 235
  Dateiversionsverlauf 263
  Geräte-Manager 270

T

Tablet-Modus 35
Task beenden 368
Taskleiste 50, 67
  Aufgabenansicht 159
  Infobereich 74
  nicht verschiebbar 35
  OneDrive-Symbol im Infobereich 127, 132
Task-Manager
  Apps beenden 368
  Computer hängt 369
Tastenkombination, Format 24
Teams, App 220
  anmelden 220
  Chatnachrichten senden 221
  Ersatz für Skype 35
  Sprachchat 222
  starten 221
  Versionen 220
  Video- und Sprachchats abhalten 222
  Videochat 222
Technische Daten 266
Text
  aus Webseite kopieren 203
  Editor 311
  Google Übersetzer 323
  Spracheingabe 321
  Sprache-in-Text 322
  Textgröße auf Bildschirm anpassen 238, 259
  Textcursor 259
  übersetzen 322
  verbessern lassen 318
  verfassen lassen 315
  vergrößern 259
  von Copilot schreiben lassen 83, 423
  von Copilot verbessern lassen 423
  Zum Anfang einer Textzeile springen 90

Zum Ende einer Textzeile springen 90
Text-in-Sprache 404
Text-in-Sprache-Technologie 322
Tipps, App
　Definition 53
Treiber 270

U

Übersetzen 322
Uhr, App
　Definition 54
Uhrzeit-/Datumseinstellung 257
Umbenennen
　Ordner/Dateien 114
Umschlag
　drucken 177
Ungesicherte Netzwerke 192
URL (Uniform Resource Locator) 194
USB-Laufwerke 102
　Audio für Auto 357
　auswerfen 108
　automatische Wiedergabe 261
　automatische Wiedergabe konfigurieren 108
　Festlegen, was beim Anschließen passieren soll 107
　formatieren 123, 357
　Laufwerksbuchstaben 104

V

Vektorbilder 326
Verbindung
　drahtlose zum Internet 190
Verknüpfung
　auf dem Desktop 151
　im Startmenü einfügen 152
　löschen 116
Verlauf (Edge) 199
Verschieben
　Dateien 118
　Fenster 95
　Ordner 118
Videobearbeitung 354
　Abspielkopf 354

Audiolautstärke 355
Effekte 356
Ein-/Ausblenden 355
Farbe für Hintergrund 356
Farben anpassen 356
Filter 356
Geschwindigkeit 356
Übergänge 355–356
Untertitel 355
Videochat 222
Videospiele 258
Virenschutzprogramm 224
Virtueller Desktop 98
　Apps verschieben 99
　neuen erstellen 98
　Von "Start" lösen 54
　Vorgängerversionen 121

W

Wartungsfunktion
　Dateiversionsverlauf 363
Webseite
　Bilder kopieren 203
　drucken 177
　speichern 203
　Text kopieren 203
　zusammenfassen und vereinfachen 322, 425
Wechseldatenträger 376
　automatische Wiedergabe 261
Wetter, App 54
Widgets
　alle entfernen 70
　angeheftete 69
　anpassen 70
　hinzufügen 70
　lösen 70
Wiederherstellungslaufwerk
　Computer wiederherstellen 370
　erstellen 272
Windows
　beenden 58
　Fehlermeldungen 371
　Versionen 36
Windows 11
　Definition 31
Windows 11 2024 Update 33
Windows 11 24H2
　Absturz beheben 368

Barrierefreiheit,
　Einstellungen 258
Bluetooth 245
Datensicherung 263
Drucker 247
E-Mails 207
fehlende Features 34
Gerätetreiber 270
Hardwareanforderungen 36
Hilferessourcen 385
neue Features 33
OneDrive 124
Online-Meetings 220
Outlook 207
Problembehandlung 361
　Apps eingefroren 368
　Apps reparieren 367
　Apps zur 362
　Backup zurückspielen 363
　Computer eingefroren 368
　Computer neu starten 362
　Copilot um Hilfe fragen 361
　Kennwort vergessen 367
　Task beenden 368
Scanner 247
Speicherkapazität 268
Spracheingabe 321
Teams 220
technische Informationen 266
Treiber 270
Wiederherstellungslaufwerk 272
Windows 365 37
Windows Enterprise 37
Windows Hello 40, 286
Windows Home 36
Windows-Tools 54
Windwos Pro 37
Windows 365 37
Windows Defender siehe Microsoft Defender Antivirus
Windows Hello 40, 286
Windows Update
　Einstellungen 261
　Treiberaktualisierung 271

Windows-Fotoanzeige, App 330
  Anpassung 332
  Bearbeiten-Modus 331
  Bilder importieren 327
  Bilder verbessern 393
  Bilder zuschneiden 397
  Bildhintergrund entfernen 332
  Definition 54
  Dia-Show 331
  drehen 331
  drucken 331
  Filter 332
  Fotos zuschneiden 397
  Helligkeit 332
  Hintergrund entfernen 332, 402
  Kontrast 332
  löschen 331
  Löschen von Objekten 332
  Markup 332
  Objekte entfernen 332
  Objekte/Personen entfernen aus Fotos 395
  Video mit Clipchamp erstellen 331
  zuschneiden 332
Windows-Scanner (App) 183
Windows-Sicherheit 224
  Benutzerkontensteuerung 374
  Familienoptionen 229
  Netzwerkanmeldeinformationen eingeben 375
Windows-Sicherheit, App
  App- und Browsersteuerung 226
  Definition 54
  Familienoptionen 226
  Firewall- und Netzwerk 226
  Geräteleistung und -integrität 226
  Gerätesicherheit 226
  Kontoschutz 226
  Schutzverlauf 226
  Viren- und Bedrohungsschutz 225
WLAN 180 *siehe auch* Netzwerke
  Kennwörter 192
  Komponenten 289
  ungesicherte Netzwerke 192
WLAN-Extender 289

Z

Zeilenumbruch in Editor 312
Zeit-/Datumseinstellung 257
Zeitleiste 35
Ziehen und Ablegen 88
ZIP-Datei 205
Zugriff auf Standort 378
Zugriffsberechtigung nicht vorhanden 378
Zuletzt verwendete Apps 70
Zuschneiden 397
Zwischenablage
  ausschneiden 155
  kopieren 155